祈りと再生のコスモロジー

―比較基層文化論序説―

滝澤雅彦・柑本英雄［編］

池田雅之先生古稀記念

成文堂

古稀論文集刊行に寄せて

此の度は、池田雅之先生の古稀記念論文集『祈りと再生のコスモロジー——比較基層文化論序説』の刊行、誠にお目出とうございます。記念論文集の刊行に際して、ご尽力下さった皆様にも、敬意を表したいと存じます。

ご執筆に貢献された方々は、わが早稲田大学の同僚の先生方、他大学の池田先生のご友人、そして教え子の方々など、総勢四七名と聞いております。これは先生のご専門を超えた交流の広さと、お人柄の賜物と存じます。

池田先生は小泉八雲の研究と翻訳においては、傑出した業績をお持ちの方ですが、この論文集が示しているように、多くの若い研究者も育成されてきました。また学外においても、教育ボランティア組織であるＮＰＯ法人「鎌倉てらこや」を二〇〇三年に設立され、子どもたちと若者の育成に当り、長らく理事長として活動されてきました。社会貢献活動は、わが早稲田大学の教育理念の一つの重要な柱でもありますので、本学のボランティア文化醸成のためにも、一役買って頂いているといっても過言ではありません。

このご本が古稀論文集としてユニークな点は、あらかじめ先生のご専門の「比較文化論」に沿いながらも、統一テーマである「祈りと再生のコスモロジー」が掲げられていることでしょうか。これは、二〇一一年の東日本大震災や、今年の熊本大地震を受け、日本の再生の道を探ろうとする文明史家としての先生の思いを体現したものと思われます。と同時に、この書名には、すでにたくさんの著作のある先生の本作りの哲学が反映されているとも考えられます。

私たち早稲田大学も震災への取り組みとして、震災後速やかに「東日本大震災復興支援室」を設置しました。その支援室を中心に、復興支援の三つの柱を掲げて活動を進めています。それらは、一つには、奨学金制度を中心とした被災学生支援、二つには、義援金やボランティア活動を中心とする被災地域支援、三つ目には、『震災後に考える』の発刊など研究を通じた支援です。

今回の古稀記念論文集が、祈りを通じた人間性の再生に真正面から取り組まれていることは、この本学の思いと軌を一にするものと思います。この論文集は、池田先生の古稀とご退職をお祝いしてのご本でありますが、先生の今後のますますのご健勝とご研究の発展を祈念して刊行するものでもあります。また、執筆者の皆様お一人お一人にとっても、この論文集が学術的な意味で一つの転換点となるものと確信し、皆様のこれからのご発展も併せてお祈りしたいと存じます。

二〇一六年八月吉日

早稲田大学総長

鎌　田　　薫

まえがき

人間の危機の時代には、新しい哲学が出現する。日々、社会の課題や将来の不透明さに直面する今だからこそ、足元を見つめ、私たちの生活、文化の中に連綿と息づいてきた〝基層なるもの〟へ耳を傾け、命とは何か、生きるとはどのような営みなのかという根源的な問いから考え直すことが必要となる。本書のタイトルにある「比較基層文化論」の科学としての存在意義は、このポイントに尽きる。本書の狙いは、この地球上で受け継がれてきた文化の基層・深層にあるものを比較しつつ、相対性を保ちながらも絶対的なるものを示す方法論にある。

二〇〇五年六月、私たちは、二一世紀文明のヴィジョンはどうあるべきかのヒントを、日本、アジア、ケルト、欧米の基層文化の世界観に求め、『共生と循環のコスモロジー――日本・アジア・ケルトの基層文化への旅』を刊行した。それは、人間の生の根源を問いつつ、人間の生み出してきた文化・文明の源を探求する議論をまとめたものであった。この本は、比較文化論、あるいは、異文化理解などの学術分野に、基層から物事を考える方法論として、一定の成果を提示したと考える。

しかし、刊行後、二〇一一年三月に東日本大震災が起き、これまで私たちが考えてきた自然との共生、世代を超えた循環が無残にも断ち切られ、持っていき場のない魂の迷いに人々が直面しはじめた。人々は、大いなる勇気をもってこの困難に立ち向かい、今を懸命に生きている。ただ、人の「生」を一瞬に飲み込んでしまう、このどうしようもない自然に対峙していくには、共生と循環のコスモロジーを超える思考が必要となる。

もちろん、このような自然災害や課題に直面したのは、私たちの世代ばかりではない。私たちの祖先も、人々を「孤立と断絶」のどん底に陥れる、このような自然災害や飢餓などに直面し、その結果を受け入れ、その意味を文化や伝承の中に織り込んで、私たちに伝えてくれている。

そこで、もう一度、深く「共生と循環」の意味を考え直し、何の科学技術も医療技術も持たなかった祖先たちの時代が直視した「死」と真正面から向き合い、それを乗り越える「祈りと再生」の方法論を読み解く必要があった。すなわち、基層文化を「孤立と断絶」の超克の観点から見つめ直すことで、私たちの日々の生活にかかわる次の局面への抜け口としての「コスモロジー」を見いだせないかと考えたのである。

それは、原子力技術や遺伝子操作や脳死の問題など、すでに、畏れ多き「神」の領域へ浸潤しはじめた現代人が持たねばならない「謙虚さ」でもある。前書は、「生」そのものがテーマであった。本書は、「生を断たれた人々が生きたことへの敬意」と、その死から、この社会がどうやって生きなおすのかが、テーマとなる。

本書では、冒頭に「比較基層文化論序説」の章を設けた。ここでは「祈り」という行為の意味、すなわち、自分ではないもののために祈るという他者につながる人間独特の行為の意味について、議論がなされている。そして、その祈りを通じて、「人智を超えた存在」と結ばれることで永遠の時間を生き、「再生」が成就されることを、常若（とこわか）の思想などに触れつつ明らかにしている。

続いて、「日本の再生思想とは何か」「日本人の生き方と霊性」「現代社会における信仰と祈り」「グローバル社会の命と暮らし」「コミュニティーの蘇生と人育て」「基層文化から見た死と再生」「文化を超えて共に生きる」などの七章を配し、人間とは何か、人間の生活とは何か、文化とは何かという根源的な問いへの接近を試みている。

読者の皆さんには、各章の論文から立ち上る「目に見えない何か」、すなわち、暗黙知といえる人間の英知、「祈りと再生のコスモロジー」を感じ取っていただければと思う。

本書の刊行に当たり、早稲田大学国際言語文化研究所のご支援を頂いたことを記し、深謝申し上げたい。

二〇一六年八月

滝澤雅彦

目　次

四　現代社会における信仰と祈り

五　グローバル社会の中の命と暮し

六　コミュニティーの蘇生と人育て

七　基層文化から見た死と再生

八　文化を超えて共に生きる

一　比較基層文化論序説

伊勢から熊野へ——私のふる里幻視行——

池田雅之

一　二つの聖地、伊勢と熊野を結ぶ祈りの道

平成二十五（二〇一三）年は二十年に一度の伊勢神宮の式年遷宮の年に当たり、平成二十六（二〇一四）年は「紀伊山地の霊場と参詣道」世界遺産登録十周年の年を迎えた。それゆえにか、私の旅心も、おのずと伊勢から熊野へ、伊勢と熊野をつなぐ熊野古道伊勢路へと向かう。私は一昨年、昨年、今年と、伊勢から熊野へと向う四つの峠を歩いてみたにすぎないが、こんなに老若男女で賑わっている伊勢路や熊野を見たことがない。

日本人は昔から祈りの民であったのだが、その民族的記憶が、平成二十三（二〇一一）年三月十一日の東日本大震災以後、間欠泉の吹き上げのように甦りつつあるのであろうか。いずれにしろ、時代が大きく変わりつつあるのを感じる。日本はいったいどこへ向うのであろうか。以下の拙文は、生れ故郷の三重県尾鷲を関東から遠望しながら、ふる里への旅の精神史の一齣（ひとこま）を綴ってみようとする試みである。

私はつねづねふる里、三重県にある二つの聖地、伊勢と熊野の間にはつながりが見えづらく、分断されているような気がしていた。その危惧を払拭すべく、平成二十五年の秋に、伊勢と熊野を信仰の道としてひとつにつな

熊野古道 伊勢路

世界遺産「紀伊山地の霊場と参詣道」に登録される参詣道のひとつ「熊野古道(参詣道)」は、紀伊半島南部にあたる熊野の地と伊勢や大阪・和歌山、高野及び吉野とを結ぶ古い街道の総称で、再生の地と信仰されてきた熊野へ至る祈りの道として、地域の中で今も生き続けている。

熊野古道には伊勢と熊野速玉大社を結ぶ伊勢路、伊勢路の花の窟から分かれて熊野本宮大社に向かう本宮道のほか、大阪から和歌山を経て熊野に至る紀伊路は田辺で熊野本宮に向かう中辺路と、そのまま紀伊半島を海岸線沿いに那智へ向かう大辺路、高野山から熊野本宮へ向かう小辺路、吉野から熊野本宮へ向かう大峯奥駈道などのいくつかのルートがある。

「おくまの」2016.5 Vol.7(東紀州地域振興公社)6頁より転載。

ぐ旅の書を編集し、出版した。言うまでもなく、この二つの聖地を結んでいるのは、熊野古道伊勢路である。そこで、この編著の書名を『お伊勢参りと熊野詣』（かまくら春秋社）と名付けたのだが、執筆者はみな伊勢と熊野に深い縁（えにし）をもつ研究者、郷土史家、神職の方々であった。三重県出身の私には、生まれて初めて故郷の本を作ったという喜びがあった。私は、この本で二つのことを明らかにしようとしたのだが、それはまた、私の伊勢と熊野に寄せる思いといってよかった。

その解明の一つは、今日でも私たち日本人が、なぜこれほどまでに伊勢と熊野に惹かれているのかという点である。この二つの聖地は、私個人にとっても、今なお心の拠り所であり、魂の立ち還るべき原郷であることは、疑いようがない。しかし、なぜそうなのか。

もう一つ私の明らかにしたいことは、伊勢から熊野へと至る日本人の祈りの道として、熊野古道伊勢路はどのような役割を担ってきたかという問題である。昔と比べれば、最近ははるかに交通の便が発達しているとはいえ、伊勢神宮にはお参りはするが、そこから熊野に入り、熊野三山まで足を延ばす旅行客は少ない。ところが、交通の便が悪いどころか、徒歩で行くしかなかった江戸時代には、かえって東北や関東から出かけた庶民の足は、伊勢から伊勢路を経て、熊野へと向かったのである。昔の巡礼者の方が、救いと平安を求める神仏への切なる祈りの心をもっていたことがうかがわれる。

今でも熊野は、関東や東北の人間にとっては、たしかに遠い辺境なのかもしれない。現代では、伊勢から熊野への巡礼の回路は、閉ざされてしまったような気がする。しかし、伊勢と熊野は切り離された聖地だと思われがちだが、信仰的には大変深い関係がある。一例だが、平安末期には、伊勢神宮と熊野権現とが、信仰的には同体であるという説（のちに否定されたが）さえ唱えられたことがあった。伊勢と熊野の信仰のあり方は、対極的に考え

熊野古道・松本峠より七里御浜を眺める

られていたにもかかわらず、同体のものだと信じられた時期もあったのである。いずれにしろ、伊勢と熊野の信仰上の対照的な関係性は、古来からの日本人の信仰を考えてみると、私たちの想像以上に深いといえる。日本人の魂の無意識において、伊勢のもつ「明」の世界と、熊野のもつ「暗」の世界は対応し、日本人の信仰世界の相互補完的なコスモロジーを形成しているのである。私は、そんな伊勢と熊野のほぼ中間地点に位置する尾鷲に生を享けた。しかし、それが私自身の人生にとってどのような意味をもつのか、私にはまだわかってはいない。

それゆえ、この日本人の二つの聖地への旅の意識を一つに結び合せ、伊勢と熊野の巡礼の旅をワンセットでとらえなおしてみることが、私にとっては意味がある、と考えている。伊勢路をはさんで二つの聖地を巡る巡礼の旅とは、現代の日本人にとっても、日本文化の根を見つめなおし、再び新しい旅の意識がめばえる萌芽となるのではないか、と私は思っている。私は日本人の旅の意識は、いわゆる物見遊山的な観光旅行から、もっと内面的なもの、スピリチュアルなものを求める旅へと変わりつつあるのではないかと感じている。そういう意味で、伊勢と熊野をつなぐ巡礼の旅は、これからの日本人の旅の意識を変え、祈りの文化の復権につながってゆくのではないかと思っている。

二　祈りと再生への回路

伊勢と熊野はきわめて対照的な聖地ではあるが、今述べたように、歴史的にも信仰上においても、さらには神話的世界においても、深くかたく結びついている。永遠の生命を寿ぐ常若のうまし国伊勢と、老若男女すべての人間を受け入れてきた再生の国熊野。私は、こうした命の甦りと生きなおしのための二つの聖地を生まれ故郷の紀伊半島の内に抱え持っていることに、幸せと驚きを禁じ得ない。いやむしろ、私たちの深層意識の中には、この「明」と「暗」とを分かつ二つの無意識世界が存在しており、それがこの二つの聖地のあり方を規定しているのかもしれない。私たちの魂の奥底にひそむアマテラス的な光とスサノオ的な闇の二極が、それぞれ伊勢と熊野というトポスに対応して、私たちの内奥に深く、ゆるぎなく存在しているともいえるのである。

今日では、熊野古道を歩く医学的効用も、科学的に証明されつつあるといえる。頭を使わずひたすら歩き続けることによって、脳全体の働きを司る脳内物質のセロトニンが、大いに活性化するといわれている。大脳の働きが良くなり、心の状態にも変化が兆し、心の調整がうまくいくのだそうだ。そうした学説をたてているのは、東邦大学医学部教授の有田秀穂氏であるが、その説に従うなら、私たち現代人の「心の病の要因は、生活習慣のなかにある」といってよいだろう。それゆえ、熊野古道を歩く意味も、現代病を克服するためのきわめて現実的な対策と考えてよかろう。これこそ、熊野詣の現世御利益といってよいものだ。

無心にひたすら歩くという行為が、身体に生命力を甦らせるのである。身体に生命力を甦らせる行為は、すでに祈りの行為にほかならない。そして、聖地巡礼とは、単なる旅のことではなく、異次元の聖域に心身を投入することにより、命を再生させる行為といえる。それは時には、難行苦行をともない、死を覚悟しなければならないときもある。場合によっては、肉体の限界にまで挑戦し、凝似的な死を体験しなければならないかもしれない。私はこの凝似的な死の体験こそが、熊野詣における、再生への回路だと考えている。

さて、ここで改めて、「祈り」とは何かを考えてみたい。「祈り」とは、人間が本来もっている自然の行為であり、心の状態である、とまずいっておきたい。つまり、「祈る」とは、何ら特別な行為ではなく、意識するしないとにかかわらず、人間の普遍的で根源な生命の営みなのである。「祈る」行為は宗教を信じている者の特権ではなく、人はみな自分流のやり方で知らず知らずのうちに祈っているのである。生きている日常それ自体が、祈りの日々であるともいえる。子どもの学業成就や健康を祈る親。ビジネスの成功や人生の目標達成を祈る若者。日々、私たちは様々な願いを、「祈る」という行為に託して生きているといえよう。

しかし、祈りは、個人の願いや欲求をかなえようとするだけのものではなく、他者の幸福や平安を願うという、もっと広くて深い意味をもっている。祈りは、自身への祈りから他者への祈りへと広がってゆき、さらに深められてゆく。祈りという行為には、このように伝播性と実現化の力が秘められている。つまり、「祈る」という行為は、生命の波動であり、様々な形式と内容（メッセージ性）を含んでいるのである。

「祈り」という日本語の語源は、「生宣り（いのり）」から由来しているという。「い」は言霊（ことだま）的にも強い音で、事を実現する「生命力」を宿している。「のり」は述べ、念ずることであり、「宣言する」ことを意味している。つまり、「いのり」は「生命の宣言」に他ならないということになろう。祈りとは、ある事の成就を願う、人間の言霊という生命の発露なのである。

一方、英語の「祈り」prayer には、「願う、望む」という個人的願望のニュアンスが強く、日本語の「いのり」とは、意味が多少異なる感じがする。私たち日本人の祈りとは、「生命をその根源から生きる」ことを宣（の）べる行為であり、単純化していえば、「いきいきと生きる」ことに他ならないのである（村上和雄他『人は何のために祈るのか』祥伝社参照）。

三　幻影の中のふる里――私の熊野学事始め

伊勢と熊野について語ろうとすると、私はどうしても自分の生まれ故郷、尾鷲に触れざるを得ない。私は終戦後間もなくして、三重県尾鷲市の大曾根で生まれた。両親は中国大陸からの引揚者で、父は新聞記者、母は歌人であった。両親は昭和二一（一九四六）年、引揚船で日本に戻り、母方の郷里、尾鷲市に一時身を寄せたときに、私は生まれた。私は母のお腹に入ったまま、中国から帰還したわけである。

私は三、四歳頃まで祖父母と母と一緒に尾鷲市今町で暮らしていたが、当然のことながら、その頃の記憶はほとんどない。父はといえば、大陸から引き揚げて来たばかりで、戦後の混乱期でもあり、食いぶちの当てを探して単身、東京や千葉などを転々としていた。

昭和二十四、五年ごろには、母と私は父に呼び戻され、東京葛飾のおばの家の居候となった。それから、ほぼ毎夏のように母と私は、尾鷲の祖父母の家に帰り、母の妹のいとこたちと遊んだ。母の妹は尾鷲で洋裁学院を開いており、いとこたちとはよく卓球をしたり、海に泳ぎにでかけたりしたものである。今でも、その頃のいとこ

熊野古道伊勢路・松本峠

たちとの交流は、至福の記憶として時々脳裏を去来する。

しかし、尾鷲生まれの私の伊勢や熊野にまつわる幼年期の記憶を辿っていくと、いつも私の脳裏に鮮烈に浮かび上がってくるのは、母に手をひかれて歩いた熊野古道の一情景である。私は、時々、小川の清水（せいすい）を母の仕草をまねて手ですくいながら飲んでは、田んぼのあぜ道のような細い石畳を母と連れ立って歩いてゆく——。その情景は、私の幼年期の記憶に刻み込まれており、時々ふうーと私の眼前にその映像が浮かび上がってくる。

この幻影は、二、三歳の頃のおぼろげな思い出なのか、いや、もっと後年の記憶なのか、私にはたしかめようがない。しかし、母と私が連れ立ってとぼとぼと歩く光景が、熊野古道を流れる小川の清浄な水と溶け合って、ゆるぎなく私の原風景をかたちづくっている。

私の生まれ故郷尾鷲は、伊勢と熊野のほぼ中間地点に当たることは先に述べたが、尾鷲は神話的、信仰的にいえば、伊勢のアマテラス信仰圏と熊野のスサノオ信仰圏のはざまに位置する。尾鷲には、尾鷲檜（ひのき）造りの美しい熊野古道センターが建っているが、この建物はまさしく伊勢と熊野を結ぶ結節点に存在している。このセンターは、熊野詣でに向かう、現代の旅人たちの出発地点となる、象徴的な建造物なのである。

私は自分の生まれ故郷の三重県や尾鷲を五十代の半ば近くまで、あまり意識することはなかった。生前、母からも故郷について話してもらう機会も、ほとんどなかった。私は大学は、早稲田の英文科に進学し、T・S・エリオットやイギリス・ロマン派やフランス・象徴派の詩を読み耽っていた、西洋かぶれの一学究にすぎない。ところが、十六年ほど前の平成十二年に小泉八雲（ラフカディオ・ハーン）の『新編　日本の面影』（角川ソフィア文庫）を翻訳したのがきっかけで、日本の古い文化や神話に深入りするようになっていった。

また、一九七七年に母校の早稲田大学に職を得てからは、比較文化論の講義をするようになったのだが、たんなる日英や日米の文化比較ではあきたらないものを感じていた。それで、世界の様々な文化の根っ子にあるもの、その文化の根底にある世界観や死生観を、日本の基層文化と比較するようになった。こうして、私の比較文化論の視点も、徐々に八雲の翻訳と文化の基層への関心を契期にして変化していった。

それから、どういう運命のいたずらか、八雲を訳了した翌年の平成十三（二〇〇一）年の春に、みえ熊野学研究会の三石学さんたちに呼ばれ、熊野に伝わる神話や伝承について話をする機会をいただいた。研究会の関係者の方は気を利かせてくださり、講演会場を私の生れ故郷の尾鷲に設定してくださった。にわか仕込みの勉強で、図々しくも「熊野に伝わる神話と伝承」というテーマでお話しをさせていただいた。今思い出しても、赤面を禁じえない。このときの講演録は、のちに『共生と循環のコスモロジー』（成文堂）という本に収録されたが、思えば、この日が、私のふる里学事始めの第一日目となった。私のおそまきの日本回帰である。運命という不思議な縁に導かれているとしかいいようがない。

尾鷲はたんに木材と魚だけのまちではなかった。尾鷲では、雨は空からではなく、地べたから叩きつけるように下から降ってくるといわれている。雨量は日本一で、台風の上陸地だともいわれている。尾鷲は信仰の上から言っても、紀伊半島の右手には伊勢があり、左手には熊野を控える日本でも有数の神話の里であることが、私にもわかってきた。この尾鷲講演を機に『古事記』や古代史への関心が深まり、この一帯の文化史的な意味が、しだいに私の眼前に照らし出されてくるように感じられた。

四　食事を司る外宮の神様と伊勢うどん

しかし、我身を振り返ってみると、私は三重県生まれなのに、子どものころ、伊勢神宮にお参りした記憶がない。幼いころ、熊野古道や那智の滝には、家族ででかけた記憶があるのに、神宮参拝の思い出がないのだ。これは、両親が亡くなっている今となっては、確かめようがない。そうであるならば、私の初めての神宮参拝は、十九年前の平成九年の秋にさかのぼる。妻と娘と家族三人でＪR伊勢駅に降り立ち、なぜか古ぼけた薄汚い食堂に入り、「伊勢うどん」という食べ物を生まれて初めて食べたのを思い出す。

当時、ＪR伊勢駅は背後に日本の一大神社である伊勢神宮を控えているにもかかわらず、私の目にはあまりにも小さく、みすぼらしく思われた。皇室の方々が利用されるという近くの近鉄宇治山田駅とは、大ちがいであった。最近はＪR伊勢駅も改築され、外宮へと続く通りも立派になったが、二十年ほど前は駅周辺も賑わいを欠き、参拝客もまばらであった。しかし、まちには不思議な懐かしいぬくもりが感じられた。高校生の娘は、たちまちのうちに伊勢が気に入ってしまい、住んでみたいとまで言い出すくらいであった。私も娘と同じような気持ちを抱いた。

私たちは伊勢駅から神宮の外宮へと至る、タイムスリップしたような商店街に歩みを進め、行き当たりばったりで一軒の大衆食堂に入り、一息ついた。店内には手書きの毛筆でひときわ大きく「伊勢うどん」と書かれているのが、目にとまった。もの珍しさから注文してみることにした。一口、啜ってみると、これがまたなんともい

遷宮後の外宮

えず素朴な風味があった。丼の中に太目の白い柔らかなうどんが入っており、ほとんど黒色に近い濃い醤油のたれがかかっていた。ただそれだけである。一見すると、いかにもまずそうな代物であった。しかし食べてみると、これがなんとたまらなく美味しいのである。この日以来、伊勢うどんは我が家の大好物となり、時々、伊勢より取り寄せたりしていただいている。

私たち一家の伊勢での第一印象は、みすぼらしい伊勢駅と見た目以上に美味しい伊勢うどんであった。一方、外宮は天照大神の食事を司る豊受大神をお祀りしている所で、食に関係の深いお宮である。伊勢うどんを食べてからすぐの外宮参りとなったので、私は食物でつながるこのご縁に何か不思議な因縁めいたものを感じてしまった。私たち家族三人は伊勢うどんを平らげると、食物の神様、豊受大神をお祀りする外宮へと向かった。

しかし、ひとたび私たちが、目抜き通りの俗界から外宮の第一の鳥居をくぐると、もうここは完璧に別世界であった。凛とした清浄な空気がみなぎっており、私たちの全身は、たちまちのうちにうっそうとした木立の静寂の中に包み込まれた。私たちはこのひんやりとした大気に触れ、心が徐々にしずまっていくのを感じた。

このとき、私は西行の詠んだ一首「何事のおわしますかは知らねどもかたじけなさに涙こぼるる」や、芭蕉の一句「何の木の花とは知らず匂哉」が、思い浮かんだ。西行の歌も芭蕉の句も、あまりにも有名であるが、神宮をお参りしたときの作と伝えられている。二人の詩聖は、神宮という神域の中に神、kami を幻視した神秘の瞬間を詠まずにはいられなかったのであろう。その気持ちが、凡愚の私にも分かる気がした。

こうした体験は、なにも西行や芭蕉だけのものではなかろう。これは、自然とともに生きてきた私たち日本人のＤＮＡが反応する感性そのものといってよかろう。西行は大いなる神（自然）の存在への畏怖を、芭蕉は自然の神秘への讃嘆の気持ちを、作品にしたためたのである。このとき、私にとって神宮にお参りする行為は、私自身の内に眠っている、こうした自然（神）に対する畏怖と祈りの感覚を呼び醒ますことにあると気づいた。

五　神様たちも引っ越しをする

十九年前に家族三人で初めてお伊勢参りをして以来、私は縁あって毎年のように伊勢にでかけるようになった。とりわけ平成二十五年の秋には、神宮では、二十年に一度の式年遷宮がおごそかに執り行われた。残念ながら、私は十月二日、五日の両日に行われた遷御の日（ご神体の八咫鏡を新宮にお遷しするお祭りの日）には立ち会うことが出来なかった。しかし、この神事についての詳しい報告を写真家の友人の稲田美織さんから受け、私はあらためて日本文化の基層に脈々と受け継がれてきた循環と共生の自然観、祈りと再生による命の甦りの神事の実質というべきものを実感することができた。このとき、私に訪れた日本の基層文化についての内なる覚醒こそ、きわめて得がたい感動体験であったといえよう。

伊勢神宮の「式年遷宮」とは、千三百年以上にわたって、二十年ごとに繰り返し行われてきた「神様の引っ越し」のことである。「神様の引っ越し」といっても、多くの若い世代には何のことか分からないかもしれない。それは、内宮では、主祭神である天照大神様のご神体を旧宮から新宮にお遷しする神事のことであるが、なぜそのようなことが行われるのであろうか。

この式年遷宮では、内宮、外宮のみならず、六十五棟におよぶ諸社殿を同一の形に造り替える。さらには、千六百点以上もの神宝をすべて新調した上で、神々のご神体を新宮にお遷しするのである。それによって、神々の神威をさらに更新し、高めてゆくのである。そして私たちの命も、神々への祈りのうちにあらたな甦りの力をいただく。こうして、世俗的な時間を超えた祈りという〈永遠の時間〉の中で、私たちの命も、神々と共に甦り、再び神と人間の新たな「結び」が始まるのである。

この千三百年も続いた、二十年ごとの壮大な繰り返しである式年遷宮プロジェクトとは、一体何を意味しているのであろうか。そして、なぜこの制度が二十年に一度なのか。それについては、諸説あり、先の『お伊勢参りと熊野詣』の中で紹介したので、ここでは繰り返さないが、一言でいえば、神と自然と人間の「結び」なおしを保障する永遠の「時間」（歴史）の創出なのであろう。この遷座祭という神事は、まさしく日本人の生命観と時間意識に深く結びついているのだ。

それでは、「式年遷宮」という繰り返しによる、〈永遠〉という超時間性の創出の意味とは、いったい何であろうか。次に、祈りによる再生の創出という〈超時間〉性の意味あいを、別の角度から探ってみることにしよう。

六　パルテノン神殿と伊勢神宮――常若の思想とは何か――

私は平成二十六（二〇一四）年七月上旬、ギリシャを十日間ほど旅した。その時の体験を述べてみたい。私は、ギリシャのハーンの生まれ故郷、レフカダ市で開かれたラフカディオ・ハーン（小泉八雲）のシンポジウムに出席するために出かけたのである。まずアテネに三泊したのだが、宿泊したホテルの近くにパルテノン神殿がそびえ

ギリシア・パルテノン神殿

立っていた。私は散歩がてらに幾度かそこを訪ねた。そして、大いに考えるところがあった。私は知らず知らずのうちに、パルテノン神殿を伊勢神宮と比較していた。

真夏の炎天下、世界中から訪れた観光客にまじって、私は汗をぬぐいながら、荘厳な石造りの神殿群を見て回った。パルテノン神殿と一口に言っても、広大な敷地内には、数多くの大小の神殿が建っており、その幾つかには、修復中のブルーシートがかけられていた。まず、中央に位置する一番巨大な神殿が、いわゆるパルテノン神殿とよばれている建物なのだが、スケールの大きさといったら、写真や絵はがきで見るのとは段ちがいである。

しかし、このギリシャの堅牢な大理石の神殿と日本の朽ちやすい木造建築の神宮とを比べてみると、興味深いことに気づいた。アテネのパルテノン神殿も、伊勢神宮の建築様式と素材はまったく異なるとはいえ、かつては土地の神々が祀られ、祈りの場であったにちがいない。ところが、私はパルテノン神殿を前にして、祈りを捧げている人たちに一人も出くわさなかった。観光客には外国人や異教徒の人たちが多いとはいえ、地元のギリシャ人にとってさえも、この神殿はもはや祈りを捧げる礼拝の場ではなくなっているのだ。

パルテノン神殿群は、ギリシャの一大観光スポットとして、世界中から多くの観光客を集めてはいる。だが、この古（いにしえ）の多神教の世界は、もはや人々の信仰対象でも、祈りの霊場でもなくなっているのだ。今日では、当然のこととはいえ、古のギリシャの神々への信仰は失われ、偉大なギリシャ文明の過去の栄光の遺産として残っているだけなのである。

一方、伊勢神宮の場合はどうであろうか。木で造られた伊勢の神宮は、昔も今も変わることなく、広大な森の中に鎮座し、日本人の篤い信仰の対象として生き続けているといえる。まさにこの点にこそ、パルテノン神殿と伊勢神宮の決定的な違いがある。二十年ごとに繰り返す神宮の式年遷宮の意味が、私には少し理解できたような気がした。緑の樹木が一本も生えていないこのパルテノン神殿の広場からは、古の神々はその姿を消してしまったのである。キリスト教の神によって、ギリシャの多神教の神々は、駆逐されてしまったのである。

清浄なる森の中に抱かれた伊勢の社は、今なお八百万の神々と悠久の時間を共有し、二〇年ごとの遷座祭を通して、「永遠の現在」を生み出している。この聖域では、神話と歴史が一つに繋がり、私たちの過去・現在・未来という日常的時間の流れを超えて、神々が私たちの眼前に存在しているのだ。神々の姿かたちは、私たちの肉眼では見えないけれど、現に存在しているのを感じ取ることができる。

限りある命を生きる私たちは、神宮にぬかずき、祈りのうちに神々と出会うのである。とりわけ、遷座祭のときには、私たちは神威の甦りと同時に、私たちの生命力も更新されてゆくのを感じ取ることができる。神々と共に在る私たちは、こうして永遠の時間を生きてゆく命を約束されるのである。私たち日本人の永遠の命への意識こそが、生きとし生けるもののコミュニティーを形成し、営々と継続されてゆくのだ。日本の kami とは、自然の力と神秘が生み出した、一つの人格化された大いなる存在なのであろう。それは、日本神話の中のアマテラスやスサノオといったそれぞれの神名に具現化されているといえよう。

帝国ホテルをつくった著名なアメリカの建築家、アントニオ・レイモンドは、かつて「神宮は世界で一番古くて新しい」と述べた。神宮は建築の古代様式（唯一神明造り）を保ちながら、「古くて新しい」という永遠の時間を生きているといえる。まさしくこの「古くて新しい」というパラドックスこそ、「常若の思想」（河合真如）の真髄といえるものであろう。

遷宮のたびごとに神々の神威がより高められていくという思想はまた、アマテラス大神がより強い光を発して岩間から顕現する「天の岩戸開き神話」と通いあう世界観といえる。この世界観は、生命力をたえず刷新して生きなおしを希求する、古来からの日本人の生命観、人生観と重なる考え方だと思われる。私が、神宮の遷宮という神事に深い感動を覚えるのは、『古事記』における日本古来からの再生思想が、近・現代の神話として具体的に表現され、かつ定期的に繰り返し行われているからである。私たち日本人の祈りと再生の伝統は、アマテラス大神の「天の岩戸開き神話」から「天孫降臨神話」へとつながり、遷座祭の「浄闇のしじまの訪れ」の時間に至るまで、一貫して流れているといえる。それは、一言でいえば、神話の時代から今日の遷座祭の神事へと連綿と続く「永遠の現在」を、私たちが営々と生き抜いてきたという証にほかならない。

七　熊野信仰を読み解く三つの鍵

いよいよ私たちは、伊勢から熊野古道伊勢路に向う。数ある熊野古道のうち、小さい頃、母と歩いた伊勢路はいったいどの参詣道だったのであろうか。熊野参詣道伊勢路は、紀伊路の中辺路（なかへじ）や大辺路（おおへじ）といった御幸の道とは違い、昔から庶民の道とされてきたということもあり、親しみを覚える。伊勢には神宮が鎮座しており、地勢的にも自然はおだやかである。ところが、伊勢から熊野灘沿いに紀伊半島を女鬼峠、ツヅラト峠を越えて南に百キロメートルほど下って行くと、熊野に入る。すると、自然は一変する。おだやかだった伊勢路は、熊野との国境の峠を越えると、荒々しい雄大な自然へと変貌をとげるのである。

生きるための希望と救いを求めて熊野の山中に分け入った昔の巡礼者たちは、「人を寄せつけない自然の厳しさと、そこで暮らす人々になにか大いなる意志の存在することを感じた」（小倉肇）のである。それゆえ、熊野信仰の根源を読み解くには、三つの鍵があると思われる。それは、まず信仰対象としての「巨岩」であり、次に海、山、川などの変化に富んだ「自然」であり、三つ目は、古道を守り続け、参詣者を厚くもてなした「庶民」の存在である。熊野信仰というと、熊野三山の信仰にのみ目を奪われがちだが、熊野を形成する「巨石」と「自然」、熊野古道を守った名も無き「庶民」の存在を忘れてはならないだろう。

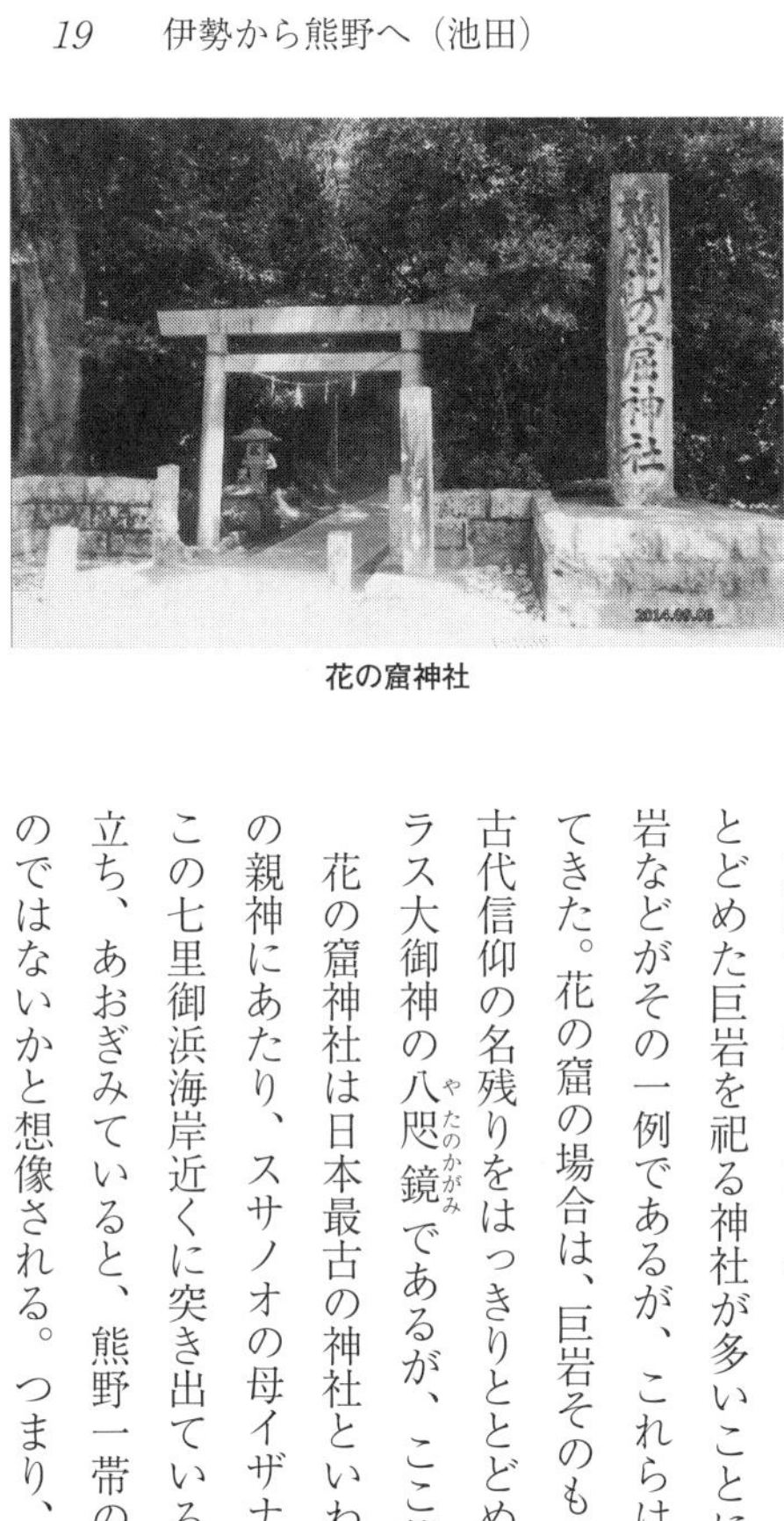

花の窟神社

熊野への祈りの旅を続けていると、伊勢とは異なり、古代信仰の名残りをとどめた巨岩を祀る神社が多いことに気づく。大岩壁の花の窟（いわや）やゴトビキ岩などがその一例であるが、これらはみな神の依代（よりしろ）として、古代から祀られてきた。花の窟の場合は、巨岩そのものが花の窟神社のご神体となっており、古代信仰の名残りをはっきりととどめている。伊勢神宮のご神体は、アマテラス大御神の八咫鏡（やたのかがみ）であるが、ここ熊野では、巨岩自体が神なのだ。

花の窟神社は日本最古の神社といわれているが、巨岩の花の窟は熊野三山の親神にあたり、スサノオの母イザナミのお墓（『日本書紀』による）でもある。この七里御浜海岸近くに突き出ている高さ六十メートルほどの花の窟の前に立ち、あおぎみていると、熊野一帯の自然信仰は、まさにここから始まったのではないかと想像される。つまり、ここは、古代の祈りの場であり、古代

花の窟・イザナミの墓

の人々がその命を根源から生きるための、祈りを捧げる霊場であったと考えられる。

ここからさらに六十キロメートルほど歩き続けると、私たちは熊野三山へと導かれる。熊野三山とは、熊野本宮大社、那智大社、速玉大社のことを指すが、三社とも和歌山県に属している。そして、お伊勢参りと熊野詣を結ぶ旅は、伊勢神宮から熊野本宮大社へと至る百六十キロメートルのコースのことである。この百六十キロメートルの伊勢路を歩き通すとなると、私のような者にはおよそ一週間はかかる。昔の庶民にとっては、難行苦業の徒歩の旅であったにちがいない。

私の熊野古道伊勢路の旅といっても、小倉肇先生や三石学さんたちに案内されて、ツヅラト峠や馬越峠あるいは松本峠、風伝峠などのごく一部を歩いてみたにすぎない。私たち現代人は昔の巡礼者と比べると、脚力も信仰心も衰えていることは明らかだ。しかし、悩みやストレスを抱えている点では、昔の人以上かもしれない。私たちは、今、熊野古道を歩きながら、自分の命を根源から生きなおすことが問われているのだ。後白河法皇の編纂した『梁塵秘抄（りょうじんひしょう）』の一節に「熊野に参るには 紀路と伊勢路のどれ近しどれ遠し 広大慈悲の道なれば 紀路も伊勢路も遠からず」というあまりにも有名な俗謡がある。この歌が象徴しているように、中世の頃にはすでにこの紀路と伊勢路が、庶民の生きなおしのための参詣ルートとして定着していたことがうかがえる。

八　熊野古道はなぜ残ったのか

ここで忘れてならないのは、なぜこの二つのルートが今日までひっそりと残されてきたかという点である。それは、日本各地からお参りに来た参詣者たちの信仰の篤さだけでなく、この参詣道を守り、巡礼者たちを泊め、食事の世話をした、名も無き人たちの積年の奉仕によって支えられてきたからである。熊野古道がなぜ世界遺産に登録されたかというと、参拝者と沿道住民が一体となって、その信仰の道を守ってきたという点が評価されたからである。

ちなみに、信仰の道が世界遺産として認められたのは、日本の熊野古道とスペインの「サンティアゴ・デ・コンポステーラの巡礼路」の二ヶ所のみである。これは注目してよい点ではあるが、ことの本質は、信仰の道を無心で歩くことの大切さを暗に教えてくれていることにある。巡礼の旅は、心身をきたえてくれるだけでなく、煩悩（ぼんのう）を一時（いっとき）でも封印してくれ、自分の内に眠っている生命力を甦えらせてくれるのである。

熊野古道紀伊路（大門坂）

今後、世界遺産としての「紀伊山地の霊場と参詣道」を再評価するとき、参詣者以上に熊野古道を守り抜いた熊野人の尽力とその歴史に、もっと光を当てるべきであろう。そんなことを、私はツヅラト峠の石畳を歩き、どこまでも青い熊野灘の海を遠望しながら思ったのである。熊野詣を昔のような難行苦業の旅と考えるあまり、熊野の祈りの道に足を踏み入れようとしない多くの現代人がいる。その人たちのために、先程取り上げた有田秀穂教授の知見をもう一度振り返ってみよう。彼の実験結果は、現代人の祈りによる生命力の復権に極めて有効であると思われるからである。ひとまず、熊野詣を心身の健康回復のための癒し効果があると考えてみれば、もっとリラックスした気持ちで熊野古道を歩くことができるのではないだろうか。

九　命の根源を訪ねる旅

有田秀穂教授は、聖地と癒しの関係を医学的に解明するために、熊野三山巡りをケーススタディーとして取り上げている。そして、現代人の心の病の要因は、生活習慣の中にあると主張しておられる。それを改善する一つの方法として、熊野古道巡りをすすめているのである。先程、私は「祈り」とは「生命の宣言」であると述べたが、私を含む現代人の多くは、自分の生命を充分生き切っていないと思われる。

有田先生の説に従えば、熊野を歩くことは、脳内物質の一つであるセロトニンを活性化させ、脳の働きを活発にするという。脳内物質とは、脳の神経細胞内で情報を伝達する化学物質のことである。その脳内のセロトニンが通常より減少すると、「うつ病」を引きおこし、いわゆる「キレやすい」性格を生む。セロトニン神経の働きが脳全体をコントロールしているので、現代人の「ゲーム漬け」「パソコン漬け」「スマホ漬け」は、キレやすい脳をつくってしまう原因となっているという。一般に熊野は再生の地といわれているわけだが、熊野詣には、心を整え、魂を甦らせる力が秘められているといえる。つまり、医学的観点から見ても、熊野は再生の地なのである。

祈りと再生への道のりは、したがって、この二つの行為のことの同時進行であり、生命の宣言にほかならない。

熊野詣のご利益（りやく）は、これに尽きるものではない。日本の霊場や聖地には、女人禁制（高野山）や私幣禁断（伊勢神宮）などがあり、一般人には近寄りがたい聖域が少なからずあった。しかし、熊野は昔から何よりもどんな人間をも受け入れる聖地であった。この聖地観は熊野信仰のきわだった特徴として、特筆すべき点である。そういう意味で、熊野は信仰的にはスサノオの支配圏といわれているが、実体は、母イザナミの母なる国なのだと思う。言いかえると、熊野という聖域は、イザノミの母性が、愚息スサノオの荒ぶる魂を見守っている母なる国なのである。熊野本宮大社の産田社（うぶたしゃ）に母イザナミの荒魂（あらみたま）が鎮められていることからも、熊野の地母神はイザナミであり、熊野一帯は母性原理の国であることがあらためて理解できるであろう。

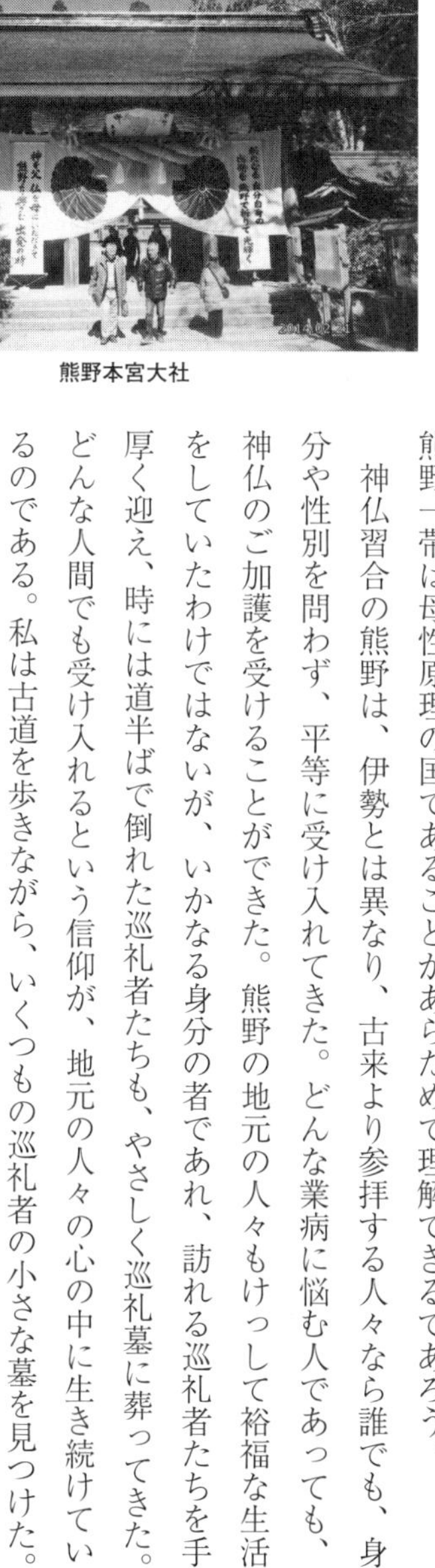
熊野本宮大社

神仏習合の熊野は、伊勢とは異なり、古来より参拝する人々なら誰でも、身分や性別を問わず、平等に受け入れてきた。どんな業病に悩む人であっても、神仏のご加護を受けることができた。熊野の地元の人々もけっして裕福な生活をしていたわけではないが、いかなる身分の者であれ、訪れる巡礼者たちを手厚く迎え、時には道半ばで倒れた巡礼者たちも、やさしく巡礼墓に葬ってきた。どんな人間でも受け入れるという信仰が、地元の人々の心の中に生き続けているのである。私は古道を歩きながら、いくつもの巡礼者の小さな墓を見つけた。そして、手を合せては先きに進んでいった。

一遍上人の「信不信に選ばず、浄不浄を嫌わず」という言葉は、寛大な熊野信仰の真髄を表わしている。多くの人々は、この一遍上人の言葉に支えられて熊野権現にお参りに来るのであろう。今日でもその信仰心は、熊野の人々にもゆるぎなく受け継がれているように思われる。熊野を巡ってみたいという私の願いが涌き起こるのも、熊野三山の神仏や熊野の人たちが私をいつでも温かく迎え入れてくれるという安心感から生まれたものである。弱者も病者も、罪を犯した者も、そして私のような者も、熊野権現（ごんげん）は分けへだてなく受け容れてくれるのである。

それゆえ私は、熊野三山の祀る神仏、熊野権現に出会うために、今日も伊勢から熊野へと出かけてゆく。私の巡礼の旅はまた、私の遠い命の根源をさかのぼる、ふる里の母なるものを訪ねる祈りの旅でもある。

参考文献

池田雅之・辻林浩編著『お伊勢参りと熊野詣』（かまくら春秋社）
池田雅之編著『循環と共生のコスモロジー』（成文堂）
小泉八雲著『新編　日本の面影』（池田雅之訳・角川ソフィア文庫）
河合真如著『常若の思想』（祥伝社）
稲田美織著『水と森の聖地　伊勢神宮』（小学館文庫）
町田宗鳳著『エロスの国・熊野』（法蔵館）
小倉肇著『熊野古道　伊勢路紀行』（伊勢文化舎）
有田秀穂・中川一郎著『「セロトニン脳」健康法』（講談社＋α新書）
村上和雄・棚次正和著『人は何のために「祈る」のか』（祥伝社）

（本拙文は、伊勢神宮発行の機関誌「瑞垣」（平成二十七年一月）に掲載された文章に大幅な加筆と修正を加えたものである。そのことを一言おことわりし、神宮司庁広報室に感謝申し上げたい。）

二　日本の再生思想とは何か

日本人は「本体」を取りもどせるか

大嶋　仁

一　現代と祈り

「祈り」は絶望を必要とし、絶望は希望を必要とする。絶望は死とつながり、希望は生とつながる。祈りは絶望した者に希望を回復する。それは死者に生を回復するのと同じであり、したがって「再生」をもたらす。だが、既存の宗教が力を失った今日、私たちにどんな祈りが可能だろうか。

古代の日本人は死者がどこかで生きていると思い、それを忌み、かつまた畏れた。祈りはその畏れから生まれた。仏教徒になった中世人は別の形での祈りを知ったがゆえに、この世で不幸であってもあの世では幸せでありたいと願うようになった。なるほど祈りには願いが含まれ、私たちは祈ることで願いをかなえようとする。

しかし、祈れば願いがかなうわけではない。中世人の祈りは神仏に向けられたが、それは神仏が想像を超えた尊い存在だったからだ。人間には決してできないことができるのが神仏である。神であれ、仏であれ、どちらでもよかった。鎌倉三代将軍・源実朝は「神といひ仏といふも世の中のひとのこころのほかのものかは」（『金槐和歌集』一二二三）と詠んでいる[1]。神も仏も聖なる超越者であることにかわりはなかったのだ。

中世人の祈りを見てわかるように、祈りには自分よりはるかに尊い存在が必要である。超越者の存在を認めないかぎり、祈りは成立しないのだ。近代という時代の最大の問題点の一つは祈りがなくなったことである。それはとりもなおさず、人間が己れ以外に超越者を認めなくなったということだ。近代は科学の時代、科学は人間が生み出したものであり、それが神の地位についた。つまり、近代人は己を神とするに至ったのだ。

宗教は人を狂わせる、現代世界を震撼させるテロリストを見ればそれがわかる。そう思っている人もあろう。だが、テロリストは自ら宗教者を名乗ろうとも、祈ることから最も遠い存在である。彼らの主義が本来の宗教からどれほどかけ離れているか。「原理主義者」と呼ばれる彼らは「原理」に忠実なわけではまったくなく、祈りもしなければ超越者を思うこともないのである。彼らの暴力は宗教的信条から生まれ出ているように見えて、実はその逆。伝統からの疎外から生まれ出ているのである。精神的伝統からの疎外は他者をあやめ、自らを死に至らしめる。

そうしたことはイスラム世界にしか起こらないなどと言うなかれ。二〇世紀にはふたつも世界大戦があったが、そこに参加した多くの国々は近代化を焦った結果、自らの精神的伝統を失った国々だったのである。それらの国では科学が奨励され、超越者が否定され、国家が超越者の地位についた。国民は「国家」というにわかづくりの超越者のために命を捧げたのである。祈りは消え、イデオロギーへの恭順だけが残るというのが二〇世紀の世界史である。二一世紀のいまもまた、その事情は変わっていないのではないか。

日本近代の夜明けを目撃したラフカディオ・ハーンは、『知られざる日本の面影』(Glimpses of Unfamiliar Japan 1894)において朝早く太陽を拝む日本人を語っている。[2] 明治になっても日本人の多くはまだ超越者を拝み、祈ることを知っていたのである。毎朝太陽を拝むのは夜の死の世界から解放された喜びを感謝したかったからかもしれない。

人は毎晩「死」に、毎朝「再生」を感じていたのである。二〇世紀フランスの哲学者アランは『宗教論』（Propos sur la religion 1938）において、キリスト復活の祭りがそれ以前の春祭りの衣替えしたものであることを示唆している。[3] およそ人間は季節とともに生きる生物であり、季節の祭りは必要かつ必然なのである。日本文学が「古今和歌集」（九〇五）によって四季折々の「花鳥風月」を歌の公準としたのも、[4] そう考えればきわめて理にかなったことのように思われる。

二　祈りの中世

先に中世の日本人は祈る人々だったと述べたが、その実例を見よう。たとえば「平家物語」（一三〇九?）に白拍子を舞う遊女が出てくるが、もともと白拍子とは平安末期に流行った歌舞であったという。それを演じる遊女も「白拍子」と呼ばれたようだ。時の権力者・平清盛は、はじめ白拍子のなかでも祇王という女を好んだが、やがて祇王を捨てて仏御前という別の女を寵愛するようになる。意地悪い彼は、あえて祇王を呼びつけて仏御前のために舞を舞わせる。屈辱を感じた祇王であったが、権力者の頼みを拒むわけにもいかず、その思いを次のように表現する。

仏もむかしは凡夫なり　　われらもつひには仏なり
いづれも仏性具せる身を　　へだつるのみこそ悲しけれ（「祇王の段」[5]）

人はすべて「仏性」すなわち仏になる素質を備えているのだから、人と人とを分け隔てするのはおかしいではないかという清盛への抗議。しかしそれだけではなく、仏への帰依もはっきり表しているのである。こうした歌がひとりの舞妓の口をついて出てきたところに中世人の心がみえる。「仏」という超越者が人々の心に根づいていたということだ。

次に見るのは『平家物語』成立以前、平安末期の遊女の歌である。

ほとけはつねにいませども　うつつならぬぞあはれなる
ひとのおとせぬあかつきに　ほのかにゆめに見えたまふ[6]

後白河法皇が編纂した「梁塵秘抄」（一一八〇）のなかの「今様」と呼ばれる歌のひとつで、遊女が「ほとけ」を思って寂しい夜を過ごす様が手にとるようにわかる。いまだ目に見ぬ「ほとけ」ではあるけれど、たしかにそこに実在し、いつも自分を支えてくれる。いつの時代も遊女は世間一般から見れば下賤の者、使い捨ての存在であったにちがいないが、そのような者であっても魂があることをこの歌は示すのである。この遊女がいくど絶望の淵に立たされたかしれない。絶望の淵からの祈りが歌となった。

小林秀雄が「無常といふ事」（一九四二）に引いている「一言芳談」（一三世紀後半）の一節も、同じような心を表している。ここに登場するのも中世の女であるが、今度は遊女ではなく「なま女房」である。新参の女官を意味する語のようだ。

或るひと云く、比叡の御社に、いつはりてかんなぎのまねしたるなま女房の、十禅師の御前にて、夜うち深け、人しづまりて後、ていとうていとうと、つづみをうちて、心すましたる声にて、とてもかくとも候、なうなうとうたひけり。その心を人にしひ問はれて云く、生死無常の有り様を思ふに、この世のことはとてもかくても候。なう後世をたす

けたまへと申すなり……[7]

名もない下端の女官が夜中に巫女に変装して「比叡の御社」すなわち山王権現の前で祈る。「この世の事はともかく、どうか後生はたすけてください」と。こうした女性がどんな悩みを抱えていたか定かでないが、絶望は一度ならず彼女を襲ったにちがいない。聖なる装束に変装してでも、権現に祈りをささげに行ったのである。

小林秀雄の「無常といふ事」は次のように終わる。

現代人には、鎌倉時代の何処かのなま女房ほどにも、無常といふ事がわかつてゐない。常なるものを見失つたからである。[8]

彼が言う「常なるもの」とは超越者のことであろう。この文章が書かれたのは昭和十七年、日本人が「帝国」のための戦争にますます深入りしていったときである。小林が戦争イデオロギーを信じていたとは考えにくい。

三　諭吉の母の宗教

江戸時代は合理主義の時代であった。自然科学の発達した近代から見れば合理主義など発達していなかったろうと思えるかもしれないが、自然のみならず、政治や社会のこともすべて「理」によって説明し尽くせるという思想が日本を支配した時代である。朱子学の全盛。天地人すべてを「理」によって説明し尽くすこの一大哲学体系が、徳川幕府の採用した唯一のイデオロギーだった。

近代科学の本格的導入は明治になってからというのは本当である。しかし、明治以降の日本人のほうが江戸時代の人たちより合理的であるというのは間違いである。近代日本を支配した思想は神話的国家主義であって、そのどこにも合理性はない。国家を超越する「理」といった江戸時代の観念はそこには存在しなかったのである。江戸時代こそは日本人が最も思想的に豊かになった時代。その豊かな実りの大もとは、なんといっても理に徹した朱子学だった。(9)

江戸時代が空前の合理主義の時代であったとすれば、宗教が中世ほどの勢いを持てなかったことは容易に想像できる。事実、徳川幕府が採った宗教政策はすべての寺社を権力の管轄下に置くというもので、民の宗教を否定しはしなかったものの、それを上から統御するという姿勢を貫いたのである。その結果、仏も神も人々の日常生活の中に残りはしたが、宗教が中世ほどの情熱を帯びることはなくなった。今日の日本人の熱のない宗教生活も、元はといえばそこから来ていると言えるだろう。

しかし、そうであってもなお、明治以降に比べれば宗教は人々の心に根づいていた。たとえば福澤諭吉の『福翁自伝』(一八九九)を見ると、そこに本物の篤信家がいたことがわかるのである。『自伝』における諭吉の幼少期の思い出に登場する彼の母を見てほしい、そこに描かれている彼女の姿を見ると、中世以来の「法灯」が消えずに残っていたことがわかるのである。

母もまた随分妙なことを悦んで、世間並みには少し変つていたやうです。一体、下等社会の者に付き合ふことが数寄で(……)軽蔑もしなければ忌がりもせず、言葉など至極丁寧でした。また宗教について、近所の老婦人たちのやうに普通の信心はないやうに見える。例えば家は真宗でありながら、説法も聞かず「私は寺に参詣して阿弥陀様を拝むことばかりは、可笑しくてキマリが悪くて出来ぬ」と常に私共に言ひながら、毎月、米を袋に入れて寺に持つて行つて墓参りは欠かしたことはない（その袋は今でも大事に保存してある）。
阿弥陀様は拝まぬが坊主には懇意が多い。檀那寺の和尚は勿論、また私が漢学塾に修行して、その塾中に諸国諸宗の書生坊主がゐて、毎度私所に遊びに来れば、母は悦んでこれを取持つて馳走でもするというやうな風で、コンナ所を見れば、ただ仏法が嫌ひでもないやうです。とにかくに、慈善心はあつたに違ひない。[10]

ここには諭吉の宗教に対する醒めた眼差しも見えるが、彼独特の母への敬愛ものぞく。その母は「寺に参詣して阿弥陀様を拝むことばかりは、可笑しくてキマリが悪くて出来ぬ」人だったようだが、並ならぬ信心を心の奥にしまい込んで生きていたのである。こうした女性が明治の世を動かした一大啓蒙家の母であったということは案外深い意味を持っているのではないか。そのことについてはすでに書いたことがあるので[11]、ここではこれ以上触れない。

『自伝』には諭吉の「母」の「慈善心」の実例が挙げられているが、これこそ彼女の篤信の精髄を表す。近所の「女乞食」を家に呼んで食事を与え、食べてくれたことに感謝したうえ、その髪の毛に群がる「虱」を退治したのである。息子の諭吉はこれを手伝わされて閉口したが、母のほうは面白がるように「虱とり」をつづけたという。通常の「慈善」を超えた奇行ともいうべきこの行為には、深く浸み込んだ仏教思想が見てとれるのである。近代人の「福祉」とはちがって、仏という超越者を前提にしての行為。朱子学全盛であり、多くの人が慣習化した宗教生活に甘んじていたことを考えると例外とは言えるのだが、それでも近代以降には決して見られない行為であったように思える。

諭吉の兄が急死し、諭吉自身が家督を相続しなくてはならなくなったにもかかわらず、どうしても蘭学修行に出たいと母に願い出たときの彼女の言葉もその意味で興味深い。彼女は懇願する息子に「兄が死んだけれども、死んだものは仕方がない。お前も余所に出て死ぬかも知れぬが、死生の事は一切云ふことなし。どこへでも出てゆきなさい」と応えたのだ。母子の情を超えた無常思想の生きた見本がここにある。

四　廃仏毀釈と西洋化

明治維新が日本人の精神文化にどれだけ打撃を与えたかは安丸良夫の著作を読めばわかる。[12]日本人の伝統宗教は神も仏も尊ぶ神仏習合に代表されるが、これを政府は意図的に破壊したのである。明治元年の「神仏分離令」(一八六八)によって日本人の公式宗教が天皇崇拝と国家神道へと切り替えられた。廃仏毀釈の嵐が吹き荒れ、仏教界のみならず従来の神道も多大な被害をこうむったのである。本来、神道は仏教なしに存在できず、仏教も神道なくしてあり得ず、両者一体となって人々の日常に入り込んでいた。ところがその日常が、国家の政治的イデオロギーによって破壊されたのである。

明治政府は近代化のために西洋の諸制度を取り入れたが、最も力を入れたのは科学技術の導入であった。科学技術といえば江戸時代中期から蘭学者たちが研究してはいたが、維新になってそれが全面解禁となり、日本人の思想文化の本流となったのである。一方、精神文化のほうは、これを政府は後回しにし、「富国強兵」の目標実現に役立つものばかりを優先した。その結果、伝統的精神文化が破壊されただけでなく、それにかわるものが育たなかったのである。

上からのこのような近代化が日本人の精神にどういう影響を与えたかについては、明治日本を外から見たラフカディオ・ハーンのような人がよく語っている。先にもあげた『知られざる日本の面影』中の「日本人の微笑」（The Japanese Smile）に次のような一節がある。

日本人の微笑を理解しようと思ったら、昔の、自然な、一般の人々の生活に少しは入りこむことができなくてはならない。近代化された上層階級からは、なにも学ぶことができないからだ。高い教育を受ければ受けるほど、民族のちがいというものがよりはっきりしてくる。共感が得られるかわりに、東洋人と西洋人の溝は広がるばかりなのである。（中略）西洋風の教育を受ければ受けるほど、彼らの心理はわれわれ西洋人のそれから遠ざかる。近代教育のせいで、彼らの性格はなにか妙に硬いものに結晶してしまい、少なくとも西洋人にとっては特異な不透明さを帯びてくるのである。感情面では、日本人の子供のほうが数学者よりも、百姓のほうが政治家よりよほどわれわれに近いということだ[13]。

ハーンはここで、英語などまったくわからない、西洋のことを何も知らない「子供」や「百姓」のほうが、西洋についての知識を持つ人々よりはるかに西洋人とのコミュニケーションができると言っているのだ。近代化した、すなわち西洋化した日本人が、誰ともコミュニケーションのできない異様な人間と化していくことを見ていたのである。伝統的な精神文化が急速に衰えていくさまを見のがさなかった彼の言葉こそ、もっと多くの日本人が知るべきではないだろうか。今日でも日本人の多くは「国際化」のためには英語教育が絶対必要だと信じているが、それを見直すうえでも彼の言に耳を傾けるべきである。日本人は明治以降西洋化されることによって人間性を失い、西洋人だけでなく、誰とも付き合いができなくなっているのだ。

五　産業革命と地方改良運動

明治時代にはそれでも江戸時代の遺産があり、伝統のかけらは残っていた。日本人の精神の荒廃が顕在化したのはむしろ昭和になってからで、産業革命の浸透で農村共同体に根づいていた精神が崩され、都市部に出て行った人々は孤独な群衆、あるいは大衆と化したのである。

産業革命は日本人を自然環境から切り離し、機械文明のなかへ投げ入れた。かつては自然環境の一部であったはずの人間が、いきなり機械の一部となって共同体から切り離されたのである。こうした「疎外」に抗して多くの労働運動が生まれたにしても、国家という巨大な機械を前になす術はなかった。戦争とはそうした巨大な機械の産物であり、人々はその機械の一部となって戦場にかり立てられたのである。日本人は進んで戦争を戦ったというよりは、戦争という機械運動に巻き込まれていったと言うべきである。

当時の心ある文学者、たとえば横光利一は「機械」（一九三〇）という作品に、そうした状況を表わしている。この作品は都市部の小工場を舞台とし、そこではたらく者たちの異常な精神状況を描ききったものである。以下はその精神荒廃の果ての提示。これを悲惨と言わずして、何を悲惨と言えるだろう。

いや、もう私の頭もいつの間にか主人の頭のやうに早や塩化鉄に侵されてしまつてゐるのではなからうか。私はもう私が分らなくなつて来た。私はただ近づいて来る機械の鋭い先尖がぢりぢり私を狙つてゐるのを感じるだけだ。誰かもう私に代つて私を審いてくれ。私が何をして来たかそんなことを私に聞いたつて私の知つてゐよう筈がないのだから。[14]

語り手である「私」はもはや何も判断できない状態に陥っている。主体の意識を完全に喪失し、自らがしていることと他人がしていることの区別もつかず、自己についての責任能力を失っているのである。このような荒廃が何によってもたらされたのか。作者はそれを「ただ近づいて来る機械」としているが、この「機械」が目に見えない、個人を超えた巨大なシステムであることに間違いはない。

橋川文三の『昭和維新試論』（一九八四）を読むと、日露戦争後の「地方改良運動」が社会と文化を根本的に変えたのである。彼によれば、産業革命だけが日本人をそうした精神荒廃に追い込んだわけではないことがわかる。この「改良運動」は政府が日本国内の意識統一をはかろうとして農村・漁村・山村に仕掛けたものであり、その結果伝統文化が根こそぎにされ、中央の国家主義イデオロギーが全国に浸透したのである。橋川はそこに「昭和維新」を理解する鍵を見たのだが[15]、彼がその「運動」の端的な例としてあげている全国の神社の「統合」政策の方が私には気にかかる。というのも神社が仏寺とともに日本人の精神生活の基礎だったからで、それを政治的に「統合」することがどれほど文化的伝統を害したか測り知れないからである。明治末期の政府によるこの「改良運動」は、つまるところ伝統宗教を政治イデオロギー化した「神仏分離令」の延長線上にある。次の引用は先に引用した「機械」と同じ年に書かれた川端康成の作品からのものであるが、そこには「改良」の結果生まれた精神の荒廃が別の形で示されている。

「葬式っていくらくらゐかかるもんだらう。」
「さあ、上はきりがないがね。死体を火葬場まで運ぶ霊柩車代と……まさか当世かついで行けないからね……お、それから棺桶代だ。」
「坊主は？」

「そんなものいらんよ。……区役所へでも頼めないものかな。――うん、さうだ。僕の学校へ死体を寄付してくれよ。」
「死体を寄付?」
「解剖学の材料にさ。年頃の娘の死体つて、めつたに来ないから、さうしてくれるとありがたいね。学校から死体を受け取りに来るし、香典のしるしくらゐは出すよ。」

(「死体紹介人」一九三〇)[16]

ここには死に対する伝統的な禁忌もなければ、畏怖も見られない。一人は葬式の費用の心配をし、もう一人は「解剖学」のことしか考えていない。

六 人体実験の恐怖

「解剖学」といえば蘭学のはじまりが思い出されるが、蘭学は日本近代精神の萌芽として評価できるにせよ、そこに近代の恐怖がはじまったということも忘れてはならない。蘭学者たちは喜んで人体の解剖に乗り出し、新しい知の獲得に興奮したのであるが、あの恐ろしい「人体実験」もそこに始まったのである。

七三一部隊といえば、帝国陸軍の「人体実験」で知られる悪名高き部隊である。旧満州国にあって、医学的研究と細菌兵器開発のために、生きた人間の体を使って実験したことで知られている。実験対象となったのが日本人ではなく、「捕虜」として捉えられた中国人・朝鮮人・ロシア人・アメリカ人などであったことが、この悪行を「残虐」かつ「非人間的」きわまるものとした。ところが、この犯罪はこれまでさほど明るみに出されて来なかった。

その原因のひとつは蛮行が秘密裏におこなわれたことにある。もうひとつは終戦直後に日本軍が関係資料を隠滅したことにある（一部の資料は米軍にわたったという）。二〇世紀も末になってようやく生き残った部隊員たちからの「証言」が得られるようになり、はじめて実態の一部が明らかになったのである。

七三一部隊についての常石敬一やハル・ゴールドの著作を見ると、[17] この部隊の目的が「科学の進歩」にあったことがわかる。部隊の人間は「帝国陸軍」に属してはいたが、軍人であるよりは科学者だったのだ。彼らのおかした犯罪は、したがって「戦争犯罪」であるだけでなく、医学の倫理、科学の倫理にそむくものであった。今日の生命倫理からすれば最も厳しく裁かれるべき悪行がなされたと言ってよい。

同部隊の生き残りのひとりは次のような証言を残している。

「マルタ」というのは、ここ（特設監獄）に監禁され、やがて生体実験、生体解剖される人たちのことです。私もあとで生体実験などにかかわるようになったのですが、隊員たちが夜おそく風呂に入りながら、「今日おまえンとこで何本倒した」「おれンとこ三本だよ」「おれンとこ二本だよ」と、まるで丸太のようないい方をするのをききました。人間の命を奪うのに……材木の丸太を倒したような感覚で……「何本倒した?」と……。七三一部隊の中で私たちは、人間としての感覚をなくしていたのだろうと思います。[18]

こうした証言は証言者が戦後中国に抑留されている期間に「洗脳」されたためであると見る人もいるようだが、そういうことを言う人も別のイデオロギーに無意識裡に染められているということを忘れてはなるまい。私としては証言者の「私たちは、人間としての感覚をなくしていたのだろうと思います」という言葉に謙虚に耳を傾けたい。これまで述べてきた「疎外」「機械化」「判断能力の喪失」「責任感の欠如」とそのまま重なる言葉だからである。

すでにその文章を引用した川端康成は、戦時および戦後の日本人の精神状態について次のように言っている。

戦争中、特に敗戦後、日本人には真の悲劇も不幸も感じる力がないといふ、私の前からの思ひは強くなつた。感じる力がないといふことは、感じられる本体がないといふことでもあらう。……私は戦後の世相なるもの、風俗なるものを信じない。現実なるものもあるひは信じない。（「哀愁」一九四七）[19]

つまり川端は、敗戦した日本人の精神状態を「真の悲劇も不幸も感じる力がない」と感じ、それは日本人が「感じられる本体」を失ったからだと言っているのである。「感じられる本体」を失えば、何をしでかしても何も感ずることがない。七三一部隊の暴挙もそうした心的状態が生み出したものと推察される。

七　祈りは可能か

先にも述べたが、日本人は近代以降「祈る」ことをしなくなった。小林秀雄のいう「常なるもの」すなわち超越者を失ったからである。しかし、それ以上に深刻なのは、川端のいう「感じられる本体」が失われたということではないだろうか。「本体」がなければ、生きていても死んでいるのと同然なのである。そんな状態からは「祈り」の生まれ出ようはずもない。

失われた「本体」を回復するには何をすればよいのか。宮沢賢治は昭和のはじめに、つぎのような力強い近代批判の言葉を発している。

曾つてわれらの師父たちは乏しいながら可成楽しく生きてゐた
そこには芸術も宗教もあった
いまわれらにはただ労働が　生存があるばかりである
宗教は疲れて近代科学に置換され然も科学は冷く暗い
芸術はいまわれらを離れ然もわびしく堕落した

（「農民芸術概論綱要」一九二六）[20]

賢治の場合は近代批判の心をいだきつつ「法華経」に信を置き、そこから「ほんたうの幸ひ」のために祈った。近代において彼ほど世界のために、また自分のために祈った人はいないのではないか。彼に祈りが可能であったのは、彼に高い理想があり、それに比しての現実への深い絶望があったからにほかならない。

では、私たちは賢治のように「祈る」ことができるだろうか。何かを信じ、理想を実現しようという特別な情熱を持たない私のような人間には、到底それはできそうに思われない。しかしそういう私でも、現代日本に向けて提案したいことはある。残された紙面を使って、その提案を示そうと思う。「紛争の理論」（Conflict Theory）がそれである。今の世界に何かを生み出す可能性があるとすれば、この理論によってではないかと思われる。少なくとも日本人にとって、この理論は極めて有益であると思われる。

八　紛争の理論

「紛争の理論」はノルウェーの犯罪学者ニルス・クリスティーが考え出したもので、社会が健全であるためには

「紛争」がなくてはならないというものである。「紛争」を避ける一切の社会は病気にならざるを得ない。ところが、現代では個人と個人の紛争にもすぐ法律が、弁護士が、介入する。そのような法的解決手段は個人からほんとうの意味での「紛争」を奪うものである。クリスティーにとって「紛争は財産」なのである。

彼の言う「紛争」は当事者どうしの直接対決を意味する。当事者にとって決して快いものではないが、それがなければ個人と個人が対面する機会は得られないのである。そのような機会が奪われているところに現代社会の問題があると彼は言う。この理論を彼はニュージーランドの先住民の慣習を知ることで考えついたのだそうだ[21]。

この理論を国際政治に応用すれば、現代世界は対立者どうしの真の意味での「紛争」を避けていることになる。世界中が病んでいるのはそのためなのである。テロ事件がひっきりなしに起こるのも、人々が「紛争」を避けているからである。「紛争」ができなくなった人間は暴力に訴えることでしか自己表現ができなくなるのだ。そこからは何も生まれず、暴力の連鎖だけが繰り返される。

私がこれまで述べてきたこととこの理論がどう関係するのかといえば、川端康成が言ったように日本人に「感じられる本体」がないのだとすれば、それを回復するには他者との「紛争」しかないように思われるからである。紛争自体は解消されなくとも、少なくとも私たちの生はそれによって活性化されると思えるのだ。他者との対立がなければ、自分というものを実感することもできまい。現代においては「人を殺してみないと自分の存在がわからない」と無意識に感じている若者がいると聞くが、それは社会が「紛争」を抹殺してきたからなのである。

現代日本において対立は悪であり、忌避されるべきとされている。この風潮がつづくかぎり、日本人の「再生」はあり得ないのではないだろうか。現代において祈ることが難しくなっている以上、私たちは「紛争」をつうじて自らの社会を活性化させなければならない。「祈り」にかわって「紛争」。「紛争」と言って悪ければ「正面対決」

と言ってもよい。それが私たちには必要なのだ。

（1）『新編日本古典文学全集四九　中世和歌集』（小学館　二〇〇〇年）一一二頁。「金槐和歌集」八三番。
（2）ラフカディオ・ハーン『新編　日本の面影』（池田雅之訳、角川文庫　二〇〇〇年）「神々の国の首都」七六頁参照。
（3）渡辺秀訳『アラン著作集〈9〉宗教論』（白水社　一九九七年）一〇五頁に「復活祭は異教の祭り、感覚の祭りだ」という一文がある。
（4）『古今和歌集』の思想的位置については佐藤正英『花鳥風月としての自然の成立―古今集を中心に―』（以文社　一九七九年）参照。
（5）『新日本古典文学大系四四　平家物語・上』（岩波書店　一九九一年）二四頁。
（6）『新日本古典文学大系五六　梁塵秘抄・閑吟集・狂言歌謡』（岩波書店　一九九三年）一三頁。
（7）『日本の思想5　方丈記・徒然草・一言芳談集』（筑摩書房　一九七〇年）三二八-三二九頁。
（8）『小林秀雄全集』第八巻（新潮社　一九六七年）一九頁。
（9）源了圓『徳川思想小史』（中公新書　一九七三年）、大嶋仁『こころの変遷』（増進会出版　一九九八年）など参照。
（10）『福沢諭吉全集』第七巻（岩波書店　一九五九年）一七頁。
（11）大嶋仁『福沢諭吉のすゝめ』（新潮選書　一九九八年）参照。
（12）たとえば、安丸良夫『神々の明治維新』（岩波新書　一九七九年）。
（13）引用文の邦訳は本論筆者による。注（2）の書の三〇九頁に相当する部分であるが、同書は抄訳であるため原文の一部が省かれている。ここでは原文をそのまま訳した。なお、出典は Lafcadio Hearn : *Glimpses of Unfamiliar Japan*（First Series, Leipzig Bernhard Tauchnitz, 1907）p. 288.
（14）『定本・横光利一全集』第三巻（河出書房新社　一九八一年）三七八頁。
（15）橋川文三『昭和維新試論』（講談社学術文庫　二〇一三年）とくに第九章。
（16）『川端康成全集』第三巻（新潮社　一九七〇年）二二三-二二四頁。
（17）常石敬一『七三一部隊―生物兵器犯罪の真実』（講談社現代新書　一九九五年）および Hal Gold "*Unit 731 Testimony*"（Tuttle

Publishing 1996)。

(18) http://uketugukaiiwate.jimdo.com 撫順の奇跡を受け継ぐ会・岩手支部「元７３１部隊・人体実験の事実から学ぶ」(二〇〇八年)。

(19) 注(16)の『全集』第二十七巻(新潮社　一九七二年)三九一頁。

(20) 『宮澤賢治全集』第十三巻(筑摩書房　一九九七年)一〇頁。

(21) Nils Christie : Conflicts as Property, in *The British Journal of Criminology*, Vol. 17 No. 1, 1977.

出雲神話と「結びの思想」

町田宗鳳

一　日本の思想的元型としての「結びの思想」

日本の精神文化の核心にあるのは、仏教でも神道でもなく、私は「結びの思想」だと考えている。なにしろ歴史の始まりからして、イザナギとイザナミが嬉々として「まぐわいの儀」を営み、次々と国生みをしていったことになっている。それは、この世の初めにアダムとイブが愚かにもサタンであるヘビに騙され、うっかり禁断の実を口にすることによって、あがなうことのできない原罪を犯してしまったという世界観とは、まったく異なるものだ。

いずれの神社にも注連縄があるが、あれは神と人、あの世とこの世、男と女、物と心の結び合いを意味するものだ。とくに伊勢神宮系の瀟洒な注連縄に比して、出雲大社系あるいは諏訪大社系のそれは、圧倒的な存在感をもって神社本殿の正面を陣取っている。

民俗学者の吉野裕子は『蛇・日本の蛇信仰』（講談社学術文庫）の中で、注連縄が雌雄の大蛇が交尾している姿を表象するものとしているが、もしそうだとすれば、蛇のもつ旺盛な生殖力が、神道が何よりも尊いものとする「産

み の力」に結びつけられたのだろう。それは決して野卑なことではなく、この注連縄の雄々しき姿にこそ、われわれ日本人の思想的元型が隠されているのだ。それは、二つの異質なものを見事に統合していく日本独自の文化的発酵力のことである。

注連縄が神社に祀られているのは、ご神域において人が厳粛に神事を行じ、心に穢れなきことを明らかにすれば、神と人との「結び」が実現することを示している。どこまでも愚かな人間も、至誠を貫いた生き方をするならば神仏と結ばれる。それが日本宗教のエスカトロジー（救済論）の核心を成している。そういう精神的土壌がなければ、禁欲的な原始仏教が日本列島において大きく変容し、極端な世俗化の中で大乗仏教の精神を見事に開花させることもなかったはずである。

一神教では神と人、光と闇とは、どこまでも断絶した存在であり、神人合一体験を重視する神秘主義者を除いて、両者が結ばれるという考えは存在しない。創造主と被創造物との断絶が西洋一神教の思想的元型になっているがゆえに、そこから派生した西洋近代においても、聖と俗、善と悪、生と死、精神と物質の断絶が厳然と存在し、そういう二律背反的な思考回路が欧米人の知性の本質を形成している。そのおかげで近代科学が誕生し、そこから派生した近代産業が今日の文明を構築することになったことは否定できない。

しかしその一方で、日本人は古来、そのようにナイーブな二元論的世界に生きてきたわけではないことも認識すべきだ。いたずらに善悪白黒をはっきりさせない曖昧な文化を培ってきた日本人には、たとえ異質なものも決して相対立するものではなく、基層においてしっかりと繋がっているという直観があり、その直観こそが日本人の思想的元型としての「結びの思想」にほかならないと、私は定義づけるに至った。

出雲における「国譲り神話」も、『旧約聖書』に定められているような聖戦による異民族・異教徒の殲滅義務とは対照的に、先住民族と渡来民族の和解と融合を象徴するものであり、そのような古代神話を民族的精神遺産として二十一世紀の今日まで引き継いでいることを、日本国民は大いに誇りとすべきである。

日本の伝統芸能や科学技術は、すでに国際的に高い評価を得ているが、この国の思想的元型としての「結びの思想」は、ほとんど認知されていない。なぜなら、近代合理主義に洗脳されてしまった日本人自身が、その真価を評価できないでいるからである。私はこの思想的元型を日本人に啓蒙するだけではなく、世界発信することに残された学者生命を賭けたいと願っている。恐らく同様な思いを、小泉八雲、出雲信仰、伊勢信仰など極めて日本的な事象から、より普遍的な基層文化を発掘するために、洞察力に満ちた研究を展開されてきた池田雅之教授にも共有して頂けるものと信じている。

二　出雲で実現する異界との「縁結び」

出雲大社といえば、まず「縁結びの神様」ということになる。元禄時代に活躍した浄瑠璃作家・井原西鶴の『世間胸算用』にも「出雲は仲人の神」と書かれており、すでに江戸時代において、良縁を結ぶことを願って、多くの人々が出雲に向かっていたと思われる。

そのような信仰が広まった理由は、平安時代末に藤原清輔が書いた歌学書『奥義抄』にも記されていることだが、十月の神無月を出雲では神有月と呼び、日本中の神々が集うと信じられていたためである。諸国を離れた八百万の神々が出雲の地で、いずれの男女を結び合わせるかを協議する折に、ぜひ自分の縁も結んでもらいたいと人々は願ったらしい。

松江にある八重垣神社は、さらに男女の「縁結び」で賑わっている。なぜなら、スサノオ（素戔嗚尊）がヤマタノオロチ（八岐大蛇）退治に成功した後、晴れてクシナダヒメ（櫛名田比売）と結ばれ、ここに住んだことになっているからだ。そして、あの有名な日本最初の和歌「八雲立つ　出雲八重垣妻ごみに　八重垣つくるその八重垣を」を詠んだとされる。

しかし出雲の神々は男女の縁結びよりも、はるかに重要な使命を担っていたのだ。それは、幽世（かくりよ）と現世の縁結びである。オオクニヌシが高天原を主宰するアマテラス（天照大神）から派遣されたタケミカヅチ（建御雷神）に国譲りをしたということは、単に先住民が渡来民に葦原中国（あしはらのなかつくに）の統治権を譲ったというだけではなく、そこに重大な意味が秘められている。

「吾が治す顕露の事は、皇孫（すめみま）まさに治めたまふべし。我は退り（さ）て幽事（かくれたること）を治めむ」（古事記）

これは、オオクニヌシが幽冥主宰大神（かくりごとしろしめすおおかみ）となることを表明した堂々たる宣言である。国津神たるオオクニヌシは、目に見えざる幽世（かくりよ）を治めることに専念し、現世の目に見える政（まつりごと）を天津神に任せる決意をしたのである。今まで指摘した人がいないのが不思議なくらいだが、出雲大社の注連縄が伊勢神宮とは異なり、左綯いになっていることも、冥界から現世（うつしよ）を主体的に動かしていくことを表しているものと思われる。

オオクニヌシが冥界の主となるには、それなりの理由があった。彼が、まだオオナムジと呼ばれている頃、因幡国で兄である八十神（やそがみ）たちが娶るつもりだったヤガミヒメと結ばれ、大いに嫉妬を買った。そのため二度も罠にかかり、殺害されたのだが、そのつど母神であるサシクニワカヒメ（刺国若比売）の力で、冥界から復活している。

根の国から辛うじて逃れたオオナムジは、スサノオの娘スセリビメ（須勢理毘売命）と相思相愛の仲になるが、今度はスサノオから繰り返し、命を賭した試練を課せられる。この時も、スセリビメの機転により、何度も窮地から脱出している。その必死の試練を乗り越えたオオナムジは、ついにスサノオから認められ、オオクニヌシとなって国を治めることを命じられた。ようやくスセリビメを正妻に迎え、宇迦山の麓の岩の根に宮柱を立て、高天原に届く様な立派な千木（ちぎ）のある新宮を建てて住み、国づくりを始めたわけである。

オオクニヌシが、現世的な福運をもたらす大黒天とみなされる一方で、幽冥主宰大神であり得たのは、幾度となく死の世界に堕ちながら、そこから復活しているからだ。そこには母サシクニワカヒメと妻スセリビメという二人の女性の力が働いていることも、注目しなくてはならない。

かつて高天原から追放されたスサノオもまた、女性の力を得て、根の国から復活したとも言える。彼は神通力を使って、ヤマタノオロチに喰われることを恐れるクシナダヒメを湯津爪櫛（ゆっつまぐし）に変えてしまうが、その櫛を自分の髪に差し込み、そのおかげでオロチ退治に成功する。そしてかつては降りしきる雨の中を誰にも相手にされずに、独り根の国に落ちていった彼が、愛するクシナダヒメと共に須賀の地の宮殿に住むことになったわけだから、これは見事な復活であった。

拙著『ニッポンの底力』（講談社＋α新書）でも指摘したことだが、日本文化の祖型は、「追放と復活」にある。その貴重な祖型を現代人に継承するために、スサノオやオオクニヌシの神話は今に至るまで連綿として語り継がれてきたわけだ。

スサノオも、その娘婿であるオオクニヌシも、根の国、つまり地の底にある冥界を拠点として地上に現れた大神である。その双方が祀られる出雲大社の「神迎（かみむかえ）神事」では、稲佐の浜に到着した神々が「龍蛇神」に先導され、出雲大社まで御神幸される。この「龍蛇神」とは、日の沈む海から上陸してくる海蛇なのだが、まさに冥界の使者のことではなかろうか。

それとは対照的に、高天原の天照大神は、日が昇る伊勢の地に降臨し、皇霊（みたまのふゆ）となったのである。国譲り神話は、そういう冥界の大神と天界の大神が地上の人間界で出会い、ついに和解に至ったことを示している。その両者が手を結んだということは、冥界と天界の融合から生み出される不可思議な霊力を国家運営の原理とすることが定められたことを意味する。その両者の和解の象徴として、壮大な杵築大社（きづきのおおやしろ）が建てられたのだ。

したがって、アマテラスに派遣されたニニギノミコト（瓊瓊杵尊）が日向の高千穂峰に天孫降臨し、その系譜にあるとされる天皇が冥界の力によって現世の顕事（あらわにごと）を恙（つつが）なく治めるために、朝な夕なに宮中において神事を営むことは絶対不可欠だったのである。残念ながら、そういう認識が現代日本の国民の間ではほとんど共有されていない。

本居宣長の『玉勝間』によれば、かつての出雲大社本殿は現状の倍ほどもあり、中古（平安時代）には十六丈（四十八メートル）、さらに上古には三十二丈（約九十六メートル）であったとされる。これは、当時の東大寺大仏殿や平安京大極殿より規模が大きかったということになるが、それほど重要な構造物だったのである。出雲大社は、オオクヌシが覇権を諦めたことへの見返りとして建てられたことになっているが、恐らくそうではあるまい。それは顕幽の結びを国家運営の基軸に据えることをもっとも具体的に象徴する地上の構造物であったために、それほどまでに大規模なものにする必要があったと思われる。

さらに出雲大社では、その創建以来、アマテラスの子のアメノホヒ（天穂日命）を祖とする出雲国造家が祭祀を担ってきた。本来なら、オオクニヌシへの出仕は出雲族の者がするべきなのだが、そうはならなかったわけである。これは、冥界の大神に天界の大神が派遣した伊勢族の人間が仕えることであり、現実にも日々の神事が顕幽の結びであることを意味している。

したがって、出雲地方のもろもろの神社に参詣するということは、男女の縁結びを願うこと以前に、冥界と天界の結びを地上の人間として心より寿ぐことを意味する。オオクニヌシの化身であるとされる大黒天の起源は、ヒンドゥー教の神マハーカーラであるが、マハーは「大」であり、カーラは「黒」である。そして冥府の神でありながら、財福をもたらすとして篤い信仰の対象になっている。このことは、冥界の力の支援なくしては、現世の人間的幸福は実現しないことを意味していると言えるが、そのことをいにしえの日本人は明確に理解していたのである。

三　無意識が産み出す神話と怪談

出雲地方にあれだけ多くの神社が存在するということは、それと同じだけの神話が存在し、また継承されてきたことを意味する。冥界の物語である神話を産み出すのは、ほかならぬ「無意識の力」である。その内容を顕在意識の合理的思考では把握し切れないものがあるのは、当然のことである。神話が内包する謎を解読するには、それを読む側にも相当な「無意識の力」が必要とされる。

それを誰よりも強く持ち合わせていたのが、皮肉にも日本人ではなく、民話の国アイルランドの父と、神話の国ギリシアの母との間に生まれた隻眼の異邦人・小泉八雲（ラフカディオ・ハーン、一八五〇—一九〇四）だった。そういう特異な背景をもっていた八雲だからこそ、出雲神話の本質にある日本人の基層文化を随筆や怪談という形で再表現し得たのである。池田雅之氏も、八雲の『知られぬ日本の面影』を現代の『古事記』とみなしてよいのではないかと提起した上で、次のように書いている。

欧米人が古い日本文化に憧れを抱いてやって来るとき、今でも、この八雲の本を携えていることがあるそうです。日本人にとってのみならず、欧米の人々にとっても、『知られぬ日本の面影』が、今日でも『古事記』世界への道案内を果たしているのです。八雲経由での欧米人の日本理解の伝統は、脈脈と続いています。現在のように、我々が『古事記』を楽しめるようにしてくれたのは、本居宣長のお陰といえますが、古代の『古事記』世界を現代にしかも世界に繋いでくれたのは、小泉八雲という存在をおいてほかにいないでしょう。(『古事記と小泉八雲』かまくら春秋社、六頁)

同年齢のイギリス人で、八雲よりもはるかに長く日本に滞在していた言語学者バジル・チェンバレン(一八五〇—一九三五)は『古事記』の英訳という功績がありながら、西欧至上主義のために神話的世界の本質をほとんど理解できていなかったことも、池田氏は同じ本の中で指摘している。英語教師として日本各地を転々としていた八雲と違って、チェンバレンは東京帝国大学教授だったのだが、日当たりの良い世界に生きている人間には、冥界の闇の奥に潜む秘宝の輝きが見えなかったのかもしれない。

とくに八雲は妻セツから伝え聞いた怪談をもとに、珠玉のような再話文学を生みだしたのだが、神話的世界を現代語に置き換えようとすると、怪談という形式をとらざるを得なかったのかもしれない。彼の作品の中にある「水飴を買う女」というごく短い怪談を紹介してみよう。

松江にある飴屋に毎夜遅く、水飴を買いに来る青白い女がいた。素性を聞いても何も答えないので、怪しく思った飴屋が尾行すると、町外れの墓地の前で姿を消す。墓の下から赤ん坊の声が聞こえてきたので、墓を開けてみると、例の女の亡骸が見つかり、その横で元気な赤ん坊が坐っており、その傍らには、水飴が入ったお椀があった。じつに母の愛は、死よりも強いものだった。

　このストーリーは、母神サシクニワカヒメの力で二回も冥界から蘇生したオオクニヌシの話と通じるものがないでもない。「無意識の力」とは、「母性の力」とも置き換えることができるほど、神話的世界では女性の存在は大きいのであり、男性優位というのは、近世以降の歴史の浅い社会制度に過ぎない。

　小泉八雲が持っていた「無意識の力」をさらに現代において継承したのが、出雲からは少し離れるが、鳥取県境港に育った漫画家水木しげるである。幼少の折、家政婦から聞かされた幽霊の話に強い関心を示したことも、単に偶然ではなく、なにか歴史的必然性のようなものを感じさせられる。

　水木の卓越した想像力は、幼い柔らかい魂に刷り込まれた幽霊の元型的イメージと、ニューギニア戦地での生死を彷徨うような壮絶な体験が結び合わされることによって形成された。その想像力が紡ぎ出した『ゲゲゲの鬼太郎』はじめ、多くの妖怪漫画はプラグマティックな思考回路しか持ち合わせなくなっているはずの現代人の心をも掴んで放さない。そういう水木が書き残した「幸福の七カ条」は、含蓄に富んでいる。

幸福の七カ条

第一条　成功や栄誉や勝ち負けを目的に、ことを行ってはいけない。
第二条　しないではいられないことをし続けなさい。
第三条　他人との比較ではない、あくまで自分の楽しさを追及すべし。
第四条　好きの力を信じる。
第五条　才能と収入は別、努力は人を裏切ると心得よ。

第六条　怠け者になりなさい。
第七条　目に見えない世界を信じる。

さすが異界の生き物を友として生き抜いた稀代の漫画家だけのことはあって、常識を超えた信条を持っていたことが分かる。個人的には、私は第六条の「怠け者になりなさい」に心惹かれる。自分が好きでもないことを世間のリズムの合わせてやっているかぎり、怠け者にはなれないのではなかろうか。自分が大好きなことを自分流にやっている人だけが、真に怠け者になり得るのだ。

しかし、最も深い真理を突いているのは、第七条の「目に見えない世界を信じる」である。水木本人も、これを最後の条としたのは、いちばん重要と思っていたからに違いない。幸福は、「目に見えない世界」にこそ潜んでいるのだ。これを反対から言えば、「目に見える世界」だけを見ていれば、幸せになれないということでもある。

それにしても出雲・伯耆・石見という地域に、異様なほどの神楽への情熱と、冥界にかかわる神話や怪談が多いのは、なぜだろうか。それは、明治以来、恐ろしいスピードで近代化されてしまった日本における山陰という「陰」の領域が、顕在意識に照射されない貴重な「無意識の力」を温存させてきたからである。

そのことを本能的に感じ取った現代人も、小泉八雲の怪談や水木しげるの妖怪漫画を通じて、なんとか自分に「無意識の力」を取り込もうとしているのかもしれない。今も、山陰の地に生きる人たちには、自分たちの地域文化を今まで以上に大切にして、ぜひとも後世にも継承して頂きたいものだ。今は「裏日本」という表現は差別的という理由で使わなくなったが、日本の再生は「裏日本」と「表日本」の再統合にかかっていることを、この国の人々はもっと深く自覚すべきだろう。

四　日本という世界全体の問題

最近、建設会社の不正によるマンション傾斜問題が起きたが、あれは現代日本人の心理構造が表面化したような象徴的な事件といえる。現代人は無意識への杭の打ち込みが足りないため、自我が不安定になってしまっているのだ。さまざまな形態の精神疾患を患う人が増加の一途をたどっているのも、意識と無意識の「結び」、つまり統合がうまく出来ていないためだ。

日本だけでなく、この意識と無意識の分断というのは文明社会全般に顕著な傾向であり、デカルトが「我思う、ゆえに我あり」と言ったあたりから、人間は神の意志ではなく、自分自身の自我意識を尊重するようになった。それまでの中世社会にはびこっていた宗教的蒙昧を打破するためには、そういう理知を重視する思想が台頭してくる歴史的必然性があったことは否めない。デカルトは中世の幕を下ろす上で大きな貢献をしたのだが、問題はその後、無意識という大神を玉座から蹴落とすことに成功した自我意識が、増長してしまい、人間の思考構造の中で専制君主のように君臨するようになったことだ。

理性や知性といったものも、自我意識に属するものだが、それだけで矛盾に満ちた人間の行動を制御できるものではない。五世紀のインドの思想家バスバンドゥ（世親）が「アラヤ識は暴流のごとし」と語ったほどに、無意識は圧倒的な力で、我々の人生に迫ってくる。アラヤ識とは、際限なくすべての行為を記憶する無意識にほかならない。

自我意識は生命活動の一部だが、無意識は死の世界に繋がっている。心停止者にしばしば臨死体験が起きたり、死期の迫る人間に「お迎え現象」が生じたりするのは、自我意識が停止し、無意識が剥き出しになってくるからだ。無意識は、我々が死んでからも色あせない記憶として堂々と存在し続ける。それが、神話や民話という形になったりもするわけだ。

カール・ユングが無意識にある元型的イメージをつかめば、誰でも「千人の声」で話すことができると言ったのは至言であるが、神話や民話にも、間違いなく千人、万人の声が埋もれている。無意識をいたずらに抑圧せず、それと良い関係を持てば、より創造的な生き方ができるのにも関わらず、我々は窮屈な常識の檻に自分を閉じ込めておく生き方をしていないだろうか。

現代では精神疾患だけではなく、犯罪も増えている。昔は凶悪犯罪というのは特殊な境遇に置かれた人たちが関わっている場合が多かったのだが、今ではごく普通の一般市民が犯すようになっている。日本社会が誇りとしてきた基本的な倫理観が崩れ始めているのだ。熾烈な競争社会に生きるうちに、意識化されない抑圧感情を自己内面で腐敗させてしまうと、自分でも予期しない行動に発作的に出てしまうのだ。それが自死であったり、犯罪であったりするわけだ。

大地震は思いがけない時にやって来て、何もかも奪い取ってしまう。心の大地震も同じことであり、そういう時に備えて、ふだんから無意識の深い地層にしっかりと杭を打ち込んでおくことは、何よりも大切なことではないだろうか。それをもう少し具体的に説明するなら、近代社会に生きる我々も、もっと謙虚に「死者の力」と「神仏の力」に手を合わせ、その感謝の心を生活の原動力にしていくべきなのだ。

「結びの思想」の仏教的表現が、「煩悩即菩提」や「生死即涅槃」である。「禍福はあざなえる縄のごとし」といわれているが、煩悩と菩提、生と死、意識と無意識、喜びと悲しみのすべてが「あざなえる縄のごとし」である。

そのどちらかが単独で存在することなど、あり得ない。

我々が生きたり死んだりすることも、涅槃にほかならない。つまり一つの連続性の中で起きているということになる。生と死も途切れていなければ、意識と無意識も途切れていない。皮相な近代合理主義に洗脳されてしまった現代人は、それらが断絶していると考えがちだが、じつはそちらのほうが全くの錯覚だった、ということも大いにあり得る。

我々が今生きていることも、無数の人々の死の上に成り立っている。日本文化を築き上げてくれた先人たちも、例外なく冥途に移っている。先人の死は無駄ではなく、生と死の無限回のバトンタッチが繰り返されて、我々は今日の近代的生活を享受しているわけだ。生が死を生み、死が生を生み出してきた。そう思えば、生きているだけで奇蹟であり、今日の平凡に感謝せざるを得ない。

近い将来、日本はアメリカと中国の二つの超大国に挟まれて、いよいよ困難な状況に直面することになると思われるが、もはや経済力や軍事力で太刀打ちできないし、する必要もない。それよりも、太古の昔から受け継いできた自分たちの精神遺産が、「結びの思想」にあることをしっかり自覚していれば、右往左往することはない。対立する二つのものを結び合わせる基層文化を生かして、国際社会で積極的な役割を買って出るべきだ。

島根県芸術文化センター協議会議長の高橋一清氏も、オオクニヌシの子であるコトシロヌシ（事代主命）が国譲りを父に決断させたエピソードを踏まえて、『古事記』の現代的な意義を説いている。

神話は、史実そのままを伝えるものではありません。ある事実を、後世に伝えるに、かわりやすい語りの形「物語」にして、語り継ぐうちに、いろいろな要素が加味されていったことでしょう。もともとは、出雲が戦いを挑まれて起きた一連の出来事の上に成り立っているといって間違いないでしょう。事代主命と大国主命の考えは尊びながらも、敗北の事実は深く人々の心に刻まれて、以後、この地の人々の考え方、行動する時の姿勢に影をおとします。とはいうも、精神において、ここはしたたかな優越感があるようです。これを「勝ちを譲る」といい、当地では、しばしば「負けて勝つ」との言葉を聞きます。それにつけても、この一連のやりとりを、どのようにとらえるか。事代主命の考えには、伝わってくる国を取り巻くさまざまな状勢、特に半島との関係が判断を下す時に考慮されたのではないでしょうか。国内で争いごとをするのが賢いことであると思えなかったのではないか。こうしたことをふまえての決断に、『古事記』では、ひとつのみごとな人間の叡智の物語が生みだされたと私は思うのです。

高橋氏がここで評価しようとしているのは、「和譲」の精神である。その美徳を堅持していたからこそ、大正時代に駐日フランス大使を務めたボール・クローデルのように「貧しいが高貴である」と、日本人を讃嘆してやまない外国人がいたのである。現代においても、それさえ忘れなければ日本も国際社会で尊敬される国になり得る。

メディアは、やたらとこの国の否定的側面ばかりを浮き彫りにして、悲観論を煽り立てるが、そんなものに乗せられていたら、ますます悲しい現象を引き寄せてしまう。広く世界を見渡せば、すぐに分かることだが、人種や宗教による差別もなく、紛争や飢餓もない平和な国に生まれ落ちただけでも、この上なく幸運なことである。ましてや、交通の便や衛生状態を考えただけでも、これほど便利で快適な国は稀有である。

それにしては、昨今の日本人は自信喪失気味で、人の顔色ばかりを見て暮らしているような気がする。「日本人にニッポンが足りない」と言ったのは、山形の老舗旅館の女将をしていた白人女性だが、たしかに我々は過去から何を受け継ぎ、未来に何を残していくべきか、国民的な使命感が不足しているのだ。そういう意味でも、現代日本人は山陰という土地をゆっくりと旅し、しばし神話的世界に浸ることもいいのではないだろうか。

かつて建築家のブルーノ・タウトが「『日本』という問題は、もはや日本のみの問題ではなくして、世界全体の問題である。この国もまたその国民の自覚の低下にともなって、次第に退屈に、無味乾燥になり始めるとしたら、それは全世界にとっても恐るべき損失であろう」と語ったが、我々日本人は、いよいよ日本人らしく生きることによって、文明の転換期における「世界の結び目」になり得るのではなかろうか。少なくともそれぐらいの気概をもってこそ、毎日の生活が決して退屈などではあり得ず、英気に満ちたものになるに違いない。

参考文献

池田雅之・高橋一清編著『日本の原風景Ⅰ　古事記と小泉八雲』（かまくら春秋社、二〇一三）
池田雅之編訳『妖怪・妖精譚』（ちくま文庫、二〇〇七）
町田宗鳳『ニッポンの底力』（講談社＋α新書、二〇一一）
町田宗鳳『人類は宗教に勝てるか――一神教文明の終焉』（ＮＨＫブックス、二〇〇七）

日本の「再生」思想

川勝平太

本稿は日本の「再生」思想について比較文化の観点から考察した粗削りのデッサンである。ラフカディオ・ハーン＝小泉八雲に関する池田雅之氏の著訳書に喚起されたエッセーであることを申し添え、謝意を表する。

一　キリスト教圏における再生

「再生」と聞いて、キリスト教文化圏の人々は何を想像するであろうか。イエス・キリストが「神の子」として天国から現世に降り、人々に福音を伝えたところ、人々を惑わす者として磔刑にされた。だが、三日後に「復活（すなわち再生）」して昇天したという『新約聖書』の物語を思い浮かべるであろう。この話は、イエス・キリストの母マリアの処女懐胎、誕生日のクリスマス、サンタクロースの贈り物、イエス・キリストの復活を祝うイースターなどとともに、日本でも広く知られている。

イエス・キリストは復活した。では、その復活＝再生の中身は何であろうか。それは、この世での再生ではなく、死後、天国での再生である。肉体は滅んでも、霊魂は未来永劫滅びないという信仰がキリスト教文化圏にはある。

　イエス・キリストは神の子である。では、人の子は再生できるのか。この問いに『聖書』は回答を用意している――人間も再生して天国で永遠の生を得る、と。その根拠はキリストが再臨して統治するという「千年王国（the Millennium）」の物語である。

二　千年王国

『新約聖書』の巻末に「これイエス・キリストの黙示なり」の一文で始まる「ヨハネの黙示録」がある。その第二〇章が「千年王国（ミレニアム）」の物語である。「千年王国」については日本ではあまり知られていないかもしれない。正確にはこういうものだ――


「我はまた一人の御使の底なき所の鍵と大いなる鎖とを手に持ちて、天より降るを見たり。彼は龍、すなわち悪魔たりサタンたる古き蛇を捕えて、これを千年のあいだ繋ぎおき、底なき所に投げ入れ閉じ込めて、その上に封印し、千年の終わるまでは諸国の民を惑わすことなからしむ。その後、しばしのあいだ解き放さるべし。

　我また多くの座位を見しに、これに座する者あり、審判する権威を与えられたり。我またイエスの證および神の御言のために馘られし者の霊魂、また獣をも、その像をも拝せず、おのが額あるいは手にその微章を受けざりし者どもを見たり、彼らは生きかえりて千年のあいだキリストとともに王となれり。そのほかの死人は千年の終わるまで生きかえらざりき。これは第一の復活なり。幸福なるかな。聖なるかな。第一の復活にあずかる人。この人々に対して第二の死は権威をもたず、彼らは神とキリストとの祭司となり、キリストとともに千年のあいだ王たるべし。

　千年終りて後、サタンはその檻より解き放たれ、出でて地の四方の国の民、ゴグとマゴクとをまどわし、戦闘のためにこれを集めん、その数は海の砂のごとし。かくて彼らは地の全面に上りて、聖徒たちの陣営と愛せられたる都とを囲みしが、天より火くだりて彼らを焼きつくし、彼らを惑わしたる悪魔は、火と硫黄との池に投げ入れられたり。ここは獣も偽預言者もまた居るところにして、彼らは世々限りなく昼も夜も苦しめらるべし。
　我また大いなる白き御座およびこれに座したまうものを見たり。天も地もその御顔の前にのがれて跡だに見えずなりき。我また死にたる者の大なるも小なるも御座の前に立てるを見たり。而して数々の書ひらかれ、ほかにまた一つの書ありてひらかる。すなわち生命の書なり。死人はこれらの書に記されたるところの、その行為にしたがいて審かれたり。海はその中にある死人を出し、死も陰府もその中にある死人を出したれば、おのおのその行為にしたがいて審かれたり。かくて死も陰府も火の池に投げ入れられたり、この火の池は第二の死なり。すべての生命の書に記されぬ者は、みな火の池に投げ入れられたり。」

これが「千年王国」の全文である。そこで語られているのは人の死後の再生である。死者の再生である点では、イエス・キリストの死後の復活と同じである。キリストが現世に再臨し「千年王国」を建設して殉教者とキリスト教徒の死者を再生させる。これが千年王国における「第一の復活＝再生」である。再生した死者は死とは無縁になり、キリストともに千年王国を統治する。

　では「第一の復活＝再生」にあずかれない者はどうなるのか。もう一度だけ再生のチャンスがある。それは千年王国の終末期だ。終末期にキリストは王国の初期に閉じ込めた悪魔を解放する。すると、サタンは悪事を働く。それを見た神は、天上から火を吹きつけ、「千年王国」を焼き尽くし、悪魔を硫黄の池に追い落として滅ぼす。

　ここに驚くべきことが書かれている。「千年王国」に生きている者を、善人・悪人を問わず、都もろともに神は劫火で焼き殺すというのだ。すさまじい殺戮ではないか。悪魔を退治するためというのは分かるが、神はなぜ、悪魔だけでなく、都の善人も焼き殺すのか。そもそも、王国末期に悪魔を解放したのはキリストである。キリストの悪魔への対処は正しかったのか。キリストはなぜ悪魔を生かしておいたのか。王国末期に悪魔を解放し、王国に災いをもたらし、善人までもが焼死するきっかけをつくったのはキリスト本人である。キリストに罪はないのか。

悪魔は退治され、都は焼け落ち、王国の人々はことごとく死に絶え、骨と灰になる。千年王国は灰燼に帰し、人類は滅亡する。これが千年王国の顛末である。

千年王国の滅亡後に「最後の審判」となる。これが死者の再生の最後の機会である。最後の審判は「生命の書」にもとづいて行われる。「生命の書」に名前の記載のない死者は、生前に悪業を重ねた者であり、地獄に堕とされて劫火の責め苦を昼も夜もなく受け続ける。

一方、「生命の書」に名前の記載されている死者は、生前に善行を積んだ者であり、再生する。これが「最後の審判」による死者の「最後の再生」である。では、再生した人間の住む天国とはどのような所か。「ヨハネの黙示録」は第二一章でこう述べている――

「神の幕屋、人とともにあり。神、人とともに住み、人、神の民となり、神みずから人とともにいまして、かれらの目の涙をことごとく拭いさりたまわん。今よりのち死もなく、悲嘆も號叫もなかるべし。前のものすでに過ぎたればなり。かくて御座に坐したまうもの言いたまう――見よ、われ一切のものを新たにするなり。」

天国は死者が再生して神とともに永住するところであり、そこに死はない。キリスト教の「再生」譚には特徴がある。第一に、「神の子」の復活＝再生も、千年王国の「人の子」の再生も、死者の再生である。第二に、神がキリストを遣わし、キリストは天から降ってまた天上に昇る。キリストが天上と地上との間を「往還」する。第三に、再生は「神の子」と「人の子」だけで、それ以外の動物・植物など、生きとし生ける衆生の再生は視野にない。「生→死→再生」――これがキリスト教文明圏における「再生」思想の骨格である。

三　日本における再生＝禊（みそぎ）

では、日本ではどうであろうか。キリスト教との相似・相異を意識しながら、日本人の再生思想の特徴を浮き彫りにしてみよう。

日本における「再生」は「禊（みそぎ）」と深く関係している。禊とは心身を水で清め、人としての姿かたちはそのままで、心身を清浄にし、いわば生まれたときのように、穢れのない、まっさらな状態になって、この世において、心身を一新する儀式である。清めの儀式は日常的には全国津々浦々でみられる神道行事の「お祓い」に表わされている。「お祓い」とは神前で穢れや罪や厄難などを祓い清める儀式である。

神道では「明（あけ）き心」「直（なお）き心」「清（きよ）き心」が重んじられる。キリスト教でそれに当たる価値は真・善・美の三つであるが、「明き心」は「真」に、「直き心」は「善」に、「清き心」は「美」と対応させられる。ただ、力点に違いがある。キリスト教では「神は真理」であり、「真理」への傾斜が強い。日本の神話では、イザナキの神が「禊（みそぎ）」をするように、清めることに力点がある。「禊」や「お祓い」は現世（うつしよ）での現身（うつしみ）のままの浄化である。禊やお祓いは「清め」の儀式として「美化」と言い換えられる。真・善・美のうち、キリスト教圏では神の「真理」に、日本では心身の「清浄（＝美化）」に力点がある。

さて、清めには「お祓い」の儀式が普及しているが、心身を水で清める儀式が「禊（みそぎ）」である。周知のことではあろうが、改めて「禊」の意味をいくつかの辞書で確かめておきたい――

・「身に罪または穢れのある時や重大な神事などに従う前に、川や海で身を洗い清めること」（岩波『広辞苑』）
・「身に罪や穢（けが）れのある者、また神事に従事しようとする者が、川や海の水でからだを洗い清めること」（小学館『大辞泉』）
・「身に罪や穢（けが）れがあるとき、または神事を行う前に、川や海の水をあびて身を清めること」（旺文社『国語辞典』第八版）
・「罪やけがれを払うために、川などの水を浴びて身を清めること」（大修館『明鏡国語辞典』）

ここに複数の辞書を引用したのは理由がある。「禊」の対象は、一つではなく、二つであることを、どの辞書も例外なく記していることを確認するためである。「穢れ」と「罪」の二つである。この二つを「水（川や海）」で清めるのが「禊」である。

では「穢れ」と「罪」は最初から一つのセットだったのだろうか、それとも、歴史的には、起源が別であり、あるときから一つのセットになったものなのであろうか。

答えははっきりしている。「穢れの禊」は神代の昔からあった。「罪の禊」は後代になって付け加えられたのである。そこで、まずそのことを確かめ、その上で、なぜ、だれが、どのように「罪の禊」をつけ加えたのか。その意味するところは何であり、また、その背景にある歴史的事実とは何であったのか、それらについて考えてみたい。

四　イザナキの禊（みそぎ）

キリスト教文明圏の『聖書』にあたるのは、日本では『古事記』である。『古事記』の上・中・下巻の上巻の神話のなかに日本の「再生」思想の原型を見出せる。

男神イザナキと女神イザナミとは相思相愛となり「みとのまぐわい（結婚）」をして「国生み」をした。国生みを終えた後、妻イザナミはつぎつぎと神の名のつく子どもをもうけるが、火の神（火之迦具土神）を生んだときに焼死する。夫は妻を失くした悲しみに耐えきれず、妻の死の原因となった火の子の迦具土神の首を剣で刎ねて殺し、「黄泉の国」のイザナミに会いにいく。夫を迎えた亡妻はこう嘆くのである——

「くやしきかも、速く来ずて。吾は黄泉戸喫しつ。しかれども愛しき我が汝夫の命、入り来ませること恐し。故、還らむとおもふを、しばらく黄泉神と相論はむ。我をな視たまひそ。」（岩波文庫）

イザナミは、イザナキが「黄泉の国」まで会いに来たことを喜ぶが、なぜもっと早くに来てくれなかったのかと嘆く。というのもイザナミはすでに「黄泉戸喫しつ」すなわち黄泉の国で煮焚きした物を食べて別世界の存在になっているからである。そこで亡妻は、黄泉の国の神に夫の元に戻れるように相談するから、それを終えるまでは「見ないで」と言って立ち去る。

「見ないで」という亡妻の懇願にもかかわらず、イザナキは待ち切れずに覗いてしまう。目にしたのは蛆のたかった身の毛もよだつ亡妻のおぞましい骸であった。変わり果てた姿を見られたイザナミは逆上し、「吾に辱見せつ」（原文では「令見辱吾」）と言うや、イザナキに襲いかかる。イザナキは死に物狂いで逃げる。黄泉の国の追っ手を振り払いながら逃げ切ったイザナキは、黄泉の国から出て安全な場所にたどりついた。そして、こう続く——

「イザナキの大神の詔りたまひしく、『吾はいなしこめしこめき穢き国に到りてありけり。故、吾は、御身の禊せ

む』とのりたまひて、筑紫の日向の橘の小門のあはき原に到り坐して禊ぎ祓ひたまひき。」（岩波文庫）
文中の「いなしこめしこめき穢き国」（原文では「伊奈志許米志許米岐穢国」）とは、見る目も厭わしい汚い国という意味である。『古事記』神話では、死後にいくのは「黄泉の国」である。身は腐る。汚濁にまみれる。そこに『古事記』神話における死後の人間の見方のきわだった特色がある。一方、『聖書』では死後に人間がいくのは天国である。天国は汚濁とはまったく無縁である。

なぜこのような相異が生まれるのか。それは人間の「心身」をどうみるかの違いからくるものであろう。心身を別物とみなし、「身」は滅んでも「心」は残るとみれば、「心」のとこしえに憩う「天国」を想定しうる。一方、心身は分けることはできず「心身一如」とみれば、身が滅びれば確実に腐るので、死ねば「いなしこめしこめき穢き黄泉の国」にいくこととなる。

黄泉の国でイザナキの身は穢れた。その穢れた身を清めるために、イザナキは「禊ぎ祓ひ」をした。この「禊ぎ祓い」が「禊」の本邦初出である。

注意してほしい。イザナキが清めたのは身の「穢れ」である。「見ないで」という妻の懇願を無視したことへの罪悪感は露ほどもない。イザナミも、「見ないで」という懇願を夫が無視したことをなじるのではない。「吾に辱見せつ」とあるように、汚くなって、夫に見せるのが恥ずかしい姿を、まさに夫に見られてしまったことに逆上したのである。イザナミは辱められたと思ったのである。

イザナキは「黄泉の国」から逃げた。逃げ切った後に「禊」をして身を清めた。このように、イザナキ・イザナミの両神に「罪」の気配はまったくない。「穢い」「辱」「禊ぎ祓い」がキーワードである。

再確認したい。どの辞書にも「禊」について「穢れを清める」とともに「罪を清める」と書かれている。だが『古事記』の神話が語る「禊」は「穢れの清め」だけである。「罪の清め」ではない。

ということは、だれかが、あるときに、何らかの理由で、「罪の清め」を含めたのである。それがいつなのか、だれの仕業なのか、その理由や背景は何だったのか。これらの論点を念頭に考えを進めてみよう。

五　中臣の大祓

神道におけるお祓いの儀式では、災厄を除くために神官が祝詞を奉上する。古代の祝詞の一覧が『延喜式』にある。『延喜式』とは延喜五年（九〇五年）に醍醐天皇（在位八九七〜九三〇年）の命で編集が始まり、延長五年（九二七年）に完成した。「式」は法典のことで、『延喜式』五〇巻は古代の政治制度を知るのに有用である。その巻八に古代の祝詞が網羅されている。次の通りである。

祭儀の名称（祭儀の月日）

（一）新年祭（二月四日）
（二）春日祭（二月上申日、十一月上申日）
（三）広瀬大忌祭（四月四日、七月四日）
（四）竜田風神茉莉（四月四日、七月四日）
（五）平野祭（四月上申日、十一月上申日）
（六）久度古開（四月上申日、十一月上申日）
（七）六月月次（六月十一日、十二月十一日）
（八）大殿祭（六月十二日、十二月十二日）

(九)御門祭（六月十二日、十二月十二日）
(一〇)六月晦大祓（六月晦日、十二月晦日）
(一一)東文忌寸部献横刀時呪（六月晦日、十二月晦日）
(一二)鎮火祭（六月吉日、十二月吉日）
(一三)道饗祭（六月吉日、十二月吉日）
(一四)大嘗祭（十一月中卯日）
(一五)鎮御魂斎戸祭（十二月吉日）
(一六)〜(二四)伊勢神宮にかかわる祝詞九篇
(二五)遷却祟神（臨時）
(二六)遣唐使時奉幣（臨時）
(二七)出雲国造神賀詞（臨時）

以上二十七篇の延喜式祝詞のうち、注目したいのは十番目の「六月晦大祓」である。これは「中臣祓」としても知られる。「大祓」は六月と十二月の晦にとなえられる。なぜ注目するのか。それは「大祓」の祝詞にだけ「罪」という文字が数多く出てくるからである。原文は漢文であるが、全文を訓読して引用してみよう（訓読みは粕谷興紀『延喜式祝詞』和泉書院による）——


「六月の晦の大祓　十二月も此れにならへ。

集はり侍る親王、諸王、諸臣、百の官の人等、諸聞きたまへと宣る。

【Ⅰ】天皇が朝庭に仕え奉るひれかくる伴の男、手すきかくる伴の男、靫負ふ伴の男、剱佩く伴の男、伴の男の八十伴の男を始めて、官官に仕え奉る人らの過ち犯しけむ雑々の罪を、今年の六月の晦の大祓に祓へ清め給ふことを、諸聞きたまへと宣る。

【Ⅱ】高天の原に神留り坐す皇親神漏伎、神漏美の命もちて、八百万の神等を神集へたまひ、神議りたまひて、我が皇御孫の命は、豊葦原の水穂の国を、安国と平らけく知ろしめせと事依さし奉りき。かく依さし奉りし国中に、荒ぶる神等をば、神問はしに問はしたまひ、神掃ひし掃ひたまひて、語問ひし磐根、樹の立、草の垣葉をも語止めて、天の磐座放ち、天の八重雲をいつのち別きにち別きて、天降し依さし奉りき。かく依さし奉りし四方の国中と、大倭日高見の国を安国と定め奉りて、下の磐根に宮柱太敷きたて、高天の原に千木高知りて、皇御孫の命のみづの御舎仕へ奉りて、天の御陰、日の御陰と隠れ坐して、安国と平らけく知ろしめさむ国中に、成り出でむ天の益人等が過ち犯さむ雑々の罪事は、天つ罪と畔放ち、溝埋み、樋放ち、頻蒔き、串刺し、生剥ぎ、逆剥ぎ、屎戸、ここだくの罪を天つ罪と法り別けて、国つ罪と生膚断ち、死膚断ち、白人、こくみ、己が母犯す罪、己が子犯す罪、母と子と犯す罪、子と母と犯す罪、畜犯す罪、昆虫の災、高つ神の災、高つ鳥の災、畜仆しまじ物する罪、ここだくの罪出でむ。

【Ⅲ】かく出でば、天つ宮事もちて、大中臣、天つ金木を本打ち切り、末打ち断ちて、千座の置き座に置き足らはして、天つ菅そを本苅り断ち、末苅り切りて、八針に取り辟きて、天つ祝詞の太祝詞と事を宣れ。かくのらば、天つ神は天の磐門を押し披きて、天の八重雲をいつのち別きにち別きて聞こし食さむ。国つ神は高山の末、短山の末に上り坐して、高山のいほり、短山のいほりを撥き別けて、聞こし食さむ、かく聞こし食してば、皇御孫の命の朝庭を始めて、天の下四方の国には、罪といふ罪は在らじと、科戸の風の天の八重雲を吹き放つ事のごとく、朝の御霧・夕の御霧を朝風・夕風の吹き掃ふ事のごとく、大津辺に居る大船を、舳解き放ち、艫解き放ちて、大海原に押し放つ事のごとく、彼方の繁木が本を、焼鎌の敏鎌もちて打ち掃ふ事のごとく、遺る罪は在らじと、祓へ給ひ清め給ふ事を、高山・短山の末より、さくなだりに落ちたきつ速川の瀬に坐す瀬織津比咩といふ神、大海原に持ち出でなむ。かく持ち出で往なば、荒塩の塩の八百道の八塩道の塩の八百会に座す速開都比咩といふ神、持ちかか呑みてむ。かくかか呑みてば、気吹戸に坐す気吹戸主といふ神、根の国、底の国に気吹き放ちてむ。かく気吹き放ちてば、根の国、底の国に坐す速佐須良比咩といふ神、持ちさすらひ失ひてむ。

【Ⅳ】かく失ひてば、天皇が朝庭に仕え奉る官官の人等を始めて、天の下四方には、今日より始めて、罪といふ罪は在らじと、高天原に耳振り立てて聞く物と、馬牽き立てて、今年の六月の晦日の夕日の降ちの大祓に、祓へ給ひ清め給ふ事を、諸聞き食へと宣る。四国の卜部等、大川道に持ち退り出でて、祓へ却れと宣る。」


以上が「大祓」の全文である。読解の便宜のために、あえて段落をつけてみた。

【Ⅰ】段落は「大祓」の要点を記し、天皇の臣下の罪を祓い清める祝詞だと述べている。

【Ⅱ】段落は、それらの罪を「天つ罪」と「国つ罪」に分けて様々な罪を列挙している。

【Ⅲ】段落には「大中臣」が登場する。そして「天つ罪」「国つ罪」の一切の罪を祓い清める方法と、それらの罪が天地から消えていく様について、文学的表現をまじえて記している。「大中臣」が祝詞の要の役割をすることが記されている。それがゆえに「大祓」は「中臣祓」といわれる。

【Ⅳ】段落は、罪という罪がすべてこの世からなくなるという「大祓」の効用を記している。


一読すれば、「大祓」に「罪」が牢固たる根をおろしているのは明瞭であろう。「過ち犯す数々の罪」「天津罪」「国津罪」「おのれの母の犯す罪」「子の犯す罪」「母が子と犯す罪」「子が母と犯す罪」「畜が犯す罪」「蠱物のなす罪」「許許太久の罪」等々である。全体の読み下し文は字数にしてわずか千五百字ほどの長さである。そこに「罪」という文字がなんと十八回も出てくる。「罪」のオンパレードである。「罪」抜きに「大祓」は成り立たない。「大祓」は「今日より始めて、罪といふ罪はあらじと……祓へたまへ、清めたまえ、祓えやれと宣る」と結ぶのである。

注目していただきたい。第一に、「大祓」には「穢れを清める」という思想がまったくない。イザナキが「禊ぎ祓い」した対象は穢れである。そもそも穢れを嫌うという感性が「大祓」にはまったく働いていない。『古事記』

の神話における「穢れ→禊→再生」という筋書きとはまったく異質である。「大祓」は今日でも祝詞のなかでもっとも重要とされているだけに、この異質性は看過できない。

第二に、「大中臣」なる者が祓いの中心的役割を担っている。そこでは「水」が使われない。「禊」の定義からすれば、禊とは言えない。「大中臣」なる者が、樹木・草木などを伐採して場所を整えて「太祝詞」を唱える。「大中臣」が呼びおこしているのは、水ではなく、風である。罪は水で洗い清められるのではなく、風で吹き飛ばされる。強い風が天空から海上にまで吹きすさぶ。まるで嵐である。台風一過、雲が消え、澄み切った青空が広がるように、罪はことごとく雲散霧消する。

六 『古語拾遺』

「大祓＝中臣祓」を柱に据える神道が「中臣神道」である。中臣神道に論及した書物がある。古くから神道をつかさどってきた忌部氏（後に斎部氏と表記）の末裔・斎部広成が、平城天皇（在位八〇六〜九年）に撰上した『古語拾遺』（岩波文庫）である。平安初期（八〇七年）の作であるが、斎部広成は執筆動機を「序」で開陳している——

「上古の世に、いまだ文字あらざるときに、貴賤老少、口ぐちに相伝え、前言往行、存して忘れず。……書契より以来、古を談ることを好まず。浮華競ひおこりて、また旧老を嗤ふ。つひに人をして世を経ていよいよ新に、事をして代をおひて変改せしむ。顧みて故実（昔からの慣習）を問ふに、根源を識ることなし。……愚臣言さずは、恐れらくは絶えて伝ふることなからむ。さいわいに、召問を蒙りて、蓄憤をのべまく欲す。故、旧説を録して、敢えて上聞す」

斎部広成によれば、古くは口誦口伝で神道が「前言往行、存して忘れず」確実に伝承されていたが、「書契」すなわち文字文化が大陸から伝わってからというもの、神道が「新に……変改」したという。どう変改したのかというと、華やかに飾り立てるばかりで、古くからの慣行を無視しているというのだ。由々しき伝統破壊が横行しているところに、平城天皇から召聞があったので、絶好の機会と思い「蓄憤」をのべるというのである。「怒りをぶつける」と最初からことわっているのだから、まことに激越である。その鬱積した憤懣の相手が、ほかならぬ中臣神道なのである。

では、中臣氏がどのように神祇を独占したのか。斎部広成は、中臣氏の専横ぶりを具体的に十一項目あげて糾弾する、たとえば、「天平の年中（七二九〜七四九年）に至り神帳を勘へ造る。中臣は権を専らにし、意のままに取りみ捨てみす。由有る者（中臣に由縁のある者）は小き祀も皆列る。縁無き者は大きなる社もなほ廃てらる。敷奏し施行ふこと（言うことなすこと）当時独歩なり。諸社の封税、総べて一門に入る」といった調子である。中臣氏が神祇を私物化し、税金（田租）を独占するなどと厳しく論難したうえで、最後の「跋」をこう結ぶ――

「朽邁（年老いて衰えること）の齢、すでに八十をこえ、犬馬の恋、旦暮にいよいよ切なり。忽然にみまかりなば、恨みを地下に含まむ。……ねがはくばこの文の高く達して、天鑑の曲照（天皇がごらんになること）を被らむ」

このままでは死にきれないという無念がほとばしっている。斎部広成は、傘寿（八十歳）をこえ、老骨に鞭うち、必死の思いを切々と吐露し、中臣氏の神道独占を糾弾し、正義の声が天皇に届けと愁訴しているのである。それほどに中臣神道は憎まれた。中臣神道の本質はどこにあるのか。

「中臣祓」において、何を祓うのかについて、かつて梅原猛氏は、大和の神々を出雲に追いはらった、というユニークな解釈を提供したことがあった。だが、最近になって梅原氏は『葬られた王朝―古代出雲の謎を解く』（新潮社、二〇一〇年）でその説を撤回している。

『古事記』の神代の舞台の大半は出雲である。その神話が、明治の世になっても出雲に息づいており、出雲地方に神道の気配を鋭敏に感得したのがラフカディオ・ハーン＝小泉八雲であった。ハーンが「神々の国の首都」「杵築―日本最古の神社」などの作品で出雲を描いた様は、池田雅之氏のダイナミック・トランスレーションで現代語に生き生きと再生された（『日本の面影』角川ソフィア文庫）――

「日本最古の地（出雲）であるこの町の人々は……誰もが『祓い給え、清め給え、神忌み給え』と、いつでも神道の祈祷をあげている。」

「まさにこの大気の中に――幻のような青い湖水や霞に包まれた山並みに、燦々と降り注ぐ明るい陽光の中に、神々しいものが存在するように感じられる。これが、神道の感覚というものなのであろうか。」

「杵築を見るということは、今も息づく古代信仰の脈拍を肌身で感じ取ることである。神道の計り知れない悠久の歴史から考えれば、『古事記』などは、現代の言葉からはほど遠い古語で書かれているとはいえ、ごく最近の出来事の記録にしかすぎないであろう。」

このような『古事記』の神話世界が息づく出雲の再発見こそラフカディオ・ハーン＝小泉八雲の功績であろう。ラフカディオ・ハーンによって古代出雲が近代日本に再生した。古代出雲の神々は、中臣神道が跋扈したために、眠れる森の美女のように出雲の森のなかで眠りについていたが、ハーンの愛で目を覚ましたといってもよい。

大祓＝中臣祓が注目に値するのは、ほかの祝詞に「罪」の文字がないからである。大祓＝中臣祓にだけ「罪」が異様にきわだっている。大祓＝中臣祓の「中臣」の名は中臣鎌足（六一四～六六九年）に由来する。

七　中臣鎌足

中臣鎌足はよく知られているだろう。中大兄皇子（後の天智天皇）とともに、蘇我氏の宗家（蘇我蝦夷・入鹿の父子）を滅ぼし（乙巳の変）、大化改新を断行した人物であり、日本史の教科書に登場する。ところが、この人物には謎がある。出自が不明なのである。

今日の我々が知ることのできる鎌足の最大の情報源は『日本書紀』である。『日本書紀』は舎人親王が編集したことになっているが、実質的な編集権をにぎっていたのは藤原不比等（六五九～七二〇年）である。

不比等は、鎌足に勝るとも劣らない権勢で、天皇家を動かしていた。文武天皇（在位六九七～七〇七年）の妃の宮子は、不比等の娘である。宮子と文武天皇の子が聖武天皇（在位七二四～七四九年）である。すなわち聖武天皇は不比等の孫である。聖武天皇の皇后・光明子も不比等の娘である。不比等は天皇の外戚となって絶大な権力を駆使した。不比等の息子の四人は藤原四家の始祖となり、やがてその一族から摂政・関白を出して全盛時代を迎える。

藤原不比等は鎌足の子である。なぜ、不比等が、「中臣」の姓ではなく、「藤原」の姓かというと、鎌足が病を得て死の床についたとき、天智天皇（在位六六八～六七一年）が病床を見舞った。弟の大海人皇子（後の天武天皇）も見舞った。天智天皇に見舞われた鎌足は「生きては軍国（軍事と国政）に務なし。死りては何ぞ敢えて重ねて（天皇の心を）難さむ」と詫びた。だが、天智天皇は鎌足を慰め、彼に「大織冠」と「大臣の位」を授け、「藤原」の姓を賜った。死に臨む鎌足の人生に最上の花を添えた。これほどの栄華に包まれて死を迎えた人物は日本史上にいない。

中臣鎌足は藤原鎌足となり、藤原一族の始祖となった。だが、死の直前に藤原姓をもらったので、藤原姓を用いる時間は残されていなかった。鎌足が死んだのは六六九年であり、そのとき不比等は十歳であった。「藤原」姓を名乗って世間に通用するのは、子の不比等からである。

では、不比等は『日本書紀』で父の鎌足をどのような人物として登場させたか。鎌足の登場は唐突である。軽皇子――後の孝徳天皇（在位六四五～六五四年）――にたやすく近づく場面が最初である。軽皇子は、鎌足に出会うや、即座に信頼して厚遇し、寵姫まで与える。軽皇子は、皇極天皇を継いで、孝徳天皇になった人物である（正確には、軽皇子を天皇にするのに決定的役割を果たした）。その天皇に、皇子の時代から信頼され、尊敬される人物として初登場する。

第二の登場は、有名な蹴鞠の場面である。鎌足は蹴鞠をしている中大兄皇子に意図的に近づいた。中大兄皇子も、出会いの瞬間から、鎌足に絶大な信頼をいだく。そして、蘇我宗家を滅ぼす策略は、鎌足が主になって練りあげ、共に実行し、蘇我宗家を滅ぼした。乙巳の変＝大化改新である。華々しいヒーローぶりである。

鎌足はそれほどの重要人物でありながら、その出自が曖昧で、父母がだれなのか、書紀には書かれていない。大人物として鎌足を描きながら、肝心の出自を記さないのは奇妙ではないか。記せない事情があったとしなければならない。

『日本書紀』の行間を眼光紙背に徹するようにして読んでみる。そうすると、隠された鎌足の出自が見えてくる。鎌足とは何者か。私の目にはっきりと見えてきたのは、百済から六三一年に人質として来日した義慈王（百済滅亡時の王）の王子・豊璋（豊章、余豊璋、百済君豊璋、百済太子余豊とも表記される）である。

鎌足を豊璋と同一人物として『日本書紀』を読み直すと、すらすらと読み切れる。数々の謎が氷解する。

第一に、鎌足の出自がなぜ隠されたのかという謎

第二に、鎌足が天皇家になぜ容易に出入りできたのかという謎

第三に、鎌足が乙身の変後に「内臣」の要職に就きながら、大化の改新から死ぬまでの二十年余り（六四五〜六六九年）もの長い間、活動の記事が無いにひとしいのはなぜかという謎

第四に、死に際して、なぜ人臣位を極める破格の厚遇を得たのかという謎

それぞれの回答はこうである。第一の謎について、出自を隠したのは、鎌足が外国人だからである。『日本書紀』の目的は、天皇が日本を統治する正当性を内外に示すことである。日本の天皇を動かし、天皇の力を凌駕しかねない実力者が唐に敵対した百済の王子というわけにはいかない。

第二に、天皇家に苦も無く出入りできたのは、人質の身とはいえ百済王の王子であり、百済王家は天皇家と対等だからである。

第三の謎については、大化の改新以後の最大の国家的課題は百済救援であり、鎌足は本来の彼自身・豊璋として登場するからである。鎌足と豊璋とが同時に同じ場所に登場する場面はない。

第四の鎌足が死に臨んで栄耀栄華に包まれるのは、鎌足＝豊璋が日本の百済救援軍の総大将として現地で戦ったからである。鎌足は外地で指揮をとり、中大兄皇子（天智天皇）は本国で総指揮をとった。ともに百済再興戦争の指揮官である。敗戦の責任も同罪である。中大兄皇子は、敗戦の責任をとって身を引くどころか、天皇になった。盟友の鎌足＝豊璋も最高位に昇格させるのは当然である。

不比等は、父の豊璋＝鎌足が天智天皇から直々に「藤原」の日本の姓を名乗ることを許されたので、今日流に言えば、在日二世である。不比等を評して、かつて上山春平氏が「隠れた巨象」と呼んだことがある。『日本書紀』を編纂し、律令を整え、都城制（藤原京・平城京）を整備した。古代日本の国家デザインを行った大政治家である。その不比等の父が鎌足である。

八　百済王家の日本における「再生」

鎌足の出自の謎が解けると、古代国家の建設に隠された、ある「再生」の秘密が見えてくる。『日本書紀』に隠された最大の秘密――それは「藤原」の名において巧妙に仕組まれた百済王家の日本における「再生」である。

前述のように、百済は六六〇年に唐・新羅の連合軍に滅ぼされた。日本は百済の遺臣・鬼室福信から百済再興の要請を受け、斉明天皇（在位六五五～六六一年）は中大兄皇子らと自ら九州に出向く熱心さで救援軍を送った。豊璋は、派遣軍の総指揮を任され、朝鮮半島に渡るや「百済王」に担がれた。しかし白村江海戦（六六三年）で大敗し、百済再興の望みは断たれた。悲嘆して帰国した豊璋＝鎌足は、前述の通り、死の床で天智天皇に向かって「生きては軍国に務なし。死りては何ぞあえて重ねて難さむ」と詫びるが、天智天皇は鎌足＝豊璋を慰め、「大織冠」「大臣」とともに「藤原」の姓を与えた。その子・不比等が編纂にかかわった『日本書紀』の記述に百済の記述が不自然なばかりに多いのは自らの血筋の故であろう。

不比等の最大の課題は、日本を国難（戦争・敗戦）に陥れた戦争責任・敗戦責任をとるべき父の正当化である。正当化策の要は、父の余豊璋を、古来神道を司り神（天皇）と人（臣下）との間をとりもつ「中臣」の名を騙って登場させたことである。

ところが、鎌足の事績に神道の気配はない。むしろ「罪」のにおいがする。皇極天皇の目の前でクーデター「乙巳之変」を敢行し、蘇我入鹿を切り殺して宮中を血で染めた。入鹿の父の蝦夷を自害に追い込んで蘇我宗家を滅亡させた。朝鮮半島では唐・新羅連合軍との白村江海戦で大勢の日本人の血が流れた。鎌足＝豊璋の半生は血ぬられており殺された者、死んだ者の怨念がからみついている。鎌足＝豊璋は天皇に「軍国に務なし」と悔い詫びた。罪を負って死んだのである。

鎌足と縁のある者（中臣大島、中臣意美麻呂ら）も短期間であるが藤原の姓を名乗った。しかし文武天皇は六九八年に藤原不比等の血筋の者にのみ「藤原」姓の使用を認めた（不比等が文武天皇の名を借りて認めさせたというのが真相であろう）。不比等は自らの血を分けた者以外は、弟の垂目、叔父の国子、同糠手子をもふくめ、中臣の氏称にして神道につかせた。これが「中臣神道」の始まりである。

「大祓＝中臣祓」は祓いの対象を「穢れ」から「罪」に変えた。穢れを川や海水で清めるというのは、日本人ならば、自然に分かる。しかし、「罪」を清めるというのは、原罪意識のない日本人には、首をかしげたくなるところがある。

アメリカの文化人類学者ルース・ベネディクトは『菊と刀』で、日本は「恥の文化」、西洋は「罪の文化」と対比した。中臣祓には「罪」の思想がある。他のすべての祝詞に「罪」の文字はない。この異質性はどこに由来するものなのか。ルース・ベネディクトの指摘をまつまでもなく、「罪」の意識は西洋に固有のものである。「罪」を基礎にすえた宗教はキリスト教である。中臣神道に外来のキリスト教の要素を想定できるであろう。キリスト教では「原罪」が人類の根源にある。原罪は『旧約聖書』創世記にあるように、アダムが神の命令にそむいて犯した人類最初の罪のことである。

「罪を祓う」という大祓＝中臣祓は西洋のキリスト教の罪の思想と通底している。中臣神道とキリスト教とがなぜ通底しているのか。「大祓＝中臣祓」に刻みこまれた「罪の思想」はキリスト教に由来するのではないか、という疑念が浮上する。

不比等は、父の余豊璋を「中臣」を騙（かた）って『日本書紀』に登場させた。そこには意図があるとみるべきである。「中臣氏」はアメノコヤネノミコトの子孫とされ、「忌部（いんべ）氏（斎部氏とも表記され、斎藤広成の姓は「いんべ」と読む）」とともに、宮廷の神事や祭祀を司る由緒ある氏族である。

同姓同名の「中臣鎌子」なる神道を司る人物が『日本書紀』の六世紀の欽明天皇十三年（五五二年）の記述に登場する。仏教が伝来して、どうするものか迷った天皇から諮問をうけた人物である。中臣鎌子は、仏教賛成の蘇我稲目に対して、神道の立場から、物部尾興とともに仏教反対に回り、こう奏上した――「わが国家の天下に王とましますは、つねに天地社稷の百八十神を以て、春夏秋冬、祭拝りたまふことを事とす。まさに今改めて蕃神を拝みたまはば、恐るらくは国神の怒を致しむべし」と。六世紀の中臣鎌子は、ほかならぬ百済から渡来した仏像を拝むことに真っ向から反対した人物である。生粋の神道の信奉者である。

百済人の余豊璋を同姓同名の「中臣鎌足（鎌子とも表記される）」で登場させたのは、日本の神道を取り込む意図があったからであろう。それは不比等の深謀遠慮の核心であるといってもよい。日本の国柄の根幹にある神道を押さえこむという目論見である。なぜ「目論見」という強い言葉を使うのかというと、豊璋＝鎌足自身が死の床でみずからの信仰が神道と縁のないことを（期せずして）告白しているからである。

『藤氏家伝』（吉川弘文館）という書物（「鎌足伝」「貞慧伝」「武智麻呂伝」を収める）がある。不比等の孫（鎌足＝余豊璋の曾孫）の藤原仲麻呂（七〇六〜六四年）の編んだものであり、当然ながら、藤原氏の礼賛書である。鎌足を持ちあげる話から説き起こし、鎌足の長男で早逝した貞慧（なお「不比等伝」は散逸）の事績を記し、最後に不比等の子であり、仲麻呂の父である武智麻呂の功績を記している。冒頭の「鎌足伝」はつぎのように書き出されるが、そこに「大中臣」の名が出てくることに注目したい――

「内大臣、諱は鎌足、字は仲郎、大倭国高市郡の人なり。その先、天児屋根命より出づ。世、天地の祭を掌り、人神の間を相ひ和せり。よりて、その氏に命せて大中臣といふ。」

「中臣」の一族は、神と人との間をとりもつことを職責とする。鎌足には中臣の名に「大」をかぶせて「大中臣」と呼んでいるのである。「神」は天皇をふくむ。天皇＝神と人間とをつなぐべき「中臣」氏のなかの「大中臣」鎌足が、死の床で発した言葉が「鎌足伝」の結びにある――

「もし死者に霊ありて、まことに先帝と皇后とみ見えたつらむことを得ば、『わが先帝陛下、平生之日に、遊覧したまひし淡海と平の海の宮処とは、なほ昔の日のごとし』と。われ此の物を見るごとに、かつて目を極め、心をいためずといひことあらず。一歩も忘れず。片言もわすれず。仰ぎでは、聖徳を望み、伏してはむすべる恋を深くす。しかのみならず、出家して仏に帰らば、かならず法具あり。故、純金の香炉を賜わむ。この香炉を持ちて、汝の誓願のごとく、観音菩薩の後に従ひて、兜率陀天の上に到り、日々夜々、弥勒の妙説を聴き、朝々暮々、真如の法輪を転せとのたまう。」

鎌足が死の床で発した「観音菩薩」「兜率陀天」「弥勒の妙説」などの言葉が示すように、鎌足は仏教を敬い、弥勒信仰をもっていた。鎌足は「大中臣」と尊称され、神道を司るトップの地位にあった。だが、弥勒信仰は神道ではない。「中臣」の姓が借り物であることを強く示唆する記事である。弥勒を信仰するという藤原鎌足（余豊璋）の本音が思わず最後に出たともいえる。高天原ではなく、「兜率天（弥勒浄土）」に憧れていることを百済人の余豊璋（藤原鎌足）がみずから告白しているのである。

九　弥勒思想

弥勒の来たのはユーラシア大陸からである（最近著では立川武蔵『弥勒の来た道』ＮＨＫブックス、二〇一五年を参照）。ユーラシア大陸で、日本に最も近い朝鮮半島に当時、百済のほか、新羅という国があった。新羅で厚く信奉されていたのが弥勒菩薩である。弥勒信仰の影響は日本に及んでいる。京都洛西の太秦の広龍寺に、聖徳太子が秦河勝に下賜した弥勒菩薩が安置されている。国宝第一号に指定されたきわめて美しい仏像であるが弥勒菩薩は片足を組んで腰かけているので「半跏思惟像」ともいわれる。これを見たドイツの哲学者カール・ヤスパースが弥勒像の平和な美しさを讃嘆したことはよく知られている。そこであらためて問う。「弥勒」とはいったいどのような存在なのか。

一つの説を紹介しよう。司馬遼太郎の初期短編集『ペルシャの幻術師』（文春文庫）所収の「兜率天の巡礼」である。短編ながら、弥勒の謎に迫ったスケールの大きい小説である。司馬遼太郎は、産経新聞社の文化部記者の頃、京都の仏閣を巡り、仏教を研究した。そして謎に突きあたった。京都の太秦である。「太秦」は「うずまさ」と読むが、この訓読みは不自然である。「大秦」という漢字表記は「ローマ」をさしている。「太」という字は「大」を二つ重ねて「大」を強調する文字であるから、太秦とは「偉大なローマ」という意味となる。「太秦」には西洋の気配がただよっている。

さて、「兜率天の巡礼」は、妻の異常な死の謎を探る夫の推理小説仕立てで、主題は「秦氏」である。中東に誕生したキリスト教ネストリウス派「景教」の信者が海を渡り、赤穂にたどりつき、「秦氏」として京都の太秦に居住した、という。キリスト教伝来の最初は、ザビエルの伝えた旧教ではなく、秦氏の景教であるというのが、司馬遼太郎の見立てである。「兜率天」とは弥勒の居場所である。司馬遼太郎はこう結論づけている――「弥勒はキリストに当たり、天国は兜率天に似る」。

たしかに太秦にはキリスト教の気配がある。そう感じたのは司馬遼太郎だけではない。キリスト教ネストリウス派（景教）の古代日本への伝来については古くから指摘されている。それらの説や小説を含めた学術成果は井上章一『キリスト教と日本人』（講談社新書、二〇〇一年）に分かりやすく紹介されている（ただし井上章一氏は司馬遼太郎の小説には触れていない）。

梅原猛氏は『翁と河勝』（角川学芸出版、二〇〇八年）でこう述べている――「秦河勝はネストリウス派キリスト教の隠れた信者ではなかったか。……もしキリスト教の伝来がすでに河勝の時に行われているとしたならば、日本の宗教史は根本的に書き直されねばならないであろう。」「私は『隠された十字架』を書いた時、法隆寺にもこのような景教の信仰の跡があるのではないかと思った。法隆寺にはキリストの殉難に等しい聖徳太子の悲劇が隠されていると思われたのでこういう題名にしたのであるが、今は当時よりももっとはっきりと秦河勝は日本最初のキリスト教信者であり、聖徳太子もそれに影響されたのではないかと思っている」。

このように太秦や秦河勝にはキリスト教を思わせるものがあり、今日にいたるまで論争がある。しかし、秦河勝が安置した太秦の弥勒菩薩＝半跏思惟像をキリスト教と結びつけるだけでは解決できない。その理由をのべよう。

弥勒菩薩は、仏になる一歩手前の「兜率天」という天上界にいて、生老病死に悩む衆生のことを気にかけている有難い菩薩である。成仏すれば、人間界と縁が切れる。縁を切る手前の「兜率天」という天上界で、弥勒は人間への慈悲心を抱懐している。そして、五十六億七千万年後に衆生救済のために現世に「下生（げしょう）」する。下生とは「下化衆生」の略であろう。それは、キリストが現世に再臨して「千年王国」を樹立し、死者を「再生」させて天国に導く話と似ている。「下生」といえ「再臨」といえ、構造は同じである。司馬遼太郎が「弥勒」をキリストに、「兜率天」を天国に似るとしたのも、救済の構造が同じだからであろう。

「弥勒」とはサンスクリット語の「マイトレーヤ」の漢字表記である。マイトレーヤは「ミスラ」「ミトラ」の転化であり、ゾロアスター教の神である。司馬遼太郎は「弥勒はキリストに似る」と言うが、弥勒はキリストではない。ゾロアスター教の神である。

ゾロアスター教の日本への影響に気づいて、その影響を証明しようとした文豪がいる。松本清張である。清張は晩年、日本古代史の分野で学者顔負けの仕事を残した（『古代史疑・古代探求』松本清張全集三三巻）。その成果の一つは小説『火の路』（文春文庫、原題は「火の回路」）である。ゾロアスター教は「拝火教」ともいわれる。清張は、百済復興のための救援軍を送った斉明天皇を拝火教に染まっていたとみている。古代日本にペルシャのゾロアスター教が入っていたという主張である。

まだ結論はでていないが、鎌足に見られる弥勒信仰の背景には、キリスト教やゾロアスター教の影が垣間見えるのである。

では、キリスト教とゾロアスター教の関係はどういうものか。平たく問えば、良いのか、悪いのか。一言でいえば、関係は悪い。イエス・キリストはユダヤ人である。キリスト教の起源はセム系民族のユダヤ教である。それに対して、ゾロアスターは古代ペルシャ（現在のイラン）人である。ゾロアスター教はアーリア系民族の神である。ドイツ人は十九世紀にアーリア人としての民族意識を強く持った。それをナショナリズムにしたドイツのナチスは、ユダヤ人を異常なほど激しく排斥した。セム系のキリスト教と、アーリア系のゾロアスター教との間には厳しい緊張と激しい嫌悪・対立がある。

一〇　ニーチェの「ツァラトストラ（＝ゾロアスター）」

「ゾロアスター」をドイツ語で発音すれば「ツァラトストラ」になる。ニーチェ（一八四四～一九〇〇年）はキリスト教の『聖書』に対抗して『ツァラトストラはかく語りき』（一八八三～八五年）を書いた。そのメッセージは五点ほどにまとめられる——

一、「神は死んだ」という宣言
一、「超人」の思想
一、「ラクダ→獅子→子ども」の人生区分論
一、「力への意志」の思想
一、「永劫回帰」の思想

ニーチェは自己を「超人」＝ツァラトストラに仮託し「神は死んだ」と説いた。ニーチェの殺した「神」はユダヤ人の神キリストである。金持ちの強者に対して貧しい弱者がルサンチマン（怨念）をもち、優越性をもつために、地上では虐待されても、天上で優越するためにつくりだしたのがキリスト教の神だという。「神」に代わる「超人」は苦労が絶えない「ラクダ」の時期、活力に満ち堂々と歩む「獅子」の時期、そして純心な「子ども」のようになって創造にいそしむ人生を歩む。

「力への意思」と「永劫回帰」には基になった思想がある。ショウペンハウエルの哲学である。ショウペンハウエルは『意志と表象としての世界』（一八一九年）で、人間界はもとより、生物界、世界・宇宙にまで充満している働きを「意志」だと論じた。意志の「表象」が「身体」であり「物」であり「世界」である。ショウペンハウエ

ルの「意志」はこのように存在するものすべての基礎にすえられた広義な概念である。ニーチェはその「意志」を「力への意志」と読み替えた。ショウペンハウエルは「意思」の概念をどこから得たのか。『意思と表象の世界』（中公クラシックス）の「第一版への序」（一八一八年）にこうある――

「ヴェーダの思想に浴したことがあるなら、ウパニシャッドを介してわれわれに開放されたヴェーへの門戸は、（十九世紀）以前の諸世紀に対し誇りうる最大の長所である。推測するにサンスクリット文学の影響は十五世紀におけるギリシャ文学の復活（ルネサンス）に劣らぬ深い食い込み方をするであろう。インドの太古の聖賢の清めを受け、また敏感にこれを採り入れているならば、わたしが講述したことを聴きとるのにもっともよい準備がなされていることになろう。……ウパニシェッドを構成する個々の、断片化した言説のひとつひとつは、わたしが伝達しようとしている思想から結論として導きだされる。」

この記述から、ショウペンハウエルが「世界は意志の表象である」という哲学を提唱するのに、インドのウパニシャッド哲学との出会いが決定的であったことを知るのである。同書の第四巻第六三節ではこうも言っている――

「ヴェーダは人間の認識と知恵の最上の成果であり、その中心はウパニシャッドという形を成していて、今世紀（十九世紀）最大の贈り物としてついにわれわれ（西欧人）にも届けられるにいたったのである。……定式となったあのことば、tat tvam asi は「汝はそれなり」という意味である。……私が念頭に思い浮かべているのは輪廻の神話のことである。……神話はバラモン、賢者、聖者といったより高貴な姿に生まれ変わることを約束している。……インド人の叡智がヨーロッパに逆流し、われわれの知識と思索に根本的な変化を引き起こすことになる。」

ショウペンハウエルの「輪廻の神話」に、ニーチェの「永劫回帰」の思想の原型を見ることができるであろう。それだけではない。「真の認識に達した者」を論じた第六八節にはこうある――

「この世界に掲げ得る最大にして、最重要、かつ最も有意義なる現象とは、世界を征服する者ではなしに、世界を超克する者である。世界を超克する者とはすなわち、真の認識を開き、その結果、一切を満たした一切の中に駆動し、努力し、生きんとする意志を捨離し、滅却し、そこではじめて真の自由を得て、自らにおいてのみ自由を出現せしめ、このようにして今や平均人とは正反対の行動をするような人々、そのような人々の目立たぬ寂静(じゃくじょう)たる生活振る舞い以外のなにものでもない。」

この記述から、ショウペンハウエルの理想「世界を超克する者」から、ニーチェが「超人」の着想を得たであろうことも想定できる。ショウペンハウエルは、身近な身体から森羅万象を含むすべてが意志の表象であることを縦横に論じ、最終節(第七一節)最終段落を、こう述べて擱筆する――

「われわれはとらわれることなしにこう告白しよう。意思を完全なまでになくしてしまった後に残るところのものは、まだ意志に満たされているすべての人々にとっては、いうまでもなく無である。しかし、これを逆にして考えれば、すでに意志を否定し、意志を転換し終えている人々にとっては、これほどにも現実的にみえるこのわれわれの世界が、そのあらゆる太陽や銀河を含めて――無なのである。」

語られているのは仏教の根本思想「無」である。ショウペンハウエル『意志と表象の世界』は仏教の無の思想が要であるともいえる。

二　インド学（Indology）

そもそも、ニーチェは「ツァラトストラ（ゾロアスター）」という名をどうして知ったのか。「ゾロアスター」の名をヨーロッパが知るのは十九世紀の第Ⅳ四半期以降である。それを早速、使ったのがニーチェである。まだ、その時点ではゾロアスター教の経典「アヴェスター」への理解はすすんでいない。ゾロアスター発見の前史として、インド＝アーリア語族の発見があった。イギリスの植民地になったインドに「アジア協会（Asiatic Society）」が十八世紀末に設立された。その設立に参加した最高の識者は、インドに判事として赴任したオックスフォード大学出身の秀才で言語学者でもあったイギリス人ウィリアム・ジョウンズ（William Jones、一七四六～九四年）である。ジョウンズは赴任先のベンガルで一七八八年、ヨーロッパ言語のギリシャ語・ラテン語ほか、ヨーロッパ言語は、サンスクリット語と類似しており、サンスクリットと同じインド＝アーリア語族（Indo-Aryan languages）であるという発見をした。世紀の大発見である。

ウィリアム・ジョウンズの発見は多大な反響を呼んだ。インドの思想がつぎつぎに訳され、その影響は哲学者ヘルダー、文豪ゲーテなどに及び、ベートーヴェンの「音楽ノート」にインドの格言が記されているのも、影響の一端を物語るものである。一八一九年にはドイツのボン大学に最初のサンスクリットの教授（A.W. von Schlegel）が任命された。ショウペンハウエルは『意志と表象としての世界』において、当時のドイツのインド学の第一人者コールブルック（一七六五～一八三七年）の『ヴェーダについて』のほかアベル・レミュザ訳の『仏国記』（日本では「仏国法顕伝」で知られる）などを引用している。

ドイツの学者は「インド＝アーリア語族」とともに「インド＝ゲルマン語族」の名を好んで用いる。それほどにドイツにおけるインド＝アーリア語族の発見の影響は甚大であった。インド＝アーリア語族はインド＝ヨーロッパ語族ともいわれる。ヨーロッパ語の起源はセム系のユダヤ人のヘブライ語ではない。この認識がその後の歴史に重要な意味をもった。ヘブライ語を話すセム族のユダヤ人に対して、インド＝アーリア語族のドイツ人という対比が生まれたのである。単純化すれば、ヨーロッパ人を「セム人」と「アーリア人」とに二分することになったのである。

ニーチェの『ツァラストラはかく語りき』はキリスト教との決別宣言である。ニーチェは現世を「永劫回帰」とみた。そこには仏教の「輪廻」の影響がある。それだけではない。「ツァラトゥストラ（ゾロアスター）」という名称が示すようにペルシャの思想も影を落としている。「弥勒＝マイトレーヤ＝ミトラ」は、キリスト教の三位一体における父と子と精霊の「精霊」の源ともいわれる。インドの思想が紹介されることで十九世紀のヨーロッパの思想界が蒙った「東方からの衝撃」――それはショウペンハウエルやニーチェに代表される新しい思想をヨーロッパ世界に生んだ。ところが、それよりも十世紀以上も前に、仏教思想や弥勒思想の「西方からの衝撃」をまともに受けていた国があった。日本である。

一二　日本の「再生」思想の世界性

鎌足の弥勒への帰依の背景に迫っていくと、このように、キリスト教やゾロアスター教にまでいきつく。それらの外来宗教が日本に渡来したのは、キリスト教ネストリウス派「景教」については聖徳太子のころとすれば、六世紀末から七世紀初めである。弥勒の渡来もほぼ同じころである。いずれも『古事記』が編まれる七一二年よりも前であり、奈良に平城京が開かれる七一〇年よりも前である。

西暦二〇一〇年（平成二十二年）は、奈良に都が開かれた七一〇年から一三〇〇年目にあたり、往時の大極殿と朱雀門とが再建され、その年の秋「平城遷都一三〇〇年祭」が天皇・皇后両陛下をお迎えして盛大に挙行された。その折りに天皇陛下はお言葉において「百済」の古代日本への貢献について複数回にわたって言及された。並みいる人々は、平城京と百済との関係の深さを改めて実感したのである。

奈良の平城京は七十四年間つづいた。奈良の平城京とはどのような土地柄であったか。奈良に東大寺の大仏がある。聖武天皇の建立した寺である。天平文化の粋がそこにある。聖武天皇の父は文武天皇であるが、前述のように、母は宮子すなわち不比等の娘であり、聖武天皇は不比等の孫であり、皇后の光明子は不比等の娘である。東大寺の大仏の開眼供養会（七五二年）を執り行ったのはインド人の菩提僧正である。

聖武天皇の崩御（七五六年）のあと、光明皇后は聖武天皇の遺品を東大寺に寄進した。それが正倉院に収蔵されている。宝物数は一万点にも及ぶが、毎年秋に一部が公開される。そこには朝鮮・中国のものは言うまでもなく、インド、中東、ペルシャ、さらにギリシャやローマに由来する物もある。平城京はシルクロードの東のターミナルであり、国際色豊かであった。当時の奈良は、今日の東京のごとく、いや、それ以上に（というのは平城京における外国人の割合が現代の東京よりも多い）国際都市であった。

当時の奈良にはもとより、それ以前の飛鳥の時代から、仏教のほか、シルクロードを伝わって一神教の思想がはいっていたとしても不思議ではない。奈良以前の日本最古の弥勒の像を安置する京都太秦の広隆寺にはキリスト教ネストリウス派の気配があり、弥勒は菩薩といわれるようにインド仏教の影響も入っている。というより、日本人が「仏教」とみなした信仰のなかにはインドの諸宗教、中東のキリスト教、ペルシャのゾロアスター教など、ユーラシアの様々な宗教思想が紛れ込んでいたといったほうがよい。そこに一種の世界性を認めてもよいであろう。

とすれば、そうしたユーラシア大陸の思想は『古事記』に何がしかの根跡をとどめていないわけがない。そのことに気づいた外国人が、ほかならぬラフカディオ・ハーン＝小泉八雲（一八五〇～一九〇四年）である。ハーンの国籍はイギリス人、母はギリシャ人である。ハーンは、イギリス人の言語学者チェンバレン（一八五〇～一九三五年）が英訳した『古事記』を読んで、ギリシャ神話と古事記の神話との親和性に気づいた。この点については、池田雅之・高橋一清編『日本人の原風景　古事記と小泉八雲』（かまくら春明社、二〇一三年）が有益である。

同書において、池田氏は、イザナミ・イザナギの神話を、ギリシャ神話のオルペウスの物語における亡妻エウリュディケを冥界から連れ戻そうとする話のほか、ハーン（小泉八雲）が「杵築」で触れたメソポタミア文明圏の「アッシリアのイシュタルの冥界下り」との類縁性にも言及している。同じく同書において、小泉凡氏は、「狭義の意味でのオルペウス型神話は、ユーラシアではギリシャと日本にしかない」という吉田敦氏の指摘に賛同している。また、阿刀田高氏は「日本神話とギリシャ神話」で注目すべき指摘をしている。ニニギノミコトと結ばれたコノハナサクヤヒメが生んだ「ホデリ（海の幸彦）」「ホオリ（山の幸彦）」の二人と、もう一人の子「ホスセリ」の三人の関係は、イザナキが「禊」をしたとき、左目からアマテラス、鼻からスサノヲが現れるが、もう一人、イザナキの右目から現れた「ツクヨミ」との関係との相似を指摘している。すなわち、高天原を支配したアマテラスは山の幸彦、海を支配したスサノヲは海の幸彦、そしてホスセリとツクヨミとは夜すなわち闇の神様だと言う。加えて、この三神と天地の神ゼウス、海の神ポセイドン、闇の神ハデスに比較しうるとしているのである。これらの指摘は『古事記』の神話の射程がユーラシアに広がっていることを示唆するものであろう。

ユーラシアとのかかわりは「日本」の国号や「天皇」の称号についても言える。国号と称号については、天武朝の頃から制定の動きがあり、西暦七〇〇年前後には確立した。「日本」という国号は太陽信仰と結びついている。

「天皇」の称号は北極大帝に由来するものであり北極星信仰と結びついている。太陽信仰は農耕民に特徴的な信仰である。北極星信仰は遊牧民に特徴的な信仰である。ユーラシアの農耕民、遊牧民などの様々な民族の信仰が「日本」と「天皇」に結実したとみてよいだろう。藤原京を経て、明確に「天皇の知ろしめす日本」という国家デザインのもとに建設されたのが平城京である。

『古事記』が成ったのは平城京の建設から二年目である。その頃までのユーラシアで生まれたさまざまな宗教思想がそこに入り込んでいる。『古事記』の「再生」思想にはユーラシアで生まれた諸思想が雑居しているともいえるし、雑居がマイナスのイメージをもつというのならば、プラスのイメージで「和」をなしていると言い換えてもよい。

一三　弥勒浄土の射程

もう少し弥勒にこだわりたい。弥勒の「下生（げしょう）」という、民衆救済のために菩薩が地上に降り来り、浄土に導くという思想は、意外なほど遠くにまで影響を及ぼしているからである。ただ弥勒の「五十六億七千万年の後の下生」とは途方もない未来である。「末法」の到来が信じられる十世紀頃になると、日本人は、遠い未来の弥勒の「下生」を待ちきれなくなる。

救済の主役は、弥勒菩薩にとって代わって十世紀ころから急速に阿弥陀仏に切り換えられていく。その事例としては、たとえば『源氏物語』の結びの「宇治十帖」に登場する横河僧都である。河に身投げした女性を救いあげ、仏の道に導いた僧侶である。横河に居を構えていたので、そう通称されたのであるが、恵心僧都・源信のことである。源信の『往生要集』（九八五年）は当時のいわばベストセラーであった。『往生要集』全三巻の巻上第一が「厭離穢土」、第二が「欣求浄土」である。穢れ汚い現世を離れ、清浄な極楽に往生すべきであり、往生の方法として念仏が説かれている。

法然はこの書を熟読した。源信に私淑したのである。法然は晩年の『選択本願念仏集』で有名だが、その根本思想は壮年期の『往生要集釈』に明確に表明されている（岩波思想体系『法然一遍』に所収）。題名のとおり『往生要集』の要約である。

その法然に私淑したのが親鸞（一一七三～一二六二年）である。「たとひ法然聖人にすかされまひらせて、念仏して地獄におちたりとも、さらに後悔すべからずさふらふ」（『嘆異抄』岩波文庫）とまで述べて、法然に対する絶大な信頼を隠さない。大事なポイントは、源信（九四二～一〇一七年）→法然（一一三三～一二一二年）→親鸞（一一七三～一二六二年）へと阿弥陀信仰が深まるなかで、往生するべき極楽が「兜率天の弥勒浄土」から「西方の阿弥陀浄土」へと変わったことである。

阿弥陀仏が信奉されるまで、弥勒菩薩が日本人の間では最も信仰されていた。なぜ、弥勒浄土から阿弥陀浄土への大転換が起こったのか。それは末法の到来が信じられたからである。仏が入滅してからも仏法の行われる「正法」の五百年、信仰が形式的になる「像法」の千年、そして仏法がすたる「末法」の世一万年が来るという信仰を日本人はもった。そして一〇五二年に末法の世に入ると信じられた。もはや弥勒菩薩のはるか未来の下生は待っていられない、阿弥陀如来の導きで極楽往生したいという願望が渦巻き、それに応えたのが源信、法然、親鸞であった。

親鸞の主著『教行信証』の思想の核は「廻向」である。すなわち――「謹んで浄土真宗を按ずるに、二種の廻向あり。一つには往相、二つには還相なり」（『教行信証』の「教の巻」、引用は岩波の日本思想体系版より、現代かな表記に変えた）とある。親鸞のいう「廻向」は常識とは逆である。普通の用法で「廻向」とは死者のために読経などして供養することである。現世の人間が死者にたむける供養や善行のことだが、親鸞の「廻向」は仏＝阿弥陀如来がする行為である。「往相」は人が往生するときに、阿弥陀仏が導く。天国に導くキリストの役割や、兜率天に導く弥勒の役割と何ら変わるところはない。もうひとつの「還相」とは何か。『教行信書』で親鸞はこう述べている――

> 「還相の廻向というは、すなわちこれ利他教化地の益なり。……還相とは、かの土に生じ終りて、……生死の稠林（密林のような迷いの世界）に回入して、一切衆生を教化して、ともに仏道に向かえしむるなり。」（証の巻）
>
> 「還相の利益は利他の正意を顕わすなり」（証の巻）

「利他教化地の益」とは、生きとし生ける衆生を教化する働きのことである。「往相」と「還相」の二種回向は親鸞の独自の思想であり、還相回向という思想は親鸞にしかない。阿弥陀如来が主体で極楽に導くのが「往相」であり、阿弥陀如来が衆生を救いに地上に降りてくるのが「還相」である。阿弥陀如来が人間救済のために現世に降りてくる「還相」は、天上界から現世に再臨するキリスト、兜率天から「下生」する弥勒と、どこが異なろうか。それは人間を「天国」「兜率天」「極楽」において救済する働きである。天上と地上を「往還」するという点では同じである。

救済の主体が弥勒菩薩から阿弥陀如来に変わったのも大きいが、それにおとらぬ大きな変化が生じた。それは救済対象が、仏教信奉者はもとより、無信心の老若男女、無情・非情の存在にまで広がったことである。

法然の最大の功績は極楽往生が困難とされた女人往生を説いたことである――「仏に成ることは男子なお難し、いかにいはんや女人をや」。この「女人正機説」の教えは、そのまま「善人なおもて往生をとぐ、いわんや悪人をや」という親鸞の「悪人正機説」にひきつがれた。親鸞より少し遅れて踊り念仏の遊行上人一遍（一二三九～八九年）はさらに「よろづの生とし生けるもの、山川草木、吹く風、立つ浪の音までも、念仏問ふことなし。人ばかり超世の願にあづかるにあらず」（『一遍上人語録』）とまで述べ、山川草木にまで救済対象を広げている。末法思想が広がる中で、日本的な救済観念が形成され、その過程で救済対象が広がり、地上に存在するすべてのものに及んでいった。

キリスト教にしろ、ゾロアスター教にしろ、救済の対象は人間である。しかし、仏教が国風化されるなかで、救済対象が、人間のみならず、動植物、非情・無情のものも含ませるようになった。それは「一寸の虫にも五分の魂」とか「八百万の神」などの俗信として今日に生き続けている。堅苦しくは「一切衆生悉有仏性」「山川草木悉皆成仏」「草木国土悉皆成仏」という。それを一言でいえば「天台本覚思想（ないし天台本覚論）」である。天台本覚論の分かりやすい解説書として梅原猛『人類哲学序説』（岩波新書、二〇一三年）がある。

一四 「花」への憧憬

近代歴史学の父ランケは「古代の歴史はローマという湖に流れ込み、以後の世界史はローマという湖から流れ出た」と言った（『世界史概観』岩波文庫）。その口吻を借りれば、古代ユーラシアの「再生」の諸思想は、敷島の大和の国に流れ込み、青丹よし奈良の都から日本各地に流れ出た、と言えよう。敷島の大八洲にもたらされたユーラシア諸文化の種子は津々浦々に花を咲かせた。存在するものすべてが再生の対象になり、人間と他の存在は平等となる。生きとし生けるものも、岩石や国土のような非情のものも、だれも、どれもが対等となる。存在するものすべてを平等とする思想はやがて興味深い展開を見せた。よろずのものが歌い、踊り、人のように語り、ふるまうようになる。

「花に鳴く鶯、水に住むかはづの声を聞けば、生きとし生けるもの、いづれか歌をよまざりける」（「古今和歌集」の序）——生きとし生けるものがみな歌をうたうという紀貫之の序文は天下公認のメッセージである。なぜなら『古今和歌集』は勅撰歌集だからである。『古今和歌集』は後の歌集の規範となった。その最たるものは春夏秋冬の四季に分ける編集法である。四季の移り変わりも芸術になった。

平安期の「鳥獣戯画図」ではサル、ウサギ、カエルなどが人間のようにふるまう。

室町期の能では「芭蕉」「杜若」「鵺」などがシテ（主人公）として登場する。

江戸期の画家・伊藤若冲の「果蔬涅槃図」では野菜の大根が涅槃に入る。

『禅と日本文化』（岩波新書）において、鈴木大拙は「禅は無道徳であっても、無芸術ではありえない」とのべ、謡曲、美術、剣道、茶道、俳句等々日本の芸術の領域に日本の禅の精神が表現されていると論じる。

近代日本の宮沢賢治は法華経を信奉し、「生きとし生けるものは皆兄弟」という思想で童話を書いた。

現代日本の作家・三島由紀夫の最後の作品『豊饒の海』全四巻の通奏低音は輪廻転生である。三島の辞世——

散るをいとふ世にも人にもさきがけて　散るこそ花と吹く小夜嵐

古代の信仰はしだいに芸術に昇華していったのである。芸術は文化の花である。そして「花」こそが信仰と芸術の統合シンボルになる。数ある花々のなかでサクラが日本のシンボルとなっていった。

なぜサクラなのか。サクラの「サ」は穀物の霊、「クラ」は穀霊の宿る座とされる。一種の神木である。もう一度、改めて問おう。どうしてサクラなのか。汚いこと穢いことを厭う心が、その対極の清らかなもの美しいものを、天上ではなく、地上のサクラに求めたのではあるまいか。「いなしこめしこめき穢き国」（『古事記』）を厭う心性が、だれが決めたということではなく、おのずと、清らかさ・美しさのシンボルとして、地上のサクラを選んできたのではあるまいか。死ねば、身は腐り、死体は腐乱し、醜悪になる。その死を「散華」と言う。「死」が「美化」される。不浄をとことん嫌う心性がそこに働いている。

行き暮れて木の下影を宿とせば　花や今宵のあるじならまし（平忠度）

願わくは花の下にて春死なん　その如月の望月のころ（西行）

敷島の大和心を人問はば　朝日に匂ふ山桜花（本居宣長）

サクラを歎賞した歌をあげればきりがない。では「松・竹・梅」はどうか。松・竹・梅は慶事・吉祥のシンボルであり、中国から伝わったが、やがて日本化し、「松に古今の色なし、竹に上下の節あり、梅に春告ぐ香あり」といわれるようになる。松は「神がその木に天降ることをマツ（待つ）意とする」（『広辞苑』）とあるように、永遠と結びく。松はつねに緑を湛えている。緑は命の色である。松は命の永遠性を寿ぐシンボルである。竹はまっすぐに伸びるが、節目をもって伸びるのである。竹は節目のシンボルである。梅は「東風吹かばにおいよこせよ梅の花　あるじなしとて春な忘れそ」（菅原道真）と詠われ、春を告げる季節のシンボルである。

サクラは、外来ではなく、日本原産であり、日本の民によって歴史的に選びぬかれた、いわば「国民の花」である。サクラは、松の「命」、竹の「節目」、梅の「季節」というシンボルのすべてを統合する。松が象徴する永遠の命を「輝き」において、竹が象徴する節目を「開花」において、梅が象徴する春を「華やかさ」において統合するのである。サクラは「初々しさ」「清らかさ」「若々しさ」のシンボルである。春が到来すれば、新たに美しく清らかに蘇る。「桜に花の生命あり」といわれる。サクラの花には「初々しさ、清らかさ、若々しさ」の命の理想が託されている。

世阿弥は『風姿花伝』（岩波文庫）において、若さの生む美しい「時分の花」とともに「老木になるまで散らで残りし」「誠に得たりし花」を論じ、生涯「花」を失わないことの大切さを論じた。主題は「花」である。

芭蕉は「西行の和歌における、宗祇の連歌における、雪舟の絵における、利休が茶における、その貫通するものは一なり。しかも、風雅におけるもの、造化にしたがひて四時を友とする。見るもの、花に非ずといふ事なし。おもふところ、月にあらずといふ事なし。像（かたち）、花にあらざるときは、夷狄（いてき）にひとし」（『笈の小文』）と言った。主題はやはり「花」である。花は自然の造化のなせる生きた芸術である。

こう見てくると、先人たちが言っているのは、「（サクラの）花のごとくに生きるべし」ということであろう。「花の色は移りにけりな　いたずらに我が身世にふるながめせしまに」（小野小町）、「散ればこそ　いとど桜はめでたけれ　うき世に何か久しかるべき」（伊勢物語）と歌われる。色は移ろい、花は散る。古今東西、そのことに変わりはない。ゲーテは「移ろうものはすべて　比喩にすぎない」（『ファウスト』）と言う。何の比喩なのか。「永遠なるもの」の比喩である。色は移ろい、花は散る。常なるものは無い。サクラの花は「無常」である。無常という「永遠なるもの」の比喩である。この国の再生の思想——それは毎春くりかえし、初々しく、清らかに、白とピンクの色をたたえて咲き誇って舞い散る「永遠の芸術」ともいうべき花に仮託した「常若（とこわか）」への祈りではないか。

再生・再帰の熊野——救いの道としての熊野古道——

三石　学

一　再生・再帰の花の窟

熊野は黒潮を通じて海の彼方からやってくるマレビト神を迎える常世信仰と結びつく多くの漂着信仰がある。日本書紀の神生みの舞台でありイザナミノミコトの葬送地である花の窟神社や、神武東征上陸の地とされる天の磐盾・楯ケ崎や、秦の始皇帝から不老不死の仙薬を採るように命じられて蓬莱の国・日本にきた神仙の徐福を祀る徐福神社など、神話伝承の地が伊勢路周辺に色濃く残されている。

熊野は神話的性格が強いところである。また、海の彼方から幸いがやってくるというマレビト信仰やエビス信仰、常世信仰が強く現れる地域でもある。海の彼方から辿り着いた漂着神や漂着仏が浦々に祀られている。また巨岩や巨木、滝など自然信仰の神社が多く見られ、神として崇拝する自然信仰が色濃く残されている。

一　再生の花の窟

巨岩が剥き出しになった山塊が七里御浜海岸に突き出しているのが「花の窟」であり、縄文時代の土偶や地母神像を思わせるような多くの洞窟を持つ巨岩そのものをご神体とする。

花の窟が日本最古の神社であり、熊野三山の親神であり、イザナミの墓陵だといわれる所以は、日本書紀の神生み神話の記述に見られる。『日本書紀・巻一神代』一書には「イザナミノミコト、火の神を生むときに神去りましぬ。故、紀伊国の熊野有馬村に葬りまつる。土俗、この神の魂を祭るには花の時には亦花を以て祭る。又、鼓（つつみ）吹（ふえ）幡旗（はた）を用（も）て、歌い舞いて祭る」と記される。火の神カグツチノミコトを産んで、産褥熱で亡くなったイザナミノミコトの魂を鎮めるための日本で最初のお墓でもある。

日本書紀の神生みの舞台・熊野市花の窟神社のご神体の磐座

この神の魂を鎮め、慰めるために毎年二月二日、十月二日に執り行われる花の窟の祭りでは日本書紀の記述通り、季節の花を飾り、笛や鼓を演奏し、乙女が舞いを踊る。旧暦の種まきの時期と刈り入れの時期に合わせた予祝行事と新嘗行事ともいえる農耕神事の「お綱掛け神事」（三重県無形民俗文化財）、はご神田で栽培された稲の神聖な稲藁で編んだ百八十メートルの長さの七本の縄を一つに束ねてお綱とする。七本の縄の意味は、風の神や土の神などの七人の自然神を表すものである。

日本書紀の記述で「花を以て祭る」といわれるように季節の花々をお綱の幡旗に飾る最古の花祭りでもある。お綱をご神体である五〇メートルの巨岩の頂上から垂らし、境内を越え、七里御浜海岸の波打ち際まで引っ張る。

この大注連縄は神の領域であるという結界を示すと同時に現世と海の彼方にある常世の国を繋ぐものである。

花の窟の洞窟は多産・豊饒の祭祀場とされる。ご神体の巨岩の中央にある火の神・カグツチノミコトを産んだ女陰穴（ほとあな）とされる洞窟は、黄泉の国への入り口であり、新たな生命力を生み出す再生の場所でもある。

オオアナムチ（大穴牟遅）が根の堅洲国から黄泉比良坂を経てこの世に戻るときに、いろいろな試練に遭いながら大いなる霊力を持って帰ってきた。地中の室（ムロ）に籠ることにより、大いなる霊力を得る。熊野を意味する牟婁（室）は、籠りの地であり新たな霊力を得る地でもあり、死と再生の地でもある。

イザナミは死を代償にしてこの世に火をもたらした。「母神が死んで火の神が生まれ、死を代償に火をもたらすことにより新しい命や文化をもたらした。イザナミノミコトは養蚕・穀物・金属・粘土・水の神々を産んだ。花の窟の地母神（大母神）はむすびの神でもある。」という。

菊・鶏頭など季節の花を供え、イザナミノミコトの魂を鎮める

このような日本神話や伝承がベースにあり、熊野三山信仰と結びついている。熊野本宮大社の春の例大祭で行なわれる大和舞いでは「有馬窟の歌」や「花の窟の歌」が歌われ、熊野市有馬町の「花の窟」との関わりを示している。

豊島修氏は『死の国熊野』で本来、本宮大社の「山の熊野」、新宮・速玉大社、那智大社の「海の熊野」、花の窟の「窟の熊野」の三山があったとしている。この三社は元々別個のものであったと考えられているが、修験道の発達や神仏習合の思想が影響を与え、三山が地理的にも近いこ

とから相互に関連を持つようになった。熊野信仰は海洋や山岳に聖地を求める自然信仰と山岳信仰の融合体であり、神でも仏でもない極めて熊野独自の来世宗教であった。

二　再帰の花の窟

イザナミノミコトが火の神・カグツチノミコトを産む前にヒルコ（蛭子）を産んでいる。ヒルコが産まれたのはイザナギとイザナミが儀式の際、最初に女性のイザナミの方から男性のイザナギに声をかけてしまったのが原因とされる。ヒルコは三歳になっても足が立たなかったので、五体不満足な子として葦舟に乗せられ海の彼方に流され、海の彼方の常世の国に流れ着いた。しかし、常世の国で成長したヒルコはえびす神として海岸に漂着して再帰を果たすのである。ヒルコ＝エビス（恵比寿、戎、夷）神として祀られるようになる。

兵庫県の西宮神社では蛭子命（ひるこのみこと）＝恵比寿さまを祀っているが、言い伝えでは海に流されたヒルコは摂津の国西の浦に流れ着き、土地の人々に拾われて育てられたという。人々はこの神に夷三郎と名づけ、後に夷三郎大明神、夷大神として祀った。エビス神は豊漁や航海を見守り、海の神として君臨するが、次第に市場を守護する神となり、商業や農業までもつかさどる七福神の一員の神となっていった（山折哲雄『日本の神様』）。

熊野の浦々の漁民の恵比寿信仰は深いものがある。正月にはお神酒、カケノウオ、鏡餅などを持参して恵比寿さまにお供えする。鰹を呼び寄せるカツオツキジンベイザメをエビスなどと呼ぶ。七里御浜などの海岸に漂着した鯨もエビスとして迎えられた。

明治十七年に建てられた熊野市木本小学校は「鯨で建てられた学校」として知られる。明治十三年に七里御浜海岸に体長二〇メートルものオオナガスクジラが打ち上がった。老朽化した木本小学校の改築資金が無くて困っていたところ、この鯨を売った代金を充てて二階建ての立派な校舎が建設された。海の彼方から流れ着くものを「エビスさま」として有難く受け入れている事例だ。

熊野灘のリアスの浦々や七里御浜海岸には、貴人流離伝説が多い。金銀財宝を積んだ宝船とお姫様が流れ着き、お姫様が亡くなったあと美人の神様として祀られる稚児塚（御浜町萩内）や、一本の大木に神様が寄りかかって漂着したものをご神体として祀る寄木神社（熊野市須野町）や、海中から引き上げられた観音様を祭った井田観音（紀宝町）など漂着神や漂着仏が多い。これも海の彼方からやってくるものを有り難いエビス神として受け入れる恵比寿信仰の表れなのだろう。井田観音の近く国道四二号沿いには、恵比寿さまが祀られている。恵比寿像の横には井田の地に地引網を伝えた人の墓がある。井田漁業協同組合では一月十日の祭日には大漁祈願の餅投げを行っている。また、船の進水式には「船おろし」といって満艦飾の旗を靡かせ、恵比寿さまに大漁と安全祈願のお参りしたあと、沖に漕ぎ出し、前の海を三回まわった。

すべてのものをありがたく迎え入れる熊野の受容の精神は、こうした恵比寿信仰が基層になっているのではないかと思われる。

阿田和村捕鯨の図（御浜町教育委員会所蔵）
七里御浜海岸の阿田和では江戸時代より組織捕鯨が盛んであった。この図はクジラ解体の図である。海岸には打ちあがった鯨もあった。木本小学校は木本脇の浜に漂着した鯨の売却代金で建てられた。流れ着いたものは恵比寿さまとして有難く受け入れる。

一遍上人の「信不信を選ばず、浄不浄を嫌わず」の言葉は、熊野信仰の真髄をあらわし、恵比寿信仰を具現化したものであると思われる。その精神をいくつかの具体的な事例で見てみる。

二　熊野の受容と救いの心

一　観音の救い

平成十六年（二〇〇四）七月に世界遺産に登録された「紀伊山地の霊場と参詣道」には、吉野・熊野・高野という三つの野（霊場）があり、それぞれ紀伊路、伊勢路、大峯奥駈道、大辺路、中辺路、小辺路の六本の道で結ばれている。霊場と霊場を結ぶ参詣道が、熊野古道と呼ばれている。

神仏混淆の熊野、真言密教の高野、修験の吉野、国家神道の伊勢神宮。それぞれ異なった宗教が、紀伊半島という広大で深遠な舞台の中で曼荼羅の世界を形づくっている。紀伊半島には様々の宗教の集合体があり、ネットワークがある。

伊勢神宮までは神への道であるが、熊野三所権現を祀る熊野三山を結ぶ伊勢路は、現世・来世の利益を説く観音信仰の道であり、観音巡礼の霊場への道であった。伊勢路は伊勢外宮・内宮を参り、宮川を渡った伊勢・田丸の街から始まる。ここで巡礼者は西国巡礼の白装束に着替え、再出発をする。

「熊野へ参るには紀路と伊勢路のどれ近しどれ遠し広大慈悲の道なれば紀路も伊勢路も遠からず」と『梁塵秘抄』に謡われたように、平安時代から熊野に参るには、伊勢路と紀伊路の二つの大きなルートがあった。

紀伊半島の古道

平安時代から始まる熊野詣は、当時の末法思想が大きな影響を与え、極楽浄土を求める人々が熊野に救いを求めた。現世利益と来世安楽を願った。生きているこの世も、死後の世界も熊野の神々や阿弥陀如来、観音、薬師如来を信じることにより苦しみを救い、来世の平安を守ってくれると信じられた。熊野三所権現に現世安楽、後生善処を願う「立願」と「願果たし」を目的とする熊野信仰は、衆生をあまねく受け入れる広大慈悲の道であった。

熊野古道・伊勢路は多くの巡礼者を受け入れてきた。苦しき不自由な時代、病を持つ者や家族の不幸を背負って、様々な思いをもち、巡礼の旅に出た。また口減らしのため、村から追い出された多くの人々もまた、巡礼の旅に出たと思われる。

伊勢参拝を終えた東国の巡礼は、ひたすら熊野を目指した峻険な熊野の峠道で苦悩すればするほど功徳が積まれると信じられた。峠道を越えるごとに滅罪されると信じた。熊野街道沿いには、病に倒れ力尽き、行き倒れた巡礼の墓が今も数多く残され、地元の住民によって供養されている。その一つ一つの墓石にはさまざまな人生のドラマが刻まれている。

西国三十三所巡礼は、弘法大師ゆかりの寺院を巡る四国遍路と並んで、わが国の巡礼を代表するものである。観世音菩薩が衆生を救うため、三十三の姿に変えて現れるという「法華経（妙法蓮華経）」の中にある観世音菩薩普

熊野古道伊勢路の鎌倉期といわれる石畳道（熊野市波田須町）

熊野市大泊町口観音の千手観音。近くの熊野古道・観音道には三十三所の石仏が祀られており、ミニ観音霊場となっている。

門品（ふもんぼん）の教えに従い、その功徳を受けるため、近畿地方に点在する三十三所観音霊場を円環的に訪ね歩いて本尊巡拝をする信仰の旅である。

観音様の功徳を賞賛した、「観音経」と呼ばれる「観世音菩薩普門品」は、現在でも「般若心経」と共に日本人に親しまれ、心の拠りどころとなっている。

観音は救いを求める者にあまねく手を差し伸べ、求めに応じた姿に変化して現れるといわれ、如意輪観音、十一面観音、聖観音、千手観音、准胝観音、馬頭観音などがよく知られている。観音の起源はすでに紀元前後にあるとされるが、日本人の中に観音信仰が芽生えたのは、七世紀の初頭から八世紀にかけてであるといわれている。最初は阿弥陀如来像の左右の脇に立つ像であったが、後に観音の教えが普及すると、独立した菩薩として観音が信仰されるようになった。

『日本書紀』にも第三十三代推古天皇（在位五九二～六二八）の項に、「皇太子また法華経を岡本宮に説く」とあり、観音信仰の初出が見られる。

観音信仰を通じて苦行滅罪、極楽浄土を願う民衆の思いは、『日本霊異記』や『今昔物語』に見られるように数々の観世音霊験譚や「壷坂霊験記」、「小栗判官・照手姫」などの説話を生み出した。『中山寺由来記』など西国巡礼の始まりを説いた縁起によれば、大和長谷寺の徳道上人が冥府で閻魔大王に会い、三十三所観音霊場の功徳を世に広めよとの命を受け、そのしるしを摂津の中山寺に納めたことが最初と言われ、後に花山法皇がこれを復活し、仏眼上人と共に西国三十三所巡礼を始めたと言われる。

平安、鎌倉時代には修験者、山伏、勧進聖、六十六部廻国聖などの聖者を中心とした修行の巡礼であったが、室町、戦国時代に入ると、庶民の巡礼が行なわれるようになった。江戸時代になると、先達であった勧進聖が幕府の取締りにより急速に衰えた。貨幣経済の発達や街道の整備とともに一般庶民の旅が盛んになった。特に元禄年間に入ると巡礼の数

早朝の朝日を浴びる那智の滝

青岸渡寺から那智の滝遠望

『西国三十三所名所図会』木本湊の絵図。巡礼が襷をかけて街道を歩いている。

熊野古道松本峠から七里御浜と熊野三山の補陀洛浄土の世界を望む

が増え、享保、宝暦、寛政年間には最盛期を迎えた。

　このことは今に残された多くの巡礼道中日記や巡礼が札所に納める木札などからも窺える。『熊野年代記』には享和元年（一八〇一）の巡礼者は三万人と記録されている。現在、多くの西国巡礼道中日記が全国各地で発見されているが、圧倒的に東北、関東のものが多く、西国では九州地方のものが多い。

　江戸時代には伊勢神宮参拝とあわせて西国巡礼が行なわれるようになり、関東、東北など東国の巡礼が多くなった。伊勢神宮参拝を済ませ、宮川を渡った田丸城下にて笈摺を用意し、ここから巡礼がスタートした。東国から来る人は、地元では「関東ベエ」「奥州ベエ」と呼ばれた。熊野街道の伊勢路は、熊野三山と第一番札所那智山青岸渡寺へ通じる道としての役割を担った。道標には「くまのみち」「巡礼みち」「西国みち」「那智山みち」などと刻まれている。

　巡礼者は那智から紀三井寺などを回った後、余力があれば高野山や金毘羅へ詣で、最後の札所の谷汲山では満願を果たしたしるしに白衣や笈摺を納め、東国への帰りには善光寺にお参りし、極楽往生を祈願した。東北から来れば百日以上を要する長い旅路であり、途中で病に倒れた者、路銀を使い果たした者など数多くあった。伊勢神宮参拝に比べれば西国巡礼者の数は少なかったが、旅への思いは遊楽的な伊勢神宮参拝とはかなり違い、深い信仰に根ざしたものがあった。

峠を一つ越えるごとに滅罪を願い、峠からは補陀洛浄土の世界を群青の熊野灘の海の向こうに望んだことであろう。熊野権現から浄土往生と滅罪、病気平癒や延命の現世利益を願った。

二　善根宿の救済

平成九年に三重県尾鷲市古江町の元庄屋宅から発見された古文書（尾鷲大庄屋文書）により、この地方でも四国遍路に見られるような「善根宿」があったことがわかった。善根宿はお金や食料を持たず自力で旅を続けられない巡礼に、道沿いの有力者が無料で宿を提供する施設である。財力に余裕のある庄屋が善根宿となる場合が多い。古文書を要約すると次の通りである。

文政十三年（一八三〇）に肥州高来郡諫早領船越村（長崎県諫早市船越町）を出た杢助親子三人は、山陽道を通り、信州善光寺にお参りしたあと、伊勢神宮参拝を済ませ、西国巡礼に来た。熊野三山までの伊勢路の険しい峠をいくつか越えて、尾鷲に辿りついた杢助親子は路銀を使い果たしたのであろう、同年八月、庄屋の庄司家に一夜の宿をお世話になった。翌朝、出発して次の三木・羽後峠にさしかかったときに、長旅の疲れからか急に具合が悪くなり、庄司家に引き返した。当主の庄司和兵衛は早速医師を呼び、五日間手厚く看病したが、その甲斐もなく杢助は亡くなってしまった。庄司家は当地の作法に従い、できる限り丁寧に埋葬を済ませ、初七日の法要も行なった後、残された妻と子供の伊八郎を諫早までの道中を案じながら暖かく見送った。

尾鷲市古江町にある杢助の供養塔

納札から知る情報の数々

「目的」　西国三十三所巡礼
「年代・月」　弘化二年（一八四五）巳二月
「出立地」　備中国（岡山県）小田郡大戸邑
「名前」　孫右衛門
「同行人数」　四人
「願文」　二世安楽

納札の一例

その後の消息は判っていなかったが、平成十四年に更なる古文書が、庄司家の仏壇の下から発見され、後日談がわかった。文政十三年から八年後の天保九年（一八三八）に杢助の子供の伊八郎が諫早の親族一同のお礼の手紙を携えて、再び熊野までやって来たことが書かれていた。

手紙にはかつて、杢助が庄司家から受けた多大な厚情に感謝するとともに、お礼が遅くなった事を丁寧に詫びている。この古文書の発見により伊八郎親子は無事長崎・諫早に帰ったことが判った。この出来事の証として、庄司家の墓地には今も杢助の供養塔が祀られている。

また、平成十九年には熊野市大泊町にも善根宿があったことがわかった。大泊町・若山正亘氏の屋根裏から文政元年（一八三一）〜明治十八年（一八八五）にかけて納められた五五〇〇枚あまりに及ぶ納札が発見された。天井裏に置くと火災やそのほかの難から守られるという信仰により、残されたものと思われる。熊野街道では唯一残存する一級の納札資料である。

納札は無料で宿を提供してもらったお礼にと、善根宿の主人に納めたものである。納札には「奉納西国三十三所」の目的地のほか、宿泊した年月日、巡礼の住所、氏名、年齢、同行者などが記入されている。数多くの納札に書かれた巡礼の出身地は、北海道、沖縄、隠岐を除く奥羽地方から九州までの全国におよぶことがわかる。同行者の人数は、全体のおよそ半数が二人連れで、最高は二十七人連れという宿泊者もいた。一人での巡礼はごくわずかである。男女の比率としては、男性のみのケースが全体の半数を超えるが、女性のみが二八％、夫婦の場合が十五％と、意外にも女性の割合が多いのが特徴である。

巡礼の記録としては全国各地に残る道中記があるが、これは比較的裕福な環境にあるものが記録したのに対し、善根宿に納札した人々は、極めて困窮した環境の中にあったとおもわれる。こうした記録からは、その時代の真の巡礼のあり方が見て取れる。またこのような記録が、例えば、中辺路の田辺あたりにあれば、巡礼がその後どういう結末を辿ったかが読み解くことができると思われる。また先に述べた尾鷲市古江町の善根宿に納札が残されていれば、かなり関連性がわかり、あらたな発見があったかもしれない。様々な事情で、巡礼の旅に出なければならなかった庶民の物語が、これらの資料から読み解くことができる。

熊野街道沿いに点在する巡礼墓碑には、過ぎ行く巡礼と迎える熊野の人々との交流や悲話が数多く残されている。いかに多くの困難を乗り越え、ひたすら観音の救いを求めるために西国巡礼の旅に出たことが巡礼碑や文書から偲ばれる。

三　本宮湯の峰温泉にみる魂と身体の救いと再生

熊野本宮大社の湯垢離場としての湯の峰温泉は小栗判官蘇生の地として知られる。中世の説教節や近松浄瑠璃『当世小栗判官』など様々なストーリーの小栗判官と照手姫の物語が世の中に広まり、多くの人々を熊野詣へと誘った。この物語の概要は、『鎌倉大草紙』によると、常陸の国に城を構えていた小栗氏は、足利氏と戦って敗れる。城主の子・助重は落ち延びる途中、相模の国で盗賊に毒を盛られるが、遊女照手のお陰で藤沢に逃れ、遊行上人に救われる。毒による病が重くなった小栗は、遊行上人、照手をはじめ多くの人々に助けられながら熊野に詣で、熊野権現の加護と湯の峰の薬湯によって、全快したという。

また説教節では、小栗は京の二条大納言の息子で、照手姫は武蔵・相模の郡代横山の娘。常陸に流された小栗は照手姫のもとに強引に婿入りし、怒った横山に毒殺される。地獄に落ちた小栗は、閻魔大王の計らいで「餓鬼阿弥」の姿で蘇生する。「この者を熊野の湯の峰の湯に入れれば、もとの姿に戻る」という胸札を見た藤沢の上人は、「一引きひけば千僧供養、二引きひけば万僧供養」と書き添え、小栗を土車に乗せて旅立たせる。多くの人々の助けにより小栗は熊野に向うが、流浪の末、美濃の青墓の遊郭で下女として働いていた照手姫も、夫とは気づかず、土車を引いて小栗街道を通り、熊野湯の峰に辿り着いた。そして湯の峰の湯につかった小栗は、元の姿に戻り、照手姫と再会し、幸せに暮らしたという。二つのストーリーは少し違うところがあるが、熊野の湯の峰の湯で蘇生したことは共通している。

小栗を、今で言うハンセン病（らい病）の人に照らしているのではないかといわれている。多くの小栗が、不治の病といわれたハンセン病を癒す為に熊野を訪れたことであろう。

湯の峰温泉で民宿「小栗屋」を営む安井理夫さんは、「浄不浄を嫌わず。熊野はまさにそういう所です。湯の峰温泉は昔から有名な湯治場でした。かつてハンセン病が誤解されて恐れられていた時代にも、この地域の人々は温かく迎え入れていました。近所の古老によると、湯の峰温泉には「みどり館」といってハンセン病の患者ばかりが泊まる宿が昭和のはじめ頃まであったそうです。そのおじいさんは子供の頃よく遊びにいって、「あんなんうつらへんで」と言って饅頭をもらって食べたりしていた。みどり館はらい予防法が出来てからなくなったそうです。」と語っている。本宮湯の峰温泉では、みどり館のほかにハンセン病患者のための共同入浴場があった。

四　和泉式部にみる熊野神の救い

小栗判官と照手姫の絵図
不治の病を湯の峰温泉・つぼ湯で癒した小栗判官と照手姫

本宮大社旧社地・大斎原

和泉式部は平安時代前期の女流歌人で、宮中に宮仕えし、和泉守・橘道貞と結婚し、和泉式部を名乗った。熊野和泉式部の伝承は数多くあるが、熊野における和泉式部の伝承は、『風雅和歌集』に載る熊野の神のお告げの歌がある。和泉式部が熊野詣をした折に、もう少しで本宮大社だという峠（伏拝王子）に差し掛かった時に、生理になった。女性の生理を穢れとして忌み嫌う時代のこと、神殿に参拝できなかった。「晴れやらぬ身のうきくものたなびきて月の障りとなるぞ悲しき」と詠んで寝た夜、夢の中に熊野の神が現れて、「もとよりも塵に交わる神なれば月の障りもなにか苦しき」と告げたことで、和泉式部が無事に参拝できたということである。

この話が歴史的事実かどうかはさておき、熊野の受容の精神をあらわしている話である。こうした説話が女性の熊野詣への門戸を開いた。小栗判官の説話もそうだが、これも一遍上人の「信不信をえらばず、浄不浄をきらはず」という熊野信仰の精神を説いたものである。

五　徐福の受け入れ

熊野の貴人流離伝説と漂着神の代表は、徐福であろう。二二〇〇年前に秦の始皇帝の命を受け、不老不死の仙薬を求めて蓬莱の国・日本にやってきた方士（呪術師・祈祷師・薬剤師を併せ持った者）が、徐福である。このことは、始皇帝没後百数十年後に書かれた書物である司馬遷（BC一四五〜八六）の『史記』に記述されている。

熊野の波田須、新宮をはじめ佐賀市、串木野市、富士吉田市、八丈島、青ヶ島、丹後・伊根町など、全国で徐福伝承地は二〇ヶ所以上あるが、特に熊野は徐福上陸の有力な土地である。太平洋沿岸だけではなく日本海沿岸にも徐福伝承があるのは、それぞれ黒潮、対馬海流に乗ってやってきたものであろう。

徐福伝承地ではいずれも徐福を侵略者ではなく、恵比寿神として迎え入れ、同化し祀っている。海の彼方の異国から来た戎（えびす）神として、抵抗する事も無く受け入れている。日本が縄文から弥生に移行する文明の大変革期に中国の一級の技術をもって、農耕・養蚕・捕鯨・造船・医薬・紙漉き・機織り・製鉄・焼き物などの技術を伝授した徐福は、文字通り文明と福をもたらした神様として崇められる存在となった。徐福は夷神＝渡来人の象徴的な人物ではないだろうか。第一期渡来民族の象徴ともいえる徐福の神仙思想は、やがて現世的な幸福や不老長生を説く道教に発展していく。

熊野市波田須（はだす）町は、徐福の足跡が多く残る土地である。元々この土地は秦栖（はたす）村と呼ばれ、秦の人が住みついた土地と言われる。また、徐福の宮の近くの釜所で発掘された、ご神宝のすり鉢も、中国のものといわれる。昭和三〇年代に道路工事中に宮の前で発掘された始皇帝時代の「大型半両銭」は、国内では数例の発見事例があるのみである。

もう一つの徐福伝承地の新宮市阿須賀町でも、波田須と同じく、航海・上陸の際の山当てとなる富士山型の蓬莱山が熊野川河口にある。徐福上陸地の近くには熊野三山の一つ、熊野速玉大社が鎮座するが、このご祭神も海の彼方からやってきて、熊野川を遡って鎮座したといわれている。熊野速玉大社の御船祭りでは、ご神幸船で海からの神迎えをしたあと、熊野川を遡り、川中島である聖なる島の御船島（世界遺産）に神様を鎮座する。古座川の河内祭りでも、海からの神様を古座川を遡った川中島の清暑島に迎える。徐福も海の彼方から来た幸をもたらす恵比寿神なのである。

徐福が上陸した波田須湾の風景。中央が徐福の宮。徐福が上陸したといわれる，三重県熊野市波田須の矢賀（やいか・焼処）海岸。棚田が海に迫る。この釜所からは陶器が出土。今は耕作されていない。

三　おわりに

熊野の多量の雨が生み出す水と、水が育む森と、一四〇〇〜一五〇〇万年前の火山活動によるカルデラ火山の火砕流が生み出した岩石などの大自然が、熊野信仰に与えた影響は大きい。那智参詣曼荼羅に見られるように、山と川と海が三位一体となっている険しい地形だ。なだらかな平野は見られない。この大自然を背景に様々な宗教や信仰が生まれ、熊野の風土をつくってきた。同じ三重県にありながら、伊勢信仰と熊野信仰の違いはあまりにも大きい。

熊野の持つ受容性・寛容性は、海と海流を抜きにしては考えられない。黒潮がもたらす文化や人・モノの漂着の歴史が自然と融合して、マレビト信仰やエビス信仰などの宗教思想を形成してきた。この風土や地形が日本書紀の神生みの舞台として、熊野が登場した要因であろう。

今回、花の窟の神生みの物語から再生と再帰を考えた。また観音信仰、徐福信仰、恵比寿信仰や小栗判官、和泉式部の説話などを通じて、熊野の受容性を見ることができた。今、この混迷の世界情勢の中にあって、受容と寛容という熊野の精神文化が果たせる役割が多くなる事を切に願うものである。

参考文献

みえ熊野学研究会編『みえ熊野の歴史と文化シリーズ第4集・観音信仰』（平成一六・三）
速水侑編『観音信仰事典』（戎光祥出版、平成一二・一）

国文学解釈と鑑賞『熊野学へのアプローチ』（至文堂、平成一五・十）
国文学解釈と鑑賞『続・熊野学へのアプローチ』（至文堂、平成一六・三）
北川央『別冊太陽熊野・三十三所巡礼と熊野信仰』（平凡社、平成一四・八）
速水侑『観音信仰』（塙書房、昭和四五・八）
熊野市大泊町若山家所蔵熊野街道善根宿納札調査報告書（熊野市教育委員会、平成二二・一）
斎宮歴史博物館『熊野信仰の世界』（平成六・一）
山折哲雄編『日本の神様』（日本文芸社、平成一九・一一）

伊勢路を歩く行脚僧
——天田愚庵『順礼日記』に籠められた〈祈り〉と〈再生〉——

半田美永

一　はじめに

天田愚庵（あまだぐあん）（一八五四年〈安政元年〉～一九〇四年〈明治三七年〉）が、京都を発って西国巡礼の旅に出立したのは、一八九三（明治二六年）九月二二日のことであった。そのために、勧進帳を出し浄財を募る準備は、同年の六月から始められた。「蓋し人に貧福の分ありと雖も、勧進の高多き時は即ち結縁の数自ら減じ、喜捨の財軽きに過ぐれば以て帰依の信と為すに足らず、故に貴賤平等金三銭三厘と定む[1]」として、これよりも多く、また少なくも受け取らなかった。愚庵の心には「随喜の誠」を尽くして、多くの人びとと平等に「菩提の縁」を結ぶ以外にはなかったのである。この時、百日の間に千五百五十人からの喜捨を受け、道中の必需品、路銀を差し引いた残金で、この『順礼日記』を印刷して方面に配布したという。[2] 著者名は、天田鉄眼（てつげん）とある。

さて、『順礼日記』（以下、『日記』と表記する）には、巻頭に京都林丘寺滴水老師の題字、ついで兄弟子の息耕軒峩山の七言絶句の漢詩と青厓居士による五言律詩、そして磐城の国からは愚庵の漢詩の師・大須賀筠軒（いんけん）による「巡（ママ）礼日記序」（漢文）、また、新聞『日本』社主で子規とも親交のあった陸羯南（くがかつなん）の「西国巡（ママ）礼日記の序」が付されている。

この順礼の旅程は、「先づ伊勢の大廟に詣で、次に熊野三社に参り、然後番号に従ひ、一番より打始む」と『日記』にしるされている。その道筋は、先年、世界遺産に登録された熊野古道「伊勢路」にほぼ相当する。まだ、整備も行き届かぬ「古道」を、彼は、どのようにして歩いたのか。この『日記』に描かれる心象風景を通して、ここに籠められた天田愚庵の人と思想とについて考えてみようと思う。

二　天田愚庵のこと

一　父母妹との別離

愚庵の半生は、みずからがしるす「血写経」によって知られる。同書は、明治二三（一八九〇）年五月に、懇意にしていた陸羯南に送られた。羯南は、その前年の同二二年二月一一日に、新聞『日本』を創刊、子規や青厓とともに、愚庵の作品発表の場となった。世に流布する愚庵伝記のすべては、この「血写経」を基に書かれたが、その経緯は『愚庵全集』[3]に収録された「愚庵和尚小伝」[4]にしるされている。以下、要点を引用してみよう。

十五歳戊辰役に従つてから、遁世出家するまでの和尚の前半生は、本書に収むる所の台麓学人の筆に成る「血写経」で明かである。支那宋朝の朱寿昌は血を刺し経を写して母の所在を求むること五十年にして蜀中で邂逅することが出来たと伝へられてゐる所から、愚庵和尚が十有八年間、幾多の辛酸を嘗めて父母の行方を尋ね歩いた伝記を「血写経」と名づけたのであつて、初め和尚が筆を執り、陸羯南に送つたのを、饗庭篁村（あえばこうそん）が書き改めて新聞「日本」に連載されたものである。和尚を伝するものは皆なこの血写経に拠って居る（『愚庵全集』四〇二頁。以下、頁数は同書による）。

右の文中「台麓学人」とは愚庵のことである。愚庵が、この「台麓」の号を用いた例を他に知らないが、比叡山の別称を、天台山、台岳、台嶺などという。京都を発つときの送別の際、師の滴水禅師に道筋を尋ねられて、「叡山越して近江を歴。伊勢の皇廟に参詣」と答えている。比叡山の麓が、彼の心の支柱となっているのがわかる。

愚庵の自伝『血写経』は、母を探し求めて「五十年」、ついに蜀の国で母と再会したという朱寿昌のことを踏まえたのである。北宋の詩人蘇東坡に「朱寿昌郎中、不知母所在、刺血写経求之五十年、去歳得之蜀中、以詩賀之」と賀詞のつく漢詩がある。台麓学人こと愚庵は、『血写経』の冒頭に、「東坡が詠歌せし朱氏の子は、五十にして其母を蜀中に尋得て、羨む君が老に臨んで相逢を得たるを賀せられたる時ありしが、親と妹の所在を索むること二十余年、いまだ死生の消息を得ず」と書いている。朱氏（朱巽）の子・朱寿昌は五〇年間探し求めて、ついに母に逢うことができた。

彼は、二〇年間、父母と妹を探し求めているが、いまだに手掛かりはない。「血写」とは、すなわち「血を刺して経を写す」、みずからの体の血を抜いて、その血で写経することをいうのである。強い祈願の気持ちが出た行為である。愚庵みずからが、その人生記録に、「血写経」の名を借りたのは、「二十四孝」のひとりを詠んだ蘇東坡の詩とその背景となった事績に感じ入ったからにほかならない[5]。

天田愚庵は、安政元（一八五四）年七月二〇日、磐城の国平藩城主安藤対馬守藩中、甘田平太夫真順を父に、母浪の五男として生れた。父は勘定奉行、六〇歳を過ぎ、隠居後は平遊と号した。愚庵は幼名を久五郎と言い、兄弟は多かったが夭折し、一五歳のときには長兄善蔵と妹延の二人だけであった。長兄善蔵は先妻ひで（弘化四年一〇月二九日没）の子であった[6]。

明治元年・慶応四年一月三日、鳥羽伏見の戦。六月、奥羽同盟の諸藩は、薩長軍を迎えて磐城は戦場と化した。

慶応四（一八六八）年、戊辰の年に始まったいわゆる戊辰戦争は、ここ磐城の国にまで及んできたのである。久五郎は、旧幕府軍に参加した。まだ一五歳だった久五郎は、果敢にも磐城を襲った薩長の軍に立ち向かった。それは、兄の善蔵が瀕死の傷を負ったという噂を聞いたからであった。父母は、まだ若い久五郎が戦場に行くことに反対した。だが、彼はそれを振り切って出かけて行ったのである。

同年七月一三日に平城は陥落し、一一月には最後まで抗戦した会津藩主松平容保が降伏した。このとき、近郊の農家に疎開していた父母妹が行方不明となったのである。戦場に出かける際、母は悲しみをこらえて「陣中は人の気も暴くなるものとか、呉呉も慎みて人と争ふことなかれ、如何なる事のありとても長者の旨に逆ふ事なく其指図を守るべし、血気に逸るものならば必ず過ちあるべきぞ」（『血写経』『愚案全集』一八八頁）等と諭した。

敗戦後、謹慎が解かれた兄弟二人は再会し、近郊の中山村小野甚作方に身を寄せ、肉親捜しを始めたのである。しかし、杳として父母妹の手掛かりはなかった。そこで、兄の善蔵は「身を占者」（占い師）にやつし、「諸国修行」と称して旅立った。同行を許されなかった久五郎は「我も早く一芸を学び、心のまゝに天下を周遊する身にならばやと学問に心を傾け」（『血写経』）たのである。その二人の行動の契機が、生き別れた肉親を捜し求めることにあったのはいうまでもない。

その後、久五郎の学問と処世の態度はどのようにして培われたのか、また、その人と思想はどのようにして形成されたのか。まず、「愚庵」と命名するまでの、彼の足取りを追ってみようと思う。

二　上京と出会い

明治新政府の下での約二年間、久五郎は旧藩校で学んだ。だが、明治四年（一八七一）年七月一四日、廃藩置県が施行され、藩校は廃止された。この年、「甘田」を「天田」と改名、名前を「天田五郎」と改め、兄の善蔵は「天田真武」を名乗った。これを機に五郎は上京、郷土の先輩保科保（後八坂神社宮司）の世話で、神田駿河台のニコライ堂（ロシア人ニコライの経営する神学校）にはいった。しかし、それまで藩校で学んだ郷学としての儒教教育とは相いれず、三カ月余りで退学。同窓で日夜議論を交わした安藤憲三らの紹介で石丸八郎を訪ねた。そのいきさつは、「血写経」には次のように書かれている。

石丸氏は越前の人にて、当時教部省に勤め、慷慨の聞え高し、石丸氏一夜五郎と四方八方の物語りせしが、其中に何か感ずることありてや、翌朝自ら伴ひて中六番町の小池詳敬の許に至りて引合し、力を添へられたしと頼みければ、小池氏は五郎に向ひ、御身仕官の望ありやと問ふ、否某（それがし）し毛頭さる望候はず、天下を歴遊する事の自在なる身となり、父母の所在を尋ねんこと是のみ一生の宿願に候と、決然たる五郎の答へに、小池氏はうなづき、夫（そ）れより其家へ留められぬ。

（『愚庵全集』二〇六頁。「血写経」の引用は、すべて同全集による。）

天田五郎と石丸八郎は一夜を語り明かし、翌朝、石丸は天田五郎を小池詳敬の宅に連れて行った。小池に仕官の気持ちを尋ねられた彼は直ちに否定し、ただ「天下を歴遊」して、「父母の所在を尋ね」たいと答えている。その一念が、彼の生涯を貫く行動を決定し、また思想の根底を形成したともいえる。小池家の食客となった五郎は、その後様々な人脈を得ることになる。

小池詳敬については、「西京の人にて正院の大主記を勤め、音容の柔和なること婦人の如くなれども、性行厳重にして且つ大胆なれば、如何なる暴客も此人の前にはほしいまゝに振舞ふ能はず、斯る人柄の事なれば世の豪傑に交り多し」と「血写経」にしるされている。「正院」とは明治四年の廃藩置県の後、官制改革によって設けられた最高官庁のことで、主記はそれ以前の太政官に設置された事務官の職名だったが、正院では「大主記」は最高位に置かれた。天田五郎は、そのような環境の中で、時代の形勢を敏感に感じ取り、また学問に励んだのである。

やがて小池の紹介により、山岡鉄舟（当時、新政府に出仕、後明治天皇の侍従）の門下となり、国学者落合直亮（直文の養父）に国学を学んだ。明治六（一八七三）年落合直亮が仙台志波彦神社宮司に就任すると、これに従い五郎は権宮司として赴任した。宮司の傍ら直亮が開いた国学塾中教院に学び、ここで国分青厓（漢学者・後に新聞『日本』社員）、鮎貝亀次郎（後の国文学者・歌人落合直文）らと交友をもつことになった。この年の冬、小池詳敬から石油会社株主募集のための出張のことを聞き及び、同道して東海道、山陽道を経て九州長崎まで赴いた。この長崎行が愚庵の人生に思わぬ影と光をもたらすことになる。

翌明治七年、長崎滞在中に江藤新平の「佐賀の乱」が起こり、江藤一味の嫌疑を受けたのである。彼の挙動には政治への関心の強さがあり、長旅を経て長崎までやって来たことの不審を当局に持たれたのであった。上京後に拘束され、牢につながれたが、その牢中で万葉歌人丸山作楽に出会った。[7] 作楽は国粋風の志士と交わり国事に奔走、征韓論者で当時の政府側と対立した。一方、当時の天田五郎は意気盛んな壮士風の気概があり、征台の軍にも従い、明治七年六月半ばに帰京するまで、石門戦に参加して勇名を馳せたことがある。明治五年、作楽は内乱のかどで終身刑を受けたが、同一三年恩赦で出獄している。この二人が、牢中で政治と文学を話題に、互いの人生を語り合ったことがあっても不思議ではない。

中野菊夫『天田愚庵その歌と周囲の人々』（昭和六一年六月二五日、至芸出版社）所収「丸山作楽」の項には、「愚庵の歌に於ける師を求むるとすれば、落合直亮、丸山作楽の名が浮び出て来るのであるが、作楽が万葉調歌人として今日その位置を与へられてゐることを思ふと、作楽、愚庵、子規と、ここに愚庵を中軸とした一つの傾向が窺はれるのである」（一〇一頁）としるし、作楽と愚庵との出会いの時期について、斎藤茂吉の九州説、小泉苳三説による帰京後の国士時代などを挙げている。

郷学としての儒教や、大須賀筠軒などから学んだ漢学・漢詩の素養から、万葉調歌人としての愚庵の転換期は、この作楽との出会いによってもたらされている。今日の『日本近代文学大事典』（講談社）などの「天田愚庵」の項目には、「歌人」として説明され、文学史上子規に影響を与えた人物として、その名をとどめているのである。

三　鉄眼から愚庵へ

天田五郎が愚庵を名乗るのは、明治二四（一八九一）年春、三八歳のときである。それより先、山岡鉄舟の紹介で、京都林丘寺の滴水禅師の許で参禅することになるのは、同一九（一八八六）年のことであった。だが、それより更に以前、やはり鉄舟の紹介で当代きっての侠客清水次郎長の許に居り、その養子となって山本五郎を名乗った時代があることにも触れておかねばならない。次郎長の本名は、周知のように山本長五郎である。

明治九（一八七六）年春、兄の真武と連れ立ち、肉親を訪ねて奥州、北海道を巡るが空しく、厳寒の函館で喀血、翌年早々に帰京する。この年の秋、恩人の小池詳敬死去。当時、板垣退助の興した自由民権運動の同士となり西下したが、山岡鉄舟の忠告により、清水次郎長に預けられることになったのである。しばらく謹慎の後、旅回りの写真師となって父母を捜した時期もあったが、明治一四（一八八一）年三月、山本長五郎（次郎長）に請われて養子となり、山本五郎、鉄眉と号した。満二八歳のときであった。

その折りの見聞を基に『東海道遊侠伝』を著し、それが後の講談や芝居の粉本（ふんぽん）（タネ本・原作）となった。富士裾野で開墾事業にも携わったこの時期は、政治から悟道の道に転じる基礎を形成したという意味で、その後の愚庵の世界を開墾したことにもなる。その後、山本家の養子を辞し、旧姓に復した後、明治一九（一八八六）年二月、大阪内外新報社に入社する。この時期、鉄舟は五郎宛に、一通の書をしたためた。「血写経」には、次のようにある。

御身大阪に行かば西京は程近し、天龍寺の滴水禅師は世に隠れなき禅門の大徳にて我が為めにも悟道の師なり、汝事業の余暇には必ず参禅して心力を練り玉へ、若し一旦豁然として大悟する事あらば、死したる父母にも坐ながら対面すべし、汝が捜求の労つとめたりと雖も其効なければ今は早や外に向つて其跡を尋ねんより、内に反つて其人を見るに若かざるべしと。（『愚庵全集』二三一頁～二三二頁）。

こうして、天田五郎は、京都天龍寺の滴水禅師の許に赴き、師が庵を編む林丘寺で剃髪得度を受け鉄眼と称した。さらに、明治二五（一八九二）年春、みずからの草庵を清水産寧坂に完成し、滴水師より賜った偈文「莫認小智、須至大愚」に拠り「愚庵」と号した。満三八歳のときであった。翌年、秋彼岸にここを発ち、西国巡礼に出かけたのである。それは、鉄舟の書簡にあった「内に反つて其人を見る」ための旅であったに違いない。

鉄舟こそ、愚庵にとって、再生の大恩人であった。明治二一年七月一九日、山岡鉄舟座禅のまま大往生。享年五三歳。遺体は谷中全生庵墓地に埋葬されたが、葬儀の日には、清水次郎長以下、子分百余人が旅姿で参列、異彩を放ったという。[8] 愚庵は参究修行の身で参列できなかった。愚庵の自伝「血写経」は、鉄舟のために書かれたのではないかという説がある。[9]

三　『日記』に描かれる風景

一　伊勢路の風景

京都から草津を経て鈴鹿山の麓に至った。田村神社、鈴鹿神社に詣でる。物寂しい峠道で、さめざめと泣く二人の童女に出逢った。姉妹らしいが草履を踏み切って歩くことが出来ないという。近づくと、姉の方は小さな荷物を背負い、片手には菅笠を持っていた。親は居ない。路銀少々を与えて別れる。「如何なる者の子にかあらん」。やがて伊勢路に入る。巌をうがって安置してある観世音、また関の地蔵尊を拝しながら参宮道に入った。雷光凄まじく、雷雨を浴びながら歩く。

九月二五日、雨晴れて「秋空一碧」、一身田の専修寺に参る。真宗高田派の本山である。明けて二六日、午後山田（筆者注。現在伊勢市）に着き、外宮参拝、神楽殿の御造営中であった。それより二三十町歩いて坂を越え、内宮宇治橋を渡る。「心身自らすがすがしく三の鳥居を潜れば右の方に五十鈴川の御祓場あり、参詣の者皆こゝにて手足の塵を洗ひ清む」。ここで愚庵は和歌を詠んだ。「幾久に尽ぬ流れの五十鈴川濁らぬ御世の源ぞこれ」。幾久しく尽きない五十鈴川の清らかな水の流れ、これこそが、我が国のあるべき姿の源であるという。

愚庵の感慨は、三の鳥居より内の大杉にも寄せられている。それは、四、五人かかっても抱き抱えることのできないほどの大きさであった。「尊しとも畏しともいはん方なし」として、「皇天咫尺。日月威霊。欝々神木。万邦輯寧。」という四言一章の漢詩を作った。感極まると漢詩が口をつく。天子の威光は日月とともに増し、神木は鬱蒼として、ここではすべてのものが調和し安寧に保たれているという。彼の漢詩の素養は、生国の郷学として培われ、神林惺斎やその弟の大須賀筠軒（俳人大須賀乙字の父）らを、その師祖としている。長じてからも、彼の周辺には陸羯南、桂湖村、国分青厓（太白山人）、正岡子規など、漢詩の素養を有した多くの人材がいたのである。

廟門前には勤番の社人が居て、厳粛な雰囲気が漂っている。ここから内には平民は入れない。西行法師の「何事のおはしますかは知らねどもかたじけなさに涙こぼるる」の詠じた場は此処だったのだろうと感じ入って、五十鈴川の畔に宿を求めた。「十七夜の月、瀬々の川波に映りて、余りのありがたさ」に、一人眠らずに夜ふかしをしたのだった。

翌日の二七日、西行法師の住んだと聞く二見へ行き、案内人に頼んで西行谷の庵室の跡を尋ねた。明治維新の頃まで、禅室があり、尼僧が住んでいたが、今は取り壊されて、露を含んだ尾花が朝風にうち靡くばかりだったと愚庵はしるしている。そして「秋風に尾花踏分け我来れば墨染の袖に懸るしら露」と詠んだ。この後、宇治橋まで戻り、朝熊（あさま）山に登った。

二八日七時頃出立。宮川の上流を渡り田丸から熊野への伊勢路に入る。原の里に宿り、風呂場の造り様の珍しさを「一見すれば仏壇かと思はる」と書きつけている。二九日は、相鹿瀬、柧原、三瀬などを歩き、野後に投宿。「亭主、情ある者なりけん、待遇振の老実なる、いといとうれし」とある。夕方雨降る。この日は七里歩いたとしるされるが、多い時には一日に一〇里以上、歩いた日もあった。明けて三〇日、滝原宮に詣でる。ここでも神宮杉が生茂っていた。愚庵は「神杉老い茂りて、いと尊し」と感じた。阿曽の村のはずれで老翁から草履を供養された。また佐幾でも女性から供養を受ける。この辺り一帯は豊作を祝う若者の花角力で賑わっていた。ここでは、人情の篤さを感じている。さらに、この日は、荷坂峠を越えて紀州路に入った。

二　紀州熊野の山河

愚庵が伊勢から熊野へ向けて出立したのは一〇月一日のこと、熊野三社に詣で、満願成就したのが一八日だった。彼は、紀伊長島を発つとき、木本まで汽船に乗れと勧められたが、心願だからと言って断った。そしてまず、本宮に詣で、次に新宮、そして那智の順路をえらんだ。すべて徒歩である。順路からすれば、新宮、那智、本宮の順が便利だが、彼はそうしなかった。まず、長島から上り一八町、下り一八町の峻険な古道を歩き、尾鷲に宿した。翌日は難所の八鬼山（やぎやま）を越えず、矢の川（やのこ）峠を選んだ。前日の反省から、平易な方を選んだというが、この峠も知る人ぞ知る、ＪＲが開通するまでは名だたる難所で有名だった。

本宮への途中、鬼が城を見物し鬼を退治した坂上田村麻呂にも触れている。鬼は昔、大江山、鈴鹿山、安達原や、このような人も通わぬ有磯に住んでいたが、今はどこに住んでいるのかと、案内人が問う。風伝峠を過ぎ、北山川の瀞では「山水の趣拙き筆には書きも尽さず」として、漢詩を作った。

翠屏三百曲。両岸石嶙峋。潭形澄如鏡。山光靄（もや）似春。仙人時出洞。漁客幾迷津。樹深猿覓果。舟小客垂綸。谷口種霊草。徐君此過秦。

〔翠に覆われた険しい岸壁が続く。淵は澄んで鏡のようである。辺りは靄（もや）が漂い、（今は秋なのに）まるで春のようである。仙人が洞穴に棲み、釣り客は船着き場を見失う。樹林はあまりに深く、猿はその果てを捜し求める。舟の小客は糸を垂らし、谷の入口に霊草の種を植え、秦から来た徐福は、ここを通りすぎてゆく。〕

いかにも幻想的な仙境を愚庵は感じ、それを描写した。和歌では表現できない世界を写しとったのだといえる。本宮跡（大斎原）では、明治二二年八月の大洪水で流出した爪痕が生々しく残っていた。愚庵が「今猶澄み返らず」とするしたのは、明治二六年九月一六日のことであった。「此洪水は千古未聞の大水にて、水嵩七八丈も増し、殊に鉄砲水とて、川上に山崩れあり、堰き止められたる水の一度に破れて押し来れるものなれば、兎角する間もなく、古来神庫に秘めありし宝物、古記類、残らず流れ失せたりと云ふ、全村二百七十戸の内、流亡したるもの百八十戸溺死したるもの二十三人、斯る水害の後なれば、民家は今猶小屋掛けにて、目も当てられず」（『日記』）という記述がある。社殿に参ろうとしたが、川には橋もなく、荒れ果てた草むらの中に石室が二つ並んでいた。「誠や是ぞ八柱の神を残し籠めたるもの」と遥拝した。和泉式部の古跡なども流され、ほかには何もなく、夕暮れに湯峰にもどったのだった。

本宮から川舟に乗った。ここかしこに洪水の痕跡はあったが、巨岩だけは不動の姿勢であった。「熊野川瀬は変れども深淵の浅利の岩そまさしかりける」。速玉大社から神倉山に登り、那智に詣でた。天気よく滝の飛沫を浴びて、すがすがしい気持ちになる。

底つ巌根つき貫きて普陀落や那落も摧け那智の大瀧

このように詠んだのは一〇月一九日だったが、その前日の『日記』には「扨て熊野三社の参詣は今しも済みぬ。玉垣を一重右に出れば、西国第一番と聞え給ふ那智山普照殿の御前にして是ぞ順礼の打初めなる」とある。喜々雀躍のさまが伝わってくる。京都を発ってから約ひと月、しかし愚庵の西国順礼は、ここから始まるのである。熊野三社で、彼が祈願したものは、誓願成就のための決意だったのである。

以上、伊勢参宮から熊野までを辿った[10]。見てきたように、この『日記』には、札所以外の周辺の古社寺古跡などが尋ねられており、その来歴や土地の風趣や風習、人情、自然、見聞などが微細に書き込まれて興趣が尽きない。さらに漢詩と和歌の詩情とが交織して、近代文学史上の優れた紀行文学作品となっているのである。

四　おわりに

愚庵の順礼の旅は、この後西国二番紀三井寺、三番粉河寺と続くが、その合間には名称和歌浦を訪い、根来寺に立ち寄り高野山へと出向く。和歌浦では「遠樹疎鐘響。蘆花送晩潮。汀沙人不見。孤鶴唳晴霄。」と詠んだ。近くの紀三井寺の鐘の音が林の間に響く。蘆の花が夕方にさしてくる潮を見送るように、静かに穂綿を揺らしている。砂浜には人影は無く、一羽の鶴が鳴きながら、晴れわたった夕空を飛んでゆく。蘆辺をさして鳴きわたる有名な古歌を踏まえての作であろう。根来寺では、前後の山や、境内の広さから、軍好みの武者法師の道場には屈強の場所だと思った。粉河寺では、堂司のはからいで宿泊、翌朝高野山に赴く。芭蕉の句碑「父母のしきりに恋し雉の声」に出会う。まさに名句だと思い、芭蕉を名人だと自覚する。高野山境内では、中門から内を巡拝しながら、世に稀なる荘厳の霊地であると讃嘆し、空海・弘法大師の大徳を改めて実感している。また、九度山の真田幸村の住居跡を尋ね、弘法大師の母堂が住まわれた慈尊院に詣でた。そして、芭蕉の句のいよいよ名句であることを実感するのである。

ところで、この『日記』の「序」を依頼された郷土磐城の大須賀筠軒は、一読して「霊仏大刹。名区勝境。山峙潮湧。雲起霧捲」がしるされた内容に驚き、その意図を聞き、やがて「済度衆生者。自存其中。」と序文に書き込んだ。一字一句は皆血で書かれ、文字は涙であると。「則可見句句皆血。字字皆涙矣。」長文の漢文で書かれた序文の日付には、「明治甲午之彼岸」とある。それは、明治二七年春三月の彼岸のことであったか。

愚庵にとって、西国巡礼への旅立ちは、遥か一五歳の時に始まっている。そして、その内なる行為への実践のため、彼は西国一番青岸渡寺を目指した。ここは、半生をかけて実現し得なかった祈願成就の可能性を秘めたトポスなのだ。「彼岸の入り日に」旅立ち、熊野からの険路を経て、「日を重ぬること九十三日、里程凡そ四百里」(『日記』)の旅であった。冬至の日に、彼は漸く苦難の旅を完遂して京都に帰った。

苔むした庭には、早咲きの七、八輪の梅の花が咲いていた。留守中、羯南の寄こした句には「旅僧の心安げや冬木立」とあった。近隣の人々は、長旅の無事を祝って集まって来た。「いと心うれし」と愚庵はしるしている。そして、仏足石歌体(五七五七七七の形式の歌)で、二首を詠んだ。そこには「父母のために。衆人のために」御仏に仕えたいという気持ちが述べられており、観世音菩薩の威光が遍く人々にあたり、救済されることの願いが織り込まれていた。

その人と処世の態度が、今も人々の心を引き付けてやまないのは、世俗的には寡欲に徹し、自己の真実に背かない生き方を貫徹したからである。こうして、人の魂が蘇り、周囲の人々にも感化を与える例を、愚庵の作品とその生き方を通して知ることができる。蛇足を添えることになるが、愚庵の生涯を俯瞰して、ただひとつ気にかかることがある。それは、彼の周辺に女性の影が無いことである。今日に伝わる彼の伝記の全てが「血写経」に係るからであろうか。本当は、どうだったのだろう。

明治三七(一九〇四)年一月一七日、午後零時一〇分、法弟の読経を聞きながら絶命。数え年五一歳。遺骨は、天龍寺の無縫塔に納められた。数日前から薬餌一切を絶ち、周辺の人びとに謝辞を述べ、草庵を処分した後の死であったと伝記は伝えている。愚庵の死は、その生き方とともに、まさに劇的というほかはない。この年の二月一〇日、日本は露国に対し宣戦布告。苦難と犠牲の上に培われた明治の高質な精神を、現代の私たちは今、再生の力学として読み返すことができないだろうか。

（1）『順礼日記』冒頭にしるされた愚庵のことば。「三銭三厘は食費の安かった当時のかけそば一杯ぐらいの価格である。」と、堀浩良著『歌人天田愚庵の生涯』（昭和五九年一月三一日、同朋舎出版、一九三頁）にある。なお、『愚庵全集』所収の同日記は「巡礼日記」と記載されるが、愚庵会が編集した復刻版（昭和五八年一〇月一四日）の表紙の表題には「順礼日記」とあり、中柴光康・斎藤卓児編著『天田愚庵の世界』（昭和四四年一一月一〇日、同刊行会）等に紹介された写真にも「順礼日記」と書かれているのが確認できる（但し、記の旁が〈巳〉と表記されている）。本稿では、復刻版と同じく、原本の表記（愚庵自身の筆になるものかどうか疑わしいが）に従い、ここでは「順礼日記」と表記することにした。

（2）この日記の刊行の際に寄せた陸羯南の「西国巡礼日記の序」に「奉加金の餘まれるを費用に充て印刷して諸人に頒たなんといふ」とある。日記は私家版・四六判一二六頁の小冊子で、陸羯南の主宰する日本新聞社で印刷され、明治二七年五月二一日に発行された。

（3）本稿では、『愚庵全集』（昭和九年七月一日発行、政教社出版部）所収の本文を底本とした。但し、漢字の旧字体を原則として現代の字体に改め、仮名遣いはそのままとした。また、適宜ルビを付した。なお愚庵全集の初版は、昭和三年一月一三日発行、その後昭和九年一月三日に再版が出されている。底本としたのは、初版から数えて第六版となる。

（4）「愚庵和尚小伝」は、『愚庵全集』の編者・寒川陽光（鼠骨）による。明治三一（一八九八）年秋、陸羯南は、桂湖村とともに京都の愚庵を訪ねた。この時たまたま訪問した寒川鼠骨を愚庵が羯南に紹介したのである。この頃より、湖村や鼠骨に託して、愚庵は子規に「つりがね」という柿をしばしば贈っている。子規の柿の句は、これをきっかけに多作された。

（5）もっとも、このように肉親を捜し求める「悲哀の人生」に比重を置き、書名を「血写経」としたのは、原稿を托された饗庭篁村ではなかったかという推論がある（高藤武馬著『天田愚庵―自伝と順礼日記―』昭和五九年一一月二〇日、古川書房）、七～八頁。

（6）斎藤卓児『愚庵の研究』（私家版、昭和五九年三月八日）、七頁。

（7）堀浩良『歌人天田愚庵の生涯』（昭和五九年一月三一日、同朋舎出版）所収年譜。

（8）中柴光泰・斎藤卓児編著『天田愚庵の世界』（注1）参照。但し、四八頁。

（9）高藤武馬『天田愚庵―自伝と順礼日記』（注5）参照。但し、七一頁。また同書の中で、愚庵の順礼の発起は、清水次郎長の死が引き金になっているのではないか、と推論している（七三頁）。次郎長の死は、明治二六年六月一二日（享年七四歳）。巡礼への出立は、その秋であった。この年の六月、愚庵は子規を見舞った後、北海道を旅行中であった。京都への帰路、清水に立ち寄り追善供養をおこなっている。

（10） 松尾心空『歌僧天田愚庵【巡礼日記】を読む』（二〇〇四年一〇月二〇日、鈴木出版株式会社）は、「京都を立った九月二十二日から十月四日に至る、伊勢神宮参詣の後、南下して湯峰に到着するまでの道中は、西国巡礼と直接の関係がないので省略した」（一四四頁）とある。本稿では、その「省略」された部分にいささか焦点を当ててみた。

〔付記〕本稿執筆に際し、引用又は参考文献はすべて本文中に（注記）した。文献の刊記は原本通り、和暦・西暦のままとした。なお、明治一七年四月に出版された『東海遊侠伝』（輿論社）は成島柳北が校閲、また自伝「血写経」の原稿は、明治二三年五月に羯南に送られ、饗庭篁村が改稿したことが知られている。後者は、内容が講談調であり、描写が第三者的に記述され、孝子譚に偏しているように思われるが、どうだろうか。

三　日本人の生き方と霊性

山室山への遙かな道程――本居宣長の安心――

吉田悦之

一　二つの問題

国学者・本居宣長の学問世界を、もし一言で蔽うならば、「みなあやし」、全ては不思議だという『葛花』の一節を選びたい。[1] 少年の頃から様々な事に興味を持ち、納得がいくまで考える。そしてそれらを一点に集約する力――これを宣長は「志」と呼び、「物まなびの力」（『家のむかし物語』）という――それを七十二年の生涯持ち続けた、そういう人である。代表する著作、たとえば『字音仮字用格』、『詞の玉緒』、『古事記伝』、『源氏物語玉の小櫛』なども、みな最初は小さな感動なり疑問であったものが、「物まなびの力」によって大きく育っていったのである。

それらの多岐に及ぶ関心事のなかでも特に重要なものに古道論と安心論がある。

人間が集団で生活をする時、そこに倫理や制度が必要となる。その根本にあるものを、仮に「道」と呼ぶ。そこには宇宙観や生命観も関わってくる。「古道」とは古の道、より根源的な道と言い換えても良かろう。

宣長の古道論の眼目は、わが国には独自の「道」がある――宣長は「道」がないのが日本の「道」だと言うのだが——とするところにある。従って、仏教や儒教など外来の思想の力を借りる必要はないことになる。

さて、人間が直面することの中でも深刻なものが「死」の問題、魂の行方だろう。多くの宗教は死の恐怖からの救済を説く。わが国では「古道」がこの問題を扱うことになるが、では私たちの魂の行方をどう説くのか。これを仮に安心論（あんじん）と呼ぶことにしよう。

古道論と安心論、この二つの問題は、宣長の中で長い年月を掛けて温められた。特に最初の「古道論」は十年近い思考の中で確立された。これを宣長の人生に於ける重要な転換期と捉えたい。先ずこの十年余の様子を振り返ってみたい。

二　明和期の持つ意味

宣長の場合、「古道」について考えるということは、なぜ『古事記』なのかという問いかけでもある。あるいは『古事記』を「読む」と言う行為についての省察と言ってもよい。つまり執筆に着手した『古事記伝』の理論付けである。

この問題の源は、「神器伝授図」を写した十五歳とか「大日本天下四海画図」を作成した十七歳まで遡ることが必要なのかも知れない(2)。だがそれでは問題の所在が逆に不明瞭になるので、転換期という括りで考えてみたい。期間は、三十四歳から四十三歳、宝暦十三年から明和九年まで。宝暦十四年は改元して明和元年、同九年は安永元年であり、ほぼ明和年間と重なる。

宝暦十三年（宣長三十四歳）は、春から大きな出来事が続いた。二月に長男が生まれた。五月、賀茂真淵との対面が適った。六月、『紫文要領』を執筆。本書は『源氏物語』論で、物語や和歌の本質は「物のあはれを知る」ことにあるという画期的な文学説である。これをもって和歌論『排蘆小船』（未定稿）の考察を深め、古道論へと展開したのが『石上私淑言』である。転換期の最初を象徴する著作となった。

宝暦十四（明和元）年正月には『古事記伝』執筆の第一歩を踏み出した。また真淵への入門が認められた。以後、『古事記』研究と、書簡による師との厳しい質疑が続く。

明和二年には津の垂加神道家・谷川士清に対してその学を批判する書簡を送り、旧派の学問と決別する。

同三年、第一回『源氏物語』講釈が全巻終業し、引き続いて二回目に入った。同じ頃、真淵に『万葉集』成立に関する自説を示し激しく叱責される。『源氏』と『万葉』、また『古事記』の研究が同時進行していることに注目すべきである。

同四年、『古事記伝』巻二（版本巻三）の草稿が出来た。順序は後先するが、最初の一冊目の完成である。

同五年（三十九歳）の正月に母が、六年冬には賀茂真淵が没した。二人の死により生活と学問上での後ろ盾を相次いで喪ったことは、宣長の完全な自立を促すこととなった。

翌六年から八年の講釈終了後の談話記録が『講後談』である。既にこの中には漢字音のことや神道論など宣長学の大枠がほぼ出揃っている。

明和八年、宣長四十二歳、男の大厄である。春にはお蔭参りがあり、街道沿いの松坂は約二か月余り異常な興奮に包まれた。十月、『直霊（なおびのみたま）』を脱稿。古道論の概要が定まった。『てにをは紐鏡』が刊行された。「紐鏡」は係り結びの法則を説明する一枚の図にすぎないが、その意味する所は大きい。ふだん意識せずに使う言葉に整然とした法則が存在することに、発見した宣長も、また人々も驚いた。

明和九年（安永元年・四十三歳）三月、大和を旅し吉野水分神社に参詣、命を与えてくれた神に報謝した。帰路は飛鳥周辺を隈無く探索し、平素慣れ親しんでいる記紀万葉の文献世界と実際の空間とを重ね合わせることを試みている。

翌安永二年には、四十四歳自画自賛像が描かれた。年末『授業門人姓名録』を作成、講釈や歌会の仲間は門人として再編成される。真淵亡き後、その学問を担うという自覚の表れと見ることが出来よう。『古事記伝』の執筆も軌道に乗り始めた。転換期は一先ずここで終わる。

さて、これら一つ一つの事柄には、直接の関係はないようだが、宣長の場合、考えは突然ひらめくものではない。小林秀雄が、

「やつて来る現実の事態は、決してこれを拒まないといふのが、私の心掛けだ……さういふ心掛けで暮してゐるうちに、だんだんに、極めて自然に、学問をする事を、男子の本懐に育て上げてきた。宣長は、さういふ人だつた」（『本居宣長』三章）

と書いているが、「育て上げる」と言う表現は宣長には誠にふさわしい。医者や松坂魚町の住人としての現実も、灯の下で独り『古事記』に向き合う時間も、調和を保ちながらゆったりと豊かになっていく。その中にあって一際大きな流れが古道論であった。周囲には良き聴衆もいた。彼らは宣長の幾つもの流れの中から、自ら共鳴できるものを選び、学びながら時には師に刺激を与え、共に関心という一粒の種を育てていく。このような中で、明和末年から安永初年には宣長の立脚点が固まったのである。

宣長にとって古道論の確立とは、理念だけの問題ではなく、神の存在を確信することでもあった。これについ

ては既に論じたことがある。[3]

三　安心無きが安心

古道の概要を『直霊』で示したとは言うものの、それはどこまでも根本理念にすぎない。たとえば「神」とは何かとか、記紀比較論といった個々の問題は『古事記伝』等でより詳細かつ具体的に論じられることになる。また日本人の魂の行方の問題についても、やがて宣長の前に姿を現す小篠敏らの質問に答える形で深められていく。[4]小篠はもと三河国の人である。岡崎藩主・松平康福に医として召し抱えられ、その後主人の旧藩復帰に従い石見国浜田に移り、康福の後継康定に仕えた。安永五年に宣長の下を訪い、講釈に出席し質疑を重ね研鑽を積む。敏の質問が『答問録』に残るが、その一つに、

「人死スレバ黄泉国ヘユクト云ハ、仏ノ地獄ニユクニヨレルニ似タリ、又魂気天ニ上ルトミレバ面白ケレドモ、黄泉国ヘユクト云ニ合ハズ、此事イカゞ[5]」

と言うのがある。それに対して宣長は、善人悪人を問わず人は黄泉国に行くしかないのだと答える。この答が魂の行方に関する宣長の最初期の発言である。あとはそれをどのように説くかである。

安永七年には、遠州国の神官・栗田土満からより踏み込んだ質問があった。『答問録』に長文の回答が載せられる。抜粋して紹介しよう。まず最初に次のように述べる。

「拙作直霊の趣、御心にかなひ候よし、悦ばしく存候、それにつき、人々の小手前にとりての安心はいかゞと、これ猶うたがはしく思召候条、御ことわりに候、此事は誰も誰もみな疑ひ候事に候へ共、小手前の安心と申すは無きことに候、其故は、まづ下たる者はたゞ、上より定め給ふ制法のまゝを受て、其如く守り、人のあるべきかぎりのわざをして、世をわたり候より外候はねば、別に安心はすこしもいらぬ事に候[6]」

生きていくということは、色々な不安と向き合うことである。もし古道に従うとするなら、人間が安心して暮らしていく拠り所はどこに求めれば宜しいかと土満は問う。宣長の回答は素っ気ない。私たち下々の心配することではない。安心など必要ないとあっさりと切り捨てる。しかしこれでは質問者は納得できない。重ねて問う。儒仏に頼らないならたとえば死への不安はどう処理すればよいのか。それに対しての宣長の回答は、

「（儒仏等の）習気のこらず去て後、古書をよく見候へば、人々、小手前の安心と申事はなき事と申事も、其安心は無益の空論にて、みな外国人のつくりごと也と申事も、おのづからよくしられ候、これ真実の神道の安心也[7]」

そして、

「人は死候へば、善人も悪人もおしなべて、皆よみの国へ行く事に候……さて其よみの国は、きたなくあしき所に候へ共、死ぬれば必ゆかねばならぬ事に候故に、此世に死ぬるほどかなしき事は候はぬ也、然るに儒や仏はさばかり至てかなしき事を、かなしむまじき事のやうに、いろいろと理屈を申すは、真実の道にあらざる事、明らけし[8]」

どこか宣長が少年期より慣れ親しんだ浄土宗の「一枚起請文」を想起させるように感じるのは私だけだろうか。安永五年（四十七歳）以降の質疑を通して深まったこの宣長説は、やがて『玉くしげ』（寛政元年刊）で世に問われる。

しかし死に対して無力であると言うだけのこの説を、そのまま受け入れることが出来るかと言うと、絶対的に信じた門人・稲懸大平[9]のような人は稀であろう。宣長自身も説明しきれないものがあることはわかっていた。しかしこれ以上の回答は、『古事記』など文献に拠る限り難しい。そこで考えられたのが亡き後のことへの細かい指示である。

このことについて考える前に、重要なことを確認しておかなければならない。「現身」と「御魂」である。あるいは、魂は一つに限らず分身出来ると言う説である。

四　魂は分割できるか

「現身」と「御魂」、あるいは魂を分けることに関する発言を『古事記伝』から抜き出してみることにしよう。天地の中にはたくさんの神々がいるし、神社で祀っている神々もいる。[10]たとえば伊邪那岐命は、淡路と多賀の神社で祀られているが、命の現御身（ウツシミミ）は日の少宮（ワカミヤ）に留まり、両所に鎮まるのは御霊である。この区別が重要であると宣長は言う。[11]

さらに、「神の御霊を、此の二つ（和御魂、荒御魂）に対言（ムカヘイフ）は、ただ其の徳用を云ふ名にこそあれ、全体の御霊は御霊にして、必ずしも此の二つに分れたる外、無きに非ず[12]」と言い、「全体の御霊は、本の火にして和御霊荒御霊は、燭と薪とに移し取りたる火の如し」と火に譬えて次のように説明する。

「たとへば伊勢の荒祭宮は、大御神の荒魂に坐せども、然りとて本宮は和魂と申す物にはあらず、全体の御魂に坐り、又津国の広田神社も、天照大御神の荒魂なり、如此同神の荒魂の、一つに限らざるも、彼火をいくつも薪に分取たらむがごとし[13]」

以上は神の話であるが、これは人も同じである。

「さて又神に御霊ある如く、凡人といへども、ほどほどに霊ありて、其は死ぬれば夜見国に去るといへども、なほ此世にも留まりて、福をも、禍をもなすこと、神に同じ、但其人の位の尊卑き、心の智愚なる、強弱きなどに随ひて、此世に魂ののこることもけぢめありて、始よりひたふるに無きが如くなる者もあり、又数百千年を経ても、いちじろく盛にて、まことに神なる者もあるなり[14]」

人の魂も火と同じで、大きな火が黄泉国に去ってもこの世に光を及ぼすことが出来るのと同じように、死んだあともこの世に作用することも出来るのだと言う。[15]この考えは、晩年の「やしなひ子[16]」の最後でも示されている。

「世には人に深きうらみなどをのこして、なくなりたるもののたましひは、其人に来よりつきて、たゝりをもなすにあらずや、さるは其人には、なにのすぢもあらざれども、たゞ一ふし思ひしめたるゆかりにだに、しかよりくる物を、ましてひたぶるに子とたのみて、よをつがせたるものの祭を、うけにはこざるべきものかは」

黄泉国に行くことと、人もまた神と同じように魂をこの世に、限定付きではあっても遺すことが出来るというこの二つの考え方で、大平の不信を解くことは出来ないだろうか。次章で試みてみたい。

五　メメント・モリ

第三章では、古道論の立場から死をどのように説明するかという問題が宣長の中で明確化してくるのは安永五年（四十七歳）頃からではないかという見通しを示したが、ではそれを自分の問題として考え始めたのはいつ頃であったか。これが宣長の「安心論」である。

小さな疑問から育てるのが宣長の流儀である。このようなタイプの場合、いつの時点を以て始めとするかを問うことは余り意味があることではない[17]。

自らの問題として魂の行方について考えると言うことも、一般論として考えていた時からの延長であることは間違いない。しかしもう少し絞り込むとするなら、手がかりとなるのが寛政二年に描かれた「本居宣長六十一歳自画自賛像」である。

宣長は生涯に二度、自画像を描いている。四十四歳と六十一歳の時である。

四十四歳像については、以前、その絵解きをすることで制作意図を探ることを試みた[18]。長かった転換期を終え、新たなスタートを切るにあたり、もう一度自分を見つめ直すという解釈に、そう大きな訂正は必要ないだろう。宣長ワールドとも呼ぶべき好み物で埋め尽くされたこの画像は筐底に秘され、言及されることも無かった[19]。

六十一歳像についても、なぜ描いたのか宣長は何も述べていない。ただ四十四歳像とは違って早くから人の目に触れていた。最初から見せることを考えていたのかもしれない[20]。あるいは構想の中に、追慕会での掛物が想定されていなかったとは言えまい。

七十一歳の秋に書かれた『遺言書』に、次のような指示がある。

「毎年祥月には、前夜より座敷床へ像掛物を掛ケ、平生用候我等机を置キ、掛物ノ前正面へ霊牌を立テ、時節之花を立テ灯をともし、【香を焼候事は無用】膳を備へ可被申候」

「像掛物」とあるだけだが、本居家では「本居宣長六十一歳自画自賛像」を使用した。宣長の遺志に従っての判断であろう。

画像を描いてから十年という隔たりはあるが、その制作意図を考える時にこの『遺言書』の指示は勘案する必要がある。もっと踏み込んで言えば、最晩年までの十一年余りの関心事の一つが自らの魂の行方であった。これを「安心論」と言うと一般論となるので、あえて「メメント・モリ（Memento mori）」と呼びたい。これはラテン語で「死を想え」、「死を忘れるな」の意味という。もともと西洋で画のモチーフとして選ばれることが多かったが、近代日本でも洋画家はしばしば描く。たとえば私の近くなら三重県立美術館には、中村彝の「髑髏のある静物」（一九二三）が所蔵されている。

自らの生誕の日から『日記』を書き起こし、さらに表紙の裏には父定利の吉野山子守明神への授子祈願が記される。その後も系譜の編纂や回想などを通して、自分を見つめ直してきた宣長にとって、その終焉は格別な意味をもっていた。

「六十一歳自画自賛像」を描いてからの十年という年月の中で、この問題がどのように深められていったのか。残念ながら裏付ける史料は糸筋ほどしか残っていない。しかしその中でも、先に注で引用した『古事記伝』巻三十が自画自賛像の翌年に書かれていることは、見逃してはなるまい。

宣長は七十二歳で没する。一八〇一年、和暦では寛政十三（享和元）年で、六十歳が元年だから、六十代は寛政年間と重なるのだが、この十三年間に執筆された本は、『古今集遠鏡』、『源氏物語玉の小櫛』、『新古今集美濃の家づと』、『玉勝間』、『大祓詞後釈』、『出雲国造神寿後釈』、『続紀歴朝詔詞解』、『うひ山ぶみ』等。また『古事記伝』の執筆も継続していて、益々充実しているように見えるのだが、新しい領域に踏み込むという観点からは物足りなさも感じる。その多くがそれまでの研究のまとめ、あるいは応用なのだ。賀茂真淵との対面と『古事記』研究に着手した三十四、五歳頃から四十代前半の転換期に比べると、円熟期に入っているのである。

しかしその中にあって、「メメント・モリ」は、それまでの研究の範疇には、主題としても研究手法からも収まりきらないものがあった。むしろ、『古事記伝』に次ぐテーマだと言うことが出来るかもしれない。

実はこの寛政年間には、大きな出来事が続いた。まず長男春庭が失明した。次に紀州徳川家に召し抱えられ、初出府、御前講釈があった。京都では貴紳への拝謁と講釈が行われた。尾張での講釈では熱心な門人を獲得することも出来た。身の休まる間もない大車輪の働きである。これらの事柄が複雑に作用しあって宣長の六十代は過ぎてゆく。

まず解決すべき難問は、後継問題である。失明した春庭に家督を譲ることは難しいことであったが、紀州家への仕官によりそれが実質不可能となり、選ばれたのが稲懸大平であった。

紀州家への仕官や各所での講釈や旺盛な執筆活動も、契沖や真淵から受け継いだ学問を次の世代に渡すことが使命だという信念に基づいている。学問の発展を信じていた宣長にとって後継者は必要であった。

寛政十一年（一七九九）、宣長は大平を厄介とする願書を紀州藩に提出し、二月二十九日、土屋安足差出宣長宛書簡で、稲懸大平（四十四歳）を養子とする許可が藩から下りたことが告げられた[21]。そして「親類書」への加筆、大平とその妻の寺請状や送手形など手続きが完了し、内祝いが行われたのは三月一日であった（同日春村宛宣長書簡）。同月十五日付長瀬真幸宛書簡にも、大平が「此度拙者家族ニ相成」と報告される。

養子について理論付けも手抜かりはない。ある儒者の養子の祭祀を祖先は受け付けないとする発言を取り上げ、養子を迎えてでも家名を絶やさぬようにすべきであるという見解を示している。(22)

翌寛政十二年正月三日、宣長は机を大平に譲る。事実上の学統の継承である。

その年の七月、『遺言書』が書かれて一気に事が動き出す。ただ『遺言書』が実子春庭、春村両名宛であることは見逃すことは出来ない。(23)

六　奥墓を定める

宣長の『遺言書』には戒名や諡号、墓の設え、葬儀を行う時間、墓参の仕方など、その一々に如何にも宣長らしい主張がこめられている。小林秀雄が「敢て最後の述作と言いたい趣のもの」とするのもそのためである。(24) まだ、松坂郊外の山室山に土地を取得する具体的な話も開始されていない段階のもので、葬儀のあるべき姿をイメージして書いたのであろう。もちろん宣長は時間を掛けてでも自分の意志を通す人である。構想は着実に具体化していく。もとよりその過程では考えが変わることもあり、それについては別の形での指示や関係者に口頭で具体的に指示されたであろう。また慣習や事によっては役所からの指示で修整されて、享和元年十月二日の葬儀の日を迎えるのである。

では、『遺言書』構想の具体化の過程を見てみよう。

寛政十二年（一八〇〇）九月十六日夜、宣長宅での講釈の後、明日の墓地の下見のために山室山へ行くので同行しないかという誘いがあった。なお『大平翁御手記之写』の「去々【寛政十一未のとし】秋之頃」とあるのは誤記である。

九月十七日、前日の話の通りなら明け五つ魚町出立。同道したのは十二、三人（『大平翁御手記之写』）。あいにく妙楽寺住職で親友の法誉上人は不在だったが、山門より御生園村へ越る山道の側、門より壱丁余り行った道の左手、わずかな竹藪に墓所を定めて印を立てた。「山室山奥墓図」はそのラフスケッチである。この日に詠んだ歌「山室行詠草」十五首の中の一首、

末長き　千世のすみかと　思へばぞ　竹の本をば　よしと定めし

は選定した竹藪と照応するとは庵逧巌の指摘[25]。この日の歌でよく知られているのをもう一首引いておく。

今よりは　はかなき身とは　なげかじよ　千世のすみかを　もとめえつれば

当日の詠草には入らないが、

山むろに　千年の春の　宿しめて　風にしられぬ　花をこそ見め

の歌もこの頃の作であろう。[26]死という絶対的な悲しみを前にしても安定したこの心境、これこそが生涯を掛けた学問、「物まなびの力」に依って得られたものである。

この日の下見には四匁かかった。[27]十月四日には、墓所の地代として金一分を支払った。[28]寺との交渉は門人・三

井高蔭があたった。[29] 墓所の予定地が法誉上人と高蔭によって山頂近くに変更されたが、それは地代を支払う前であろう。方角などは図面の通りで、墓碑は南面する。精確には一八八度である。

十一月十七日、宣長は上人宛の礼状を書いた。[30] ずいぶん遅れたのは、それだけ身辺が慌ただしかったからであろう。書簡末尾には、多忙でしかも和歌山行きが近づいているので参上できないことの謝罪がある。

十月十八日、夜半の寝覚めに桜を思い歌に詠んだ『枕の山』が出来た。夜眠りにつく宣長の頭の中には、もはや桜しかなかったようである。

十一月二十日、石屋喜兵衛に石碑代として金壱両弐分を支払った。[31] 碑面の表記が『遺言書』では「奥津紀」であったが、「奥墓」と改められている。[32] この日、和歌山に向けて出立した。

寛政十三（享和元）年、七十二歳の正月は和歌山城下で迎えた。一月三日、お流れを頂戴する。この頃、

よみの国　おもはばなどか　うしとても　あたら此世を　いとひすつべき
死ねばみな　よみにゆくとは　しらずして　ほとけの国を　ねがふおろかさ

の歌を詠む。[33] この二首の歌を人に見せた形跡はない。心情の吐露、あるいはつぶやきのようなものであろう。ここには迷いはない。河内、大和を経巡って松坂に帰ったのは三月一日であった。

三月十日頃、花見を兼ね山室山奥墓選定地を門人と訪れる。[34] 田中大秀は同行した清島の話として次のように伝える。

「此御墓ハ、大人イマソカリケル程ニ、秋ノ紅葉見ニトテ此山ニ物シ給ヒテ、カネテコヽト定メ給ヒシヲ、藤垣内ノ

君、三井高蔭主ニ事ハカリ給ヒテ、故大人ノ宣フマ、ニ作リ給ヒヌトナン。其塚ノ上ニモメグリニモ、桜ノ木アマタ植タリ。塚ノ前ニ御自シルシ給ヒシ御名ノ碑タテリ。其明ル年ノ春、花盛ニ、花見ガテラ御墓見ニ物シ給ヒケルニ、ウツシ植タル桜ヨリ、生ツキテ花咲キタルヲ見給ヒテ、イタク喜ビ給ヒヌナド、清島ノ君其時御伴ツカヘマツリシトテカタラル[35]」

最後の花見の歌が『遍照寺月次会集』[36]七帖「三月於山室妙楽寺花見会」に載る。

見花

我やどと　こけの下にて　みむ花を　見すて丶けふは　まづ帰る哉

近づく自分の死をしっかりと見据えながらも、切迫した気持ちは微塵もないまことに静かな境地である。会集には同行したという清島の歌は載らないがそれは十三歳と若かったためであろう。

以上が記録に見える宣長の奥墓準備である。その後のことも記しておこう。三月二十八日、講釈のため上京。四条烏丸近くの旅宿に滞在。六月十二日、帰宅。九月十八日、発病。同二十九日早朝没。享年七十二。十月二日、宣長葬儀が執り行われた。葬儀の様子は、大友親久写『大平翁御手記之写』、青木茂房『なげきの下露』、植松有信『山むろ日記』[37]等に詳しく記される。

七　無いものは、無い

さて、本稿の結論であるが、問題点を整理しておくと、まず魂は黄泉国に行くからその他の論議は無用ではないかという大平の真剣な問いかけがある。もう一つは、多忙な中で周到な葬送準備を行った意味である。

角度を変えてみよう。まず、宣長が冷静に自分の死と向き合い、その後の事を考えていると言う事実である。これが「安心」なのだろう。であるなら正しいとか否かという議論も余り意味が無くなってくる。しかしそれでは個人的な信仰になってしまうので、日本人の安心論にまで高めることが出来るかどうかと言うことに集約される。これが大平の質問である。

では、なぜ宣長は答えなかったのだろうか。あるいは答えられなかったのだろうか。

人間の魂は死後も残ることができると信じられていたことは古文献にも明証はある。

またそこに、祀るという行為がある。これまた事実である。しかし神と同じように魂の存在は確認することは出来ない。ただ人間というものが介在することでその存在を感じることが出来る。しかしこれは宗教家ならいざ知らず、文献をもとに研究する宣長が語るべきことではなかった。

語ってはいないが、宣長の生涯を通覧して見ると一つの結論めいたものが見えてくる。それが「思い出す」、あるいは「思う」という行為である。例えば、祀ることで何が起こるか。魂は甦るのである。あるいは、祈り、畏れ、感謝するということでも同じである。全てを含めた「思い出す」とか「思う」という行為の中に、日本人の魂はあると考えていたのであろう。自らの生涯をきちんと書き留めたこと。例えば父の吉野子守明神祈誓や契沖の本との出会い、賀茂真淵との邂逅など生涯の節目となった事柄（出会い）を幾たびも回想していることはその実践といえよう。あるいは、晩年まで浄土宗の信者として一挺切の念仏を行い、浄土三部経を唱える。また「法事録」には、その年の一族や師、また近親者の戒名や神式の諡と忌日が記される。仏教徒には仏教徒としての弔いを行い、賀茂真淵のように大人と諡された人にはそれに相応しい弔いが為されたのである。これも感謝という形での思い出す行為とみることが出来る。

しかしこれらは「小手前の安心と申すは無きこと」とする宣長には、理屈で説くべき事ではなく、行為の実践でしか示すことが出来ないものであった。なぜ大平がその事に気付かなかったのか。そこに私は宣長の深い悲しみを見る。

宣長にとって極めて重要な意味を持つ「思い出す」と言う行為についてだが、これはまた機会を改めて検討してみたい。

（1）この言葉については、拙著『本居宣長』（日本人のこころの言葉・創元社）参照。

（2）二つの史料の持つ意味については、簡略だが『【新版】本居宣長の不思議』（本居宣長記念館）解説で述べた。

（3）「本居宣長「毎朝拝神式」の一考察」『國學院雑誌』第一〇七巻第十一号。

（4）『古事記伝』巻六には、「或人問、死にて夜見国へ罷るは、此の身ながら往か、はた魂のみ往か、答ふ、此身はなきからとなりて、しるく顕国に留在れば、夜見国には魂の往くなるべし」で始まる論があり、稿本成立と推定される明和八年（四十二歳）頃かと考えてしまうが、実はこの部分は再稿本では貼紙であり、書かれた時期は稿本成立期より遅れることは顕かである。内容から見ても『答問録』の問答（安永五年頃）と一連のものと考えてよかろう。

（5）「宣長全集」一巻五二二頁。

（6）「宣長全集」一巻五二五頁。

（7）「宣長全集」一巻五二六頁。

（8）「宣長全集」一巻五二六頁。

（9）遙か後年のことだが、宣長が山室山に墓の下見に行くと門人達を誘った時に大平は、「うつそみの世ノ人、無キ跡の事思ひはかり申置候ハ、さかしら事に而、古意ニ背キ可申哉」（宣長全集・別三巻一八四頁）、死んだら黄泉の国に行くのだから墓のことなど心配しても仕方ないし、逆に古意に背くのではないかと異を唱えている。どうやらこれに対しての返答は無かったようである。だが宣長にしたら、自説を撤回したわけでもなく、ましてや平田篤胤が云うように、ふと誤ったわけでもない。
(10) 「凡てカミ(迦微)とは、古御典等に見えたる天地の諸の神たちを始めて、其を祀れる社に坐す御霊をも申し……」『古事記伝』巻三・「宣長全集」九巻一二四頁。
(11) 「凡て神の御事を云ひ伝へたるに、其の現身と御霊との差別あるを、たゞ同じさまに云ひ伝へたるものなる故に、後の世に至りては、此差別をしらで、皆人の疑ふこと多し」『古事記伝』巻七・「宣長全集」九巻三〇五頁。
(12) 『古事記伝』巻三十・「宣長全集」十一巻三八七頁。
(13) 『古事記伝』巻三十・「宣長全集」十一巻三八七頁。
(14) 『古事記伝』巻三十・「宣長全集」十一巻三八八頁。
(15) この魂の行方についての見解は、松本滋『本居宣長の思想と心理　アイデンティティー探求の軌跡』(東京大学出版会)や、秦昌弘「山室山奥墓の謎—宣長の死生観—」(平成二十七年度宣長十講第十講口頭発表)でさらに深められていく。
(16) 「やしなひ子」『玉勝間』巻四・「宣長全集」一巻一四五頁。
(17) 宣長の生涯に於ける出発点の確定は難問である。たとえば和歌なども、「去辰ノ年ヨリ、和歌道ニ志」と『今井田日記』に書くが、ではそれ以前起筆の『和歌の浦』はどう扱うのか。また『古事記』についても、真淵と対面した頃から注釈を志したという回想は残しているが、ではその二年前の『阿毎菟知弁』はどう位置づけるのかと考えると、ことは思うほど簡単ではない。
(18) 「本居宣長四十四歳自画自賛像を読む」『【國學院大學】近世文学会会報』五号(平成十一年三月二十日)。
(19) この像が完成して表具されていることから公開する意志が全くなかったとは考えられない。自分の姿を留め置きたいという思いがあったのだろう。それは六十一歳像でも同じである。
(20) この像は、表具が出来てまもなくの名古屋行きにも持参されたようだ。それを見た植松有信は、町狩野派の絵師・吉川義信に依頼して模写を作成した。「本居宣長六十三歳像」(六十三歳は賛が書かれた年・植松有信旧蔵、本居宣長記念館所蔵)である。やがて義信は他の門人の依頼に応じ像を量産することになる。仲介役はもちろん有信である。
(21) 「大平厄介願書下書」、「大平厄介ニツキ土屋惣五郎書状」「宣長全集」別二巻五〇四頁。
(22) 注16参照。「本居宣長」《日本思想大系》一三八頁同注もあわせて参照のこと。
(23) 宣長の言動には、時にダブル・スタンダードとも言うべき一見すると対立する二つのものが共存する場合がある。二つの墓の問題がその最も顕著な例である。しかしこれらを矛盾として片付けることはできない。このことについては機会を改めて考えてみたい。
(24)『本居宣長』一章。
(25)「国学者の遺言（一）―宣長建墓前後―」『国語科教育学の性格』（昭和五十六年十一月）。
(26)妙楽寺に伝わった懐紙の詞書には、「山室の妙楽寺の山にはか所をさだめてかねてしるしの石をたておくとてよめる」とある。この懐紙は現在本居宣長記念館所蔵である。
(27)「山室山入用、四匁」『諸用帳』・「宣長全集」十九巻六七九頁。
(28)「一、金壱分　山室地代」『諸用帳』・「宣長全集」十九巻六八〇頁。妙楽寺の本居中衛宛譲り渡し状の雛型と捺印された本紙が残る。
(29)「其後三井惣十郎参候節も、何角御深切ニ御世話被成下云々」寛政十二年十一月十八日付法誉上人宛宣長書簡・「宣長全集」十七巻五一八頁。
(30)「先達而ハ参詣仕候処、折節御他出ニ而不得拝顔、残懐之至奉存候、其節ハ大勢参り何角御世話相成、辱奉存候、且其砌於御山内私墓地之義御所望申置候処、早速御承知云々」寛政十二年十一月十八日付法誉上人宛宣長書簡・「宣長全集」十七巻五一八頁。
(31)「廿日、一、金壱両弐分　石屋喜兵衛　山室石碑代也」『諸用帳』・「宣長全集」十九巻六八〇頁。もう一つの樹敬寺の墓の準備については記録には載らない。『諸用帳』享和元年十二月条に「一、金廿六両、中陰中諸入用」とあるのに包含されるのかもしれないが、すると建碑は没後となる。
(32)碑面下書は、（寛政十二年）閏四月五日橋本稲彦差出宣長宛書簡の裏面を使用する。
(33)『石上稿』享和元年条・「宣長全集」十五巻五〇六頁。
(34)青木茂房『なげきの下露』「宣長全集」別三巻二〇〇頁。
(35)『那岐佐能多麻』（『稿本叢書』一巻二二二頁）。本書は、田中大秀が文化元年松坂を訪問した時の日記である。
(36)本居宣長記念館所蔵。
(37)何れも「宣長全集」別三巻収載。

聖地を去るということ――南方熊楠をめぐって――

唐　澤　太　輔

一　はじめに――那智山という聖地――

最も身近なものほど、最も遠いものである。

我々の多くにとって、この社会で今生きているという事柄は、「当たり前」になってしまっている。いや、改めてそう思うことさえないほど、「当たり前」になっている。実は、この「当たり前」という事態が、我々の眼を曇らせているのである。我々は、「当たり前」の状態に安住しているとき、それが「当たり前」であることに気づかない。そこから距離をとってみて初めて、「当たり前」がそこにあったことに気づくのである。そして、その尊さに気づくのである。我々にとって必要なのは、失うこと、距離をとることによって、これまでの「当たり前」が瓦解（がかい）すると同時に、再び輝きを取り戻す可能性を知る（予想する）ことである。

那智山が聖地と呼ばれる理由は、そこが我々に、このような「当たり前」が実は「当たり前」ではないということに気づかせてくれる重要な機能を果たす場だからである。那智山は、生と死との「通路」である。両極が入り混じる、いや、両極を包摂する場、それが那智山なのである。そこは、日常世界でありながら異世界でもあり、この世（此岸）でありながらあの世（彼岸）でもある。絶妙なバランスで両極をつなぎつつ混ぜ合わせる超現実的な場、それが聖地那智山なのである。

古来、那智山は異界への「通路」とされてきた。その豊穣な自然は、まさに大地母神として、すべてを生み出すと同時に、すべてを呑み込んできた。そこにおいては、新しい生命が次々と誕生し、この世に送り出されると同時に、死んだ者の霊魂が迎え入れられ、常世へ送り込まれるのである。絶えず流れ続ける那智の大滝は、生き生きとしたまさに生の象徴と言える。一方、この滝をさらに登ったところには、死者の詣でる寺、阿弥陀寺がある。この辺りでは古くから、人は亡くなった後、幽魂となり必ずこの寺に参り、境内にある「亡者の一つ鐘」を撞くと言われている。また阿弥陀寺の本堂には「死出の山路」という文字が書かれた額が堂々と飾ってある。死者の魂が、現世において最後に訪れる寺、それがこの阿弥陀寺なのである。

このような生と死、この世とあの世との「通路」に立つとき、時に人は、通常の閾を越えた深い思索を行い、また根源的な力そのものを強烈に感得する。当然と言えば当然である。なぜなら、「通路」は根源的な場でもあるのだから。同時に現実世界でもあるのだが。「通路」は、両極をただ橋桁のようにつなぐだけではない。それは、全てに普く浸透しているのである。

那智山には、死と再生をめぐる話が数多く残っている。その事例を挙げればきりがないが、例えば、真言僧侶の文覚上人（生没年不詳、一説に一一三九〜一二〇三年）の話がある。文覚は、那智山に千日間籠もり、厳しい修行をしたことがあった。彼は激しい滝行で二度も死んだ。しかし、その度に突如現れた不動明王の使いの童子に救われ、生き返ったという。修行を終え、都へ上がった文覚は「飛ぶ鳥も祈り落とす程の刃の験者」つまり、飛んでいる鳥さえも落としてしまうほど、刃のように鋭い験力（霊力）をもつ修験者と呼ばれるようになったという。ここで重要なことは、文覚の体験した出来事を歴史的事実とするか否かではなく、このように那智山という「通路」が、我々に死と再生について深慮させる場となっているということである。

――死から再生へ。那智山という「通路」は、我々に一体何を問いかけるのであろうか。そして我々人間は、そこで何を祈るのであろうか。

本稿では、この那智山において、まさに死と再生を経験した日本人、南方熊楠（一八六七～一九四一年、民俗学者、博物学者）[1]を取り上げる。後述するが、熊楠は、その人生の途上で、大きな挫折を経験し心に傷を負い、那智山へやって来た。そしてそこで、尋常ならざる経験をし、その後見事に復活したのである（熊楠が那智山に籠もっていた時期は、通称「那智隠栖期」と呼ばれている）。那智山を下りた熊楠は、田辺町（和歌山県西牟婁郡にあった町。現在の田辺市の中心部）に定住し、民俗学などに関するおびただしい数の論考を発表していった。また、この町を拠点に、有名な神社合祀反対運動も行った。

二　聖地那智山と熊楠

一　山へ向かう熊楠

熊楠は、約十四年間に渡って、アメリカ・キューバ・イギリスを遊学（一八八六～一九〇〇年）し、日本へ帰国した。当時、世界の学問の中心地であったロンドンで、自由自在に学問を渉猟し、名だたる知識人たちと議論を交わしていた熊楠であったが、経済的理由などから、やむなく帰国の途についた。彼にとっては無念の帰国であった。帰国後一年ほど経て、熊楠は、那智勝浦へ向かった。

熊楠が那智へ行った理由は、弟・常楠（つねぐす）（一八七〇～一九五四年）が、亡き父の後を継いで経営していた南方酒造の那智勝浦店を手伝うためであった。常楠にはビジネスの才覚があり、当時、南方酒造は大変繁盛していた。酒造りは冬期が特に忙しい。熊楠は、常楠に要請されるような形で、この支店の冬期酒造業の応援に行ったのである。しかし、これは表面上の理由であったように思われる。事実、熊楠の日記等を読む限りでは、彼がまともに酒造業を手伝っている様子は全くうかがえないのだ。では、熊楠が那智へ向かった本当の理由とは何だったのか。それは、世間からの逃避、しがらみからの解放、現実世界からの脱出であった。

熊楠の帰国後、彼を待っていたのは、家族・親族からの冷たい視線であった。熊楠は、特に弟夫婦と折が悪かったようだ。莫大な金額をかけた私費留学であったにもかかわらず、学位もとらず「蚊帳（かや）ごとき洋服一枚」[2]で帰国した兄を、常楠はどうしても理解できなかったのである。一方熊楠は、アカデミックな称号にばかりこだわるような弟たちが理解できなかった。また、当時南方家では、亡き父が残した遺産の配分をめぐり毎夜のように会合が開かれていた。熊楠は、この話し合いに辟易（へきえき）していた。熊楠は、家族・親族はもとより、他者と適当な人間関係を築くことや、いわゆる「世渡り」というものが大変苦手であった。熊楠は、家族・親族から疎まれ、彼にとって生きることそのものでもあった学問・研究も満足にできずにいた。[3]そのようなとき、熊楠の足は自然と聖地那智山へ向かったのである。つまり、エネルギー交換所たる聖地へ、ある種本能的に、生きる力を補充しに行ったのである。熊楠は、那智山の有名な大門坂のすぐ近くにある大阪屋という所に宿をとった。

二　山を下りる熊楠

熊楠は、那智山で、何度か幽体離脱、もう少し言うと、自分の魂が抜け出て辺りを徘徊するというような体験をしている。例えば、熊楠の日記には、以下のような記述を見ることができる。

> 一九〇四年四月二十五日［月］　雨、夜大風雨
> 夜大風雨、予、灯を消して後魂遊す。此前もありしが、壁を透らず、ふすま、障子等開き得る所を通る故に迂廻なり。枕本のふすまのあなた辺迄引返し逡巡中、急に自分の頭と覚しき所へひき入る。恰も vorticella が螺旋状に延し後急に驚きひき縮る如し。飛頭蛮のこと多少か、ることより出しならん。[4]

vorticella とは、ツリガネムシ（体の下端に伸縮性の著しい柄を持っている原生生物）のことであるが、熊楠は、ここで、ツリガネムシが螺旋状に伸びた後、急に縮まるように、自分の魂が抜け出た後、また元の位置（自分の頭と覚しき所）に戻ったと述べているのである。臨死体験と言ってもよいであろう。熊楠は、明らかに「魂遊す」と記している。那智隠栖期、熊楠は「死」を意識していた。この頃の熊楠による日記や書簡には「死」の文字が大変多く見られる。

このような臨死体験を何度か経て、熊楠はある時、突如として聖地那智山を離れる。熊楠は、なぜ山を下りたのか。実は、その理由は明確ではない。しかし、まるで何かに駆り立てられるかのように下山している。それは、「挫折から立ち直り、力を充電できたから」などという単純なものではない。そもそも、そのような理由は成り立たない。そのような理由であれば、熊楠は、みなぎる力をもったまま、ただそこに留まればよかったのである。娑婆に出れば、誰かを傷つけ、あるいは誰かから傷つけられ、また挫折するかもしれない。一度徹底的な挫折を経験したからこそ、もう二度と同じ轍を踏むわけにはいかない。そのような「失敗」を繰り返す可能性があるのならば、いっそのこと、この聖地にずっと留まればよかったのである。

熊楠以外で、「下山」と言って、筆者がまず思い浮かべるのは、ツァラトゥストラ（哲学者ニーチェによる著作『ツァラトゥストラはこう言った』の主人公）である。彼は、十年間山に籠もり、ある朝下山した。そして、そこには理由があった。


わたしは分配し、贈りたい。人間のなかの賢者たちにふたたびその愚かさを、貧者たちにふたたびおのれの富を悟らせてよろこばせたい。

そのためにはわたしは下へおりて行かなければならない。あなたが、夕がた、海のかなたに沈み、さらにその下の世界に光明をもたらすように。あまりに豊かなる天体よ！

わたしも、あなたのように没落しなければならない。(5)


ツァラトゥストラの下山には、それまで貯えた知恵を人々に贈りたいという目的があったのだ。それは一見、我々には高尚に思える理由であるが、彼はそれを「没落」だと言う（この「没落」については後述したい）。

一方、熊楠の下山に、明確な理由（目的）は見当たらない。誰かに請われたわけでもなく、緊急の用事があったわけでもない。しかし、熊楠は那智山を去った。我々の多くは、挫折し、死んだも同然のような熊楠が再生するという「復活劇」ばかりに注目してしまい、熊楠が那智山を去った本当の理由を深く考えようとしない。熊楠の徹底的な挫折が、聖地那智山に向かわせた理由であるならば、その聖地を去らせた理由もあるはずだ。熊楠は、下山した理由をはっきりとは述べていない。しかし彼は、去らねばならなかった。

生物採集に一通りの目途がついたから山を下りた。熊楠の下山の理由は、しばしばこのように語られることがある。しかし、これは表面的な理由でしかない。後々考えられた「結果」でしかない。熊楠が、聖地那智山を去らねばならなかった背景には、もっと根源的な何かがあったはずである。

三　オープン即クローズ

一　瞑想・場所・名称

熊楠は那智の森で、昼間は生物採集に没頭し、夜は昼間に採った生物の観察と標本作りに夢中になっていた。熊楠は、顕微鏡をのぞきこみ、生物のミクロコスモスに浸っていた。思想家・人類学者の中沢新一（一九五〇年〜）は、これは「熊楠による光学顕微鏡を用いた科学的瞑想であった」と述べている。(6) 瞑想とは、基本的には自己洞察の修法である。つまり熊楠は、この「科学的瞑想」によって（生物という他者を通じながら）、徹底的に自己と向き合っていたのである。

瞑想は、自己と徹底的に向き合うことを基本とする。そして、その究極的な目標は、自己意識の滅却である。いわば、自己意識を雲散霧消させ、自然と融合しようとすることである。しかし人は、自分の内側へ深く沈殿すればするほど、実は反比例的に、どんどん外側へと開放されていくのである。那智山という母なる自然の中において、全てをさらけ出して「祈る」者たちは、いわば、母の胎内へ回帰しようとしているのである。胎児となり、胎芽となり、胚となり……完全に母胎に吸収されることを願っているのである（しかし、ことはそう簡単には進まない）。母なる自然と一体になるために、自己を開放する姿勢は、オープンな事柄・体制である。しかし実際、その内実はクローズでもある。つまり、自己を現世からシャットアウトし、自己の内奥へと沈んでいくのであるから、その姿勢はクローズと言える。そして、クローズした先には、母なる自然＝異界がオープンしているのである。(7)——

内の内は外なのである。

ある種、何者をも寄せ付けない神聖な、あるいは閉鎖的な（クローズした）雰囲気を醸し出す那智山であるが、実はそこは遥か昔から、挫折した者や傷ついた者たちを歓迎してくれる開放された場所であった。また貴賤問わず、誰にでも開かれた場所であった。さらにそこは、古来、他の多くの霊山とは異なり、女人禁制ではなかった。つまり、非常にオープンな場所だったのである。地理的にも僻地にありながら、つまり都会からは完全に閉ざされて（クローズして）いながらも、開かれた（オープンな）場所だったのである。

那智山一帯は、大きく熊野と呼ばれることもある。事実、那智大社の正式名称は、熊野那智大社である。この熊野の別名に、「隠国」というものがある。つまり、神がお隠りになり、また死者の霊魂が隠る場所という意味である。しかし、このような、本来、神や霊魂が隠れるための閉鎖（クローズした）空間は、実は、我々人間には大きく開かれて（オープンして）いるのである。

二　自他の区別、時間の矢

聖地では、自己と他者との区別が曖昧になる。そこでは自己意識が希薄となり、他者との壁が消失しかけるのである。普通は、人間と動植物との間には壁があり、その声や気持ちを聞くことはできない。しかし、那智山に籠もっていた熊楠には、それらの声や気持ちが聞こえていた。しかも、聴覚ではないところでそれらを聞いていた。

一九〇四年三月二十四日〔木〕

獣畜、言詞、心なけれども生物のこと分る。科学者はこれを人間に分らぬといふのみ。乃ち霊妙也。[8]

つまり、ここで熊楠は「普通の科学者には理解できないかもしれないが、自分には言葉をもたない生物のことがわかる」と言っているのである。これは要するに、熊楠が、獣畜つまり人間以外の森の生命体と「交感」していたということであろう。それは、ノンバーバルなコミュニケーションである。端的に言って、このようなことができた（起こり得た）のは、この時、熊楠という人間と他の生物あるいは自然そのものとの境界が極めて曖昧になっていたからであると考えられる。

自己が他者になり、他者が自己になる。オープンでありながらクローズしており、クローズの先にはオープンされた世界（異界）がある。聖地那智山においては、通常の二項対立など、いとも簡単に吹き飛んでしまうのである。またそこでは、過去→現在→未来という「時間の矢」もまったく当てはまらない。そこは、「今は昔（今＝昔）」という事柄が、平気で起こりうる場なのである。勿論、この慣用句は、説話や物語文学で、通常「今となっては昔のことだが」という意味で用いられるものである。しかし、那智山という聖地においては、上述のような通常の時間観念（時間の矢）などは吹き飛び、今と昔とは混合される。換言すれば、そのような場には、まさに今この瞬間しかないとも言える。それは極めて動物的時間感覚と言えるかもしれない。動物は、まさに今この瞬間に貼りついて生きている。動物は本能として、餌を蓄えたり、危険な場所を避けたりすることはあっても、基本的には、人間のように、淡い過去のことや明るい未来のことなどを考えて行動するわけではない。そして、このような動物や植物と同じ次元に立つとき、熊楠のようにノンバーバルな「交感」が行われ得るのである。

四　根源的な不安

異界は、あの世・根の国・黄泉（よみ）・浄土あるいはエデンの園と言い換えてもよい。熊楠は、この異界へ深く入り込もうとしていた。そこには、現世のような苦痛はない。そこは、限りなく気持ちいい場所である。いや正確には、苦痛がないのだから、快楽（気持ちいい）もない。完全ではあるが（あるが故に）、何も無いのだ。パラドキシカルな言い方だが、あるのは「無」なのである。

この「私」が完全に、一様性・無に吸収されてしまうのではないか、あるいは、この「私」が完全に消滅してしまうのではないか、これが自己意識をもつ人間の、根源的な不安である。しかし、その不安は、気持ちよさをも伴うものである。このまま気持ちよさをさらに突き抜けていくか、あるいは不安にあらがうように（ある意味では従うように）、自己意識を強固にもとうとするか。聖地において、人はこの選択が迫られるのである。

しかしながら、大抵の人々は、不気味な「無」から逃れるために、自分以外の何かを求める。つまり、「無」に対する不安から、人は何とか自己の足場を確立しようとするのである。しかし、もし完全に「無」に呑み込まれてしまえば、その不安さえ呼び起こされない。そして二度と現実世界へ戻ることはできない。

もし、完全な「無」に呑み込まれて、その後、再び呑み込まれる前と同じ自己を保ったまま現実世界へ復帰したと言う人がいたならば、その人は実は「無」に呑み込まれてはいなかったのである。「無」は、そんな甘いものではない。そこへ留まるには相当な覚悟、いやそれ以上のもの、もはや思惟を絶した何かが必要である。我々は、自己も他者もない、つまり他者を愛する喜びすらない、また他者への感謝の気持ちさえ起こらない、この「無」

に留まるという事柄を、もう少し真剣に考えねばならない。

「無」とは、巨大でとてつもない「深み」なのである。心理学者のC・G・ユング（一八七五〜一九六一年）は、「深み」について以下のように述べる。

深みに入っていきなさい。……（中略）……また退路も確保しておきなさい。あたかも臆病者であるかのように、注意深く進み、そうして魂の殺害者の機先を制しなさい。深みはあなたたちを完全に呑み込み、泥で窒息させようとしている。地獄に行く者は、地獄にもなる。それゆえに、あなたたちがどこから来たかを忘れないように。深みはわれわれよりも強い。……（中略）……深みはあなたたちをとどめておこうとし、これまでにあまりにも多くの者を元に返さなかった。[9]

ユングは、「深み」に入っていけと言う。それは、端的に言えば、「当たり前」になっている現実世界を見直すためである。しかしその際、「退路」を確保しておかねばならないとも言う。「退路」とは、換言すれば、自己意識のことである。かろうじて自己意識を保ちつつ、「深み」へ近づくことでこそ、我々が「高み」と信じて疑わない現実世界を見直すことができるのである。しかし、もし「退路」を失ってしまえば、「深み」は我々を完全に呑み込んでしまう。ユングがここで言う「深み」とは、まさに「無」のことである。

しかし実は、我々が「無」と名付けた時点で、それは「無」ではないのだ。真の「無」は、我々の言葉すらも呑み込む。だから、厳密に言えば、我々人間は、この真の「無」を知らない。人間は、そこに完全に滞留する直前に、不安になるのである。真の「無」の一歩手前の「無」が不安を呼び起こすと言ってもよい。当然、気持ちいいと感じられるのも、真の「無」に入っていないからである。真の「無」とは、もはや言葉すらも呑み込むものであり、本来表現もできない「何か」である。我々が人間であろうとする限り、このような「無」に滞留することは、通常できない。

那智山に籠ること二年ばかり、その間は多くは全く人を避けて言語せず、昼も夜も山谷を分かちて動植物を集め……（中略）……那智山にそう長く留まることもならず、またワラス氏も言えるごとく変態心理（サイキアトリ）の自分研究ははなはだ危険なるものにて、この上続くればキ印（じるし）になりきること受け合いという場合に立ち至り、人々の勧めもあり、終にこの田辺に来たり……（以下略）[10]

幽体離脱などの経験や、動植物の「声」がわかるという経験を、熊楠は「変態心理」と呼ぶ。そのような経験は、熊楠が、向こう側の世界あるいは根源的な場＝「無」へとほとんど帰還しようとしていたことを表している。自己と他者との壁が溶解し、「無」へと溶け込みかけていたのである。熊楠は、このままここに留まれば「キ印」つまり自己意識が完全に消滅してしまう一歩手前まで来ていた。熊楠はそれに不安を感じたのである。そして山を下りた。熊楠は、当時自暴自棄になりながらも、やはり「人間であること」を捨て去ることはできなかったのである。

五　夢と聖地

一　夢見る精神

聖地那智山において、熊楠は、「二者択一」を迫られた。このまま異界へと溶け込むか、あるいは人間として現実世界に復帰するか。結果として、彼は後者を選んだ。そして聖地を離れた。離れた結果、生物採集に一通りの目途がついたから山を下りた、などの理由が付けられたのだ。

聖地にいたとき、熊楠はどんな状態だったのか。それは端的に「夢見る精神[11]」だったと言えるだろう。「夢見る精神」とは、真の「無」に行き留まることも、再び自己を（他者を）確立することもできるような、「あわい」にいる状態のことである。あるいは、自己意識をかろうじて保ちながらも、異界へと溶けかけている状態とも言える。そして、それは最も気持ちいいが、最も不安な状態でもある。那智山に限らず、我々が聖地と呼ばれる場所に入るときには、少なからずこのような感覚が伴うはずである。

熊楠は、人間であることを放棄しなかった。いや、できなかったのである。これが、人間として自己意識というものをもってしまったが故の、悲しい結果である。しかし、もし自己と他者とを明確に区別することが、人間としての特性の一つであるならば（少なくとも近現代社会においては、この事柄が最も重視されてきた）、那智山にいたとき、熊楠は人間ではなかった。なぜなら、前述したように、熊楠にとって、そのような区別は極めて希薄で曖昧になっていたからである。しかし、熊楠は人間ではなかったが、動物でもなかった。なぜなら、動物であれば、不安すら感じずに、ただただ今この瞬間を駆け回っていたであろうからだ。

二　夢見の場所

……聖地とは、まず生き直しのためのチャネリング（回路）を生成する夢見の場所といってよいでしょう。人間は肉体を極限まで酷使しつつここをいままさに通過することによって、何かを会得するわけです。[12]

熊楠は、「生き直し」たのである。聖地を離れることで、良くも悪くも、人間であることの証を再び手に入れたのである。再び手に入れた証は、果たして以前のものと全く同じものだろうか。そして、下山した熊楠は、再び聖地へと戻りたい、さらにはその先の異界へと進みたいと思ったのだろうか。

聖地とは「夢見の場所」であり、人はそこを通過した時、何かを得るのである。熊楠の場合は、人間としての証であった。しかし、それが良いのか悪いのか、あるいは前に進んでいるのか後に戻っているのか、それとも単なる円環運動なのかは、慎重に考えるべき事柄である。

熊楠は夢について、以下のような言葉を残している。

> 扨烏羽玉の『夢』てふ物は死に似て死に非ず生に似て生に非ず、人世と幽界の中間に位する様な誠に不可思議な現象で種々雑多の珍しい問題が夢に付て斷ず叢り居る。(13)

聖地は「夢見の場所」であり、夢は聖地である。そこは、人世と幽界との〈中間〉であり、死者と出会う場所でもある。また、新たな生命の誕生を垣間見る場でもある。

那智山――そこは「生」と「死」が混在する異空間なのである。そこでは、生の世界と死の世界の空気が混じり合っているのである。そこは、二つの世界の「通路」なのである。

六　おわりに

那智山には、黒色がよく似合う。鬱蒼としたに樹木に覆われた大門坂は、昼間でも暗い（黒い）。熊野信仰と切り離すことのできない「補陀落渡海」[14]を果たすべき海は、黒潮つまり黒い海である。またこの地では、「八咫烏」（記紀伝承で神武天皇東征のとき、熊野から大和に入る険路の先導となったという大烏）が神聖視され、那智黒石[15]が重宝される。このように、那智山と黒色は、密接な関係があると言える。我々は、黒というと、死をイメージさせるような、不吉な色と思いがちである。しかし、象徴的には、黒は決していわゆる「マイナスイメージ」だけを表すものではない。

> 黒は、否認の色、この世の虚栄に決別する色である。……（中略）……冥界、現象下の世界は、大地の腹わたである。日中の世界の、再生が進行するところでもある。……（中略）……深い水のように、黒は、潜在的な生命を宿しているからである。あらゆるものの、大きな貯蔵庫である。ホメロスは、大洋を黒と見たし、年老いた母〈豊饒の女神たち〉は、冥界の出身であるため、黒の衣服を着ている。……（中略）……黒は、世界の腹わたを覆っている。真っ暗闇の中で、ものは生産されるし、生命力のシンボルである。[16]（傍点―筆者）

黒とは冥界、つまり死の世界をイメージさせるが、同時に潜在的な生命を宿す色、再生の進行を表す色でもあるのだ。

黒い大門坂の石段を登ったことがある人であれば、わかるであろう。「鬱蒼とした樹木に覆われたこの暗い通路はどこまで続くのか。本当にあの世につながっているのかもしれない」、少しでもそう思いはしなかっただろうか。長い石段を延々と上ることによる疲労は、人の思考力を奪う。そして人は軽いトランス状態になる。それは、（結果的ではあるが）気持ちよくもあり、不安でもある。そのような時、人は、五感全てが媒体となり、言葉では到底表せないような自然からの情報を感得しうる。熊楠は、そのような、自然からの言語を絶した事柄を包括的につかむことを、「了簡(りょうかん)する」という。それは、understand（理解する、下に立って対象を見ることによって頭で理解できる）ではなく、むしろ perceive であろう。per- は through と同じく、入口から出口まで貫通する、つまり完全であることを表し、-ceive はつかみ取ることを表す。現在、perceive は、特に目によって「知覚する」という意味が一般的であるが、語源的には「悟る」「感知する」あるいは「感得する」が相応しい。

この「了簡」の意味内容は、山を下りたときにわかるものである。山の中にいるときには、それは、概して気づくことができない。なぜなら聖地においては、この「了簡」は、「当たり前」になってしまうからである。大事な事柄は、いつも、離れて初めて本当に気づくのである。

聖地へ向かうことも大事だが、去ることにも大きな意味がある。そこには、人間として（人間でありながら）、永遠には留まることを許さない「力」が漂っているのである。挫折し傷ついた者は聖地へ向かう。しかし、必ずそこから去るのである。去らざるをえないのである。そして再び人間になる。それを俗に「社会復帰」と言うのである。

このような徹底的な挫折を経験した小栗が、紆余曲折を経ながらみごとに社会復帰を実現するところにこの物語の醍醐味がある。(17)

小栗判官(おぐりはんがん)は、伝説上の人物で、ある時、酒に毒を盛られてあっけなく死んだが、閻魔大王によって餓鬼阿弥(がきあみ)(18)（骸(むくろ)姿、死体のような姿）にされ、この世に還されたという。小栗は、熊野三山の一つである熊野本宮からほど近い、湯の峰の有名な薬湯＝壺湯(つぼゆ)に四十九日間浸かり、蘇生した。壮健な肉体を取り戻した小栗は、その後、国守となり、愛する照手姫(てるてひめ)と幸せに暮らしたという。熊楠も同じように、熊野三山の一つ、熊野那智大社からほど近い場所で、挫折からの劇的な復活を成し遂げた。確かに、物語としては、これらは非常に面白い。しかし、熊楠の社会復帰は、実のところ、再び「没落」したとも考えられないだろうか。熊楠は、聖地において限りなく根源的な場へ溶け込みながらも、やはり完全には溶け込むことはできなかった。人間であることを捨てることができなかった。そして再び世俗へ下ったのである。

だが、それは「没落」であっても、非難されるべき事柄ではない。むしろ、下山したからこそ、熊楠は改めて聖地を聖地として知ることができ、さらに自分自身というものを措定できたのである。熊楠が、「神社合祀反対運動」で、鎮守の森を守ろうと思えたのは、彼が、那智山から離れたからなのである。神林における「了簡」の内容を、熊楠は、下山することによって、改めて知ることができたのである。

熊楠は、その後の人生で、再び聖地那智山へ行くことを願ったのだろうか。筆者の知る限り、熊楠は再び那智山に上り、長い間籠もるということはなかった。ツァラトゥストラのように、何度も山と下界との往復はしなかった。

現在、我々が聖地那智山に上り、もしそこに長期間、籠もることが許されるのならば、我々は、そこで何を思う（祈る）のであろうか。異界への没入か、社会への復帰か、どちらであろうか。

（1）　一八六七〜一九四一年。民俗学者、博物学者。アメリカ、キューバ、イギリスを遊学。日本に帰国後、鎮守の森を守るべく神社合祀政策に反対運動を起こした。世界的科学雑誌『ネイチャー』に論考・短報を投稿し続け、その数は五一篇にのぼる。天才的な記憶力で、英語、フランス語、ロシア語など多数の言語を解すことができた。また、日本において極めて初期に粘菌の研究を本格的に行い、昭和天皇にご進講も行った。

（2）　南方熊楠、「一九二五年一月三一日付矢吹義夫宛書簡、通称「履歴書」」、『南方熊楠全集』七巻、平凡社、一九七二年、二四頁。

（3） 熊楠にとって学問・研究を行うことは、名声を得るためでもお金を稼ぐためでもなかった。熊楠は、以下のように述べている。

小生は元来はなはだしき疳積持ちにて、狂人になることを人々患えたり。自分このことに気がつき、他人が病質を治せんとて種々遊戯に身を入るるもつまらず、宜しく遊戯同様の面白き学問より始むべしと思い、博物標本をみずから集むることにかかれり。これはなかなか面白く、また疳積など少しも起こさば、解剖等微細の研究は一つも成らず、この方法にて疳積をおさうるになれて今日まで狂人にならざりし。一九一一年十月二五日付柳田国男宛書簡（『南方熊楠全集』八巻、平凡社、一九七二年、二一一頁）。

つまり、彼にとって学問・研究は、荒ぶる精神を抑えるため、端的に言えば、人間として生きていくためであった。

（4） 南方熊楠、『南方熊楠日記2』、八坂書房、一九八七年、四三一頁。

（5） Friedrich Nietzsche. *ALSO SPRACH ZARATHUSTRA*. 1885. 氷上英廣訳、『ツァラトゥストラはこう言った（上）』、岩波書店、一九六七年、十頁。

（6） 中沢新一、公開講座『南方熊楠の新次元』第三回「明恵と熊楠」。二〇一六年一月閲覧。http://sauvage.jp/activities/1930

（7） 二〇一五年九月十三日に開催された、第一回京都こころ会議シンポジウム「こころと歴史性」において、河合俊雄（京都大学こころの未来研究センター教授）は、講演「こころの歴史的内面化とインターフェイス」の中で、現代の心理学は往々にして自分の中のものとして閉じられたクローズドシステムに基づいているが、前近代においては、外から精霊や悪霊がこころに入ってくるなど、個人のこころがより外に開かれたオープンシステムであったと述べている。また、この発表を受け、中沢新一（明治大学野生の科学研究所所長）は、座禅の極意などを例にとり、こころがオープンになるためには閉じられる必要があることを逆説的に指摘している（河合俊雄、中沢新一、広井良典、下條信輔、山極寿一、『〈こころ〉はどこから来てどこへ行くのか』、岩波書店、二〇一六年、四四、二〇八頁参照）。

（8） 南方熊楠、『南方熊楠日記2』、八坂書房、一九八七年、四一八頁。

（9） Carl Gustav Jung. *The Red Book*. 1914–1930. 河合俊雄・田中康裕・猪俣剛・高月玲子訳、『赤の書』、創元社、二〇一〇年、二五四頁。

（10） 南方熊楠、「千里眼」、『和歌山新報』一九一一年六月十日〜十八日、『南方熊楠全集』六巻、平凡社、一九七二年、七〜十頁

（11）Søren Aabye Kierkegaard, *Begrebet Angest*, 1844, 田淵義三郎訳、『不安の概念』（枡田啓三郎責任編集、『世界の名著』第四十巻、中央公論社、一九六六年所収、二四〇頁）。

（12）池田雅之、「神話と伝説から見た熊野―物語と歴史の出合うトポス」、池田雅之編著、『共生と循環のコスモロジー――日本・アジア・ケルトの基層文化への旅―』、成文堂、二〇〇五年、三二四頁。

（13）南方熊楠、「夢を替た話（南方先生百話）」、『牟婁新報』一九一八年十一月～十二月所収、南方熊楠顕彰館所蔵。

（14）補陀洛は、サンスクリット語の「ポタラカ」の音写で、『華厳経』ではインドの南端に位置するとされている常世国である。そして、補陀落渡海を行う僧侶による儀式の一つに、「深秘之儀式（じんぴのぎしき）」というものがある。これは、補陀落という常世国に必ず行けるように、船に乗る前に行う儀式である。この儀式を受けることで、その僧侶は「生まれ清まる」、つまり、いったん死んで、新たに再生すると言われている。このような儀式を「擬死再生儀礼」と呼ぶ。つまりそれは、生きている内に、いったん死んだことにして、新たに再生する儀式である。

（15）古来、熊野詣を行った人々は、その証として、川からその黒石をすくい、あるいは岩肌から掘り出しもち帰った。そして、往生の念仏を念じ、この石を手の中ですりあわせた。そうする内に光沢が出、人々はそこに「極楽世界」の荘厳さを思ったという。

（16）Jean Chevalier, Alain Gheerbrant, *Dictionnaire des Symboles*, 1982, 金光仁三郎・小井戸光彦・山下誠・熊沢一衛・白井泰隆・山辺雅彦訳、『世界シンボル大事典』、大修館書店、一九九六年、三六〇頁。

（17）町田宗鳳、『エロスの国・熊野』、法藏館、一九九六年、四三頁。

（18）餓鬼のようにやせ衰え、耳鼻も欠け落ち生気のない者。死体のようでありながらかろうじて生きており、餓鬼でありながら阿弥（陀）でもあるという意味で、餓鬼阿弥とはまさに「通路」に立つ者と言える。

近代日本人のアイデンティティー
――岡倉覚三における〈祈り〉と〈再生〉――

小林亜紀子

一　岡倉覚三とは誰か

岡倉覚三は、日本では岡倉天心の名で広く知られる。だが、それでは岡倉とはどのような人物かと改めて聞かれれば、それをひと言で説明することは難しい。岡倉の活動は、それほど多岐にわたっている。岡倉が東京芸術大学の前身である東京美術学校の校長を務め、日本の美術教育の確立に大きな役割を果たしたことは比較的よく知られているが、岡倉は帝国博物館館長として博物館事業にも携わり、文化財保護に力を注いだ。そして美術誌『国華』を創刊し、自らも優れた美術論を残したという点においては、美術批評家としての顔も持っていた。加えて岡倉は、日本美術院の創設者でもあった。こうした一連の活動により、岡倉は、日本ではしばしば、「日本近代美術の父」と称される。だが岡倉は、人生の後半では、ボストン美術館（Museum of Fine Arts, Boston）に東洋美術の専門家としての職を得て、日本とボストンを往復する生活をおよそ十年にわたって送った。ボストンでは、日本をはじめとする東洋の美術品の分類・整理にあたるほか、英語によるレクチャーなども行っている。ボストン時代に岡倉が築いた人脈は、イザベラ・スチュワート・ガードナー（Isabella Stewart Gardner）やヘンリー・ジェイムズ（Henry James）など幅広く、そこには若き日のT・S・エリオット（Thomas Stearns Eliot）も含まれた[1]。ボストンでの岡倉は、「日本近代美術の父」というよりも、「羽織袴を着て英語を自由に話す日本人美術家」といったイメージに近い存在だったのではないだろうか。海外経験についてさらに付け加えれば、岡倉は二十代でアーネスト・フェノロサ（Ernest Francisco Fenollosa）と共に日本政府の派遣で欧米に美術教育の視察に出かけたのを最初として、それ以降も度々、西欧各地を訪れている。だが、岡倉について特筆されるのは、西洋ばかりでなく、インドや中国などアジアの国々にも繰り返し足を運んでいることである。そして、特にインドでは、ラビンドラナート・タゴール（Rabindranath Tagore）と深い交流を持った。インドと中国への旅は、日本美術のルーツを自分の目で確かめる旅でもあったのだが、明治期に西洋と東洋の両方の異文化を体験した日本人は、決して多くない。岡倉が滞在先のインドからイギリスに送った英文原稿は、帰国後にイギリスで最初の著作として出版され、その後の二冊の英文著作は、ボストン滞在中にニューヨークで発表された[2]。その著作はフランク・ロイド・ライト（Frank Lloyd Wright）をはじめ、多くの西洋人に影響を与えたことが知られている[3]。当時の世界における岡倉の存在感の大きさは、私たちの想像を遙かに超えるものであったに違いない。

　このように多岐にわたる岡倉の活動だが、そのすべてに共通していたことが一つあるように思われる。それは、そのあらゆる活動を通して、岡倉の眼差しは常に複眼的に、〈日本〉というものに向けられていたことである。日本文化の本質とは何か、また日本人であることの根幹には何があるのか。いかなる活動の場においても岡倉の眼差しの先には必ず〈日本〉という存在があったことは、岡倉が日本の内外を問わず、ほぼ常に和服を好んで着用したことにも表れているだろう。だが、もし私たちが単純に、この岡倉の和服着用を国粋主義と結び付けるならば、私たちは岡倉とはどのような人物であったのか、その本質を理解することはできないだろう。岡倉には、日本の伝統というものを重んじる面が大いにあった。だがそれと同程度に岡倉には、西洋文明への開かれた態度を持った国際主義者としての面もあった。美術評論家の高階秀爾は岡倉を評して「開かれた伝統主義者」と呼ぶが、これはなるほどその通りである。[4]

二　異文化との出会い

岡倉は、一八六三年に横浜で外国人を相手に商売をする貿易商の家に生まれ、幼い頃から父の営む商店の店先で、店に出入りする外国人の話す英語を耳にしながら育った。岡倉がいつから本格的に英語を学び始めたのか、正確なところは定かではないが、おそらく今の年齢で六歳の頃と推測される。これは、新渡戸稲造や内村鑑三など同世代の「英語名人」と呼ばれる人々と比べても、格段に早い。岡倉は横浜の居留地で、宣教師ジェームズ・バラ（James H. Ballagh）から英語を学んでいる。[5]

幼い頃から外国人や外国文化に接するという特殊な（しかし国際的感覚を身に付けるという意味では恵まれた）環境に育つことで岡倉は、自由に英語を操ることの出来る高い英語力と、大人になってから国際人として活躍していく上で必要な国際的感覚を早くから養っていった。岡倉が人一倍西洋の事情に通じながらも決して西洋主義者にはならず、一方で、日本の伝統に対する深い自覚を持ちながらも国粋主義者にはならなかったのはなぜか。この理由を考えた場合、それはおそらく、子供時代から日本と西洋の二つの文化の間を行き来しながら過ごす経験を通して、自文化を含め、あらゆる文化を相対的に捉える独自の文化的バランス感覚を養うことが出来たからではなかっただろうか。大久保喬樹は、「他の同時代人にとって日本は自明の出発点であり、その外に学びとるべき対象として西欧文明があったのに対して、覚三において西欧はある意味では日本と同時に、あるいは日本より早くから感覚のうちに内在するものであり、そこから逆に、外にあるものとして日本を眺める視点があった」と述べているが、これは大いに的を射た見方である。[6]

三　《我々はどこから来たのか 我々は何者か 我々はどこへ行くのか》

異文化との出会いは、私たちに表面的なレベルで自他の文化的差異への気付きを促すだけではなく、より根源的なレベルで、自文化に「出会う」、つまり他とは異なる自分らしさの根本を形作っているものとは何かを改めて考える機会を与える。フランスの画家ポール・ゴーギャン（Paul Gauguin）が、《我々はどこから来たのか 我々は何者か 我々はどこへ行くのか》（D'où venons-nous? Que sommes-nous? Où allons-nous?）と題された絵を描いたのは、十九世紀の終わりのことである。[7] この絵には、ゴーギャン自身が親しんだ様々な文化の要素が描き込まれているのだが、ゴーギャンはこの絵のモチーフについてはっきりとした説明を残さなかった。だが、一つ確かなのは、ゴーギャンもまた岡倉と同じように、それまでの伝統的世界観が崩壊していく近代という不安な時代に、異文化との出会いを通して、自己という存在を相対的に見詰めた一人の近代人であったということである。精神科医の平山正実は、このゴーギャンの絵の問いに関連付けながら、アイデンティティーについて次のように述べている。

人間の記憶する機能は、自分とは何か、自分はなすべきか、自分はどこから来てどこへ行くのかといったアイデンティティー（自己同一性）の問題と密接な係わり合いをもっている。／人間に記憶するという機能が備わっていないとしたら、アイデンティティーも形成されないだろう。アイデンティティーとは、一つの歴史の中における連続性を示している。過去から現在、未来という連続性が保たれているということは、アイデンティティーの形成、人格の形成にとって重要なことであり、記憶された過去の歴史のうえに「いま」や「未来」がある。[8]

アイデンティティーとは、どこかの誰かによって作られるものではなく、私たち自身が主体的に、「記憶された過去の歴史」との連続性において自分という「いま」の存在の意味を理解しようとする試みを通じて形成されるものである。このような理解に立つ場合、私たちが注意を惹き付けられるのは、岡倉が最初の著作 *The Ideals of the East: with Special Reference to the Art of Japan*（1903.『東洋の理想』、以下 *The Ideals* と略記する）でテーマに選んだのは、日本美術の歴史であったことである。[9] 西洋の分析手法を用いて日本美術の歴史を明らかにしたこの著作は、一九〇三年にイギリスで出版されると直ちに欧米で大きな注目を集め、多くの一流紙がこれを東洋美術の分野での最新の研究成果として、書評や新刊案内で大きく取り上げた。[10] しかし初版の出版から百年以上が経つ間に、この著作の論述には多くの矛盾や誤解が散見されることも指摘されるようになり、今日ではそれはもはや日本美術史の専門書としては「時代遅れ」として扱われている印象さえある。だが、もし私たちがその執筆の原点に立ち返り、この著作を、「記憶された過去の歴史のうえに『いま』や『未来』がある」という意識の下に書かれた「日本美術史」だというふうに捉えてみるとしたらどうか。その場合には、*The Ideals* の執筆において岡倉が向き合っていたのは、近代日本人のアイデンティティーという問題でもあった（そしてそれは現代の私たちにも直接繋がるアイデンティティーの問題である）という理解も成り立つのではないか。

日本でさえ、明治のもつれた糸が複雑に絡まり合った状況の中で、未来への手掛かりとなる糸口を見つけられずにいる。日本の過去の歴史は水晶の球がひと繋がりに並べられた数珠やロザリオのごとく、途切れることのないものであった。……／しかし、今日は多量の西洋思想を前に、日本人は混乱し困惑している。……日本人は直感的に、日本の過去の歴史の中にこそ未来への鍵があることを知っていて、その未来への糸口を探して懸命に手探りしている。だが、未来への鍵が本当に歴史の中にあり、再生への原動力がその歴史の中にこそ隠されているならば、……日本の歴史はまさにこの大事な時に、しっかりと補強されねばならない。[11]

これは、岡倉が *The Ideals* の「展望」(The Vista) と題された最終章の結論部分で述べている言葉である。「日本の過去の歴史の中にこそ未来への鍵がある」とは、つまり、明治日本に西洋近代化という大波が押し寄せる中で、日本人は自分がどこから来て何をなすべきかという自らのアイデンティティーを見失いかねない危機的状況にある。だが、その大波にどう対処し、どう未来へ進んでいくかを探るための手掛かりは、日本のこれまでの歩みの記憶、つまり過去の歴史にある、ということだろう。この著作では、古来、中国やインドから相次いで押し寄せる外来思想の波にどれほど洗われようとも、日本がその文化の本質を変わらずに保持し続けて来たことが詳論されるのだが、岡倉によればそれを可能としたのは、外来文化を単に模倣する代わりに自らに必要なものだけを選んで応用する、日本の豊富な「活力」(vitality) であった。明治の日本が西洋近代文明に主体的に対応するために必要なのはその「活力」の再生だという意味合いを込めて、岡倉は、「日本の歴史はまさにこの大事な時に、しっかりと補強されねばならない」と述べているに違いない。[12] そしてこの「補強」を学術的に試みたのが、この *The Ideals* という著作だったのではないだろうか。

尚、元来この *The Ideals* は英語で書かれ、読者として想定されたのは、英米人を中心とした英語を解する人々であった。西洋の価値基準で一方的にあらゆるものの価値を決め付けてしまう、そういう西洋人に何よりも欠けていると岡倉が考えたのは、文化価値を相対的に捉えることの出来る視点であった。岡倉が *The Ideals* の執筆を通して成し遂げようとしたことのいま一つは、日本という独自な文化の発展史を持つ存在、つまり西洋とは異なる理想と価値を追求してきた異質な存在のあることを、そういう西洋人（つまり日本は異質だとしてこれを劣等視してきた西洋人）に対してはっきりと示すことで、自らの価値観を相対化する契機を与えることでもあったに違いない。

四　「古き良き日本」の再生

岡倉の二番目の著作 *The Awakening of Japan*（1904.『日本の覚醒』）は、岡倉がアメリカに滞在中の一九〇四年に発表された。この一九〇四年という年は、日露戦争が開戦した年でもある。そうした特殊な時期に書かれたという一面が大きく捉えられ、一般的に日本ではこの著作は、黄禍論への異議申し立てとして「大国ロシアと戦わざるをえなくなった小国日本の立場とその文化を、西欧に分からせ」ようとした本だという理解の仕方をされてきた[13]。当時欧米で黄禍論がいかに勢いを増し、欧米対アジアという対立の構図がステレオタイプ的に流布されていたかは、飯倉章が著書『黄禍論と日本人―欧米は何を嘲笑し、恐れたのか』（二〇一三）で具体的に明らかにする通りだろう。飯倉はこの本の中で、欧米列強の帝国主義的な領土拡張欲が、どのように近代的な人種概念によって正当化され、一方で黄禍という黄色人種脅威論が生み出されたかを詳しく論じている[14]。岡倉を「アジアは一つ」を提唱した「民族主義者」として定着させようとする立場の人々は、例えば「われわれの魂の故郷はアジアにある」といったこの著作での岡倉の言葉を切り取り集め、しきりと国粋主義的な「天心」像を描こうとしてきた。

黄禍論が声高に叫ばれる時代の緊張した空気の中で書かれたこの著作の岡倉の言葉の中に、帝国主義列強への批判的精神を読み取ることはむしろ容易い。しかし、今、改めて岡倉という人物の実像へのアプローチを試みる上で大事なことは、そういう時代環境への対応として発せられた言葉をいかに拾い集めるかよりも、時代の環境が変化しても、岡倉が自らの内で変わらないものとして、何を一貫して保持していたかを見ようとすることではないだろうか。

一九八三年に出版された岡倉の著作集には、「東洋の理想」、「東洋の覚醒」、「日本の覚醒」の三つの翻訳が収められている。[15] なぜここに「茶の本」が加えられていないのか、その理由は定かではないが、この著作集に関して最も注意を向けられるべきは、そこに収録された「日本の覚醒」から、最終章「日本と平和」が削除されてしまっていることである。この著作集の中の「第十章　日本と平和」と記されたページには、「全文削除」という文字のみが記され、その本文は無い。[16] 他方、この著作集に収められた三つの文章のうち、「東洋の覚醒」は岡倉の著作ではない。これは岡倉の没後、遺品の中から発見された、題名すらない英文の走り書きに過ぎない。[17] この走り書きはイギリス支配下のインドに滞在中に書かれたと一般には推測され、そこには反帝国主義的な言葉も多く並んでいる。岡倉には生前、英文著作の日本での翻訳・出版を持ちかけられた際に、それをきっぱり断ったという経緯がある。[18] この経緯からは、自分の走り書きした原稿に、「東洋の覚醒」というタイトルが付けられ、それが「著作」と同列の扱いを受けて公表されるなどということは、岡倉には全く受け入れがたいことであるに違いない。この著作集の編者はもちろんそうした経緯を承知の上で「東洋の覚醒」を収録しているはずなのだが、その一方で、「日本と平和」という最終章は削除されているというところに、日本での従来の岡倉の思想の受容における問題の所在が透けて見えるように思われてならない。[19]

岡倉覚三という人は、どのような平和への願いや想いというものを持っていたのか。*The Awakening of Japan* は全十章で構成され、第九章には「再生」（The Reincarnation）、第十章には「日本と平和」（Japan and Peace）のタイトルが、それぞれ付けられている。この著作全体を取り上げることは本論考の範囲を大きく超えるので、ここではこれら二つの章に焦点を当て、その一端を探ってみたい。第九章のテーマは、「古き良き日本」（The Old Japan）の「再生」である。岡倉によれば、明治の日本は近代的な装いを身に付けてはいても、原初的な美しさを完全な形で今に留めている伊勢神宮に象徴されるように「古き良き日本」はまだ失われてはいない。だが、日本人は大きな困難にも直面している。

東洋文明に結びつくありとあらゆるものを軽蔑する西洋人一般に見られる残念な態度は、日本の美質についての日本人の自信を打ち砕く傾向にある。……日本の若者が、喜んでロンドン仕立ての服やパリの最新スタイルの服に身を固めるのは、東洋の文化に対する世間一般の酷評から身を守るための惨めな努力の証の一つである。／……私たちはこれまで以上に、積極的に西洋に学び、西洋の文化的要素を日本に取り入れていくだろう。だが、私たちは、日本という国が日本に本来固有の理想というものに忠実であり続けてこそ、西洋の尊敬を得られるのだということを、しっかりと心に留めなくてはならない[20]。

西洋の価値基準を所与のものとすれば、東洋文明に結びつく一切のものには価値が認められず、そういう西洋の価値基準を受け入れすぎた日本人は、すっかり自信を打ち砕かれてしまっている。このような岡倉の論述との対比において想起されるのは、西洋人としては例外的な人物として、岡倉がラフカディオ・ハーン（Lafcadio Hearn, 小泉八雲）を極めて高く評価していたことである[21]。池田雅之は著書『ラフカディオ・ハーンの日本』（二〇〇九）において、「ハーンは日本の美の発見者であっただけでなく、その発見を通じて日本人に自信を与えることの出来た人物である」として、ハーンが日本に対して共感的な眼差しで関わることのできる西洋人であったことを論じているが、岡倉がハーンを評価したのも、まさにそうした点においてであった。(22) この日本人の自信の回復とは、日本人の希薄化したアイデンティティーの再生と言い換えてもよいのだが、この自信の回復が岡倉にとってひときわ重要な意味を持つのは、それが、西洋と日本の相互理解（ひいては平和の実現）の行方を左右する大問題だからである。日本が西洋に積極的に学ぶことは大事だが、それと同程度に大事なのは、日本が本来の理想を守り続けることだ、と岡倉は述べる。つまり、日本が自信を失って、薄められた西洋のような存在になってしまうとしたら、そうした日本に西洋は何ら学ぶべきところを見出せず、また日本も何ら与えるべきものを持ちえない。従って西洋と東洋の間に交流し合い、学び合う関係が築かれるためには、日本が本来の理想に忠実であり続ける、つまり日本らしいアイデンティティーをしっかりと保ち続けることが不可欠だ、と岡倉は考えるのである。

こうした岡倉の考え方は、最終章の次のような論述へと繋がっていく。

> いつになったら争いは終わるのか。……自らを守る勇気と力を持たない者は、隷属させられるよりない。……西洋が誇示する奇妙な組み合わせは、何を意味するのか――病院と魚雷、キリスト教宣教師と帝国主義、そして平和を維持するためだとして保持される膨大な軍備。そうした矛盾を東洋の文明は、かつて抱えたことはない。……東洋の夜は明けたが、私たちの眼前に広がるのは、いまだ、人間性（ヒューマニティー）が薄暗がりの中に閉ざされたままの世界である。西洋は東洋に争うことを教えた。いつ西洋は、東洋から、平和の恵みを学ぶのだろうか。(23)

私たちが岡倉の平和についての考え方を理解する上で鍵となるのは、ここで岡倉が用いている「人間性」(humanity) という言葉であるように思われる。岡倉はこの言葉を自身の著作を通して繰り返し用いるのだが、この「人間性」という言葉には、「異なる文化を持つ相手に対して人間らしい共感の心を持つこと」といった意味合いが込められているように感じられる。西洋は東洋には何も学ぶべきところはないと思っているが、西洋が東洋に最も学ぶべきは、「平和の恵み」（the blessings of peace）、つまり平和を愛する心ではないか。このようなメッセージは、この著作の二年後に発表された *The Book of Tea*（1906.『茶の本』）にもはっきりと継承される。そのことは、例えば、*The Book of Tea* の第一章に、"The Cup of Humanity" すなわち「西洋と東洋の人間性（ヒューマニティー）が一杯の茶碗において出会う」といった意味合いのタイトルが付けられていることからも明らかである。*The Book of Tea* は、日本では一般的に、「『茶道』の精神を通して、日本の暮らしの哲学を紹介した」本、などと紹介されている。[24] だが、この著作で岡倉がなぜ茶道をテーマとしたのかと言えば、この茶道というものが、西洋が日本に学ぶべき「平和の恵み」を具体的に示す好例となりうる、と岡倉が考えたからではなかっただろうか。

五　対立を超えて――「女媧」神話が語りかけるもの――

「茶道とは道教の今ひとつの姿である」（Teaism was Taoism in disguise）という岡倉の言葉にもあるように、茶道は道教思想の影響の下に成立したことが知られる。[25] *The Book of Tea* には、道教の女神「女媧」（Niuka）による天空修繕神話が紹介されている箇所がある。この神話のあらすじは、次のようなものである。すなわち、あらゆるものが混沌とした無始の状態にあった頃、「精神」（Spirit）と「物質」（Matter）が死闘を繰り広げる。この闘いには最終的に決着が付き、天を司る神の子「大日輪黄帝」（the Yellow Emperor）が、地を司る闇の邪神「祝融」（Shuhyung）を打ち破るのだが、「祝融」が断末魔の苦しみに喘いでのたうち回った際、天空が粉々に破壊されてしまう。途方に暮れた「大日輪黄帝」は、天空を修繕してくれる者を求め、方々を探し回る。すると、そこに女神「女媧」が現れる。そして「女媧」は、魔法の大釜で五色の虹を混ぜ合わせて、壊れた天空を修繕する。[26]

The Book of Tea は、元来、西洋人に向けて英語で書かれた。従って、西洋人の読者には、この神話の中での「精神」と「物質」との対立からは、デカルト流の二元論が想起させるかもしれない。だが岡倉は、「精神」と「物質」のいずれが勝者となったのかを、「大日輪黄帝」、あるいは「祝融」との対応関係においては、何も説明しない（文脈からもこれは断定されない）。このことは、そうした対立そのものの無意味さを暗に伝えようとする、岡倉の無言のメッセージであるとも推測される。つまり、岡倉がこの道教神話の紹介を通して、何に対して最も西洋の読者の注意を促そうとしたのかと言えば、それは、対立で破壊された天空の修繕が、魔法の大釜で五色の虹を混ぜ合わせる、という合理主義的観点からは説明不可能な方法によってのみ可能だった、という点に対してではなかっただろうか。

ちなみにこの魔法の大釜との関連性で想起されるのは、鈴木大拙における「霊性」の考え方である。鈴木はその著書『日本的霊性』（一九四四）の中で、「霊性」という考え方を次のように提示している。すなわち、精神は二元的思想と不可分で常に物質との対抗関係を伴うが、一方「霊性」は二元的思想を超えたところに覚知されるものなので、そのはたらきがあるところでは対立は解消し、異なるもの同士の間には「互譲し交歓し相即相入する」関係（つまり敬意を持って交流し、良い影響を与え合う関係）が生じる。[27]『日本的霊性』が出版されたのは、岡倉の没後約三十年が経ってからだが、鈴木は岡倉の七歳年下で二人はほぼ同時代人と言える。合理主義的に分別では覚知できないはたらきの重要性を、対立ではなく融和の意義という視点から考えていた点で、鈴木と岡倉の考え方には確かに重なり合う部分があるように思われる。

なお、「女媧」神話には、まだ続きがある。「女媧」は、天空を修繕した際に、二つの小さな穴を塞ぎ忘れてしまった。そのため、そこから「二つの魂」（two souls）が、宇宙に転がり出してしまう。この「二つの魂」は、長い間、宇宙を流転し続けることになるのだが、最終的には出会うことができる。そして、この出会いによって、天空は完全に修繕される[28]。

この「二つの魂」が転がり出した状態を、岡倉は「愛の二元論」（the dualism of love）の始まりと呼ぶのだが、この「二つの魂」は、西洋と東洋を暗示するだろう。「二つの魂」はそれぞれ宇宙を流転しているが、道教の宇宙的視点で見れば、そうしたちっぽけな「二つの魂」の間には、絶対的な価値の優劣などあるべくもない。異なる二者が争わず、「女媧」によって修繕された（従って融和という価値観で覆われた）天空の下で出会おうとするならば、そのときには、「愛の二元論」、つまり人間らしい思いやりの心に基づく新たな関係が始まるのではないか。異文化間相互理解関係が西洋と東洋の間に育くまれることへの祈りを茶の湯の心と重ね合わせながら、岡倉は、次のようにこの天空修繕神話を締めくくっている。

人間性（ヒューマニティー）という現代の天空は、富と権力を求める巨大な闘争によって粉々に打ち砕かれている。……私たちは、すっかり荒廃した状況を修繕してくれる女媧を再び必要としている。……その間に、一口の茶をすすろう。午後の日の光は竹林を照らし、泉はこんこんと湧き、茶釜からはしゅんしゅんという松風のような音が聞こえる。こうした束の間の移ろいゆくものに思いを巡らせながら、合理主義的には無価値でも美しきものにしばし身を委ねてみよう[29]。

六　むすびにかえて――岡倉における〈祈り〉と〈再生〉――

これは日本ではあまり知られていないが、岡倉は、一九一一年にハーバード大学（Harvard University）から、名誉修士号（Honorary Master of Arts）を授与されている。この際、同大学学長のアボット・ローウェル（Abbott Lawrence Lowell）は、授与の理由を次のように述べた。アボット・ローウェルは、天文学者でジャパノロジストとしても知られるパーシヴァル・ローウェル（Percival Lawrence Lowell）の一歳下の弟である。

岡倉覚三君。東洋の美術の謎を解き明かすことにおいて比類ない才を示し、西洋に対して開かれた心を持つが、日本の伝統文化を掛け替えのないものとして保持することにおいて揺るぎない意思を持つ。[30]

岡倉は、この後ハーバード大学で教鞭を執ることになっていたものの、それは実現することなく、この二年後に帰らぬ人となる。

岡倉とはどのような人物だったのかが果たして日本では十分に理解されて来たかと言えば、それは既に述べたように、必ずしもそうであったとは言い切れない。だが、アボット・ローウェルから岡倉に贈られたこの言葉には、岡倉覚三とはどのような人物であったのか、つまり岡倉がその生涯を通して何を目指し、何を行い、そして何を大切にしてきたのかが、はっきりと凝縮的に示されている。今日の私たちが海外から見た岡倉観を知ることを通して改めて岡倉について理解を深めることが出来るというのは、ある意味皮肉なことのようにも思われるが、それは見方を変えれば、それほど岡倉覚三という人が世界を舞台として活躍した真の国際人だったことの確かな証左であるに違いない。そして冒頭にも述べたように、岡倉のその視線の先には常に、〈日本〉というものがしっかりと捉えられていた。

それでは、日本を見据えるその視線の先に、岡倉は何を見つめていたのか。それは、次のような三つの〈祈り〉の実現ではなかっただろうか。第一にそれは、西洋と東洋（そして日本と他のアジアの国々）の間に、対等で、相互補完的な関係が築かれることへの〈祈り〉である。そして第二にそれは、その関係を真に実りあるものとするために不可欠なものとしての、日本本来のアイデンティティーの〈再生〉への〈祈り〉である。そして第三にそれは、平和への〈祈り〉である。未来を展望する岡倉の眼差しの先には、多文化が共存・共生する平和な世界の実現が、いつでも思い描かれていたに違いない。今日の私たちは、近代日本におけるこうした岡倉の〈祈り〉というものをしっかりと受け止める意味を込めて、古代から近代、そして現代へと連綿と続いてきた日本という国の歩みとその平和の恵みを、私たち自身が未来にどのように繋げていくことができるのかを、私たちなりに真剣に考えていかなくてはならないのである。

（1）　エリオットと岡倉に関しては、以下拙稿を参照されたい。拙稿「ボストンにおける岡倉覚三の人的交流―T・S・エリオットからガードナー夫人への一九一五年の手紙に注目して―」『比較文化研究』第一一七号、日本比較文化学会、二〇一五年七月、四一～五四頁。

（2）　具体的には、出版年順に以下の三冊である。Kakuzo Okakura, *The Ideals of the East: with Special Reference to the Art of Japan*, London: John Murray, 1903. Kakuzo Okakura, *The Awakening of Japan*, New York: The Century Co., 1904. Kakuzo Okakura, *The Book of Tea*, London and New York: G. P. Putnam's Sons, 1906. 本論考での岡倉の英文著作の日本語訳は、すべて拙訳である。また原著と翻訳書を区別する観点から、原著はすべて英語の原題で表記する。なお、岡倉には日本語による著作は一冊もない。

（3）例えば、岡倉によるライトへの影響については、以下がある。Kevin Nute, *Frank Lloyd Wright and Japan : the Role of Traditional Japanese Art and Architecture in the Work of Frank Lloyd Wright*, London : Chapman & Hall, 1993, pp. 122-137.

（4）高階秀爾『日本近代の美意識』青土社、一九八六年、三三二頁。

（5）茂住實男「天心の少年時代と当時の英語教育事情」『大倉山論集』第六〇号、大倉精神文化研究所、二〇一四年、一一七〜一一九頁。

（6）大久保喬樹『岡倉天心』小沢書店、一九八七年、四五頁。

（7）ゴーギャンはこの絵のタイトルのインスピレーションを、イギリスの思想家トマス・カーライル（Thomas Carlyle）の *Sartor Resartus : the Life and Opinions of Herr Teufelsdrockh*（1838、『衣服哲学』）から得たと一般に推測されている。カーライルのこの著作は、一九世紀において最も大きな影響力を持った本の一つに挙げられる。例えば日本では、内村鑑三、新渡戸稲造、夏目漱石らがカーライルを愛読していたことが知られている。

（8）平山正実『はじまりの死生学―「ある」ことと「気付く」こと』春秋社、二〇〇五年、一三二頁。

（9）岡倉の最初の著作は、今日、『東洋の理想』のタイトルで知られるが、原題を日本語に直訳すると「泰東理想論―日本美術を中心として」となる。「泰東理想論」は、岡倉自身の訳語である。なぜ岡倉が“the East”の訳語を「東洋」とせず、「泰東」としたのかに関しては、明治後半は「東洋」から日本を除外するという考え方が次第に定着し始めていた時期であり、そのために岡倉は、「東洋」ではなく、「泰東」の訳語を当てたのではないか、という指摘もある。これについては、以下を参照されたい。木下長宏「解題・解説―アジアに内蔵される『日本』美術史」岡倉天心『日本美術史』平凡社、二〇〇一年、四〇七頁。

（10）これについて詳しくは、以下を参照されたい。拙稿「英語圏から見た岡倉覚三とその文化観―最初の英文著作 *The Ideals of the East* を中心に―」『比較文学年誌』第五一号、早稲田大学比較文学研究室、二〇一五年三月、九四〜九七頁。

（11）Okakura, *The Ideals of the East*, pp. 242-244.

（12）Ibid., p. 19., p. 243.「活力」に相当する原文での英語表現としては、“vitality”の他に、“energy”の表現も用いられている。

（13）色川大吉「解説」岡倉天心『英文収録 日本の覚醒』講談社学芸文庫、二〇一四年、一二四頁。

（14）飯倉章『黄禍論と日本人―欧米は何を嘲笑し、恐れたのか』中公新書、二〇一三年、一一六〜一四四頁。

（15）岡倉天心『東洋の理想 他』佐伯彰一・桶谷秀昭・橋川文三訳、平凡社、一九八三年。

（16）同書、二七五頁。

(17) この英文草稿については、例えば、以下に詳しい。木下長宏『岡倉天心』ミネルヴァ書房、二〇〇五年、二四七～二四九頁。

(18) 岡倉天心『岡倉天心全集 七』平凡社、一九八一年、二五〇～二五一頁。

(19) 従来の日本における岡倉の思想の受容をめぐる問題に関しては、次が参考になる。木下長宏「『岡倉天心』神話と『アジアは一つ』論の形成」稲賀繁美編著『東洋意識 夢想と現実のあいだ 一八八七－一九五三』ミネルヴァ書房、二〇一二年、二三～四五頁。

(20) Okakura, *The Awakening of Japan*, New York : The Century Co., 1904, Special Edition for Japan Society, Inc., New York : Japan Society, 1921, pp. 198–200.

(21) Okakura, *The Book of Tea*, pp. 10–11.

(22) 池田雅之『ラフカディオ・ハーンの日本』角川学芸出版、二〇〇九年、九頁。

(23) Okakura, *The Awakening of Japan*, pp. 222–223.

(24) 岡倉天心『新訳 茶の本』大久保喬樹訳、角川ソフィア文庫、二〇〇五年、文庫本カバー。

(25) Okakura, *The Book of Tea*, p. 44.

(26) Ibid., pp. 19–20.

(27) 鈴木大拙『日本的霊性』岩波文庫、一九七二年、一六～一七頁。鈴木はこの著書において、異なるもの同士が相互に交流し、理解し合う関係の重要性を次のように論じている。すなわち、「なにか二つのものを包んで、二つのものがひっきょうずるに二つでなくて一つであり、また一つであってそのまま二つであるということを見るものがなくてはならぬ。これが霊性である。今までの二元的世界が、相克し相殺しないで、互譲し交歓し相即相入するようになるのは、人間霊性の覚醒にまつよりほかないのである。いわば精神と物質の世界の裏にいま一つの世界が開けて、前者と後者とが、互いに矛盾しながらしかも映発するようにならねばならぬのである。これは霊性的直覚または自覚によりて可能となる」（同書同頁）。これを岡倉の紹介している道教の「女媧」神話に当てはめて言えば、五色の虹を混ぜ合わせる「女媧」の大釜には、「なにか二つのものを包んで、二つのものがひっきょうずるに二つではなくて一つであり、また一つであってそのまま二つである」という新しい世界を開く、「人間霊性の覚醒」に相当する「魔法」のはたらきがあるということだろう。

(28) Okakura, *The Book of Tea*, p. 20.

(29) Ibid.

(30) *Harvard Alumni Bulletin*, No. 601, 1911.

安井息軒と中国知識人

古賀勝次郎

一　江戸考証学と安井息軒

安井息軒は江戸儒学の最後を飾る儒者で、しかも近代日本の法治国家建設の土壌を準備した学者でもあった。江戸時代も後期になると、儒学の世界も考証学が優位になるが、その中心にいたのが息軒であった。考証学は特に「言葉」を重視するため、学派に拘泥しないところに大きな特徴があるけれども、息軒の考証学にはいま一つ、制度を重視し、そしてそれと関係して、法家思想の祖・管子の法治思想を高く評価するところに特徴がある。そうした特徴を有していたことが、息軒の考証学が明治以後、日本の近代的法治国家建設の土壌を用意することになったのである。しかし江戸の考証学も、息軒以前に既に興味深い発展をしているので、先ずは息軒に至るまでの考証学の歴史を簡単に見ておこう。

江戸初期の儒学は朱子学が盛んに行われていたが、しかしそうした中で、考証学も既にその姿を現わしていた。後に荻生徂徠が指摘したように、禅家出身の独菴玄光は、多くの文献に例証を求め『睡菴譫語』を著わし、中国、日本の考証学に先んじて優れた説を提示していた。だがその後、伊藤仁斎・東涯父子の古義学が出るまで、朱子学の支配が続いた。そして、明の王世貞や李攀竜の影響を受け独特の古文辞学を唱えた荻生徂徠が現われ、徂徠学が全国で急速に拡がった。徂徠の門下からは、太宰春台や服部南郭のような経学者や詩文家も出たが、他方、山井崑崙や根本武夷などの校勘家も現れ、考証学興隆の機運を作った。『七経孟子考文』は日本と中国の両学会を益すること大であった。

日本の考証学は二つの経路を通して、江戸後期に盛行することになる。一つは、折衷学の影響である。折衷学は江戸中期に勢力を得た儒学で、片山兼山、井上金峨、金峨門下の山本北山、亀田鵬斎などが有名である。折衷学はそれまでの朱子学、陽明学、古義学、徂徠学を自己の判断に従いその是非を決定しようとするもので、「凡そ学問の道は、自得に在り」(竹林、四三五頁)という金峨の言葉がその特徴をよく示している。その主観的傾向を修正し、客観的方向へと推し進めたのが考証学である。いま一つは、清朝考証学者の影響で、とりわけ、顧炎武、朱彝尊、戴震、段玉裁、王念孫・引之父子などの影響が大きかった。ここでは、清朝考証学の特徴を戴震のそれで示しておこう。

戴震の高弟の段玉裁は、「戴東原集序」の中で師の学問についてこう書いている。師の学問には「義理の学あり、文章の学あり、考覈の学あり。義理なる者は文章と考覈の源なり。義理に熟して後に考覈を能くし文章を能くす。玉裁は以謂へらく、義理と文章と、未だ考覈に由らずして得る者はあらず。……後の儒者、義理と考覈と文章を画分して三と為し、区別して相ひ通ぜしめず、其の為す所は細も已に甚だし。……先生の経を治るや、凡そ故訓、音声、算数、天文、地理、制度、名物、人事の善悪是非、以て陰陽、気化、道徳、性命に及ぶまで其の実を究めざるは無し。蓋し考覈に由りて、以て性と天道に通ず、既に性と天道とに通ぜり。而して考覈は益々精しく、文章は益々盛んなり。」(吉川、四一八-二一頁)。注目されるのは、戴震の考証学には算数や天文学といった自然科学も含まれていることである。

考証学の本格的流れを最初に作ったのは吉田篁墩である。篁墩は折衷学の井上金峨に学び、清朝考証学の影響をうけ考証学を唱えた。また、書画、名物の収集家としても知られ、木村蒹葭堂と併称された。また、蘭学者の桂川甫周とも親交があった。著書に『論語集解攷異』などがある。また、金峨の弟子で折衷学の山本北山の門下から、大田錦城、朝川善庵、近藤重蔵らが出て、考証学の流れに勢いを加えた。錦城は清朝考証学の影響を受け有名な『九経談』を著わしている。なお同著に対しては、やはり考証学者の猪飼敬所が『九経談評』を書き細かい批判を加えている。その他、『梧窓漫筆』、『疑問録』などの著作がある。錦城門からは、息軒と親交のあった海保漁村が出ている。近藤重蔵は蝦夷探検・開拓者として有名だが、林述斎や松崎慊堂らと交わったり、また書物奉行としても活躍、紅葉山文庫を利用し、『正斎書籍考』、『右文故事』などを著わした。朝川善庵は折衷学者の片山兼山の末子で、幼くして父を失ったので山本北山に学ぶ。清国南京船が下田に漂着した時、洋学者で韮山代官の江川坦庵から招かれ、筆談役を務めた。また、藤堂、大村、松浦などの諸侯から礼遇された。猪飼敬所も晩年、藤堂家から招かれ、賓師として儒学を講じている。『大学原本釈義』、『古文孝経私記』などの著書がある。

安井息軒が最も大きな影響を受けたのは、松崎慊堂と猪飼敬所である。何れも考証学者であった。

息軒が初めて慊堂に会ったのは文政九年五月で、『慊堂日歴』にこうある。「安井仲平。飫肥の家士、昌平黌に在ること三年、今は退きて邸に在り。十八日来謁す」（1−三二九頁）、と。慊堂は林述斎の門下で、佐藤一斎と双璧をなした。一斎が「陽朱陰王」（表面は朱子学、内面は陽明学）と称されたことはよく知られている。慊堂ははじめ朱子学を信奉していたが、その後、狩谷棭斎や市野迷庵の影響を受け考証学に転じた。狩谷と市野は、吉田篁墩の考証学、校勘学を継承発展させた学者である。また、山梨稲川とも親交があった。慊堂の学問については、海野石窓撰「掛川故教授慊堂先生墓表」にこうある。「経訓は簡易、炳として日星の若し。箋注茅塞し、大道乃ち荒る。之を古に復せんと欲せば、但だ経を諷すると字を識るとに在るのみ。苟も然らざれば、文を望みて意を生じ、心を師として自ら断じ、私意日に長じて経旨益々乖く。……我、学者をして専ら経文を以て経を釈して伝注に拘らざらしめんと欲す。是の如くして日累り月積まば、義理自然に融会氷泮せん。」（三七四頁）息軒の慊堂に対する尊崇は生涯渝ることなかった。著書に『擬刻書目』、『尺準考』など多数あるけれども、最も力を注いだのは『開成石経十二経』の復刻で、息軒の助力も大きかった。門下に、息軒、石窓の他に、塩谷宕陰がいる。

次に猪飼敬所。敬所は少年時に石門心学に触れるが、その後、古義学に連なる岩垣龍渓に就き儒学を学び、次第に独自の考証学を切り拓く。息軒も一応、敬所に入門している。『東遊日乗』――天保七年に東上した時の日記――の同年十月二十二日の条に、「質を猪飼先生の門に委す」とある。息軒入門の日付は、敬所の「従学姓名録」によっても確認される（宗政、一四八頁）。ただこれは息軒が敬所の下で学んだということではない。事実は、入門前後に数回会っただけである。しかし、敬所の影響は息軒の最晩年まで続き、その学問スタイルも慊堂よりも敬所の方に近い。それはともかく、入門一日前の二十一日の条には次のようにある。「京師に至り、小幡氏の宅に寄り、猪飼先生を新街の宅に訪ふ。先生、年七十余、耳聾なれば、門生をして側に侍し客語を伝へ、而る後に能く答語を置かしむ。然るに音吐朗然、肌膚瑩沢、矍鑠たるかな此の翁、と謂ふべし。比年来、天、斯道を禍はせば、耆宿凋喪殆ど尽く。而るに先生、江戸の松崎翁、又、佐藤氏と巍然たること鼎足の如し。亦た学者の幸ひなり」、と。言うまでもなく、松崎翁は松崎慊堂、佐藤氏は佐藤一斎のことである。

注目されるのは、敬所が既に江戸後期、清儒戴震の『孟子字義疏証』が伊藤仁斎の古学に一致しているのを指摘していたことである。即ち、敬所は「谷氏ニ答フ」書簡の中で、戴震の同著が「宋儒ノ理学老仏ニ出ルヲ弁アル者トテ、其旨趣大抵伊藤仁斎ニ合スベシ」、と述べている。また敬所は、仁斎と戴震を比較して、戴震は「清儒中傑出ノ人ナレド、見識ハ恐クハ仁斎ノ下ニアリ」（猪飼敬所、一五頁）、と言っている。その評価の是非は別として、敬所が仁斎を高く評価していたことは明らかで、敬所の考証学が仁斎に由来していることは間違いない。

敬所は自らの考証学についてこういっている。「凡経説は、人心不同如面、天下の人をして尽く己か説に同しからしめんとする所を述て、後の君子を俟つなり、世間或は父師の説也として、其心に非なるを知りなから、猶守株して不改者有り、是れ是に非す、本居氏嘗て其弟子に謂て、吾説非なる所有れは、早速に改むへし、必す師の説也として、枉てこれに従ふへからすと云ふ、余か意は唯道を明に為さんと欲す、故に誰れにも有れ善き説有れは必すこれを取る、又自身前説の非を知れは速にこれを改む」（猪飼彦纉、三八六頁）、と。文中に本居宣長の名前が出ていて注目される。膨大な著書を残しているが、特に、『儀礼鄭注正誤』、『管子補正』、『荀子補遺』、『操觚正名』、『左逸糾繆』などが知られる。

安井息軒は幼少時、父滄洲から儒学を習った。滄洲は仁斎や徂徠の影響を強く受けていたので、息軒も若い頃から朱子学には批判的だった。昌平黌では古賀精里の三男侗庵に就いたが、学問的には松崎慊堂や猪飼敬所の学問に共鳴し、独特の考証学を展開した。息軒の学問については、川田剛撰「安井息軒先生碑銘」にこうある。「先生、篤く信じて古を好み、経史を鑽研す。尤も力を漢唐の注疏に用ひ、参するに衆説を以てし、能く先儒の未だ発せざる所を発す」、と。そして息軒の儒学の特徴は、冒頭でも述べたように、慊堂や敬所のような純粋な考証学という面を持っているだけでなく、制度を重視し、管子の法治思想との融合が計られているということである。要するに、息軒は、旧儒教圏において、儒家思想と法家思想とを統合した唯一の儒者だったわけである。そのため後述するように、息軒の門下から、日本の近代的法治国家建設に貢献する人物を多数輩出することになったのである。陸奥宗光、井上毅、谷干城、河野敏鎌、松岡時敏、伊地知正治などがそうである。また注目されるのは、西洋近代の自然科学・技術に対して公平であったことで、「碑銘」にこうある。「天文、地理、工技、算数に至りては、即ち洋説を参取せり。以て其の持論の公なるを見るべし」、と。著作に『論語集説』、『孟子定本』、『書説摘要』、『左伝輯釈』、『管子纂詁』、『戦国策補正』、『読書余適』、『睡余漫筆』など多数ある。なお、息軒の学問については、既に拙著『鑑の近代―「法の支配」をめぐる日本と中国』で精しく論じているので、参照されたい。

二　中国知識人の息軒評価

日本は明治以降、西洋諸国と本格的に交流を始めるが、しかし他方、中国との交流も深めた。中国から日本にやってきた人物も多く、また、中国に渡って交流を深めた日本人も数多い。以下、幕末・明治期において、中国の知識人が日本の儒者・安井息軒をどう評価したかを簡単に見ることにする。中国人で安井息軒の著作や文章を評した者は多いが、ここでは、応宝時、愈樾、黄遵憲、郭沫若などを取り挙げるに止める。

応宝時は息軒の『管子纂詁』と『左伝輯釈』に序文を寄せた人物である。浙江永康の人で、字を敏斎といい、朱子学を主とし、『射雕集』などの著作がある。応宝時が『管子纂詁』の「序」を書くにいたった経緯については、昌平黌で同僚だった中村正直の「安井仲平托著書事」（若山、二二九頁）から窺うことができる。それによると、慶応二年十月、中村が上海を経由してイギリスに留学することになった時、息軒が中村に、上海の然るべき人物に『管子纂詁』の序文をもらってくれるよう頼んだ。この時、江蘇界隈の治安関税の長官をしていた応宝時が、息軒の依頼を快諾、同治六年＝慶応三年に「序」を草し、当時、幕府の命を受け上海にいた名倉松窓に托した。名倉から息軒の手許に届いたのは、明治三年一月一八日であった。息軒は、「書応宝時管子纂詁序後」（『遺稿』所収）で、以下のように書いている。「明治庚午、正月十八日、此の序、名倉氏より伝はる。落款に拠れば、其の国同治六年の撰する所にて、我が慶応丙寅たり、今を距てること五年なり」、と。しかし五年も前に書かれた応の「序」が、「沈没腐敗」せず届いたのは何とも幸いなことであった。しかも、その序たるや、「博証広引、鑿鑿乎として之を言ひ、其の精核を極め」ている。息軒は応の学識に大いに心服し、「海外の一知己」を得たことを喜んだ。

『管子纂詁』に「序」を寄せた応宝時は、息軒の同著を極めて高く評価してこういっている。「日本の昌平学儒員、安井君、字仲平は、博学多識の人なり。管書の奇字譌文、齟齬読み難きを憫み、管子纂詁を撰し、以て来喆に嚮貽す。其の国の昌平学儒員中村君を介し、書を以て示す。余受けて文を読み、作して曰く、偉なるかな仲平、人人其の厖雑序無きの書に苦しむ。而るに竟に能く東海の邦に釐正するか、と。……今、仲平の注を得て、之が為に其の義を訓釈し、其の失を糾正し、数千年牴許譌誤の書をして、一旦昭らかに矇を発するが如く、金砂珠玉の深山大沢の中に蔵するものをして、尽く賈人の手に入らしめ、以て世の求めに応ずるが如くならしむ。甚しいかな仲平の此の書に功有るや。」息軒は、この応宝時の文章を読み、「過つて称誉を蒙り、赧然として自ら慙づ」、と明治三年十月に出版した改訂版『管子纂詁』の「序」に記し、改めて応宝時に対し感謝の言葉を述べている。

応宝時は、翌明治四年にも、今度は『左伝輯釈』に「序」を寄せた。同年夏、朝命で天津にやってきていた外務大丞の柳原氏に『左伝輯釈』の序を請われ答えたのである。その中で応は、息軒の同著を、日本の「宿儒、安井息軒先生の書なり」といって、改めて高く評価し、また、息軒の学問を、「豈に実事求是、曲徇する所無き者に非ざるか」、と的確に捉えている。この時も息軒は、「応宝時左伝輯釈序跋」の中で、李鴻章と応宝時を比較してこう記している。「鴻章の長七尺余、容貌魁岸にして、語次ぎ或は大笑発す。人を軽侮する者有るがごとし。宝時は則ち温温恭たり。人一見して其の長者たるを知る。」（七二頁）、と。

また、楊伯峻編著『春秋左伝注』にも、息軒の『左伝輯釈』がしばしば、中井履軒の『左伝雕題』、竹添井井の『左氏会箋』とともに出ている。尚、息軒の『管子纂詁』と『左伝輯釈』の中国語版が、前者は一九七八年に河洛図書出版社から、後者は一九六九年に広文書局有限公司から、それぞれ出版されている。

黄遵憲、字は公度、東海公、法時尚任斎主人などの別号がある。一八四八年、広東省嘉応州に生まれている。一八七六年、郷試に及第、挙人となる。同郷の何如璋が初代駐日公使に任命されたので、翌年、書記官として来日。日本滞在中、外交官としての本務に励むかたわら、日本の研究を行い、また日本の知識人とも交った。日本関連のものとしては、『日本雑事詩』（一八八〇年）、『日本国志』（一八九〇年）といった著述がある。また、日本人の漢文学習のために編まれた『日本名家経史論存』や『日本文章規範』、『日本八大家文読本』などに評者として評語を寄せている。尚、『日本雑事詩』は、実藤恵秀・豊田穣共訳で、東洋文庫111に収められている。また、黄遵憲の詩も日本ではよく知られていて、『黄遵憲』（島田久美子注）が、岩波書店から刊行された『中国詩人選集』の一巻として出ている。さらには、東洋文庫18に収録されている『大河内文書』（さねとうけいしゅう編訳）には、黄遵憲の名が、何如璋、沈文熒、依田学海、石川鴻斎などの名と共に、しばしば登場している。このように、黄遵憲は、明治時代に来日した中国人の中で、最もよく知られた文人である。そして注目されるのは、黄が交わった日本人に安井息軒の弟子が多かったことであって、重野成斎、亀谷行、日下部鳴鶴、石川鴻斎、秋月種樹などがその主な人物である。

黄遵憲は、息軒の弟子たちとの交流を通して、息軒の著作に接することになったのであろう。黄は日本人が著した経書の注訳書の優れたものの中に、『論語集説』と『左伝輯釈』を含めている。また、日本の漢学者の中で、時に文章の優れている者として、荻生徂徠、頼山陽、塩谷宕陰、斎藤拙堂、古賀精里とともに、安井息軒の名前を挙げている。何れも『日本雑事詩』に見える。

さて、上述のように、黄遵憲は息軒の『読書余適』に「序」を寄せているが、息軒の弟子・松本豊多の求めに応じて書いたものである。『読書余適』は、天保十三年の七・八月に、息軒が東北旅行を行った時の紀行文で、明治三十三年に漢詩集『睡余漫稿』と一緒に刊行された。黄の「序」によると、息軒の名前はすでに中国で聞いていたが、日本の江戸にやってきた時には、すでに息軒が死して二年後だったので、お会いすることはできなかった、という。すなわち、「余、未だ東海を渡らざるに、既に安井息軒先生の名を聞けり。江戸に来るに逮び、則ち先生没して二年、相見るに及ばず。」、と。息軒の著作を読むと、学問の骨格が極めて大きく、思策は非常に精緻で、特に中国清朝の老儒たちの学風に似ている。「体大思精、殊に我が朝の諸老の風有り。」本当に息軒は日本第一の儒者というべきで、荻生徂徠、頼山陽も、多分、息軒には及ばないであろう。「信に日本第一の儒者と為す。物茂卿、頼子成の輩、恐くは比数するに足らざらん。」このように、黄遵憲は最大級の賛辞をもって息軒を評価している。

黄遵憲の息軒評をいま二つほど摘示しておこう。何れも『日本文章軌範』に見られる。一つは、息軒の「鬼神論」に対する評であるが、黄は以下のように評している。「近世の文章、最も息軒氏を以て巨擘と為す。其の事を論ずるの文、切に肯綮に中り、而して深く奥窔に入る。儒生迂儒の譚無く、策士縦横の習無し。真に坐して言ひ、起ちて行ふ可き者の若く理の足る故なり。」いま一つは、「送釈文亮序」対してで、黄遵憲は、そこで、「安井息軒の議論、文章より長ず」と評している。

尚、『日本名家経史論存』巻三の終りに、沈文熒の「序」が載せてあるので、ここに紹介しておこう。同序は、江戸時代の日本の儒学史を簡潔に評した文章と見ることができよう。沈文熒も、清国駐日公使随員だった人物である。「此の三巻、名作林の如く頗ぶる玩味するに足る。日邦の文字、仁斎・徂徠より剏始す。皆な醇謹雅正なり。山陽に至りて、才気横溢す。然れども、微しく繁重を覚ゆ。息軒・静軒は蒼老簡古、尤も傑作を為る。」、と。仁斎は伊藤仁斎、徂徠は荻生徂徠、山陽は頼山陽、静軒は寺門静軒のことである。沈文熒が安井息軒と寺門静軒を極めて高く評価していることは注目されてよいだろう。

愈樾は、清朝後期の最も優れた儒学者で、清朝を通しても最も多くの著作を残している。中でも、『群経平議』、『諸子平議』、『古書疑義挙例』が有名で、特に『諸子平議』は、諸子研究にとって必読書といわれる。注目されるのは、愈樾が、日本の儒学者たちの学問についてかなり詳しく知っていたことである。日本の儒者たちについて、愈樾は岸田吟香、竹添井井、井上陳政などを通じて知ったといわれる。この中で、井上は実際に、中国で愈樾の下で学んだ人物である。

愈樾が日本の儒学者について詳しかったのを証明するのが、『東瀛詩選』である。これは明治十五年、当時上海にいた岸田吟香が日本の詩集百七十家の中から、愈樾にその選定と評論を依頼したものである。その年の秋から翌年の春までに、詩四千余篇を選んで四十巻とし、また諸家の選本から五百余篇を選んで補遺四巻とした。そして、「東国の詩、亦た略ぼ此に備はる。」（四頁）と愈樾はいう。また、愈樾は『東瀛詩選』を編集しながら主な作者百五十人について、その略伝と評価を書いている。それが、『東瀛詩紀』二巻である。それを見ると愈樾は、日本の儒学者の中では、荻生徂徠を最も高く評価していたようである。同著巻一の伊藤仁斎のところに、「蓋し東国人の漢学を治むるは、仁斎之れを始めて、物茂卿之れを成せるなり」（一八頁）と言い、徂徠を評しては、「余、嘗て其の著はす所の論語徴一書を見れり。議論通達にして喜ぶ可きもの多し。……」（三三頁）と書いている。

しかし兪樾が、日本の儒学者について知ったのは、実はそれ以前で、竹添井井を通してであった。兪樾が最初に交った日本の学者が竹添であった。竹添の『左氏会箋』に寄せた序文の冒頭で、兪樾は、「余の交りを東瀛の諸君子に獲たるは、蓋し竹添君より始まる。」、と述べている。同著の序文を寄せたのは、ずっと後だが、その前にも兪樾は、竹添の『桟雲峡雨日記並詩草』に「序」を書いている。同序によれば、一八七七年、呉の春在草堂で井井から序の依頼を受け、同年四月に書いたという。だが、兪樾は竹添の名前をそれより前にすでに知っていた。一八七六年十月に、兪樾が竹添に宛てた書簡「日本儒官竹添井井に与ふ」によると、井井が安井息軒の『論語集説』を兪樾に寄贈したこと、そしてその返礼として新刊の自著『曲園雑纂』を送ったことが知られる。つまり兪樾は、その時、竹添だけでなく息軒の名前も知ったのであり、さらに、息軒の著作『論語集説』を手にしたのであった。そして同書簡には、『論語集説』に関する具体的な評は見られないけれども、取り敢えず、「采択精詳なる伝作なり」、と述べている。息軒の『論語集説』では、徂徠の説がかなり採用されているが、やはり徂徠を高く評価していた兪樾は、息軒の同著をどう読んだであろうか。

また竹添が、一八七六年春に、兪樾に会った時、兪樾はすでに息軒の『管子纂詁』を読んでいたらしい。その時の談話に、兪樾が「貴国に昔年安井平仲(ママ)なる管子纂詁を著す者あり。亦其の人を識るや否や」、と質問したのに対して、「此れ僕の師事する所なり。客歳九月病を以て卒す。此の翁死して吾が国読書の種子絶えたり」、と竹添が答えたとある。その年の春、兪樾と井井との間で、以上のような会話が交わされたであろうことは、『左氏会箋』の兪樾の序文でも確認できる。「君言へり、先生去歳に亡失、先生亡して吾国に古学を治む者絶ゆ、と」、と兪樾は書いている。先生とはいうまでもなく息軒のことである。しかし注目されるのは、その文の前の文章である。すでに兪樾はすなわち、安井仲平「先生の著に管子纂詁あり、余読みて而して之を慕ふ」、と兪樾は述べている。すでに兪樾は息軒の『管子纂詁』を読んでいて、高く評価していたのである。一体、愈樾は何時頃、またいかにして、『管子纂詁』を手に入れ読んだのであろうか。愈樾が『管子纂詁』の『序』を寄せた応宝時とかなり親密な関係にあったことから推測すれば、愈樾は応宝時を通して『管子纂詁』に接し読んだのではなかろうか。愈樾が息軒の『管子纂詁』を具体的にどう評価していたかは、『左氏会箋』の序文からは窺えないけれども、同郷で親交のあった戴望にあてた書簡の中で、愈樾はこういっている。「僕、実は未だ細読するに及ばず」としながらも、ただ戒篇の「里官」を「鼇宮」の誤りと『管子纂詁』が注解している点に関して、「頗る自らも見ある」といって、自分もすでに同意見を持っていたと述べている（藤川、四七頁）。この一文からも、愈樾が息軒の『管子纂詁』を高く評価していたことが分かる。

郭沫若は一八九二年、四川省の生まれ。一九一四年、日本に留学。第六高等学校を経て、九州大学を卒業。初め医学を学ぶが、その後、文学に転じる。一九二一年、一時帰国し、郁達夫、成仿吾、田漢などと創造社を組織し、文学運動を開始。その後、マルクス主義を受け入れるようになる。一九四九年、中華人民共和国成立後は、科学院院長その他の要職を歴任。邦訳に、『郭沫若自伝』（東洋文庫）、『歴史小品』（岩波文庫）などがあり、日本でもよく知られている。ここでは、郭沫若が一九五六年、聞一多、許維遹らと共に出版した『管子集校』の「叙録」に息軒評が少し見えるので、それを紹介する。

『管子集校』は、四十二種にのぼる『管子』関連の注釈書・研究書から諸説を選択し集成し解釈を施したもので、その中に、日本人の猪飼敬所の『管子補正』と安井息軒の『管子纂詁』の二冊が入っている。さて『管子集校』の初めに、郭沫若の叙録があるが、その（七）に敬所の『管子補正』と息軒の『管子纂詁』についての説明と評価がなされている。敬所の『管子補正』は、洪頤煊の『管子義証』（一八一二年）や王念孫・引之父子の『読書雑誌』

（脱稿は一八三〇年）よりも早く刊行されていて、しかもその注釈は「甚だ簡略」（七頁）ではあるけれども、採用すべき箇所は「頗る多し」と、郭は敬所の著書を高く評価する。敬所の同著が刊行されて六十六年後に息軒の『管子纂詁』は出版され、中国にいち早く輸入され、戴望の『管子校正』（一八七二年）にも安井説が多く採用されているが、息軒の同著に引き合いに出されている敬所説は少なく、それも「芥を拾ひ珠を遺す嫌ひ」（同）が見られる、と郭は言う。郭沫若は安井息軒の『管子纂詁』より猪飼敬所の『管子補正』の方をより評価しているようである。しかし、その後の『管子』研究でも、例えば、馬非百の『管子軽重篇新詮』のように、依然として、息軒の『管子纂詁』を高く評価する著作が続いている。また、黎翔鳳『管子校注』にも、息軒の『管子纂詁』とともに敬所の『管子補正』がしばしば引かれている。

尚、郭沫若は応宝時が『管子纂詁』の「序」で、「侈靡篇」における疑問点として挙げた二十数条を問題にしている。それらが、兪樾の『諸子平議』巻三「管子」の項、侈靡篇の部にあるのと殆ど同じだからである。そこで調査したところ、応宝時の序に出ている「同学生尹鎏悳」が、兪樾のを盗用したのではないか、という結論に到った、と郭沫若は述べている。（詳しくは、町田三郎『江戸の漢学者たち』Ⅱ「安井息軒研究」を参照。）

以上のように、安井息軒は多くの中国の知識人に知られ、その著作は非常に高く評価されてきたのである。しかしその殆どは、息軒の文章力であり、純粋な考証学の成果に限られていて、管子の法治思想を取り込んだ息軒の儒学に関心を示した人物はいない。実はそこに、日本と中国の近代化の分岐があった。

三　法治思想をめぐる日本と中国

安井息軒が亡くなるのは明治九年だが、それから五十四年後、中国の哲学者・馮友蘭は『中国哲学史』を出版し、その中でこう書いている。

「春秋戦国の時、貴族政治の崩壊の結果、一方面に平民の解放を為し、一方面に君主の集権を為す。当時の現実政治の一種の趨勢なり、為に貴族政治より君主専制政治に趨ひ、人治礼治より法治に趨ふ。……法、既に立てば、則ち一国の君臣上下、皆な須らく遵守すべし、而して私意を以て之を変更する能はず。……管子任法篇に曰く、『法、一ならざれば、則ち国を有つ者は不祥なり。……故に曰く、法は、不可恒なり。と。（安井衡云ふ、「恒の上に不の字を脱す」、と）存亡治乱の従りて出づる所にして、聖君の天下を為むる所以の大儀なり。……君臣上下貴賤、皆な法に従ふ、此を大治と謂ふ』と。……『君臣上下貴賤、皆な法に従』へば、乃ち能く『大治』す。此れ法家最高の理想にして、中国の歴史中に在れども、蓋し未だ嘗て実現せざるものなり。」（馮友蘭、三八三―九四頁）

さて先ず注目されるのは、この馮友蘭の文中に安井衡、即ち息軒の名前が出ていることである。これは、馮友蘭が息軒の『管子纂詁』を読んでいたことを示している。もっとも、息軒の考証は、それ以前に既に猪飼敬所がしていたので、息軒の発明というわけではない。それはともかく、明らかなことは、馮友蘭が息軒の考証学の成果を受け容れていたことである。そして、最も注目されるのは、法家の最高理想が、「中国の歴史中に在れども、蓋し未だ嘗て実現せざるものなり」――かつて管子は理想的な法治思想を唱えたけれども、それが実現されたことは、中国の歴史において一度もなかった――といっているところである。

だが中国の法治思想にも二つある。管子の法治思想と韓非子のそれである。そして、それらは近代西洋の法治思想とも違う。韓非子の法治思想は、政治的目的を達成するための手段としての法による支配というもので、英語でいえばRule by Lawである。これと対照的なのが近代西洋の法治思想（法の支配。Rule of Law）である。そこでの法は、道徳、自由、平等といった価値と関わっている。管子の法治思想は、韓非子と近代西洋の法治思想との中間あたりに位置していて、そういう意味で、管子の法治思想は近代西洋のそれに近いものということができる。それ故、近代西洋の法治国家思想導入の際、日本も中国も管子の法治思想を媒介して導入したのである。近代西洋の法治国家思想は、日本では安井息軒の弟子の井上毅などによって、中国では梁啓超などによって、それぞれの国に導入された。

例えば、井上毅は「某丈人に与へて宋学を論ずる書」の中でこういっている。

「孔子、管仲の仁を称する者は、其の夷を攘ひ夏を扶くるの功ヲ以て也。仲をして平世に在らしめば、宜しく諸儒の言ふを恥とする所と為るべし。而るに諸儒は危亡の朝に在りて、則ち仲と伍たらんと欲すと雖も、得る可からざるなり。」（二八〇頁）

また、「伯耳霊行筆記」にこうある。

「日本人……屢々形跡ヲ模擬スルヲ以テ重大トナシ元則ヲ採ルノ義ヲ知ラス…『ドロア』ハ一理ニ出ツ『ロア』ハ各国各異ナリ『ドロア』ハ学ブベシ『ロア』ハ必シモ学ハス/『ドロア』ハ訳して法トスベク『ロア』は訳シテ法章トスベシ」（五〇頁）

「ドロア」が元(原)則・原理、「ロア」はそれより派生した「形跡」で、井上は「ドロア」を「ロア」より優位なものとして理解していた。いうまでもなく、「ドロア」が「ロア」に優位している国家が近代西洋の法治国家＝法の支配である。『管子』の法には原則といった意味があるけれども、韓非子のいう法は「ロア」の意味しか見られない。「伯耳霊行筆記」は、明治六年、欧州視察中に編まれたものだが、井上がいかに正確に近代西洋の法概念を捉えていたかが分かる。其の一六年後の明治二十二年二月に「大日本帝国憲法」が発布され、日本は曲がりなりにも西洋のように法治国家となったわけである。

次に、梁啓超が管子と近代西洋の法治国家思想との関係をどう考えていたかだが、李暁東氏は『近代中国の立憲構想』の中で、こう言っている。

「梁啓超にとって、管子における『峻治其民』(民を厳しく治める)と『敬畏其民』(民を敬畏する)とはけっして矛盾するものではなかった。……梁啓超は……その精神はむしろ近代の立憲政治の精神に通じていると考えている。……しかし、管子の法治主義と近代西洋の立憲政治とはやはり異なっている、と梁啓超は自覚している。……管子にとっても……どうやって君主に法を守らせるかについては、単に『自禁』(自分を拘束する)が説かれるだけである。……彼が『国会』を取り入れたのは民の監督を通じて管子における『自禁』という弱点を補うためであった。……彼にとって、近代国家を建設する過程で、法制度の確立は絶対不可欠である。それは富強のための真理であった。ただし、梁啓超は管子の法治主義をもって西洋の法治主義に『附会』し、『自己の者』と『真なる者』とのあいだの一致を求めるのではなかった。彼は西洋に触発されながら、……中国に適した法治主義の道を模索していた。」(一四六-八頁)

こうした梁啓超の思想が大きな流れとなって、中国では一九一二年三月、「中華民国臨時約法」が公布・施行された。同約法は「大日本帝国憲法」よりも民主的な憲法であった。これで、中国も近代的な法治国家となったのだが、しかし同約法制定を主導した宋教仁が袁世凱によって暗殺され、中国の法治国家は僅か七か月で幕を閉じた。それ以後、中国大陸では法治国家は実現されていない。（台湾は一九九〇年代に法治国家になっている。）何故こういうことになっているのだろうか。その最大の原因は、中国では古来、儒家思想と法家思想とが激しく対立してきたからである。そのため、馮友蘭がいうように、「かつて管子は理想的な法治思想を唱えたけれども、それが実現されたことは、中国の歴史において一度もなかった」、となったのである。

明治以後の日本でも、多くの学者が道徳と法律の問題を取り上げ議論してきた。その中でもこの問題にもっとも関心を示し、繰り返し論じたのは民法学者の穂積重遠であろう。穂積は大正七年の論考「法律ト道徳」の中でこう述べている。「法律トハ社会生活ノ規範ガ社会力殊ニ公権力ニ依リテ強行」されるものだが両者の区別はそう明瞭ではなく、「赤白『ボカシ』染ノ染分布」のように、「道徳ト法律トノ接触点ノ朦朧タル所ガ即チ両者ノ真関係ヲ暗示」（四〇頁）しているのではないだろうか。中国の知識人が、法治を徳治の敵と見て排斥したのは悲しむべき誤解である。法治は徳治の欠くべからざる一手段であって、究極的理想ではない。究極の理想は、人類社会を道徳的に完成することにあり、そのためには、「徳治ノ基礎ガ法治ニ置カレテ両者ガ充分ニ調和」（五一頁）しなければならない、と。重遠には、法律に関する多くの専門書の他に、『新訳論語』や『新訳孟子』（何れも講談社学術文庫に収められている）といった儒教経典の注釈書がある。そしてそれらの注釈書の中に、安井息軒の名前がしばしば出てくる。

参考文献

荻生徂徠『蘐園随筆』(『荻生徂徠全集』第一七巻、みすず書房、昭和五十一年)
水田紀久「考証学の流れ」(『近世の文学』(下)、有斐閣、昭和五十二年)
竹林貫一編『漢学者伝記叢書』(東出版、平成九年)
神田喜一郎「日本漢文学史上における僧玄光」(『神田喜一郎全集』第二巻、同朋舎出版、昭和五十八年)
金谷治「日本考証学の成立」(『中国思想論集』下巻、平河出版社、平成九年)
吉川幸次郎「清朝の学問」(『吉川幸次郎遺稿集』1、筑摩書房、平成七年)
猪飼敬所『猪飼敬所先生書柬集』(『日本芸林叢書』4、六合館、昭和三年)
松崎慊堂『慊堂日歴(1-6)』(東洋文庫、山田琢磨訳注、平凡社、昭和四十五-五十八年)
海野石窓「掛川故教授慊堂先生墓表」(東洋文庫420『慊堂日歴』6、昭和五十八年)
応宝時「管子纂詁序」(『漢文大系』21所収)
町田三郎『江戸の漢学者たち』(研文出版、平成十年)
趙用賢「叙」(『漢文大系』21所収)
黄遵憲「読書余適序」(安井息軒『読書余適』『睡余漫稿』所収、成章堂、明治三十三年)
黄遵憲『日本雑事詩』(実藤恵秀・豊田穣共訳、東洋文文庫111、昭和四十三年)
島田久美子『黄遵憲』(岩波書店、昭和三十八年)
兪樾『東瀛詩選』(佐野正巳編、汲古書院、昭和五十六年)
沈文熒「序」(『日本名家経史論存』所収、博文館、明治三十六年)
石川鴻斎批選『日本文章軌範』(宝玉堂、明治二十一年)
竹添井井『左氏会箋』(『漢文大系』10・11、冨山房、明治四十四年)
竹添井井「復兪曲園大史書」(『独抱楼詩文稿』所収、吉川弘文館、大正元年)
竹添井井『桟雲峡雨日記並詩草』(奎文堂、明治二十六年、岩城秀夫訳注『桟雲峡雨日記』東洋文庫667、平凡社、平成十二年)
藤川正数「兪曲園と邦儒との文化的交流管見」(『東洋文化』二七八・九合併号、昭和五十二年)
郭沫若・聞一多・許維遹『管子集校』(科学出版社、一九五六年)

黎翔鳳『管子校注』（梁運華整理。中華書局、二〇〇四年）
戴望『管子校正』（開明書局、一八七二年）
楊伯峻編著『春秋左伝注』（中華書局、二〇〇六年）
馬非百『管子軽重篇新詮』（中華書局、二〇〇四年）
川田剛「安井息軒先生碑銘」（黒江一郎編註『息軒先生遺文集続編』所収、安井息軒先生顕彰会、弘文堂、昭和三十一年）
安井息軒『息軒遺稿』（浅倉屋文淵閣、明治十一年）
安井息軒『東遊日乗』（国立国会図書館蔵）
安井息軒『管子纂詁』（『漢文大系』21、冨山房、大正五年）
安井息軒『論語集説』（『漢文大系』1、冨山房、明治四十二年）
安井息軒『左伝輯釈』（上・下、広文書局、中華民国五十六年）
安井息軒『読書余適』『睡余漫稿』（成章堂、明治三十三年）
安井息軒「応宝時左伝輯釈序跋」（黒江一郎編註『息軒先生遺文集』、安井息軒先生顕彰会、弘文堂、昭和二十九年）
森銑三「猪飼敬所」（『森銑三著作集』第二巻、中央公論社、昭和四十六年）
猪飼彦纘「於多満幾」（『史籍雑纂』第三巻、続群書類聚完成会、昭和四十九年）
宗政五十緒「香川景樹と猪飼敬所」（『近世の雅文学と文人』、同朋舎出版、平成七年）
森潤三郎『紅葉山文庫と書物奉行』（昭和書房、昭和八年）
馮友蘭『中国哲学史』（『民国叢書』第二編1、上海書店、一九九〇年、柿村・吾妻訳、冨山房、平成七年）
井上毅「某丈人に与えて宋学を論ずる書」（『明治文学全集』62『明治漢詩文集』所収、筑摩書房、昭和五十八年）
井上毅「伯耳霊行筆記」（『井上毅伝　史料篇第三』、国学院大学図書館、昭和四十四年）
李暁東『近代中国の立憲構想』（法政大学出版局、平成十七年）
穂積重遠「法律ト道徳」（『法学志林』第二〇巻第四号、大正七年）
若山甲蔵『安井息軒先生』（蔵六書房、大正二年）
古賀勝次郎『近代日本の社会科学者たち』（行人社、平成十三年）
古賀勝次郎『鑑の近代―「法の支配」をめぐる日本と中国』（春秋社、平成二十六年）

フロベール、二葉亭と中村光夫
――ロマン主義以後の日仏近代文化――

浜田　泉

基層文化を考察するにあたり、西欧と日本の近代を今一度問い直したい。その問題を生きた文学者・中村光夫の歩みをふり返る。

一　中村光夫概観

日本文学史上、昭和期全般を代表する文芸批評家として、独自な光芒を放って生きた中村光夫の存在は欠かせない。中村の二十代は頂度一九三一年（昭和六年）から始まる。満州事変から、一九四一年の日米開戦へ進んで行く不安定な時代をその背景として持っている。まず、旧制一高以来の友人間の同人誌『銃架』に評論「モウパッサンの道」を、さらに大学在学中、高見順らが後援する有力な同人誌『集団』に「鉄兜」（小説）を発表、次いで「プロレタリア文学当面の諸問題」を掲載する。後者二篇はプロレタリア文学流行の渦中にあって、当時マルクス主義の影響を受けていた青年学生たちの関心の在りかを如実に現代に伝えている。いかにも観念的、感傷的で、今日では歴史的興味を除いては、説得性に欠け、余り顧られないであろう。だが、素朴な社会正義感に溢れており、かつ、後年にまで伝わる反抗心や批評眼の兆しが早くも見られる。この間、小林秀雄や林房雄の知遇を得た後、『文学界』昭和八―九年に、「ギイ・ド・モウパッサン」を連載し、二十二―三歳で有力文芸誌デビューを果たす。その後、昭和十年から一年間、同誌に文芸時評を連載、当時の文学潮流を対象に論じ、新進批評家となる。批評家として拠って立つ、自己の基盤確定のためか、「二葉亭四迷論」を三回にわたり発表（昭和十一年）、同様に、フランス文学から、「ギュスタフ・フロオベル」（昭和十二―十三年）が掲載された。その前、昭和十年、『ジョルジュ・サンドへの書簡』（フロベール）、同十一年『ベラミ』（モーパッサン）と翻訳刊行も成し遂げた。そして、同十三年（一九三八年）十月に、仏政府招聘留学生として渡仏する。この間の様子は『戦争まで』（一九四二年）に結晶する。だが、一九三九年九月、独仏間の戦争宣言をうけて帰国の途につくことになる。帰国した翌年、中村は二十代の終わりにいた。

後年の回想録『今はむかし』（一九七〇年）には、渡仏前までの青春の好学的な気宇壮大さと野心に並んで、若さの持つ躊（ため）いや弱さが哀歓こめた共感誘う筆致で描かれている。すでに、生活面や文筆世界で、小林秀雄グループの一員に加われたことは、大きな指針となっていた。特筆すべきことは、前述したように、日本文学では、長年忘却されていた二葉亭四迷に打ちこみ、論じたことと、大学で専攻したフランス文学では、すでに流行期を去っていたモーパッサンからフロベールへと近代の根幹に読書範囲を拡げ、深まりを見せ、精緻に論及したことである。ここでは、中村光夫の青春における二葉亭とフロベールの共存を取り上げるが、まず、フロベールから見てみよう。特徴的なことは、中村が強く惹かれたのは、フロベールの書簡集と生前未発表の初期作品群であった。『ボヴァリー夫人』や『感情教育』などは、無論、フロベールの代表作であり、本丸であるのは承知の上で、それらを直接論じるのではない。（中村は当時二十六―七歳である。）書簡集ではフロベール文学のいわば楽屋裏（作家の内面心理、小説の原像、実生活の様相等）に直接触れた。また、大作家になるまでの十代の自己形成期間が、生き生きと表われた未発表作品を通して、その文学の根幹を探ろうと企てた。

フロベールの初期、二十歳くらいまでと、四十代盛期から晩年近くまでを対比してみる。そこには、人生開始の早熟な意気軒昂さともいうべき熱情的厭世感（ペシミスム）と完成期の諦念のそれぞれが、響きあい、相方と照応しあっている。どちらか一方の時期の文献だけでは足りない。一方だけでは、不安定で性急ながら求心力が強く「その癖焦立たしい」青年期を――フロベールと時代・環境も異なる異邦で――おくる若者（中村）には、精神の釣り合いに欠け、実りある読書体験とはならなかったことであろう。フロベールの青少年期と老年期（少くともサンドとの交友時期）の両者だけが、これほどの親しさで、しかもまことの異国の友になる要因を成すとは不思議な巡り合わせといえばいえよう。しかし、これは中村の一生を通じた傾向でもある。青年なるものに関心と愛情を寄せながら、一面嫌悪し、滑稽さを指摘し、批判する皮肉な視点は中村の作品にも反映されている。他方、当時の中村の現実の生活は、内面の鬱屈（うっくつ）をかかえながら、文学上の交流を中心にした、若さの持つ賑やかさと意欲と華やぎに充ちていた。一九三十年代をこのように充実し豊かに過ごした青年は、同時代で他に余り類を見ないだろう。

この小論では、フロベールや二葉亭が混在して論じられている。頂度、中村の青春の関心の主要部分がそうであったように。

中村光夫の生涯を俯瞰してみると、フランスではほぼ同時代人のJ・P・サルトルの晩年期に類推が及んでくる。ここではサルトルを、プルーストとシュール・レアリスムの影響を受けて文学的出発をした広義の脱ロマン派と見ている。批評において、マルクス主義を経ながら、一方は現象論哲学、こちらは実証主義的手法によりながら、精緻、時に苛烈な認識の長い旅の果てに辿り着いた晩年期の境地が近いもののように思われる。ただ、前者（一九八十年没）の晩期には、共産主義（ソ連）への幻滅が色濃く窺えるようだ。

中村は、文芸生活で多く影響を受けた小林秀雄との長い交友の間に、プロレタリア文学に端を発した共産主義への傾注から離れて行った。小林に対しては、次第に神秘家としてのその背面を見つめるに至った。老境の小林は『本居宣長』執筆に没入し、後半では古事記の世界に浸っていた。古色蒼然とした古典を扱うのではないロマン的なものを中村は小林の精神に見ていた。又、中村自身、ロマン主義的情念をフロベールや四迷同様、自身の作品の中では制御していたが、心情面ではやはり両人にならい、ロマン的熱情に富む人柄である。日本の自然主義文学、私小説の流れを、作者が自己を客体化できない、亜ロマン主義として、一貫して否定、批判してきた。中村によると、それまで明治の日本文学は、西欧のように十全なロマン主義の開花を経なかったために、本家の西欧で後発の自然主義が日本に導入され流行するとその形式だけ借りて、作家自身の自我や心情はこれを点検しないまま温存され、無自覚、無批判に作中に綿々と綴られたものに過ぎないとされた。

中村は西欧に照らして、旧習・封建性に染まる日本の近・現代文学を徹底して敲（たた）いたが、西欧の自然科学を基盤に据えた進歩主義なるものに心寄せた訳ではなかった。そこはフロベールの徒である。ブルジョワ精神を排撃しつつ、悪しき日本的なるものとの戦いも終生続いていた。結局、この二項対立の間を生涯誠実に批評していったといえよう。さて、興深いことに、晩年近くから、中村は独自の私小説領域に重なる虚構の小説世界にはいりこんだ。『ある女』、『グロテスク』、『時の壁』等々であるが、そこにはある「異様なみずみずしさ」（河野多恵子）が表われる。この頃は文壇の中心からは離脱が見られよう。徹底した論戦、批評の終着点近くだが、すでにそれまでに、中年期以降、劇作――『パリ繁昌記』、『汽笛一声』など――また、小説にも、『贋の偶像』、『虚実』（短篇集）、『平和の死』、『ある愛』など、多彩な長・中編作で充実した成果を収めていた。最晩年の「荒武者の孤独」（高橋英夫）には極めてユニークな風格が漂っていた。

さて、中村没後（一九八八年）、三十年近くたった現代の日本では、特に東日本大震災以来、これからの行く末が案じられているが、フランスでも大地震に関し、似たような言論論争があった。但し、十八世紀のリスボン大地震を巡っての話である。当時、論敵であった二人――ルソーとヴォルテール――の取った態度が際立っている。話を一寸前に戻すと、サルトルはヴォルテール的であり、小林や中村はルソー的であるのかもしれない。ヴォルテールは啓蒙主義、合理主義の哲学者だが、大地震の惨状に際し、人間の将来に悲観主義(ペシミスティック)的な見方をあらわにした。ルソーはこの時期に関しては楽観主義(オプティミスティック)的である。ルソーには宗教的な要素がより強かったせいかもしれないが、「祈りと再生」に、そもそもキリスト教とロマン主義は深く関わっているようなのだ。啓蒙主義、理神論者でありながら、人間精神の進歩には懐疑的なヴォルテールの、大災害と人間世界に対する絶望論調と、カトリックの原罪説を認めず、新教のカルヴィニスムにも近い独自の有神論者ルソーの向日性、理想社会再建への夢想（現実には最晩年では諦念に至るが）の対立は印象的である。どの時代の公論、世人の意識も大体、この二種に分けられるようである。

なお、ルソーは、フロベールが十代当時（十九世紀前半）、ユゴーを始めとするフランスロマン主義風潮にどっぷりつかっていた中で、イギリスのバイロンと共に愛読・熱中された作家であった。特に『狂人の手記』を書いた頃、ルソーの『告白』を念頭に置き模していた。ヴォルテールに対しては、後年、ルソーよりも、仏革命に至る思想道程の中では共感を示している。フロベールの徒でもある中村は、大震災に対してルソーの立場をどうとらえるだろうか。

二　二葉亭四迷の意義

ここで、近代日本の明治期に目を転じてみよう。中村光夫の文学上の核心に終始居続けた二葉亭四迷の未完小説、『浮雲』の意義を再認したい。『浮雲』には、明治二十年頃の青年（四迷・二十三歳）の切実な心理造型が表わされている。四迷の卓抜な人間観察の技力により、江戸封建の世を脱して二十年後の都市市民生活が、四迷が逸早く取り入れた（彼は創成期東京外語大露語出身である）、そもそもはフロベールに由来する西欧の写実の手法――四迷の言では「実（現実）を借りて、虚（本質）を写し出す」――を通して、如実に描出されている。

『浮雲』は、主人公の誠実、優秀だが優柔不断な失職中の青年である内海文三を巡る人間悲喜劇である。彼の成れの果てが、二十年後、二葉亭が自嘲気味に造型した悩める大学教授、『其面影』の小野哲也となった。これらの人物像には、四迷こと長谷川辰之助の内にも幼年時代存在した江戸期の侍スピリットとでもいうべきものは、いったいどこに行ってしまったのか、まるで見当たらない。維新後、たった二十年で消滅したのかと見まごうばかりに頼りない主人公たちである。明治新時代に合わせて、女性を崇敬する近代西欧流儀に頭脳はがんじ搦めになっているが、心身は付いていけない。『浮雲』から二十年後の明治四十年代に漱石がやったことを、四迷は早くも『浮雲』で着手していた。

二葉亭は、北村透谷同様、先駆者の手痛い挫折をこうむって、この未完成作以後、二十年間、翻訳を除いては小説の筆を執らなかった。文三は、我が儘な新時代風小娘のお勢や打算的で旧弊なその母お政の面詰や嫌がらせを打破できない、日本文芸史上、初の知識人青年である。未だ半分は儒教道徳が沁みこんでいるが、残り半分は西欧文化に感化されて分裂気味である。それでも、良心を持ち、文明開化の功利主義的面には反抗している。中江兆民がいみじくも『非開化論』の題名で翻訳した、ルソーの『学問芸術論』の世界の如くである。文三は偽善、おべっか、堕落を憎むが、これはどの時代にも共通する青年の一典型であろう。対極にいるのは、同僚の役人本田昇のような立身出世――これは明治期の標語のようなものである――、欲望充足型の俗物である。しかし、後者が往々にして前者の頭を押さえ、世間もそれを許す。文三は昇と辛うじて対決するのであるが、いかにも心もとない。理想と現実を一致できない言行不一致の文三には、読んでいて苛々させられるほどだ。だが、それ位、二葉亭自身の内部から抉り出されたこの人間の型はリアルなのであり、漱石の曰く、「外発的」である開国後の日本近代文化の矛盾を浮き彫りにしている。

他方、昇やお勢やお政は、生みの親の作者から完全に独立している別人格であり、フロベールが『ボヴァリー夫人』で造出したロドルフやレオンのように、どこにでもいそうな典型であった。夙に中村光夫が盾破したように、作者と登場人物のヘソの緒が切れている点で、日本の自然主義小説やそこから派生した私小説類とは異なり、近代小説として『浮雲』は本格的なのである。ただ、エンマ・ボヴァリーと同様、主人公文三が作者の血を分けていることは強調しておきたい。（女主人公エンマにフロベールは自らが若い日々没入した夢想的ロマン主義世界を体現させ、現実との軋轢（あつれき）の中で破滅させた。作家として前進するには必要不可欠な道であった。彼自身はロマン主義以後の近代社会の空漠さの中を修道士のような隠者・芸術家として文体探求の生涯を送った。）文三は恋情を抱く相手のお勢からは「何て不活発なんだろう」と嘆じられる。その不器用さ、生一本さはお政や昇からはイジメの対象になり、二人は嗜虐的快味を覚えるほどである。彼らは自らの世俗性を持たない文三を憎んでいる如くである。『狂人の手記』において、フロベール少年が級友たちから受ける嘲笑と同様であろう。

二葉亭が『浮雲』を未完とせざるを得ない理由は中村によれば以下の通りである。まず、文学への不信。二葉亭はその気質から、どうしても天下国家の方へ目が向いてしまう。次に天才と雖も免れない自らの才能への疑い。そして、当時、明治二十年頃の日本社会が、近代というべき成熟した形をとっていなかったため、小説と社会が釣りあわず、未熟な観念小説に終わってしまうという恐れに促えられた。（これは『其面影』でも同様で、女性の真の自由を謳う戦争未亡人問題が、日露戦争後の社会状況と抵触するため、主題を変更せざるを得なかった。）フロベールの『ボヴァリー夫人』が描出する世界とフランス社会は完全な相似形を成していた。しかし、様々な欠陥にも関わらず、『浮雲』における鋭い観察に基づいた人物造型力と描写は時代を超えて非凡すぎるくらいである。雅俗混合文や西欧のエスプリが文脈に加わり、文語と口語が折り重なり、精妙なテンポが生じている。構成や人物配置も、ツルゲーネフなどロシア文学を充分に吸収しており、維新後二十年、未だ日本語の文体が定まらぬ中で、独自な言文一致体を実現した。これは中村の中で、後年、決定的な批評言語創出への暗黙の鍵となることであろう。

中村はまずフロベールの書簡文と初期作品、それと二葉亭四迷の諸作から、近代のエスキスとジレンマを感得した。彼らのくだけた豁達な語り口は、苦いペシミスティックな内容を含みながら、若き中村の心奥や作術法に深い影響を与えずにおかなかった。前述した通り、後年の「言文一致の独自な文体による批評」への指標となった訳である。

中村光夫の文学的出発はプロレタリア文学であった。ルソーのまっとうな「気分（エモーション）」（『人間不平等起源論』）を、若々しい社会正義感により、時代の多くの若者と共有し、マルクス主義でお手本通り、「理論」武装している。しかし、これまで述べた深甚な読書体験や文学生活で小林秀雄らの影響のもと、次第にプロレタリア文学から離れ、二十四、五歳で独自の文学形成を遂げていった。小林から、「マルクス主義に一通り通じており、左翼に対して対抗し論破できる」批評家として、日本の当代作家相手の文芸時評を一年間、「文学界」に連載するべく起用された。間をおかず翌昭和十一年（一九三六年）には、二葉亭論を連載、続いて、昭和十二・三年にかけて、フロベール論を連載した。当時、大岡昇平をして、「強力な新人の出現」に恐れを抱かせたことは、昭和前半の文学史の一駒であろう。文芸時評では、中野重治や横光利一などの大御所を相手に挑む、若武者の颯爽とした奮戦ぶりも鮮かである。プロレタリア文学や新感覚派の代表者に対し、思想の不徹底さを批判し、主題はスケールが大きいのに、描写主法が、相変わらず従来の私小説の残滓（すい）を引きずっていると難じている。当代の日本文学に時代の危機からくる不安と不満を覚える中、青春は慌（あわただ）しく過ぎ、やがて中村は渡仏の挙につく。向う所のそこは「近代」の本場であり、古代、中世、ルネサンスと西欧基層文化の巨大な推積する場であった。

三　フロベールを巡って――サンドとの書簡――

中村光夫の文学上の指標であったフロベールに戻り、フロベールとジョルジュ・サンドの往復書簡より引用してみよう。主としてフロベールの何が中村に訴えかけてきたのか？（中村の翻訳はフロベールのみ百十八通である）。フロベールの書簡集に親しむ者は、人間や人生、自己自身に対し、挫折体験を持っているようである。だが、文学に対してではない。（例えば後代ではA・ジッドらがいる。）一方、出発当初から、文学や小説家の存在そのものを否定する二葉亭のような者もいる。人生や人間存在に少年時より絶望するフロベールは、人間の本来持つ愚劣さ自体が耐え難い。殆ど肉体的嫌悪の念が、近代では特にブルジョワに対して燃えさかるのは周知のことだ。他方、サンドは、前代のロマン派として熱情こめて生き、人間や社会に裏切られても、なお人生を肯定する向日的な存在である。そのようなサンドから、フロベールの境地は真剣にたしなめられるほどである。フロベールは少年時代から、父親がルーアンの病院長である恵まれた生活の中で、友人たちや妹らと行う芝居に熱中し、奇怪な「ガルソン」に扮し、ブルジョワたちを哄笑し度肝を抜く役で登場したりした。彼は仏大革命後に出現した近代フランス社会の単調、凡庸な閉塞状態を窒息せんまでに厭う。色褪せた自由、平等、友愛のお題目のもと、高貴さを失ったブルジョワ精神が跋扈(ばっこ)する近代社会の卑俗性、紋切型の欺瞞(ぎまん)を指弾し続けた。一方で、アフリカのエジプトやチュニジア、中近東、インドあたりまで東洋へ傾倒する心情は生涯彼に付きまとう。これは、ボードレール、ネルヴァル、ユゴーらと、又、後世代のモーパッサンからランボーたちに至るまで続く、十九世紀の主要情熱の一つである。近代西欧文化と批判的に相対する精神の存在証明の如くであった。

フロベール・サンド往復書簡は一八六六年頃よりサンドの死の一八七六年まで十年に及ぶが、二人とも老境が進むにつれ、彼らの周辺を中心に死の影が身近に迫ってくる。文面は次第に哀切な情調を帯びてくる。特に、フロベールは日々見舞われる小説構築上の文体探求における、精錬の忍苦や呻吟を訴え、サンドを母や姉に見立て、時おり甘えているかのような有様も見せている。死を控えたサンドの最後の頃の手紙はフロベールの文学傾向や人生に処する態度を理解し、彼を自分より一段上の大作家だと認めつつ、その上でなお批判して、フロベールの今後の身を案じている。なるほど、実際、往復書簡は両方とも読まなくては、細やかなニュアンスが失われるようでもある。しかし、無論、若冠二十四歳であった中村のフロベール書簡のみの訳業からも、フロベールの真意と両作家の緊迫した精神の交差は十分窺(うかが)い知れるはずである。フロベールにおけるロマン主義は、夕暮れの逆光を浴びてその一身に浮き出ているような按配である。翻って、西欧の影響をうけた日本の明治二十年代の近代ロマン主義時代は短く不充分であった。四迷はロシア文学にその香りをかいだが、その時分同時代であったフランス写実主義（レアリスム）や自然主義（ナチュラリスム）の洗礼を受け、引張られ、四迷は『浮雲』を書いた。しかし、『あひびき』、『めぐりあひ』、『片恋』などの画期的翻訳文調はみずみずしいロマン主義の情感を、ブキッシュながら野趣に富む抒情ゆえに、かえって良く伝えている。

フロベールとサンドは晩年になるに従って、文学上の相違を際立たせていく。サンドはフロベールの文学信条へこう反論している。

＜あなたが、文学の中に個人的見解を介入させることを非難しているのを私は知っています。あなたの言う通りでしょうか？　審美観の信条というよりむしろ確信の欠如ではありませんか？　心の中に哲学を持ちながら、それが表面に出ないなどとはありえません。……ただ彼らには（ゴンクール兄弟などや、そしてとりわけ、あなたには）人生に対する確固とした応汎な視野が欠けているように思われます〔……〕そこに『感情教育』の欠陥がありました。かくも見事に作られ、かくも堅固な作品に対してなぜあれほどの批評が出たのか自問して以来、私はこの小説について熟考しました。欠陥は、登場人物の自分自身に対する働きかけの欠如でした。彼らはできごとを甘受し、決してとらえませんでした。ところで、物語の主要な興味は、まさにあなたがしようとしなかったことにあると私は思います。＞（一八七五年十二月十八〜九日）

この書信はロマン主義作家としてのサンドの資質とその限界がよく出ている。即ち、フロベールが道を開いた近代レアリスム――自由間接話法による客観描写を創出し、適用する――の前の世代の発言であり、新時代の子をたしなめる母親の物言いである。フロベールの有名な返信が答えている。

＜「私の確信の欠如」ですが、ああ！　確信が私を窒息させています。私は抑えた怒りや憤怒にはちきれそうです。しかし、私が「芸術」に抱いている理想から、自分の怒りをいささかも見せるべきではないと、「芸術家」はその中に、神が自然における以上に現われるべきではないと思います。人間はなんでもありません。作品がすべてです。誤った観点に基づいているかもしれませんが、この規律を遵守するのは容易ではありません。私にとっては、少くとも、それは「粋（ボン・グー）」に対する、絶え間ない犠牲のようなものです。私の考えていることを言い、言葉によってギュスターヴ・フロベール氏の心を和らげれば、私にとって非常に心地よいことでしょう。しかし、このフロベール氏にどんな重要性がありましょう。＞（一八七五年十二月三十一日）

この最後の言葉は近代日本初期において、最初に二葉亭が発した文句——文学の作者に価値を認めない——と意味する所が微妙に交叉してはいないだろうか。こうなると、中村光夫の両作家に対する、若き日の時を同じくした傾倒の実体が見えてこよう。作を成す作家自体の否定。四迷の場合は、それが早くも文学への疑惑から晩年の『平凡』では否定（まだ『浮雲』執筆時には他の作品を生み出していないのだが）まで行ってしまった。彼は自由民権運動衰退後の時代の気運や性分として、「維新の志士肌」を引き継ぎ、「果し眼（まなこ）」で文学に取り組んだ。しかし、天下国家を論じ、国事に関わることこそ男子の大望であるという考えが抜けきらず、実際、その後、それを実行しようとしたが、ことごとく失敗した。（フロベールにはこの要素はない。）そもそもロシア語習得でさえ、国防上、最大の脅威と考えたロシアの実体をつきとめるためであった。ただ皮肉なことに外語の原書講読で、ロシア人教師グレーの巧みな一人芝居のようなロシア語小説朗読に心惹かれ、ツルゲーネフやゴーゴリのとりことなったのであった。木乃伊（ミイラ）取りが木乃伊になったような按配である。彼が小説を書き出したのは、外語を退学して、生活困難に加えて、青年期特有の自己の資質表示欲動にかられ、当時、新文学の旗手として世に現われた坪内逍遙を尋ねたことからである。その評判作に疑義を呈し、自分の文学観との相違を明らかにすべく面談を重ねたのであった。

フロベールは無論、四迷とは異なり、文学が全てであり、自己の作品には絶大な信頼と自信を持っていた。シェイクスピアやセルヴァンテス、ラブレーやモンテーニュら敬愛する先達と自らを比較し、時に激しく失望したりはするが。ただ、それを作り出す苦行や自分の主題である「人間の愚劣さ」を構築するのに、「嫌でたまらない」登場人物たちを描写したり、背景の膨大な調査を行うのに、吐き気をもよおし、その無意味と思える文体探索の労働に、「こんなことをして何になる」と呪うのである。しかし、フロベールは文学を捨てることはない。それが彼自身であり、それをかかえて生きるのが彼の宿命だからである。天才や偉大な作家は皆そうした嘆きや悲鳴をあげるのであろうが。それにしても文学者として出発当初に、この東西の二作家にしっかりととらえられた中村光夫もまた特異な資質の青年であった。批評家として生きるべく宿命づけられていたといえよう。

フロベールはといえば、人間の愚劣さを描くのに精魂傾けた結果であるから、自業自得なのであるが、「凡庸の叙事詩」（『感情教育』）から、ともかく果てまで――愚劣の一大パノラマとでも言える――『ブヴァールとペキュシェ』の世界まで行った。サンドに戻れば、彼女は善と悪を巧みにブレンドしながら、作者が善の味方であると読者に感じさせる――老いても変わらぬ旧派のロマン主義者であった。また事実、いくら手痛い挫折を経てもなお、そうして力強く立ち直る女性なのだったが。死後、百余篇に上るその作品の多くは忘却された。フロベール流に言えば、文体を持たない、L・ハーンによれば、再読に耐えない作品が多い――もっともこれは同じことである。しかし、幾篇かの代表作と共に、ロマン主義時代を画する人間として、「人間の高さ」を持つ女性として、フロベールの予言通り、歴史上の人物となった。一八四八年、二月革命頃の著作活動や十九世紀全般を写し出す膨大な書簡集の多彩な世界など、フランスでは近年再評価の気運が高まっているようだ。

溢れる才能に恵まれながら、自分の存在を無意味に感じる――時に、自己の文学や人生にも疑問を抱く――のは、四迷、フロベールに共通するが、中村光夫の後年の言文一致の「です・ます」調の批評文体の無機質性や無私性につながっていないか。これは一面で、自己を抑制する意志の表われであり、自己を白紙にして、――目線を下げ、肩の力を抜くことになる――対象を精確にとらえ、分析するのに適合した装置となった。仮面が肉面と化すかのような作用もある。しかし、フロベールは、書簡に見られる如く、友情を重んじ、情宜に厚い面が山ほどあり、社交性は狭く限られるにせよ、たんなる人間嫌いではない。本人は直弟子モーパッサンも見るように、ラテン気質に溢れた、鷹揚な――ゴーロワ（ケルト）的とも換言できようか――ノルマンディー出身の偉丈夫である。

二葉亭四迷にもそういった快男児の趣きがある。気鬱性ではあり、奇行癖もあるが気骨ある明治人として、未完成のまま、ロシアからの帰路、船上で客死した。友人に恵まれ、明治時代の特色か、先述したように、政治、経済、外交、軍事に興味を示し、一生、支那大陸やことにロシアに深く関わっていた。ただの旧尾張藩没落士族出身の不平分子ではなかった。しかし一方で、社会の不平等には敏感で、ロシア経由の社会主義に、ロシア革命以前の時期のことだが、関心を示し続けていた。中村光夫にもこの東西両者の資質の奥深い結合が見られよう。

フロベール書簡に今一度戻ろう。前に引いた一文の先で彼はこう書いている。

〈私には「人生に確固とした広汎な視野が欠けて」います。全くお言葉の通りです！　しかし、そうでないための方法は？　あなたにお尋ねします。あなたは「形而上学」で私の闇も他の人々の闇も照らすことはできません。一方で「宗教」や「カトリック教」ということば、他方で、「進歩」、「友愛」、「民主主義」ということばも現在の精神的要求に答えはしません。「急進主義」が称揚する「平等」というまったく新しい教義は「生理学」と「歴史」により実験的に否定されています。今日、新しい「原則」を確立する方法も、古い原則を尊重する方法も私には見当りません。従って、私はほかのすべてがそれに由来すべき「思想」を空しく、探し求めているのです。今の所、リトレ翁がいつか私に言ったことば、「ああ君、『人間』は不安定な化合物であり、地球は非常に劣った惑星だよ。」を繰り返しています。近い将来、この惑星を離れはするけれども、ここよりもっと悪いものでもありうる、別の惑星には行かないという希望ほど、私の支えになっているものはありません。「私は死にたくない」とマラーが言いました。ああ！　ちがいます。十分です！　疲労はもう十分です！

今、ささやかなものを書いています。母が娘に読むことを許すほどのものです。全部で三十ページばかりになるでしょう。まだ二ヶ月はかかります。これが私の「霊感」です！　出たらすぐにお送りします。（霊感ではなく、小説がです。）〉

手紙後半の〈地球は劣った惑星云々〉のペシミスティックな語調にもかかわらず、フロベールが人生を全力で生きたことに矛盾はないのである。ただここには老齢の諦念――生涯を通じて一貫し、強化された――も色濃く表れている。

最後にフロベールが触れている小品が、『トロワ・コント』の「純な心」である。この小説はサンドに感銘を与えたことだろう。この傑作の誕生を待たず、病身のサンドは翌年六月八日に亡くなった。傷心のフロベールは、せめてものことにこの小説をサンドへの献辞を添えて出版した。しかし、この手紙をうけて、生前サンドは長文の書簡を、一八七六年一月十二日に認めていた。主題が二人にとって、特に最後の時が次第に近づくサンドにとって、人生を決定ずける切実なものだったからであろう。

＜可能な限り遠くに、そばに、周囲に、あちらに、至る所に、善、悪を見ること。触知できると否とにかかわらず、あらゆる事物が、善、真、美の必然性の方へ絶え間なく引き寄せられることに気づくこと。＞

これは近代ロマン主義の開祖ルソー伝来の精神を継承している。元来はプラトンに発していよう。サンドはなお続ける。

＜……あなたは形式を目的と考えておられますが、効果にすぎません。巧みな表明は感動からのみ生じ、感動は確信からのみ生じます。熱烈に信じていないようなものに人は決して感動しないものです。＞

そして『感情教育』にもし著者名が無かったら、「見事ではあるけれども奇妙なもの」と思い、「作者が背徳者、不信心者、無信仰者あるいは悲嘆に暮れた人間なのかと自問したことだろう。」と書いている。一般的不評の原因は、「登場人物は皆、意志薄弱で、天性邪悪な人間を除いて、破綻し、」「気高い努力を台無しにする嘆かわしい社会を（フロベールが）まさに描き出そうとしたこと」であり、「読者に理解されなかったから」だとしている。サンドは、『ボヴァリー夫人』は成功作としつつも、作者の道徳的教訓をもっと強調したらなおよかったろうとも付言している。

サンドの誤読はやはりフロベールの本質を理解できないことからきていよう。結局、サンドの持つ近代的装いを施した道徳臭、説教の煩しさが、真率な友情の中から多少とも垣間見えてしまう。信仰まで持ち出しているが、カトリックというより新教的なスタンスかもしれない。これもルソー的である。政治上から見ると、革命後の共和国幻想を傷つきながらも信じる平均的進歩的フランス人の感情なのだ。同時代の巨人、ユゴーが生きたように、偽善と紙一重であるが。フロベールの認めない『レ・ミゼラブル』がやはり別種の傑作であることも確かだから、これはやはり資質の相違でもあろう。フロベールの盟友ともいうべきボードレールが、往年のサンドの色恋沙汰の奔放さや乱脈と共に、激しく非難し、厭悪したのにもこの要素――進歩、友愛――が大きかったと見られる。フロベールとサンドの深い溝も明らかである。これは性分の差であると同時に、時代（世代）の差――自然科学が進展し、ロマン主義から写実主義へ向う――であった。

しかし、流派の祖と祭り上げられるのを嫌うのは、本物の独創的な作家には皆特有の事態である。フロベールは「写実派」はもとより、才能は認めながら、それに続くゾラらの「自然主義」の先行者と言われることも好まなかった。個人的に因縁もあり、深く愛したモーパッサンが唯一の弟子であった。ロマン派を始め、大作家は厳密に言えば、一代で完結している。バルザック、ネルヴァル、スタンダールなど典型である。ほぼ、一世紀後、二十世紀のサルトルでさえ、世の「実存主義」など自分と何の関わりないと境界線を引いたものだ。翻って二葉亭も、日本の自然主義の先導者と称揚され、敬慕されるのは孤独ともいえる晩年近く、満更ではなかったようだが、本意は別の所にあろう。

そして、中村は、無論、四迷の挫折した本格的近代小説への試みは、日本の自然主義作家や私小説作家、及び谷崎、志賀、佐藤、さらに戦後の作家たちでは、十全に果たされていないと考えていた。フロベールの切り開いた金字塔『ボヴァリー夫人』からも、日本では真の影響を受けた作家は出ていないと見ている。表面の模倣に終始した事例にはこと欠かないのだが。つまり、日本に、真の近代は存在しなかった、と、亜・近代自我の甘えた拡張を糾弾した。批評家として、この東西両作家の内面の葛藤を深切に辿り、十分視野にいれた時、中村光夫には、日本文学界に発言すべき広範なそして根元的位置が与えられたのであった。

戦前の論文で、中村がしきりに強調していた「自我」とか、「実生活」、「芸術家」という観念は、やはり巨大なロマン主義の枠内にはいる。そして日本の一九三十年代は、この葛藤がしきりに論じられた時期である。(「思想と実生活論争」――小林秀雄、正宗白鳥、「純粋小説論」――横光利一、「私小説論」――小林等々) フロベールの時代より遅れること七十~八十年である。(中村も「文学界」の文芸時評(昭和十年)でこの主題を軸に論陣を張っていた。) 日本の開国・維新が仏大革命時一七八九年より遅れている時差とほぼ一致する。アジアで唯一、西欧型近代を目指した日本の宿命であろうか。対欧米戦争は、この近代化の遅れから生じた諸々の歪みや抑圧を一挙に反転しようとしたことにも、日本と世界に与えた最大の悲劇があったことを着目すべきであろう。戦後から七十年たって、果たして、今度は西欧規範に追いついているのだろうか。それとも、このような問い自体がもはや意味を成さない、混沌の時代にはいっているというべきだろうか。


十九世紀近代爛熟期に生きたフロベールは『ボヴァリー夫人』の後、『サランボー』で古代カルタゴの異教のタニット神にまつわる情動世界に没入した。『感情教育』の後では『聖アントワーヌの誘惑』で中世キリスト教劇を砂漠を背景に生々しく展開した。『ブヴァールとペキュシェ』執筆の苦業の途中で『トロワ・コント』を著わし、カトリシスムの恩寵を印す二作(近代と中世)と、古代地中海世界を巡る史話を一作描いた。近代社会と基層文化が交互に表われることで精神の衛生学とした。

西欧の近代精神に立脚しつつ、中村光夫は日本近代の迷妄を撃ち進んだが、やはりフロベール同様、西欧の基層文化の存在を尋ね、それを確信していた。近代を凝視しないと基層も見えてこないこと、その逆も真であることも知っていた。古代ギリシャ文化、中世のキリスト教信仰と芸術。関心はビザンチンにも及び、ルネサンスの実体も知る。一方、日本古来の雅楽、能楽、江戸情緒への好みもある。江戸文化は二葉亭も偏愛したが、そもそも二葉亭には生涯にわたり、儒学から仏教への関心も強かった。中村は二葉亭が発した日本の前近代性（封建性）――自己と社会が対抗する際の不徹底さ――批判と、フロベールによる西欧近代性（進歩主義）批判を、日本社会や文学に引き換えて同時に行った。明治以降の過渡期におけるこの力業によって中村の業績は記憶されるべきだろう。

第二次大戦後、焼土から復興していく日本と歩調を合わせるかのように轟いた、中村光夫の言文一致の批評文体は、『風俗小説論』で確立され、昭和三十年代の高度成長期を照らし、昭和四十年代後半からの曲り角にあって、その謦咳に接し得た者の病んだ青春に活を入れ、蘇生させ導く松明のようなものになった。没後、三十年近くなるが、現在の混迷する日本の中で再度甦り、文芸の新たな光源となることを疑わない。

書　誌

中村光夫全集・筑摩書房。

二葉亭四迷全集・岩波書店。

Gustave Flaubert : *Oeuvres complètes, Correspondance*, Bibliothèque de la Pléiade.

フロベール全集・筑摩書房。

ジョルジュ・サンドへの書簡、フロオベル／中村光夫訳、文圃堂書店。

サンド＝フロベール往復書簡、持田明子訳、藤原書店。（引用の際、訳語を一部変更した。）

祈りの文学・宮澤賢治の童話と音声表現

原　良枝

一　はじめに

字を覚えたての子供でない限り、テキストを読む際には黙読が一般的である。心の中の自分の声で文字を読んでいく。あえて声を出してテキストを読むのは、学校での授業か、朗読、演劇の活動など特殊な状況下においてである。したがって普段の生活において、音読や朗読は意識されない読み方である。

しかし、「朗読」という音声を伴う読法により、その世界がさらに広がり、豊穣になるテキストがある。例えば宮澤賢治の童話である。宮澤賢治の童話は、朗読において、年齢・性別を問わず人気が高い。読み手からも、聞き手からも支持されている。読み手は賢治の童話を読みたがり、聞き手は賢治の童話を聞きたがる。なぜ、人気が高いのであろうか。朗読において賢治の童話のどのようなところが、人を惹き付けるのであろうか。

「心の耳の持ち主」であるといわれている賢治の童話をはじめとした文学は、同時に「祈りの文学」でもある。確かに賢治の童話の底流には法華経の信仰が流れている。しかし、そこにあるのは単に一つの宗教に対する祈りという狭義の祈りではない。人間の存在に対する祈りが込められている。この祈りの旋律が朗読という音声を伴うことで輝きを増す。祈りの文学は、音声を伴うことで新たな地平が開けるのである。

「天才」、「聖人」と言われ、多岐に渡り多くの研究が行われている賢治の文学ではあるが、音声読書（朗読）という視点から改めてテキストを読むことで、賢治の童話の持つ特質や仕掛けについて、新たに見えてくるものがあるのではないだろうか。そして、それら賢治の童話のテキストに盛りこまれた仕掛けや特質を朗読により読み直すことは、朗読に適するテキストの条件を再確認することでもある。

本稿では、宮澤賢治の童話の中でも特に人気が高く、筆者も朗読家として、一般の方を対象にした朗読会や、大学の講義や中学校の授業の中で繰り返し読んでいる『よだかの星』を取り上げ、賢治の童話のテキストの世界と朗読を通した音声表現との関係性を明らかにしていきたい。

二　朗読文化とテキスト

一　「朗読」とは近代に生まれた読法である

宮澤賢治の童話と音声表現の関係について述べる前に、朗読とは何か、朗読そのものについて示しておく必要がある。朗読とは、近代に生まれた読み方、読法である。このように述べると違和感を持たれるかもしれないが、朗読とは、明治期に提唱された新しい文章の読み方・読法なのである。

明治二〇年代、「国語」[1]が確立されようとしていたその揺籃期において、坪内逍遥と森鴎外が朗読法について論争を繰り広げ[2]、旧来の音読とは違う新しい読法が示された。旧来の読法である音読とは、単に文章を音声化し、読み聞かせることにあった。それに対して、新しい読法である朗読とは、対象を意識しながらテキストに解釈を加え、声の強弱や大小、速さの緩急、間（ポーズ）などの表現技術を駆使した読法である。それまでの音読には付与されていなかった内容理解を基とした表現技術や、聞き手への配慮という意味が加わった読み方なのである。

朗読という新しい読法が提示された背景には、黙読の一般化が挙げられる。活版印刷の普及により、書籍が大量流通したため、共同読書をする必要がなくなり、個人で書籍と向き合うことが可能になった。そこで誕生した読者は、黙読という〈個〉と向き合う読法を手に入れた。この黙読という読法に慣れた読者は、これまで単なる文字の音声化に留まっていた音読にテキストの解釈とそれに裏打ちされた表現技術が加わった朗読という新しい読法を知った。朗読により、黙読を通して向き合った〈個〉を音声で表現して伝えることができると気づいたのである。

朗読は、一九二五年（大正一四年）に開局された放送メディアであるラジオのコンテンツでも人気を博し、一般化されていった。その後、太平洋戦争下において、朗読は国威掲揚の意識向上を促すために訓練のような位置づけのもと、特に学校教育では指導の一環として厳格に行われていった歴史を持つ。

戦後、朗読を含む音声言語教育はテキストの読解中心主義の流れの中であまり顧みられることのない冬の時代が長く続いたが、二〇〇〇年代になり、朗読は様々な局面で注目されるようになった。その背景には、学習指導要領の改訂により朗読という読法が見直されたこと、斎藤孝の「声で読む日本語」が大ベストセラーになり、祖父母から孫まで親子三代で朗読を行うことが盛んになったこと、趣味や教養を目的に朗読を行う団体が増えたこと、二〇一一年三月一一日の東日本大震災によりラジオの良さが見直され、特に声のぬくもりを欲して朗読のリクエストが増えたこと、そしてＩＴ化により排除されていた声にやはり温かみを感じて音声に注目が集まっていることなどが挙げられる。

先述したとおり、日本では朗読という読法は近代に入って行われた比較的新しい読法である。しかし、ヨーロッパにおいて、朗読は古代ギリシャ、ローマ時代から行われ、作家による自作朗読会や、教会での聖書朗読、一般家庭や職場での朗読会などが伝統的に行われており、朗読が文化として根付いている。一方、日本では未だ朗読文化といえるような段階には到達していない状況にある。

とはいえ、二〇〇〇年からの朗読ブームを一過性のものに終わらせることなく、朗読を文化として根付かせることは、これからの時代に必要不可欠なコミュニケーション能力の育成に寄与するはずである。なぜなら音声そのものを意識して、声を出して人前で文章を読むということは、話し方の土台作りにもなり、伝えることを理解する絶好の機会となり得るからである。

二　音声を備えているテキスト

現在、朗読家や俳優、声優、アナウンサーといったプロをはじめ、市民活動やNPO団体、有志のサークルや勉強会、音楽とマッチングした個人単位の朗読会が至るところで開催されている。

そのような朗読会では、どのようなテキストが読まれているのであろうか。

例えば、筆者が参加している鎌倉の名刹・建長寺で毎週土曜日に開かれている「親と子の土曜朗読会[3]」は、開始から一〇年を数え、その間数多くの作品が読まれてきた。中でも日本の昔話に次いで、『雪渡り』『水仙の四月』『セロ弾きのゴーシュ』などの宮澤賢治の作品が季節に合わせて違う読み手により繰り返し読まれている。

また、筆者が講義を行っている関東学院大学人間環境学部の学生一八一人に、聞きたい朗読のリクエストをとったところ、作品としては、『走れメロス』『蜘蛛の糸』『夢十夜』『ごんぎつね』『手袋を買いに』『銀河鉄道の夜』

『風の又三郎』『よだかの星』の人気が高く、作家では宮澤賢治が圧倒的な支持を得ていた。

作家・黒井千次は「小・中学生の読書感想文コンクールなどの折にも、賢治の童話を扱った文章が屡々登場する。ある女子中学生が書いた感想文に、彼の童話に出て来る会話を弟と分担して読み合って楽しんだ、と書かれているのを読んで、なるほど子供にとってそんな接し方もあるものかと、半ばうらやましいような気持を抱きながら興味を覚えた。更に、彼の童話の世界を子供達の声と身体だけで表現しようとする集団的な試みなども進められているようである」［黒井一九八四］と述べ、賢治の童話を音声言語との関わりという観点からとらえている。賢治の童話に出てくる会話を弟と読み合って楽しんだというこの女子中学生は、黙読では得られない何かを賢治の童話から感じ取り、テキストの会話を実際に音声で表現してみたいと思ったのであろう。そして、実際に声を出すことで音読・朗読の楽しみを知り、賢治の童話の新しい世界に触れたのである。

このように、賢治の童話には、音声表現を必要とする要素が存在しているのである。

三　宮澤賢治の童話と朗読

一　〈細部〉へのまなざし

宮澤賢治は、浄土真宗の篤信家であった父の影響により、三歳で「正信偈」[4]を暗唱したと伝えられているほど、「幼いころから読経や念仏を子守唄のように」［高山二〇〇八―四七］聞き、同時に叔母の語る昔話を聞いて育った。[5]小学校に上がってからも、賢治は、三年生の時の担任であった八木英三という教師が教室でよく行っていた童話の語りや読み聞かせを聞いていた。この経験は得難いものであったらしく、後に賢治自身が八木に対して、自分の童話の源に八木の話が影響している、と語っている。幼年期の賢治は〈耳から聞く読書体験〉が豊富であったことがうかがえる。

また、賢治自身も、創作をするようになってから自作の童話を子供たちに読んで聞かせたり、法華経の教団である国注会[6]で、読み聞かせを行ったりしていたという。

井上寿彦は、昔話の宝庫である岩手県で、賢治は幼小期から叔母の昔話語りを聞いてきたのだから、童話を書く際に「昔話の方法をもちいて書いたのは自然」［井上二〇〇五］であると述べ、賢治の童話には、昔話の語り口が見えると指摘している。昔話の語り口は、賢治の童話の構成にも影響を与えていたと言えよう。

このように賢治の童話には、昔話や童話の語りや読み聞かせという〈耳からの読書〉の積み重ねが一つの大きな世界を形成しているのである。さらに賢治の耳は、自然界からもいろいろなものをとらえていた。それは、一九二四年（大正一三年）に刊行された『イーハトヴ童話　注文の多い料理店』[7]の序に表現されている。

わたしたちは、氷砂糖をほしいくらゐもたないでも、きれいにすきとほった風をたべ、桃いろのうつくしい朝の日光をのむことができます。（中略）

わたくしは、さういふきれいなたべものやきものをすきです。

これらのわたくしのおはなしは、みんな林や野はらや鉄道線路やらで、虹や月あかりからもらつてきたのです。

ほんたうに、かしばやしの青い夕方を、ひとりで通りかかつたり、十一月の山の風のなかに、ふるへながら立つたりしますと、もうどうしてもこんな気がしてならないのです。

ほんたうにもう、どうしてもこんなことがあるやうでしかたがないといふことを、わたくしはそのとほり書いたまでです。（中略）

なんのことだか、わけのわからないところもあるでせうが、そんなところは、わたくしにもまた、わけがわからないのです。

けれども、わたくしは、これらのちいさなものがたりの幾きれが、おしまひ、あなたのすきとほつたほんたうのたべものになることを、どんなにねがふかわかりません。


このような心象を表現した童話作家がいたであろうか。ぼんやりした月明りや虹が映し出す空の色、震えながら立った山の中で聞こえてくる風の音、それに伴う心細さ、五感のすべてが刺激を受ける描写である。朗読の読み手からすれば、イメージを最大限に膨らませて、表現技術を存分に駆使して読んでみたい文章である。

また、この文章は、ほとんど平仮名で書かれている。童話ということから、子供が一人で読むことを当然想定して、漢字を避け平易に書かれたのであろうが、平仮名にしたという目的はそれだけではないであろう。表音文字である平仮名多用の文章には、言葉そのものが持つリズムが濃く反映される。音声へのこだわりが込められた序（文）なのである。

作家・分銅惇作は、「彼の自然との交流は、ものを見るというよりは、物が見えてきて向こうから表現を迫られるといった形で、まるで霊妙な万華鏡のように自然に隠された奥深い種々相を写し出しています。賢治はこのようにして書かれた作品を心象スケッチと呼ぶのですが、彼は稀有な心の目、心の耳の持ち主だったようです」［分銅一九八一―四五］と、賢治を「稀有な心の目、心の耳の持ち主」であると言い表している。

さらに分銅は、賢治の童話の魅力を「賢治の童話は筋立てよりも細部の表現がのっぴきならない美しさを示しており、ことばの一つ一つが生き生きと輝いております」と述べている［分銅一九八一―九〇］。読み手として賢治の童話を読む場合、オノマトペ(8)はもとより、時として一般的には使われないような表現に出会い戸惑うことがある。しかし、このかすかな違和感が賢治の童話への興味をかきたてていく。

分銅が指摘している「のっぴきならない美しさ」をもっている細部の表現を可能にしているのは、賢治の〈細部〉へ向けたまなざしである。〈細部〉へのまなざしは、時には〈弱者〉への優しいまなざしになり、さらには〈見えないもの〉への畏怖の気持ちを伴ったまなざしへとなっていく。〈見えないもの〉とは存在しないものということではない。賢治は心の目と心の耳を通して〈見えないもの〉との交信を行い、〈見えないもの〉からの語りかけを受け取っていた。この〈見えないもの〉とのコミュニケーションこそが祈りである。

祈りとは、人間が自分の内外に存在する偉大なる何か、「サムシング・グレート」に向かって語りかけるコミュニケーションであり、「外へ向けられた自分の思い」〔村上・棚次二〇〇八〕でもある。賢治の場合、「サムシング・グレート」は法華経の信仰であったかもしれないが、外へ向けられた思いが皆の幸せを願う気持であったことに変わりはない。

また、〈細部〉へ向けたまなざしは、日本人は全体より細部への好奇心が強いという精神的傾向〔加藤一九九九〕とも通底する。さらには細部表現の美しさは、瞬間的、即興的、感覚的な表現を好む日本人の言語感覚にも見事に訴えかけている。日本人が好む〈細部〉へのまなざしが込められた表現に、読者は魅せられてしまうのである。

このような祈りが込められた「のっぴきならない」美しさを持つ細部表現が十二分に真価を発揮する読法は、黙読より朗読である。朗読によりテキストに音声が与えられることで、細部の表現は息づき、さらに際立つのである。

さて、「稀有な心の目、心の耳」を持っていた宮澤賢治は、詩人、文学者としてだけではなく、科学者、天文学者でもあった。多様な視点を持ち合わせるようになった賢治の生い立ちを確認しておきたい。

二　科学と宗教は矛盾しない

宮澤賢治は、生前は無名で、その死後、作品が読まれようになった特異な作家である。一八九六年（明治二九年）岩手県花巻町の資産家の長男として生まれ、仏教的な民間信仰の根強い東北の風土に育った。そして、一九三三年（昭和八年）、病気で弱っていた体に急性肺炎を発症し、回復することなく、三七歳で息をひきとった。花巻で生まれ、花巻で亡くなった。

父は浄土真宗を信仰していたが、賢治は法華経と出会い、父に改宗を迫るほどこれを篤く信仰し、法華経・大乗仏教の精神を童話の形で伝えようと決意した。言文一致の文体が広く普及し、文学教育が盛んであった一九二一年（大正一〇年）のことであった。賢治が創作の形態として童話を選んだ理由の一つに、鈴木三重吉の児童文学雑誌『赤い鳥』の影響があったのではないかという推察がある。『赤い鳥』の創刊が一九一八年（大正七年）であったことから、「恐らく賢治は創刊号を読み、とくに芥川龍之介の『蜘蛛の糸』から深い示唆を受けたのではないか」［井上寿彦二〇〇五―三八］と指摘されている。『蜘蛛の糸』も地獄と極楽の様子が細部にわたって描写され、ビジュアル性が高く、五感を刺激される作品であり、先述した通り朗読のテキストとして人気が高い。童話を創作する初期において、賢治が芥川の『蜘蛛の糸』からの刺激を受けたことはその後の創作活動を語るうえで特筆されるべきことであろう。

文学者であった賢治であるが、農業、科学、地質学、天文学に対する知識も豊富で音楽芸術への造詣も深かった。その作品には、農業[9]、科学、地質学、天文学などの用語や知識がちりばめられることで独特の世界が形成され、読者に得も言われぬイメージを与えるのである。

このように詩人、文学者であり、科学者であり、信仰のひとであった賢治は、宗教と科学は矛盾しないと述べている。これは、賢治の童話をはじめとした文学を貫いている大きな支柱である。

先にも述べたように、賢治は目に見えないものとコミュニケーションをとり、自身がメディアとなってそれを表現していた。しかし、可視的なエビデンスを重要視する科学者としては、このような言動は相いれない行為である。なぜなら科学者の多くは、目に見えないものに対して理解を示さず、研究対象としては関心を向けてこなかったからである。したがって目に見えない〈祈り〉についても科学的な研究は行われてこなかったに等しい。しかし二一世紀に入り、〈祈り〉についての科学的な研究は世界的に進められ、祈りが持つ強力なエネルギーについて解明されつつある状況を迎えている。

なぜ、科学が目に見えない祈りのような事象を解明しようとしているのだろうか。その背景には、遺伝子の研究が進むにつれ、生命のあまりにも精妙な設計に偶然の結果書き込まれたものとは思えないと感じる科学者が多くなったことが挙げられる。生命科学の最先端の科学者ほど、「サムシング・グレート」の存在を意識しているという［対本二〇一二］のである。

賢治は一世紀以上も前にすでにこれらのことを知っていた。だから、祈らずにはおられず、そのことを書かずにはいられなかったのだ。文学者であり、科学者であり、信仰のひとであった賢治だからこそ〈細部〉へまなざしを向け、祈りの声を文学に昇華することができたのであろう。

では、実際に賢治の童話には祈りの声を含めた音声がどのように織り込まれているのであろうか。『よだかの星』を読みながら、音声言語との関係性を見ていくこととする。

四　『よだかの星』にみる音声的要素

一　リフレインとオノマトペ

『よだかの星』は、賢治の生前唯一出版された童話集『イーハトヴ童話　注文の多い料理店』に収められている作品である。朗読時間は一七分くらいのテキストである。一九二一年（大正一一年）から一九二二（大正一二年）頃に書かれた、童話としては初期の作品である。


よだかは、実にみにくいとりです。

顔は、ところどころ、味噌をつけたようにまだらで、くちばしは、ひらたくて、耳までさけています。足は、まるでよぼよぼで、一間とも歩けません。

ほかの鳥は、もう、よだかの顔を見ただけでも、いやになってしまうという工合でした。

（後略）


実にインパクトの強い文章である。よだかは醜い鳥[10]であるというだけで蔑まれ、強者である鷹から存在を否定される。しかし、そんな自分の存在も、自分よりさらなる弱者である羽虫を捕食することで生かされていることに気づき、よだかは絶望する。そして「遠くの遠くの空の向こうに行ってしまおう」と「巣の中をきちんとかたづけ」見繕いをして、太陽や星たちに自分を連れていって欲しいと懇願しながら飛び続ける。しかし、よだかの願いは叶わず力尽きてしまう。よだかは、「……こころもちはやすらかに、その血のついた大きなくちばしは、横にまがっては居ましたが、たしかに少しわらって」死んでいった。それからしばらくして、よだかは星になって再生し、別の次元で生き続ける、というストーリーである。

全体的に暗く、不条理な話である。よだかは、鷹の物言いに対して反論するわけでもなく、ユーモアを交えて意趣返しをするのでもない。唯々諾々と鷹の言に従い、遠くへ行く決心をしてしまう。後の賢治自身の行く末を暗示したようなテーマで、悲しみと生きることへの不安にあふれている作品である。

まず、表現からみて気づくことは、わかりやすさ、リズムを伴った声、リフレイン、オノマトペの多用といったオーラルコンポジション（口頭的構成法）[11]に則っていると思われる箇所が随所にみられる点である。例えば「顔は、ところどころ、味噌をつけたようにまだらで、くちばしは、ひらたくて、耳までさけています。足は、まるでよぼよぼで、一間とも歩けません」という文章において、描写は細かく具体的で、「顔は」「足は」とたたみこむように続けている。このような簡潔で細部にこだわった表現にあふれている。

話の後半は、よだかの願いのリフレインである。太陽や星たちに向かい、祈れば願いが叶うかのように「どうか、私をあなたのところへ連れてってください。灼けて死んでもかまいません」という言葉を発しながら懇願の星巡りをする。しかしことごとく拒否をされる。それでも、「よだかは、どこまでも、どこまでも、まっすぐに空へのぼって行きました。（中略）よだかはのぼってのぼって行きました」と、空高く、上へ上へ飛んでいく。その捨て身の願いがリフレインで強調されている。

すると、いつの間にか、読者は、「次こそはよだかの願いが叶いますように」という祈りを込めてよだかを見つめるようになりこの時点で読者は作品の世界にとりこまれてしまう。リフレインの効果である。

次にオノマトペをみていこう。オノマトペには、リズムと言葉を発してみようと思わせる楽しみがある。よだかは最後の飛翔を決意する時に、「キシキシキシキシキシッと高く高く」、まるで武者震いをするかのように叫ぶ。このようなオノマトペは、賢治の童話を語るうえで欠かせないポイントである。賢治はオノマトペの使い手、達人であり、テキストには賢治独特のオノマトペが駆使されている。

田守育啓によれば、賢治のオノマトペは慣習的オノマトペに基づきながらも、「音を変える」、「音を挿入する」「音の位置を変える」、「音を繰り返す[12]」といった様々な法則を適用することで創作されているという。オノマトペは一般語彙と異なり、言語音を最大限に利用してつくられた言葉であるため、理解や感じ方は個人の音の感性によって違うと指摘している。したがって、それぞれ人により感じ方が違う面白さとしてオノマトペはダイレクトに読み手や聞き手の心に響くのである。

オノマトペは、言語音を利用して作られた言葉であるからには、音をあてて再現しなければ味わいは出てこない。『よだかの星』では、よだかの「キシキシキシキシ」という鳴き声が二回でてきているが、その他は「よろよろ」「ぐるぐるぐるぐる」「ばたばた」「ぐらぐら」という一般的なオノマトペしか見当たらない。それだけに「キシキシキシキシ」というよだかの決意の鳴き声は印象的である。

『よだかの星』にみられる音声表現にふさわしいと思われる仕掛けを整理すれば、リフレインの多用、オノマトペの効果的な使用、わかりやすい表現で展開が早いストーリー、音楽性・ビジュアル性・皮膚感覚などの五感への訴えかけ、登場人物の擬人化、朗読時間が三〇分以内（朗読に集中できる時間）等が挙げられる。これらは、賢治の童話から読み取ることができる音声表現にふさわしい要素であるが、朗読に適するテキストの一般的な条件としても敷衍できる条件である。

二　音声を必要とする祈りの文学

『よだかの星』は、短い夏の夜が舞台の再生譚であるが、ここに出て来る星座は夏のものだけではない。真冬のオリオン座やおおいぬ座のシリウス、春の北斗七星、そして真夏の鷲座のアルタイルなど、本来の夏の夜空では一緒に見ることのできない星座や星が共演している。賢治が暮らした東北地方は、雪や雲に覆われる日が多いので、実際には冬の星座や冬の大三角形[13]を見ることができる夜は少ない。満天の星が煌く夜空への飛翔は賢治の一つの憧れなのであろう。

その憧れの天空でよだかは、星となって再生する。よだかの祈りは（つまりそれは、賢治の祈りであり読み手や聞き手の祈りでもある）、小さな希望の光となって「今でも燃え続けて」いることがわかり、読み手、そして聞き手は安堵し、祈る人の心に良い思いが芽生える。祈りと再生が読み手や聞き手の心に安寧をもたらすのである。これこそが、祈りの文学の神髄であろう。

よだかの無謀ともいえる捨て身の行動に対して、読み手や聞き手は祈ることで童話の世界に飛び込む。祈りの文学には、多くの読み手や聞き手の祈りがテキストに織り込まれている。祈りは声を必要とする。したがって、祈りの文学は朗読されることでより味わいが深いものになる。祈りの文学は声に出さないと成り立たないのである。

五　おわりに

朗読とは新しい読法を規定する技術であり、朗読によりさらに味わいが深くなるテキストがあるという視点から、読み手からも聞き手からも人気が高い宮澤賢治の童話と音声の関係性を述べてきた。

　表現的にみれば、賢治の童話には、リフレインやオノマトペの多用、わかりやすい表現、テンポのよいストーリー展開等、語りの要素が余すところなく落とし込まれている。文体そのものが声に出して読みたくなるような口頭的構成法に則っている。

　また、賢治の童話は、祈りが底流に響いている祈りの文学である。文学は、人間の存在や生や死の根源を考えることを担ってきた。一見平易な語り口の童話も同様である。賢治の童話には、『よだかの星』では星や空そして鳥そのものが、『銀河鉄道の夜』では列車や天の川が、生と死、あの世とこの世をつなぐものとして登場する。装置としての擬人化された小動物たちや輝く星たちは魅力的で親しみやすい。その一方で、夜と死と彼岸は、暗いイメージとしてテキスト全体を覆っている。しかし、死や死後の世界をどのようにとらえて生きていけばよいのかという問いは、文学における永遠のテーマである。したがって、読み手や聞き手は、暗さの中に煌めく救いを探し求めるのである。

　『よだかの星』における救いは、よだかの再生にある。よだかの再生を知ることで、希望の光が読み手や聞き手に伝わり、何か良いものを得たという思いを読後に抱かせる。その思いは黙読よりも、音声を加えて朗読することでさらに強くなる。音声という肉体を使いテキストを読むことは、魂と体をつなぐ行為に等しい。賢治の童話は、朗読をすることで味わい深い感動を与えるテキストであり、朗読を通して私たちは、『イーハトヴ童話　注文の多い料理店』の序で賢治が表現をしていた「あなたのすきとほったほんたうのたべもの」を手に入れるのである。

(1) 明治一〇年代に起こった国語国字運動が、日清戦争(一八九四年[明治二七年])勃発による反清意識の高まりを背景に二〇年代から三〇年代にかけて再燃し議論が行われていた。中国文明の生み出した漢字を使用することはその国からの支配につながるという考えから、漢字を嫌悪する感情が湧出したのである。「国語」という語が頻繁に登場し、「国語」の必要性が主張されるようになったのもこの時期である。

(2) 一八九一年(明治二四年)東京専門学校で開催された「朗読会」をめぐり、坪内逍遥と森鴎外の間で繰り広げられた「朗読法」の在り方に関する論争のこと。逍遥は「人性研究」を朗読の中に見出し、鴎外は解釈と読みを同一視することを拒み「美しく読む」ことを目的とした。二人の提唱した読法は異なって見えるかもしれないが、読み方それ自体においてはっきりと線引きできるものではない。しかし、朗読の本質や問題点を浮き彫りにしたことから、朗読を考える上で、大きな出来事である。

(3) 毎週土曜日の朝、建長寺内の正受庵で行われている朗読会。ボランティアの学生が中心となって運営している。般若心経を参加者全員で唱え、五分間座禅をした後その日の朗読が始まる。二〇〇五年に始まり五〇〇回を数え、二〇一六年で一〇年目を迎えた。

(4) 親鸞の著『教行信証』の「行の巻」所収の偈文(韻文体の経文の一つで、仏の徳・教えをほめたたえる詩)のことで、『正信念仏偈』の略称。早くから真宗僧俗の間で朝暮の勤行として諷誦され今も行われている。[ブリタニカ国際大百科事典参照]

(5) 岩手県稗貫郡花巻町の花巻町立花巻川口尋常高等小学校。

(6) 一八八四年(明治一七年)純正日蓮主義を信奉する在家仏教の模範教団として創設された。一九一四年(大正三年)に「国注会」に改めた。日蓮上人の三大誓願の一つである「われ日本の柱とならん」に由来している。賢治が「国注会」に入会したのは一九二〇年(大正九年)のことである。[www.kokucyukai.or.jp/]参照。

(7) 盛岡市の光原社という出版社から刊行された童話集。装幀挿画は、菊池武雄。「山男の四月」「鹿踊のはじまり」「水仙の四月」「かしは林の夜」「注文の多い料理店」「烏の北斗七星」「どんぐりと山猫」「月夜の電信柱」「狼森と笊森、盗森」が収められている。刊行後、反響はなかった。

(8) オノマトペとは、命名するというギリシャ語に由来しており、擬声語、擬音語、擬態語を総称する。日本語はオノマトペに富んだ言語である。音の響きを直接表すことから、感覚的かつ主観的なことばであり、ヴィヴィットな描写力を備えている[田守二〇一〇]。

(9) 一九一五年(大正四年)一九歳の年、盛岡高等農林学校(現在の岩手大学農学部)農学科第二部に首席で合格し、一九二〇年（大正九年）盛岡高等農林学校研究生を修了した。助教授推薦の話があったが辞退している。
(10) 高山秀三は、宮澤賢治には「自分が不快な異形性を帯びた存在ではないかという不安が根強く」あり、「よだかとよだかを描く宮澤賢治にはたしかに醜貌恐怖の病理が色濃くつきまとっている」と指摘している。実際には、賢治は幼いころは色白でふっくらしたかわいらしい子供であり、青年期には若い娘たちの憧憬を集めていたと伝えられている。しかし、高山は、賢治は自分に過大な期待をする人間がその自分が科したレベルに達しない自分に絶望するような思いを抱えていたと述べ、「……よだかの『自殺』を描くことによって作者は自殺の誘惑を客体化し、避けることができたといえるだろう。同様に、醜貌恐怖症であるよだかを描く賢治は、自身のものであるそうした病的傾向を対象化することでそれを克服しようとしたといえるだろう」［高山二〇〇八―四五］と、賢治とよだかを同心円的にとらえている。
(11) 定型の言いまわしや反語、対句、押韻などを駆使して物語を語る方法。語りを定型的、伝統的に演じるための技術。
(12) 田村育啓は、独特なものであると言われる賢治のオノマトペのほとんどが、「慣習的なオノマトペに基づいて様々な法則を適用することにより創作されている」と指摘している。田村が主張している四つの法則の一部を引用する［田村二〇一〇―一一九～一二二］。

法則1　慣習的オノマトペを構成している音を別の音に変化させる。
　1・1　①音をクリアにする法則…「がぶっ」→「かぷっ」（中略）
　1・2　④「あ」を「お」に変える法則…「ぱくぱく」→「ぽくぽく」（中略）
法則2　慣習的オノマトペに音を挿入する。
　2・1　「っ」（促音）挿入の法則「ピカリピカリ」→「ピッカリピッカリ」（中略）
法則3　慣習的オノマトペを構成している音の位置を入れ換える。
　「こっそり」→「そっこり」
法則4　慣習的オノマトペの語彙を反復させる。
　「くつくつ」→「くつくつくつ」

(13) 冬の夜空に見える三つの一等星を線でつなぐとできる大きな三角形。オリオン座のペテルギウス、おおいぬ座のシリウス、こいぬ座のプロキオンで構成される。

参考資料

井上寿彦　『賢治「赤い鳥」への挑戦』菁柿堂　二〇〇五年
加藤周一　『日本文学史序説上』筑摩学芸文庫　一九九九年
黒井千次　『新潮日本文学アルバム12　宮沢賢治』新潮社　一九八四年
斎藤文一・藤井旭　『宮澤賢治　星の図誌』平凡社　一九八八年
高山秀三　『宮澤賢治　童話のオイディプス』未知谷　二〇〇八年
田守育啓　『賢治オノマトペの謎を解く』大修館書店　二〇一〇年
藤井旭　『賢治の見た星空』作品社　二〇〇一年
分銅惇作　『宮沢賢治の文学と法華経』木書房　一九八一年
宮澤賢治　「注文の多い料理店　序」『宮沢賢治全集8』所収　ちくま文庫　一九八六年
　　　　　「よだかの星」『新編　銀河鉄道の夜』所収　新潮文庫　一九八九年
村上和雄・棚次正和　『人は何のために「祈る」のか―生命の遺伝子はその声を聴いている―』祥伝社　二〇一〇年

高岡智照尼にみる流転の人生と再生

伊藤玄二郎

私の師は里見弴先生である。里見が唯一、師と仰いだのは泉鏡花である。師弟はともに花柳小説の大家である。里見弴の文学の水脈は志賀直哉、武者小路実篤や長兄である有島武郎などを盟友とする「白樺派」にはじまる。私は専門領域を白樺派と標榜しているが、もっぱら花柳小説を読み漁ってきた。主人公の大半は苦界に身をゆだね悲劇の中に生きた女性たちである。小説を読む限りにおいては、苦界を脱して新たな澪標の下で人生の再生を果たした人間は少ない。

その中で京都の嵯峨野の祇王寺の庵主として知られた高岡智照尼は稀有な存在である。作家瀬戸内寂聴は「小説におさまりきれないほど華麗で数奇な運命が絵巻物のように繰りひろげられていく」と書いたことがある。

智照尼は幼くして舞妓として売りに出され、人生の暗闇の中を生き抜いた。得度してからはひたすら仏に仕えた。荒れ放題であった祇王寺を再興し、最後は尼僧として最高の地位を得た。

奔放に生きし過去は遠花火

高岡智照尼、八十八歳の時の句である。この年を起点に里見弴先生からの要請もあって私は智照尼と二人三脚で彼女の自伝『花喰鳥』を作りあげた。

以下にお読みいただくのは、かつて新聞に連載した智照尼の人生の抄録である。池田雅之先生の退官の記念誌に拙文を掲載するのが、ふさわしいものであるか、と躊躇した。が、池田先生のお許しを得て記念誌の末座に連ねさせていただく。

一

線香の白い煙が奥嵯峨のひんやりした大気の中に消えていく。一条の煙を目で追いながら、祇王寺庵主高岡智照尼さんから最後にいただいた手紙の一節を、私は思い出していた。

「何事も、自然にまかせてゆくより他に、人間の力なんて、いいかげんなものとしか思いようがございません」(平成六年七月二十日)

平成十六年(一九九四)十二月九日朝、智照尼は土に帰った。自らが生前に用意していた小さな墓には、黒髪も納められた。

昭和九年(一九三四)九月、奈良県橿原市畝傍町久米寺での得度式で落とされた髪だ。星霜を重ねたにもかかわらず、髪には妖しい艶がまだ残っていた。智照尼生前、持仏わきの透明なケースに納められた黒髪に目をやりながら「もしものことがあったら、骨と一緒に埋めてほしい」とよく口にした。

死の知らせに駆けつけると、髪は亡骸とともに、すでに柩に納められていた。通夜を終え、夜も深まったころ、得度の折に智照尼の髪を落とした久米寺の密門弘範師子息、成範師とともに柩から髪を取り出した。掌で感触を確かめながら、この黒髪には幾多のドラマを乗り越えてきた一人の女性の人生が刻み込まれているのだと、改めて思った。

智照尼は明治二十九年（一八九六）、奈良に生まれた。大阪宗右衛門町から千代葉の名で舞妓に出たのは十四歳。十五の年、智照尼は船場のぼんぼんと結婚を約束するが、お茶屋で一目会っただけの歌舞伎役者市川松蔦に淡い恋心を抱いたことが発覚し、破談となる。やり場のない怒りを鎮めるため、智照尼は左手の小指を剃刀で切り落とし、操の証に相手に届けた。

「そのときの私の心は、尋常ではなかったのでしょう。でも、後悔はしていません。いまの若い方は何かというと相手を傷つけます。まだ自分を傷つけるほうがましでしょう」〝指をつめた舞妓〟は、酸いも甘いも知る花柳界でも衝撃的なスキャンダルだった。智照尼は大阪を追われ、東京新橋で左褄をとることになる。新橋で半玉となり、名は照葉。当時、美女のバロメーターといわれたプロマイドの売り上げで、照葉は一、二を競った。

二十三歳のとき、智照尼は相場師と結婚して渡米するが、結局、離婚。バーのマダムや女優を経験したり、愛の遍歴も重ねるが、奔放な半生に疑問を抱き、仏門に入る決心をする。三十九歳だった。当時の心境を、智照尼は自伝『花喰鳥』にこう記している。

「時には愛欲に身をゆだね、酒におぼれ、荒んだ傲慢な生活、そして仏門に至るまでの、自分の歩んできた過去をふりかえると、慚愧と自己嫌悪の念に襲われました。このまま死んではならない――」

得度式の日、空は澄みわたっていた。灰色の地に波をあしらった紋縮緬の着物に身をつつみ、智照尼は俗界と別れを告げた。

私が智照尼と初めて出会ったのは、昭和五十五年（一九八〇年）、祇王寺の緑が萌えたつ初夏だった。「緑より散り紅葉が庭を飾る季節が最も気に入っております」、という智照尼の言葉に、酔いも手伝って私は、「その季節には箒を片手に、掃除のお手伝いにうかがいましょう」と約束した。が、約束は果たせなかった。

年の瀬も迫ったころ、「精々〝夢〟の中で落ち葉をお掃きください」という手紙をいただいた。かわいい〝皮肉〟に、智照尼という女性の魅力を垣間見たような気がした。

二

鎌倉文士の長老里見弴のお伴で、鎌倉から京都へ車を走らせたのは、昭和五十五年五月のことだ。旅の目的のひとつは、智照尼と瀬戸内寂聴さんにお会いすることにあった。

「雨と女にはふられたことがないよ」。そう豪語する里見だったが、この日はあいにくの天気で、御殿場付近では土砂降りになった。里見は九十歳を過ぎていた。「神通力も、年には勝てないな」。私は心の中で長老を揶揄した。

ところがである。名神高速道路に入って比叡山の山並みが見えるころになると、雨足は弱まり、雲間から一条の日まで差してきた。里見は、私の心を見透かしたように「どうだ」と言わんばかりの視線を向けた。

里見と長く暮らしたお良さんと智照尼は、ともに妓籍にあった。菊龍のお良さんと照葉の智照尼。ふたりの美人プロマイドは、東京で売れに売れた。お良さんとの出会いについて智照尼は、後年、こう書いている。

「木挽町の歌舞伎座で、わたしの抱えぬしである新叶家の清香が、東の桟敷に今評判の赤坂の菊龍さんが見えてゐるから、顔馴染みになって頂くように連れていったげるからと云って」（文藝春秋「月明の径」）。智照尼は十五歳、お良さんは十六歳。照葉の名で智照尼が、お酌に出る前の出会いだった。明治四十四年のことである。同じ年ごろのふたりは、その後、ひとつ布団にくるまりながら夜を徹しておしゃべりを楽しむほどの仲となる。

昭和十一年（一九三六）、智照尼は祇王寺の庵主となった。祇王寺に限ったことではないが、戦後、寺院の台所事情は逼迫していた。智照尼は小さな背いっぱいに京のお茶を背負い、鎌倉文士に売り歩いた。鎌倉に住む里見と、お良さんという後ろ楯があってのことである。

智照尼とお良さんの長い付き合いは、その後、里見を巡ってふたりの間に暗雲が垂れ込める。里見の、智照尼へのなにくれない気遣いが、お良さんの嫉妬心に火をつけたのだ。ふたりの音信は途絶え、智照尼と里見の縁も切れてしまう。そんな智照尼を里見は不憫に思っていた。昭和二十七年（一九五二）、お良さんは世を去る。しばらくして里見と智照尼の音信は再開した。

八十の坂を越えた時、「『愚かな女の一生』のすべてを隠しだてすることなく赤裸々に告白して死んでいきたい、そして閻魔大王の前を恐れず、あの世への関所を無事に通らせて頂きたい」（『花喰鳥』）と、自らの生涯をつづることによって「過去の汚れ」を洗い流したいと智照尼は考え、里見に意見を求めた。

里見は、尼僧の智照尼を諭すがごとく励ました。「それは結構なこと。悟りの境地というものだろう。ただ、人様のことを書く以上は、恥と思う自分の行いも包み隠さず吐かないといけないよ」。里見から私に「智照尼の力になってやってほしい」と声がかかったのは、ほどなくしてのことである。

京都に出発した翌日の五月二十七日夕、奥嵯峨「平野屋」の一室に、里見を間に剃った頭が三つ並んだ。前に触れたが、この席で私は智照尼と落ち葉を掃く約束をしてしまうのである。

ひと月ほど後の智照尼の手紙は、大正初年に有楽町でみたという、活動写真『ポンペイ最後の日』の幕切れに触れていた。酒池肉林に奢り興じる人々が、一瞬にして海底に没する光景──自伝の執筆を決意した智照尼は、自らの半生をそのシーンに重ね合わせていたのかもしれない。

三

「智照尼は花ではなく、男を食べて生きてきたのに、と皆さんおっしゃるかもしれませんね」

自伝のタイトルが『花喰鳥』と決まったとき、智照尼はそう言って笑った。花喰鳥とは、花を口にくわえて極楽浄土を飛び交う鳥と伝えられる。

智照尼にとって、書くことは苦痛ではなかった。小さな居間の持仏のわきには、小柄な庵主の背丈を越える高さに、日記帳や過去帳が積まれていた。

「日記をつけ始めたのは宗右衛門町で舞妓に出た当時のこと。色街の何かも知らない十二歳の少女だった私は、垣間見た人間模様の面白さを、寝床に入ってから書き始めたのです」

以来、智照尼の日記は八十年余にわたりつづられる。最近は、さすがに毎日というわけには参りませんと、寂しそうな顔を見せていたが、それでも気がむけば日に数十行になった。今年に入ってからは、目についた新聞や雑誌の写真を切り抜き、それに文章を付ける〝絵日記〟も加わった。

日記帳をひもといては原稿用紙の桝目を埋め、過去帳を開いては経を唱えて机に向かい『花喰鳥』を執筆する庵主の背には、ときに鬼気迫るものがあった。初めての出会いから数年の歳月が流れ、最後の一行を書き終え、筆を擱いた智照尼は、私に深々と頭を垂れた。

「もう悔いはございません。いつお迎えがあっても本望です」

『花喰鳥』上巻が出版されたのは、昭和五十九年四月二十二日、智照尼が米寿を迎えた日のことだ。政財界の大物らが実名で登場し、劇的な半生がつづられた『花喰鳥』はマスコミの関心を集め、日を置かず下巻を世に送り出す予定だった。しかし、思わぬ障害が横たわっていた。予告記事を見た登場人物の関係者から「事実とは異なる」と抗議があり、該当部分の削除を求められてきたのだ。だが、智照尼は「削除に応じては、出版の意味がなくなります」と一歩も譲らなかった。

下巻刊行を一時、見合わせたが、両者の話し合いは不調に終わった。その後、横浜地裁で事実関係が争われた。高齢の智照尼への証人調べは、横浜地裁の法廷を祇王寺の庫裏に移して行われた。裁判官の尋問に背筋を伸ばし、凛として答える智照尼の姿は、私の記憶から消え去ることはないだろう。裁判は、六年の歳月を経て和解をみた。

下巻が書店に並んだのは、上巻の刊行から三ヶ月たった七月のことだった。智照尼から手紙が届いた。

「下巻をお出し下さいましたので、私はほっとしております。夜の明けるのも忘れて読んでいますとか、今まで知らなかった出家のいきさつを知って、庵主さんの生き方にやっと合点が行きましたと、云ってくれる人もあります」（五十九年八月一日）

文面から智照尼の安堵と喜びが伝わってきた。興味深いのは、同じ手紙の次の一節だ。

「私は、自分の自伝記という気持ちよりも、〝花喰鳥〟を一人の女の生きて来た実録として非常に興味深く飽くこと知らず、読み返し、読み耽っています」

智照尼は以前、人間は自惚れと娑婆気があるうちは、自分自身を客観的に見つめることができない、年をとったなという心境に至らなければ、本当の自分という人間には会えないのだと書いてきた。
この手紙の一節には、自らを客観視する智照尼の姿が見てとれる。

四

わがままは長寿の秘訣朝寝する

智照尼は高浜虚子に見いだされたホトトギス派の俳人として高名であった。日々の暮らしぶりや老い、尽きることのない人間の業などについてたくさんの句を残した。
冒頭の句からもうかがえるが、晩年の智照尼の日常は、ゆったりと自分の時計で流れていた。
「私は、夜と昼がさかさまになってゐますので霜も氷もまだ知りませんが、師走に入ってから、毎朝、氷が張っているそうです。今朝は盛んに雪が降ってゐたそうですが、十二時過ぎまでねましたので、残念ながら雪景色を見損ねて了いました」（昭和五十五年十二月十五日の手紙）
嵯峨野の冬の寒さは厳しい。刺すような、執念深い、意地の悪い底冷えが金しばりにあったように身を凍てつかせることも少なくない。

底冷えに堪えねば住めぬ嵯峨なれど

智照尼は長い間、どんなに寒い冬の朝でも手水に湯をつかうことはなく、どんなに冷たくても水で顔を洗った。

「そうしないと気が済まないのです。生温かいのは、嫌いなんです」
智照尼の来し方を振り返ってみると、生き方自体、生ぬるさを嫌っていたように思う。
たとえば、人を愛するということ。
「とことんまで愛するけれど、愛し疲れるというか、もうこれで十分というところで、さっさと退きます」

食欲が老いのいきがいむかごめし

いまの楽しみは、食べること、寝ることだけです。外に遊びに出かけることもなくなりました。ここに根を生やして座っているだけの毎日です。これが老化なのでしょうか、と智照尼は、こう老いを嘆いたことがある。だが、いまの世の中では、既に消え失せてしまったのではないかと思われる女性としての恥じらいを、智照尼は失うことはなかったし、そんな世の中を見つめる透徹した目も生涯、曇ることはなかった。そういう意味で、智照尼は常に若々しかった。

平成六年の年が明けて間もなく、私は雑誌の取材を兼ねて、新年のあいさつに祇王寺へおじゃました。その折りに撮影した数葉を後日、智照尼へ送った。中に頭巾のかたわらからのぞいた髪の毛が写っている一枚があった。智照尼は「なんと醜悪」と、頭を剃りなおした、とあとから聞いた。寒さにかまけ、無精をした自分を恥じたのだ。

「女性は、女らしく密やかに、死を迎えるまで美への憧れを持ちつづけてこそ、女性としての美を全うできるのではありませんか。年をとったからといって、女のたしなみをおろそかにするのは、もったいないことであり、不遜なことであると思います」

秋鏡尼には尼の身だしなみ

髪を落としても智照尼は女性であることを忘れなかった。数珠ひとつにも、夏は翡翠、冬は白檀と決めていた。いつもシャネルの香りが身を包んでいた。

奥嵯峨で、智照尼は前半生とは趣の異なる六十年の歳月を送った。それは世の女性の生き方と比べ、特殊な色彩を帯びた人生ではあったが、俗世との水脈をすべて断ち切ったものではなかった。私は業火を背負った女、老尼のそんな独白を耳にしたことがある。

春を待つ老いには老いの夢ありて

小倉山の麓の静寂につつまれながら、智照尼の夢は草庵に、ほのかな香りを放ちつづけた。

五

平成六年正月三が日、祇王寺は今年もまた、訪れる人もない静かな新年を迎えた。奥嵯峨小倉山の麓の静寂は、頭の芯までしみいるようであった。

「静けさに抱かれながら、燈心の火が自然と消えるように寿命が尽きるなら……それこそ理想の極楽往生ですよ」

死への予感でもあったのか、智照尼は訪れた私に、そんな話をした。

予感と言えば、それからほどなくして、私は智照尼から大ぶりの万華鏡と愛用の眼鏡をちょうだいした。今から思えば、それは智照尼から私への形見分けだったのかもしれない。改めて品々を掌にのせてみると、そこに込められた智照尼のメッセージと、あたたかな思いやりが伝わってくるような気がするのだ。

たとえば万華鏡は、人の心の頼りなさ、移ろいゆくものの儚さや美しさを示唆する一方で、智照尼からすれば、まだまだ若輩の私への、もっと広い世界を見るようにという励ましのように思われる。

眼鏡は昭和五十三年、作家里見弴が智照尼へ贈った品である。九十八歳の庵主の老眼鏡が、近ごろ字引をひくのが一苦労になったとはいえ、五十に手が届いたばかりの私の目に合うはずはなかった。

眼鏡を手にし、長寿を全うした智照尼の面影をたどっていると、「お体を大切に。この眼鏡が目に合うようになる日まで長生きをなすってください」という声が、どこからか聞こえる気がする。

智照尼は平成十六年の六月初旬から、急速に視力の衰えを覚え、本人の言葉を借りれば、一時は失明状態に陥っている。その後、新聞やテレビを避けて、智照尼が「明治流の洗眼法」と表現したほう酸水による洗眼を、日に五、六回心がけて視力を回復。老眼鏡の上に天眼鏡をだぶらせ活字を追う日々だった。そして、八月には肩を骨折して入院。老いという自然の摂理から、智照尼も逃れることはできなかった。

小倉山の麓の静けさに包まれて生涯を閉じたい、と念じていた智照尼は、最も好きな季節である秋の早朝、願い通りに祇王寺の自室でこの世を去った。退院して三日目の朝だった。彼岸への旅立ちをだれも目にすることはなかった。花喰鳥は独り天へ羽ばたいた。

葬儀の後、遺言状が見つかった。昭和六十一年一月三十一日の日付があった。九十歳の智照尼が認めたものだ。「静かに、そっと消えて行きたいので、私の言う通り、葬式に関する一切のしきたり、お通夜、告別式はやめ、新聞広告で死亡通知の挨拶をすることを、以て遺言とします。」文末には智照尼の養女智秀尼、智妙尼さんにあてて、「私は消えてなくなっても、私の心は永久に、あなたの御身を、御まもりして参ります」と感謝の言葉がつづられていた。

生前、「死んでもだれにも知らせないで。骨と一緒に黒髪を埋葬して……」と語っていた智照尼。諸般の事情から遺言状の内容通りには事は運ばなかったが、お骨とともに黒髪を奥嵯峨の土に帰す約束を果たし終えて私は、安堵の息をついている。

線香の煙の中に、智照尼の生涯を映し出しながら、左手の、先のない小指に触らせていただいたことを思い出した。柔らかく、あたたかな感触の中に、まだ女の情念を覚えたあの感触は今も私の中にのこっている。

私は、高岡智照尼の追悼集を編んだ。瀬戸内寂聴さんの「露の身と逝きし人」と題した追悼文の中に次のような一節がある。

「『墨染めのわが初姿萩の前』

三十九歳の秋、久米寺で出家した日の智照尼の句を思い出す。あれから九十九歳のこの秋までの智照尼は、何という清らかで幸福な歳月を送られたことか。心からその見事な生と死をうらやましいと思う。」

当世、「生きる」ということもままならない社会である。そうであるにせよ、問われるのはいかに「生きるか」、いかに「生きたか」ということである。高岡智照尼の生涯の中にその秘鑰があるのではないか。

参考文献

『花喰鳥（上）（下）』（かまくら春秋社）
『遠花火』（かまくら春秋社）
『黒髪ざんげ』（中央公論社）

四　現代社会における信仰と祈り

祈りと芸術　そして生きること

稲田美織

一　ニューヨークテロの目撃

二〇〇一年九月一一日。その日は特別に空が透明で、とても静かな朝だった。いつもと同じように、アパートの窓からマンハッタンのダウンタウンを眺めた時、一瞬にして体が凍り付いた。ワールドトレードセンターの北棟から煙が出ているではないか。呆然としているうちに、今度は南棟に飛行機が突っ込んだ。これはただの事故ではないことを直感した。気持ちは焦るのだが、その場にただ立ち尽くすしかなかった。そして、誰も想像したことのない最悪の事が起きたのだ。救出に向かった消防士を含めた三〇〇〇人近くの人々の命を巻き込みながら、五二八メートルの高さを誇ったツインタワーが跡形もなく崩れ、巨大なキノコ雲のような灰色の煙が天までたち昇った。私はその惨劇を前に、神さまに叫んでいた。「こんな愚かなことを二度と起こさないでください。そのためだったら私は何でもします」。

その後、街中は霊場のようになり、色彩さえも輝きを失い、すべては悲しみの粒子に包まれていった。健康な

ワールド・トレード・センター（著者撮影）

生命が、いとも簡単にこの世から跡形もなく消えてしまう瞬間を目撃したことで、これから何を信じて良いのか、そのショックに体と心が動かなくなり、一年間家に閉じこもるような日々を送った。また、テロの後、イスラム教対その他の宗教が、テロの悲劇を通じて、まるで宗教戦争の様になってゆき、何か強い力に巻き込まれてゆくような恐ろしさを感じた。あらゆる人種・言語・文化・宗教を尊重し共存する世界の縮図のような、そして憧れたリベラルなニューヨークはどこにもなかった。私はこのニューヨークという地が人類を平和に導くために神様が用意した実験の地であるとさえ信じていたのだ。その足元が崩れるような思いに、二度と写真を撮ることができないのではないかという失望感に落ちていった。

二　ネイティブアメリカンの聖地

ある日、マンハッタン・コロンバスサークル近くの本屋に偶然立ち寄った。その棚にはネイティブアメリカンの聖地の写真集があり、導かれるようにそれを手に取った。ページを開いてゆくと、雄大な自然に守られた美しい祈りの場が収められていた。その時、私の大好きなアメリカがここにあったという喜びで、一筋の希望の光が見えたような気がした。その後私は、一年間触ることさえできなかったカメラを鞄に詰めて、ネイティブアメリ

虹とフォーコーナーズ（著者撮影）

カンの聖地が多く存在するアメリカ・サウスウエストに向かった。
　ネイティブアメリカンの聖地は主に、コロラド、ユタ、アリゾナ、ニューメキシコに点在し、その辺りはグランドサークルと呼ばれている。まるで帆船が地平線に現れたかのような岩、心癒される水の景色、自然にできた巨大な石のアーチの聖地などを巡るうちに、いつしか心の真ん中にあった冷たい塊がどんどん溶け出してゆくようで、いつしか無我夢中で写真を撮影していた。そして、体の中にどんどんエネルギーが満ちてくるようだった。
今の自分にできることは、テロで亡くなった方々の分も一生懸命生きることだと思った。そして、この先、神様が人類をどこに導こうとされているのかを知りたくて、そして調和への鍵を探しにあらゆる宗教の聖地を自分の目と肌で感じるために、世界中の聖地へ巡礼の旅を始めた。

三　イスラエル・パレスチナ

　そして次に向かったのは、イスラエルとパレスチナだった。なぜ、そこに引き寄せられたか。それは、コスモポリタンであったはずのニューヨークが、同時多発テロによって、ユダヤ教・キリスト教・イスラム教の宗教間

エルサレム　岩のドーム（著者撮影）

の争いのようになっていった様子をこの目で見てしまったからだ。だからそこに行けば、なんでこんな悲劇が起こったのか、何かが分かるかと思ったのだ。遡れば、西暦七〇年にローマ帝国によってユダヤ人は国家を失い、一九四八年にイスラエルが建国して以来、世界中に離散していたユダヤ人が帰還しているが、そのことが中東の火種となり、人類の気づきと世界の未来に大きな影響を与えて続けている。

私がエルサレムに惹かれたもう一つの理由について、そのエピソードもここで触れたいと思う。私は、七歳位から生家の近くにあった教会に、一人で通っていた。母からは、家はキリスト教でもないのだから行く必要はないと、最初は反対されたのだが、私はどうしても神さまについて勉強したかった。そして、一番の理由は人が亡くなると一体どこに行くかを知りたかったのだ。

四　弟の死

私の今生の記憶は二歳三か月と五日目から始まった。なぜ、そこまで正確な日付まで分かるのかといえば、その日は弟が亡くなった日だったから。その後、両親は弟の写真や話題をすべて封印していたので、それはあとからの情報ではなく、確実に自分の目で見た記憶だった。弟の葬式の様子を映画の様に今でも克明に思い出す。たくさんの人が家に集まってきたので、興奮して走り回っていた私は、ふと、自宅の一室に高い台にのせられた白い布に包まれた箱を見つけた。足を何かにのせてよじ登りその中をひょいとのぞいてみたら、弟が目をつぶって小さくなってコロンとした塊になっていた。また近所の町内会の女性が、母に線香やろうそくで火事を出さないようにと注意しているのを聞いて、子供ながらに、そんなひどいことを赤ん坊を失ったばかりの母に言うことに、強い憤りを感じた。お葬式の翌日、母の姿を探して寝室の扉を開けると、暗い部屋の中で母は亡くなった弟のおしめの布を顔に押し当てていた。私は、母に「泣いているの？」と聞いたら、母は「泣いていない。」と答えた。その後二度と会うことが出来なかった弟はどこに行ってしまったのだろう。しかし家族の誰にも聞いてはいけないのだと思っていた。その後、表面上は日常に戻ったが、私の身近にはいつもひっそりと死が共存していたのだと思う。そういう自分の生い立ちが、宗教的なものへの興味や死生観に深く影響をあたえていたことに、最近気が付いた。

五　三大宗教の聖地

幼い頃、教会で聖書を学んでいた私にとって、イスラエル、パレスチナは本当に興味深い地であった。エルサレムの旧市街は城壁に囲まれていて、一キロメートル四方とそれほど大きくないが、その中に、聖書に出てくる場面がそのまま数千年の時空を超えて点在していた。たとえば、イエスキリストが十字架に架けられたゴルゴダの丘は、その後、聖墳墓教会となっていた。復活したのでそこに亡骸はないのだが、聖墳墓教会の奥にはキリス

フランス　ブルターニュの空とカルヴェール（著者撮影）

トの墓があり、磔になった十字架が立っていたという穴まであった。また最後の晩餐の部屋やダビデの墓もあり、イエスキリストが十字架を背負って歩いたという道・ヴィア・ドロローサでは、エピソードを説明した案内のプレートによって、道順が示されていた。まるで、その時代の中に自分がタイムワープしたかのようだった。

エルサレムはユダヤ教、キリスト教、イスラム教の三つの宗教の聖地である。それなのに、その一点を巡って、様々な世界の紛争の火種にもなってしまったエルサレム。どうして、それぞれの宗教がある一点に執着することとなったのだろう。理由は明快だ。それは、それらの宗教の信者のすべてが、アブラハムという同じ祖先の子孫であり同じ場所に聖地を持つからだ。

旧約聖書によれば、ノアの方舟から残った子孫が世界中に散らばったのち、アブラハムは、紀元前二〇世紀頃メソポタミアの地に生まれた。その後、父親テラと家族と共にカナンの地へ旅立ったのだが、旅の途中、父が病死し、途方に暮れていると神がアブラハムに「これから一族と別れて私の示す方向に行きなさい。さすれば、お前に土地、多くの子孫を与え、人々の祝福の基となる大きな国の祖先にする。」とささやいた。この言葉に従い、アブラハムは長い旅の末、七五歳でカナンに辿り着き、その土地を神から授けられたのだ。しかし、そこは争いが絶えない、荒れた貧しい土地だった。その上多くの子孫はおろか、彼の妻には一人の子供すらいなかった。そこで、悩んだアブラハムは、八六歳の時に召使いハガルと子供をもうけたが、神の言葉通りアブラハムが一〇〇歳になった時、妻・サラに、ようやくイサクという息子を授けられたのだ。正妻に嫡男が生まれたので、息子のイシュマエルとハガルは、一族から出ていくことになった。それがイスラム教の始祖・イシュマエルである。私の勝手な想像であるが、現在のイスラム問題はこの時から始まっていたのかもしれないと思った。

そしてそれから約二〇〇〇年後、ユダヤ人としてベツレヘムにイエスキリストが誕生し、キリストの死後、その復活を見た弟子たちによってキリスト教が生まれた。イエスキリスト自身は、ユダヤ教と自分の教えに区別はなかったという。

ヤファエーの神を信仰するユダヤ教は、民族宗教のため世界の人口の〇・二％の約一五〇〇万人の信者数にすぎないが、旧約聖書を根幹としたイエスキリストを信仰するキリスト教は、世界総人口の三分の一に当たる約三三％で約二二億人が信者であり、また同様に旧約聖書から生まれたアッラーの神を信仰するイスラム教も、約二二％の約一五億人だというのだから、この地が世界の約半数の人々の信仰が発祥した地ということになる。人類が生まれた地はアフリカだと言われているが、このエルサレムは人類の信仰や宗教が生まれ出るエネルギーを持った地なのであろう。

しかし、私が疑問に思ったのは、どうして同じ祖先をもつ大きな家族の中で、そこは、本来はみんなの聖地であるのに、取り合うために争わなければならないのだろうかという事だった。現代科学の進歩によって、ユダヤ人とパレスチナ人のＤＮＡを調べたら、同じ人種であることが分かったそうだ。かつてアブラハムが神に信仰の証として、やっと授かった大切な息子イサクを神に捧げようとした古代祭壇の岩、またイスラム教の預言者ムハンマドがガブリエルに導かれて天界に飛び立った岩は同一で、現在は「岩のドーム」とよばれるイスラム教のモスクが建っている。ここは、七世紀からメッカ、メディナと共にイスラム三大聖地の一つになった。ユダヤ教の信者は、長い間その付近に近づくことすらできなかったそうであるが、現在もその丘には入ることは出来ず、その丘を囲む壁の下にある「嘆きの壁」に向かって祈りを捧げていた。

イエスキリストが生まれたというパレスチナ自治区にあるベツレヘムに行った時、かつての馬小屋あとに建てられた生誕教会の地下の床に「ここでイエスキリストが生まれたまえり」と書かれた星形のプレートが嵌め込まれてあり、世界中から信者がこの一点を目指し、皆、順番に腹這いになってそのプレートにキスをしていた。ベツレヘムはキリスト教徒にとって、とても大切な聖地であるはずなのだが、残念ながら現在も情勢は不安定だ。

またエルサレムから北に約六〇キロのところには、ユダヤ教の神秘主義の経典『ゾハルの書』の著者ラビ・シメオンのお墓があり、経典を研究しカバラ理論を深めたラビ・シメオンが住んでいたカバラの聖地ツファットという古都がある。カバラとは神と人を結ぶ秘儀であり、上下が逆さまに描かれた生命の木で象徴される。全ては神の領域から物質界に流れて生成されるのだから、秘儀の知識を持って、それを逆に辿ることによって、神の叡智に到達できるという教えなのだ。そのような聖地から六キロしか離れていないすぐそばの山には、二〇〇六年のレバノン侵攻の際、ヒズボラ（神の党）による攻撃で八〇〇発もの爆弾が撃ち込まれて、無残にも緑の山の一部分は地肌がむき出しになっていて、とても胸が痛んだ。

六　再びエルサレムへ

過去に四回行っているが、二〇一四年に再びイスラエルを訪れた際、二〇一三年に公開された「ウエスタン・ウオール・トンネル」に一五年来の友人である、前駐日イスラエル大使エリーコーヘン氏の導きで入れていただいた。エルサレムの「嘆きの壁」の地下にある二二〇〇年前のユダヤ神殿の土台の壁まで行くことができるのだ。興味深いことにコーヘン氏は、旧約聖書に書かれている、紀元前一三世紀頃の出エジプトでヘブライ人をカナンの地に導いたというモーセの兄アーロンの直系の長男なのだという。そのような血筋のコーヘン氏と時空を超えるようなトンネルに入ることになったのは、なんだかとても不思議な感覚だった。トンネルの中の空気や貯水池には、もしかしたら二二〇〇年前の粒子がまだ残っているのではないかと思った。一番奥に辿り着くと、かつてユダヤ神殿があった場所に最も近い壁に向かって、人々は祈りを捧げていた。

このようにイスラエル、パレスチナでは、祈りの聖地と戦場が背中合わせに存在していることに、強い衝撃を受けた。聖地や神様、そしてその教えを大切に思えば思うほど、その地はまた違うエネルギーも呼び込んでしまうのだろうか。

七　地中海世界

その後私は、ギリシャの聖地に向かった。ギリシャは元来ギリシャ神話でも語られるようにゼウス、ポセイドン、アポロンなどオリンポスの十二神をはじめとした多神教であった。それは、教義もなく牧歌的なものだったという。その後、一―三世紀はローマ帝国から迫害を受けていたが、キリスト教が四世紀後半、人々に深く浸透した結果、ローマ帝国の国教となったことで、ローマ帝国の支配下にある地中海沿岸全域に伝道師たちがキリスト教を一気に広げて行った。のちにキリスト教は、一〇五四年にローマ・カソリック教会と東方正教会に分離し、その後者がギリシャの国教となり、ギリシャ正教となった。私が訪れた町、島、どこにいっても教会の数が多くて、本当に驚いた。

私はその後、エーゲ海を挟んだトルコに向かった。現在ではトルコはイスラム教であるが、地中海が昔は人々の行き来する道だったため、キリスト教の弟子たちが現在のトルコ各地に伝道の軌跡を残している。また東の果てのアララット山には、ノアの方舟の遺物が存在しているという伝説まである。とても興味深かったのは、カッパドキアという首都アンカラの南東にあるアナトリア高原の火山によってできた大地に林立するキノコのような建物群だった。それは柔らかい灰の堆積物が風雨で浸食され、堅い部分がキノコのような形に残ったもので、外観は自然が、内側は人々が、部屋や家具を掘って作ったものだった。それらは地下で繋がり、巨大な地下都市を形成していた。

カッパドキア（著者撮影）

また、まだ見つからないものもあるという一〇〇以上の石窟聖堂や八〇メートル地下には、一〇〇〇人もの人々が収容可能な礼拝堂まであった。それは三世紀後半、ローマ帝国による迫害から逃れた初代教会時代のキリスト教徒が住み着き、ビザンチン時代にこれらの教会や修道院を建立したのだという。そして七世紀以降のアラブ人の侵略を避けて、地下都市を作ったのだった。しかし、一九二三年ローザンヌ条約が結ばれ、トルコとギリシャの住民交換が行われ、トルコにいたキリスト教徒はギリシャに移り、ギリシャにいたイスラム教徒はトルコに移り、カッパドキアでのキリスト教の歴史は終わった。それから年に一度、故郷に戻ってくるキリスト教徒は、この地でイスラム教徒たちと、宗教を超えて合同で祈りを捧げているのだという。私はこのことに深く感動した。

八　アンコールワットの宇宙

同時多発テロの翌年に、お能の梅若家が鎮魂の舞を捧げにニューヨークにいらして以来のご縁で、アンコールの遺跡群にあるバイヨン寺院で行われた薪能の撮影のため、カンボジアに同行した。バイヨン寺院は宇宙を表すように作られていた。古代インドの宇宙観によると、このピラミッド状寺院は、神々が降臨する世界の中心である須弥山（しゅみせん）を象徴し、城壁はヒマラヤの霊峰を表し、環濠は無限の大海と見なされた。王たちは地上に天界を具現化しようとしていたのだ。王は神と一体化することによって国を安泰に治めてゆくために、これらの寺院は重要な儀式空間であった。

アンコール遺跡群の修復に大きく関わっている上智大学アンコール遺跡国際調査団のセンターを訪れた際、興味深い話を聞いた。以前、発掘の際に大量の仏像が地面から出てきたそうで、不思議なことに、切断されてはいたものの、それらの仏像はきれいに並べて埋められていたのだそうだ。それは、王が変わる時に信仰が仏教からヒンドゥー教へと変わり、その際に仏像を破壊するように命じられた部下たちは、破壊することが出来ずに、大切に埋めていた結果ではないかということだった。クメールの土着神ネアック・ターは、人々にとって身近な存在であり、樹木、岩、洞窟にも宿っているのだという。

九　マリア信仰——ルルドの泉——

フランスとモナコで展覧会を開く機会があり、そのあと、フランスの聖地を巡った。フランスはマリア信仰というものが特徴的だと感じていたので、三人のマリア（ルルドの奇跡の聖母マリア、マグダラのマリア、黒い聖母マリア）の聖地を巡ることにしていた。

ルルドはスペインの国境に座すピレネー山脈の麓にある町。一八五八年二月一一日、貧しき少女ベルナデット・スビルーはポー川のほとりの洞窟のそばに、いつものように薪を拾いに妹たちとやってきた。その時突然、少女の前に聖母マリアが出現したのだ。その後、出現は一八回続いたという。ある日、聖母マリアは少女にこう告げた。「泉で水を飲み、顔を洗いなさい。その泉の水は、人々を癒すでしょう」。少女は言われた通りに洞窟の入り口を掘ると、本当に泉が湧いてきたのだ。その話が評判になり、人々はその洞窟の前に集まるようになるが、聖母マリアを見ることができるのは、依然としてベルナデットだけであった。

ルルドの泉（著者撮影）

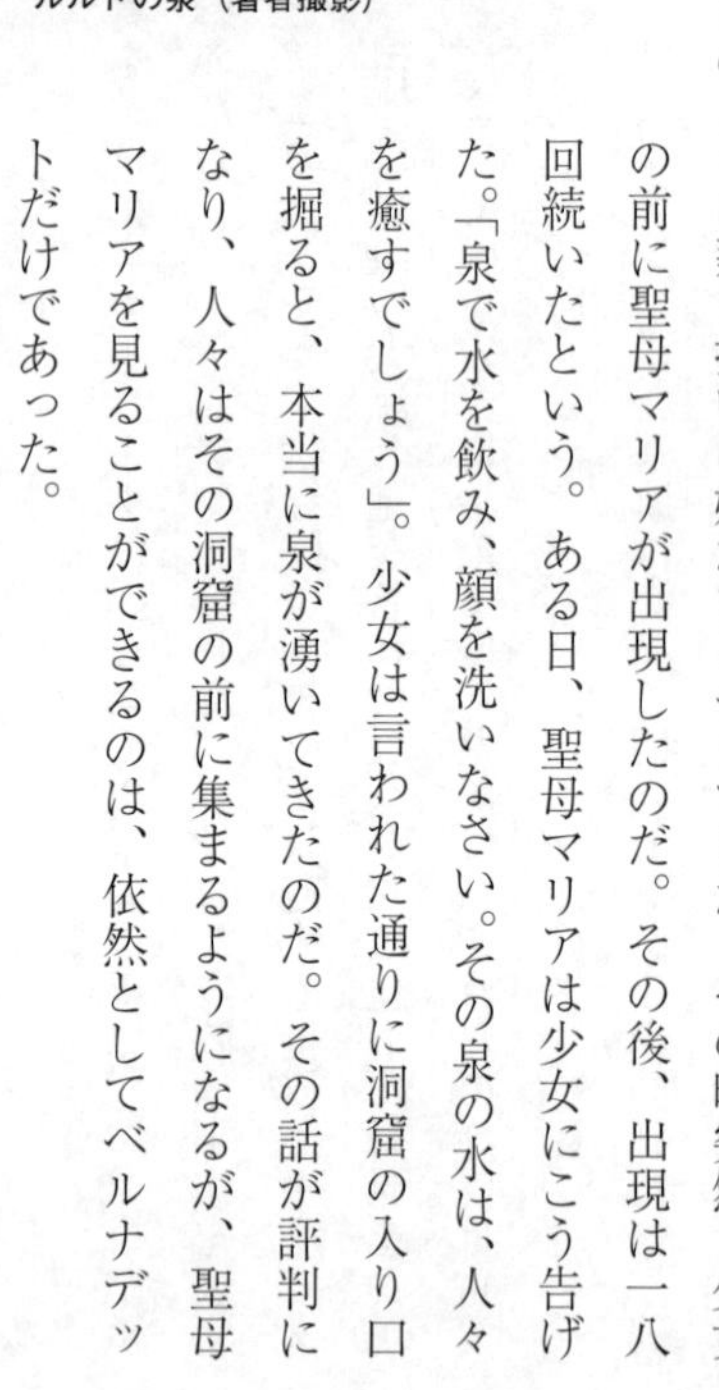

そのうちに、その泉で怪我や病気が治る人々が現れ、その後も泉の水は多くの人々の難病を治していった結

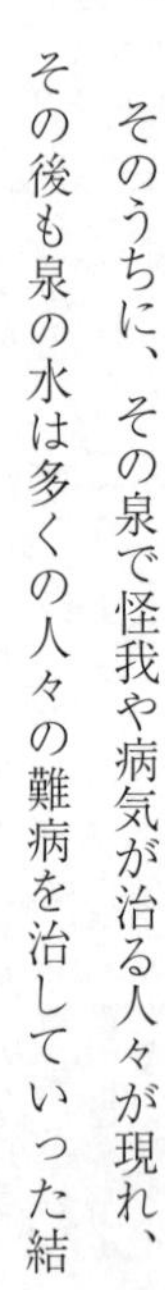

果、その奇跡を求めて、このルルドの地には毎年、年間六〇〇万人が訪れる、カソリック最大の巡礼地となった。バチカンもここで起きた奇跡を正式に認めている。その水を実際に飲んでみたが、ピレネー山のエネルギーも入っているのか、とてもおいしい水だった。

私は後日、フランス中部のヌベールにあるサン・ジルタール修道院を訪ねた。そこはベルナデットが最後に過ごした場所である。聖母マリアのお告げにより多くの人を癒す泉を掘ったと言うのに、今から約一四〇年前の一八七九年、本人は重い病によって三五歳で若くして亡くなった。ベルナデットが安置されている透明な棺のそばに行くと、驚いたことにその遺体はまるで生きているように見えた。それは眠れる森の美女のおとぎ話のお姫様のように。三回に及ぶ外科医による調査でも、体はまだ柔らかく驚異の状態だったそうだ。

マグダラのマリアの聖地と彩雲（著者撮影）

一〇　マグダラのマリア

私は、マグダラのマリアの軌跡を追って、南仏にあるサント・マリー・ド・ラ・メールに行った。伝説によると、イエスが磔になり、復活、昇天した後、イスラエルから逃げてきた、マグダラのマリア、聖母マリアの妹のマリア、そしてヨセフの母マリアを乗せた一艘の小舟がこの地に命からがら流れ着いたのだという。サント・マリー・ド・ラ・メールを訳すと「海からやってきた三人のマリア達」ということになる。二人をこの地に残し、マグダラのマリアは一人サント・ボームに移り、亡くなるまでの約五〇年間、そのサント・ボームの洞窟の中で大天使や神と交流しながら、祈りの日々を過ごしたのだと言う。マグダラのマリアは七つの悪霊と罪をイエスに追い出してもらってから、最後までイエスの近くにいて、復活を目撃し、それを使徒たちに告げた。マグダラのマリアは娼婦だと言われてきたのだが、実際は、豊かで若く美貌にも恵まれていた活発な女性だったようだ。一体誰が娼婦の噂を流したのだろう。歴史と言うのは、人々の感情で作られるものなのかもしれないと思った。

私は実際に、そのサント・ボーム洞窟を友人とモナコから車で訪れた。その日、南仏では記録的な降水量で床上浸水の被害も出ていて、ワイパーが効かないほどの雨の中、高速道路は水浸しで、高速を降りてからもその洞窟までの地図もなく、フランス語も通じなかった。時々出てくる案内板を手掛かりに、その洞窟のある村にやっと辿り着いた。車を駐車し、針葉樹と広葉樹の森の中の道を歩き、最後は崖に作られた石の階段をひたすら登った。息を切らしながら教会に到着し、中に入ってみると、そこは本物の洞窟のままだった。薄暗い中、外からの光が神秘的に白いマリア像を浮かび上がらせていた。しばし、そこで祈りを捧げ、外に出てみると雨は止んでいて、先ほどまで霧に覆われていた麓の村が眼下に広がり、空には大きな虹が架かっていた。

一一　黒い聖母マリア

また、マリア像は白いイメージがあるが、フランスには黒いマリアが二〇〇体以上も存在しているという。私は、ル・ピュイ、クレルモン・フェラン、ロカマドゥールの黒いマリアを訪れた。シャルトルの黒いマリアも訪れたのだが、衝撃の事実を知った。数年前にそのマリア像を磨いたところ、それは煤で汚れた白いマリアだったことが判明し、今では黒と白の両方のマリアが並んでデザインされた絵葉書が売店で売られていた。中には、そのような経緯で黒いマリアとなってしまった像もあるのだろうが、実は、黒いマリアがある場所は、キリスト教が布教される前はケルトの聖地だったところが多い。ケルトの大地母神、豊穣の象徴であった女神が聖母マリアのイメージと融合して出来たものが、「黒い聖母」の像なのだという。黒は不吉な色ではなく、豊かな作物を生み、育む大地の象徴であり、その肥沃な土の色そのものなのだ。

一二　芸術は祈り

私は最近、小さいころからあこがれていたフランス西南部にある一五〇〇〇年前に描かれた動物の壁画で有名なラスコーの洞窟に行った。モンティニャックにあるこの洞窟は一九四〇年、愛犬を探していた四人の少年が偶然発見したものだった。車窓から、先史時代、人々が狩猟していたようすを想像しながら、広大な草原と森の風景に思いを馳せた。ラスコー洞窟は一九六三年に壁画保護のために閉鎖されていて、現在はすぐそばにあるそっくりに作られたラスコー2にしか入ることができない。少し離れたところにある一三〇〇〇年前にクロマニヨン人に描かれたルフィニャック洞窟は、オリジナルの壁画なので、そちらに入ることに決めた。

まるでインディジョーンズの映画の様にトロッコに乗り込み、ひんやりとした洞窟の奥に進む。洞窟はかなり深くて真っ暗で、松明の灯りだけで古代の人々は、このようなところにどうして動物の壁画を描いたのだろう。いよいよトロッコは終点に到着し、足元がガイドによって照らされながら、私たちは歩いて奥に進んで行った。その時、ガイドが突然天井に灯りを向けた。私はそこに広がる世界に息を飲んだ。そこには、マンモス、馬、牛など無数の動物たちが、今にも走り出しそうに力強く、まるで生きているように時を超えて、先史時代から続く祈りの壁画が、頭上一杯に描かれていたのだ。その命そのものの壁画に、体中が震え、胸の奥が熱くなった。

現在でも洞窟の奥と言うのは、異次元空間で神秘に満ち、古代の人々にとって、それは祈りの場であったのではないかと思う。狩猟で命を繋ぐための祈願、そしてその野生動物の持つパワーと生命力への畏怖の念。その祈りから生まれたこの壁画を見て、私は、芸術は祈りであるという、啓示を受けたような気がした。その経験は、アーティストとしての私の人生に大いなる気づきを与える、大切な出来事だった。

一三　神宮に導かれて

私はニューヨーク同時多発テロの目撃後、様々な聖地を撮影して五年目の二〇〇五年六月に、それらの写真展を銀座のギャラリーで開くチャンスをいただいた。その時、とても不思議な経験をした。写真を展示し、ギャラリーのオーナーと食事をして別れた後、後ろから若い女性が声を掛けてきたのだ。その女性は、私しか知らないはずのこの数年間の出来事を語り掛けてきた。何かの勧誘か、霊感商法なのかと思い、最初は足を止めずに速足で歩いていたのだが、私が誰にも言ったことがない事実を言ってきたので、思わず足を止めてしまった。

その女性はこういった。「あなたの後ろの方からのメッセージをお伝えします。この二週間で人類にとっても大切で、あなたにとっても根幹になる出会いがあるので、それを必ず見つけてください、ということを伝えるように頼まれました。突然びっくりさせてごめんなさいね」と。そして、その女性はそのまま銀座の雑踏の中に消えて行ったのだ。

そんな不思議な体験のあと、私は翌日からの展覧会で訪ねてくださる多くの方々との日々に、その体験の事は頭から離れていた。しかし会期の終わる頃、ニューヨークの私の親友から案内をもらったという、当時早稲田大学のＭＢＡの大学院の教授がいらして、こうおっしゃった。「あなたは日本人なのだから、世界の聖地もいいですが、今年から始まる伊勢神宮の式年遷宮を撮影されたらいかがですか」と。

その方は以前、国学院の教授もされていたことから神道界にご縁の深い方で、展覧会の翌週、実際に私を神社本庁の国際課課長に紹介してくださり、その一ヶ月後、その方の導きで伊勢神宮に訪れることになった。何も知らない上に初めて訪れたにも関わらず、外宮の鳥居をくぐった瞬間、私はその空気が外と全く違うことに驚き、それが特別のものであることを直感した。そして、豊受大御神の祀られている御正宮、多賀宮を参拝し、風宮の前に立った時、私は何か大切なものに出逢えたような気持ちがした。お宮の名前に自然、そして自然現象が付けられているなんて、なんて素敵なのだろうと思った。神宮のお宮には、他にも土宮、風日祈宮、滝祭神、瀧原宮、大水神社などがある。

伊勢神宮　内宮鳥居（著者撮影）

内宮の御垣内で参拝させていただいたことを、今でも忘れることは出来ない。まず、入り口にて塩で清めていただき、御垣内に続く玉砂利を歩いていると、どうしたことか涙が溢れてきた。それは感情からではなく、自分の魂の深い所から泉のように湧きあがったものだった。

御垣内に足を踏み入れた途端、そこは一段と眩しくて、その空気がとても微細なものに感じ、そして私はふわりと暖かい球に包み込まれたような気がしたのだ。そして、私はニューヨークでツインタワーが倒れた時に思わず発した言葉を、胸の中でまた発していた。「神様、この体をお使いください」と。

それから現在まで一二年間、神宮での撮影を続けさせていただいている。そこで見たもの、感じたもの、体験したものすべてが尊いものだった。伊勢神宮は日本における神道の中心であり、正式には「神宮」と言う。天照大御神をおまつりする皇大神宮(内宮)と、衣、食、住の守り神として崇敬される豊受大御神をおまつりする豊受大神宮(外宮)の両御正宮は有名であるが、実はその周りにも広範囲にわたって、別宮、摂社、末社など正宮と御神縁深い神々をおまつりする一二五の宮社があり、伊勢神宮がそれらの総称であることは、あまり知られていない。その一二五ヵ所に渡る伊勢神宮のどこかで、一年で一五〇〇回以上に及ぶおまつりが毎日行われている。おまつりは稲に関するものが多い。それは、二〇〇〇年間続く伊勢神宮の祈りの日常である。

一四　世界で一番古くて新しいもの

伊勢神宮には世界でも類を見ない、二〇年に一度行なわれる、一三〇〇年続く特別なおまつり、式年遷宮がある。それは神さまに新しいお宮にお遷りいただくために新宮を建て、全てを整えるための九年に及ぶ壮大なおまつりであったが、私はその撮影を通じ、生命の循環、また人が自然を守るのではなく、自然によって人は生かされていることを学んだ。またその仕組みにより、「伊勢の森の中には、世界で一番古くて新しいものが存在する。」とフランクロイドの弟子であるアントニオ・レイモンドが表現した。

なぜ、式年遷宮が二〇年に一度行われるのかと言う理由を述べた記述は残っていないのだが、建物の耐久年数、稲の保存可能期間など、その他様々な説がある。二〇年という期間は二〇代、四〇代、六〇代と人の成長の節目と重なり、お宮を建てる宮大工、神さまに捧げる神宝・御装束などの職人の最高技術と精神性が脈々と引き継がれていることにもつながっている。ある美術館の学芸員の方は、それは日本のハイテク技術にもつながっているとおっしゃっていた。

神宮の建築は掘立柱で萱葺屋根、切妻造りの平入で、原型が古代の穀倉である高床式倉庫と言われる「唯一神明造」と呼ばれる建築方法で建てられている。内宮の御正宮に使われている一番大きな棟持柱は、二〇年後、宇治橋の内側の鳥居に、そして外宮の御正宮の棟持柱は、宇治橋の外側の鳥居に姿を変えてまた二〇年間使われて、その後も全国の神社のお宮や鳥居として長く使われてゆく。世界中では環境問題やリサイクル・リユーズとか叫ばれているが、日本は太古の昔から、それをずっと続けてきた。

神宮の敷地は世田谷区、そしてパリ市とほぼ同じであるが、私が特に惹きつけられたのは、神宮を抱くように座している神さまの山々だった。この山には大きく分けて二つの種類の森がある。一つは太古からの手つかずの天然の森。このあたりの森は本来、榊、椿などの照葉樹林であるが、その森は針葉樹や広葉樹も共存している明るい森であった。それは水を清め、土壌を豊かにする役目も果たしている。

もう一つは、人が植樹して世話をする植樹の森である。かつて爆発的にブームになったおかげ参りの参拝者をもてなすため、煮炊きなどに沢山の木が使われた結果、木がなくなり、それ以来、良木を求めて木曽谷の木を使うことになっていたのだが、二〇一三年に行われた、第六二回式年遷宮（しきねんせんぐう）では、一九二三年にこの地で植樹して以来、初めて一部この神様の山から木が伐りだされた。このように人が手を入れながら、自然の力を生かした森と人との関係は、これからの世界にとって、きっと大きなヒントになることであるであろう。

　また雨が降って、長い間濾過された水は、山の泉から湧き出て、その後、沢に水はどんどん集まり、五十鈴川となって里山の田畑を育み、森や田畑のミネラルを含みながら、神宮の御手洗場で人々を浄め、癒す。また中流では、神様に捧げる稲や野菜や果物を育み、下流では、山と海のミネラルが出合うと言われる汐合という場所に、神さまに捧げ、人々を清める塩を作る塩田がある。そして、森の栄養を含んだ五十鈴川は伊勢湾に注ぎ、豊穣の海を生み出す。その海草・魚介類も神さまの神饌として捧げられる。海の水は太陽の熱によって蒸発し、また雨となって山に戻る。そのような自給自足の仕組み、すべての命を繋ぐ二〇キロメートルという五十鈴川との水の旅によって、私は太古から続く、大いなる循環の中にいることに気付かされた。

　神宮の撮影を始めて八年目の二〇一三年一〇月二日、内宮にて遷御（せんぎょ）の儀が行われた。その時、庭燎（ていりょう）はすべてかき消され、浄闇（じょうあん）に包まれ、まるで宇宙の真ん中にいるような気持ちがした。天岩戸びらきの故事（こじ）にならう鶏鳴三声（けいめいさんせい）が神域の森に響き渡り、天照大御神が今までの御正宮から出御（しゅつぎょ）された。

　天の星は輝きを増し、神域のあらゆる生命がざわめきはじめた。そして雅やかな道楽（みちがく）の調べとともに、純白の絹垣（きんがい）に秘められ、天照大御神は厳かに新宮にお遷りになった。それは、まるで天孫降臨（てんそんこうりん）の場に立ち合わせていただいているようで、神話の世界に自分がおり、その神秘の光景に魂が震えた。今、目の前で行われている儀式は現在だけのものではなく、一三〇〇年の過去、そして未来が重なって存在しているのだと感じた。そして神さまが新宮に入御された直後、たおやかで大きな風が、私たちを包むように神域を駆け抜けた。

　私は日本の根幹が祈りであることに心から感謝した。二〇一三年一〇月に御正宮、二〇一五年三月に別宮の式年遷宮が終わったが、それと同時に新しい式年遷宮がまた始まったのだ。それは永遠にくり返され、続いてゆく営みなのだ。美しい未来へ向けて。

テロから一五年、世界の聖地を巡礼してきた。ハワイ、メキシコ、チベットなど、それぞれの地で祈りを捧げ撮影してきた。そしてそれはまだ続いている。どの聖地も祈る人々の姿は美しかった。地球上では、人間だけが生き残ることは不可能だ。すべての生命が繋がっているのだから。この世に誕生し、自然の恵み・生命で生かされ、そして精一杯生き切って、次の世代に命を継いでゆく。これが自然の摂理であり、生きることが祈りそのものであるのだと思う。

神宮の式年遷宮のおまつりは、私たちに生命の営みを見せて下さっているように感じる。それはまさに生命そのもののようだ。真の永遠を一三〇〇年間継続してきて、また美しい未来にそれを紡いでゆく神宮の存在は、これからの世界を明るく照らす光のひとつになるのではないだろうか。

「象徴」のあいまいさ埋める天皇の祈り

金子桂一

一　はじめに

近年、明仁天皇、美智子皇后の「祈り」に、注目が集まっている。戦争犠牲者、あるいは震災など災害犠牲者に捧げられる祈りは、言葉など必要としない静かな鎮魂の空間を広げていく。皇室外交での外国訪問、被災地訪問では数多くのニュース記事が配信、報道されるなか、日本のメディアに映し出される天皇の姿は象徴的に描かれる。それはメディアが見たいものなのか、あるいは見せたいものなのか、と一瞬ためらうほどだ。というのも新聞や雑誌の写真、テレビの映像の多くが、最終的には一枚の「祈り」の絵に収斂してしまうからである。一方、新聞やテレビの先には、受け手として天皇夫妻を見守る国民がいる。結果として、天皇、国民双方が時や思いを同じ方向を向いて共有する、「日本国民統合の象徴」が国民投票などの手段に頼らずして完成してしまうのだ。

天皇制を否定的にとらえる識者であったとしても、「『護憲派』天皇として戦後民主主義との親和性を育ててきたことは、明仁・美智子夫妻の天皇制史に残る業績であろう。彼らの思想と行動によって、天皇制はすっかり戦後国民の『民主主義意識』の内側に入り込んだ」（『国民の天皇論』伊藤晃）とその歩みに脱帽する声もある。共産主代の転換点を迎えている。

義と相いれないとして反天皇制をとってきた日本共産党は、天皇が臨席する国会開会式に初めて出席するなど時代の転換点を迎えている。

学校現場などでの国旗・国歌法の強いるナショナリズムよりも、天皇が国民や世界平和のために行う祈ることのほうが、国民に幅広く受け入れられ、一体的な日本という、穏やかな「想像のナショナリズム」を広げているのである。象徴天皇制においては、「象徴」という言葉のあいまいさが長年議論されてきた。そうしたなかで、天皇の祈りは、そのあいまいさを埋める最後のピースといえるのだろうか。宗教的な世界、世俗的な世界双方を自在に行き来するかのような、融通無碍な祈りの意味を考えたい。

二　昭和天皇の強烈な光

天皇といえば、明治、大正、昭和の時代を生き、独特の存在感があった昭和天皇の姿がまず思い浮かぶ。子どもの頃、敗戦時に三四歳の陸軍憲兵大尉だった祖父に連れられて、皇居や靖国神社、巣鴨プリズン跡地など旧軍施設へと足を運んだ。祖父が青春時代を振り返る、そのまなざしは大元帥陛下と呼ばれた昭和天皇への畏敬の念と郷愁にあふれていた。もっとも当時は学校や大人たちのいる場で、天皇を話題に出すことは、はばかられていた。家庭で安易に話題にしてはいけない重たい空気もまだあったことを覚えている。では、一九八九（平成元）年に五五歳で即位した明仁天皇に対して社会が抱いたイメージは、どのようなものだったか。たとえば、強烈なカリスマの光を放つ父親の少し後ろを歩く、控えめな紳士の印象である。海外訪問に積極的で、開明的な印象もあった。即位当時、新天皇の存在感の薄さを心配する人も少なくなかったと記憶する。もちろん天皇の代替わりは、激動の昭和が背負った時代の呪縛を脱し、自由で新しい時代の到来を予感させた。平成に改元して二八年。振り返ってみて、天皇制をとりまく社会のムード、時代環境は大きく変わったといえるのだろうか。

現天皇は、歴代天皇としては驚くほど改革派のカオを見せている。最近では、陵墓の規模縮小、葬儀を薄葬にするなど、タブーに挑戦する改革案が耳目を集めた。東日本大震災直後に収録した天皇のビデオメッセージで見られるように、自ら率先垂範し、前へ前へと行動していく動的な天皇であることは明らかだ。ともすれば、歴史認識などの発言をめぐって、時の政権が持つ政治的スタンスとの違いを惹起させてしまうほどの存在感を示している。

国民の暮らしとの接点も常に求めてきた。災害がひとたび起きれば、天皇、皇后が被災地に駆けつけ、被災者と言葉を交わして励ます。皇室外交も実践している。来日した国王や大統領などの元首、首相、あるいは外国の訪問先で積極的に会談して外に開く。恒久平和を語り、かつての帝国日本、軍国日本への批判と反省をスピーチに注ぎ込む。内にあっては、家族でテニスやドライブを楽しみ、博物館、美術館、コンサート会場に出かけて、理想的な家族モデルを示してきた。天皇が大事にしている護憲、平和という二本柱に加えて、慰霊というテーマも、国民に大きな関心を持たれるようになってきた。犠牲者の苦しみに心を痛め、ひたすら祈る天皇の姿である。

天皇、皇后は二〇一六（平成二八）年一月二六日から三〇日までの五日間、フィリピンを訪問した。天皇は八二歳、皇后は八一歳。厳冬の日本とは異なり、熱帯の気候に汗ばむ陽気。国賓として招待されたとはいえ、八〇歳を超えての海外公務はきわめて過酷だ。病の身を押しても戦没者慰霊を続けなければならない、との天皇、皇后の強い意思がにじみ出る。

第二次世界大戦末期、フィリピンは日米両軍が激突した太平洋戦争の主戦場だった。日本側の犠牲者は軍人・

軍属、民間人も含めて約五一万八千人、いまだ三七万柱の遺骨がフィリピンの地に眠る。先の大戦で海外で亡くなった日本人の数としては最大だ。首都マニラでの市街戦では、女性や子どもを中心に約一〇万人のフィリピン住民が、フィリピン全体では一一一万人のフィリピン人が命を落とした。

天皇は出発に先立ち、「フィリピンでは、先の戦争において、フィリピン人、米国人、日本人の多くの命が失われました」と述べ、「私どもはこのことを常に心に置き、この度の訪問を果たしていきたいと思っています」と語った。一月二九日には日本政府が建立した「比島戦没者の碑」(ルソン島中部・カリラヤ)を訪問。日本から駆けつけた約一五〇人の元日本兵、遺族らが見守るなか、慰霊碑に一礼した後、日本から運んだ白菊の花を手向け、頭を垂れた。天皇夫妻は日本側の慰霊碑に先立ち、フィリピン側の「無名戦士の墓」も訪れ、じっと頭を垂れ、最後に深々と一礼をした。無名戦士の墓を日程に加えるよう希望したのは、天皇夫妻だったという。フィリピン慰霊は「戦後七〇年を過ぎても戦没者に心を寄せようというお気持ちの表れ」(宮内庁幹部)=一月二九日、朝日新聞夕刊=というのだ。

図1　戦後60年の「慰霊の旅」。サイパンのバンザイクリフを望み、黙礼される天皇、皇后夫妻(2005年6月28日、北マリアナ諸島サイパン)＝時事

天皇、皇后の戦争犠牲者への慰霊の旅は、節目の年をはさんで行われてきた。天皇即位後に迎えた戦後五〇年では、一九九四(平成六)年二月、東京都小笠原諸島を訪問。九五(平成七)年七月には原爆犠牲者の慰霊のために長崎市、広島市をそれぞれ訪問。同年八月には沖縄戦の犠牲者を慰霊するために沖縄県、同月中に東京大空襲の犠牲者を慰霊するために東京都慰霊堂(墨田区)と、相次いで訪問した。

戦後六〇年には、〇五（平成一七）年六月に米領サイパン島を訪問した。同島は駐留日本軍が玉砕、約五万五千人の日本兵、民間人がいのちを落とした。八〇メートルの断崖・バンザイクリフから飛び降り、自決に追い込まれた日本兵、民間人の犠牲者は一万人とも言われている。天皇、皇后が深く頭を垂れたのは、まさにその崖に向けてだった。

戦後七〇年となった一五（平成二七）年四月には、激戦地ペリリュー島にほど近い南太平洋のパラオ島を訪問し、旧軍人から激戦の当時の話を聞いた。

戦没者慰霊と並ぶのは、災害被災地への「お見舞い」である。九一（平成三）年七月に長崎県の雲仙・普賢岳噴火（死者・行方不明者四四人）の被災地を訪問。その後、北海道南西沖地震（同二三〇人）、阪神・淡路大震災（同六四三七人）、新潟県中越地震（同六八人）、新潟県中越沖地震（同一五人）の被災地を訪れた。一一（平成二三）年三月に起きた東日本大震災（同二万一八三九人）では、千葉県を皮切りに、茨城、宮城、岩手、福島、岩手、青森の被災各県を訪問。一五（平成二七）年には関東・東北豪雨の被災地への訪問も果たしている。一六（平成二八）年四月には、震度七を二回も記録した熊本地震（同四九人）が起きた。五月一九日に熊本の被災地を日帰りで訪問し、被災者を見舞っている。避難所となった体育館には、スリッパを履かず、ひざをついて、被災者と同じ目線で向き合う天皇、皇后の姿があった。

こうした天皇の祈りは、憲法が規定する天皇の国事行為や公的行為で明記されたものではない。国内巡幸や式典などでおことばを述べる公的行為の行事に付随して捧げられるものだ。だが、天皇がひとたび頭を垂れれば、国を代表して「祈る」という意味が生じてしまうこともまた確かである。

前出のフィリピン訪問に先行して、一五（平成二七）年六月、天皇は来日したフィリピンのアキノ大統領を迎えた宮中晩餐会で、次のように語った。日米両軍の戦闘に巻き込まれて数多くのフィリピン国民が犠牲となったことについて、「私ども日本人が深い痛恨の心と共に、長く忘れてはならないこと」と挨拶。今回のフィリピン訪問でも亡くなった米兵、フィリピン人ら被害者の痛みへの理解を示している。

民族の記憶ともいうべき、戦争の加害者、被害者双方には長い時を経ても、乗り越えられない壁がある。全面的な許しを得られるとは限らないが、被害者の痛みをわがことのように感じてこそ、加害者、被害者の双方が歩み寄る素地ができる。「赦しを乞う」ことで、少なくとも被害者とともに死者を悼む資格を得るのである。

西ドイツのビィリー・ブラント首相が七〇年、ポーランド・ワルシャワを訪問。ユダヤ人ゲットー跡地で献花し、ひざまづいて謝罪の意思を示したのがまさにそうした例にあたる。ひざまづくブラントの姿が、強烈な被害者感情を徐々にやわらげ、後に八五年のワイツゼッカー独大統領の「過去に目を閉ざす者は結局のところ現在にも盲目となる」という演説ともつながっていく。贖罪の積み重ねが、ドイツと周辺国、多くの民族との歴史的和解へとつながった。同様の認識は現天皇にもあるようで、常に「戦争の記憶」の風化に警鐘を鳴らし、自らの行動をもって世論に訴えている。

加害者、被害者の和解の事例として、記憶に新しいのは一六（平成二八）年五月二七日の、オバマ米国大統領の広島訪問であろう。「七一年前、明るく、雲ひとつない晴れ渡った朝、死が空から降り、世界は変わってしまいました」。大統領は原爆慰霊碑に献花し、準備してきた「所感」をそう切り出した。

謝罪と原爆投下の正当性をめぐって日米双方で議論が一時再燃し、注目されていた言葉である。それは米国として言葉を絞り尽くした、一七分にわたる演説であった。「なぜ私たちはここ、広島を訪れるのか。私たちはそう遠くない過去に解き放たれた恐ろしい力に思いをはせるために訪れるのです」。謝罪の言葉は発していない。プラハ演説以降、核軍縮への具体策が足りないとの批判も出た。だが、ここで注目しておきたいのは、大統領の次の言葉である。「私たちはここに、この街の中心に立ち、原子爆弾が投下された瞬間を想像しようと努めます。目にしたものに混乱した子どもたちの恐怖を感じようとします。私たちは、声なき叫びに耳を傾けます。私たちは、あの恐ろしい戦争で、それ以前に起きた戦争で、それ以後に起きた戦争で殺されたすべての罪なき人びとを思い起こします」。

米国大統領が犠牲者を悼み、当時の惨状に思いをはせ、そこに想像の翼を広げた。その言葉を信じるならば、明確な謝罪の言葉がなくとも、犠牲者を取り囲む静かな祈りと共鳴したといえるのではないだろうか。

戦争犠牲者を悼む天皇の祈りの源流を探ると、やはりそれは自らの幼少期の戦争体験にたどりつくようだ。現天皇は戦時中の四四（昭和一九）年、栃木県日光市の日光田母沢御用邸に疎開、地方空襲や本土決戦などに備えて奥日光のホテルに移動している。天皇が六〇歳を迎えた九二（平成四）年の記者会見では、「戦後、日光の疎開先から焼け野原の中にトタンの家の建つ東京に戻ってみた状況は、現在の東京からは、とても考えられないものでした」と語っている。宮内庁のホームページに掲げられている「忘れてはならない四つの日」（①六月二三日の沖縄慰霊の日、②八月六日の広島原爆の日、③八月九日の長崎原爆の日、④八月一五日の終戦記念日）は、皇太子時代からこだわり続けてきた、天皇、皇后が祈りを欠かさない追憶の日である。

敗戦直後の四五（昭和二〇）年九月九日、昭和天皇は皇太子の現天皇に手紙を送った。敗因について「我が国人が　あまりに皇国を信じ過ぎて英米をあなどったことである　我が軍人は　精神に重きをおきすぎて科学を忘れたことである」。「戦争をつづければ　三種神器を守ることも出来ず　国民をも殺さなければならなくなつたので、涙をのんで国民の種をのこすべくつとめたのである」と説明した。そうしたことも歴史観の根底にあると見られる。折に触れて、「歴史を鏡」とし、戦争犠牲者への祈りを捧げる天皇であるが、かつての皇太子時代、あるいは天皇即位後しばらくは、社会での祈るイメージが強かったわけではない。

沖縄の本土復帰前後から、皇太子（現天皇）は沖縄の戦争犠牲者に心を寄せ、本土復帰後に沖縄をいくどとなく訪問。同世代の多数の子どもが犠牲となった対馬丸事件は、戦争によって生を断ち切られた理不尽さへの怒りと悼みから、ずっと問題意識を持ってきたにもかかわらずである。

端的に言えば、時代が求める皇太子像が違ったのである。五九（昭和三四）年四月に皇太子ご成婚。それに先立つ皇太子と正田美智子さんとのテニスコートでの出会い、民間出身の女性との恋愛結婚への道のり。天皇家を覆う重々しい菊のカーテンを外して、国民にミッチーブームを巻き起こした。皇太子夫妻の長男となる、現皇太子の浩宮徳仁親王の誕生で、戦前の大家族とは違った「戦後のニューファミリー」像が、高度経済成長と軌を一にして登場した。明治時代からの厳格なイメージを感じさせる昭和天皇夫妻と、戦後民主主義社会の自由な気風を感じさせる皇太子一家の複層的な家族像も大きい。皇太子一家に注目が集まったのは、新しい時代を求める国民の渇望に、新聞・テレビなどのマスメディアが気づかされたからであろう。

三　祈りの両輪、熱心な宮中祭祀

他方、現天皇は天皇家の宗教的な祈りにあたる宮中祭祀（さいし）に大変熱心であると言われる。熱心さにおいて往時の昭和天皇以上とも言われている。昭和天皇は老齢に差し掛かったころから、宮内庁が一部祭祀を縮小した。現天皇についても祭祀の負担軽減が検討されているが、いまなお精力的に取り組んでいる。事前の潔斎と平安装束を着用しての所作、長時間の正座など現代人にとっての負担は大きいが、皇太子時代、歴代の天皇の祈りにふれて、こう語っている。

「疫病の流行や飢饉にあたって、民生の安定を祈念する嵯峨天皇以来の天皇の写経の精神や、また、「朕民の父母と為りて徳覆うこと能わず。甚だ自ら痛む」という後奈良天皇の写経の奥書などによっても表されていると思います」（読売新聞一九八六年五月二六日付朝刊、同新聞への文書回答）。

現在、日常の公務では、閣議決定文書や大使の信任状、法令や条約の公布など多数の公文書に署名・捺印している。その数は年間約一一〇〇件（一四年）に上る。ほかにも内閣発足時の認証式や外国要人の晩餐会出席など約二三〇件（同年）の各種行事に参加し、皇居内の賢所では新嘗祭など皇室にかかわりのある宮中祭祀二〇件を執り行っている。

戦後の日本国憲法で政教分離が徹底され、皇室の祖先崇拝にあたる宮中祭祀は皇室の私的行事の扱いとなった。ただ、祭祀そのものには戦後と戦前・戦時中との断絶はなく、一貫して継承されてきているといわれている。

宮中三殿には皇祖・天照大御神、歴代天皇・皇族の霊、国中の神々が祭られている。大祭では、天皇が祭典を主宰し、御告文（おつげぶみ）を奏上、小祭では掌典長が祭典を行い、天皇が拝礼する。天皇の祭祀に対する心構えとして有名なものに、鎌倉期の順徳天皇（一一九七年～一二四二年）が宮中の有職故実を調べてまとめた『禁秘抄』がある。

「およそ禁中の作法は、神事を先にし他事を後にす。旦暮敬神の叡慮、懈怠なし。あからさまにも神宮ならびに内侍所の方を以て御跡となしたまはず」。

その意味は、すべての宮中の作法は、神事を第一とし、その他のことは神事の後にする。天皇は朝も夕も常に神を敬う心を保っていて、少しも怠ることはない。特に神宮および内侍所に対しては、決してその方向に足を向けるようなことはなさらない——というものだ。国のための祈りが天照大御神など皇室の祖先神に捧げられる。

全国紙や民放テレビ局の元宮内庁担当記者によれば、昭和天皇に比べてリベラル（自由主義的）と見られた現天皇は、即位当初、祭祀については不熱心という印象で保守派の人たちから見られたこともあったという。前述したように、時代が皇太子にそうした役回り、優先順位を求めていなかっただけといえるのだが、天皇即位後に目につく弱点として浮上することが容易に想像できた。

そのためか、天皇即位後の一九九〇（平成二）年一二月の天皇誕生日に、皇居・宮中三殿に天皇、皇太子が拝礼する「天長祭」を二二年ぶりに再開。祝賀行事が増えて、昭和天皇への拝礼が難しくなり、代理が拝礼してきたのを、天皇が自らの考えで復活させたという。元旦に宮中三殿脇の神嘉殿南庭での「四方拝」も天皇自身が拝礼した。昭和天皇の高齢化などを考慮し、七〇年から代拝などで行われてきたが、宮中祭祀を重視する姿勢を示した形だ。

戦後一〇年、二〇年という昭和時代の中盤はいうまでもなく、戦後四〇年の昭和六〇（一九八五）年に至るまでも、戦争体験者の多くが昭和天皇に戦前日本の華やかりしころの郷愁を感じ、敬愛の念は変わることはなかったように思われる。「神聖ニシテ侵スヘカラス」の大日本帝国憲法と、「日本国の象徴であり日本国民統合の象徴」とされた日本国憲法との、二つの異なる憲法体制を生きる「一身二生」を生きる重みがあった。四六（昭和二一）年年頭の「人間宣言」で、現人神であることを否定したが、戦前、戦中を知る世代にとって、その神聖なイメージは終生変わることなく続いたといえるのではないか。晩年、天皇の戦争責任をめぐる問題が決着をみないまま、昭和天皇はその生涯を終えた。あいまいになった問題のけじめをつけるべく、いまの天皇、皇后は自ら進んで〝戦後責任〟を果たそうと努めてきた。それが戦争犠牲者への慰霊や祈り、歴史の記憶の継承といえよう。

四 世俗化する、もうひとつの祈りの形

戦争犠牲者、あるいは災害犠牲者に捧げられる天皇、皇后の祈りは、深く頭を垂れるスタイルをとっている。終戦記念日にあたる毎年八月一五日、政府主催の全国戦没者追悼式は、宗教的に中立との位置づけで行われている。東京・九段の日本武道館で行われる追悼式では、「全国戦没者之霊」と筆書きされた木製標柱に天皇、皇后が拝礼、黙禱を捧げている。祈ることはきわめて宗教的な行為であるはずだが、合掌せずに頭を下げるだけの祈りは、既存宗教との祈りとは一線を画した、世俗的な祈りという印象を与えている。祈る対象、様式、儀礼の位置づけが異なるとはいえ、宗教性を意識した宮中祭祀と、世俗的な祈りとして解される公的行事との間を、「祈り」を媒介にして頻繁に天皇が行き来しているといえよう。

昨今の祈りの意味を考えるとき、皇室の大きな文化・伝統の存在にも触れておかなければならない。皇室にかかわる文化・伝統は、千数百年前から連綿と受け継がれてきたというのはいささか乱暴で、その実態は後から新たに創出されたり、再興されたものも少なくないということだ。

たとえば、大嘗祭は一四六六年から一六八七年まで中断されていた。通説では室町期・応仁の乱前後からの、朝廷の財政難が要因であるとの説明がなされてきた。社会の混乱や政権の弱体化にともなって、朝廷が困窮していたことは間違いないと見られるが、中世には荘厳な仏教儀礼＝即位灌頂があって、大嘗祭は王位継承に際しては必ずしも必要ではなかった、との指摘もある。後代になって本居宣長が大嘗祭の神事にアレンジを加えたとされ、天皇が新穀を神に捧げるだけではなく、みずからも食べるところに新たな宗教性が加味されたという。天皇

は血統だけではなく、天照大神と神聖な食べ物を共に食すことによって、神性を付与されたことを意味している。

孝明天皇までは仏式で葬儀が行われたが、王政復古に先立って小さな円墳が築かれ、陵とされた。明治天皇の時代になって、即位儀礼などは神道形式で整備された。天皇の行幸、皇后の行啓も明治以後、頻繁となった。姿が見えぬ天子から、国民に見える天皇への転換のあらわれだ。

歌会始、講書始といった行事は明治期に整備され、文化の庇護者としての天皇の立場を示すものとなった。伝統があると思われがちな文化勲章の授与は、昭和天皇の時代、広田弘毅首相の発案で、三七（昭和一二）年から始まっている。

「天皇のお田植え」は、昭和天皇の即位直後、二七（昭和二）年から始まった。天皇が五月に田植えをし、九月に刈り取りをする。その新穀は一一月二三日の新嘗祭で神に献上される。日本の稲作と結びついた皇室ならではの行事と考えがちだが、その歴史は意外と新しい。『昭和天皇実録』では、即位から間もない昭和二年六月一四日に「御田植のため赤坂離宮内の稲田にお成りになる。ゴム長靴にゴム手袋のお姿にて、宮内省御用掛服部広太郎の指導のもと、〈中略〉稲束を御自ら御挿秧になる」との記述があり、その趣旨について「農事御奨励と御研究に供されることの二事にある」と事務的に説明する。神に捧げるという意もあったのかしれないが、「遺伝御実験水田」との言葉も見られることから、天皇の関心の強さは、イネの品種改良や遺伝実験に重きが置かれていたようだ。

報道はその後、季節を伝える恒例行事となり、時代がたてば「新規さ」が脱色されて、過去からの伝統・文化の連続性、すなわち古色蒼然とした色をまとうようになる。新たな文化的ないし政治的な取り組みは、皇室の大きな文化・伝統の幹に、歴史の中で回収されていく。天皇が携わる行事は、明治以降、古くは錦絵や写真、新聞、ラジオ、テレビのメディアを通じて、安定した文化基盤を獲得していくようになった。それは過去と未来をつなぐ要石のような役割を果たしてきたといえるのではないか。ここまで見てきた世俗的な祈りも、明仁天皇、美智子皇后のきわめて個人的な行動力によるものであるが、今後、皇室の祈りとして、「日常の風景」として定着していくのだろう。天皇・皇后がつくった祈りの形もやがて、伝統・文化という大きな幹に回収されていくのである。

五　宗教的奇蹟は生まない祈り

そもそも祈りとは、なにか。念じることによって、ある種のショック状態や絶望から顔を上げさせ、次のステップに進むための「救い」であると思われる。かつて美智子皇后は、「皇室は祈りでありたい」と語った。天皇家の長女、紀宮清子内親王（黒田清子さん）が〇三（平成一五）年の誕生日で、宮内記者会への文書回答という形で明らかにした。

「皇后さまがこれまで体現なさってこられた『皇族のありかた』の中で、私が深く心に留めているものは、『皇室は祈りでありたい』という言葉であり、『心を寄せ続ける』という変わらないご姿勢です。〈中略〉。戦争や災害犠牲者の遺族、被災者、海外各国の日本人移住者、訪れられた施設の人々などに対しては、その一時にとどまらず、ずっとお心を寄せ続けられ、その人々の健康や幸せを祈っておられます。〈中略〉その象徴的な行いが具体性を持った形で物事に活かされ、あるいは人々の心に残っていることは、感慨深いものがあります」。

祈りとは「心を寄せ続ける」こと、と説明する皇后の言葉は、新聞・テレビなどメディアを通じて広く報道された。その後、月刊誌や週刊誌などで、研究者、作家が深く掘り下げた皇室記事を書くときの素材のひとつともなっている。「皇室の祈り」という言葉が磁力を放ち、解釈の尺度ともなってメディアの報道、有識者の論壇にも微妙に影響するようになったのだ。

東日本大震災の被災地訪問では、天皇、皇后が体育館でスリッパもはかずに正座し、被災者の話に耳を傾けたことに注目が集まった。皇后はおばあさんの手をさすり、幼い子どもを抱き上げた。それから、阪神・淡路大震災時、バスに乗った皇后が、小さくガッツポーズをして被災者を励ましたという映像もあわせて流された。「祈り」という行為に着目すれば、宗教行為とみなされて、日本国憲法の政教分離と矛盾しかねない危険性をはらむ。反天皇制を訴える市民団体からは、そうした危険性を指摘する声もあるが、それが国民多数の支配的な世論にならないのは、皇后が言うように、犠牲者や被災者など弱者の側に立ち、人に寄り添い、現場に足を運ぶからこそ、世論や時代が許容してきたと言える。

かつての皇帝や王のように、高いところから言葉を下げ渡すのではないのがいまの天皇、皇后の流儀だ。国民の側からすると、高いところにいる人が自分たちと同じ高さに降りてきて、自分たちをわかってくれると感じる。

震災の津波被災地では、生き残った自分以外に一家全滅などの悲惨な被災状況が数多くある。天皇、皇后は被災者の声を聞くにとどまらず、深刻な被災者の物語りを受け止める。人の嘆きや悲しみなど、「痛みはわが身を通る」という姿勢を示すのである。これは精神的にかなりのストレス、負担である。目に見える被災者だけでなく、亡くなった犠牲者であれ、天皇、皇后は「寄りかかられる圧」を感じているはずである。そこで生じるコミュニケーション力が、天皇と犠牲者、被災者との共鳴を生み、被災者にとっては「癒やし」の効果と、相互にあっては「絆」という関係性で結ばれるのであろう。自分が祈り、願う心を伝え、国民の心の持ちようを受け止めるからこそ、「祈る」天皇と位置づけることができるのではないか。

ここで押えておきたいことは、単純に天皇、皇后対被災者という関係性でないことである。

〇九（平成二三）年一一月六日、即位二〇年の会見で皇后が述べた言葉が手がかりになる。阪神・淡路大震災などで支援を受けた恩返しにと、被災地に駆けつけるボランティアに言及した言葉である。

こうした連帯意識にあふれた行動は、同じく私どもがどの被災地でも必ず感じる、逆境における人々の立派さ――自制、忍耐、他への思いやり、健気さ――などとともに、自らも状況に心を痛めておられる陛下に、どれだけの希望と勇気をお与えしたか計り知れません。

朝日新聞元編集委員の岩井克己氏は「平成の時代は、逆境の中で天皇・皇后が国民を慰藉し励ました年月とみえて、実は天皇・皇后が国民から『希望と勇気』を与えられた年月でもあった」（月刊文藝春秋二〇一六年一月号）と解説した。励ますようでいて、逆に励まされるという相互依存関係こそが、平成の象徴天皇制を強化していったのではないだろうか。天皇個人にあっては、祈ることが目に見えない犠牲者の霊を鎮め、被災者など個人を奮い立たせ、個人も含めた再生力につながってきたのである。祈れば雨が降ったり、天変地異が収まるなど、宗教的な奇蹟は起きない。

象徴天皇制への支持率が七割、八割を超える日本であっても、現天皇は民主主義体制との共存に日々緊張し、あり方をいまなお模索しているように思える。御厨貴は「天皇夫妻の〝象徴〟としてのイメージは『祈る』姿に見いだせるのかもしれない」と指摘したことが示唆に富む。

敗戦後、天皇は疎開していた日光から学友とともに戻り、一面焦土となった東京に降り立った。まさに「国破れて山河あり」の戦後の認識から、驚異的な戦後復興をへて、悟りを開くようにたどりついた祈り。それは個人のみならず、ひいては社会も再生するひとつのヒント、ステップになるのではないか。ただ、多様性を持った、懐の深い豊かな戦後民主主義社会を願ってきた天皇にとって、これは悩ましい問題も同時に抱えることになる。日本的な右向け右で、社会に同調圧力が高まれば、こうした祈りでさえ、窮屈な典礼のなかで、形式美が追求されてしまうからである。

モノトーンな祈りが、見えない圧力で強いられるとすれば、天皇、皇后にとっても本意ではないと思われる。現在の天皇、皇后が苦労して到達した祈りが、「象徴」のあいまいさを埋めるとすれば、次代以降の天皇、皇后あるいは日本社会が、その境地にたどりつくことはできるだろうか。

参考文献

宮内庁ホームページ
T・フジタニ『天皇のページェント』（NHKブックス、一九九四年）
園部逸夫『皇室制度を考える』（中央公論新社、二〇〇七年）
赤坂憲雄『象徴天皇という物語』（ちくま学芸文庫、二〇〇七年）
安丸良夫『近代天皇像の形成』（岩波現代文庫、二〇〇七年）
原　武史『昭和天皇』（岩波新書、二〇〇八年）
所　功『天皇の「まつりごと」』（NHK出版生活新書、二〇〇九年）
大嶋　仁『日本人の世界観』（中公叢書、二〇一〇年）
松浦光修『日本は天皇の祈りに守られている』（致知出版社、二〇一三年）
北野　誉『象徴天皇制の「祈り」』（インパクション196、二〇一四年）
竹内整一『やまと言葉で〈日本〉を試走する』（春秋社、二〇一五年）
伊藤　晃『「国民の天皇」論の系譜』（社会評論社、二〇一五年）

豊下楢彦『昭和天皇の戦後日本』（岩波書店、二〇一五年）
内閣府『平成27年版　防災白書』（内閣府、二〇一五年）
岩井克己『今も残る皇太子夫妻の説明責任』（文藝春秋二〇一六年一月号）

かなしみと祈り
――『万葉集』天智天皇挽歌群を素材として――

内藤　明

一　「かなし」の両義性

古代文学において、「かなし」という語の意が、悲しみや傷みと、愛しみや可愛さの両義に跨がっていることは、よくいわれるところである。胸を締め付けられる激しい感情といってしまえばそれまでだが、そこには人間の心のありようが示されているともいえる。

悲傷の意としての「かなし」の情を起こさせるもので、もっともインパクトのあるものは人の死であろう。死を認識することでもたらされる感情を「かなし」と表現した歌を、『万葉集』からいくつか見ることができる。

世の中は空しきものと知る時しいよよますます悲しかりけり（『万葉集』七九三）

見れど飽かずいましし君がもみち葉の移りい行けば悲しくもあるか（同　四五九）

もみち葉の過ぎにし児らと携はり遊びし磯を見れば悲しも（一七九六）

一首目は、大宰府にあって妻に続き京の同族の者を亡くした大伴旅人が、「凶問」にこたえた一首で、仏教的な無常観と関わりながら、重なる死によって「かなし」みが深まったことが詠嘆されている。二首目は、その旅人が「医薬験無」く亡くなった時、見舞った県犬養宿禰人上が「悲慟」して作った歌である。旅人が黄葉の散るように身罷ったことをいって、それによってもたらされる感情を「かなし」と表す。また三首目は「人麻呂歌集」所収とされる四首連作の一首目で、今は亡き恋人とかつて手を取り合って遊んだ磯を一人で見ると悲しい、と思い出深い景を眼前にして愛する者の喪失感が浮き彫りにされている。辛さや寂しさを歌う多くの「かなしみ」の究極として、挽歌の「かなし」があるといっていいだろう。

こういった悲傷の意としての「かなし」がある一方、東歌で「かなし」は、性愛と結び付く恋人への愛憐をいう語として用いられている。

まかなしみさ寝(ね)に我(わ)は行く鎌倉の水無瀬(みなのせ)川に潮満つなむか（三三六六）

多摩川にさらす手作りさらさらになにそこの児のここだかなしき（三三七三）

まかなしみ寝(ぬ)れば言(こと)に出(づ)さ寝(ね)なへば心の緒(を)ろに乗りてかなしも（三四六六）

一首目は、恋人が愛しいので共寝をしに我は出かけて行く、とその通い路を思い、二首目は布の製法を序詞として上句に用いながら、恋人への愛しくてたまらない思いが歌われている。三首目は、恋人が愛しくて共寝をすると噂になり、共寝をしないでいると心にかかって切ない、と歌う。この歌では東国語が多く見られ「かなし」が二度使われているが、上の「かなし」は性愛に直接結び付く愛しさであり、下の「かなし」は心の煩悶、その昂ぶりを示しているといえよう。

悲傷としての「かなし」と、愛憐としての「かなし」のどちらがより原初的なものかは見極め難いが、『万葉集』

における「かなし」の両義性は、他者の死という喪失によってもたらされる心的状態と、性愛という再生とも関わる一体化を希求する心的状態が、裏表のものとしてあることを物語っている。

『万葉集』は、その内部に「雑歌」「相聞」「挽歌」という三大部立（ぶたて）をもつ。このうち「相聞」は、やりとりの意でその中心は恋歌であり、「挽歌」は、原義的には柩を挽く意だが、広く死に関わる歌をいう。それぞれ漢語に由来し、数としては相聞が圧倒的に挽歌を凌ぐが、「恋」と「死」という明確なテーマが部立に据えられていることは、他者（生者・死者）と関わるこの二つのテーマが、歌にとって重要なものであったことを示しているだろう。

現代において作られ、読まれている短歌にあっても、恋と死の歌が、ある懐かしさを伴いながら、強く感動を引きおこすことがしばしばある。相聞と挽歌に見られる感情は、人間の原初的な心性と繋がるものであり、またその形式自体が原初的なものと繋がっている（という幻想を持ち得る）和歌は、その構造の中に、人間の普遍的な心のありようを宿しているということもできよう。ここでは「祈りと再生」というテーマを、歴史的な復元、実証ということではなく、万葉集の挽歌の構造の中に探り、そのありようの一端を考えてみたい。

二　天智天皇挽歌群をめぐって

一　歌群の所在

『万葉集』巻二に、六七一年九月に病を得て、十二月三日に近江大津宮で崩御した天智天皇に関わる挽歌が載せられている。

天皇の聖躬不予の時に、大后（だいごう）の奉りし御歌一首

A　天の原振り放け見れば大君の御寿は長く天足らしたり（一四七）

　　一書に曰く、近江天皇の聖体不予にして、御病急なりし時に、大后の献め献りし御歌一首

B　青旗の木幡の上を通ふとは目には見れども直に逢はぬかも（一四八）

　　天皇の崩じたまひし後の時に、倭大后の作りたまひし歌一首

C　人はよし思ひやむとも玉かづら影に見えつつ忘らえぬかも（一四九）

　　天皇の崩じたまひし時に、婦人の作りし歌一首　姓氏未詳

D　うつせみし　神に堪へねば　離れ居て　朝嘆く君　離り居て　我が恋ふる君　玉ならば　手に巻き持ちて　衣ならば　脱く時もなく　我が恋ふる　君そ昨夜　夢に見えつる（一五〇）

　　天皇の大殯の時の歌二首

E　かからむとかねて知りせば大御舟泊てし泊りに標結はましを　額田王（一五一）

F　やすみししわご大君の大御舟待ちか恋ふらむ志賀の唐崎　舎人吉年（一五二）

　　大后の御歌一首

G　いさなとり　近江の海を　沖離けて　漕ぎ来る舟　辺つきて　漕ぎ来る舟　沖つ櫂　いたくなはねそ　辺つ櫂　いたくなはねそ　若草の　夫の　思ふ鳥立つ（一五三）

　　石川夫人の歌一首

H　楽浪の大山守は誰がためか山に標結ふ君もあらなくに（一五四）

　　山科の御陵より退り散けし時に額田王の作りし歌一首

I　やすみしし　わご大君の　恐きや　御陵仕ふる　山科の　鏡の山に　夜はも　夜のことごと　昼はも　日のことごと　音のみを　泣きつつありてや　ももしきの　大宮人は　行き別れなむ（一五五）

おおよそ、天智天皇の危篤から崩御後へと、大后倭姫王（だいごうやまとひめのおほきみ）と後宮の女官と思われる作者らの歌が並べられている。そして亡骸を葬儀の時まで仮に安置して儀式を行う「大殯」の時の歌、さらに死者を埋葬した「御陵」から官人が退散した時の歌へと続く（注）。本稿では主としてA〜Dの歌の意義と流れを見ながら、その中に、「祈りと再生」といったことを考えていきたい。

（注）　引用三行目の「一書に曰く……」という詞書きは、これが二首目をさすとすると、「聖体不予」（天皇の危篤状態）という設定と、崩御を思わせる歌の内容自体との間に齟齬が生じる。しかしここでは、「一本に崩御前の作と伝えた例があり、特殊な記し方をしたのではないか」（稲岡耕二『万葉集全注　巻二』）といった理解によることとする。またCとDの制作上の先後は不明であり、Cは同じ大后の作であることをもってABに続けられたのかもしれない。しかし、群作としての提示における内的時間として、A〜Dとのその流れを追っていく。

二　平癒への祈り――呪歌としての「いのち」――(A)

一首目Aは、天皇の危篤状態において、その寿命の長久を祈った呪歌と考えられる。原文「寿」は「いのち」と訓み、字義的には寿命をいう。しかし「いのち」自体は生命体を生かす活力としての「命」であり、霊的なものと通い合う。その「いのち」が聖なる天空に満ちているということは、「いのち」の長久、充実が願われているといえるが、「天足らしたり」と見えないものの存在を断定的に歌うことは（それは上の「見れば」を受けてそれが「見」えていることでもある）、その言葉によって、歌われたことを現実化せしめようとすることであるといってもいい。超越的な神に祈願するわけではないが、それは言葉の力によって願望を現出化しようとする「祈り」の本質といっていいだろう。このような歌の背景にどのような儀礼があったかを実体的に明らかにすることは困難だが、「聖躬」

の恢復=平癒への願望が共同体の意志としてあり、それが大后の口を借りて呪歌として歌われているといえるだろう。

そして、この「命」の充実に関していえば、『古事記』に載るヤマトタケルの思国歌の二首目などと繋がるところがある。

命の　全けむ人は
畳薦　平群の山の
熊白檮が葉を　髻華に挿せ　その子

物語の中では東征で傷ついたヤマトタケルが故郷を思う歌として、「大和は　国のまほろば　たたなづく　青垣　山ごもれる　大和しうるはし」に続いて従者に呼びかける歌謡として載るが、歌自体を物語から離して理解すると、生命力の充実している人は、平群（大和の地名）の山の大きな樫の木の葉を髪飾りに挿せという意で、生命力に溢れる常緑樹の葉を髪に挿すことで、その「人」の生命力の充実を呪的に果たそうとする歌といっていい。「命の全けむ人」を「命の完全な人（若い、健康な人）」ととって、「この歌は本来平群山の山遊びにおける老人の歌で、若者たちに対して青春を楽しみ、活動することを勧め訓す歌」（土橋寛『古代歌謡全注釈　古事記編』）と推測されているが、「全けき人」ならぬ「全けむ人」は、命の充実、長寿を願う人として、その呪的行為の目的、結果が先取りされていると見ることもできよう。

また『万葉集』においても、「命」が祈りと結び、またそこに生命力の活性化がいわれている歌を多く見る。

命をし幸く吉けむと石走る垂水の水をむすびて飲みつ（一一四二）
わが命の全けむ限り忘れめやいや日に異には思ひますとも（五九五）

直に逢ひて見てばのみこそたまきはる命に向かふ我が恋やまめ（六七八）

一首目、瀧の水を飲むという行為によって、「命」の無事が祈られている。ある神聖なものを体内に取り込むことは、常緑の葉を挿すことと重なろう。また二首目は命の続く限り、日に日に恋心はつのるだろうと、「いのち」と関わりながら恋がいわれる。『万葉集』では三首目のように相聞歌で「命」が歌われるものが多い。「命に向かふ」は命をかけたといった意味だが、恋を促し持続させる力が、「たまきはる」（当歌の原文「霊剋」）といった霊的なものに繋がる枕詞をも冠する「命」と関わっていることも注意される。

大后の「天の原」の歌Aは、古事記歌謡のような葉を髻華に挿すといった具体的な行為を示してはいないが、「天足たら」しという呪的な言葉によって、願望を現実たらしめることが祈られている。生命力といった霊的なものに繋がることにおいても、寿命といった実体的なものとを重ね合わせて読むことを可能にしていることにおいても、Aと古事記歌謡は、通い合うものをもっているといえよう。

三　死の認識――幻視と当惑――（B）

Aを「祈り」としての呪歌と見ると、二首目のBはその祈りが果たされず、死が察知、認識されていく過程が歌われている。「木幡」は地名で、天智と何らかの関わりをもち、Bは天智の霊が大后の「目には見」えるが、「直に逢はぬ」と直接逢うことはできない、とうたう。特別な存在である大后倭姫王は、浮遊し充溢する「いのち」――魂を見ることはできるが、地上で現実の身体に直接触れ合うことはできないと嘆くのである。

亡き者にゆかりのあるものには、亡き者の霊が見えるという発想は、山上憶良が有間皇子追慕のために、皇子が磐代で結んだという松を見て作ったという歌に見られる。

翼なすあり通ひつつ見らめども人こそ知らね松は知るらむ（一四五）

ここでは、ゆかりの「松」が幻視の主体となっているが、Bは空に浮遊する「いのち」―魂を幻視できるということにおいてはAの呪性、超越性と繋がる。しかし、Bは「直に逢はぬかも」といわば死を認識し詠嘆する方向へむかう。そこに、Bのありようがあるが、ここではそれが恋人に逢えないことを嘆く相聞歌の表現と類を同じくして歌われていることが注意される。

人言を繁みこちたみわが背子を目には見れども逢ふよしをもなし（二九三八）
目には見て手には取らえぬ月の内の楓のごとき妹をいかにせむ（六三二）
み熊野の浦の浜木綿百重なす心は思へど直に逢はぬかも（四九六）
国遠み直には逢はず夢にだに我に見えこそ逢はむ日までに（三一四二）

一首目、二首目は、目にすることはできるが、直接逢うことのできないもどかしさ、苦しみが訴えられている歌である。また三首目は、心では思っているが実際に直接逢うことができないことがいわれ、四首目では逢うことができないので、せめて逢う日までは夢にでも現れて欲しいと嘆く。目にしたり、思ったりすることはできるが、身体的な一体を果たせないことを嘆くことで相聞歌が成り立つとすると、その身体的な一体の不可能性として「直に逢はぬ」ことをいい、死という現実を認識しようとするところに、Bの挽歌たるゆえんがある。

誰かに語りかけようとすることにおいて、相聞歌と挽歌は類似しており、その違いは相手が生者か死者という違いによる、とよく言われる。挽歌における悲しみの深さは、亡くなった者と亡くなられた者の政治的、権力的な関係性に左右されるところもあるだろうが、男女の対としての相聞歌においては、その精神的、身体的な結びつきの強さによるところも大きいだろう。また、それによって慰められる死者の魂もあろう。天智天皇や天武天皇の死におけるいわゆる女の挽歌は、死者と向き合う後宮や儀礼の場との関連もあるだろうが、その対としての結びつきの強さが否応なく悲しみを深めるのであり、相聞的表現はそれゆえに自ずから選ばれたものということもできよう。相聞歌の表現の上に挽歌の表現がなされたとも考えられるが、その類似性は、一体化への希求とその不可能性が表裏をなす「かなしみ」の両義性とも繋がっていくといえよう。

四　記憶され続ける故人――影との交歓――（C）

さて、三首目Cは、他者は思いが止むとしても、私には亡き人が「影」として見えて、忘れることができない、とうたう。ここにはBからの時間的な経過がうかがえ（それは題詞の「崩じたまひし後の時に」にも示されている）、それを踏まえた上での「人」と大后との相違が示される。Bで「目には見」えると歌った大后の「思い」という行為が、夫との感情的な、あるいは霊的な一体を継続させている。ここで「玉かづら」は「影」の枕詞だが、殯宮で用いられる「花縵（けまん）」＝「玉かづら」を「みかげ」と呼んだことから、それが「影」に冠されたらしい。「影」は面影の意であり、実体のない姿であるが、それはただ過去の記憶を呼び起こしているという意にとどまらない。

我妹子（わぎもこ）や我を思はばまそ鏡照り出づる月の影に見え来（こ）ね（二四六二）

高円（たかまど）の野辺のかほ花面影に見えつつ妹（いも）は忘れかねつも（一六三〇）

一首目、妻よ、私を思っているなら、月影のように面影として見えて来てくれ、と歌う。影として相手が見え来ることは自分を思っていることの証しであり、それをただ賞美しようというだけではない。二首目、妻の面影が面影として現れて、忘れることができないという。面影として見えることは自らの思いの深さであり、それはまた忘れられない思いと強く結び付く。影に「見え」ると歌うことは、影を「見る」ということとは異なり、影としての相手を主格化して、その存在を鮮明に押し出す。この「見え」には、ABの「見」の超越性が揺曳しているといえよう。そして「忘らえぬかも」は、「しくしくに思はず人はあるらめどしましくも我は忘らえぬかも」(三二五六)のように、「思ふ」と対になって相聞歌の表現をなす。それは、忘れない、という主体的な意志というより、否応なくそのような状態であり続けていることを示しているともいえる。「忘られない」ということで、死者は生者の中に生き続けているといっていい。

そして、Cの「忘れえぬかも」がこのような相聞歌の表現と重なることは、いわばそこに、死者と生者の霊的な一体がはかられているということもできよう。相聞歌は身体的な「直の逢ひ」を志向するとともに、古代の観念の中で、恋は、

筑波嶺のをてもこのもに守部据ゑ母い守れども魂そ合ひにける(三三九二)

のように、魂の交歓をも求めるものでもあった。

挽歌の淵源には、死者のよみがえりをはかろうとする儀礼や、死者の魂と呼び合おうとする観念があったであろう。柿本人麻呂の泣血哀慟歌では、妻を喪った男が、妻がよく出かけた市に行ってみるが、妻に似た人も居ないので、妻の「名」を呼んで袖を振ったと歌われ(二〇七)、また亡くなった妻が居るという山に来たが、妻の姿を見ることができなかったと嘆く(二一〇)。妻の「名」は、妻の命、魂の凝集されたものといってもいい。天智挽歌は人麻呂の歌にやや先立つが、よみがえりへの期待をとどめながら、その不可能性の上に死を認識し、それを受け入れようとしていく行程があったのだろう。見てきたA~Cはその心的な過程を示しているといっていい。命=寿命・生命力の永遠性の祈念、その寿命の有限性の認識、そして「思う」ことと一体となったその魂との交歓。こういった流れを、A~Cは一つの構造としてもっているといえよう。そこに相手の魂へ呼びかけ、また身体と

一体化しようとする相聞歌の表現が重なってくるが、よみがえりの不可能性から出発した挽歌は、一体化の継続への希求を、いわば不可能性として語るしかない。そこに「かなし」を内包しながら喪失の認識に終わらざるをえない挽歌の性格があるともいえる。

五　挽歌における再生——夢での再見——（D）

さて、このようにして大后の挽歌三首は終わるが、その後に「婦人」の作った長歌としてDがある。「昨夜」の意味するところは不明だが、その制作時はCに先行するかもしれない。「婦人」は宮中の女官かといわれる。「姓氏未詳」とあり、その立場は見えにくいが、この歌では、夢における天智との再見ということで、大后とは違った立場で天智への追慕がなされている。

ここではまず、この世、この世の人の意である「うつせみ」と、身罷った「神」とが同一上にあり得ないことをいう。BCの亡き人との距離を、空間的にも、心理的にも、あらためて確認した形になっている。その上で、「うつせみ」からの追慕、恋慕と、一体への希求をいい、その恋慕う「君」が夢に現れたことをいう。

『万葉集』の相聞歌における夢の歌は、さまざまなバリエーションを持ちながら、現実世界とは異なった、もう一つ別の世界を語り、そこでの逢瀬や逢瀬への希求を示す。

　思ひつつ寝(ぬ)ればかもとなぬばたまの一夜(ひとよ)もおちず夢(いめ)にし見ゆる　（三七三八）

　わが背子(せこ)がかく恋ふれこそぬばたまの夢に見えつつ寝(い)ねらえずけれ　（六三九）

一首目、あなたを思いつつ寝たので、毎晩あなたが夢に見えると歌い、二首目、あなたがこんなに恋い焦がれているのであなたの姿が夢に見えて眠れない、と歌う。「夢」は『万葉集』においては、一字一音表記から「いめ」

と訓まれ、それは「寝目(いめ)」、即ち寝ている時に目にしたもう一つ別の世界ともいわれる。相手を思う心によって、思いは現実を超越し、相手の夢の中に自らの面影をも立たせる。

Dで夢の中に「君」が現れたのは、「婦人」と天智との思いの深さというより、そういった恋の表現をとおして、天智の魂をこの世に呼び寄せようとしているといえよう。天智挽歌から少し時代が下った天武挽歌のあとに、持統天皇の作と思われる「天皇の崩じたまひし後八年の九月九日、御斉会を為し奉りし夜、夢の裏に習ひ賜ひし御歌一首」という歌が載せられている(二一六二)。天武天皇崩御の八年の後の法会の夜、天武の皇后であった持統天皇が、夢の中に詠み習った歌で、天武が伊勢の国にいますがごとくに語られており、儀礼と結びついた啓示としての歌と思われる。Dをこれに類するものとして考えることもできよう。よみがえり、再生を夢の中で果たそうとするものといえるが、「うつせみし　神に堪えねば」とその不可能性の上に作られているところに、この歌の挽歌たるゆえんがある。生命や世界の再生が祈られる儀礼や物語においては、死の後に新たな命、生のよみがえりが祈念されるが、よみがえりの不可能性のもとに作られる挽歌においては、その再生は残された者の中に幻としてなされ、その中で生き続けていくしかない。そして、挽歌を担わされた女性は、その幻としての再生を、相聞の表現によって、胸中に死者を呼びもどす形で行った。対としての幻想を持ちうる男女にあって、そのことは可能であったといえよう。このように、死と再生の物語の一つの変形として、一連の挽歌の構造を捉えていくこともできるだろう。

六　殯宮と御陵の歌

さて、天智挽歌は、次に大殯の時の歌として、琵琶湖々畔と関わりながらのＥＦを載せ、また大后の一首Ｇを載せる。天智の殯宮がどこで営まれたかは不明だが、歌の内容からそれは湖畔に近いところが想像される。Eでは、天皇の船が出て行かないように標縄を張っておけばよかったのに、といい、Fでは天皇の船の不在をうたう。相聞歌的要素はうすく、死がより確かなものとして、過去と現在の時間の中に悔しみをこめて対象化されているといえよう、またGでは再び大后の歌として、生前の天智と通い合ったかのような鳥が飛び去ることが嘆かれるが、それは夫の影や記憶の薄れることへの畏れともいえよう。そこには妻の立場が織り込まれているが、夫の亡きことを水鳥をもって象徴し、悲しみを再認しながら、否応なく経過していく、残された者の時間が展開されているといっていい。

そしてHは大君の不在をやや離れて認識、詠嘆し、Iでは山科御陵での昼夜「泣」きながらの奉仕の終了と別離がいわれる。崩御の翌年には壬申の乱が起こり、奉仕の終了はその緊張のためともいわれるが、悲しみの表出としての、儀礼とも関わる「泣く」ことは、亡き者を追慕しつつ、悲しみの情の内部への鬱積を和らげるものでもあろう。そしてまたその終了と別離は、天皇崩御前後の緊張から解かれて、別の現実の時間に戻される人々のありようを示してもいよう。E～Iは、呪的な要素、相聞的な要素を多くもったA～Dとの、時間的、精神的な距離をうかがわせる。ここで詳しく論じることはできないが、そこには殯宮での儀礼などを通しながら、天智の死がひとつの事実として、残された者の中に受け入れられていく過程があるといってもいいだろう。

三　おわりに

本稿は、『万葉集』の天智挽歌の構造の一部から、祈りと再生ということの一変形として挽歌の方法を考えてきた。これらの挽歌における相聞歌の表現との類似は古くから指摘されているが、ここには他者と繋がることへの希求とその喪失から発する、対としての男女の「かなしみ」の感情の表と裏があり、またそこに、誰かに語りかける言葉としての歌の本質が関わっていることを読み取っていくことができよう。

有限のものとしての人間は、死から遁れることはできない。生きている人間は、親しい者の死、また不条理の内に亡くなっていった多くの人々の死などに、幾度となく立ち会わなくてはならない。たとえば戦争や災害によって亡くなった人に対して、生きている者はどのように向き合えばよいか。それは現在も将来も問われ続けていくべき問題だろう。生者は亡き人の魂を慰撫し鎮め、その死を受け入れながら、死者の記憶を刻み続ける。そこにおいて、「祈り」はどのようにはたらき、また言葉はどのような力を持ち得るか。解決のできないかも知れない大きな課題をめぐって、古歌から学ぶことも多々あるだろう。さらに考えていきたい問題である。

（『万葉集』の引用は岩波書店『新日本古典文学大系　萬葉集』により、一部表記を改めた。）

宗教体験にみる死と再生について

阿部倫子

一　はじめに

本書のテーマの一つは再生である。しかし再生する為には、一度は死を通らねばならない。ここで言うところの死には、単なる肉体の消滅以上の意味がある。より高次の死でなければ、有限な存在である人間が再生することの説明がつかないのである。肉体の消滅を以てしても消えないような絶望を抱え、それを突破した時、再生ということが言えるのではないかと思う。従って一節では、主に絶望することの意義について述べる。

では肉体の消滅以上の死とは何であるかといえば、自我を突破するということである。我々は通常、心身について同一性を認識し、それが自分だと思い込んでいるのだが、それは草木の幽鬼のように儚(はかな)い上っ面のものでしかない。しかし真の自己自身に近づき得ないのかといえば、そうではない。人間の精神史の中には、そこにいたるための道がいくつも用意されてきた。多くは瞑想による手段を取り、宗教体験と呼ばれる領域で目撃されるものである。よって、第二節では宗教体験の、とりわけ禅の悟りについて述べることとする。もっとも、禅は西洋キリスト教的な意味では宗教ではない。宗教という言葉の定義は難しいが、少なくとも、人間による不死性・

永遠性・絶対性の希求（いわゆる究極的関心）に関与している点は共通項となりうるだろう。筆者は、こうした不安に最もシンプルに応え得るのは、禅による本来的自己の直観ではないかと考える。

宗教体験などと口にすれば、およそ主観的で得体のしれないカルト的なものと見なされ、不必要な警戒心を引き出してしまうかもしれない。だがそれを承知で書かざるを得ないと思うのは、絶望することの大切さを主張したい為である。今こうしたことを見直さない限り、現代は無宗教・無宗派社会であるばかりか、本当の意味での宗教心を失ってしまうように思われる。確かに宗教は麻薬や、無害あるいは有害なナンセンス、紛争の火種となるイデオロギーにもなりうるのだが、その最も基本的かつ最上の形は祈りである。本論では、絶望から真剣な祈りが生じ、再生していく意義を論じていきたいと思う。

二　死――真の宗教心への跳躍台

一　病める魂

絶望という言葉から、何を連想するだろう。失敗、挫折、貧しさや孤独といった欠乏、何よりも誰かの死といった出来事であろうか。確かに、人生におけるこれらの苦しみが苦悩をもたらすというのは、言うまでもないことである。私たちが〝絶望している〟と言うことができるのは、このように具体的な災難に遭遇した時に限られているように思われる。

こうした考えでは、外から降り掛かってきた何ものかに対して感じる悲嘆を絶望と呼んでいるに過ぎない。キェルケゴールはこうした絶望観について、「直接的な」という言葉を用いている。彼によれば、絶望が外部的要因に由来すると思う人々は、「単に情念的に規定されている」に過ぎないのだ。本当は「地上的なものを失うのは絶望ではない[1]」のだが、それを絶望の最たるものと勘違いしてしまうと、人生の幸運や不運に一喜一憂するだけにとどまってしまう。

では、直接的でない絶望とは何であろうか。それは具体的な出来事に失望するということではなくて、内面から発し、自分という卑小な存在がある限りまとわりついて、心身を疲弊させる類の、実存的な不安感情である。こうした絶望は多く文学に発見されるが、一例として、次のトルストイの文章を読んでもらいたい。

「わたくしの生活は停止した。呼吸したり、食ったり、飲んだり、眠ったりすることはできた。また、呼吸したり、食ったり、飲んだり、眠ったりせずにいられるわけのものではなかった。が、そこにはもう真の生活の意味はなかった。なぜなら、これを充実せしむることが合理的だと思惟されるような、そうした希望がなかったからである。よしんば何かを望むようなことがあっても、その希望を成就したところで成就しなかったところで、所詮なんにもならないのだということが、わたくしには予めわかっていた。かりに妖婆がやってきて、お前の望みをかなえてやろうと申し出ても、わたくしはいうべき言葉を知らなかったであろう。もしまた酩酊した場合などに、希望といわれるほどのものではなく、いわば今までの諸々の希望の惰性のようなものが、現れてくることがあっても、正気に還った刹那には、これは欺瞞だ、望むべき何物もないのだということが、わたくしにはすぐにわかるのであった。それどころか、真理を知ろうと望むことさえもできなかった。真理の何物であるかを、予め推察していたからである。人生は無意味なものである。——これが真理だった。わたくしはまるであくせくと人生の路を歩いた挙句、深淵に達したようなものであった。そしてわたくしは、自分の前に、滅亡のほか何物もないことを発見したのである。しかもわたくしは、とどまることもできなければ、うしろに引き返すこともできず、また自分の行く手に苦悩と真の意味の死滅のほか、即ち、全き全滅のほか、何物もないという事実を見ざらんがために、目を覆うこともできなかった。……しかもこうした心的状態がわたくしの身に起こったのは、いかなる点から考えても全くの幸福と思われる物が、わたくしの境遇に恵まれている矢先だった。それはわたくしがまだ五十歳未満の時分だったのである。[2]」

これは『わが懺悔』という文章である。トルストイは成功した作家であった。良き夫、良き父であり、良き領主であった。その幸福に満ちているはずの彼が、自我意識がいかにより良い生活を妨げてきたかということ、社会が謳歌する進歩とやらに何らの安住も見出せないこと、誰しもが自覚せずとも絶望的状況にあることに気がつくのである。

こうした絶望に陥ってしまうような人々は、一種の病的気質であるには違いない。W・ジェイムズはこうした人々を、「病める魂」の持ち主と名づけた。彼らは「自然の善がまったく忘れ去られ、自然にも善いものが存在するという感情がすっかり心の領域から消え失せてしまうほどに大きなどん底の不幸」にいる。「厭世主義がこのように極端にまで達するには、人生を観察したり死を反省したりするより以上のなにかが必要である。個人みずからが病的な憂鬱の餌食とならねばならない[3]」。彼らにとってはいかなる幸運もつかの間のことにすぎないし、虚ろである。いかなる善性も信じることができないし、信じられない自分自身の弱さにも絶望してしまっている。彼らは自分が存在し、呼吸する限り絶望し続けねばならない。不死性を約束するどのような権威にも簡単にすがることができない。血を流し、足を引きずりながら死の丘をさまよい歩かねばならない。自死が何らの解決をもたらさないことを知っているため、トルストイのように潔く死ぬこともできないのである。

だが、病める魂は最も真摯に宗教心へ向かっていく可能性を秘めている。「もし人間のうちに永遠者が存在しなかったならば、人間は絶望しえなかったであろう[4]」とキェルケゴールは言った。彼の言う絶望とは神との関係の喪失であり、神を見失うとは、本来の自己自身を失っていることとイコールである。神という言葉が非キリスト者にとって適切か否かはさておき、とにかく自己自身が見失われている以上、あるいは不滅の自己が抽象的な観念や想像の産物に過ぎない以上、絶望は決して癒されないというのが絶望者にとっての真実である。悪や死といった存在の暗部に目を向けることは、必ずしも無益ではないのである。

二　絶望とは何か

前述のトルストイの『我が懺悔』の続きには、興味深い東洋の寓話が取り上げられている。主人公はある旅人なのだが、様々な猛獣に追いつめられ逃げ惑っている。彼はあわてて井戸に飛び込むのだが、そこも安住の地ではない。井戸の底では竜が今か今かと口を開けて待ち構えていたのだ。旅人はかろうじて枝にぶら下がって、何とか耐えようとした。しかしその枝も、今まさにネズミが齧り折ろうとしているのを発見する。彼はどうしたか？　何とこんな状況にも関わらず、枝を伝う数滴の蜜を見出した旅人は、それを口に含んで甘さに酔うのである。猛獣は人生の苦悩を象徴し、竜は我々を待ち構える運命だ。そして数滴の蜜とは、人生における幸福な慰めである。

ところで、この旅路を蜜に酔えなくなった醒めた目で眺めてみると、ある疑問が持ち上がってくる。一体、この旅人とは何者なのだろう？　彼はどこから来たのか？　どこへ向かう途中なのか？　なぜこのような困難な旅になぜ出ねばならなかったのか？　一切は明らかにされていない。彼はただ頼りない自分という存在だけを元手にして、猛獣たちに追いたてられているだけである。しかし彼は、寓話の範囲に収まりきる架空人物であろうか。旅人とは我々自身ではなかったか。

我々とは何者なのか。自我意識——自分という同一性を認識し、自分という対象があるという意識を我々は持っている。現象としての私、心のある私、客観的に見られる私を、我々は確信している。自我意識は外部との接触によって培われ、成長するにつれ形成されていく。そのプロセスに関与する人間の存在要素を、仏教では「五蘊」と呼ぶ。色（物質や肉体）、受（感受作用）、想（表象作用）、行（形成作用）、識（識別作用）のことであるが、いずれも自我意識に苦しみをもたらさないものはないという。意識的な自我は、永遠者にも自由にもなりえない。なるとしたら、それは空想でしかない。つまり自我意識の支配下に置かれている以上、人は自身の有限性を自覚せざるをえないのである。

有限性の端的な例は、死であろう。〝私〟という同一性は、睡眠や気絶している時以外は継続して自覚されているが、死はそうした意識との決定的な決別である。意識的な自己が絶対だと思っている以上、死は確実な終焉であり、人は恐れを抱く。「世界の形而上学的解釈に極めて強い衝撃を与えるものは」と、ショーペンハウアーは言う。「死についての知、またこの知とならんで生の苦難と窮状の考察であることは疑いがない。われわれの生が終わりなく苦痛がないとするなら、世界が存在し、まさしくこのような性質をもっているのはなぜなのかについて問うことはおそらくだれにも思いつかないだろう[5]」。ブッダの四門出遊の逸話は、まさにこのことを示している。

自我意識は、主体と客体、私と君といった二元論的区分を設け、自分を有限にさせる。孤独や対立、阻害、欲望などの苦悩は、自他の隔絶から生起する。道徳的行為をするにしても、他者という対象に向けられている限りは、恣意性や偽善に陥るリスクを少なからず含むものである。こうした道徳実践は、ベルクソンのいう「閉じられた道徳[6]」に留まってしまい、親しい仲間内の外にまで及ぶことは滅多にない。彼が言う「開かれた道徳」、賢者や聖人が楽々と示してきたような、人類規模の非対称の道徳が望ましいことは、多くの人が認めざるをえないのだが。

もっとも深刻なのは、こうした有限性が連続的であることに気づくことだ。自分一人の問題ではなく、隣人、コミュニティ、人間社会の外、あらゆる存在の根底に、同じような有限性が横たわっているのである。解放の神学者であるアビトは、現代人が直面する地球規模の課題を「世界の痛み」と呼んでいる。[7]「世界の痛み」は、通信技術や交通手段の発達によりほぼリアルタイムで我々に伝えられている。紛争、テロリズム、貧困と飢餓、環境破壊。そして二〇一一年の東日本大震災のように、まったくの悪意も善意も介入しない自然の活動から、一瞬にしてごく当たり前の人々の日常が破壊されてしまう様子を私達は目撃した。あるいは排他性や歴史上の負の遺産、過剰な利己主義などと人間とは切っても切り離せないことを私達は再確認した。単純な善悪の尺度では測りかねる不条理を目の当たりにして、我々は連続性を認識するのである。

だが真剣な「祈り」が生まれるのは、こうした気づきからではないだろうか。思い出さねばならないのは、宗教の説いてきた徳目とは、あくまで偉人達が自他の有限性としっかり向き合い、勝利の結果として生まれたものであるということだ。聖人たちがたどってきたプロセスを抜きに、教義だけを盲信するのには限界がある。一般に宗教と呼ばれるもの自体は、これら宗教的偉人達の体験をもとに構成された、純粋に人為的なものでしかない。ベルクソンは東西の神秘思想を比較して、「神秘主義が燃焼して人類の魂のなかに残したものを巧みに冷却してつくられた結晶が宗教だ[8]」と述べているが、彼の宗教観は正当である。

自我意識がもたらす有限性に気づき、連続性に気づいて絶望した時に永遠普遍のものへと橋が渡される。こうした宗教心は自発的で、宗教的権威から一方的に下賜されるものではない。個々人の手にしっかりと握られ、まったく自律の、定言的で血肉化されたものを手にしなければならない。世界の問題には、そうした意味での強い宗教心が必要なのではないだろうか。それは、各々が自分の属する宗教的伝統の内部で果たし得ることである。

三　祈りに向かうには

禅にのめり込んだ哲学者の西田幾多郎は、人生の辛苦を直視し続けた人である。彼は姉、弟、子供達と、家族との死別を幾度も重ねてきた。次の『吾が子の死』と題された文章は、幼き愛児を失くした友人にあてた手紙であるが、自身の心情が織り込まれており、深い悲哀のみならず、ある種の覚悟を感じさせる。

「特に深く我心を動かしたのは、今まで愛らしく話したり、歌ったり、遊んだりしていた者が、忽ち消えて壺中の白骨となるというのは、如何なる訳であろうか。もし人生はこれまでのものであるというならば、人生ほどつまらぬものはない、此処ここには深き意味がなくてはならぬ、人間の霊的生命はかくも無意義のものではない。死の問題を解決するというのが人生の一大事である、死の事実の前には生は泡沫の如くである、死の問題を解決し得て、始めて真に生の意義を悟ることができる。」[9]

生死の問題の解決という究極的関心が、宗教心の芽生えの底にある。絶望してそうした関心に目覚めた者に対して、キェルケゴールは本来的なる自己自身になるよう促した。彼の言う本来的自己とは、神などの永遠普遍なるものと関連したところの自己自身である。神という言葉は用いないにせよ、ほとんど同じ趣旨のことを禅師の大森曹玄が語っている。

「真実の自己をつかむためには、まず自己そのものの矛盾や、苦悩に充ちた人生に絶望するというか、釈尊のいわれた苦しみそのものとしての人生と鋭く対決し、人間の限界を知るというところがなければならない。そして、この自己、人生、人間を疑って疑って疑いぬき、絶対的に否定し、そのドン底から百八十度の展開をして、パウロのいわゆる『もはやわれ生くるにあらず、キリストわがうちにありて生く』という体験をしてこなければならない。そのように自己が底に徹して否定され、自己ならざる自己として生まれかわってくることが、悟りといわれるものであり、真実の自己を自覚した禅的体験といわれるものである。[10]」

さて、こうしてあらゆる存在の有限性に気がつき、永遠性・無限性と不可分であるらしい自己自身を志向したとしよう。だが有限性と無限性といった矛盾するものが、どうして一になれるというのであろう。言葉でお前は永遠不滅だ、と言われて納得できるだろうか？　そうではなく、体験的にある壁を破らねばならない。さもなければ、ラザロのように死のうちに蘇ることなどできないはずだ。その壁とは、二元論的な世界観であり、我々の目を覆うウロコである。

有限性の殻にとじこもったままの意識は、本当の自分ではない。こうした自分観は誰もが当たり前に有するものだし、疑問をさしはさむ余地がないように思える。だが、何とも窮屈ではないか。自分を隔離する何の檻もないということ、有限ということも無限であるということ自体もまるでないのだと確信することが、絶望へ立ち向かうための道である。ただしキェルケゴールが注意したように、それは想像力によって認識されるのではない。根拠のない幻惑ではなく、確固とした具体的事実でなければならないのだ。

三　再　生

真の自己になるということについて、本節では禅の悟り（見性）について取り扱う。禅では適切な指導と専心を必要とする他には、何の教義や信仰も求められず、何教徒でも無神論者でも実践することができる。宗教という言葉はキリスト教的概念から派生したものだが、その観点から見れば〝宗教〟体験と呼ぶのは不適切に思われるかもしれない。だが本論は、宗教という言葉を生死問題という究極的関心に関わる領域として扱っている。禅について述べるのは、禅の体験がそうした関心にダイレクトに応え得るためである。

一　自己を忘ずるということ

悟りを体系的にかつシンプルに追求してきたのが、東洋の禅であった。「悟り」は「見性」とも呼ばれる。「性(さが)を見る」という熟語になっているが、この性とは「自性」のことで、本当の自己自身を看破するのが禅の目的である。この極めて困難な事柄を体験するのに、特に格別な能力は必要とされない。教義や信条も特に必要ではないし、何教徒であろうが無神論者であろうが構わない。老若男女も問わない。ただし極度の精神集中（専心）と、経験を深めた師による適切な指導は不可欠である。

禅が求めるのは、ちょうど竜の顎(あぎと)やネズミに追い詰められている状況で、パッと小枝を手放すことに等しい。それはあきらめによる自死ではない。ただただ、おのずと手放されるのである。すると、彼はそこに「何もなかった」ことを発見する。この自分という存在を貧しくして手放す、というところには、宗教的な深みがある。しかも禅では、神聖なる誰それに向けて手放せということは（幸いなことに）まるで規定していないのである。

別の言い方をするならば、禅とは自己を忘れることである。たとえば道元の『正法眼蔵』の現成公案の巻には、「仏道をならふといふは、自己をならふなり。自己をならふといふは、自己をわするるなり。自己をわするるといふは、萬法に証せらるるなり。萬法に証せらるるといふは、自己の身心および他己の身心をして脱落せしむるなり」という一節がある。道元は曹洞宗の開祖である。曹洞宗は悟りを求めないのではないかと指摘されそうだが、そうではなくて、もし自分を忘れるほど坐ったならば、自我の突破ということは自然とついてくるのである。いっさいの感性、理性、悟性の働きを捨てて、思考も想像力も感覚もないところに行くということである。まるで人間業ではないようだが、実際、人間業ではない。人間らしい意識は捨て去らねばならない。文字通り全てを壁にぶつけ、どうにもならない所まで行かねば、最初の門を突破することはできないのである。禅のような瞑想は、恍惚や高揚感をもたらすことが脳科学においても観測されている。しかしその幸福な状態に留まらず、さらなる闇めがけて猛進せねばならない時が出てくる。全てを投げ打つ覚悟で臨んでもなお、渾身の努力が一切通用せず、止めようにも止まれず、泣こうにも泣けず、苦しみが苦しみであることをやめるまで苦しんだとき、自然と突破が起きる。無い体が真っ二つに引き裂かれるような体験が生じる。何もかもにもすがれない時にこそ、何もかもが手に入る。この時の心理の状態については様々な証言があるだろうが、ここでは臨済宗の僧、柴山全慶の言葉を引用しよう。

「外よりの激しい追求と、内よりの激しい精進と、ようやく理尽き言葉窮まり、内外打成一片となって来る。目を開いている、しかも見るという意識はなくなってしまう。歩いている、しかも歩くという意識はなくなってしまう。坐っている、しかも坐る自己も世界もなくなってしまう。――歩きながら、目を開いていながら、壁にぶち当たる。階段をふみはずす。夜か昼か自か他か分からない――。……しかも、この心的危機の黒漫々地にあって（即ち絶対否定のどん底にあって）、さらに直日の激励と師家の痛棒とに追いつめられ、なおも引くこともなく心身の力を百尺竿頭に傾け続けるとき、この興奮と緊張の危機は、あだかも極度に張り切った弦が、わずかの一触にはっしと切断するがごとく、思いもかけぬ機縁に一転する瞬間に恵まれる。無自己の当体が自己を自覚する一転機である、恵まれると言うよりほかに致し方ないと思う。

語るに語なく、言うに言なき一瞬に、しばし茫然とするばかり、狂気に似た思いである。ありがたいのか嬉しいのか、自己も天地もそのままに、不思議な別地の消息に包まれる光景である。[11]」

こうした体験は、禅だけのものではない。禅との類似性が確認されるキリスト教神秘主義には、十字架のヨハネという人物がいるが、「暗夜（Noche oscura）」という言葉でこのプロセスを表現している。彼は、人はまず自力によって「感覚の暗夜」を通らねばならないと述べた。暗夜とは五感を暗くさせ、〝光〟を喪失せよという意味である。昼間の光は地上の様々なものを我々に見せるが、それ故に物事の真相を曇らせてしまう。昼間の明るい景色を捨てれば、「その喪失の為に光によって見ることができるすべてのものから引き離され、視力は覆われて何もない状態におかれる」[12]。この感覚の消失の後に、「霊魂の暗夜」が訪れる。理性によって成立しているような信仰を暗くしろという。なぜなら、「信仰によって与えられる極度の光が、霊魂にとっては闇となる」からである。深い瞑想において、知性や悟性がいかに修行の妨げになるかは、禅でも語られるところである。従って、過去の記憶や心象は捨てていかねばならない。我々が自分の心と思っているものを、すべて忘れよとヨハネはとく。こうしてこの世的なものへの未練を忘れた時に、神と全く一とされるのである。この導きの夜の光は、あけぼのにも勝る光輝にあふれている。

とは言え、夜は恐ろしいものだ。何も考えることも感じることもなく、自分らしいと思っていたあらゆるものを捨てるなどと、まるで死に等しいではないか。だが、その通り――暗夜とは死に他ならないのである。絶望を跳躍台にし、自我意識を暗くして、死を迎えるのである。そのゼロポイントを突破したとき、やっと人間は生まれるのである。再生という言葉ですら言い尽くすことができないような、本当の意味での「生」だけがある。不増不減とは言ったもので、確かに何一つ生じようも滅しようもないのである。

二　「生」——突破のあとに何が見えるか

我々は自分と他者、主観と客観の二元論的世界に生きている。そして目の前のモノがあるのと同じぐらいの確かさで、自分という個体がここにこうしていると思っている。今本を読んでいる、今お茶を飲んでいる、お茶が熱い、熱いということは私があるからだ、本を読んで何か考えているのは私がある証拠ではないか……という具合に、自分という対象があることを確信している。

例え話になるが、自分の感覚の働きを、パソコンのようにシャットダウンしてみたとしよう。まず画面が暗くなる。さきほど言及した「暗夜」のようにだ。高度な計算もプログラムも停止する。音楽は止み、動画のなかで走り回っていた愛らしい子犬も姿を消したとしよう。当然ながら、画面のなかで動いていたからといって、そこに子犬が居たわけではないことを我々は知っている。姿は消えたが、消滅してしまったとかそういうことではない。何故なら、もともとそこに実体などなかったからだ。あるいはこれが猛獣の動画だったとして、その動作に非常な恐れを抱いたとしても、真剣に怯えて逃げ回る者がいるだろうか。仮に技術革新によってよりリアリティのある映像体験ができたとしても、それが実体でないことは（無知か未熟でない限り）誰でも知っていることである。自我の突破のあとの世界観は、ちょうどこれに似ている。実体がないということに気づく・悟るのである。もっとも、シャットダウンしたあとのパソコンには画面とそれに向き合う私がまだ残るわけだが、この観察者の立場が保たれることはない。あらゆるものが、「これこれのもの」として切り取ることができなくなるのである——当然、そう見えたままなのだが。

感覚や心象を去って、自我の壁が取り払われるというのは、何となく自分が薄くなったとか、世界・宇宙と繋がっている気がする、ということで済まされるものではない。個的な存在がぶち破られると、世界のあらゆるものが〝私〟になってしまうのである。今こうして読んでいる本も、パソコンも、机の上のドーナッツも、机も、マグカップも、窓辺で揺れる木の枝も、空も……、全てが自分である。哲学的に言えば、主体・客体という二元論的見方が消滅することである。ただしこれらはあくまで言葉の上の表現であって、体験者にとっては極めて具体的な事実として現れる。しかも同時に、自分を含めた事物は、全く今まで通りでしかないのである。

物事には何の実体もない、ということを看破したのが釈迦であった。心の認識や認知力（五蘊）を駆使し、さまざまな認識対象（境）を取り込んで、我々は主観的な世界観を構成する。釈迦が看破し断言したこととは、これらには何の実体もなく、「空」に他ならないということである。物事の真実を、実相を、本来的自己を、空であり有無の二元対立にすら左右されない絶対的無の世界を、直に見よと説いたのである。

ちなみに絶対無とは、西田幾多郎の言葉である。絶対とは、有ったものが〝無くなった〟状態を示しているのではない、という意味である。有る・無いということとはまるで関係がなく、相対的に決まる無でないから、絶対の無なのだ。ここを取り違えると、トルストイが人生に意味などないと嘆いたときのような虚無的な無になってしまう。絶対無は、我々が宗教的神聖さのように崇めるものではない。そういう神秘的性質がどこかに独立してあるという類いのものではないし、雲の上や死後の世界にあるのでもない。なぜなら、我々自身が絶対無であるからだ。抽象的に聞こえるが、決してそうではない。専心さえできれば、これ以上はないほど具体的に無は現前するのである。すると無を見るということが、自己自身を見るということだと気がつく。このように本当の自己をはっきりと見ることこそ、再生と呼ぶにふさわしいのではないだろうか。

四　最後に

死と再生、祈りは、宗教にとって欠かせないテーマである。しかしこうしたことをドグマとして説く宗教に対して、現代人はそう無邪気でもいられない。世俗化した社会に暮らす現代人が、ピュアな信仰心を引換に絶対的な安心を得ることは難しい。我々は神権政治の時代に生きているのではない。スーパーでの買い物のように多様な価値観を選び取ることができる時代において、宗教は選択肢の一つに過ぎないのである。

ただし、現代人が生死問題に悩まないわけではない。かといって、まるで特別な日に少しだけ良いワインを購入するようにスピリチュアルなものに触れてみたとして、果たしてそれが全身の血となり肉となるのであろうか。供給側も、多少品質を落としてでも消費者のきまぐれに与ろうとすることが少なからずある。スーッと心が軽くなるスピリチュアルなお話程度で、どうして実存的な苦悩が解消されることがあるだろう。こうした需給バランスを批判する意図はないのだが、本当に真剣な宗教的苦悩があることも忘れてはならない。

本論で述べて来た宗教体験は、こうした状況における一つの回答である。こうした体験は確かに個的で、他者と完全に共有できるものではない。たとえ誰かが二元論的世界観を突破し、自由を謳歌するような素晴らしい体験をしたとしても、世界には課題が山積したままである。だがそれでもなお、筆者はこうした体験の重要性を改めて主張したい。体験の有無にまったく関わらず、誰もが本来は有限性の檻などに閉じ込められていないと知ることは、はかり知れない希望をもたらすからだ。傷ついた世界に生きる我々だからこそ、死と再生の力が必要なのではないだろうか。

今回は主に禅の体験についてふれたが、他の多くの宗教的伝統においても同じような道が見出される。諸宗教が対立する一方で、対話によって知恵を出し合う試みが各地で行われているというのは、明るいニュースだろう。こうした流れが、個人の再生と、世界の痛みに憩いをもたらすことを願うばかりである。

(1) キェルケゴール(一九五七)『死に至る病』、岩波文庫、八三頁。
(2) トルストイ(一九五二)『トルストイ全集〈第28〉わが懺悔』、講談社、二〇~二三頁。旧字訂正作者。
(3) W・ジェイムズ(一九六九)『宗教的経験の諸相　上』岩波文庫、二一九頁。
(4) キェルケゴール、前掲書、三三頁。
(5) ショーペンハウアー、『ショーペンハウアー全集』、白水社、一九九六年、二七二頁。
(6) ベルクソン(一九五三)『道徳と宗教の二源泉』岩波文庫。
(7) Habito, Ruben L. F. (2013). *Healing Breath: Zen for Christians and Buddhists in a Wounded World*, Wisdom Publications.
(8) ベルクソン、前掲書、二九一頁。
(9) 西田幾多郎(一九九六)「我が子の死」『西田幾多郎随筆集』、岩波書店、七七頁。
(10) 大森曹玄(一九六七)「公安の禅」『講座禅〈第2巻〉禅の実践』、筑摩書房、四八頁。
(11) 柴山全慶(一九六七)「禅の修行」『講座禅〈第2巻〉禅の実践』、筑摩書房、二二頁。
(12) 十字架のヨハネ(二〇一三)『カルメル山登攀』、奥村一郎訳、ドン・ボスコ社。

祈りの文字化

笹原宏之

一　はじめに

祈りは、通常、口頭で行われるものである。全く心中を無にして祈ることもあるが、それが言語の形となって脳裡で唱えられるときには、無音ながらその音声が頭の中には流れているであろう。

人類が文字を発明すると、時にその祈りが文字化されるようになった。そこでは、音声の祈りを忠実に文字化するものもあれば、種々の加工やデフォルメを加えて文字化するもの、さらには、音声化ができない、線条性さえも疑われるようなものまで現れるに至った。土偶や絵画などを作製する方法で、祈りを形にすることもあったのだろうが、そうした物への接近と見ることもできないだろうか。

本稿では、祈りにおける文字表現について、東アジアの漢字を中心に据えて、文字のレベルごとにできる限り網羅的に記述を行っていく。

二　「いのり」という和語・「祈」という漢字

「いのり」とは、「タブーであることを口に出して、願いごとの成就を神に求めること」と大野晋編『古典基礎語辞典』は述べ、「い」は忌む、斎（いは）ふのイと同根で、「のる」は大声で告げることか、と推測する。近世より唱えられた語源説であり、現在ほぼ定説となっている。言霊信仰の時代にあって、神の名や呪言を唱えて幸福を求めたのである。その慣習化を経て、儀式めいた加持祈禱の意でも使われるようになった。

白川静も『字訓』において、同様の解釈を示し、やはり神聖な忌むべきことばを以て、神に申し願うことと説く。「いはふ」「いつく」「まつる」「いむ」「のむ」「ねがふ」なども、神に祈ることを指したとし、「のる」から「のろふ」ができたと述べる。熊本の方言には、「いのる」に「のろう・呪詛する」意が残っていた。

大槻文彦は「のろふ」は「いのる」から生じたと考えた（『大言海』）。「のろい」は「呪い」と書くが、「まじない」とも読まれている。「呪」は「咒」という字体を派生するが、もとは「祝」より分化した字という（白川静『字統』、加納喜光『漢字語源語義辞典』）。「呪う」を対義的な「祝う」と誤記したという話があるが、字体や字義の共通性に端を発している。

神と交信するための祝詞などに出る「まじこる」という和語には、「蠱惑」の「蠱」（コ）があてがわれる。「まじくる」という受け身ではない形もやや遅れて現れる。「魅惑」と通じる語（もとは魅了、魅力とともに和製漢語）となっているが、原義としては「蠱」（川野二〇〇五ほか）も「魅」もより神秘的な力を指していた。

上代以降、日本では、「いのる」の語には「祈」「禱」の字がよく当てられていた。ときには「誓」「祝」も「いのる」と読ませることがあった。古代中国では、「示」（偏になるとネのようにも書かれた）は、神に関することがらを表した。「祈」は軍事（古くは「單」を含むなど字体を異にした）、「禱」は農耕のことを祈る字と白川は述べ、後者と祝（祝（いの）る）は声義が近いとする。

一方、加納喜光は藤堂明保の説に従い、「祈」は神々の恩恵に近（この字も「斤」を含む）づこうと求める意とする。英語の pray は、ラテン語に起因し、もとは懇願する、強く希望する意であり、漢語の「祈」とは意味変化の順序が逆だとする。「禱」はいのりのために声を発する行為、声を長く伸ばしてのりとを唱えることを指したとみる。「祝」も「神主」、「声を長く延（ママ）ばして神に祈ること」とする。

和語の「いはふ」は、上代には「斎」「忌」が当てられたように潔斎して呪術を行う意であり、平安時代以降に神に忌む意識が薄れ、儀式を経ずにいのる、祝福する意が派生した（『古典基礎語辞典』『日本国語大辞典』第二版）。この語は、「祟」（祟ではない）にも訓として当てられた。なお、漢語の「祈禱」は中国や韓国では日常的な語となっており、クラシックの曲名「乙女の祈り」も、「少女的祈禱」「소녀의 기도」（少女の祈禱　少女・祈禱は字音語）と訳されて定着している。日本では、キリスト教のそれを除くと、古風で土俗的でおどろおどろしさをもつ民間信仰の行事というイメージが生じている。

『新撰字鏡』天治本巻一一に、「祈」の右上に「日」がある字「㫺」を収める。享和本・群書類従本は「㫺」に作る（「褐」に作る本もあったという）。類例が乏しいが、字音や訓義などから「祈」の異体字のようで、日本製の異体字かと疑われる。なお、「靈」の「巫」を「龍」に取り換えて「おかみ」と読ませる国訓は、『日本書紀』と『風土記』にすでに現れており、龍神を指したた。アマテラスをも表した「メ」には、上代より「靈」の「巫」を「女」に改めた字が日本で当てられて、国訓を形成していた。

日本では、「禱」は常用平易な漢字と法制審議会人名用漢字部会において認定され、人名用漢字に追加された。しかし、要望はむしろ「祷」に複数あった。「祷」を用いたいという兵庫県の親が裁判に訴え、裁判所がこの漢字に常用平易性を認めたために、平成二一年四月に人名用漢字に追加された。

「巫」を名に用いたいという親も後を立たず、三重県で「天巫」（あみ）と届けて認められなかった親がやはり裁判に訴え、これも人名用漢字に追加された。なお、白川は、巫女が乱舞する象形文字を「若」「夭」（笑の下部にもある）「矢」「失」などに見出した。中には漢代以降の字も含まれ、そうした古代の儀式における巫女の様子がいつの時代まで維持また伝承され、文字化されたのかといった検証が必要である。「夢」にも、化粧をした巫女の姿があるという。なお、夢のお告げで子の名を決めたという類の話は現在でも少なくない。

現代の日本では、「祈」は「勝利を祈って乾杯」のように使われ、ときに「祈（き）して」とも言う。熟語により「祈念して」「祈願して」などともいえる。「祝って」「祝して」は結果に対して言うことが多いが、予祝、前祝いの場合にも、これまでと変わらぬ幸せを祈り祝って、という意を込めて発せられることがある。現代の中国でも同様のようである。

三　文字体系・文字種レベル

記紀には、言霊思想や言挙げなど、ことばの霊力についての記載が多い。文字を持たなかった日本社会に、中国から異質な文明と言語を表す漢字が与えたインパクトは大きかった。

古代の日本人は、漢字を受け入れた当初は、それを権力を象徴する記号、芸術的な紋様、あるいは呪符として認識していたと考えられている。中国から贈られた銅鏡を元に作られた仿（ぼう）製鏡には、漢字が模様と化して再現されている。また、伝来した漢代の貨幣の漢字も、ほとんどの人たちは意味を解さなかったことであろう。二世紀、三世紀ころの土器片などに漢字らしきものが書いたり刻まれたりしたものがいくつも見つかっている。その一つである「山」のような形は「仙」の意ではと推測されるなどしている。墨書土器は十世紀ころまで何らかの願いを託して用いられた。

則天文字も、日本に伝来してから、その使用が禁じられ、ほとんど使われなくなった中国とは違って、土器などに呪符として記され、また異体字として受け入れられ、用いられることがあった。

呪符は、道教で符籙と呼ばれ、漢代から現れ、その武后の造字に影響を与えた。道教では、天符雲篆など自然から生じた文字があったことが語られるようになる。鎮宅符、治病符など家内安全、健康などを祈念するためのもので、決まり文句も「急々如律令」（日本では、一字目に口偏などを付加し、特異性を強調するようになる）「勅令」など、効果の速やかに現れることを期すものが現れた。飛鳥藤原京木簡に、「日」を組み合わせたものや「見」を並べたものなどがすでに見られる。「八」様の形や「尸」「鬼」などがしばしば含まれるが、線条性をもった読み方が定かでないものが多く、文字性は低まっていて、それがかえってタオ・カリグラフィにより神秘性、特殊な力を思わせる効果を持つのであろうが、ある程度は漢字や記号としての意味は解読できている（増田（一九七三）ほか）。

こうしたお札は、中国や韓国のほか、日本でも今日でも門戸に貼られることがある。日本では、その最上部には、「丷八」のようなものが記され、また読めない字のようなものが含まれることもある。災難除けの「さむはら」などの読みを持つものは、江戸時代にはすでに見られ、時に古さと効力（験）を示す伝承が語られ、字体や読みを変えながら今でも一部で使用されている。神仏が習合し道教の影響も受けた修験道でも、こうしたものが作られた。お札に「祈攸」の文言が残ったのも、「室尾山堅恵法師」の抄物書き「宀一山土心水師」が呪文となったのも、鶴岡八幡宮の額の「八」が鳩を象って記されたのも、特異な字形の牛王宝印が頒布されたのも、漢字（列）や形態の非日常性が関わっているのだろう。

今日でも、インドから伝来した梵字が卒塔婆の上に記され（卒塔婆用のプリンターでも印字される）、お守りにも用いられるのは、阿字観、「∴」（伊（字）三点）などの宗教的な伝統、日本で発達した信仰の慣習や一字一字に意味が与えられることがある。中世には文字の変成に関してその形に独自の見立てによる解釈さえも与えられた（小川二〇一四）。現代の一般社会においてはそれ以上に、読めない、意味の分からない、意味ありげな形象によるところが大きいだろう。古代ヨーロッパのルーン文字も、同様にお守りの商品として用いられることがある。

福沢諭吉は、神社の札を迷信として踏んだと自ら述べている。今でも、神社のお札を開けたり、壊したりする人もいる。一方、新聞紙など文字を書いたものを踏まない、踏んだら祖母に怒られたという話もある。中国では、文字や文房具が文房四宝などとして大切にされ、惜字炉まで設けられることがあった。日本でも、筆塚、反故塚が作られていた。一方、お守りやおみくじも工場などで作られていることを知ったからにはもう買わないと述べる女子学生がいた。

イスラム教世界では、コーランの文字を図像化するカリグラフィーが発達したのは、古来、聖像崇拝を禁ずる文化圏にあったことに起因するとされる。日本製品にプリントされたマークも、それに近似してしまったために批判の対象となり、取り換えられることが起きた。

中国の少林寺拳法や漫画やアニメの「ポケットモンスター」などで用いられていた「卍」というマークは、インドの仏教などに由来する吉祥紋であり、漢字にも取り入れられたものだったが、同じように、ナチスドイツの鉤十字（ハーケンクロイツ）を想起させるものとして、ユダヤ教徒、イスラエルの批判するところとなり、マークを改めたり、抹消したりする事態を生んだ。日本では、七世紀前半の墨書土器に現れ（岩本正二・西口寿生一九七七など）、後に家紋や寺院の地図記号にも用いられているが、国土地理院は、外国人向けの地図では三重の塔のマークに変えることとした。このように異文化圏に対する配慮が伝統や慣習を改めることがある。中国由来の九字、格子状のドーマン（陰陽師の蘆屋道満の名から）、星形のセーマン（同じく安倍晴明から）など、記号に神秘の力を込め、蘇民将来などに用いて魔除けとする風習も一部の社会にあった。墨書土器などに「×」「井」が魔除けの記号として使われていたことは柳田国男などにより民俗学の分野で説かれ、考古学界でも定説のようになっている。この「×」は「〆（しめ）」と関連づけられることもあり、「䴬」（しめ）とのつながりも考えられる。

キリスト教徒の中には、漢字を、布教を妨げる悪魔の文字と見なす宣教師がいた一方で、「十」字などすべての漢字をキリスト教的な解釈で字源を説く本を刊行する者がいた。かつて禁教とされた時代に、九州の五島列島では隠れキリシタンが私かに十字を含む「辻」姓を名乗ったという話もある。文字種を超えた宗教上のシンボルとの関係づけがなされてきたのである。

中国で仏教の影響を受けて体系化が進んだ道教は、日本の神道にも影響を与えた。中国では、童謡が予言を伝えるという現象が古くからあり、また雲、木、葉、虫などが予言などの文字を表すアニミズム的な現象が記録されており、これを日本に影響を与えた（『江談抄』など）。戦国時代に黄帝の史官としての倉頡を登場させ、後漢には神格化されて廟を立てて崇敬されたこと、唐代以降の敬惜字紙の信仰（窪一九八一、相田二〇〇五ほか　字の書かれた紙をおろそかにしたことにより死を受ける話まで伝わり、漢字圏に伝播し、日本でも聞かれる）、宋代以降の石敢當（沖縄などに広まった。相田二〇一六ほか）などとはまた異なる文字観と言える。

日本でも、江戸時代には、神代文字の具体例と称するものが多数紹介されたが、雲篆やハングルの影響が明らかなものや、古代日本語の音韻との関連性に欠ける点などから、古代文字としての意義は否定されている（「あまのはしだて」と読ませる、近世にはアマテラスが作ったという注記もなされた国字については後述するが、こういった神代文字との関連も想起される）。江戸時代には、天狗や河童が書いた詫び状の文字、幽霊、狸、狐などの動物が書いた文字も随筆などに記録されており、人間らしさがどこか抜けた字が見られる。

日本の言霊思想は、五十音などの一つ一つの発音には何らかの意味がこもっているという考え方を生んだ。そうしたソシュールなど近代言語学者の説く言語の恣意性を否定する音義説は、神代文字にも影響を与えている。言霊は、文字霊を派生したのである。中国にも、拆（たく）字による占いなどに、そうした文字霊思想の傾向を見出すことができるが、日本のそれは日本社会とその変容の中で、独自の発生と展開を見せていった。

書体レベルの事象に、願いを込めることがある。江戸時代に生み出された和風の書体、江戸文字のうち、寄席文字は、客席が埋まるように太い線で黒々と隙間がないように書く、相撲文字は、力士が倒れないようにと安定感のある太い線でどっしりと書くといった習わしがある。日蓮宗の髭題目は、文字曼荼羅に現れ、法の光を受けて万物が心理の活動に入るさまを表現するとされ、形態が様子を表し、コノテーションを感じさせる書風となっている。印鑑では、身近ではなくなっている篆刻印で縁起が良い印相体、吉相体（江戸時代に流行した八方篆書とは元来異なる）というものを謳って、吉運を呼ぶ、開運を説くものがある。一方で、古印体などフォントによって、不吉さを表現することも字幕や漫画などで行われている。

字の色彩にも願望などが込められる。黒々と書くことで、思いを伝わらせようとすることがあるのは心理的な効果も狙ってのことであろう。平安時代には、紺地金字経が作られ、「平家納経」には金色の用紙も用いられた。

現代でも赤字で名前を書くと、縁起が悪いという話も年少者に広まっており、血を穢れとする意識とつながっているようだ。また、平安末から鎌倉時代初期の密教の呪いにおいても、赤色の芭蕉の葉に名字を書くことで呪う方法が見られる。色によって吉凶や威光などを表すこともある。薄墨で書く場面も香典袋などに限られている。墓石や慰霊碑は、古来の筆字を刻すことが一般的である（後述の卒塔婆、筆塚など参照）。九州の墓石では戦後、金字で名前を書く風習が広まった（澁澤龍彦も見聞を驚きとともに書き記している）。なお稿者は、ボールペンは青ペンを用いたり、鉛筆はキャップを青としたりし、大学入試から免許取得の筆記試験の頃まで縁起を担いでいた。その色彩自体が落ち着かせるという生理的、心理的効果も働いたものであった。

願を掛けて行われる写経のように、文字を書く行為そのものにも、願いが託される（読経など読む行為にもそれが行われることがある）。チベットにはマニ塚がある。写経の功徳は『日本霊異記』に見える。正月には書き初め（吉書、試筆）をして一年の決意や願いを、毛筆で縦書きすることで確かなものとするのはその一例であり、室町時代には行われている。近年、一〇八画で煩悩を表すという字がネット上で現れ、写す人が続出した。血判状は、色のほか書写素材も関わっている。なお、紙に手書きするのではなく書籍にして刊行したり、石碑など残るものに銘記することは、ことばが永く残る、広く伝わることを期したものである。

文字の数すなわち字数が吉凶を表し、左右するとの信仰も生じた。偶数や、のれんが四枚（閉まい）となることを避けるために江戸の駒形の「どぢやう」は「どぜう」が選ばれた。歌舞伎などの外題は、七・五字など奇数のものが吉とされるようになっていき、当て字や合字を生み出してでもその字数に収めようと努めた。そうした風潮には、当時から批判があったが、幕末までその流行は続いた。六字の名号を避けるためともいう。現在でも、「謹賀新年」などの新年の挨拶は、四字なので年賀状では使わない、「入学式場」は四字なので、不吉に感じるために「入学式々場」にしたのだと思ったという女子学生もいた。古く一行の字数や一枚の行数に特別な意味を込めることもあったとされる（東野二〇〇六）。

四　字種

「人」という字を手のひらに三回重ねて（あるいは一回、それを○で囲み、香港では「の」を十回）書いて飲む真似をするという行為は、舞台などで緊張を和らげるために、今でも小学生から大人まで広く行われている。「合格」などと書く人もいる。これは、道教や修験道の符などの呪符を飲む行為の末裔ではなかろうか。

固有名詞の用字には、瑞祥地名に限らず、字義に配慮したものが少なからず見られる。

地名では、「火」を避けるケースが各地であった。尾張（愛知）の「火上」「火高」は、永徳三年（一三八二）に神社の社殿が火災に遭ったことから火の字を避けて「氷上」「大高」に改めたとされる。また、同じく「辻」という地名は、「羊」が「火辻」の表記に転じ、さらに火の字を避けたことに由来するという。但馬（兵庫）の「御火浦」も、火の字を避けて「三尾浦」となったとされる。会津（福島）の「火玉」も「火」を忌んで「氷玉」とし、火玉村も福永村と改められたとされるといった例がある。歌舞伎界などの「穐」については、字体レベルの現象なので後述する。

木造家屋の多かった日本では、屋根の下、破風板の下の壁面などに「水」やその崩し字を記すことがある。江戸時代末頃からの風習とされ、長野や北関東、西日本でよく見られる。鬼瓦にも見られる。懸魚（げぎょ）の代わりをなすものとされ、縁起を担いで水に縁の深い「龍」も記される。京都の愛宕神社（愛宕さん）の火除けの札は

「火迺要慎（目の下にある一はL形）」と書いて、ひのようじん（火の用心）と読ませ、近畿で民家や店舗に貼られている。「火の用心」の古い書き方の一つであるが、今では由緒ありげな特別な表記と感じられるようになっている。

日本では、元号（年号　則天武后のそれに関しては後述）を定める際に、吉祥を求めて反切など字音に基づく占いが中世以降盛んに行われ、有職故実のようになっていた。中国やベトナムでは「福」を含むケースが多かった。江戸の明和九年は、迷惑に通じるとして改元されたとの記録もあり洒落や語呂合わせさえも利用されたことになる。

貴人の名や花押も同様に決められることがあった。中国では六朝時代から見られ、ほかに五行、五姓説も唱えられた。名に霊性を認めることは後述するが、古く呪詛人形にも姓名を書き入れたことが知られている。産まれた子の命名の際には、子の幸せ、幸運を願うのが親心であるが、画数（字画数）、五行などを「吉名」「凶名」の要素と信じて重視する親が多数を占める。陰陽思想が説かれる『易経』の時代には、字画の数は定まらず、その数も数えられた形跡が一切なく、この占いが昭和になって日本から広まったものにすぎないことや、江戸時代末までは音読みに基づく占いが流行っていたことは、すでにほとんど忘れられている。江戸時代には、庶民の間でも「韻鏡」に基づいた、学術の香りを漂わせた占いによる命名がはやっていた。一方、庚申の日に生まれた子には五行説から「金」を入れないと大泥棒になる、といった俗信も命名に影響した。そのため金偏の字を当てたり、作ることさえもあり、とくに名古屋一帯に長く残った。また、「名頭字尽」「名乗尽」の類が刊行されたり『節用集』などに付録として載せられたりしたことが、「杢兵衛」などの流行が生まれる一因となった可能性がある。

先に触れた姓名判断と称する画数占いは、明治以降に日本で生み出されたものであるにもかかわらず、中韓でも古くからあるものと錯覚が生じ、科学者の間でさえも広まってきた。画数を合わせるために、点画を操作して異体字としたり（字体レベル）、その字の使用をやめたりして、かえって意味の悪い字（古代のような意図をもたず）や不本意な字にしてしまう（字種、文字種、語レベル）という本末転倒なケースが後を立たない。寺社で子への名付けに用いられることまであり、結婚相手を決めるとき、さらには社名（トヨタなど）や新興宗教の教団名を選ぶときにも用いられることとある。なお、画数が意味をもたされた前例はあったようで、伏犠に仮託された八卦の組み合わせが六十四卦の世界観を生み出したことは、中国で最大の画数として六十四画の漢字が三つほど生み出された原因となったと考えられる。なお、意中の人の名に使われた漢字の画数のぶんシャープペンシルの芯を出し、使い切れたら思いが叶うという俗信もある。

字源における白川説への無批判な人気と同様に、漢字に関しては思考停止を求める意識が背景にあると考えられる。神をもたない宗教的なものに対する無自覚な信仰とも言え、文字霊信仰と合致したものとも見られる。意味を特定しないように、ひらがなにするという別の次元での含意からという名付けの対極の一つとも言える。名付けでも、字源を気にする人もいる。「幸」「民」は、学者が揃って手かせ、目をつぶす様と唱え、忌避する人もいる。多くの字の字源は学者による説であり、「道」は戦で負けた人の生首が含まれている、「真」は行き倒れ人の意だったと白川静は説いた。「𠙵（口）」は祝詞を入れるサイという器とする説を含めて、文献も文物もまだ確かな根拠となるものが見つかっていない。「サイ」とするそれと同じ形で口を表す例は、古代の「歯」の中にも見出せる。

女性の名前に流行を見た「子」は、古臭いという近年の言説に対して「一から了まで」という意味が込められ、親の願望が託されているという話は、後付けではあるが日本人の心を捉え始めている。こうした俗解には、意図的なものもある。日英の懸け橋になってほしいと名前に「暎」という字を付けた、という類の逸話も多い。それとは逆に、字義を全く考慮せずに「曖」を字面の雰囲気で選んで付ける風潮も強まってきた。「寿」「亀」という字を読みはともかくとして名づけ親が長生きの願いを託して名に含めたのも、長寿社会ではなかった時代を反映している。「優」「秀」「麗」「美」「清」「正」「真」といった字にも子の幸せな行く末を願う親心が読み取れる。

結婚式の招待状で、「欠席」を「寿」をいくつも上書きして消したり、封じ目に書いたりするのも、祝ってのことである。本来の長寿の意味から、国訓が生じていると見るべきである。「俊」は、優れている、頭が良いという意味の字だが、日本では、俊敏、俊足といった語から足が速いという意味も意識され、名付けに用いられるケースがある。駿は優れた馬の意で、つまりは速く走れるというニュアンスが感じ取られることも影響している。瞬間、一瞬のシュンという音の影響もあるのだろう。

造字は、日中ともに宗教的な世界で盛んに行われた。それはまずは新出の概念を文字化するために必然的に生じたことで、仏典の翻訳においては「魔」「懺」「僧」「禅」「鉢」「塔」「袈」「裟」などの字が音訳のために作られたほか、陀羅尼の音写のために、音訳であることを示す、あるいは特異な音形であることを示すために口偏を加えたり、切身という反切を応用した合字を生み出したり、新たな漢字を多数生み出した。「佛」「菩」「薩」などの字も新たな字義を付与され、写経用に略字も生み出された。「佛」は「仙」の異体字「僊」との対比のために「僲」といった異体字も宋代以降に造られ、一部で使われ続けた（江戸時代に富士講の文書では「僲」が使われたのは、別の意図によって作られたもので、衝突である可能性がある）。

道教も「炁」を「気」から派生させ、さらに五岳の神々の名を表す字、符に用いる字など多数を造り出した。なお、唐代には外来のゾロアスター教のために、「祆（けん）教」という字も生み出された。その後も新興の団体、特に宗教団体は、造字を生み出す傾向をもち、日本の富士講には中世末期以降、造字が用いられた。こうしたものの中には、神秘性を誇示し、威圧感を与えるかのような造形も見られる。

戦国時代は、明日の命も定かでない人々が宗教に頼る時代でもあった。漢字を記したおみくじ、「北」の字義から北の方角を避けること、拆字と夢占いが結びつくこともあった（小和田一九九八）。旗印に記された「毘」などの字にはそういう願いも読み取れよう。「閬」という字は『龍龕手鏡』にもあるが、これを「みかた」と読ませるのは日本で生じた国訓で、中世、近世の武家の社会で使用されていた。「袰」は「母衣（ほろ）」の合字である。中世に、戦場で武士がまとったホロには、実用よりも宗教的な意味があったとされる。安倍晴明の印（桔梗紋）、九字を切るといった呪術的な護身術と関わるものであろう。漢字の「幌」を糸偏に変えたり、「母衣」「武羅」などの字が当てられ、流派による違いも説かれた。それらは近世の辞書にも載り、いくつかは東北などで小地名の表記に定着した。

産まれた子にエナつまり胎盤が巻き付いていると、名に「袈裟」や造字「畩」（けさ　福田衣から）を付けると幸せになるという信仰、風習が江戸時代から九州、とくに鹿児島で盛んであった。その地では、「袰」と書いてイヤ、ヤンと読み、「袰川」（いやかわ、やんかわ）という名字も見られる。「袰」は、柳田国男の「蝸牛考」で述べられた周圏分布を思わせる。エナは訛ってイナ、漢字で「胞衣」と書く。熊本には「胞衣川（いやがわ）」が流れる。これも合字化し、東北などで名前に用いられた。

大乗仏教の経文は、基本的に漢訳仏典であり、一般には難解な漢字を交えた漢文をもって書かれていた。平清盛の経ヶ島を鎮めるための経石、耳無し芳一の身体に書かれた経文など、それ自身が神秘的な力をもつと考えられた。経文は、和讃のほか、古来の呉音で読まれることが多いが、宗派や経典によっては漢音や唐音で読まれる。いずれも、現代人には聴き取りは困難であり、ことに仏教漢文であれば、意味を読み取ることも容易ではない。つまり、意味が分からないという点において、梵語やパーリ語の経典と変わるところはない。経文は、平安時代には訓点を施して盛んに訓読されたものだが、やがて儒教の経書や道教の思想書、詩文、そして和讃などとは袂を分かち、訓読を放棄して音読されるばかりとなっていく。分からないことがありがたい、という一般の感覚と無関係ではあるまい。

そうした中でも、仏典の真言（マントラ）や陀羅尼（dhāraṇī）は、異彩を放つ。僧侶や一部の信徒による読経の場を離れて、呪文として使われることがある。梵字やカタカナで記されることもある。

唐の玄奘訳「般若心経」の末尾に置かれた、

掲諦　掲諦　波羅掲諦　波羅僧掲諦　菩提薩婆訶

なども、通常の漢字音にはない「ギャ（ー）」を含む語句が繰り返されることで深く印象に残る。この句のように、漢訳される以前の段階で、すでに梵語としての意味が明確でなくなっていたものがあり、まずはそこに古人の意図がうかがえる。そこに漢字を当てることで音訳がなされたのである。漢訳された経典を共有する中国、韓国、ベトナム、日本ともに、現地の漢字音で消化された。その漢字は、日本であれば日本漢字音に引き寄せて読まれる。読経では何らかの言語であることは直観的にうかがえるが意味は解せないこともあって、発音としては速く感じられる。聴き取れない不可思議な音の連鎖が、意味の分からないままに加速され、ときに反復させて唱えられ、耳に入りつづける。本来は暗記され唱えられる陀羅尼を書写することで霊験を引き起こすとも信じられるようになった。釈迦が書くことのなかった漢字の点画の一画一画にまで心血を注ぐ写経という今に残る行為と同様に、ここにも広い意味での文字霊に対する信仰が看取されよう。

「南無阿弥陀仏」などの念仏も、本来の「阿弥陀仏に帰依する」という語義の理解が稀薄化し、発音も「なんまんだ（ぶ）」などのように国語化が進展した。かつて念仏＝呪術論争が巻き上がったように、呪術との連続性が生じたこともうかがえる。連呼されることが多いことは、人々に膾炙した「ちちんぷいぷい」（智仁武勇からとされる）「痛いの痛いの飛んでいけー」とも共通する。連呼を継続することは無心になれるとともに、人間離れし、神がかりに近づくことにもなったのであろう。

漫画やアニメに登場する創作された呪文も「テクマクマヤコン」「マハリクマハリタ」のように意味を持たない音を反復させる形が多く、やはり特定の意味は（後付けで解釈はなされても）直接連想されない、しかしどこか神秘の力を感じさせる語形が目立つ。後者の「マハ」は摩訶不思議（不可思議）や摩訶般若波羅蜜多のマカ（マハー　大きい、偉大なという意味）に基づくものではなかろうか。

『日本書紀』は、仏典から難字を選んで万葉仮名に使用している。「釈摩訶衍論」は、偽経ながら空海の重視するところとなり、真言宗の聖典と位置づけられた。その中には、像を造る際に、「[梵字]」（イン）を無数に繰り返す神呪も収められており、梵字と漢字を習合させて神秘な力をもつことばが文字化されている。

五　字体・字形

唐代の『干禄字書』は、「塊凷（中の土は士にも作る）　竝正多行上字唯弔書作凷」と述べるが、「弔　吊」についてはとくに場面による使い分けを述べない（後述）。前者は形声文字であり、後者は象形文字である。明代の『字彙』は、「郭恕先曰吉用塊凶用凷」と言うが、『正字通』はそれを理に背くと批判している。

唐朝を断絶させた、中国史上唯一の女帝、則天武后は周代の漢字や道教の影響を受けて二〇字弱の漢字を作り変えた。先に触れた則天文字と呼ばれるその中には、「國」には「或（惑）」が含まれ、中を「武」に替えるのも「囗」

と同様で不吉である、八方収まるようにするとよいとの忠告を容れて、「圀」を採用したとの伝承が早くに生まれた。拆字（たくじ）を造字に応用したケースといえる。篆書風の字体も取り入れた。「星」は道教の符での星の形「〇」に変え、「授」など道教の符のような字体とし、改元（四字に及ぶものさえ制定した）を連発してはそれらの字を含ませた。符は漢代、六朝時代から現れていた。ほかにも、「年」は「千万千万」を合わせた字体「𠡦」へと変えた。『華厳経』への信仰によってインドの仏典の吉祥符に基づく「卍」（前述）を萬と読ませ、漢字として採用させたともいわれ、「萬」はその変形としての「万」（浮き草の象形文字ボクが使われなくなっていたところに、これが変形してきた）の定着に一役買った。「月」は「囗」の中に「子」を入れたり、「〇」の中に「卍」を入れたものとした。自らの名の「照」も作り変えた。

中国では、皇帝や聖人、祖先や親の名の漢字は用いないようにする避諱という慣習があった。そのためにやむをえず同義の字を用いたり、同音の別の字で代用したり、その字の一画を省く欠筆などが行われてきた。五行説による命名が起こり、朝鮮では世代ごとにあらかじめ前の世代を超える部首が定められた一族が少なからず生じた。日本でも避諱の制度を模倣することがあり、また古くより実名を忌避する風習も持っていたが、むしろ逆に主君や親の一字をもらったり、自ら選んで用いることも習慣化した。この対極には僧侶によるいわゆる「差別戒名」の「画落とし文字」があった（集団の名に対しては死や苦といった字が当てられる、やはり人権を蹂躙するケースまでもあった）。戦前の漢字政策案は、天皇の追号などに略字を用いないとした。

戦争、興業だけでなくスポーツの世界でも勝負事である以上、験担ぎが付きものとなる。大相撲では、「曙」は横綱になるまでは「丶」を入れない字体をしこ名に用いた。東京大学の一誠寮ではその「誠」の「ノ」は優勝するまでは入れない、という達磨の目のような意識が生じている。「鬼」の異体字「鬼」を日本では、角が取れてなった神とみたり、「かみ」と読ませたりすることがある。

数字では、日本では、「八」が字形が末広がりであるために縁起が良いとされ好まれている。近世からの米寿も八十八夜も、より新しい茶寿もそれと関わる。中国でもめでたい数字としてナンバープレートなどで好まれているが、「8」でも全く同じことで、要は発音で「発財」(金持ちになる)の「発」と「八」とが発音が似ているためのものであって、字形から見立てをする日本とは対照的である。日本では「金持」姓が稀姓としてあるが、中国では名前や店名、社名に「金」を三つ重ねる字が好んで選ばれる。

上記のような数字の吉祥は、漢字圏の内部でも相違点が見出せる。字体レベルの事象に限らず、ここにまとめて述べていく。日本では「四」が忌み嫌われてきた。それは日本で「四」が「死」と発音が等しいために語義が鮮明に意識され(訓も「し-ぬ」)、死を忌む文化を持っていたために平安時代から広まり、中韓にも受け入れられたようである(安田二〇一五)。

穢れである「死」を松尾芭蕉は「屍」と書いている。近年、ネット上では「タヒる」(たひる。タヒは半角が多い)という表現が多用され、若年層の一部ではメールなどでも用いられている。WEBの掲示板では「死ね」がNGワードに指定されたために、「氏ね」といった当て字も現れた。メールでも、「shine」と別義の英語とも取れる重層的な表記も現れた。そうしたNGワードを回避する役割や、死までは至らないという指事性、そして「死」を忌んでの婉曲性も見出しうる。逆に、「……だしね」という口語的な文字列が、ケータイの画面で改行などによって「死ね」の意に誤読されないように忌避されるという筆記行為も生まれている。

中国では、「死」姓が実在する。もとは少数民族で、四字の音訳がなされ、そのうちの一字が残ったものとされる。日本では名前に用いることができ、実際に「不死男」の類が戦前より見られる。トータルとしての意味は良いが、「死」という字を含んでいることに変わりはなく、賛否が分かれる。「死」という語自体が使用が回避されるケースもあり、「亡くなる、逝く、逝去する」などと言い換えられることが多い。

「四」という字も、中世には忌み嫌われることがあり、石碑や文書には、「亖」という中国製の異体字のほか、それを横に並べた「二二」、さらにそれを崩した「㐅八」などの異体字が用いられることがあった。「シ」は発音しにくいこともあって、和語の訓「よ（ん）」（三つまりsam、サンの影響でよんとなった）が用いられることが多いのは、「七」（シチ　なな）と同様である。ひらがなの「し」さえも、避けることがあるという。たとえば、「橋の名前を「はし」と濁点抜きで記す例もある。神戸市東灘区を走る国道二号の住吉橋は、欄干の東端にある親柱に「すみよ志はし」と彫られていた。濁点がないだけでなく、平仮名の「し」から「死」を連想するのを避けるためか「志」に変えており、こちらも縁起を担いだのだろう。」（http://www.kobe-np.co.jp/news/shakai/201602/0008812720.shtml　2016/2/17 14：48「神戸新聞ＮＥＸＴ」　2016/02/21現在）という例がある。

「弔」が「吊」を派生し、「殺」も「煞」を派生して使い分けが生じたことも、死を忌み嫌う意識と関わることがあろう。「弑」も、藤堂明保は下が上を殺すというのを避けた一種の忌みことばと見た（『学研漢和大字典』）。

字体、書体レベルでは、日本で「魚」の四つの点からなる列火を「大」に換えた俗字を用いたり、崩し字にして点が三つになっているように見せたりすることが、魚屋や寿司（すしへの当て字）屋の看板などに見受けられる。

日本ではアラビア数字の「4」（和語で「よん」と読むことが多い）よりも漢数字「四」のほうが不吉に感じるという文字体系に関する意識によるもののほかに、数字の最後の桁が「4」だと特に嫌だ、背番号や病室番号では「4」は受け入れられない、「42」と並ぶと死人、死に番だなどと言って嫌われることが多い。韓国などでは、四階の表示を「F」と変えることさえもある。

ただし、「夜露死苦」「death」(です)などの遊戯的な用法は若年層の一部で好まれている。よろしくには、江戸時代の滝沢馬琴は遊戯的に「四六四九」を当て、依頼する回数を含意したことがあった。9を「苦」に通じるとして嫌うのは漢字音の一つが同音となった日本だけであり、むしろ中国では「久」と発音が同じであるために好まれている。九×九で八十一もめでたいとされ、八十一を組み合わせて、半寿の祝いも日本で、ここでは形に新たな意味をもたせて生まれた。漢字の字義よりも形から意味を生み出すことを日本人は好む傾向がある。

個々人のラッキーナンバーとは別に、「七」は日本では欧米の影響を受けて縁起が良いとされる。また「喜」が七十七、七七七を合わせたような崩し字や異体字になり(店名などにも使われる)、近世から祝われた喜寿のイメージも重なっている。中国では、「起」と発音が似るようになったところからやはり好まれるが、古い発音を比較的よく保持するベトナムでは「失」と同音となるために、忌み嫌われている。中国では「六」も「禄」などと類音となるため好まれるが、やはり字音によるものである。

逆の作用を忌避する忌み言葉は、今でも特定の場面に生きている。結婚式では「別れる、切れる」といったことばの使用が避けられる。受験生の前では、「落ちる、滑る」といったことばを憚ることもある。現実に意志の力に影響することはあるだろう。「あした雨だよ」と言って遠足の当日が雨天になれば、「お前があんなことを言うからだ」と責められる。「怪我するよ、気をつけな」と忠告された人が、不安になって心に乱れが生じ、動作に戸惑いが起きるために実際に怪我をするということもある。脅迫にも同様の負の効果がありうる。

文永、弘安の役の蒙古襲来の時、国を挙げて寺社で呪詛の祈禱が行われたが、亀山上皇が福岡の筥崎八幡宮に納めた「敵國降伏」の文字が有名である。箱崎(八幡)宮は、九二一年に醍醐天皇が宸筆「敵國降伏」三七枚を納めて建立されたが、そのうち二枚には「國」が「囻」「国」と記されていた(山田安栄『伏敵編』)。地名・駅名などは筥崎宮の「筥」では筥崎八幡神に対して畏れ多いとして「箱崎」と表記されている。文字による攻撃のより鮮明な例としては、戦国時代の武術書に、敵の武将の名前は首を切ったように書くことといった作法が記されている。「壽」（寿）を「九十百千」を合わせた「[illegible]」という形で書く異体字が『字学三正』に見られ、それを用いた人名が江戸時代にあった。「馬」を線対称に反転させて「[illegible]」と書く「左馬」は、「うま」が「まう」という洒落や、左下部が巾着袋のような形になるということなどからめでたがられ、山形の天童などで縁起物、土産物に記されている。既知の字体を転倒することで、現世的でない意味を感じ取らせるケースはほかにもあり、後述する。「開」も「発」のように下部を開いて書くことが、開店祝いの花輪などで見かけるが、これも意図的にそうしているケースも存在する可能性がある。

馬は9匹書いた絵は、馬九行くと読めて縁起がよい、フクロウの置物や絵は不苦労、福籠に通じ、縁起がよいといった動物にまつわる洒落は一部でいくつか見られる。中国では、蝙蝠（こうもり）が縁起が良いとされるのは、変福と通じ、その意味を連想させるためである。前述のとおり概して、中国の方が、漢字よりもその語としての発音から物事を判断することが多い。ただし、福田、大平などの首相の名字は、中国で字義や語義がめでたいと喜ばれたという。社名や下の名前などの固有名詞では、字義が命名時には強く意識されることがあるが、ただ発音だけを考えて選ぶこともあった。

先述した「火」は、字体レベルでも使用を回避されることがあった。江戸時代、芝居小屋は火事になって興業が停止することがしばしばあったため、「火」の字の使用を忌み、「千秋楽」も火の部分を「亀」とする異体字「穐」で書くことが始まり、今に至っている。芝居小屋などにも広まっている。噂をすれば影式の信心によるものであろう。現在でも、消火器の火がハ型の「火」でデザインされることがあり、その形態に鎮火の意を読み取る人もいる。また、京都の本能寺は、焼き討ちのような火災が二度とないようにと、「能」の右側にある「ヒヒ」(火火)と読める部分を変えた「䏻」という字体で通している。これは、焼き討ち以前からこの字形で記されることが多かったため、後付けの解釈が起こり、それにより活字書体においても字体が固定化したものである。ベトナムでも、皇帝の名前の漢字などに避諱が行われたが、その字体には中国式とはいえない独自のものが多数生じていた。「火」を僅かに変形させるケースもあった。

「佛」は「人に弗(あら)ず」と解されることがあった。「鯡」(にしん)は魚に非ず、「橅」(ぶな)は木ではない(無)といった俗解も行われる。「佛」は彷佛の「佛」に通じる字であったが、後にBuddhaへの音訳に、悪字の「不屠」を経て用いられたものであった(清代には、フランスの音訳にも広東で用いられ、日本に伝わったことが知られている)。「仏」は六朝時代に現れた異体字で、「ム」は憚って変えたものとする説も唱えられている。「仏」は略字なので失礼だという意識も存在し、その異体字は先述した例を含めて各種作られ、伝来して広まったものがある。旁を「西國」とした「僊」は、江戸時代の前期に渡来し、辞書などで見つけてはしばしば選択されて用いられた(「仙」の異体字「僊」との対称性が求められたことが一因であろう)。読本や石碑、神社の幟、日本統治下の台湾の呪符などに見ることができる。同様に伝わってきた「㑺」(前述)「㒨」さえも文芸作品に用いる人がいた。

宗教における特殊な文字は、神だけでなく民衆に向けた字ともいえる。尋常ではない神妙な不思議さを醸します。この世のものではない文字で、特殊な超常的な能力を持つ者だけが読めるものとして、信者や一般の人々を威圧することもあったのであろう。「㑒」といった類似の文字を作った富士講の特殊な文字に対しては、近世に使用を禁じる触れが出されたことがあった。

「鐵」は、当用漢字で「鉄」という別の字義を持っていた字が略字として採用された。しかし、会社によっては、中国で好まれた拆字をすると鉄は金を失うと読めるので、商売上縁起がよくないと言って、新日鐵のように旧字体で通したり、「金」に「矢」と書くことでその字体を避けるケースが相次いだ。国鉄もＪＲに変わる際に、赤字脱却を願ってロゴマークを金に矢、「鉃」と定めたが、一般にはほとんど気付かれていない。タレントの武田鉄矢もデビュー後に「失」の右上の部分をあまり出ないように書いていたという。文字霊思想の典型的な実例である。

しかし、近鉄などでは、その看板の字体に対して、誤字を子供が覚えたというクレームがあり（こういう公的な表示による実害や、それをを恐れた苦情はよく起きている）、字体を直すのにかえって大損害が出たという話も伝わっている。これは字種レベルではあるが、ほとんどの日本人からは字体レベルの話と認識されている。

近頃は、手書きの機会が減少してきたため、日常の文字生活での俗字・略字離れが進んでいる。それに伴って、姓名や翻刻に関してはむしろ厳格化してきている。若年層には、略字を使うと運気が下がると信じている者さえある。筆跡学と称する分野では「口」の角を空けて書く人はどういう性格だと鑑定することがある。空いているとお金が逃げていくなどと言う。それとは別にツキを呼ぶ美文字といったことが語られることがある。これは偽科学というよりも整った物に対して抱いてきたことによる経験則や心理により生じ、あるいは他者の心理に働きかける結果としての開運ということであろうか。そうであれば左馬の一つの由来の話と類似点が見出せよう。

証券会社の中には、社名を旧字体で「證券」と登記したままのところがあり、旁の「登」という字義で株価の上昇を願うという説明がなされることがある。「鳩」を「鳩」のように書くと「抱き鳩」のように呼んで縁起が良いとして商標に用いるケースもある。「吉」「𠮷」は、もともと字源面からはどちらが本来的か明確でなく、筆法の差に過ぎなかった。しかし中国で、吉と不吉と分ける俗説も現れた。日本では、それらを「キチ」「よし」と区別する意識が見られる。名字でも同様だが、名字では、祖先が侍と農家という意識もときおり開陳される。

名付けには、字面がこの字のようにほぼ左右対称となるように漢字が選ばれることがある。とくに芸名では、人気が偏らずに幅広く出るようにとあえてそのために字が選ばれることがある。「來」のように人が集まる様子を兼ねるケースもあり、店名にも好まれてきた。なお、命名と運命とを重ねる意識は比較的強く、花の名はよくない、季節の名は、など意味の面から吉凶が語られることもある。「さんずい」の字は避けるなど、字義と絡めた字体に関する発言も耳にすることがある。なお、地名では、さんずいが付くものは、過去に水害など災害があったことを表しているという短絡的な話が聞かれることがある。

中国では墓誌などに左書つまり左右に反転させた字が記されることがあった。対聯を視覚上、より対照的にするという目的だけでなく、冥界と通じるための特殊な文字という役割も担っていた可能性がある。なお、水木しげるの妖怪漫画にも、漢字様の異様な字が登場するシーンがある。春聯は、魔除けとして神の名を書くことから始まり、今では縁起のよい文言が書かれるようになっている。

文字の転倒は、今日でも呪符や葬儀店のロゴなどにも見られる（小和田一九九八、花部二〇一四）。看板には、ただ目立たせるためだけの転倒もあり、転倒により意味や読みを逆転させる趣向も見られるが、全く異種のものである。「昭咊」の「咊」（和）は厄除けの逆さ文字と説明されることもある。中国では、「福」を上下転倒させて貼ることで、「倒」と同音の「到」を含意させる習慣が広まっているが、前述したとおり倒れないようにと相撲文字を生み出した日本人には、福が倒れてしまって縁起が悪いと受け取られることがある。ここでも、音を重視する中国と、形に意味を見出そうとする日本との対比が表れる。日本でも、御縁がありますようにと五円玉を賽銭にしたり、植物名のシネラリアをサイネリアと変えるケースなどなくはないが、中国での春節に鶏は吉と類音、魚は余と同音なので食す、送鐘の鐘が同音の終に通じるからプレゼントとしては送らないといった生活の随所に見られる広まりには及ばない。イザナギ・イザナミが渡ったとの伝承を持つ「(あまの)はしだて」を表すために中世に作られた「⿸厂⿱⿲有有有⿲有有有」と「⿺辶⿱⿲日日日⿲日日日」も、同様の形態上の転倒の関係が想起される。また「日日日」「有有有」の反復には、神道ひいては道教の呪符とのつながりを思わせる。

　ひらがなに対しても工夫を通じて願いが込められることがある。宛名の後に書く「へ」に「ノノ」を加えることが若年層や女性、芸能人などに見られる。これは、飾りとして、丁寧にするため、「え」と読ませるため、文字列が終わることを示すため、思いを込めて、などと説明する人もいる。筆者が小学生の頃、これを書くと縁を切りたいという意味になる、死ねと思う人に使うという後付けの都市伝説がまことしやかに語られ、学級内のそれを皆が信じて、この使用が途絶えたことがあった。今でも、各地の多くの教室においてそれが繰り返されているが、すでに戦前に、新潟の女学生が「たわいもないもの」として書いていたという回想を、八丁堀のエクステンションセンター受講者より直接聞いた。

　同じ字を字形や書体まで変えて、百種書き連ねる図が中国で生み出され、日本にも伝わっている。百龍図、百福図、百寿図などがあり、千寿、万寿なども生み出されてきた。様々な、あらゆる幸せ、長寿をと願いを込めて作られ、贈られるのである。

　吉祥語句を合字のように合体させることも中国から始まった。中国では、めでたい「進寶招財」を組み合わせた類の合字が吉祥文のようになってかなり定型化して、店舗など出見ることができる。「囍」は、日本ではラーメン丼の類に書かれており、その存在に気づいている人でも、ほとんど中華料理をイメージするマークのようになっているが、中国では二人の喜びを表すとして結婚を意味するマークであった。伝説では宋代からとされ、実際には遅くとも清代には現れており、現在では、切り紙で作りやすいという理由もあって「囍」の横線をつなげ、二つの「ソ二」の「二」の部分を一本につなげて共有するものが多くなっている。赤字や金字が多く、ここには、祝いと願い、つまり二人の幸福をお祝いするとともに、これからも幸せをお祈りします、という意思が読み取れるであろう。「吉」を四つ書く異体もあった。

韓国でも、「囍」は吉祥を表す字として寺や陶器などに記される。韓国では「哲」の異体字「喆」が左右対称ということもあって名付けに多用された。一方、日本では、質素な「吾唯知足」が一部で定着を見て、寺院や店舗の一隅にしばしば見られる。

古くは、平城宮跡から出土した土器に、「〓」と、「〓」というものが墨で記されている。前者は他の遺跡から出土した墨書土器や中国の陶器にも見られる（後者は三字の線が繋がってはいない）。何らかの願いを込めた呪符かと考えられるが、江戸時代には前者と同形のものが離別の符として書物に現れる。江戸時代には、墓石などに「烏八臼」を合わせたような字も多数見られるが、その表す意味は明確になっていない。

平安時代の土器に記された「〓　女」（笹原二〇一六）や、先述した鎌倉ないし室町時代の連歌書や辞書に出現する「〓」（あまのはしだて）「〓」（はしだて）にも、同字が構成要素として繰り返し使用されており、前述した「〓」（イン）の反復なども同様の動機や狙いがうかがえよう。眼病の治癒を祈願する絵馬やお札にも「めめめめめめ」などと繰り返し同字が記されることがあり、そこには、強い願いが届くことも祈念されているように思われる。石田三成も用いた「大一大万大吉」の重ねられた家紋も、吉事を願ってのものであろう。ほかにも「上」を「上」とするようなものもあるなど家紋には、こうした願を掛けたり願いを託した文字紋が少なくなかった。

相合い傘（あいあいがさ）は、すでに江戸時代に書かれていた。現在の「仐」よりも傘の上部に丸みがあり、番傘の折れまでリアルに書かれていた。近年でも小学生などがこの「仐」を継承している。自身の名前と恋い焦がれ

る相手の名前を書き込んで成就するように祈るためであったり、他者をからかったりするためのものであるが、この形態について、作法が語られることがある。「△」の部分に「|」が入ると名前を書かれた二人が別れるから、「个」とし、△の中に|を入れてはいけないというものがその一つである。明らかに形から来る印象による後付けの話であり、これも筆者が小学生の頃にも同様のことをまことしやかに指摘されたのだが、これを真に受ける児童がほとんどであった。その形を逆に書き、二人の名前を書くことで別れろとの思いを込めたという女子もいた。

ほかにも、現在、男女の名前の位置の取り決めがあるというもっともらしい話があるほか、成就した場合には最後に「♡」の中に色を塗る、といった作法まで覚えている女子学生がいた。このいたずら書きが具体的なきっかけとなって、名前が書かれた二人が仲良くなったという話はときどきある。学校の黒板、学校の机や地面、砂浜、公園の滑り台やノートへの落書きはまだ残る。彫り込んでしまう人までいる。校庭や砂浜など、文字としての存在が瞬時に失われる場所にも、それは記される。土砂の面に指や木で生じた単なる凹凸ではあっても、そこには確かに願いに似た何かが託されるのである。紙に無数に「呪」や対象の氏名を書いて破ってトイレに流すといったことも行われる。

また、文字の使用というレベルにあるものだが、消しゴムに名前を書いて使い切れれば、恋愛が成就するという話も女子児童の間に広まっており、実際に行動に移す者もあるが、大抵は使い切る前にどこかへとなくなってしまうそうだ。好きな子の名前をアロエ汁で書くとうまくいくという噂があり、三歳くらいの頃近所のアロエを引きちぎって道路にこすりつけて書いていたという男子もいる。

こうしたものは迷信にすぎないが、都市伝説のように現れ、一部は若年層の一時期とはいえ信じられ、実施されていることは注目に値する。「小便無用」と書いて鳥居の絵「⛩」を添えることも、江戸時代にすでにあった。

罰当たりとならないよう、忠告するものであるが、その意味を解さない者もある。神社のマークとなっているが、こっくり（狐狗狸と当てる）さんという神秘的な遊びのような儀式でも、紙にそれが書かれる。

六　表記レベル

日本語の文字体系を構成する文字種は世界一豊富で、しかも語レベルでの正書法が厳密に定められておらず、とくに漢字は語との対応関係が漢字圏の中で最も自由である。それは、日本人の漢字への崇敬の念と、柔軟性によるところであろうし、逆に日本人の感性をより繊細に変えてきたともいえよう。そうして、願いや思いを込めて、漢字を選ぶことがしばしば行われてきた。「思い」よりも「想い」のように、目で見たときの印象の違いを読み取ってもらおう、また分かりやすくしなくてはと使い分けるのである（笹原二〇一四）。

当て字に及ぶことも稀ではない。「頑張って」はそもそも当て字であるが、相手を圧迫せずに励まそうと「顔晴って」と変える人たちがいる。末尾に「ね」という終助詞を付けることがあるが、中年以上では「ネ」とカタカナにすることが多い。中高年層にとっては、江戸時代以来の慣習ということは忘れられているが、終助詞に親しみを込めたモダリティーの表記である。しかし多くの若年層は小学生時代に卒業する表記と認識しているためにバカにされている、若ぶっていると勘違いしてしまい、世代間でコミュニケーションギャップが生じている。こうしたディスコミュニケーションは、ほぼ意識されていない。

「めでたい」は「めづ」（愛ず）から生じた語だが、「芽出度い」「目出たい」（中世には目偏に出という合字も『平家物語』真名本などに現れた）という当て字が好まれた。なお、「めでたい」の掛詞として尊重される魚としても、「タイ」

「たい」よりも漢字の「鯛」のほうが語義が特定されるばかりではなく、尾頭付きの立派な魚がイメージされて、よりめでたそうだという意見が多い。おてもとには、「お手茂登」と変体仮名にも字母で含意がなされる。「そば」の楚者を字母とする表記は、江戸時代中期に現れ、東日本で広まったものだが、そばにふさわしいと感じられた字形の雰囲気で選択され、定着したものという可能性があろう。

こうしたケースは、とくに食品に多く、正月の「ちょろぎ」は「千代呂木」「長老喜」など、結納品ではたとえば「こんぶ」が「子生婦」と書かれる。上述の鯛はめでたいと同様に、昆布はよころんぶ、といった洒落に近い縁起もしばしば語られている。中国から伝わった「豆腐」も「豆富」と書き換えられている。これは、地名の「親不孝通り」が風紀の刷新という願いを込めて「親富孝通り」に変えられたことと加工方法が共通する。斎賀秀夫が「縁起字」と呼んだものの一部がこれに当たる。終わりを「お開き」、するめを「あたりめ」というような忌みことばの文字版である。「仏滅」は、もとは「物滅」だったようだが、江戸時代のうちに「仏」と変えられて、不吉な雰囲気が増し、慶事が忌まれる風潮を生んだ。奈良時代に日本を指す「倭」をみずから「和」に変えたのも、願いを込めた可能性がある。

名字でも地名でも、そうした縁起の良い漢字がもてはやされた。和気清麻呂が天皇によって穢（きたな）麻呂に改名させられたケースは、字種と字義・訓読みを変えたケースだが、名前がもつとされた呪術性も影響していた可能性がある。吉宗への避諱（禁字）と禁教により、「吉利支丹」は「切支丹」「切死丹」などと表記を変えた。

地名の「火」については前述した。ほかにも、元明天皇は地名は中国風の好字二字に変えるようにとの詔勅を出している。各地で選ばれた意味のよい漢字には、土地がよく治まることを祈念する思いが込められたものがあったことであろう。「富士」や「銀座」が各地にできたのは、本家と同様の繁栄を願ってあやかった面があり、「栄通り」「弥栄」などの地名の多くも、仮に当て字であっても将来の発展を願ったものだろう。地名や名字、店名などで「北」を「喜多」とするのも同様である。平成の大合併の際に、愛知県で新たな市名にはセントレア市をという話が出たときに、地元議員から遷都を願って「遷都麗空市」とする案が提示された。

大阪の梅田はもとは「埋田」であった、刑場のあった小塚原は「骨が原」と書かれていた（多少はイメージがよくなった）といった伝承は数多い。宮城県の閖（ゆり）上の「閖」には、中国の古辞書に拠って考えれば、水害の意味が見出せる。つまり、貞観地震の被災の記憶を忘れないようにと、後代へメッセージを込めた文字選びの結果だったのではないかと推察される。

字体レベルでは、「大坂」では土に反（かえ）る、あるいは士が反（そむ）く、と言って、それまではあまり使われていなかった「阪」を選んで「大阪」としたという話も、文字霊を意識した結果となる。実際には、公印に用いる篆書体に「阪」しかなかったためなど、異説もあるが、それによってその地では名字でも阪田、阪本など阪が選ばれるようになり、伊勢の松坂まで松阪に変えるという影響を与えた中には、その意識を重視した人もいたことがうかがえよう。

外国の国名にもそのような意識が向けられることがあった。ロシアの音訳には明治初期には「魯」が定着していたが、ロシア側から字義を考慮して「露」に変えるように要求があり、日本側もそれに従ったが、日露戦争の頃には露と消えろという意味が意識されることが生じた（シャルコ・アンナ二〇一六）。中国古代から漢民族を取り巻く異民族は、儒教を知らない野蛮な者とみる中華思想から、意味の良くない字や「犭」「虫」などの付いた字で表記された。それは二〇世紀中頃まで続き、日本にも影響を与えていた。

受験期には、菓子のキットカットが売れ、激落ちくんという消しゴムが避けられるという。古く、鰹がカチウオと解されたり、かちぐりが勝ち栗と解されて、勝負の前に珍重されていた。「豚カツ」のカツはcutletに由来するが、「豚勝」と表記することがあり、「かつ丼」も「勝丼」と書くことがある。これらは、受験や勝負事で合格、勝ちを祈念しての当て字であり、それを食することで勝利を取り込むことを期している。戦中の男子名にも、「勝」という字を含ませることが流行していた。これも戦勝を願ってのことであった。戦後には、「和」が人気を得た。こうした流行は中国にも見られた。失敗を「敗」がネガティブなイメージだからと「失パイ」と抜き漢字、カタカナ表記にして書く女子学生もいた（なお、「先パイ」は「輩」という漢字が書けなかったことによる表記だったかもしれないと述べ、同様の構造を有する交ぜ書きであっても生産に至る動機は異なる）。

海に住む「えび」には、「海老」という二字が奈良時代以前から当てられてきた。日本製の熟字訓であり、和語の「うみのおきな」という発想自体に、それを見たり食したりする日本人の長寿への願望があったことがうかがえよう。対となる「野老（ところ）」も縁起物とされ、「ののおきな」とも呼ばれた。これは、「うに」を海に住むものを「海胆」「海栗」、食卓に上げるものを「雲丹」と書き分ける食欲と絡む装飾とは発想に差がある。「なまこ」は食用では「海鼠」と書かないでおく、というのも同様である。

また、「ごみばこ」を「護美箱」と当て字で書くこととも動機は区別すべきである。これは、書記者の願いが込められているというよりも、見た人の意識を喚起しようとすることに主眼があると考えられる。「たまご」は語源通り記すと「玉子」、漢語に訳して記すと「卵」がいわゆる正訓字となる。しかし、「玉子」には当て字だという誤解が広まっており、かといって「卵」は生っぽく生々しく感じられるとして、「たまご」という抜き漢字で表記されることがある。これも、たまごを食べると殺生となるという仏教思想に基づく考え方によるのであれば、祈りの表記ということになってくるが、現代においては通常そのような意識によることはないだろう。「眉毛」「鼻毛」などに対して長く伸びて欲しい毛は「まつげ」のようにひらがなにするという意識は、現在、女子学生に多く見られる。

第一次、第二次世界大戦の「一」「二」を、アラビア数字で「1」「2」と書かないのは、数字が入れ替わり、第3次世界大戦が起こらないことを願ってのことという意見も現在聞かれることがある。

七　おわりに

ここまで、主に中国と日本における文字による祈りの実際を眺めてきた。中国では神仏や権威に対する忌避や儲けなど実利への希求が強く、一方、その漢字文化の影響を受けた日本では、追求そのものやその対象は同様であっても、その表現にストーリー性や情意性をもたせたものが少なくなかった。

現代の大学生の間では、言霊がある、と信じている人は、半数を超えている。「負けないぞ」ということばの文字化、選挙戦や受験期に机辺に貼られる「必勝」「合格」などの文字には、偽科学的な妄信も見られるが、客観的な分析により、そのことばが決意を固め、自己や周辺の人々の心理へ影響し、落ち着きや集中力が得られるといった意見もある。「風邪を引く」「ケガをする」話が実現につながるとしてタブーになっている家庭もある。そういう現実的な機能を含めて言霊と理解しているのであるが、姓名判断のような根拠を有さない迷信や疑似科学にまで思考停止となることが多いのも事実である。漢字に魅入られる人々も少なくない。

「友美」という名をもつ女子学生は、名前に即して友達を大切にしようとの意志が強まり、名前が実際に言動に影響を与えてきた、と述べた。親の願いにも応えたことになるだろう。こうした現象はしばしば目にしまた耳にする。「智貴」と「口」がたくさん入っている字にして明るい子に育ってほしいと願いを込めたケースもある（うるさい子に育ったという）。「できる」「かわいい」と言い続ける、刷り込まれ続けると、努力や自信によって実現するというピグマリオン効果やプラシボ効果と重なる点もあるが、本質的には異なる。名前負けとはならず、名は体を表すケースが確かにある。

先行きが不透明で、何事も不確実なこの時代に、確かに存在する文字というものに願いを託す気持ちはますます強くなることであろう。お札の類いはネット上にも多く見られる。手書きの機会は減少しつつある。毛筆でしたためることは激減したが、鉛筆やペンで書き込むことはまだあり、そこにキーボードやタブレットで打ち込むというような行為が加わったのである。

自身ではどうすることもできない事物に関する願いに対して、人知を越えた力による導きを求めるための視覚的な媒体こそが祈りを込めた文字であり、それはあらゆるレベルにおいて認められるものであった。そこには、文字に負のエネルギーを託すものが少なからず見られたが、そこから再び何かが生み出される生産性は得がたいであろう。文字が希望や再生への祈りを込めてプラスの力を与えられてきたという上記の種々の歴史と現状を踏まえ、そこに将来の希望を込めた文字使用の展開の可能性を見出す必要があるだろう。

文　献

相田　洋　二〇一五『中国の妖怪・鬼神図譜』集広社
相田　洋　二〇〇五「中国の敬惜字紙の習俗について」『青山学報』二一四
岩本正二・西口寿生　一九七七『考古学雑誌』六三－一
岡島昭浩　二〇〇八「〈五音歌〉の変容―外郎売りと姓名判断―」『テクストの生成と変容』

小川豊生 二〇一四『中世日本の神話・文字・身体』森話社
小和田哲男 一九九八『呪術と占星の戦国史』新潮社
門屋 温 一九九七「『宀一山土心水師』をめぐって」『説話文学研究』三二
川野明正 二〇〇五『中国の〈憑きもの〉華南地方の蠱毒と呪術的伝承』風響社
窪 徳忠 一九八一『中国文化と南島』第一書房
笹原宏之 二〇〇六『日本の漢字』岩波新書
笹原宏之 二〇〇七『国字の位相と展開』三省堂
笹原宏之 二〇一四『漢字に託した「日本の心」』NHK出版新書
笹原宏之 二〇一六「会意によらない一つの国字の消長 ――「[illegible]」を中心に」『国語文字史の研究』一五 和泉書院
シャルコ・アンナ 二〇一六「音訳地名の表記における漢字の表意性について―ロシアの国名漢字表記を例として―」『早稲田日本語研究』二五
東野治之 二〇〇六「七世紀以前の金石文」『列島の古代史6』岩波書店
新潟県立歴史博物館二〇一六『おふだにねがいを―呪符―』
西宮一民 一九九一『上代の和歌と言語』和泉書院
花部英雄 二〇一四『まじないの文化誌』三弥井書店
平川 南 二〇〇八『全集 日本の歴史 第二巻 日本の原像』小学館
平川 南他編 二〇〇五『文字と古代日本4 神仏と文字』吉川弘文館
船山 徹 二〇一三『仏典はどう漢訳されたのか――スートラが経典になるとき』岩波書店
本郷恵子 二〇一五『怪しいものたちの中世』角川選書
増田福太郎 一九七三「中国における呪符の一考察」『福岡大学研究所報』一八
松本浩一 二〇〇〇「符籙呪術論―道教の呪術―」『講座道教』第二巻「道教の教団と儀礼」雄山閣出版
安田尚道 二〇一五『日本語数詞の歴史的研究』武蔵野書院
山里純一 二〇〇一「沖縄の墓中符」『講座道教』第六巻「アジア諸地域と道教」雄山閣出版
渡邉一弘 二〇一二「サムハラ信仰についての研究 怪我除けから弾丸除けへの変容」『国立歴史民俗博物館報告』一七四

アーミッシュの祈りと再生の歩み

尾山清仁

一　はじめに

二〇〇六年一〇月二日、ペンシルバニア州ニッケル・マインズという村にあるアーミッシュの学校に、ショットガンと拳銃をもったチャールズ・ロバーツという男が侵入し、五人の女生徒を殺害し、他の五人の女子生徒に重傷を負わせ、自らも自殺するという痛ましい事件が起った。犯行の動機は、精神疾患によるもので、二〇年前に生後数時間で亡くなったロバーツの長女の復讐を果たすものであったと推測されるが、それがなぜアーミッシュの女の子たちであったのかは今でも理解することはできない。

しかし、この殺人事件の全貌がひも解かれていく中で、驚くべき事実が明らかにされていった。それは、一〇名の女生徒たちが黒板の前に縛られ立たされた時、一番年長のマリアンという一三歳女の子がその犯人に対して、私を殺してもよいから他の子どもたちを逃がしてあげてほしいと嘆願したというのだ。しかし、その交渉が犯人によって拒絶されると、次に同じように犠牲なってもよいと申し出たのは、何と一二歳になるアンナ・メイだったことが、生き残った子どもたちの証言から明らかにされた。彼女たちは、自分たちはもう分別をわきまえる歳になっており、神を信仰し天国に行ける確信があるから、自分たちは殺されてもよいが、幼い子どもたちは逃がしてあげてほしいと訴えたそうだ。

この二人の犠牲によって、被害は最小限に留まり、年の幼かった五人の女の子たちは九死に一生を得ることができた。さらに生き残った子どもたちの証言によれば、この二人は殺害される直前、こういって皆を励ましたという。「私たちは先に天国に行くのだから大丈夫よ。心配しないで」。

しかし、驚きはそれだけではなかった。その日二人の娘を天国に送った両親たちは、事件の直後、犯人の妻と犯人の両親の家を訪れ「あなたたちも犠牲者ですから。悪くは思っていないし、もう赦しています」と伝えたという。それは、残された家族である犯人の妻と三人の子どもたち、両親、そして兄弟に向けられた配慮に満ちた言葉であった。「彼らも犠牲者だったから」。

一方、犯人は極悪人、悪魔としてそれからしばらくの間は、世界中のニュースに取り上げられることになる。残されたロバーツの家族には、プライバシーも、起ったことを静かに消化する時間も与えられるはずもなく、メディアと世間の目の餌食とされていった。そんな家族に、被害者の両親ばかりでなくアーミッシュの村人たちは、寄り添い手厚い介抱を与えたのだった。アーミッシュの人たちは、毎日花束や食事を運び、赦しと慰めのメッセージを繰り返し伝え続けた。ロバーツの葬儀には多くのアーミッシュも参列し、慰めの言葉を語ったという。こうしたアーミッシュのとった応答に、世間大半は肯定的であったが、中にはカルト化しているのではないかと指摘したメディアもあった。しかし、それはアーミッシュの五〇〇年の歴史を十分理解していない者の発想であり、正しいとはいえない。

それでは、どこからこのような生き方が生まれてくるのだろうか。そのことを知るには、彼らが歩んで来た五〇〇年の歴史を見ておく必要がある。そこで、このアーミッシュというグループがいつどこで、どのようにして誕生し、今日までどのようにして発展して来たのかを探ってみよう。

二　アーミッシュの歴史

アーミッシュとはどのような集団なのかということを知るには、その歴史をひも解かなければならない。なぜなら、彼らが今ある姿になったのは、彼らが通って来た足跡を辿ることなくしては理解できないからだ。ここでは、主にその形成の背景とその発展に寄与したリーダーたちを中心に五〇〇年の歴史を概観してみたい（詳しい歴史的研究書としては、榊原巌のアナバプテストの研究[1]を参考にされたい）。

一　アーミッシュの起源

アーミッシュの起源は、一六世紀ヨーロッパで起った宗教改革にまで遡る。ドイツにおける宗教改革は、マルチン・ルターが一五一七年にウィッテンベルク市の教会の扉に打ち付けた九五箇条の質問状にその端を発する。一方、スイスのチューリッヒでは、ツウィングリを中心とする宗教改革が進んでいた。しかし、ツウィングリ[2]の啓蒙主義的穏健な改革に満足できない若い改革者たちは、徹底改革を強硬に主張し、名ばかりの信者（小児洗礼）と、信じて洗礼を受け教会に加わる者たち（再洗礼派）との明確な線引きを要求したのだった。一五二五年、彼らは信じたことの告白の表明として成人洗礼式を敢行し始める。これは幼児洗礼を強要していたチューリッヒ市議会よりも、新約聖書の教えの方が、宗教上の事柄に関してより権威があると宣言するものであり、死に値する罪とみなされることになる。そこから、彼らに対する激しい迫害が始まるのだが、この信じる者たちによって教会は成立する「Believers' Church」という考え方は、スイスの諸州、ドイツ、オランダ、そしてその近隣地域にも伝播していった。再洗礼を標榜する彼らは、反対者たちからは「アナバプテスト（再洗礼主義者）」と呼ばれた。市当局と宗教関係筋（カトリック、プロテスタントの両方）は、アナバプテス派の急速な拡大を恐れて、様々な懐柔策を用いて彼らの活動を阻止しようとしたが効果は得られず、ついには組織的取り締まりを強行することになる。そして、最初の殉教者は、驚くことではないかもしれないが、溺死による処刑であった。それから数十年間の間に二五〇〇人以上の殉教者が出たと言われているが、その中には溺死ばかりでなく、人々への見せしめのために火あぶり、斬首、餓死といった方法もとられた。しかし、こうした厳しい迫害にもかかわらず、彼らの勢いはとどまるところを知らず、ますますその確信を強めていった。

二　殉教者魂

こうした殉教の死についてアナバプテストたちは、一六六〇年、オランダ語で『殉教者の鏡』を出版する。これは、後にドイツ語、英語でも出版されるが[3]、内容はイエス・キリストの殉教の死から始まり、弟子たち、そして教父たちの系譜に自分たちも連なるものとして位置づけられ、自分たちの殉教の死は名誉ある死であると讃えられ、覚えられていく。そして、こうした迫害自体を正面から受けとめ、その中にあっても敵を愛し、侮辱する者を赦し、不当な処置を甘んじて受けるのだというエートスを生んでいく。それは、新約聖書、特に「山上の説教」（マタイ福音書五–七章）に記されている、隣人愛の実践や敵対する者への赦しの実践であり、この生き方は、時とともに良心的反戦論というかたちで結実し、その立場は、その後ますます彼らの中で不動のものとなっていく。この徹底した平和主義は、激しい迫害の中で昇華され、さらなる目標を掲げるようになっていくのだ。彼らは生まれ故郷を離れ、あるいは没収され、遠く離れた山の中や森の中、あるいは洞窟で自分たちの信仰生活を死守したのだが、そうした状況の中で、彼らがその心に思い描くようになっていったことは、「神の国」のこの地上における実現ということであった。これは、他のメインラインの教団では、「不可視的教会」である神の国と、「可視的教会」である地上の教会という区別がなされるのだが、アーミッシュはこの二つを地上の教会の中に統合させようと試みるようになっていく。「主の祈り」の中で唱えられる「御国が来ますように」とは、彼らの教会という共同体の中に神の国を建設していくことであり、そのためには、どんな苦難に直面しようとも忍耐の限りを尽くし乗り越えていくのだということを標榜するようになっていく。そして、その幻を達成してくためには、既存の教会（カトリックやプロテスタント）をも含め、この世の支配者との衝突は避けられないものなのだという認識をもち、そのために、自分たちのできることは、世俗に汚されていない本当のコミュニティを造り上げて行くのだという希望を何世代にもわたって育んでいったのだった。

三　メノナイト

一五六〇年代頃までに、アナバプテストの中で指導力を発揮していたのがメノ・シモンズであった。彼は、オランダ人でカトリックの司祭であったが、アナバプテストの信仰に改宗して以来、迫害の下にある信者たちの救援に尽力した。アナバプテストの多くの人たちが、彼の影響の下「メノナイト」を名のるようになったのは、彼の名前に由来するものである。彼の貢献として挙げられることは少なくとも二つあり、そのひとつは、アナバプテスの中で暴力を肯定する者たちを駆逐したことである。これによって正当防衛も含めて暴力を排斥し、アナバプテスの良心的反戦論者の道（平和主義）[5]をより強固なものとすることになる。もうひとつは、アナバプテス派の中で、その教義に従おうとしない者たちの取り扱いについての厳格な態度を示したことが挙げられる。彼はバランスのとれた良識を持ちつつも、悔い改めない者に対しては、厳しい忌避（除名）の立場を鮮明にした。その中には、教会の交わりから絶たれた者に対する社会的な交際の禁止や制裁も含まれていた（社会的追放）[6]。

このことは一見すると厳し過ぎると思われるが、これはアーミッシュが目指す「Tough Love（愛するが故の厳しさ）」であり、アーミッシュが共同体としての絆を強化していくために欠かすことのできないエートスとなったと考えられる。[7]

四　ヤーコブ・アーマン

それから約一五〇年後、新たな改革者としてスイスのアナバプテス教会の指導者となったのが、カリスマ的リーダーのヤーコブ・アーマンであった。スイスで生まれたアーマンは、その地で迫害を受けたため、当時多くのアナバプテスト信者が移り住んだフランス領アルザス地方に移住する。一六九三年、アーマンはアナバプテストの信仰をもう一度覚醒させるため、それまで年一回の聖餐式を二回に増やすことを提案する。それは、神への信仰の強化のみならず、信者同士の一致を深める目的があった。また同時に、これはオランダのアナバプテスの影響によると考えられるが[8]、聖餐式の後に互いの足を洗い合う洗足式をも追加すべきであると主張した。さらに、彼は教義上の純潔性と精神的規律を高めるために、あごひげを剃ることと、華美な衣服を着ることを禁止した。[9]こうした規律を実践していくために、アーマンは新約聖書の教えと、オランダのアナバプテストの実践主義にも訴え、もし、これに一つでも背くならば、破門（shunning）になると宣言し、それを強行に実行に移したのだった。こうしたやり方は、彼のリーダーシップについていけない人たちと不協和音を生んでいくことになり、ついにはスイスのアルザスのアナバプテストたちとの間で分裂を引き起こす原因となる。これは、ランス・ライスト[10]との間の論争として知られているが、結局、彼らの間の溝は埋まることなく分裂することになる。

後にアーミッシュとして知られるようになっていくアーマンの信奉者たちは、アナバプテスの中でも特異な立場を構築していった。アーマンが残した最大の貢献は、アーミッシュのアイデンティティを保ち続けていくための「忌避」に関する厳しさの徹底にあった。この世との「つり合わぬくびき」[11]を妥協することなく忌避する為に、その後のアーミッシュがとった方針は、この世からの影響に対して、はっきりとした境界線を引いて行くことになる。

この線引きは、アーミッシュのコミュニティが、その共同体としてのアイデンティティを失うことなく存続していくためには決定的重要性を持つことになる。なぜなら、その後、個人主義と物質主義を基本的価値体系とするアメリカ社会へ入植していくということは、アーミッシュの信仰と文化を維持しつつ、新天新地における土着の道を模索するということにほかならず、ひいてはいかなる線引きを敢行しつづけていくのかという、「文化と文化の変容の問題」と取り組むことになるからだ。ある意味で、アーミッシュはそのことに成功を収めたよい例であると思われる。それは、容易な道のりではなかったし、今後もそうであるが、着実に実を結んできたことは多くの者が認めるところである。[12]

アーミッシュとメノナイトは、そのルーツにおいて共通のアナバプテストという遺産を持っているが、一六九三年以降の分裂以来、彼らは別々の共同体を形成し続け現在に至っている。一七〇〇年代、北米への移民を始めた際、両者は同じ地区に居住区を構えるケースも多く、また、アーミッシュを破門された者たちの受け皿として、メノナイトは有益な役割を果たしている。この両者は切っても切れない関係を維持して来ており、筆者のアーミッシュの友人、エイブ・トロイヤーによれば[13]、彼らは両者のことを「メノナイト・ネイション」と呼び、その関係を尊重している。

最後に、北米におけるアーミッシュの足跡について触れておこう。この北米への移住がなければアーミッシュ自体も存続することはなかった。ヨーロッパにおけるアーミッシュのその後の足取りは、権力側の組織的迫害、また、限られた農村に適した土地の不足、そして、近隣住民たちによる拒絶といった理由により、やがて北米に移住を試みるか、さもなければ再度その母胎集団であったメノナイト派に吸収され、消滅していった。

五　約束の地アメリカ

一方、広大な土地と宗教的自由が確保されていたアメリカのペンシルバニアは、彼らが成長していくには十分な条件が整っていた。彼らにとって、この地こそ正に聖書の示す「乳と蜜の流れる約束の地」(出エジプト記3：8)にほかならなかった。ここにおいて、自給自足的な密接に結合しあった共同体を維持するという長年の夢がかなうことになる。

彼らがいつ入植し始めたのかについての正確な記録は残っていないが、一六八一年、イギリス人ウィリアム・

ペンは、後に彼の名にちなんでペンシルバニアと呼ばれるようになる土地を手に入れていた。ペンは、クエーカー教徒[14]であったが、クエーカー派も弾圧と迫害を受けた経験があったので、ペンシルバニアで開墾を始めると、ドイツのライン川一帯に住んでいた人たちを対象に移民を募ったのである。その中には、アーミッシュばかりでなく、クエーカー派、モラビア派[15]、メノナイト派なども含まれていた。

アーミッシュは開拓地に渡ってからもさまざまな苦難に遭遇している。ことに彼らが入植したペンシルバニア西部は、イギリスとフランスが新大陸支配のために戦いを繰り広げた激戦地の一つであった。平和主義を貫く彼らは、こうした戦争に巻き込まれることがしばしばあったし、無防備な彼らはアメリカ先住民の攻撃に曝されることもあった。南北戦争でも同じようなことがあったが、この時は、戦争に従軍する代わりにお金を払うことでその任を逃れることができた。

こうした労苦を重ねながらも、アーミッシュの人口は一八世紀には五〇〇人程度であったが、一九世紀に入る頃までには一〇〇〇人程までに増加した。しかし、英米戦争が始まると移民自体が激減したこともあり、この数字にほとんど変化はないが、それが終結したことと、一八一六年と一八一九年に起った不作と飢饉のため、スイス北部にいたアーミッシュがアメリカに移民したことなどもあり、一八一七年から一八六〇年の間に、約三〇〇〇人のアーミッシュがオハイオ州、イリノイ州、インディアナ州、アイオワ州などに入植したと言われている[16]。

一八二〇年代になると、カナダのオンタリオ州により大きな、そして永続的なアーミッシュの居住区が姿を現し始めるが、これがカナダへの最初の移住ではなく、一八一二年に始まった英米戦争の影響で立ち退きを強いられたアーミッシュが再入植をしたためであった。

そして、二〇世紀に入る頃には、ランカスターだけでもその人口は二万七〇〇〇人、ランカスター以外でもその周辺地域に一万人を超える程にまで増加した。全米二七州とカナダのオンタリオ州に居住するアーミッシュを合計すると、その人口は二三万人にものぼっている。そして、アメリカのアーミッシュの半数以上は、オハイオ州、ペンシルバニア州、そしてインディアナ州に住んでいる。地理的には、居住地が三七〇あり、そこには約一六〇〇の教区が存在する。[17] 現在、人口が二〇年に二倍のスピードで増加しており、一つの居住地区の人口が二〇〇名を越えると、細胞分裂のように株分けをし、新たな集団を形成していくが、その後も定期的な交流は続ける。その主な理由は、結婚相手を見つけるためである。アーミッシュに人口の増加について尋ねると、その年に何組の結婚式があったかによりその答えが戻って来るが、それは彼らのコミュニティの成長は、外部からの入会を期待することはなく、出産を通してのみであるので、自ずとそこに意識が向かうのは理解できる。それにしても、今後もアメリカにおけるアーミッシュの成長に陰りは見えない。

三　アーミッシュの魅力——共同体としての絆

これまでアーミッシュの発展の歴史を概観しながら、彼らの辿って来た歴史が彼らのアイデンティティの確立に寄与してきたことに触れてきた。次に考察したいことは、彼らのアイデンティティの最も特徴的であるアーミッシュ共同体の「絆」と、その「絆」を維持強化しているものについてである。

この絆は、外的要因である迫害に耐えることによっても補強されて来たことは確かだが、それだけでは不十分である。外的圧迫に耐え抜き、維持発展の道を続けていくためには、その共同体内部で共有される確固たる「核」となる価値観の存在が欠かせない。この価値観こそが、彼らのコミュニティを五世紀にもわたり風化することなく導いて来た原動力にほかならない。それこそアーミッシュの祈りと再生の力である。

一　洗礼という通過儀礼

もし、現代の日本の若者たちに「アーミッシュになりたいか」と尋ねたら、その答えはほぼ一〇〇％否であろう。テレビも、パソコンも、スマホも、電気製品も、自動車も、高等教育も、そして、あらゆる流行やファッションも享受できない生活など考えられないからだ。しかし、アーミッシュの若者たちの九〇％は、自分の意志でアーミッシュのコミュニティに残る決断をするのだ。なぜだろうか。それは、彼らが自由なアメリカ社会を知らないからだろうか。そうではない。

アーミッシュの若者は、成人としてコミュニティに加わる前に（男性は一八歳から二一歳、女性は一五歳から一八歳くらい）、アーミッシュ共同体に残るか、それともアーミッシュの世界を去って「イングリッシャー（アーミッシュ以外の英語を話す人たちのことをそう呼ぶ）」の世界に住むかを選択する自由が与えられている。それを「ラムシュプリンガ（遊び回る時期）」という。アーミッシュの若者はこの時期、かなり自由奔放に生活することが認められており、クレイベルによれば、この時期多くの十代の少年たちは、公然とアーミッシュの教えに違反するという。例えば、三〇％の少年が自動車を所有しており、四〇％は免許を持ち、七〇％にのぼる少年は一度か二度は車を運転した経験があるという。また、普通のティーネージャーがするように週末にはビーチに出掛け、パーティやプロ野球のゲームを観戦したりする。時には、羽目を外し飲酒運転で捕まったりすることもあるという[18]。この時期は、子どもたちがアーミッシュの人生を俯瞰しつつ、客観的に自己のアイデンティティを探る重要な時期なのだ。

しかし、最終的には若者たちがアーミッシュの厳しい戒律に従う生活を自ら選択し、洗礼を受けてアーミッシュの成人会員の一員に加わるのだ。そして、「オルドヌング[19]」と呼ばれる厳しい決まりを守って生きていく。もし、去ることを選ぶなら、そこに束縛されることはない。

アーミッシュは、もともとアナバプテスト(再洗礼主義)の流れをくむ成人洗礼を強く主張する教派である。すなわち、幼児洗礼ではなく、自分の意志で神の前で自らの信仰を告白するとともに、アーミッシュ共同体である教会の構成メンバーになるという忠誠を表明し洗礼を受けるのだ。この洗礼式によって若者は、アーミッシュの正式なメンバーと認められるのである。それ故、この洗礼式を受けた者に対してのみアーミッシュという共同体としての強制力が働くことになる。

これは多くの文化で行なわれている成人メンバーとなるためのイニシエーションと理解することができるだろう。アメリカ先住民の一人旅や、バヌアツ共和国を発祥とするといわれるバンジージャンプも通過儀礼として重要な役割を果たしているように、このアーミッシュの通過儀礼としての洗礼式にも大人のメンバーに入るための責任と心構えが教え込まれる[20]。

アーミッシュの場合、九〇%の若者は残るという数値は非常に高く、注目に値するが、さらに驚くことは、たとえ離れるという選択をした者であっても、まったくのイングリッシャーのところではなく、アーミッシュの兄弟教派であるメノナイト派に移るのだという[21]。ということは、ほぼ一〇〇%が一般アメリカ社会にではなく、大変保守的な宗教的集団に身を寄せることになる。どうしてなのだろうか。アーミッシュのどこにそんな魅力があるのだろうか。その理由として、例外なく最初に挙げられるのが、アーミッシュ共同体の絆にあるというのだ。

二　徹底した「社会保証」を提供する運命共同体

アーミッシュ共同体が強い絆で結ばれていることは、多くの研究者たちが指摘しているところである。クレイビルによれば、それは高度な社会保障制度としての機能を果たしているという。教育費、結婚積立金、農地や住居購入資金、貧しい者や未亡人への支援、また、身体障害や精神障害を持つ者たちへのサポートシステムに至るまでの非常に行き届いたものがある。また、それが可能なのは、単に一つの教区による積み立てにとどまらず、同じ幾つかの近隣の教区や株分け元のグループ内でも互いに支え合うことができているからである。[22]アーミッシュの社会では、新約聖書の時代の初代教会の姿（原始共同体）を手本とし、貧困者や病人、そして、未亡人への手厚い支援がコミュニティによって用意されており、特に障害を抱えた者たちへの配慮が行き届いている。さらに興味深いことは、精神的疾患を持っていても社会からのけ者にされることなく生活が営めるようになっていることだ。精神疾患のために自殺する率も極端に少ない。[23]それは、宗教的理由というよりも、コミュニティによるサポート体制にあるとクレイビルは指摘している。経済的、物理的、精神的支援体制が行き届いているもう一つの理由は、各居住区である教会に二〇〇名から二五〇名という人口であり、互助的関係維持に適した数であるということも挙げられる。

三　コミュニティの絆を深める「教育」

アーミッシュにおいて教育は、第一に家庭でなされるものであり、第二は教会の礼拝の説教を通して、第三はアーミッシュの学校、そして、最後にコミュニティ全員においてされるものと考えられている。そして、これらは互いに補完し合っている。

ただ、何よりも子どもたちが教育を受ける場は家庭である。教育は、子どもたちは両親と一緒に畑や家畜の世話や台所で働くことの中で身に付けていくものだと考えられ、知識よりも知恵を、また知性よりも謙虚さ、従順さ、誠実さ、勤勉さ、思いやり、優しさ、愛を身に付けることをよしとされる。しかも、家庭教育の中で最優先順位にあるのが、信仰教育である。神の恵みに気づき、神への感謝の心を育むと、今度はその恵みを喜んで他の人に分かち合うことを実践することが教えられる。それは、多くの場合、両親の生き方を通して学んでいくものとされている。両親と子どもたちは、ほぼ一日を一緒に過ごす。日々の厳しい労働、しばしば、それは自然を相手にする農作業や林業であるわけだが、働くことは、神からの召しとしての責任であると同時に、神の造られた世界を管理するという偉大な働きの一部に預からせていただいているのだという喜びと感謝の心を身に付けさせることが、子どもたちへの最も重要な教育だと信じているのだ。そこで、子どもたちは労働観、人生観、世界観を信仰の視点から身に付けていくのである。

次は、隔週に行なわれる教会の礼拝を通して聖書の教えを学ぶことである。三時間以上にも及ぶ説教と賛美や「主の祈り」を合計すると、五時間を越える礼拝時間を子どもたちも一緒に参加して行なわれる。これは神を畏れるということを大人たちの信仰の姿勢から学ぶ時だ。礼拝では、毎回持ち回りで二人の説教者が聖書からの説教をする。説教者は特に神学教育を受けた者たちではないが、原稿なしで一時間以上の話を用意する。多くの説教者は、目を閉じてこの数週間神から教えられて来た経験を分かち合うのだが、その中で聖書からの引用も多い。それゆえ、結果的に指導者たちは、常日ごろから心の備えをしてなければならないことになる。礼拝の後は、皆で一緒に食事をしながら語らいの時となる。午後には、子どもたちはスポーツに興じ、大人たちは交わりを続ける。夜になると若者たちは納屋に集まり、ゆっくりと讃美歌『アウスブント』（一六世紀に編纂されたドイツ語讃美歌）

を歌う。こうして、安息日を教会のコミュニティで共に過ごすことによって、彼らの関係はさらに強化されていく。

学校教育として、アーミッシュは独自の学校を設け、八年間の教育を施す。この短さにもかかわらず、調査によればアメリカの同年代の一般の子どもたちよりも、学習態度、協調性、他者に対する尊敬、そして、学力も秀でているという[24]。子どもたちが学校で学ぶ教科は、いわゆる読み書き算盤を中心にし、その他には、ドイツ語（ルター訳聖書を読むため）と英語と『殉教者の鏡』を通してアーミッシュの歴史について学ぶ。この学校で教える教師は、コミュニティの中から選ばれるが、その資格として求められることは、学力もさることながら、その人がコミュニティの信頼を得た人であり、その言動、品性、信仰、そして、何よりも子どもたちに対する思いやり、人間関係のスキルが問われる。多くの場合、女性で、教師は子どもたちの学力を向上させることよりも、一人一人に与えられた神からの能力を引き出すことができるように寄り添い励ます。教師は、親にとっては家庭教育を背後から後押しする協力者であり、子どもたちにとっては、メンターとして機能しており、ロールモデルとしてとても有効な役割を果たしているのだ。

アーミッシュのコミュニティは、二〇〇名から二五〇名という少数単位である故、コミュニティのメンバーはお互いの名前と顔が一致しており、このコミュニティが教会であり、一つの拡大家族としての意識をもっている。牧師、長老、執事と呼ばれるリーダーたちが選ばれ、コミュニティを導いている。彼らは皆ボランティアで奉仕している。筆者がインタビューした長老の一人は、「子どもたちの教育はコミュニティでするものであり、そのために大人たちは注意して自分の言動に気をつけなければならない」と語っていた。この考え方は、イヴァン・イリイチの『脱学校の社会』が主張するものと軌を一にするものであり、それを実践するものであると思う[25]。

四　アーミッシュの祈りと再生

アーミッシュが自らの共同体の絆をより強固なものにするのに長期にわたり援用して来たのが、「マイデゥンク」という方法である。これは、共同体の教えに聞き従わない者に対して、悔い改めを求める厳しい叱責であり、もし、服従しない場合には、除名、あるいは破門させるという徹底した処置を取るものである。このことに関しては、多くの人びとが疑問に感じるところである。外部者に対してあれほど寛容さと赦しを提供するアーミッシュが、どうして内部者に対しては、惨忍なまでの切り捨てを敢行するのか。偽善的ではないかというのだ。しかし、その理由は、コミュニティ内のメンバーに対する関心の高さの現れであるとアーミッシュの長老はいう[26]。すなわち、愛するがゆえに決して無関心ではいられないということなのだ。

一　Tough Love（マイデゥンク）の実践

それでは、この愛するがゆえの厳しい対処についてアーミッシュはどのように実践して来たのだろうか。その由来は、マタイの福音書一八章一五―二〇節に出てくる。実は、これこそがアーミッシュが五〇〇年にわたって実践して来た「マイデゥンク」という聖書の教えである。引用しておこう。

「もし、あなたの兄弟が〔あなたに対して〕罪を犯したなら、行って、ふたりだけのところで責めなさい。もし聞き入れたら、あなたは兄弟を得たのです。もし聞き入れないなら、ほかにひとりかふたりをいっしょに連れて行きなさい。

ふたりか三人の証人の口によって、すべての事実が確認されるためです。それでもなお、言うことを聞き入れようとしないなら、教会に告げなさい。教会の言うことさえも聞こうとしないなら、彼を異邦人か取税人のように扱いなさい。まことに、あなたがたに告げます。何でもあなたがたが地上でつなぐなら、それは天においてもつながれており、あなたがたが地上で解くなら、それは天においても解かれているのです。まことに、あなたがたにもう一度、告げます。もし、あなたがたのうちふたりが、どんな事でも、地上で心を一つにして祈るなら、天におられるわたしの父は、それをかなえてくださいます。ふたりでも三人でも、わたしの名において集まる所には、わたしもその中にいるからです。[27]」

このアーミッシュが「マイデゥンク」の教えとして聖書から引用している箇所は、よく見れば、人間関係の和解の進め方について教えているところである。先にも触れたように、それは人間関係を切るためではなく、繋ぐため、あるいは修復、そして、強化するためのものである。この教えをアーミッシュの人たちは、厳格に実行してきているのでる。健全なコミュニティの存続のために必要欠くべからずの原則といえる。

この聖書箇所が解釈され受け取られてきた内容をまとめると、以下のようになる。これは、アーミッシュの長老との会話を基にしたものである[28]。

二　マイデゥンクの目的は、「兄弟を得るため」

本気で友情を深めたいと思うなら、あるいは、本当の友達が欲しいなら、この箇所が教えているところに注目すべきである。「兄弟を得たのです」という表現が出てくるが、ここにアーミッシュのタフ・ラブの究極の目的がある。アーミッシュはコミュニティをあげてこの「マイデゥンク」に臨む。このことがどのような形と雰囲気の中で実行されたのかについての資料があるが[29]、それは非常に深刻な重苦しい雰囲気の中、コミュニティ全体の中で執り行われる。まず、コミュニティの代表者たちが前に進み、問題を起こした本人を前に、静かに、しかしはっきりと問題となった行為が指摘され、それに対する改悛と従順の思いがあるのかが問われる。もし、ここで悔い改めの意志と服従の決意が確認されれば、除名（破門）は回避され、再び教会のメンバーとして迎え入れられる。しかし、もし、問題の事実を否認し、不服従の態度を変えないのであれば、教会のリーダーたちは神の名の下で破門を言い渡し、直ちにその者は教区を立ち去らなければならない。もし、結婚しているならば、一緒に暮らすことは許されず、離婚は認められていないアーミッシュにおいては、非常に困難な人生を強いられることになる。なぜなら、アーミッシュにとって全ての生活基盤は、コミュニティの中において完結しているので、もし、除名になれば、社会的な死を意味することになるからだ。ただ、ここで覚えておくべきことは、所属していた教区から破門された者は、隣接する別の教区において、最低限の経済的・精神的支援が得られるようになっている。また、破門者たちの中には、アーミッシュを去ってメノナイト派に転会する者もいる。ここで「異邦人か取税人のように扱いなさい」と言われていることは、破門、徹底的忌避にされるということである。

臨床心理において「インターヴェンション」という概念があるが、この「マイデゥンク」はその状況とよく似ている。インターヴェンションは、アルコール依存症や薬物依存症などを持った人に対し、家族や友人や教会のリーダーたちが協力して、本人にはまだ見えていない「底つき」[30]状態を自覚させるように働きかける介入のことである。この中で、しばしば行なわれるシナリオとしては、ある特定の時間と場所に、その依存症者のことを真剣に心にかけている家族や友人や牧師が待機し、本人に明確な回復のためのステップを提示し（多くの場合、手配された更生施設への入院を条件に説得する）、もし、このステップに従うなら、そのためにかかる全ての経済的、精神的、霊的支援を約束する。しかし、もし、これを拒否するなら、もうこれからの人生について一切関わりを断ち、二度と家や友人宅や教会の敷居をまたぐことは許されないということを宣言した上で、本人にどちらを選択するのかを迫るのだ。筆者の牧師としての経験から、この処置は十分な備えと正しい動機をもって行なう時、効果的な結果を生んで来た。

三　教会戒規

このマタイ一八章には、「何でもあなたがたが地上でつなぐなら、それは天においてもつながれており、あなたがたが地上で解くなら、それは天においても解かれているのです」とあるが、これは、神学的には「教会戒規」と呼ばれるものであり、教会の権限について触れているところだ。その意味は、教会が下した決断を神が追認するというものである。これは、非常に畏れおおい権限であり、慎重にかつ謙遜な態度が求められる。しかし、間違いを犯し得る人間が神に代わって決定するなどということが、どうして許されるのかと疑問に思うかもしれないが、ここで言わんとしていることは、それゆえに、しかるべき幾つかのステップを慎重に踏みつつ、神の御心を求めて遂行されていくことが義務づけられているということだ（はじめは一人で、それから二人か三人で、最後には教会で）。それでも、このような権限が教会に委ねられている理由は、問題の緊急性と重要性ということが挙げられる。もし、放っておくならば、滅びに行ってしまう者に対して、天からの権威をもって速やかに警告と再考を促すのだ。この時、この決定がより効果的なものとなるために、この戒規は、教会という共同体全体の一致と協力をもって対処するようにということが、ここで言われていることの趣旨である。祈りつつ下された決定に関しては、神もそれを認めるのだというのだ。

四　一致の喜びを涵養するもの

このようなステップを慎重に踏みつつ、愛するがゆえに行なわれた戒規が、期待された到達点である共通理解（赦しと和解）を見出す時、この当事者たちは、深い一致と喜びに包まれる。これは、何にも代え難い感動の瞬間である。結局のところ、人間関係の絆の強さとは、どれだけの問題をどのようにして乗りこえて来たのかということに尽きる。すなわち、問題を乗りこえる努力を通じて絆は深まるのだ。このマタイの一八章の最後は、このような言葉で結ばれている。「まことに、あなたがたにもう一度、告げます。もし、あなたがたのうちふたりが、どんな事でも、地上で心を一つにして祈るなら、天におられるわたしの父は、それをかなえてくださいます。ふたりでも三人でも、わたしの名において集まる所には、わたしもその中にいるからです」。わたし（神）もその中にいる。その喜びの輪の中に神もともにいて、その喜びを分かち合ってくださるとアーミッシュは信じ、そして経験して来たのだ、とその長老は語気を強めた。この着地点こそ、アーミッシュ、ウエイ・オブ・ライフ（生き方）であり、過去五〇〇年の間繰り返し行なわれて来た、祈りと再生の歩みにほかならない。当事者たちが涙とともに赦しと和解を経験し、傷や問題を乗り越えて行こうとする関係性の取り方は、決して容易なことではないが、それは、アーミッシュの涙の歴史であると同時に、彼らの強さであり、そして、彼らが培って来た大いなる精神的遺産なのだ。拷問と迫害の中、良心的非戦論の立場を一貫してとり続けて来た彼らにとって、メンバー同士の絆は絶対に欠かせないものであり、それは、祈りと再生の中で与えられるものであった。そして、その祈りと再生のただ中に、神が祝福をもって臨在してくださるという感覚は、なかなか我々には想像し難いものであるが、それが我々日本人にも必要であることは否定できない。

あるアーミッシュ・コミュニティでは、葬儀の中で聖餐式が行なわれるという。[31] アーミッシュにとって聖餐式が持つ重要な意味に、人間関係の回復がある。年に二回春と秋にしか行なわれない聖餐式であっても、もし、誰かが人間関係の問題を解決していないなら、教会として聖餐式を延期することもあるという。そんな人間関係の回復を意味する聖餐の礼典が、葬式という悼み悲しむ場と同時に、再出発を記念する場において行なわれるということが暗示しようとしていることは、アーミッシュが個人、そしてコミュニティとしての再生にどれほど関心と使命を持っているかということだ。

五　結び

この小論の最初に、ペンシルバニア州ニッケル・マインズという村で起きた痛ましい事件について触れたが、実はあの話には、後日談がある。ニッケル・マインズのアーミッシュたちは、あの事件から間もなく一〇年になろうというのに、今でも加害者の家族との深い人間関係を続けているという。

あのロバーツの銃撃によって一命は取り留めたが、下半身不随になるとともに、発達障害を併発させ、話すことができなくなってしまったロザーナ・キングという女の子がいる。この子のために毎週読み聞かせのボランティアを続けている老人がいる。彼女はアーミッシュではない。その名前はテリー・ロバーツ。実は、あの襲撃事件の犯人チャールズ・ロバーツの母親である。彼女は、長い間自分の息子を赦すことができず、また、そんな息子を産み育てた自分を赦すことができず苦しんだそうだ。しかし、もし、自分を赦さず、過去を手放さないで生きるなら、息子チャールズが犯したと同じ失敗を犯す人生を生きることになると悟ったそうだ。また、その被害者ロザーナの父、クライスト・キングとの交流を通して少しずつ過去を手放し始め、罪責感と自己嫌悪感から来る引きこもりから解放されているという。それは、キング氏自身が、正直に赦すことの難しさを告白してくれているからだという。「自分は本当に赦しているのだろうか。赦さなければ（手放さなければ）、自分が苦しくなるだけ」。そんな問いを繰り返し、「自分も神によって赦されたのだから、人を赦さなければ、それは本当に赦しが自分のものになっていないことになる」という彼の正直な信仰のあかしが彼女を動かしたのだった。それは罪滅ぼしではなく、今、自分に神から与えられた生きる使命であり、自分が立ち上がるための第一歩だと思っているとテリーは言う。ここには、悪の連鎖を断ち切る重要な鍵が隠されているのではないだろうか。

これは、アーミッシュが培って来た、赦しと和解による再生への道を非アーミッシュと、しかも本来であれば敵対関係にあってもおかしくない間柄において成立した、希有な、しかし、我々の生きている世界で最も必要とされている麗しいストーリーではないだろうか。アーミッシュのレガシーも連綿と続く麗しいストーリーを土台としているように、我々の再生への道も、もしかしたら痛みの中での祈りの中から見出せるのかもしれない。否、そこにこそ我々の将来への希望もあるに違いない。

（1） 榊原巖『アナバプテスト派古典時代の歴史的研究』（平凡社一九七二）。
（2） フルドリッヒ・ツイングリ（一四八四－一五三一）―スイスのチューリッヒにおいて宗教改革を行なった。万人祭司主義をルターと同様に主張したが、聖餐論においては意見を異にした。啓蒙主義的宗教改革者。

（3）Thieleman J. van Braght *"Martyrs mirror"*。最初の英語版は、一八三七年 Lampeter Square, Lancaster County から出版され、筆者がアーミッシュの長老から贈られた物は、一九九七年に出版されたもので、一九版を重ねており、一九三八年の第三版より一九九七年までに四六〇〇〇部が出版されているとある。

（4）改革派、組合派、メソジスト派、バプテスト派といった大教団のこと。

（5）榊原巌『良心的反戦論者のアナバプテスト的系譜』（平凡社一九七四）。

（6）この問題については、「ドルドレヒトの信仰告白」として知られるオランダのドルドレヒトで開かれた再洗礼派の会議において、オランダと北ヨーロッパのメノナイト派の指導者たちの間で、統一見解が打ち出された。ここで問題になったことは、教会から追放された人たちに対しても、聖書の教えに則り、困窮者には食物や衣服を提供すべきだという考えに立ち、過ちを犯した者がいつか立ち直ることを期待するという穏健な内容として受け取られた（池田智『アーミッシュの人びと―「充足」と「簡素」の文化』p98 二玄社二〇〇九）。

（7）池田智『アーミッシュの人びと―「充足」と「簡素」の文化』二玄社二〇〇九。

（8）坂井信生『アーミッシュ研究』（教文館一九七七）。

（9）Milton Gasho, "The Amish Division of 1693-1697 in Switzerland and Alsace," MQR. 1937. 11. 14. PP. 235-266

（10）ライストの人生については、ほとんど記録がない。唯一入手できたのは、アーマンの弟と推定されるウリ・アーマンの書簡に登場するハンス・ライスト（Hans Reist）で、生没年は不明（D. L. Gratz, *"Home of Jacob Amman"* 1661, p139）。

（11）２コリント６―14。

（12）外からの文化が与える影響とその文化のアイデンティティの維持についての研究には、アンソニー・F・C・ワレスの『Revitalization Movement』（American Anthropologist 1956）がある。アーミッシュのコミュニティがその独自の文化を維持しつつも、アメリカの地域社会や文化とどのように向き合って来たかはまた別の研究に委ねるが、アーミッシュは新しい技術の導入に関してまったく無関心ではない。その都度、コミュニティの中で話し合い、彼らのアイデンティティや信仰の遺産を失わない限り新しいものについてはオープンなのである。例えば、電気の導入は不必要な世俗の情報を取り入れる危険をはらむので禁止しているが、発電機は使ってもよいと多くの居住区において容認されている。なぜなら、発電機は倫理的な副産物を持ち込まないからだ。

(13) Abe Troyerは、ニューヨーク州プラッツバーグ群のアーミッシュ居住区（もともとはペンシルバニア州ランカスターに居たが、人口増加に伴いプラッツバーグに株分け的に独立した集落）に住み、後にモンタナ州リビーの居住区に移る。筆者とは、二〇年以上にわたる交友関係にある。
(14) 正式にはフレンド派（キリスト友会）と呼ばれ、一七世紀イギリスで始まった平和主義を標榜する教派。
(15) 一七二二年に宗教改革の先駆者であったヨハン・フスの流れをくむ兄弟団がモラビアからツィツェンドルフ伯爵の領地に逃れて来たが、アナバプテストや敬虔派とともに財産共同体を形成する。アメリカに向かうジョン・ウェスレーに影響を与えたことはよく知られている。
(16) 池田智『アーミッシュの人びと—「充足」と「簡素」の文化』二玄社二〇〇九）九七頁。
(17) ドナルド・B・クレイビル、ダニエル・ロドリゲス、杉原利治、大藪千穂訳『アーミッシュの昨日・今日・明日』（論創社二〇〇九）一一頁。
(18) ドナルド・B・クレイビル『アーミッシュの謎——宗教・社会・生活』（論創社一九九六）一四九頁。
(19) アーミッシュの生活の様々な側面を規定するルール集である。長い年月をかけて作り上げられて来たもので、通常は書かれてはいない。オルドヌンクは決して不変というものではなく、年二回開かれる聖餐式の前の特別の会合でオルドヌンクの幾つかがさらに明確にされ、修正される。子どもたちには口伝えに、また大人の行動から学ぶ。その詳細は、家庭、教区、居住地によって少しずつ異なる。オルドヌンクはアーミッシュとしてのあるべき規範と禁止事項を決めるもので、その中で規定しているものは、衣服の色と形、男性の帽子の色と型、ペンシルバニア・ダッチと呼ばれるドイツ語を公用語とすること、結婚の規定などである。また、その中で禁止しているものは、車の所有、飛行、高等教育、宝石、離婚、コンピュータ、テレビ、ラジオの所有、セントラルヒーティング、電源から引いた電気、畑でのトレーラーの使用、軍隊への参加などである。これらの幾つかは、特に厳格であり、中には曖昧なものもあるが、女性の髪を真ん中で分けることやテレビの所有禁止は、特に厳しく守られる。
(20) ファン・ヘネップ『通過儀礼』（岩波文庫二〇一二）。
(21) ミルドレッド・ジョーダン『アーミッシュに生まれてよかった』（評論社一九九二）。
(22) 居住区の中には、幾つもの教会である集落がある。教区とは、幾つかの集落から構成されているものであり、しばしば行き来がある。アーミッシュの行動範囲は基本的には、馬車で行くことのできる一〇マイルとされているので、教区も例外はあるがその範囲の中で規定されるようになっている。

(23)　著者がフィールドワークを行なったユーヨーク州プラッツバーグの集落は、二〇〇年あまりの歴史を持つが、これまで自殺の件数はゼロであるという。

(24)　J. A. Hostetler, *Children in Amish Society : Socialization and Community Education*, (Holt, Rinehart and Winston, Inc. 1971) P88f.

(25)　イヴァン・イリイチ『脱学校の社会』(現代社会科学双書一九七七)。

(26)　プラッツバーグのアーミッシュコミュニティの長老、ハリー・トロイヤー氏。

(27)　『新改訳聖書』(日本聖書刊行会一九七〇)。

(28)　二〇一〇年八月に行なわれたフィールドワークの中で、ニューヨーク州プラッツバーグ群のアーミッシュ教区の最長老であるハリー・トロイヤー氏とのインタビューから。

(29)　J. Umble, "The Amish Mennonite of Union County, Pennsylvania," MQR, 1933, 7, 2, 92.

(30)　底つきとは、英語の「Bottom out」の訳である。その意味するところは、本人が落ちる所まで落ち、完全なお手上げ状態になったことを自覚することである。アルコール依存症の人たちのための自助グループ（ＡＡミーティング）において使用する『Big Book』と呼ばれているテキストには、「痛みが恐れ以上になってはじめて人は動き出す」という表現でこの底つきの説明がされているが、その意味は、我々は、問題を抱えていても、なかなか人の助けを求めようとはしない。それは、そこには恐れがあるからだ。しかし、その恐れよりも抱えている問題が生ずる痛みの方が増大した時、はじめて人は助けを求めるようになるというのだ。("Alcoholics Anonymous," Alcoholics Anonymous World Services, Inc. 1939)

(31)　Joshua R. Brown, "An Amish Mortuary Ritual at the Intersection for Cultural Anthropology and Lexicography," (Yearbook for German-American Studies Supplemental Issue 2011) pp. 85–100.

復活と死の境界にて
――ドストエフスキー『白痴』をめぐるメモランダム――

亀山郁夫

一　はじめに

一六世紀前半のドイツ・ルネサンスを代表する画家ハンス・ホルバイン（子――以下ホルバインと記す）に一枚の有名な絵がある。ゴルゴタの十字架から引き降ろされ、棺に納められたイエス・キリストの姿を描く「死せるキリスト」と題される一枚である。私は以前、この絵を観たいと願って、実際にスイスのバーゼル美術館を訪れたことがあった。二〇〇三年十二月の終わり、クリスマス休暇最後の日曜日のこと――。

ホルバインは、ドイツ南部の商業都市アウグスブルグに生まれ、エラスムスの『愚神礼賛』のために描いた一連のイラストで知られている。代表作として、ほかに、イタリアに旅し、同時代のダ・ヴィンチやマンテーニャらに影響を受けて描いた「死せるキリスト」や「キリストの受難」、祭壇画「市長ヤコブ・メイエル一家とともにある聖母」があり、中世のアレゴリカルな主題をあつかった一連の「死の舞踏」で名声を博した。一五三二年にイギリスに移住した後、国王ヘンリー八世のもとで肖像画家として活躍するが、さながら「死の舞踏」に魅入られたかのように、疫病の流行するロンドンにて客死した。
世界最古の公共美術館とされるバーゼル美術館を訪れたその日、私ははやる心を抑え、まずは回廊風の展示ホールに立ち寄り、バーゼル生まれの世紀末画家アーノルド・ベックリンの「死の島」のキャンバスの前に立った。念願のホルバインとの邂逅まで、何としても一呼吸ほしかった。ラフマニノフの交響詩で有名な「死の島」は、過去にベルリンの美術館でも見たことがあったが、ベックリンはどうやら同じテーマで数種類の絵を描き、最初のバージョンを故郷バーゼルに遺したものらしい。一瞬、私の脳裏にロシア未来派の詩人マヤコフスキーが自伝で書いた一行が甦った。

「コンサート、ラフマニノフ、死者の島。退屈なメロディに耐えきれず逃げ出した……」

二〇〇三年十二月当時、私はすでに未来派の研究から離れていたので、マヤコフスキーが批判する「古い文学や詩」をも受け入れる余裕ができていたはずなのだが、その日だけはもう心ここにあらずといった感じで、当然のことながら、ベックリンの絵を前にしても何ら感慨らしきものは湧かなかった。

二　ドストエフスキーのホルバイン体験

一八六七年八月、結婚から半年ばかりを経てヨーロッパの旅に出たドストエフスキー夫妻は、ドレスデンからスイスに向かう途中、ドイツとの国境に近いバーゼルの町で下車し、市の美術館を訪れている。カラムジン『ロシア旅行者の手紙』やジョルジュ・サンドの小説をとおしてかねて興味を抱いていたホルバイン作『死せるキリスト』を見るのが目的だった。アンナ夫人の回想によると、傷だらけの骸のまま棺のなかに横たわるキリストの像を目の当たりにして、彼は、尋常ならざる衝撃に打たれたとされている。

「フョードル・ミハイロヴィチは、その絵につよい感動を受けたらしく、打たれたようにその前に立ちつくしていた。……それから十五分か二十分たってもどってみても、夫は釘づけになったように元の場所に立ちつくしていた。興奮したその顔には、癲癇の発作の最初の瞬間に何度も見たことのある例のおどろいた表情が見られた」

念願のキャンバスと出会い、その前に茫然と立ち尽くすドストエフスキーの心中を正しく推し量ることは困難だが、その衝撃がかつて彼自身セミョーノフスキー練兵場で向かいあった死刑宣告の経験と深くつながっていたことを裏づける証拠が一つある。『白痴』第一部で主人公のムイシキンが語る死刑囚のエピソードである。同時にまた、この死刑宣告以来、長年にわたって自分を捉えてきたキリストをめぐるひそかな妄執が、ここに一つの究極的なかたちで代弁されていると彼は見た。同じムイシキンに「こんな絵を見ていたら、信仰を失くしてしまう人だっているだろう」と語らせた作者ドストエフスキーに対して、この絵は、現代における信仰の可能性と不可能性の問題といった堅苦しい問題のみを提起して終わったわけではない。それよりむしろ、腐臭さえ漂ってきそうな、恐ろしく生々しいリアリズムに、単純に恐れをなした。突き出された細い顎、空をみつめる白目、四肢に現れた紫色の鬱血。死の全能性をなかばサディスティックに描きあげたその絵は、作家の世界観にある重大なヒントとその再確認をもたらすにいたった。

さらに言い添えるなら、ホルバインのこの絵は、作家の脳裏にたんに死刑宣告の記憶を甦らせただけではなかった。彼はこの時、三年前に結核でこの世を去った妻マリヤの死をもありありと思い返していたに違いないと想像する。次に引用するのは、遺体となってテーブルの上に横たわるマリヤを前にして彼が手帳に書き込んだメモである。

「マーシャは卓上に横たわっている。私はマーシャとまた会えるだろうか」

驚くべきことにドストエフスキーはこの時、人間のエゴイズムとキリストの理想との断絶という問題意識に辿りつく。

「キリストの戒律のままに人間を自分自身と同じく愛すること——それは不可能である。地上における個としての人性の法則がわれわれを縛る。自我がさまたげとなる。しかしキリストのみがよくなしえたが、しかしキリストは、太古から人間がそれをめざし、また自然の法則によってそれをめざさざるをえないでいる永遠の理想である」

死せるマリヤと死せるキリストの二重写し——。おそらくはこの体験がなければ、ホルバインの絵との遭遇はこれほどにも深い意味論的なつながりをもつことはなかったし、はるかシベリアの地での妻マリヤをめぐる恋の鞘当に原点をもつ『白痴』もまた、これほど深い悲劇性を帯びることはなかっただろう。

では、ホルバインの絵に対し、ドストエフスキーのなかで生じた新たな意味づけとはどのようなものであったのか。その答えは、『白痴』そのもののなかにかなり抽象化された形で示されている。要約すれば、有無をいわさぬ自然の悪意、死の絶対的な力を前にした人間の無力——。しかし私が今、新たな驚きに打たれるのは、そうしたペシミズムについて語る作家の雄弁ぶりである。その雄弁ぶりこそは、作家自身の意に反し、その内面に息づく不信の証をまざまざと照らしだすものではないのか。

三　バーゼル美術館を訪ねる

直径五メートルほどの円形をなすホルバイン・ホールに入ると、私の目線の高さにいきなりキャンバスは現れた。ホルバインとドストエフスキーと三人だけになれるという静かな喜びがこみ上げてくる。五分ほど立ち尽くしていたろうか。しかし残念なことに、「こんな絵を見ていたら信仰を失くしてしまう人だっているだろう」とドストエフスキーが書いた衝撃は訪れてこない。このキャンバスとの出会いに、過剰な期待をかけすぎたせいもあるかもしれない。それとも、たんにホール全体のあっけらかんとした照明に妨げられているだけだろうか。「ホルバインの『死せるキリスト』が闇の王国を花冠で飾る」と書いたのは、エルミーロワという研究者だが、私はどうやら、部屋の扉の上に掛けられたロゴージン家のレプリカ同様、天井の高い、どこか陰惨な感じのする展示室での出会いを期待していたものらしい。しかし他方、そのことでかえって余分な感傷が取りのぞかれ、素面の目でじっくりとそのキャンバスを観察することになった。予期した興奮は得られなかったが、オリジナルとの出会いはやはり圧倒的な強さをもっていた。キリストの遺体が床にかかる重力や、死者の指先がシーツの縁にかかる緊張感など、画集などに収められた縮小サイズの写真ではなかなか得られない微妙なリアリティがそこはかとなく伝ってくる。ホルバインのこの絵は、引き上げられたユダヤ人の水死体をモデルにしたとされるが、長距離ランナーのように筋張った体を見るかぎり、その説自体にわかには信じがたいものになる。事実、棺を象ったキャンバスの上部にはうっすらと次の文字が記されている。

'IESUS NAZARENUS REX IUDAEORUM'（「ユダヤ人の王、ナザレのイエス」）

何よりも印象的なのは、キャンバスに描きとられた硬直と脱力の凄まじい戦いである。シーツにかけられた中指先が、その闘いの最後の一瞬をかぎりなく繊細に記録している。この絵のレプリカを目にした『白痴』の登場人物イッポリートが死を前にして語る言葉を引用しよう。

「その絵には、たったいま十字架から下ろされたばかりのキリストが描かれている。画家がキリストを描く場合、十字架上の姿であれ、十字架からおろされた姿であれ、普通はその顔に尋常ならざる美しさのニュアンスを添えるのが普通だと思われる。（……）ところが、ロゴージン家の絵には、そうした美しさなど微塵もない。これは、十字架に上るまでにも無限の苦しみをなめ、傷や拷問や番人の鞭を耐え、十字架を負って歩き、十字架のもとに倒れたときは、民衆の鞭を浴び、最後に十字架上での六時間におよぶ（少なくともぼくの計算ではそれくらいになる）苦しみに堪えた、一個の完全なかたちをした人間の死体なのだ。（……）そこには自然あるのみなのだ。（……）ぼくは知っている。キリスト教会はすでに初期の頃に、キリストが空想的でなく現実に苦しみ、したがって、彼の肉体も十字架上で、自然の法則に完全に完膚なきまでに屈服させられたことを認めていたことを……」

イッポリートの描写は、この後、主としてイエスの顔に与えられた打擲に向けられている。

「このような死体を目の当たりにしながら、どうやって彼らは、この受難者が復活するなどと信じることができたろうか？」――。

だが、先にも述べたとおり、現実にバーゼル美術館のホルバイン・ホールに立った私の印象は少しちがった。結核を病む青年イッポリートが口にする死の絶対性という印象は、白目をむいた頭部の描写にしか感じられない。とすると、ドストエフスキーを襲ったその問いかけとは、彼の内部に巣食い、どんな力をもってしても排除できない不信の魔のようなものであったのだろうか。しかし、ドストエフスキーはなぜ、瀕死の青年に、「腐臭が漂ってきそうな」とひと言を吐かせなかったのか。批評家の小林秀雄が「ドストエフスキーの思想の動きが、通過する、恐らく繰り返し通過しなければならぬ」と書いた「最も危険な」その地点で――。

妻アンナの回想によると、ドストエフスキーはこの絵を見るために、壁の前に椅子を引き寄せ、その上に立って鑑賞したのだという。夫の思い切った振るまいに、アンナは、内心罰金を請求されるのではないか、とひやひやしていたらしい。当時のバーゼル美術館で、この絵がどのくらいの高さにかけられていたか今となって正確には知るよしもないが、この絵の下に同じホルバインの『アダムとイヴ』の他二点のキャンバスがかけられていたというから、椅子の上のドストエフスキーは、現に私が見ている真正面の目の高さで見ることができたと考えていい。『白痴』では、ロゴージン家の扉の上に掛けられているが、まさにその高さである。いずれにせよ、作家はこの絵に強烈な衝撃を受けた。では、この絵の何がそれほどにも衝撃的だったのか。キリストの受難の惨たらしさを描いた絵なら、他にいくらでもあるではないか。同じバーゼル美術館に展示されているM・グリューネヴァルト（「磔刑」The Crucifixion：一五一〇）にも、ホルバインより二十年ほど早く描かれたブレア美術館のマンテーニャ「死せるキリスト」（Lamentation over the Dead Christ：一四八〇年？）にも、劣らず凄惨な死が描き出されている。私自身がかつて、ブダペストでみた異端派の画家による磔刑のキリストは、全身、水玉模様の血まみれ姿で描かれ、その残酷さの度合いはホルバインの比ではなかった。それどころか、少なくとも私の見るところ、ホルバインのキリスト像にはどことなく、微かながらコミカルな部分さえ感じられる。ひとつ例をとれば、顎ひげの突立ち方である。何やら、セルバンテス『ドン・キホーテ』の挿絵に出てきそうではないか……。

検死官の目で、舐めるように観る。この絵のグロテスクな迫力が何よりもその白目にあることがわかる。四肢にうがたれた釘跡も痛ましいかぎりである。ただ、右手の甲の傷には赤く血が滲んでいるのに、右足の甲はまるで、何かが齧ったようにざっくりと口をあけ、しかも、その中から何か白いものが覗いている。蛆か。

ホルバインは、一般的に死の観念を凝視した画家として知られるが、バーゼルには、このホールの外に「死の舞踏」で知られる一連の木版画を収めた部屋があるらしく（バーゼルで私はこの木版画を見逃したが、かつて上野の国立美術館で見たことがある）、ドストエフスキーもそれを見ている。しかしその彼が、どこまで徹底したペシミストであったのか、というと、必ずしも明確な答えはないようである。「死の舞踏」を、むしろ「死の嘲笑」と見る美術史家がいるし、ホルバインがイエスを、キャンバスと棺の二重の檻に閉じ込めたという事実からして、つまりその形式上のユニークな遊びからして、彼の怜悧な方法意識を物語っているからである。アルバムの解説には、ホルバインと親交のあったエラスムスの次の一節を図解したものだとある。

「われわれの肉体は墓である。……胸は墓であり、のどと口は、墓の入り口なのだ」

横二メートル、縦三十センチほどの、この息苦しい棺桶を見ているうち、ある小さな連想が浮かんできた。ロゴージンの家に飾られてあったレプリカが実際にペテルブルグのどこかに存在していたという保証はないが、バーゼルでこの絵を見るずっと以前から、つまり、カラムジンやジョルジュ・サンドの文献を通してその存在を知る以前から、彼は、何らかのかたちでこの絵に親しんでいたのではないか。そんな空想を抱かせるのは、理由がある。何よりも、キリストの死体を納めた棺が、何やらマホガニー製の上質な衣装ダンスを思わせる点である。これはもはや棺というより、戸棚ないし引き出しの趣ではないか。私のなかで小さな連想がはじける。小さな連想とは、他でもない、『罪と罰』の冒頭で描かれるラスコーリニコフの屋根裏部屋である。このキャンバスの息苦しさは、あの屋根裏部屋にどこか通じるものがある。ドストエフスキーがしきりにあの部屋を「棺」や「戸棚」に喩えたのは、あるいはホルバインのこの絵が念頭にあったからではないのか……

四　洞察

ホルバインはイタリアを旅行中、アンドレア・マンテーニャの作品に接し、大いに触発されている。「死せるキリスト」はマンテーニャの影響のもとで書かれていると指摘する向きもある。具体的に、ホルバインと同名の「死せるキリスト（ピエタ）」である可能性が高いが、翻ってドストエフスキーが、ミラノ・ブレラ美術館でこの「ピエタ」を見た可能性はあるだろうか。大いにある。というのも、このミラノ時代こそ、『白痴』の執筆が頂点を迎える時期だからである。

ヴァフテリという研究者が「写真としての小説」という『白痴』論で面白いことを言っている。『白痴』の主人公ムイシキンがナスターシャの肖像写真に口づけしたのは冒涜行為だった、というのだ。ヴァフテリが言外に暗示しているのは、ナスターシャの肖像写真のリアリズムとホルバインの生々しい「死せるキリスト」は、いずれも反宗教的な意味を帯びている、ということだ。しかるに、同時代のヨーロッパを放浪中のドストエフスキーがそこに見たのは、写真技術に象徴される物質主義の跳梁だった。ヴァフテリはそこから一歩踏み込んで、『白痴』フィナーレにおけるナスターシャの死の描写に影響を与えたのは、ホルバインの絵よりむしろこのマンテーニャの『死せるキリスト』ではなかったか、と推測する。小説では、ナスターシャの遺体は二人の男によってかしずかれている。もしキリストの死とナスターシャの死を一種の鏡像のように反転させることができるなら、そこに現前するのは、キリストの遺体にかしずく二人の女性という構図でなくてはならない、それこそは、マンテーニャの描いた『死せるキリスト』の構図である。ムイシキン公爵とロゴージンの二人を、聖母マリヤとマグダラのマリヤに置き換えるなら、なるほど『白痴』のフィナーレはたちまちのうちにこの絵に変容する。

マンテーニャの『死せるキリスト』は、従来の磔図とはまったく異なる視点から描かれている。イエスの遺体を真横から描いたホルバインの絵に対し、マンテーニャのそれは縦に、すなわち足元から描かれている。ゴルゴタの丘の出来事になぞらえるなら、十字架の真下からイエスの体を仰ぎ見る構図である。この構図は、画家の崇敬を暗示するものだろうか。だとしても、キャンバスの中央にイエスの足裏を描くというのはどうみても異様というしかない。異様なのはそればかりではない。ホルバインのイエスがそれこそ骨と皮ばかりの痩せさらばえた姿であるのに対し、マンテーニャのそれは、むしろマッチョなボリューム感に溢れ、腐臭どころか死者の体温までが伝わってきそうな濃密な雰囲気が漂っている。

私は、『死せるキリスト』の絵から離れ、同じホールに展示された絵を一枚ずつ観察しはじめた。いずれの絵もドストエフスキー自身が目にしているものかもしれず、ことによると思いもよらぬ発見にめぐりあえるかもしれない。私の興味をそそった絵がホール内にもう一点あった。『アダムとイヴ』（一五一六年）である。ドストエフスキーがバーゼル美術館を訪れた際、『死せるキリスト』のキャンバスの下には、この絵が掛けられていたとされている。この絵もまた、何とも説明しがたい翳りを帯びている。今、同じホールで、「死せるキリスト」の対面に掛けられている『芸術家の妻の肖像』もそうだが、ホルバインの絵には総じて喜びの光が感じられない。『アダムとイヴ』では、茶色の縮れ毛をした浅黒いアダムが、放心顔のイヴの、白くふくよかな肩に腕を巻きつけている。そのイヴの手には、翳りかけの青リンゴがしっかりと握られている。なんとも不安定で、すぐにも目を背けたくなるような何かしら不自然な構図。アダムといい、イヴといい、美男美女というにはほど遠く、神々としての崇高さのかけらなど微塵もなくて、言ってみれば、ごくありふれた一介の労働者といった趣である。しかし、私の目を奪ったのは、キャンバス全体の印象より、イヴの手ににぎられた青リンゴの噛み跡だった。鑑賞者に向かってこれ見よがしに差し出されたリンゴの、ざっくりと口を空けたその奥に何か、黒いしみのようなものがみえる。酸化の痕――。

ツィンガーバーガーというホルバイン研究家によれば、「アダムとイヴ」の解釈において重要な役割を果たしているのは、十五世紀に人口に膾炙した〈リンゴの死〉であるという。当時、「死」（mors—death）と「齧る」（morsus—bite）の地口がはやった。

「人間のりんごの最初のひと齧りが、世界に死をもたらした」

ツィンバーガーはさらにこう書いている。

「『アダムとイヴ』の絵では、リンゴに印された黒いしみが腐朽ないし虫の最初の痕跡かもしれない。（……）」

「死せるキリスト」の足にも、同じように齧ったような痕跡が印されている。キリストの足にしのびよる腐乱の翳。あれもまた、ホルバインを呑み込んだ死の恐怖とペシミズムのシンボルなのだろうか。

五　新たな仮説――オリジナルとコピーの間――

ロシアを代表するドストエフスキーの研究者一人、T・カサートキナは、バーゼルで実際にホルバインの『死せるキリスト』に接した際の思いがけない体験をもとに、独自の『白痴』論を展開してみせた。カサートキナによれば、『死せるキリスト』の絵は、これを見る角度によって印象が大きく異なるという。少し長くなるが引用しよう。

「下から見ると、見る者の頭上にかかっている体はまるで弛緩し、ぐったりしていて、まさにそれゆえ、恐ろしく衰弱した印象を呼び起こす。大きく開かれた目は死んだように凝固し、鉤のように曲がった手と奇妙に反りかえった肩や首は、虐待と、あたかも死後も止むことのないある種の手のこんだ受難という印象を呼び起こす……ところが、これを正面から眺めると印象は一変する。最初に目に飛びこんでくるのは、――身体がたんに衰弱したというより、むしろ恐ろしいまでに、信じがたいほど、そして痙攣を起こしそうなまでに張りつめている身体である。筋肉は何がしかの努力のなかで固くなっており、それが奇妙にも膨れ上がった両手に点のように記された腐敗の跡と結びついている。棺の底板の上で首ははげしく持ち上げられているため、首の後ろに緑がかった背景が見えるようになっている。反り返った肩と、（中略）ぐいと伸ばされた頭部は、運動として、転換と上昇の始まりとして、途方もなく限界を超える努力によって実現されるものとして意識されはじめている。目は、――死後、閉じられることなく、白目を剥いている死んだ目ではなく――瞼の下に閉じられた瞳が、最初の意識の覚醒とともにゆっくりとその元の場所に戻りはじめていくとき、無意識のうちに開かれたばかりの目を表している。（中略）

この手、穿たれた手は、腐敗の跡を留めているものの、すでに甦り、絵画の前に立つ人々の空間へと、すなわち生ける者たちの空間へと歩み出そうとしている。この瞬間、腐敗はあたかも身体から四肢へと後退していくかのようである（まさにそこに、両手と両足に、恐ろしい屍の痕跡は残された……）」

カサートキナが、この独創的な解釈を補強する要素として注目するのは、キリストの死体を収めている棺の背景部分にほんのりと光かがやく緑の色調である。暗黒の闇に覆われているはずの棺の中に緑色の光がさしているとすれば、それは、キリスト自身が発する光でなくてはならない。それは、復活祭の日々、正教会で歌われるカノンの次の一行と符合する、と。

「今こそ棺から輝けるキリスト」（《Христа, из гроба возсиявшего днесь》）

緑色の発光とは、まさに「生育しつつある種の発光」なのだ。

カサートキナの発見とその理論づけは、みごとのひと言に尽きる。カサートキナ以降、『死せるキリスト』を、キリストの死体が復活に向かう最初の瞬間をとらえた絵とする考え方に同調する研究者が現れている。だが、この見方は、いささか自らの信仰に傾斜しすぎた解釈とはいえないだろうか。少なくとも『白痴』のテクストを読むかぎり、ドストエフスキーがそうしたカサートキナの解釈を許すようなくだりは見受けられない。そして事実、この絵を、イッポリートの告白通り、不死の信仰を奪いとる自然の圧倒的な力の発現を見る研究者もいる。実際に物語では、ロゴージンの家でこの絵に接する三人（ロゴージンとムイシキン、そしてイッポリート）が言及するだけだが、ロゴージンとイッポリートは、この絵に信仰の喪失を直感する。では、主人公のムイシキンはどうかといえば、断言はきわめて巧妙に回避されている。

「あの絵を見て信仰を失くしてしまう人だっているかもしれないよ！」（傍点筆者）

むろん、ここでムイシキンが密かに念頭に置いていたのは、目の前のロゴージンだった。

問題は、カサートキナの解釈が、『白痴』全体の読解にどのような影響をもたらすか、ということだ。周知のように、宗教改革によって聖像画が次々と廃棄されたルネサンス時代、人間中心主義の理想に反するものは、ことごとく退けられた。ドイツやイタリアでは、キリストの磔刑をこうしたリアリスティックなタッチで描くのが、一種の時代のモードでもあった。ホルバインの一連の「死の舞踏」の絵もその一環として描かれた。「どの世紀といえど、十五世紀ほど、死をめぐる想念、持続的にこれほどの執拗さをもって人々を押しつけた世紀はない」と書いたのは、『中世の秋』の著者ホイジンガである。

他方、いかに磔刑の描写においてリアリズムが重んじられたといえ、キリストの尊厳や偉大さにたいする崇敬の念をたとえわずかでも残しておくことが、画家たちの共通理解としてあった。ところがホルバインの絵は、そうした共通理解に反するもので、彼の『死せるキリスト』はまさに異端的な態度とみなされ、教会権力側から厳しい批判を招いた。

ここで言う異端的態度を、かりにロシアに起き変えた場合、どのような文脈が現れるだろうか。注目すべき点は、この絵が、異端派（正確には、去勢派）の流れを汲むロゴージン家の、本来なら十字架やイコンがあるべき場所に掛けられている点である。ロシアの苦しめる下層の民にとって大切なのは、復活を約束されたキリストの勝利よりも、現世でのキリスト、目に見える、触知しうる、物質的な聖物としてのキリストの肉体だったとある歴史家は言う。であるなら、たとえ死者であれ、そこに肉体存在としてあるキリストの屍は、何にもまして価値あるものであったにちがいなく、惨たらしい屍によって信仰が失われることはなかったはずなのである。

六　翻って……

　では、『白痴』において、『死せるキリスト』のモチーフはどのような役割を託されて登場したのか。第一にそれは、言うまでもなく、生涯にわたって神の不在をめぐって苦しみ続けたドストエフスキー自身の問題意識の表明だった。しかし作家は、二枚舌の持ち主であり、なおかつその確信犯でもあった。イエス・キリストの似姿である「完全に美しい人間」（公爵キリスト）を描くと宣言しつつ、現実には、この人物が現実の汚辱にまみれ、破滅する姿をマゾヒスティックに空想していたのだから。それればかりではない。彼は、「完全に美しい人」のモデルとなったキリストの凄惨な死を描いた一枚の絵を小説の中心に配置し、小説全体を駆動するダイナモの役割を担わせていた。サラ・ヤングを引用しよう。

「絵が登場するたびに唐突に小説の方向を変え、絵とロゴージンの潜在的な暴力行為を緊密に結びつけることで、死せるキリストの表象が主要人物にとってどれほど重要か、ドストエフスキーは伝えようとする」

登場人物の運命を支配するキャンバス、とでもいえばよいだろうか。この絵は、レプリカながら、たんに信仰喪失のシンボルとしてスタティックな地位に留まることなく、むしろ、人々を絶望と信仰喪失へと使嗾する悪魔的な霊力をもったイコンとして機能し続ける。

　だが、この絵に関わる謎解きは、さらに幾重にも分岐していく。

ヤングによれば、ロゴージン家でこの絵に接し、「そこにはただ自然があるばかり」として、信仰の喪失へといたるイッポリートは、ムイシキン公爵の「分身」であるとして次のように書いている。

「二人は一見するほどかけ離れてはいないのだ。それはすなわち、イッポリートによるホルバインの絵の解釈を、ムイシキンが決して口にしなかった解釈を代弁したものとして、真剣に受けとらねばならない」

ヤングは、パヴリーシチェフ家の莫大な富を相続し、苦しむナスターシャの救済もままならないと自覚した公爵が、「死せるキリスト」については沈黙を守り、ひたすらその絵から逃走しようとする姿のなかに、彼自身における信仰の喪失が暗示されていると考える。

ヤングの理解が正しければ、ホルバインの絵画は、ロゴージン家で殺害されるナスターシャも含めて、この絵をじっさいに目にした全員を信仰喪失へ唆したことになる。

では、ドストエフスキー自身の解釈はどうであったのか。登場人物四人の理解と大きく変わるところはなかったのか。先に紹介したカサートキナの主張通り、ドストエフスキーがこの絵を「開始された運動」の始まり、すなわち復活の最初の瞬間を描きとめたものと理解していたとして、果して、『白痴』の物語全体をこれほどにも悲劇的な色合いで塗りこめるようなことをしただろうか？

私は次のように想像している。

ドストエフスキーにとって、そもそも一つの対象物を一つの理念の発現として見る態度は無縁である。彼には、常に複数の意識、いわゆるポリフォニーの精神が生きている。したがってドストエフスキーはこの絵に、イッポリートの言う「自然」ないし死の全能性と同時に、カサートキナの言う「開始された運動」すなわち復活の最初の瞬間を見たと考えるのが正しい。では、作家は完全な相対主義の立場に立っていたのか、というと必ずしもそうとも言い切れない。彼はその双方において、驚くべき同一化を経験できた。そしてそれらの矛盾とアンビバレントの認識を解決する揺るがざる信念があった。それこそはすなわち、身体的実在としてのキリストに対する信念である。ある意味でドストエフスキーにとってはそれがすべてだった。極論を言えば、すべてである以上、キリストが復活するか、しないか、の問題は二の次となった。

時代を遡って考えてみよう。

一八四九年十二月二十二日、反国家罪の罪でセミョーノフスキー練兵場に立たされたドストエフスキーは、処刑の順番を待ち受けるなかで同志スペシネフに「ぼくらはキリストといっしょになる（Nous serons avec le Christ）」とフランス語で語ったという。それに対してスペシネフは、「ひとつかみの土になってね（Un peu poussiere）」とやはりフランス語で答えたという。ドストエフスキーはこの時、この練兵場をゴルゴタの丘ととらえ、ことによると心のなかで叫んでいたかもしれない。

「わたしの神よ、わたしの神よ、なぜわたしをお見捨てになるのか」（新共同訳「詩編」、二十二の二）

スペシネフの答えに接したドストエフスキーは、果たしてどこまで死後の生への信仰を保つことができたろうか。ムイシキンが引用した死刑囚の言葉が（「もしも死なずにすんだら、どんなだろう！　かりに生命を取り戻すことができたら、どんなだろう！　――何という無限か――！」）、死刑宣告を受けたドストエフスキー自身のぎりぎりの心境を写し出すものとしたら、これはもはやイッポリートの心境でこそあれ、信仰は皆無である。しかもこの死刑囚＝ドストエフスキーはこの後で驚くべき言葉を吐く。

「その考えが、やがてはあまりに強い憎しみに変わっていったので、一刻も早く銃殺してほしいという気にすらなったそうです」（傍点筆者）

死刑囚がここで口にした「憎しみ（злоба）」とは、どのような、何を対象とした感情だったろうか。生命そのものへの憎しみだろうか。いや、生命の「無限」の価値を再認識した自分への呪いだろうか。ただ一つだけ言えるのは、その憎しみの結果として現れる銃殺への願望（「一刻も早く銃殺してほしい」）が、もはや永生への願望とはおよそことなる情念、あえて言えば、自己滅却の願望だったということである。

問題は、『白痴』を書いたドストエフスキーが、この死刑囚の内側にいるか、あるいは、この死刑囚を見つめる位置にいるか、ということである。そして現に『白痴』を執筆しているドストエフスキーの人生観、いや何よりも青春時代の記憶は、信仰の否定さえ視野に収めていたことはまちがいない。死刑判決という青春時代の呪しい記憶に照らして、ドストエフスキーは断固、現在の自らの信念を明かすことはできなかった。真実が、どちらの側にあるかわからなかったからである。わかっていたのは、次のような真実である。

「わたしは、これまで、そして棺の蓋が閉められるまで（わたしにはわかっているのです）時代の子、不信と懐疑の子です。わたしにとって今、信じたいという渇望がどれほど恐ろしい苦しみに値してきたか、そして現に値しているか、わからないほどですが、その渇望がわたしの心のなかで強まれば強まるほど、わたしのなかでそれに対立する論拠が大きくなるのです。それでも、神はわたしに時として、わたしが完全に平静である瞬間をも授けてくれるのです。この瞬間わたしは、人を愛し、人に愛されていることを発見します。そしてこのような瞬間に、わたしは、わたしにとって何もかもがはっきりとし、神聖であるところの信仰のシンボルを自分のなかに作り上げたのです。このシンボルはきわめて単純です。それこそが彼なのです。キリスト以上に美しく、深く、魅力的で、理性的で、雄々しく、完全なものは存在しないと信じること、そして存在しないばかりではなく、熱烈な愛でもって自分に、存在するはずがないないと言い聞かせること。さらにその上で、だれかがわたしに、キリストは真理の外にあることを証明し、事実、真理がキリストの外にあったとしても、わたしは真理とともにあるより、むしろキリストとともにあることを望むでしょう」

（フォンヴィージナ夫人宛の手紙、一八五四年一月末〜二月）

ドストエフスキーは、信仰（＝復活）と不信（＝死の絶対性）のぎりぎりの境界線にキリストを置いていた。キリストの存在それ自体が、自らの復活と死の絶対性の双方をにらみつつ、ゴルゴタの丘で磔となった。その双方向のまなざしに引き裂かれたキリストの中に、ドストエフスキーは自らの信仰のようすがを見ていた。そうであれば、キリストが一人の人間として自然の理に屈し、たとえ復活の秘跡を実現することがなかろうと、その存在が事実であるという保証だけで良かったことになる。ホルバインの絵に接したドストエフスキーは、ムイシキン公爵の口をとおして、「でも、あの絵を見て信仰を失くしてしまう人だっているかもしれない！」と語らせたが、その一行を書きしるすドストエフスキーにも、あるいはそう口にするムイシキン公爵自身にも、キリストの肉体存在そのものをめぐる思いに揺らぎはなかった。復活はないという確信のなかでこそ、いや、その優れて民衆的かつ「異端的」な態度においてこそ、彼は、より深くリアルにキリストの存在に近づくことができたのであり、そのリアルな認識のもとにある「永遠の理想」こそが、ムイシキン公爵その人だったのである。

主要参考文献

亀山郁夫『ドストエフスキー　父殺しの文学』（上下巻、日本放送出版協会、二〇〇四年）。
Вахтель Э., 《Идиот》 Достоевского. Роман как фотография, 《Новое литературное обозрение》, М., 2002, н. 57.

Ермилова Г., Трагедия ≪русского Христа≫, или о ≪неожиданности окончания≫≪Идиота≫, Роман Ф.М. Достоевского "Идиот"：современное состояние изучения. Сборник работ отечественных и зарубежных ученых под ред. Т.А. Касаткиной, М., 2001.

Касаткина Т., После знакомства с подлинником. Картина Ганса Гольбейна Младшего "Христос в могиле" в структуре романа Ф.М. Достоевского "Идиот", журнале：Новый Мир 2006, 2

Самсонова И., Серопян А., Тайна и знания воскресения в романе ≪Идиот≫, Вестник ВГУ. Серия：Филология. Журналистика. 2011, №2.

Янг С., Картина Гольбейна "Христос в могиле" в структуре романа "Идиот", Роман Ф.М. Достоевского "Идиот"：современное состояние изучения. Сборник работ отечественных и зарубежных ученых под ред. Т.А. Касаткиной, М., 2001.

サラ・J・ヤング「『白痴』とホルバイン「墓のなかの死せるキリスト」」乗松亨平訳（亀山郁夫・望月哲男責任編集『現代思想　総特集ドストエフスキー』、二〇一〇年四月、青土社）。

アンナ・ドストエフスカヤ『回想のドストエフスキー（1）（2）』松下裕訳、みすず書房、一九九九年）。

Zwingenberger J., Holbein the Younger, London, Parkstone Press, 1999.

本稿は、拙著『ドストエフスキー　父殺しの文学』における記述を基盤にしつつ、その後の『白痴』研究を参照し、書き改めたものである。

五　グローバル社会の中の命と暮し

ラフカディオ・ハーンの生涯にみる祈りと再生のコスモロジー

西川盛雄

一　はじめに

こんなことを考えてみる。

本年（平成二八年（二〇一六））はラフカディオ・ハーン（小泉八雲―一八五〇～一九〇四）が小泉八雲になって一二〇年の節目の年に当たる。ハーンが神戸で長男一雄を嫡出子として日本に帰化したのが明治二九年（一八九六）二月であったからである。

ハーンはものごころのついた幼児期より両親の離婚にともない、家族（庭）のあたたかさを知らぬまま大叔母に引き取られ、母親と生き別れた後はこの大叔母の庇護に入り、十九歳のときに移民船に乗って渡米した。アメリカではシンシナティで一度は結婚に失敗し、勤め先を解雇され、傷心と貧困のなかで南部のニューオーリンズに下り、この地でジャーナリストとしての仕事に没頭して少しは世に知られる存在になったが、心からの充足が希薄なまま放浪者としての日々が続いた。

しかし、来日後ハーンは松江でセツと出会って女性の愛を、熊本で長男一雄を得て家族（庭）の愛を得る。このことによってはじめてハーンは充足した人生のよろこびを得ることになる。筆者はこのことはハーンの祈りと再生のコスモロジーを考察する上でとても大切なことであったと考えている。

ハーンは祈りと再生への思いがことのほか強い作家（writer）であった。祈りと再生というからにはその前提として大切な人との離別（喪失）とその後の復活（再生）への強い願いが根底にあったはずである。

本稿ではハーンを、喪失した大切な人の再生と再会を願う一人の求道者と位置づけ、日本に来るまでの「放蕩」と「放浪」の結果、ついに日本という国でセツという女性と出会い、長男（一雄）を授かって家族（庭）を得るという喜びによって救われる。このようなハーンの心の軌跡を本稿で辿ってみたいと思う。

二　ハーンの幼少期のトラウマ

ハーンは生れてすぐに生家近くにある目の守護神を祀る聖パラスケヴィ教会でギリシャ正教による幼児洗礼を受けた。長じて十三歳にしてイングランドのアショーにある聖カスバルト神学校でカトリックの教父になるための教育を受けた。したがって、キリスト教の聖書的世界のことは十分よく知っていた。

しかしハーンの幼少年期の環境は不条理に満ちており、きわめて危機的なものであった。「三つ子の魂百まで」よろしく、幼児期の「父なるもの」の不在あるいは不信や「母なるもの」の喪失やその結果として生じてくる「家族（庭）」のあたたかさの欠落のトラウマはハーンの生涯を貫く大きなテーマとなった。ハーンは二歳で母親とともに父（チャールズ・ブッシュ・ハーン）の実家のあるダブリンに行くが、この時点で父は西インド諸島（ドミニカ、グラナダ）に軍医として出征していて留守であった。三歳のとき、一時父が出征先からダブリンに帰還したときはじめて会うが、この時点で母（ローザ・アントニア・カシマチ）は慣れぬ地であるいは慣れぬ環境で精神に錯乱を来す。その上、父親は帰還したダブリンで以前から好意を寄せていて、未亡人となっていた女性との縁りを戻して母ローザとの結婚を反古にしてしまうのだ。この時点で母もハーン本人も「父」に見捨てられることになる。その後ハーン四歳にして父はクリミヤ戦争に出征した際、新たに子どもを宿していた母親はハーンをダブリンの大叔母ブレナン夫人に後見人として託し、ギリシャの生家（セリゴ島）に帰ってしまう。そしてこれが生母との永遠の生き別れとなるのである。（母ローザはその後ギリシャで子どもを生み、再婚し、再発した精神病によってコルフの精神病院に収容され、ここで五十九歳の生涯を閉じた。）

この幼児体験はきびしく「父なるもの」への不信と憎しみの気持ちがハーンのなかに芽生え、この気持ちが深くハーンの心根に宿ったと考えられる。ハーンはこのような幼少時期の生い立ちを背景にして母親や古代ギリシャにつながるものへの憧れの心と自ら育ったアイルランドのケルト的風景の記憶と「父なるもの」への懐疑と不信の心をもって以後の人生を生きることになる。それは生き別れたままになっている母親との再会と失われた家族（庭）の再生を願う心の軌跡というべきものであった。

三　再生への祈り

祈りと再生といえば、最近日本で起こった大震災が思い出される。多くの犠牲者が出ていまも慰霊の祈りが捧げられている。

平成七年（一九九五）一月に阪神淡路大震災が起き、甚大な被害をもたらした。その威力はすさまじく死者は六千名を超え、淡路島や神戸、西宮、伊丹など、活断層の走る周辺の市町村は壊滅状態に陥った。現在も一月十七日は特別な祈りと逝った人々の記憶と再生への思いを新たにする日となっている。

それから十六年、平成二三年（二〇一一）三月に東日本大震災が起こった。地震のマグニチュードは九・〇。大地震は津波と福島原子力発電所のメルト・ダウンを伴って死者・行方不明者は一万六千人を超え、甚大な被害をもたらした。人々は今も復興への道のりのなかで亡くなった家族や知人のことを思い出し、町村の再生への祈りの絆を強くしている。

加えてこの稿を起している平成二八年四月十四日と十六日の二つの揺れを中心とした熊本地震がある。震度七の揺れが二度襲った。筆者も渦中にあって二晩避難所生活を余儀なくされた。発生から二週間以上経った時点で死者四九人、行方不明者一人、震災関連死者二十人を数えている。残された者にとって逝った人の誰もがそれぞれにかけがえのない大切な命だったのである。

大切な人が亡くなると、哀しみと無念の情はひとしお深くなる。そのとき残された者はどこかで逝った人の「再生」を願い、その人への記憶と祈りの志を新たにするに違いない。人が視覚から消えてもけっして無くなったのではないという信念において人は再生を願い、「この世」と「あの世」との往還を希求する。

四　祈りと再生のハーン作品

祈りと再生による「この世」と「あの世」との往還の再話物語として、筆者はいまハーン作品の“A Wish Fulfilled”

（「願望成就」）を思い出している。ハーンの教え子（小須賀浅吉）が軍人として出征していく前に恩師であるハーンを訪ねるのである。この教え子は戦場でいつ死ぬかわからない。ハーンは「死は怖くないか？」と訪ねる。この教え子は「怖くない」と答える。ハーンのような西洋人からみると「西洋人にとっては死ぬという概念は完全な別離を意味している」のである。しかし小須賀は東洋（日本）人として「自分らは死というものを完全な別離とは思ってはおらんのであります。」と反駁する。さらに続けて「自分らは死んでからも家の人たちとは一緒にいるものと考えております。両親にも会えるですし、友人にも会えるです。魂魄がこの世にとどまるのでありますからね」という。これは、人は、身はこの世から消えても供養（祈り）を前提に残された者（家族）と再会できる、という考え方である。そしてお盆やお彼岸には燈明をたどってこの世に還り、残された家族としばし心の交わりを果たす、という考えなのである。

さらに筆者は作品「お貞の話」を思い出す。越後の国永尾杏生の話である。いいなずけのお貞という娘が一五歳の若さで不治の肺病で亡くなる。今生の別れに際してお貞は、「この世でまたお会いするよう運命づけられている」ことを告げる。長尾はお貞の御魂を慰めるためにも、もしこの世で再会できるなら自分はお貞を娶ります、と誓紙に書いて仏壇の位牌の脇に置くのである。やがて時が経って長尾は一度は結婚して妻子をもうけるが、不幸があってこの妻子、両親とも他界して一人きりになり長旅に出かける。ある日旅の途次、伊香保にたどり着いたとき今は亡きお貞に酷似した女性と出会う。はたしてそれは生前と同じお貞であった。二人は約束通り結婚して幸せになるが、新しいお貞は再会の時に発した言葉も前世のことも何一つ思い出すことができなかったという。

これは死者が一旦異界に逝き、そこからまた現世に還ってきて同じ現世の人間と再会して添い遂げるという物語である。ここに霊による蘇り、つまり「祈りと再生」の世界が息づいていないだろうか。

五　ゴースト的世界（ウィリアム・ジェームズのこと）

アメリカの哲学者・心理学者ウィリアム・ジェームズ（一八四二～一九一〇）が『宗教的経験の諸相』（*The Varieties of Religious Experience*）の中で、「合理主義が説明しうる生活領域は比較的表面的な部分でしかないことを、私たちは認めなければならない」とし、日くいい難い世界の実在を認める。そして神秘的な世界の実在については①「言い表しようがないこと」、②「認識的性質」、③「暫時性」、④「受動性」の四つの特徴を明確に述べている。①では、神秘的状態は知的な状態よりもむしろ感情の状態に似ており、その内容を言葉で十全に説明することができないということ、②では真理の深みを洞察するのは啓示のような認識によるものであり、そこではことの意義と重要性に満ちていること、③は神秘的状態は長時間つづくことはできないということ、④は神秘的状態が一度あらわれるとまるで自分の自由意思がはたらかなくなること、を解説している。

ここでW・ジェームズは人間の精神活動においては目や耳などで代表されるような五感の世界だけでなく、むしろ心的現象としての神秘的な世界の実在性を認める。この考えでは、物質的証拠を出したり、いわゆる科学的検証はできないかもしれないが、人間の精神活動において実在性を疑うことのできないものがある。それは心的現象としての神秘の世界である、ということになる。ひょっとして物理の世界の行きついたところにも神秘の世界が拡がっているのかもしれない。ニュートリノや素粒子の紐理論、ダーク・マターなどの行きついた物質界の理論はどこにいくのであろうか。おそらく自然科学や生命科学の世界においても究極のところで神秘的な側面を頭から否定し去ることはできないであろう。W・ジェームズは人間の心的現象としての神秘的な特徴を「宗教的経験」に結び付けて人間の心的実在性の問題をいわゆる唯物論の貧しさから救い出している。

さてこの人間の精神という心的実在をいま「霊」（ghost）と考えてみよう。これは心的現象としての神秘の世界につながる。それは私たちが明確に説明できないものが現に存在しているかのように私たちにいきいきと感じさせるものである。「霊」は人間の五感にもとづく時空の範囲を超えて直観あるいは想像力によってそれ自体の世界を縦横に展開させることが可能になる。ここに『怪談』などの再話文学の世界が成立する根拠がある。

ここで「霊」という言い方をしたが、この言葉はハーン自身が次のように解説しているものである。

「ここで、ghostly――「霊的」という言葉について、すこしばかり述べておこう。おそらく――想像以上にこの言葉は重要なことばなのだ。一體、大昔のイギリス人は神秘とか超自然とかに對しては、この言葉以外には言葉をもっていなかった。spiritとかsupernaturalとかいう言葉はご存知のとおり英語ではなくてラテン語である。今日宗教の方で、崇高とか神聖とか、霊妙とかいっていることを、昔のアングロ・サクソン人は、すべてghostlyということばで片づけていたのである。人間のspiritとか、人間のsoulとかいわずに人間のghostといい、宗教的知識に関することはすべてghostlyと言ったのである。」（「小説における超自然の価値」）

英語はアングロ・サクソン民族、特にアングロ族の言い方が変化してアングリッシュ（*Anglische*）つまりイングリシュ（English）になったものである。したがってイングリシュの人々の「神性」を表わす語は昔からの英語のghostであった。ghostの源義は*gāst*で「息（breath）」である。ラテン語では［-*spire*-］である。これも源義は「息」で、ここからinspireつまり「息（いのち）を吹き込むこと」（inspiration）が出ている。つまり「生きる」ことは「息（いのち）を」吹き込むことなのである。これに対して「死ぬ」こと、「終了する」ことはexpireつまり「息を吐き出してしまうこと」（expiration）なのである。

さらにハーンはつづけて言う。

「西欧人が今日もっている神という観念は、じつは幽霊に対する原始的信仰から発達したものだと教える進化哲学を認めるならば、幽霊という言葉を神に用いても、べつに非難するにはあたるまい。」（「同右」）

ここでは古代から「神」とは「幽霊に対する原始的信仰から発達したもの」という立場をとって「神（god）」と「幽霊（ghost）」との近似性を示唆する。

さて、前節のお貞であるが、彼女は一旦異界（あの世）に行った人間の現世への帰還である以上その存在のあり様は「霊（ghost）」的である。現世の長尾は異界からのお貞と再び結ばれるからには強い願い（祈り）と死者の蘇り（再生）への意志がはたらいていると考えねばならぬであろう。

六　アニマ（anima）の世界

筆者はさらに作品「十六ざくら」や「乳母ざくら」のことを考えている。枯れた桜の大切さに鑑みて人間が「身代りに立つ」ことによってこの桜の命を蘇らせる物語である。ここでは人間の霊（いのち）が樹木の霊（いのち）を蘇らせるという人間と樹木の霊（いのち）の異種交換がはたらいている。

樹木の霊についての物語では「青柳の話」が思い出される。文明年間の能登の国の畠山義統に仕える友忠という若侍が京都の細川政元のところに内密の用向きで行く途中吹雪に会い、ここの老夫婦と娘（青柳）に助けられる。友忠はこの娘を見染め夫婦になるべくともに京都に向かうが、困ったことに遭遇する。しかし、やがて細川公の肝煎りで二人は祝言を挙げて五年間幸せに暮らすが、ある朝突然青柳は苦しみ、やがて息絶え、その姿は消える。後に旅に出た友忠は、かつて青柳と出会った場所に三本の柳の切株を見出し、そのうちの一本は若い柳の切り株であったことを見出すのであった。じつは青柳は現世（人間界）の女性ではなく、異界の樹の精であったのである。ここには人間と樹木の霊（いのち）の異種交換がはたらいていたのである。

この人間と樹木の霊（いのち）の異種交換を支える考え方はアニミズム（animism）である。この語はラテン語の *anima*（soul）に由来し、その意味は「息」である。これはさらに古くはギリシャ語で *anemos* があるが、これは「風（wind）」を意味する。花の名前のアネモネ（anemone）は「風の娘」という謂いである。

アニミズムは人類学者エドワードB・タイラー（一八三二〜一九一七）の提唱したものとして「自然界のあらゆる事物は、具体的な形象をもつと同時にそれぞれ固有の霊魂や精霊などの霊的存在を有するとみなし、諸現象はその意思や働きによるものとみなす信仰」（広辞苑　第六版）と説明されている。この霊的存在そのものの形象はないが、それは地を這う動物や虫などの生き物や樹木や時に山川海などの自然石の形象を借りて顕現されるとする。

これは進化論的に霊長類といわれる人間もかつては哺乳類、爬虫類、両生類、節足動物、鳥類など、そして草木花などの交配の進化過程を経てその折々の進化論的記憶をつなげて保持継承されてきたとする立場である。ここでは人間と人間以外の生き物（anima 的存在）は連続したものである、と考えるのである。

さてハーンはその生い立ちからして母方のギリシャ文化と幼児に育ったアイルランドのケルト文化のＤＮＡを受け継いでいたと思われる。これらの文化圏では土着の（ヴァーナキュラーな）アニマの世界を尊重する。これは人間も自然と別格の特別なものではなく自然の一部として anima の交換が可能な存在としてある、とするのである。

七　シンシナティ時代

ところで、ハーンは冒頭で述べたように幼少時に現世の「父」から受けた心の傷は癒し難いもので、その不信は天の「父」への不信にまで及んでいた。しかもかつて神学校に在籍していたハーンである。突然理不尽に神学校の除籍を余儀なくされ路頭に迷ったハーンはいわば「放蕩息子」の道を取らざるをえなくなる。それは時に自己破滅的な反逆の道行きとなる。

とは言うものの、ハーンは地域の民話、説話には伝統的な土着の「教え」が継承されていることをよく知っていた。この「教え」を倫理とすれば、ハーンは「放蕩息子」とは言いながらもその倫理性においてはすこぶる真摯な求道者であったと考えられる。

シンシナティはハーンが最初に住んだアメリカの町であった。この町はドイツ系移民が建設し、創建者のルーツは象徴的にローマ人としていた。この町では南北戦争後の混沌の中で堅固な法と道徳、特に禁酒法の成立と施行において当時の世界をリードしていた。その中でハーンは挿絵画家ファニーと、皮肉と揶揄でいっぱいの週刊雑誌『イ・ジグランプス』を発行し、禁酒法を含む公序良俗を皮肉る雑誌を発行した（九号で廃刊）。また、一八七四年六月、ハーンはアリシア・フォーリー（通称マティー）という黒人と結婚する。この結婚は当時オハイオの州法で禁じられていた黒人との結婚であり、法律違反であった。したがってその結果として翌年七月に職場（『シンシナティ・インクワイアラー』社）を解雇させられる。ここでハーンは自暴自棄になり、マイアミ運河のヴァイン通りの橋から身を投げようとするところを引きとめられたというエピソードが残る。また経済的基盤をなくしたマティは精神のバランスを崩し、二人の結婚生活は破綻する。

一八七六年四月この地でフリーマン夫人と出会う。ハーンは記者として彼女の息子の考古学の集収品の展示についての記事を書くことを契機にこの夫人と知り合いになったのであった。彼女は白人外科医の教養ある夫人であった。互に好意的に手紙をやり取りするうち、ハーンは突然夫人をはげしく侮辱するような文面を書き、夫人の激しい怒りを買い、この交友関係を破綻させる。これらは築いたものを次々に壊していくハーンの屈折した心の軌跡が現れており、聖書でいう「放蕩息子」（ルカ伝十五章四節～三二節）の生き方と重ってくる。

八　ニューオーリンズ時代

ニューオーリンズ時代はシンシナティ時代ほどの反抗的な姿勢は見られない。この地に入ってすぐにデング熱に冒され、「Hard Time（不景気屋）」という安食堂を試みたりするが相棒にお金を持ち逃げされて失敗。しかしこれまで記事を書いてきた経験と実績が買われ、この地の『タイムズ』社と『デモクラット』社との合併によってできた『タイムズ・デモクラット』社の文芸部長として迎えられることになる。ハーンにとってこれは起死回生のチャンスであった。事実この地でジャーナリストとしての活躍の場とよき交友関係に恵まれ、大いにその力量を発揮することになる。

ここで『タイムズ・デモクラット』社の記者として記事を書くなかで、一八八四年十二月に万国綿花百年記念博覧会の日本会場で政府から派遣されてきた服部一三と出会う。翌年、生涯の影響を受けるハーバート・スペンサーの『第一原理』を友人のオスカー・クロスビーに奨められて読む。また時に休暇をとって同社のマリオン・

ベーカー、エリザベス・ビスランドなどとメキシコ湾内の海抜ゼロ地帯のグランド島に出かけて作品『チタ』の題材を得たりしている。

ハーンはやがて『タイムズ・デモクラット』社を辞めてニューヨークのハーパー社の寄稿者となることを決心する。このことによって、ニューオーリンズを去り、やがて彼は西インド諸島のマルティニーク島に派遣され、『仏領西インド諸島の二年間』（*Two Years in the French West Indies*）という紀行文を書き、成功する。この成功によってハーパー社は次に日本に行って当時欧米にまだよく知られていないながら急速に近代化を進めていた新興の「日本」という国を取材し、これを文章化することをハーンに提案するのである。

ハーンは一八九〇年三月八日ニューヨークを出発。一旦は陸路でヴァンクーバーに行き、三月十八日、この港からアビシニア号に乗って来日することになる。横浜到着は四月四日早朝であった。

ところで、ニューオーリンズや西インド諸島での文筆生活は比較的恵まれた環境でハーンにとっては仕事上の幸運には違いなかった。しかし、心満たされるものではなかった。彼の内面は四十歳にして放浪者として依然として孤独であったのである。

九　日本で止む「放蕩」／「放浪」

ハーンは来日して暫くは横浜に滞在するが、間もなくハーパー社との間に行き違いがあってハーンはハーパー社との契約を解消する。この結果ハーンは日本において一時再び放浪の身となるが、『古事記』を英訳し、その訳をニューオーリンズ時代に読んでいた東京帝国大学教授のバジル・H・チェンバレン、ニューオーリンズですでに新聞記者としてのハーンからの取材を受けていた服部一三、そして横浜グランド・ホテルの支配人ミッチェル・マクドナルドらが、それぞれの立場でハーンを支え、松江の尋常中学校に英語教師として推薦したのである。

ハーンは来日して契約解除後はしばらくの間傷心のままであった。しかし松江でセツと出会い、熊本で長男一雄を授かる。ここで人生で初めて「家族（庭）」ができ、ハーンなりの魂の救いを得るのである。ここには「妻」を得たハーンが居り、「夫婦」という男女の出会いが実現している。そして次世代につながる希望としての子供がいる。それはシンシナティ時代のように屈折したものではなかった。むしろ松江という風土と歴史の中で生まれ育った一人の哀しみを背負った逞しい女性セツの愛による救いであった。

「哀しみを背負った女性」と言ったが、セツ夫人の実家の小泉家は明治の没落士族であった。松江城に仕える家老格の家で、セツの母親チエは姫として育てられた。その娘であるセツも教養豊かで礼儀作法を弁えた芯のある女性であった。そして女子としての覚悟の気持ちを身につけていた。一度結婚したが夫なる人が出奔したがゆえに小泉家に帰って家族の世話をしていたのである。そこへ尋常中学の先生とは言え異国の西洋人の世話を頼まれたのであった。正式な「妻」ではない。この立場は実に神戸時代の明治二九年（一八九六）まで続くのである。しかしハーンはこのセツ夫人の士族の娘としての教養と胆力をもった日本婦人に救われたのであった。やがて明治二六年（一八九三）十一月十七日、熊本の第二旧居で長男一雄が生まれる。この喜びもひとしおのものであったに違いない。ここで「家族（庭）」を得たのであった。

一〇　家族の「愛」

人間の憎しみや怒りは愛において止む。人は憎しみをエネルギーにして戦う（頑張る）ことによって得られるかもしれない勝利によってではなく、人の愛情に満たされて癒されるのである。ハーンの場合、シンシナティ時代の孤独な反逆児の時代やニューオーリンズ時代の孤独な放浪者の時代には心から救われることはなかった。時に親切であった人々の出会いはあったがそれは一時的かつ限定的なものであった。ニューオーリンズでマラリアに罹った時に世話をしてくれたアイルランド系のコートニー夫人がいた。詩作品の評価を契機として近づきになったクレオールの女性詩人レオナ・ケイロウセとの手紙のやり取りも束の間の出会いと別れであった。これらの出会いと別れの断片はハーンの「放蕩」と「孤独」の心を癒しハーンを救うほどのものではなかった。

ハーンが救われたのは来日後、松江時代のセツとの出会いであり、熊本時代に長男一雄を得て家族（庭）をもつことができたことによる。おそらくハーンの心の充足はそれで充分であった。ケルト系の人間の特性として国家やまったき天国という大きな存在を信じてこれに身を任せるということはない。家族や部族が基本的な生活単位として安寧、安泰であることが大切なのである。それが人間存在の基本であったからである。

一一　まとめ

人間の祈りと再生の契機となるものは大切な人の喪失である。そして人はその喪失に耐え何とか乗り越えようとする。ハーンの遭遇した喪失は「母」なる存在と家族（庭）のあたたかさであったが、その喪失をもたらした「父」なるものへの不信は並大抵なものではなかった。喪失と不信のインパクトが大きければ大きいだけ人は深く傷つき、苦悶し、不信の念を解消しようとする。しかし実際には人は与えられた条件のもとで自らを助けようと努力する人にしか救いの手は差し伸べられない。喪失の後に来るものは再生あるいは復活であるが、その再生への願いは祈りとなって人の心に集約されていく。

ハーンの幼児期に体験した負のトラウマは生涯にわたるハーン自身による喪失したものの再生、復活の願いに費やされた、そしてその軌跡が作品として残った。そこには「愛」としかいいようのない問題があった。ハーンの生涯の苦しみの軌跡を理解する手立てとしてハーンは一時父なるものへの不信と反逆の心に満ちた「放蕩息子」として振る舞わざるを得なかった。しかしその苦しみは遂にセツ夫人と出会い、長男一雄という家族（家庭）を得ることによってやっと安寧、安心を得て救われる。ここにハーンの生涯にわたる祈りと再生のコスモロジーを垣間見ることができるのではないだろうか。

今のときを生き生きと生きるという事

照屋佳男

一　T・S・エリオットの「詩の社会的機能」と「伝統と個人の才能」における歴史感覚

エリオットの「詩の社会的機能」を久しぶりに再読して、この論文で用いられているlivingという語を「現存の」とか「生きている」と解していたのでは、この論文の読解は尻抜けになる、livingを「今のときを生き生きと生きている」あるいは「今のときに生き生きと息づいている」と解する事によってはじめて、論文の肝心要の部分を把捉出来るようになるという事を強く感じさせられた。

論文全体から伝わってくるのは「今のときを生き生きと生きる」というのは単に文学の中軸であるのみならず一般に人間存在の中軸でもあるという事である。「もしも我々が今のときに生き生きと息づいている文学を持っていなかったら、我々は過去の文学にいよいよ疎遠になる[1]」という発言を一般に過去と我々との関係に適用して、もしも我々が今のときを生き生きと生きていなければ、我々は過去や伝統にいよいよ疎遠になる、と言う事が出来る。過去の人々は、過去の「今のとき」を生き生きと生きるという形で、我々と同様に、あるいは我々以上に真剣さを発揮していたのであり、その真剣さは過去の人々と我々とを結びつける絆である。こういう絆が存する限り、過去の人々と我々との間に相互作用が不可避的に生じ、かくして過去の人々と我々とが疎遠な関係に陥るなどということは決して起こらず、こういう相互作用は大いなる喜びの源泉と化すと我々は感じさせられるようになる。ついでに言えば、「歴史認識」なる語はこういう喜びを打ち消す働きをしている。

先の発言に続けてエリオットはこう言っている。そういう真剣さの持続がなければ、「我々の過去の文学は我々にとっていよいよ縁の薄いものとなり、異国の文学のように不案内なものとなるだろう」[2]。過去の文学が我々にとって親縁性を帯びたものとして存在しているとすれば、それは過去と現在との間に相互作用が起こっているということの表示であり、これをエリオットは念を入れるようにこう表現するのである。「死せる文学者たちが生き続けるのは、今のときを生き生きと生きている文学者たちを通じてである」[3]。「文学者たち」を「我々」と言い換えてもいいのであり、今のときを生き生きと生きているということを土台にしてはじめて生じる過去の文学者たちと今の文学者たち（あるいは我々）との間の相互作用によって過去の文学は生き続けるという事になる。

この論文で、ことの他注意を引かれる次のような論述が行われている事に改めて気づかされた。「詩作に携わっている私は、独自の成長の法則を持って生き生きと生きているもの、理性に沿っているとは限らないが、理性にすんなりと受け入れられねばならないもの、風や雨や四季が統制され得ないように、整然と計画立てられ得ず、秩序立てられ得ないもの、そういうものに、深い関心を寄せている」[4]。

この論述から容易に推論出来るのは、生き生きと生きているものの成長の法則、すなわち分析や計画的処理や合理主義によっては把捉され得ない成長の法則は、相互作用の原動力となる感情（生の感情（emotion）ではなくて鍛えられた感情（feeling）の領域に属しているということである。

父祖たちの神への信仰が取り上げられた場合にはっきり分かるのは、相互作用、そしてその原動力たる感情（feeling）を除外してこれを考察するのは容易であるが、そういう向き合い方をすれば、父祖たちが感じていたところのものは空疎極まるものに見えてくるばかりであるということである。

エリオットはこう言っている。

> 現代の厄介な問題は、単に、父祖たちが神や人間に関して信じていた若干の事柄を信じる事が出来なくなっているというところにあるのではない。そうではなくて、父祖たちが神や人間に関して感じていたように感じる事が出来なくなっているというところにある。或る信仰がもはや自分の信仰ではないということになっていても、その信仰をある程度理解する事は依然可能である。けれども、宗教上の感情が失われてしまうと、父祖たちが骨折って見つけた宗教上の感情表現の言葉は意味を失ってしまうのである。[5]

信仰の上で父祖たちと共有されて然るべき感情が我々から失われてしまうと、我々と父祖たちとの間に相互作用は起こり得ない。従って父祖たちが苦心を重ねて見出した言葉、父祖たちの信仰上の感情の盛り込まれていた言葉は無意味、無内容のものとなる。

今のときを生き生きと生きるということは文学の中軸であるのみならず存在の中軸でもあるという見方は、「伝統と個人の才能」でも表出されている。

過去と現在との相互作用の必然的産物は、過去と現在との同時性の感覚「過去と現在は同時的に存在しているという感覚」であり、エリオットが「伝統と個人の才能」で「歴史感覚」[6]と呼ぶこの感覚は「過去を過ぎ去ったものとして捉えるだけでなく、過去を今のときに生きているものとして捉える感覚のことである」[7]。過去と現在との相互作用が歴史の根底にあるとする立場からしかこういう発言はなされ得ないし、そして歴史の根底的要素を成すものとしての相互作用を感得せしめるのは、今のときを生き生きと生きるという一事を措いて他にはない。「歴史感覚は、時の流れ的なもの（the temporal）を捉える感覚だけでなく、時の流れ的なものを超えたものを捉える感覚、時の流れ的なものとそれを超えたものを同時に捉える感覚であり、こういう感覚が作家を伝統の体得者にするのである。そして同時に言えるのは、そういう感覚は作家に、今のときを生きていることを身に沁みて感じさせるところのものである」[8]。時の流れ的なものとそれを超えたものが同時に捉えられる場合に、根底にあるのは過去と現在との相互作用の感覚であるという事、「歴史感覚」と呼べるそういう感覚が作家を伝統の体得者にするという事、そして相互作用は今のときを生き生きと生きている事の表われである事を作家・詩人は身に沁みて感じるに至るという事、そういう事を我々はエリオットの論述から導き出すことが出来る。

このような相互作用によって蘇る、いや蘇るより他はない過去と現在との関係は、既に明らかなように、一方通行的なものではない。両者の関係はこう表現されざるを得ない。「現在が過去によって導かれるのと同程度に、過去は現在によって変えられるべきである」[10]。

この論文で、集中力（concentration）も今のときを生き生きと生きている事の表徴であるという見方が、詩作に即して、次のような句で提示されている。「実際的、活動的な人間には経験とは全く見えないような、実に数多くの経験を扱うに際して発揮される集中力、その集中力から生まれる新たなるもの［創造性に富む作品］[10]」の中の経験という語に接して、我々は西田幾多郎が『善の研究』で経験の根本性に触れて発している言葉「個人あって経験があるにあらず、経験あって個人あるのである」[11]を思い起こす。

今のときを生き生きと生きる事が、その表徴たる集中力と結びつけられて、経験という語で語られるとき、この経験は、既に明らかなように、相互作用をもその表徴としている。相互作用を表徴とするこのような経験において「生の個性」（personality）や「生の感情」（emotion：actual emotion）の占めるべき位置はない。（我々はここで、世阿弥が『風姿花伝』で、生の個性を真の個性（「誠の花」）から区別して、これを「時分の花」と呼び、「一期の能の定めにはなるまじきなり[12]」と述べた事を想い起こす）。

重要なのは、生の感情や構成部分［題材・素材］の「偉大さ」、強烈さではなくて、芸術的過程の強烈さ、融合が遂げられる際の、いわば圧力［集中力］の強烈さである[13]。

詩人は表現を与えられるべき個性（personality）を持っているのではない。そうではなくて特殊な媒体（a particular medium）を持っているのだ。この媒体はあくまでも媒体であって個性ではない。さまざまな印象や経験がそこにおいて特有の思いがけない仕方で結合を遂げるところの媒体である[14]。

個性が先ずあるのではない。印象や経験が適切に結合や融合を遂げる場としての、集中力の発揮の場としての媒体が根源的に、第一に、重要であるというこの発言から、今のときを生き生きと生きているという事の表徴たる集中力の発揮に大いなる意義を見出しているエリオットの姿を思い描く事が出来る。

こういう集中力、あるいは真剣さは、既に記した通り、過去の「今のとき」を生き生きと生きていた過去の人々に我々を結びつける絆なのであり、そういう絆の存する限り、過去と現在との間に相互作用は起こらずにはいないし、過去が現在において生気を取り戻すということは必然性を帯びざるを得ない。

二　西田幾多郎『善の研究』における「純粋経験」

西田は『善の研究』第一篇に「純粋経験」という題をつけ、更に第一篇の第一章にも「純粋経験」という題をつけ、「序」ではこう述べている。「純粋経験を唯一の実在としてすべてを説明して見たいというのは、余が大分前から有っていた考であった。（中略）そのうち、個人あって経験あるにあらず、経験あって個人あるのである、個人的区別より経験が根本的であるという考[15]」に到達した、と。この論述から明らかになるのは「個人」よりも根本的なものとして「経験」を評価しようとする姿勢である。

では純粋経験とは何か。「毫も思慮分別を加えない、真の経験其儘の状態」とか「純粋経験は直接経験と同一である」とか「経験の最醇なる者である[16]」などという句にぶつかって、読者はしょっぱなから読む意欲を殺がれたりする。けれども純粋経験を、今のときを生き生きと生きるという経験と解すれば、『善の研究』を容易に、楽しく読み進む事が可能になるように思われる。

西田が「真の純粋経験は何らの意味もない。事実其儘の現在意識あるのみである」「過去と感ずるのも現在の感情である[17]」という言い回しで過去が現在意識によって、つまり今のときを生き生きと生きているという根源的意識によって、現在に蘇るという事を暗示的に語るとき、エリオットと西田が考え方において類縁性を有しているのが明らかになる。

今のときを生き生きと生きている事の表われたる集中力に関しても類縁性が認められる。西田は集中力という語は使わず、「統一作用」とか「意識統一」という語を用いて、例えばこう言っている。「統一作用が働いている間は全体が現実であり純粋経験である[18]」。

「真理は統一作用にあるというが、その統一とは抽象概念の統一をいうのではない」と言う西田によれば、「完全なる真理は言語にいい現わすべき者ではない、いわゆる科学的真理の如きは完全なる真理とはいえないのである[19]」、「真の知的直観とは純粋経験における統一作用其者である[20]」。

今のときを生き生きと生きるという経験、「純粋経験」が人間存在の中軸であり、一般に科学的研究の中軸でもあるという事を西田は再三語っている。

相互作用に相通じる論述にも我々はしっかり目を注ぐべきであろう。「今ここに一つの元子があるならば、それは必ず何らかの性質または作用をもったものでなければならぬ、全く作用なき者は無と同一である、しかるに一つの物が働くというのは必ず他の物に対して働くのである、而して之は必ず二つの物を結合して互に相働くを得しめる第三者がなくてはならぬ、たとえば甲の物体の運動が乙に伝わるというには、この両物体の間に力というものがなければならぬ[21]」。ここでいう「力」、純粋経験が行われる際に働く「力」、つまり「第三者」はエリオットの謂う「媒体」を思い起こさせるのであり、この「力」、この「第三者」の「根柢には必ず統一的或者が潜んでいる[22]」と言うときの西田の「統一的或者」とは集中力の事である、そしてこのような集中力の発揮を通じて相互作用が起こる、という理解を我々は改めて得る事が出来る。

エリオットの提示した命題、詩人は表現されるべき個性など持っていない、或る特殊な媒体となって詩作活動を行うという命題に呼応するような西田の命題、「個人あって経験あるにあらず、経験あって個人あるのである」という命題は、次のように展開されている。

普通には何か活動の主〔個人〕があって、これより活動が起るものと考えている、しかし直接経験〔純粋経験〕より見れば活動その者が実在である。この主たる物〔個人〕というのは抽象的概念である。[23]

実在としての「活動その者」は相互作用と同じ意味合いの表現だが、「活動その者」が「対立」という語で次のように展開されるとき、我々はまたしてもエリオットとの類縁性を感じないわけには行かない。

活きた者は皆無限の対立を含んでいる、即ち無限の変化を生ずる能力をもったものであり、精神を活物というのは、始終無限の対立を存し、停止する所がない故である、もしこれが一状態に固定して更に他の対立に移る能わざる時は死物である。[24]

「対立」は相互作用の同義と捉えられるべきであり、敵対と解されてはならない。ここで我々はついでに、和辻哲郎が発した言葉を想い起こすべきであろう。「人間を真に根本的に把捉するためには、個であるとともに全〔他者と相互作用の関係にある存在様態〕であるがごとき人間存在の根本構造を押さえなくてはならぬ。かかる見当の下に人間存在の分析を行うと、それが絶対的否定性〔個を絶対と見なして全を否定する傾向〕の否定の運動であることが明らかにされる。人間存在はこの否定の運動の実現にほかならない[25]」。

三　D・H・ロレンスにおける相互作用

複数の医師のすすめで、夫をニューヨークに残し、海を越えて陽光の燦々と降り注ぐ島〔シチリア島〕にやって来て、太陽との相互作用に根源的な意味を見出すに至る女性を主人公にしているSunと題するロレンスの小説は取り上げられるに値する。「根源的な意味」といま言ったのは、太陽との相互作用をはじめ、凡そ関係は、今のときを生き生きと生きている事の表徴たる相互作用を基盤としてはじめてまともに成り立つという事が示されているからである。人と森羅万象との間において、人と人との間において、とりわけ夫と妻との間において、相互作用がないがしろにされて「個人」が根源に仕立てられると、攻撃性や所有欲が際立って勢いを増して来る事が、この小説で語られている。西田が言っているように、「経験」が根源であり、「個人」は経験の派生物あるいは副産物に過ぎないのに、「個人」が根源とみなされる事によって、夫と妻との間にこの上なく索漠としたもの、破壊的なものが避け難く生じるようになる。

先ず第一に語られているのは女性とシチリアの太陽との相互作用である。人と太陽との相互作用に関しては、あらかじめ『無意識の幻想』の中の次の表現に留意しておくべきであろう。

この上なく率直に発言する現代的タイプの科学者が、真理をほのめかしておきながら、それが明確に論述されると奇想天外な戯言として笑い飛ばすような一例――頗る単純な一例――として、既に流行遅れとなっている『金枝篇』［*Golden Bough*1890 by J. G. Frazer 1854-1941］から、発言を一つ引用してみよう――「古代アーリア人［インド・ヨーロッパ語族の言語を話した先史時代の民族］には、太陽は聖なるオークの木に宿っている火から定期的に養分の補給を受けていると思われていたに違いない」。

まさにその通りである。火とは生の樹（the Tree of Life）に宿っている火の事である。すなわち生それ自体の事である。そこで我々は、この発言を次のように読み取らねばならない。「古代アーリア人には、太陽は定期的に生から補給を受けていると思われていたに違いない」――これは初期のギリシャの哲学者たちがつねに言っていた事である。これは依然として本当に真理である、宇宙を解き明かす上で手掛かりとなるものである、と私には思われる。生は太陽から引き出されるのではなくて、生それ自体から放出されるもの、すなわちすべての生き生きと生きているもの、植物や動物から放出されるものが養分として太陽に給されているのである。[26]

ロレンスは地球上で生き生きと生きているものすべてが太陽の恩恵に浴しているという事を認めた上で、それは一方通行的なものではない、太陽も地球上のすべての生き生きと生きているものの恩恵に浴していると主張し、太陽と生きとし生けるものとの間にあるのは相互作用であり、相互作用は生の根底的事実であるという事を読者に印象づけようとしている。

Sun の主人公である女性は、シチリアの水平線上に姿を現わす太陽を見て、深い感動を覚え、太陽との相互作用の大切をすぐさま悟ったかのように、雲という衣をまとっていない全裸の太陽と交合したいという思いに駆られ、全裸の状態での日光浴を日課とするようになる。

太陽との相互作用を交合と捉えるとき、女性は今のときを生き生きと生き始めていると言える。そして太陽との相互作用の大切を悟ったという事は、人間関係における相互作用の大切を悟る事に通じている、と言える。

幼い男の子を連れてシチリアにやって来た女性について「『この子を父親のような大人、陽の光を一度も見ることをしない虫のような大人に育て上げる事は決してしない』と内心に呟いた[27]」と語られるとき、太陽との相互作用の大切を知らない夫と太陽との相互作用の大切を知っている女性との間に相互作用が決定的に欠如しているのが明らかになる。そこで、さしあたり主人公の相互作用の相手は太陽に限るのであり、その相互作用は主人公の次のような呟きで示される。「太陽は百万もの人々の上に照る事が出来る。が、それでも自分だけに焦点を合わせて照り輝く、すばらしい無二の太陽であり得るというのは、太陽の不思議の一つだ[28]」。太陽が「自分だけに焦点を合わせて照り輝く」というところに女性と太陽との相互作用が印象深く示されている。

そして女性の太陽との相互作用は、他の生き生きと生きているすべてのものに及ぼされずにはおかない。「悲劇とは経験の欠如の事である[29]」と思っているマグナグラエキア（Magna Graecia）［イタリア南部にあった古代ギリシア植民都市群］の面影を留めている家政婦マリニンと主人公との相互作用が先ず思い浮かぶ。

太陽と主人公との相互作用が明らかにしているのは、そして「悲劇とは経験の欠如の事である」と思っているマリニンと主人公との相互作用が表わしているのは、「個人」を根源とするところから悲劇は生じるということである。（ここで我々は、「個人」を根源に仕立て、権利を前面に押し立てて、相互作用の視点の没却を促す傾向のある民主主義は「悲劇」の一因になり得るとコメントする事が出来よう）。

シチリアの太陽との出会い以前の夫との、ニューヨークの高級マンションでの生活は「悲劇」であった。「個人」を根源とし、「個人」に凝り固まっていた主人公が夫に対して発揮していた攻撃性と夫の所有の意識［妻は自分の所有物であるという意識］との衝突、この衝突が二人の生活の基調を成していたのであり、「正面衝突しようと突っ走っている二台の機関車[30]」という句で、示される、このような病的な夫婦の生活からの治癒を求めて、主人公はシチリアへやってきていたのである。

小説の終わりの方で、夫に対する主人公の見方を際立たせるように、次のような叙述が行われている事に注意を引かれる。「彼が、漂泊され、青白くなったちゃちな都会人の体つきをして、夫の権利［妻に対する夫の所有権］に関してむちゃくちゃな事を考えながら、日差しの中を歩いている姿を彼女は思い浮かべた[31]」。日差しの中を歩いていながら、太陽と没交渉の夫に関して、更にこういう叙述も為されている。「この奇妙な、焼き印を押された卑小な野郎、良き市民。彼は太陽の赤裸々な目には、犯罪者のような焼き印を押された者として映るのだ[32]」。「所有」

の意識を肥大化させて、「良き市民」となっている夫は「広大な、牢乎とした環境の車輪」[33]の側にいる。一方主人公は、ニューヨークの高級マンションで日々を送っていた頃、夫に、「凄まじい敵意の流れの中に押し付けられている」[34]と感じさせるほど、攻撃性を発揮していた。その彼女は自分自身にも、子どもにも攻撃の矛先を向け、「自分自身をさえ骨髄まですりつぶすような真似をしていた。子どもに対しても同様の事をしていたのである」[35]。

シチリアでは、女性の内面に大きな変化が生じる。シチリアでは太陽との相互作用によってもたらされた「物事に頓着しない不思議な力が一つの魔力のように彼女の内面を満たしていた、その場所〔彼女が子どもとよく日光浴をする一本の糸杉の周りの場所〕全体を満たしていた。そして蛇〔糸杉の傍らで子どもが出くわした蛇〕は、彼女や子どもと共に、その場所の一部を成していたのである」[36]。太陽との相互作用は、蛇をも相互作用性ある一構成員とする小宇宙のごとき世界を成り立たせている。「物事に頓着しない不思議な力」は、やがて相互作用性を確かなものにするために取られる、場所の限定に徹する態度、すなわち借家たる邸宅の広々とした庭の外のことを考えるのを拒否するという態度、そして明日の事を思い煩う事はしないという態度に繋がって行く[37]。

シチリアの一農夫との相互作用というものがある。その農夫とは、主人公が或る日、日光浴を終え、全裸で森の中を、子どもと一緒にゆっくり家路を辿っていたときに出くわした農夫の事である。農夫が示した反応は、驚きのあまりその場に釘付けになるという反応、そしてそういう場合に自然発生的に起こる肉体上の反応である。その農夫と主人公との間にたちどころに相互作用が成立した事は次の文に暗示されている。「彼は彼女にとっては太陽、熱をいっぱい放出する太陽のような存在であった」[38]。そして健康であるところから生じる清潔感に満ち溢れたこの若き農夫が今のときを生き生きと生きている事は次のような叙述で表示される。「いつもまさに飛び跳ねるように、軽快に、行動に移ったり、仕事に着手したり、子どもの遊びに加わったりしていた」[39]。

そして農夫と主人公との間の相互作用に関して、次のような具体的表現が為されているのはことのほか注意に値する。「彼の生が彼から彼女の生の方へ流れている」[40]と感じる主人公は、「彼の体の動きから、自分が彼の生を感じている以上に、彼はこの自分の生を感じているのだ、と思った。（中略）彼と合体したっていいではないか。彼の子を産んだっていいではないか、（中略）彼女の子宮の花は輝きを放った。この花は洗練された感情や所有などはまるで眼中に置かなかった」[41]。

合体の成立は、農夫の妻の、夫を所有しているという意識、主人公の夫の、妻を所有しているという意識、農夫の受け身の姿勢、主人公の勇気の欠如などによって阻まれるが、感情の領域で、二人の間に、文字通り無言のうちに起こった相互作用は、シチリアという土地と結びついて、一種爽やかな印象を読者に与える。

四　相互作用という土台

ロレンスの作品を読む者は、必ず一見時代錯誤的な、一見女性を貶めているような論述に出くわす。例えば『無意識の幻想』で「君の存在の確かさを信じ、君の抱いている目的、君の妻を超えている目的、そういう目的に服従している妻のいるところへ帰るのは、ああ何と喜ばしい事だろう。そういうとき、夕暮れは何とすばらしいものとなるだろう。その日の重荷を血管に詰め込んで、疲れ切った状態で帰宅しても、何と心豊かに感じるだろう。そういうとき君は、もう一つの目標、壮麗な闇の中で妻の腕に抱かれるという目標に心身を捧げるのである。目標が現実化出来るという感情、これは何という豊かさを湛えていることだろう。そして君は、君を愛し、君の目的を信じ、君を闇の中で、心行くまで壮麗な抱擁で受け入れる妻に、測り知れない感謝の念を抱くのである。妻が存在するとはそういう事なのだ[42]」。

「個人」を土台と見なしてこういう論述に接すれば、いかにも不適切な論述だという感じが否応なしに湧き起る。しかし「個人」を土台視する観点から離れ、相互作用を人間関係の土台とする観点に立てば、この上なく適切な論述と受け取られ得よう。

男性と男性との関係に関しても、一見いかにも不適切な論述が為されている。「来たるべき時代の、男性間の関係は、測り知れない信頼と責任、奉仕と指導、服従と純なる権威尊重の精神で築かれる関係でなければならない[43]」。これも、「個人」ではなくて相互作用が男性間の関係を律する土台でなければならないという観点から為された論述であり、男性間の相互作用に必須の要素として、非民主主義的な服従、権威などが再評価の対象になっている。

ロレンスはこう言っている。「こうした一切は、今の時代においては、頗る嫌悪すべきものと思われている。しかし我々の時代の愛や心的態度や民主主義から得た極めて重要な教訓を基にして、新しい秩序を打ち立てることが出来るのだ[44]」。

要するにロレンスにとっては「個人」ではなくて「経験」が、そして今のときを生き生きと生きる事の表われたる相互作用がアルファにしてオメガなのである。相互作用を今のときを生き生きと生きている事の必然的表われと捉える点で、T・S・エリオットと西田幾多郎とD・H・ロレンスとは共通していた、と言える。

（1） T. S. Eliot, 'The Social Function of Poetry' in *On Poetry and Poets* London : Faber and Faber 1957 p. 21.
（2） Ibid. p. 21.
（3） Ibid. pp. 21–22.

（4）Ibid. p. 24.
（5）Ibid. p. 25.
（6）T. S. Eliot, *The Sacred Wood* First published 1920 Methuen : London University Paperbacks 1960 p. 49.
（7）Ibid. p. 49.
（8）Ibid. p. 49 伝統の体得に関してエリオットの発した次の言葉はいわば公式の趣を呈している。「伝統は相続され得ない。伝統を体得しようと思ったら、大いに骨折って体得しなければならない」（*The Sacred Wood* op. cit., p. 49）。
（9）Ibid. p. 50「過去は現在によって変えられるべきである」は、今のときを生き生きと生きている人によって過去は日々に新たに救い出されるという意味合いの言葉であり、言うまでもなくこれは全体主義者による過去の恣意的な捏造とは縁もゆかりもない表現である。
（10）Ibid. p. 58.
（11）西田幾多郎『善の研究』岩波文庫　一九五〇年　四、三五頁。
（12）世阿弥『風姿花伝』野上豊一郎・西尾実　校訂　岩波文庫　一九五八年　一四頁。
（13）*The Sacred Wood* op. cit. p. 55.
（14）Ibid. p. 56.
（15）西田幾多郎『善の研究』前掲書　四頁。
（16）同書一三頁。
（17）同書一四頁。
（18）同書一九頁。
（19）同書四六頁。
（20）同書五三頁。
（21）同書八四頁。純粋経験と不可分の関係にある統一作用は「根本的事実である。この統一作用は或他の実在より出て来るのではなく、実在はかえってこの作用に由りて成立するのである」（『善の研究』九三頁）。統一作用が実在に先だって存在するという西田の見方は、今のときを生き生きと生きている事の表徴としての集中力の根源性を、改めて感じさせる。
（22）同書八五頁。

(23) 同書八九頁。
(24) 同書八七頁。
(25) 和辻哲郎 『風土』岩波文庫 一八頁。
(26) D. H. Lawrence, *Psychoanalysis and the Unconscious* and *Fantasia of the Unconscious* ed. Bruce Steele Cambridge University Press 2004, p. 64.
(27) D. H. Lawrence, 'Sun' in *The Woman Who Rode Away and Other Stories* Cambridge University Press 1995 p. 22.
(28) Ibid., p. 23.
(29) Ibid., p. 24.
(30) Ibid., p. 27.
(31) Ibid., p. 38.
(32) Ibid., p. 38.
(33) Ibid., p. 38.「牢乎とした環境の車輪」の側にいる夫は、ニューヨークからシチリアの妻のところへ不意にやって来て、森の中で妻の裸体を目の当たりにしたとき、所有欲と一体の欲情を妻の肉体に対して覚える。が、妻と相互作用を保ち得ない彼は、シチリアの「古代ギリシアの恩寵に浸された世界」とも相互作用を保ち得ない。「彼はあのまばゆい陽光と古代ギリシアの世界の恩寵に浸された世界の中で、哀れを催させるほどに場違いな感じを与えた。白光に近い陽の光に輝く森の中の斜面につけられたインクのしみのようであった」(Ibid., p. 32)。
(34) Ibid., p. 35.
(35) Ibid., p. 35.
(36) Ibid., p. 28.
(37) 'She would take no thought for the morrow.' (p. 28)『新約聖書』「マタイ伝」6章、34節の「明日のことを思ひ煩ふな。明日は明日みづから思ひ煩はん。一日の苦労は一日にて足れり」は、未来と相互作用の関係を保つ事の大切を含意している。明日の苦労を確定的に捉えて、これを煩うという形での苦労を今日の苦労に付加するような真似をしてはいけない、確定されてはいない明日の苦労が確定的に捉えられ、これによって今のとき［現在］が規定される、或は決定されるということが起これば、未来との相互作用は不可能になり、今のときから生気が失われるのが確実となる、という意味合いの言葉と解することが出来る。

(38) *The Woman Who Rode Away and Other Stories* op. cit. p. 30.
(39) Ibid., Ibid., p. 36.
(40) Ibid., p. 37.
(41) Ibid., p. 37.
(42) *Fantasia of the Unconscious* op. cit. p. 199.
(43) Ibid., p. 191.
(44) Ibid., p. 191.

病むことの意味——基層文化からの試論——

細田満和子

一　はじめに——基層文化によせて——

本稿では、病むという経験に焦点を当て、突然の身体の危機による絶望、それが出会いと変容によって希望へと向かうようになること、そこに立ち現れる回生と共生を示してゆく。その際に、基層文化というアプローチをとる。それは基層文化という視点から見ることで、この病むという身体的危機が他者との共同行為を経て再生へとつながる道筋が、より明確になると考えるからである。

ハンガリー生まれの社会学者カール・マンハイムは、「知識は存在に拘束されている」といい、「知識社会学は、様々に分化した個々人の思考を徐々に生み出すところの歴史的・社会的状況の具体的な仕組みをとらえ、そのなかで思考を理解すべく努める」[1]ことを示した。私たちは、歴史という縦糸、地域という横糸が織りなす複雑な編み目からなる社会の中で生きており、この社会の中で一定の集団に属し、その立場に拘束された視座構造（パースペクティブ）で社会を見ている。

現代社会において病むことは、医療制度や社会的規範や常識的社会観といった視座構造の中で、非日常や通常の身体状態からの逸脱という位置づけがされている。しかし、病むという経験には、非日常や逸脱といったものだけには回収されない豊饒な意味があるのではないか。筆者がこのように考えるのは、かつて、病む人の経験を丁寧に詳らかに聴くという作業をし、人が病いを持つようになって獲得する、より豊かな世界に触れてきたからである。病むという経験には深遠な意味が込められており、このことを理解するのに基層文化に定位することは有効であろう。

基層文化とは、池田によると「長い歴史によって培われた人間の生活の営みのことであり、それによって形成されてきた知恵と工夫の伝統と連鎖、その総体に他ならない[2]」という。現代社会の複雑な網の目を解きほぐし、制度や規範や常識という覆いを剥ぎ取ってゆく基層文化論というアプローチによって、病いが再生へとつながることが理解できるだろう。

本稿では、まず現代の社会を覆い尽くしている、近代医療のシステムと医療専門職の特徴、この社会に支配的な価値観を示し、次にこれらの覆いを取り除いたときに立ち現れてくる病む人の育む文化を示すことを試みる。覆いを取り除く作業は、病者自らが行っている作業でもあり、重要な他者との協働によって遂行されている。こうしたことを教えてくれたのは、かつて筆者がインタビューをさせて頂いた脳卒中当事者の方々であった。そして最後に、ブータンの伝統医療や日本の農村医療からヒントを得ながら、身体的存在としての人が病いと共に生きることについての覚書を記す。

二　疾患と病い

ここでは、病むという人々の経験を覆い隠している近代医療という装置を概観する。これを明らかにすることで、基層文化における病むという経験が逆照射されると考えるからである。

「医療」は、それ自体が近代に特有の現象でありシステムである。西欧では一九世紀に、アメリカでは二〇世紀初頭に、国家によって付与された資格と大学医学部という教育機関が整備され、公的権威づけされた医師が誕生し、医療の世界をコントロールするようになってきた。[3][4][5]現代社会においては、「自分の病を解読するにあたって、患者はもはや身体の全体的外観や、症状のはっきりした現実を調べようとはせずに、医学的な知が提供する体内に関する情報に頼る[6]」という状況である。

医師であり医療人類学という分野を切り開いたクラインマンは、身体の痛みや不具合の生物医学的な側面を疾患（disease）といい、痛みを持ち患っている本人の経験を病い（illness）といった。[7]医療によって、人は自らの身体の不具合を疾患として知るのである。この状況に対してイリイチは、現代の医療システムは、人間の誕生から死までを技術の管理下において、薬漬け、検査漬けなどで患者を作り出しているといい、「医療化 medicalization」として批判した。[8]

医師によって疾患としての診断が下された病人は、通常の社会的状態から逸脱（deviance）した者と捉えられる。そして社会の側から病人としての一定の行動をとるように期待される。パーソンズは、病人に期待された規範的行動（normative behavior）を、病人役割（sick role）として定式化した。[9]

パーソンズの病人役割は、二つの権利と二つの義務からなる。第一の役割は、病気であれば通常の社会的役割の責務を免除される権利があることである。例えば会社員だったら、病気の時に会社を休むことは業務を怠っているとは見なされず、休むことが正当なこととして許されている。第二の役割は、病気であることは本人の責任ではないので、病気を克服して健康を取り戻すためには、自力で回復する義務を免除され、医療専門職による援助を受けられる権利があることである。そして第三の役割は、第一の役割に対応しており、病気であることは通常の社会的役割を遂行できぬ望ましくない状態なので、その状態から回復する義務を負うことである。すなわち、病気で会社を休むにしても、いつまでも休んでいることは許されない。第四は第二の役割と対応しており、回復を援助する医療専門職と協力する義務があることである。医療専門職から指示された薬を飲んだりリハビリ訓練をしたりすることは、義務として病人に課せられている。

一時的な疾患で治るものである場合、病いを持った人はこの病人役割に従っている。しかし、それが治らない病気である場合、病人役割は受け容れがたいものになってくる。「今日、病気や病んだ身体は、無能さという社会的立場を指示しているのである。何かできる能力と社会的組み込みの間の分裂、そして医学との関係が、外見の変化以上に、病んだ身体に深い刻印を記しているのだ[10]」。

さらにこの病人役割は、現代の病人にとっても内面化されている。病いを持つことは能力において劣るものという見方がされ、現代社会においてスティグマ（stigma）となる[11]。そして当事者もまた自らをスティグマ化し、しばしば自己否定の感情を持ってしまうのである[12]。

三　再び生きる――「回生」――

しかし、このような現代医療と病者への社会的規範の覆いを引きはがしてみると、そこには、病む人の営み、人間的存在への意味、生きる知恵が姿を現してくる。基層文化からのアプローチは、病むことの意味を明らかにし、失われた身体や生の全体性を取り戻すことを可能にするだろう。

筆者がインタビューをした脳卒中サバイバーの方々は、医療者や常識的社会観から見た病気の在り方とは異なる、当事者から見た病いの経験を語ってくれた。この時、脳卒中当事者から、病むことによってかえって生きる意味を見出したり、人として豊かさに開かれるようになったりしたことを教えられた。かれらは、今までの価値観から自由になれたといった趣旨の話を聞かせてくれたのだ。

かれらは脳卒中になった当初、「こんな恐ろしい病気はないよ」、「私の人生はこれで終わりだ」、「死のうと思った」という。病いを持つ自らを否定して、自殺を考えたという方々も少なくない。しかしかれらはやがて、「新しい自分」を見出し、再び生きてゆくようになる。免疫学の多田富雄も、そうした脳卒中サバイバーの一人である。

多田は、二〇〇一年五月、六七歳の時に出張先の金沢において脳卒中を発症したが、後にやはり脳卒中になった社会学の鶴見和子と往復書簡を交わしている。この往復書簡の中で多田は、人から、苦しいリハビリ訓練など止めて電動車椅子を使いバリアフリーの部屋に住んで安楽に暮らせばよいのにと言われても、自分がリハビリ訓練を続ける理由を、次のように書いている。「それは自分の中で生まれつつある新しい人への期待からです。元の体には戻らないが、毎日のリハビリ訓練でゆっくり姿を現してくる何かを待つ心があります。体は回復しないが、生命は回復している。その生命は新しい人のものです[13]」

多田は体と生命という語を使い分け、脳卒中になった後の体は回復しないが生命は回復しているといっている。多田がこのようにいう時、体というのは、客観的水準から生物医学的に把握された側面で「疾患名」を付けられた身体である。一方、生命というのは、語感としては呼吸や体温維持など、より基本的な生命維持の側面だが、医学や常識的社会観から自由になった自らのものとして把握できる「いのち」の事であろう。

また、多田は脳梗塞になる前の自分は、「安易な生活に慣れ、単に習慣的に過ごしていた」だけで、生命そのものは衰弱しており「生きているという実感」がなかったのではないかと書いている。[14]そして、脳卒中になってリハビリ訓練をする中で、「長年失っていた生命感、生きている実感」を手に入れたと感じ、その過程で「新しい人」が生まれてくることに期待している。これは「再生」といってもよいかも知れない。

一九九五年に脳卒中を発症した鶴見和子も、脳卒中からの回復を、「一旦死んで命甦る。それから魂を活性化する。そしてその活性化された魂によって、新しい人生を切り開く」こととして、「回生」と概念化した。[15]今、ここにある障害を持つ身体や実際に営まれている現実の生活を、他ならぬ自分のものであると受け容れた上で、今までで以上の力を漲らせて、それまでとは異なる人生を切り開いていこうというのである。

近代的価値を基礎とする近代医療の枠組みでは、病むことは逸脱となってしまったが、基層文化のアプローチでは、病むということは、躍動的な生の輝きを改めて教えてくれる契機になっていた。多田はこう書く。「私は脳梗塞の発作によって、生まれ変わったのだと信じている。その前の自分は確かに死んだのだ。新しい自分が生きているのだ[16]」。

「新しい自分」は、言葉や身体が不自由であったとしても、仕事を持たなくなったとしても、それもまた自分なのだと思い返せる自分である。「新しい自分」は、かつて自らが持っていた経験を参照してみれば危機でしかない状況であっても、その状況に試行錯誤の働きかけをし、その過程で状況を自分で納得できると思えるようにしている。すなわち新しい体験を重ねて、それを自ら意味づけて新しい経験として蓄積しているのだ。ここには、病いによって痛みや苦しみを被って、弱体化した身体や生活は元通りにはならないが、その弱くなったという地点は受け容れつつ、そこから新たな世界へと踏み出そうという、受動的な能動性が見て取れる。

四　「出会い」と「変容」

病者が、病いを経てその地点に至るまでには、家族や医療専門職や同じ病いを持つ仲間の助けを借りながら、何年にもわたる苦しいリハビリ訓練を続け、回復や復職のためにさまざまな可能性を探って、挫折したり成功したりしてきたというような、他者の支えを伴うさまざまな体験が堆積している。こうした体験を自ら反省する時に、肯定的な意味づけを与え、新しい経験としてゆき、その経験を参照できるのが「新しい自分」なのである。危機の中から、弱くあるということを受け容れて、その状況に能動的に働きかけながら、新しい経験を掴み取るという主体の立ち上がりは「変容」と概念化できる。そして、「変容」を促す他者との相互行為を「出会い」と概念化できる[17]。

試行錯誤を経て「新しい自分」を発見したという認識は、生きることへの「希望」に繋がっていた。ただし、それは病いによって余儀なくされたものであり、そこでの「希望」は無限に広がるものではなく、限定付けられ、不確実なものである。今までできていたことができなくなるという事実は動かせないし、脳卒中の再発というリスクもあり、身体的に無理もできない。脳卒中とその後遺症としての障害は、「一生付いてくる」ものなのである。鶴見が、「私の体は元に戻らないのです。だから前に向かって進むより、もう致し方ないんです[18]」といったように、仕方ないという受動性に端を発するものである。しかし、その余儀なくされるという受動性、すなわち弱さを抱えた主体が立ち上がるというところに、病いの意味があるのだろう。

「新しい自分」とは、たとえ受苦的で受動的で弱くあったとしても、他者の支えを得ながら、困難な病いの後を生きることを決意し、生きる方法をいくつでも見つけることのできる能動性も兼ね備えた存在である。そして、以前とは異なるものとなった身体や生活を受け容れ、自分の生だけでなく、いかなる他者の生をも尊重し、配慮するまなざしを持てる存在である。また、その自分は過去の自分からの連続性を保ちつつ、かつ「変容」もしている。制限された状況においてさえ生きることは可能であり、現実の身体や生活を受け容れて、それもまた自分なのだと思い返せる存在が、不確実ではあるが「希望」を持つことのできる「新しい自分」なのである。

弱さを抱えた主体が立ち上がる時には、常に支える他者がいる。人は単独で立ち上がるのではない。祈る思いで共に歩む他者がいる。それが「出会い」なのである。

五　共同行為としての祈り

現代医療はシステムであり装置であるが、それを遂行する血の通った人間の営みでもある。病者と医療者との間にも、重要な「出会い」が生じている。この人を治したい、この人に良くなってほしいなど、医療者の祈りを確かに見て取ることができる。

「出会い」というのは、単に人と人が会うことや、同じ場所で行為することとは異なるものである。だから、たとえば医療専門職と相互行為をするといっても、症状を見て、検査値を読み取り、診断を下すというだけでは「出会い」ではない。また、清拭をして、体位交換をして、訓練したとしても、それが形式的なものであったなら、それは「出会い」とはいえない。

家族も、彼らが入院している時は見舞いに来たり、退院してからは介護をしたりする。しかし、それが家族だから世話をすべきという規範に同調していたり、病院からの要請を受けて義務として行われたりしている時、「出会い」は生じていない。また、同じ病気や障害を持つ者同士にしても、同じ部屋に割り振られたり、一緒に訓練したりするだけでは、まだ「出会い」は生じていない。「出会い」とは、危機に直面した人と支える他者が共に、互いを必要としつつ、支え合うという共同行為からなる関係性が築かれる時に現れるのである。

この「互いを必要とし支えあう」という関わり方は、大変重要である。例えばAさんの場合、言語聴覚士に指示された訓練スケジュールに従って、いくら訓練しても良くならず、「絶望」した状況が続いていた。Aさんはこんな訓練で治るかどうか疑わしいと思い、治らない自分に苛立っていた。そして言語聴覚士が、なかなか良くならない自分をもてあましているのではないかと思っていた。

しかし、四年にわたる関わり合いの中で、Aさんはこの言語聴覚士が自分のことを理解しようとしてくれ、なんとか良くしたいと思っていることを次第に分かってきた。そして、たとえ言葉がよく話せなくても、自分が敬意を持って理解されていると感じた。そのことによってAさんは、それまで「大嫌い」だったこの言語聴覚士に対して、「好き」という感情を持つようになった。

この時、Aさんは、言葉に障害があっても他者とコミュニケーションをとることはできると思えるようになり、自分は「治った」と感じることができた。ここには、Aさんと言語聴覚士との「出会い」があったと捉えられる。もちろん両者はそれまでにも知り合っており、関わりを持ってきた。しかし、それは医療専門職と患者、訓練する者とされる者という関係であった。

ところがこの時、Aさんにとってこの言語聴覚士との関係は、そうした関係を超えたものに転化していた。Aさんと言語聴覚士との間には、互いに尊敬し合う対等な立場で、障害を持つ身体やこれからの生活のことを一生懸命に考え、悩み、共に訓練していると認識しあう関係性がつくられたのである。これは感情を伴う、人としてのインフォーマルな関係性といってよいだろう。

この「出会い」によってAさんは、そうした言語聴覚士の態度に応えようと思うようになり、言語の訓練を積極的に行うようになった。そして、それまではいやいや通っていた、この言語聴覚士が支援する患者会への参加を楽しめるようになった。さらに、自分のように失語症になって「絶望」している人が患者会に来ていると、傍に行って励ましたりするようになった。この「出会い」は、Aさんにとって、もう言葉は良くならないのではないかというコミュニケーションの危機を乗り越える契機となった。言葉が不自由であったとしても、自分は尊厳ある人であり、他者からもそのように見られていると思えるような、自分を肯定できる主体に「変容」したのである。

こうした関係が形づくられる時、人々は個別で具体的な目標を表明することができる。そして、その目標を医療専門職が聞き入れ、場合によってはルーティンの範囲を超えて訓練をするような時、やがてその目標が達成されるという道筋が見えてくる。

この時のかれらと医療専門職との間には、制度の枠を超えた、個別の生を〈生きる〉ことに向かう「共にいる」

という関係性が成り立っていたといえる。それは互いに敬意を払い、理解し合おうとする人と人との関係、互いに気遣い合い支え合うという「出会い」である。この「出会い」が契機となり、「絶望」の中から「希望」を見出せるような、主体の立ち上がりを可能にする「変容」が促される。

相互に敬意を払い合い、気遣い合う関係性について、池田が恩師である倫理・哲学者の今道友信から聞いたという次のような話は極めて示唆に富む。「人間の対象への関心の持ち方というものが、二十世紀においてはcuriosity（好奇心）とinterest（興味）ばかりになってしまったようだ。しかし本当は、admiration（敬愛）やrespect（尊敬）、ギリシア語でいうところのthaumazein（タウマゼイン、賛歌、称賛）が、芸術や文学や学問の出発点であるべきなのではないか[19]」。

今道は、芸術や学問においては、対象に対して表層的や即物的、あるいは利害関係を持って接するのではなく、尊敬や称賛の気持ちを持って向かい合うことの重要を示していたが、この記述を読んで筆者は、医療において医療者と病者が向かい合う時にも、互いにこのタウマゼインが必要なのではないかと思った。

すなわち医療者と病者は、当初は治す者と治される者としてcuriosityやinterestという関わり方であったかもしれないが、ある時に医療者と病者は、互いに「好き」や「尊敬している」などといった気持ちを持つように変わる時がある。これが本稿でいう「出会い」と「変容」であり、この時、病者だけでなく医療者も「新しい自分」を発見している。ここにタウマゼインという対象との向き合い方が見出される。ここを出発点として、病いと共に生きる我々の営みを始めればよいのではないだろうか。

六　ブータンの伝統医療

ところで、勤務校がブータンのロイヤル・ティンプー・カレッジと姉妹校である関係から、筆者はこの数年毎年ブータンを訪れる機会があり、毎回、首都ティンプーにあるブータン国立病院（Jigme Dorji Wangchuck National Referral Hospital）や伝統医療院（Institute of Traditional Medicine）を訪問させていただいている。ブータン医療の特徴のひとつは、西洋医療と伝統医療とが対等な位置づけにあることである。双方とも保健省の管轄で、どちらを受診しても患者は無料で医療を受けられる仕組みになっている[20]。

ブータンの西洋医療は、日本や欧米で標準化されているのと同様な医学知識を持ち医療技術を訓練された医師を中心に展開されている。これまでブータンには西洋医療の医学校がなかったので、医師たちの多くはインドやイギリスなどで留学してきたブータン人か、外国人であった。看護の学校はいくつかあり国内で看護教育を修めることができるが、やはりインドやタイに留学して看護資格を取る人も少なくない。

一方伝統医療の方は、ブータン国内の伝統医療院で医師養成が行われている。この伝統医療は、一七世紀初頭にチベットの医師によってもたらされた、チベット仏教の思想や哲学に基づいた医療である。伝統医療院の院長からの説明によると、診察のプロセスとしては、以下のようである。①まずは患者の話を聴いてどこが不調の原因なのかを探り、食生活や生活態度を改めるようアドバイスをする。②それでも良くならなかった場合には、薬（＝薬草）で治療する。③そして薬でも良くならなかった時は、さらに侵襲的な介入（＝鍼灸、瀉血など）をする。ブータンの伝統医療では、いきなり介入度の高い治療に入るのではなく、最初はカウンセリングをして、自らの普段の生活や心の中を省みて、食餌療法や生活改善を促すことが治療となる。それでも治らない時に、薬による治療を施すのである。

このブータンの伝統医療の思想は、伝統医療院の入り口に掲げられた「生命の樹」の曼荼羅の中に読み取ることができる（図1）。天から光が降り注ぎ大地からの水や栄養が行き届いている時は、樹は葉を茂らせ、花を咲かせ、実を成らせ、雲のような気を大量に発散させている。しかし命が衰えてくると葉の元気がなくなり、花や実もなくなり、やがて葉も落ちてゆく。気もほとんど出てこなくなっている。ここに、ブータンの伝統医療のコスモロジーが現されている。

図1　ティンプーの伝統医療院入り口の「生命の樹」（筆者撮影）

伝統医療の医師へのインタビューでは、伝統医療においては、医師による治療的介入だけが重視されるのではなく、患者と他者との人的関係がその人の健康に大きな影響を与えるという思想が中心に貫かれていることが語られた。

「家族や近しい人との絆、安心して暮らせる環境、助け合い支え合う関係、生活の中に根付くすべての生き物を尊重する仏教の教えが、人々の心身の健康を守っているのです」（ブータン伝統医療院の医師）

生命の樹に光や水や栄養を注いでいるのが、きっとこの安心して暮らせる環境や助け合い支えあう人間関係なのであろう。効率性や合理性のみを追求するのとは異なる、あるがままの存在を尊重する価値観が人々の健康につながっていると、ブータンの伝統医療は教えてくれる。これは近年、社会疫学でトピックとなっている社会関係資本（social capital）が健康に影響を与えるという考え方とも重なる。[21]

七　むすびにかえて――基層文化とその先へ――

敬虔なキリスト教信者であるパスカルは、一六五四年の『病いの善用を神に求める祈り』で、病いによる苦痛を感じることが、病者の救いになると書いた。「健康と病気、富と貧困、この世のあらゆるもののうちでどれが自分の有益なのかは分かりません。それは人間や天使の力を超える分別であり、あなたの摂理の秘密の中に隠されている分別です。そして私はその分別をあがめるだけで、詮索しようとは思いません」[22]。

長年病いに苦しんでいたパスカルは、苦痛にも意味があると考えていた。病者であることは、聖徒たちの共同体の一員になれる希望が持てるということで、死によってこの世の執着から解き放たれる前に神から与えられた賜物なのだという。病者は十字架にかけられたキリストの似姿という理解さえある。[23] パスカルはこうして、神から授かったものとしての病苦の意味を見出してきた。

一方で、キリスト教では病者は罪びとであるという定義もされてきた。自分たちの過ちが病気の原因だというのである。[24] これは他の文化圏でも同様で、日本でも病気を仏罰や神罰と捉え、前世あるいは現世に犯した罪の結果と考えてきた。[25] 何か良くない行いをした結果として病気になるというロジックは、現代でも信じられていることもある。[26] 高血圧や糖尿病などを総称する「生活習慣病」という呼び名がその一例で、病気になったのはその人の生活習慣がよくなかったからと、病者に責任を負わせるような呼び名が付けられている。ここに因果応報的な宗教観が垣間見えており、これも我々の基層文化の一面である。

戦後間もない昭和二〇年代に、長野県の佐久地方の農村で医師として地域医療に当たっていた若月俊一は、農民たちが「あっちが痛い、こっちが苦しいというのは、百姓にはつきものであって、そんなことで医者に行くなんてぜいたくだ、という昔からの考え」を持っていたという。[27] そして、農村の健康問題で基本的なことは、「農民が昔から健康というものをギセイにして省みない」ことで、多忙、貧困、僻地性、気がね、医者にかかるのは贅沢だという認識などを持っており、いくら身体的につらくてもこの社会的要因で受診が抑制されてしまい、農民たちは病院に来ないのだという。[28] そして、肩こり、手足のしびれ、腰痛、夜間多尿、冷え、息切れ、不眠、めまいを放置してしまい、それらがもとで、リウマチ、高血圧、動脈硬化、心臓病、脳卒中などの慢性疾患になりやすくなってしまうのだった。当時のこの長野の農村地方では、医師の往診を「医者をあげる」と言っていたという。これは「芸者をあげる」と同様に、贅沢で特別なことを指していた。そして「医者をあげる」のは、患者が手の施しようがないくらいの末期の時であり、医師にできるのは最期を看取ることぐらいであったという。

このような状況で若月は、農民たちの一連の体の不調を「農夫症」と病名を付けて、働きすぎを諌めたり、休養をとらせたりしていった。これは、医師として疾患中心のアプローチをとっていたことと理解できるだろう。こうした若月の介入によって、やがて「農夫症」はこの地方で克服されていった。これは、近代医療によって、人々が気づかないまま見過ごしてきた身体の不具合に疾患名を付けて病者にさせることであるが、これを「医療化」と批判できようか。若月のこうした行動は農民たちに感謝され、彼の後に続こうとする医師たちは、彼亡き今に至るまで大勢いる。

基層文化からのアプローチによって示された病者の経験は、時代や地域によって異なりながら、それぞれの病いの文化を育み、人が生きることの意味を追い求める道標にもなっていた。それは伝統医療を引き継ぎながらも近代医療からの影響も受け、病者と医療者の共同行為の中で展開されてきた。ここに、医療の限界を知ることになりつつも、病いと共に生きてゆこうとする人々の、祈りと再生の姿が見て取れる。この姿から我々は何を学び、どのような社会を作っていけるのか。病者との対話の中から実践的課題を見つけてゆきたい。

（1）Manheim, K., 1952, Ideologie uud Utopie, Schulte Bulmke Verlag, Frankfurt am Main. ＝徳永恂訳、「イデオロギーとユートピア」『世界の名著68マンハイムとオルテガ』中央公論社、一九七九年、九九頁。
（2）池田雅之、「あとがき」池田雅之編『循環と共生のコスモロジー』成文堂、二〇〇五年、五九二頁。
（3）Foucault, M., 1963, Naissance de la Clinique : Une Archeologie du Regard Medical, Press Universitaires de France. ＝神谷恵美子訳、『臨床医学の誕生―医学的まなざしの考古学』みすず書房、一九六九年。
（4）Freidson, E. 1970, Professional Dominance : The Social Structure of Medical Care, Atherton Press, Inc. ＝進藤雄三・宝月誠訳、『医療と専門家支配』恒星社厚生閣、一九九二年。
（5）Rothman, D., 1991, Stranger at the Bedside : A History of How Law and Bioethics Transformed, Basic Books. ＝酒井忠昭監訳『医療倫理の夜明け―臓器移植・延命治療・死ぬ権利をめぐって』晶文社、二〇〇〇年。
（6）Herzlich, Claudine, and Pierret, Janine, 1991, Malades d' Hier, Malades d' Aujourd' hui, Edition Payot. ＝小倉孝誠訳、『〈病人〉の誕生』藤原書店、一九九二年、一五一頁。
（7）Kleinman, A., 1988, The Illness Narratives : Suffering, Healing and the Human Condition, Basic Books. ＝江口、五木田、上野訳『病いの語り―慢性の病いをめぐる臨床人類学』誠信書房、一九九六年、四-七頁。
（8）Illich, Ivan, 1976, Limits to Medicine, Medical Nemesis : The Expropriation of Health. ＝金子嗣郎訳『脱病院化社会―医療の限界』晶文社、一九七九年。

（9）Parsons, T., 1951, The Social System, Free Press. = 佐藤勉訳、『社会体系論』青木書店、一九七四年。
（10）Herzlish and Pierret、前掲書、一五二頁。
（11）Goffman, E., 1963, Notes on the Management of Spoiled Identity, Prentice-Hall. = 石黒毅訳、『スティグマの社会学—烙印を押されたアイデンティティ』せりか書房、二〇〇一年。
（12）細田満和子、『脳卒中を生きる意味—病いと障がいの社会学』青海社、二〇〇六年、一五三-一五四頁。
（13）多田富雄、「鈍重なる巨人（抄）」、多田富雄・鶴見和子『邂逅』藤原書店、二〇〇三年、三一頁。
（14）多田、前掲書、三一頁。
（15）鶴見和子、「私の回生」『環』、七号、二〇〇一年、二二〇頁。
（16）多田富雄、『寡黙なる巨人』集英社、二〇〇七年、二三一頁。
（17）細田満和子、前掲書、三二一-三二六頁。
（18）鶴見、前掲書、二二〇頁。
（19）池田雅之、『小泉八雲　日本の面影—日本人の優しさを愛する』ＮＨＫ出版、二〇一五年、八〇頁。
（20）細田満和子、「共生フィールドトリップ in ブータン」『ナーシング・トゥディ』第二八巻第三号、二〇一三年、七八-八〇頁。
（21）Kawachi, I. et al. 2008, Social Capital and Health, Springer. = 藤沢由和他訳、『ソーシャル・キャピタルと健康』日本評論社、二〇一〇年。
（22）Pascal, B., 1946, Priere pour le Bon Usage dea Maladies, Edition A1 'Enfant Poete. = 伊吹武彦他監修、「病いの善用を神に求める祈り」『パスカル全集　人文書院　第1巻』一九五九年、一一九頁。
（23）小泉義之、『病いの哲学』、ちくま選書、二〇〇六年。
（24）Herzlich and Pierret、前掲書、二一三頁。
（25）新村拓、『医療化社会の文化誌—生き切ること・死に切ること』法政大学出版局、一九七九年、四二頁。
（26）波平恵美子、『病気と治療の文化人類学』海鳴社、一九八四年、二三-二四頁。
（27）若月俊一、『村で病気とたたかう』岩波新書、一九七一年、一二八頁。
（28）若月、前掲書、一一八頁。

近代の合理主義と無意識の闇——フロイトをてがかりに——

池田知栄子

一　はじめに——近代は私たちを幸せにしたか——

私たちは、いま多くの局面において、深刻な課題を抱えている。合理性の追求は、私たちを物質的に豊かにしたが、その結果として、格差の問題、環境問題など多くの問題を引き受けなくてはならなくなった。近代において、人間の精神は解放され、自由へ向けてより進歩したはずであるにもかかわらず、いちばん大切にすべきであるはずの人命すら、いま、さらに危機にさらされている。殺戮はいまなお繰り返され、人命が多く失われる事態は減らない。本来人命を少しでも多く救うことは、合理性の追求することのひとつであるはずだ。しかし、合理性を単一的に追求しすぎると、却って人命・人間そのものの存在がおろそかになってしまうようだ。

二〇一一年に起こった東日本大震災にさいしても、経済効率や合理性のみ追求する姿勢が有事の際の脆弱性につながり[1]、深刻な国家規模の損害も免れ得ないことを露呈させた。

このまま、合理性ばかり追求し続けてよいのか。前述のようにこれは、「いのち」の問題に関わるから、非常に重い問題だ。

こうした問いかけには「思想」や「哲学」の果たすところが大きいはずだ。思想も哲学も、人間存続のための死活問題を扱う、非常にプラクティカルな学問であると筆者は考えるのだ。

人間精神の大きな営みの体系であるはずの思想的・哲学的な領域であるが、それらは、どちらかというと曖昧なものともみなされていて、昨今の大学のカリキュラムの再編などにおいても、人文系の学部が縮小されたりするように、自然科学ほど価値がおかれていないと言ってよいだろう。

しかし実際、私たちの生活は、思想的な次元と実は密接に結びついているし、否、思想とはそもそも、生々しい問題に満ちた現実と向き合うための、人間精神の高次の機能の集大成であるはずだ。近年熱心に論じられてきた正義の問題も、公平性の問題なども全て切実な生活上の問題であり、思想という一見曖昧模糊としたものが必死に取り組んできた。そして、私たちが生きる社会のルール作りに際しては、確かな結果を残してきたのである。

二　二〇世紀までを振り返る

さて、二一世紀の一番近い過去、二〇世紀はどのような時代であったたか、また、いま私たちの土台となっている近代という大きな枠組について、少し振り返りたいと思う。

ルネッサンス以降、人間の理性や知性の復権により、効率性や科学技術が加速的に向上しはじめ、二〇世紀には、現代の近代的生活の枠組みがほぼ出来上がった。そのわずかな期間で、人間の生活は、物質的な面で飛躍的に豊かになった。二〇世紀は、まさに現代に生きる私たちを取り巻く様々な仕組みや科学技術の土台となっている。

しかし一方、破壊と殺戮が大規模化した時代でもあったのが二〇世紀だ。二〇世紀の「光」は、中世的因習を乗り越える力を私たちに与え、人間の「知」の面においても、新たな領域を開拓した。しかし二〇世紀は、光の面と闇の面が極端に混交した過渡期的な時代であり、人類にとってはとりわけ「極端」な時代となってしまった。

近代とは、一般にルネッサンスと宗教改革に始まり、また、フランス革命などを経て今日に至る時代区分であると考えられている。それをさらに「現代」と区別する場合も多いが、そこにとりわけ明確な境域が存在するわけではない。また、日本における「近代」という場合は、主に明治維新以降のことを指し、やはり「現代」と区別されることが多い。

古代から中世期までは、人間――特にユダヤ・キリスト教圏においては――神との絶対的存在との抑圧的な関係の中で生きていたので、人間の「知」は、あくまで神の意図を理解するための、単純な機能を持つものにすぎなかった。しかし、神と人間との抑圧的な関係は、次第に反動を生み、人間精神、人間知性の復権がおこったのがルネッサンスであるが、そこで人間は神や絶対者との呪術的な関係性から脱し、過去において制限付きの機能しか持ちえなかった知性が、人間を人間たらしめている主機能と捉えられるようになった。神に対して人間が主役となる、合理性主権の時代の幕開けである。これ以降、理性中心、合理主義、経済至上主義、功利的傾向といった傾向が強くなる。

こうした主に西欧における精神史上の大きな動きが、合理主義的精神を土台とした一九世紀、二〇世紀、そして現在二一世紀のおおまかな地球上の風潮を形成していったのである。

ウェーバーは、こうした人間精神のプロセスを、「脱呪術化」[2]の概念でもって、巧みに言い現わしている。また、ニーチェ[3]の「神の死」宣言[4]や、彼の死そのものも、近代の幕開けを象徴している。彼の死の一九〇〇年からまさしく二〇世紀は始まったのであった。また、マルクス[5]は歴史と宗教理念を切り離し、下部構造である「労働」がそれを形成するものとした。いわば、歴史の主体を、それまで人類を支配してきた「神」とすることを否定し、「労働」という人間の日常にその座を与えたのである。

二〇世紀を二〇世紀たらしめた思想的な土台を彼ら思想家たちはつくった。二〇世紀的な科学・合理性万能の精神は、彼らによって「思想的に」下支えされている。彼らには、ある共通のキーノート——「意識の光」あるいは「啓蒙の光」がある。

三　フロイトをてがかりに

さて、フロイト[6]も、彼らとともに、二〇世紀における思想的パラダイム転換をもたらしたと考えられている。その影響の及ぶ範囲の大きさという点では、もしかすると、抜きんでているかもしれない。

私たちは日常、よく「無意識に」という言葉を口にする。「無意識」という概念は、それだけ浸透したものとなっている。「無意識」[7]という概念は、人間理解に関して多くの可能性をもたらした。身体という物質的な存在と、精神というそれまで不可視かつ神的な絶対者の領域に属するものと考えられてきたものとを結び付ける可能性、つまり科学的次元に属するものと宗教的次元に属するものとを結びつける可能性をもたらしたのだ。

フロイトは、「理性優位」の強力な擁護者の一人として説明されることは可能であろう。神経医であったフロイト自身も自然科学者としての立場を貫きたいという思いは持ち続けていた。

しかし、いくらフロイト自身が自然科学に思い入れを強くし、自然科学者としての自負を持っていたとしても、フロイト体系を、すなわち「科学」であると容易く単純化することはできないと筆者には思われる。精神分析の臨床的有用性に関しては、のちに数えきれないほどの議論を生むことになったし、実際、現在は、それを疑問視する傾向の方が優勢であると考えてよいだろう[8]。

たとえば精神分析を治療として取り入れた、近似した二つのケースを想定する。しかし、治療を成功に導いた要因の特定は、実際には難しい。「治療に成功した」ケースからは、精神分析が有効である可能性が導かれる。明らかに何らかの形で、身体という物質的次元へのアプローチが、精神の面から可能であるという事が示される。一方、「治療に失敗した」ケースからは、精神分析的治療を、単に純粋科学として定義するには、不十分であるという結論が導き出される。また、何をもって「治療に成功した」と定義するかについても、恣意的な問題が含まれるし、多分に治療者側の被験者に対する精神的なコントロールの可能性も否定できない。だから、ここではそれを、患者を苦しめていた身体的症状の消失と、端的に考えておく。

ここで、日本のフロイト受容の大きな支柱の一つとなった、小此木[9]のフロイト理解に触れておこう。小此木は精神科医であったが、精神分析の手法を実際の臨床場面に取り入れたことで、日本のフロイト受容に、ある傾向を与えたといえる。

そもそも日本のフロイト輸入は比較的古いかった[10]が、初期は、江戸川乱歩などや平塚らいてふなどの文化人により紹介され、一般への普及には至らなかった。のちになって、医師であった小此木が「治療」というに私たち一人一人にとっても抜き差しならぬ領域から紹介してからは、フロイトは広く知られるところとなった。

ここに、小此木のフロイト理解が端的に示されている部分を紹介しよう。比較的晩年のものであるので、小此木の中でも結論に近い見解とみてよいだろう。

「近代ヨーロッパの歴史は、われわれの意思とかかわりなしにわれわれの心身を支配する自然科学的法則発見の歴史である。そこで人々が直面した課題は、みずからが獲得したことの科学的認識にどのように適応するかであった。換言すれば、近代科学の認識した自然法則に従って生存する自己を、どのように受け入れるかがわれわれ人類の課題になったのである。近代ヨーロッパ人にとって、それ以前に形成していたキリスト教をはじめとする伝統的な世界観及び人間観――フロイトはそれらを、より原始的な自己愛的全能感の所産と批判した――と、この矛盾を止揚し、近代的な科学的世界観に基づく新しい人間観を提示することであった。

もう少し具体的に言えば、科学的な認識は、産業、技術、せいぜい医学など、物的、身体的な領域に限定して活用し、心的、精神的な領域は近代科学以前の伝統や慣習、とりわけ宗教的な世界観に委ねるという心の二重構造が保存されていた。フロイトが育ち暮らした十九世紀末ウィーンでフロイト思想の担った役割は、心の世界にも科学的法則を発見し、新しい人間認識の方法と理論を提出することであった。」[小此木二〇〇二―一〇―一一]

小此木の強調するところは、いわば「科学」によって、人間観が一新されたということである。ウェーバーの脱呪術化の概念が世界全体に向けられた近代化へのまなざしだとすれば、フロイトのそれは、人間ひとりひとりに向けられた近代化のまなざしであると主張しているようだ。

フロイト解釈においては、ポール・リクール[11]がよく知られるところであるが、リクールは、小此木とは違って、精神分析を精神医学的な範疇に収めることには反対だ。

「マルクスは経済学主義や、意識反映説というばかげた理論に追いやられてしまい、ニーチェは生物学主義や、意識学主義や、自己矛盾なしには自己表現できない遠近法主義のほうにひき寄せられてしまい、フロイトは精神医学にと

じこめられ、単純素朴な汎性主義をまとわされているのである。」[Ricoeur 1965（久米訳一九八二―三七）]

小此木は、フロイトを精神医学にとじこめているわけでもなく、むしろ、「思想としてのフロイト」という広く捉えた見方を示すことによって、フロイトの広汎性を示そうと努力していた。しかし、小此木の理論においては、フロイト理論の「科学性」に裏付けられた普遍性や絶対性が、他分野へ大きな影響を及ぼしているという見方がゆらぎない。

小此木は、フロイトの提示した理論の体系を「思想」と表現はしているものの、本来「思想」がもちうるであろう複雑性、時に矛盾といった曖昧性を捉えることなく、合理主義的フロイト論に一貫し、その理論体系を絶対的・普遍的な「科学」とすることによって、疑いようのない「真理」の域に高めようとしていた。

一方リクールは、さらに続ける。

「しかし、この三人（マルクス、フロイト、ニーチェ）に共通な意図に遡ってみるなら、そこに見出されるのは、まず意識を全体として、〈虚偽〉意識とみなそうとする決意である。そこにおいて、彼らは三人三様の仕方で、デカルト的懐疑の問題を再びとりあげ、その問題をデカルト主義の本拠にまでもちこんでくる。デカルト学派によって哲学的形成を受けた哲学者は、事物は疑わしく、それは見えるがままではないことを知っている。だが彼は、意識は意識自体が現れるままである、ということを疑ってみない。」[Ricoeur 1965（久米訳一九八二―三八）]

ここで私たちは、このリクールの問題提起から、少なくとも「無意識」という概念のレトリック、あるいは矛盾に近いものの存在を予感するかもしれない。

デカルト的な認識方法は、近代合理主義的な認識を支える重要な基盤である。しかし、リクールによれば、フロイトは、実はこのデカルト的認識方法を否定するものである。つまり、フロイトは「我思うゆえに我あり」ではなく、「我は我が思わないところにあり」と宣言しているということである。こうしたリクールの指摘は、フロイト思想の核となる「無意識」という概念において、近代的認識方法の基盤となるデカルト的認識に反する可能性があると指摘するもので、それゆえ、フロイトの思想には、一方で近代の「知」の光といわれながらも、根本的なパラドックスを含んでいるということが、ここに示唆されている。

四 「無意識」のパラドックス

フロイト思想の核の中に、こうした矛盾に近い性質が潜んでいるという事は、なかなか重要であるように思われる。フロイトによれば、「無意識」は認識できない何処かに存在している。つまり、「認識」という「理性の光」の届かぬ彼方にである。フロイト自身も、「無意識」は「仮説」であることを認めているのだ。

「無意識の心というものを仮定し、その仮定の下に科学的に仕事を進めるということに関しては、各方面からわれわれに異論が唱えられてきた。これに対してわれわれは、無意識というわれわれの仮定は必要かつ正当的であり、無意識の存在について幾重もの証拠を捉えていると申し述べることができる。」[Freud 1922（伊藤訳二〇一〇―二一二―二一三）]

実際、「無意識」を「発見した」、というより、仮定の作業を重ねながら、「無意識」の存在を「認めさせるに至った」という方がより実態に近い。無論、これも「発見」のひとつの方法ではあるが。

フロイトは、もし「無意識」という未開の領域に「精神分析」という意識の光を差し込めるのであるならば、近代的知性の担い手であり、科学の担い手である。しかし、それは同時に、人間には未開の領域が多分にある不確かな存在であると宣言していることにもなるだろう。

ここで、小此木より後の比較的新しい議論を一つ紹介する。

「無意識を認識しようにも、それを対象として意識したときにはもうそれは別のもの、別の様態に変換されているから、無意識そのもののオリジナルなすがたを認識するのはもともと不可能なことだというのだ。ここには、観念や命題の真理を物そのものとの一致にもとめる哲学の真理論（いわゆる一致説）がはらむ困難と同じ困難が発生している。だから無意識は、意識に現れているなにかをある別のものの徴候（シンプトム）としてとらえ、そこに隠されたある（意識とは別の）思考過程を解釈する作業のなかでしかふれられない現象だといえる。」［鷲田二〇〇三―一七四］

「無意識」という概念そのものに、論理矛盾の可能性が孕まれているというのだ。また、以下のように結論づける。

「二十世紀の思想はやがて、文化に内蔵されたこの目に見えない変換操作を、解釈学や構造主義の視点から精緻に分析することになるであろうし、それどころか「科学的真理」それじたいがある特定の思考の《パラダイム》のなかでしか可能とならないという意味で歴史的に相対的なものであることを暴露していくことになるであろうが、精神分析は人間の心的事象においてはその変換操作が本質的に歪曲や隠蔽や偽装として機能していることを明るみに出すことによって、そうした変換操作のもっとも昏い次元にまでメスを差し入れることになった。精神分析はその意味で、のちに、近代科学の《啓蒙》神話、《進歩》神話を根底から揺さぶる、二十世紀の知的傾向のもっとも先鋭的な部分となっ

てゆく。」［鷲田二〇〇三―一七四―一七五］

たしかに、人間の内奥に潜む「無意識」という「未開のもの」を近代的知性をもって「発見」し、それを「征服」（つまりコントロール）する術を提示したとなれば、それは、コロニアリズムの精神にも通じる、合理的な発想法のひとつであると考えられる。加えて、たとえ「未開」領域を人間の精神の中に認めているとしても、それを理性によってコントロールすることができると主張するならば、それは、合理的で近代的精神に富んだものといえる。しかし、この鷲田の議論はこうした議論に歯止めをかけている。

五 「無意識」の複数の系譜

また、歴史的経緯をひもとけば、精神分析は何も実験室から誕生したような類のものではなく、フロイト周辺、あるいはフロイト以前の様々な思想的背景、社会的背景の複雑精緻な織物であるとさらに理解されてくるだろう。

確かに「無意識の発見」というと、天才的ひらめきによって、フロイトひとりの手により発見された特殊概念であるかのような印象を与えるし、「精神分析」という語、それ自体はフロイト自身による造語である。しかし、この用語が誕生する以前から、その概念に連なる前段階は存在した。

その流れのひとつは、ドイツからフランスにおける一八世紀ヨーロッパ神秘主義[12]であるが、また、ユダヤ神秘主義との類似性も無視することはできない[13]。

前者は、当時フランスで流行していた「催眠」などに代表されるもので、これに関しては、フロイト自身も受けた影響、関心の高さについては認めている[14]。

一方、後者については、フロイトは特に明確な見解を表しているわけではないが、フロイトがユダヤ人であり、たとえ信仰に熱心ではなかったとしても、その文化的背景にユダヤ教があることから、そこに無視できぬ深い影響力があってもおかしくはない。

フロイトは、はじめから臨床医ではなく、神経を専門とする研究医で、ザリガニや、やつめうなぎ[15]などを研究対象としていたのだが——人間に関しては、せいぜい脳の基礎研究をおこなっていたにすぎない——、フランスへの留学をきっかけに、臨床への関心がうまれている。

一八八五年、フロイトはフランスへ渡り、当時現地で隆盛であった「催眠療法」の実演に出会い、驚愕する。当時の催眠療法士であったシャルコー[16]は、いわゆる「催眠」によって、様々な身体的症状を消滅させたり、逆に生じさせたりできる様を、実演で示していた。シャルコーはフロイトと同じ、「神経医」で、「パーキンソン病」といった神経病の病名をつけたことでも知られ、大病院の医院長にも抜擢されたりと、社会的信用は十分であったという。フロイトはシャルコーへの師事を望んだ。

シャルコーの「催眠」は、メスメル[17]の系譜にあると考えられる。メスメルとは、もともとウィーン大学の医師であったのだが、「動物磁気」という概念を創出し、それを基にした治療活動にいそしんでいた人物である。「動物磁気」とは、あらゆる生命体に存在する、生命体の健康にとって重要な役目を果たしているエネルギーのようなものと説明されており、病とは、その「動物磁気」が体内でアンバランスになった時生じるものとされた。メスメルは、そのバランスの崩れを調整するためには、他の生命体の磁気と交流させる必要があると主張し、「治療」とは、治療者と患者の磁気の交流させることであるとして、複数の人間を一本の金属棒を握らせたり、お互いの指を擦り合わさせたりした。そうした治療法は一種、見世物芸と化していったようだ。結果、メスメルの社会的評価も低くなり、二度の国外追放を経て、ドイツで寂しく生涯を閉じたという。

しかし、メスメリズムは、ここで途絶えたわけではない。次世代に引き継がれるなかで、倫理性や社会性が強化され、今でいう「催眠療法」に近い形態に徐々に整えられ、治療法として確立されていった。

さて、フロイトと同時期のウィーンで同様にブロイアー[18]が、有名な「アンナ・Oの症例[19]」について、催眠を用いた治療を始めていた。アンナ嬢は、「何故かどうしても、コップから水が飲む事ができない」という症状が続いていた。飲もうとしても、身体がそれについていかない。ブロイアーは、その原因を催眠中に本人に語らせる事に成功した。

このことは、フロイトを驚かせ、「無意識」という発想を得る力となった。しかし筆者は、フランスでの原体験、そして「アンナ・Oの症例」の衝撃だけでは、「無意識」という概念を確立させる理由としては、いささか不足があるのではないか、とも考える。フロイト自身にも、広範にわたる文化的な受容体があって、むしろそれがのちの体系化につながる原体験を引きよせ、結果、「無意識」の概念化に至ったのではないだろうか。フロイトは、変性意識やテレパシーなどの問題についても多大な関心を寄せていたことが知られている[20]。

ユダヤ教の聖典には、神がモーセを通じて伝えた筆記内容のほかに、「カバラー」とよばれる口承によるものがある。いわばユダヤ教の秘教的な部分であり、神との直接的な交渉を教えるものである。苦難を味わいつくし、集合的に生活していたユダヤ人は、口承によりその精神的伝統を互いに確認しあっていたということである。「カバラー」の存在は、スペインにユダヤ人追放があったのち、つまり一三世紀に入った頃から知られるところとなった。口承である以上、私たちがそれについて詳しく知り、論じることは難しいが、カバリストたちの見解を知ることは不可能ではない。

ユダヤの神秘家たちは、誰もがみな、平凡な日常の生活の生活で認識できるレベルをはるかに超えた欲求や能力を秘めていると説いてきた[21]。また、心身の相関的な関係性についても、カバラーはその存在を指摘してきた[22]。これらのカバラー的人間理解は、フロイトのそれと非常に近似している。

フロイト自身は、自分の理論に関して、ユダヤ的な精神伝統から影響を受けたとは明言していないが、ユダヤ人であるということは、ユダヤ教徒であるということとほぼ同義であり[23]、旧約的な世界がユダヤの原点であるならば、それは、その本人の自覚の深浅を問わず、内的世界の原点となり、出発点となるはずである。

六　フロイトの原風景

ここで、フロイトの心的原風景を簡略に辿ってみたい。ジクムント・フロイトは、一八五六年に、改革派ユダヤ教徒の家に生まれている。父、ヤコブはユダヤ教徒であったが、近代的で合理的な考えを追求する人で[24]、シナゴーグ[25]にも行かなかった。当時の伝統的なユダヤ人達は、生活規範を守ることを第一義としていたから、伝統に縛られない、「自由思想家」といったところのヤコブは、周囲と馴染めない部分もあったかもしれない。しかし、若い妻であるアマーリエは、そんな夫の生き方に共感と敬意を示していたという。

そんなヤコブとアマーリエの子、ジクムントは、知的に早熟で、幼少のころより、聖書、文学作品、神話と読破し、学業成績も非常に優秀であったと伝えられる。一七歳の時には六ヶ国語をマスターしたとされ、翻訳の能力が高かったという。

無限の謎を追求する哲学にも興味をもち、ヘーゲルやカントの思想について思いめぐらす事を好んだ。また、古物収集癖もあった。少年時代から、ミイラ、古代のコイン、小像といった古物を好み、ベルベデーレ博物館で何時間も時が経つのを忘れて過ごしていたこともある。のちのコレクションの中には、東洋の仏像[26]や、ヴィシュヌ神もあった。また、エディプス神話[27]をはじめとした、神々の世界も好きであった。

旧約聖書の世界は、ユダヤ人の心的な原点である。フロイトは、自身は無神論者であるとしていたが、読み物として聖書を好んでおり、モーセの話[28]を好んだ。モーセは神とも対等で、人々を導く役割を果たすが、時に激しく、感情をむき出しにする。そんな人間臭さと激しさが気にいったのかもしれない。

フロイトが父譲りの気質を持ち、合理的精神に富んでいたとしても、父ヤコブ個人の影響力を超えたところに、こうした旧約的世界観や文学的世界、また、哲学的関心が存在したのだろう。

たしかに、こうした非科学の世界はその最後においては、可視化された数値上の証拠を用意し得ない。フロイトは後年、哲学を嫌悪するようになっていた。しかし、人間の幾世代にもわたる精神的・文化的遺産はそう脆いものではない。そもそも、「催眠」に着目するには、こうした、「必ずしも明確な答えの出ないもの」、神秘主義的なものへの親和性が少なからずあったはずである。

神秘主義者の間で語られてきた概念が、「科学」とされてきた精神分析——たとえそれが限定的な時代もしくは集団の中であったとしても——に先んじていたからといって、取り立てて神秘主義を再評価するということではないが、フロイトの二〇世紀思想における遺産が、もしそれが原点において多少でも神秘主義に負っているとするならば、そうした点から再考されるべきであるし、ひとつの近代の矛盾として自己反省のきっかけと捉えてもよいはずである。

近代、あるいは二〇世紀思想におけるもっとも大きな発明の一つが、太古からの口承的知識――非科学的なものの象徴のような神秘主義――とその幹において近似性が認められるとしたら、多少の皮肉を感じさせるかもしれない。

七　切り離された「個」を超えて

さて、デカルトの「我思う故に我あり」に象徴される「自我」は、お互いから独立した、言い換えるならば孤立したものである。しかし、もし、いま論じてきたようにフロイトの残した思想上の遺産をとらえるならば、個はこのように切り離されたものとは必ずしも言えない。無意識が存在するならば、「我」は「思う故に」存在するのではなく、「思ってもいないところ」にも存在している。「思ってもいないところ」にも存在できるのが「我」であるならば、人間個人は、もはや矮小な個の枠を超えた存在であるはずだ。

その存在の根拠が「思う故」だけであるならば、個と個はつながることはできない。理性をもってのみ、他者を理解することはできるが、それでは他者を利する決定的な動機にはなりえないだろう。それどころか、究極的には他者は己のために利用する対象となり下がる。「痛み」を共有することが、唯一の利他の根源的動機となると筆者は考える。無意識の概念を再考することで得られる自我観においては、人間は矮小な個としての存在ではなく、それ以上に莫大な規模をもったひろがりある存在となりうる。それは、お互いに連動し、共感し、共鳴し合っているはずであり、そしてそうした機能は今まで考えられてきたより、重要視されるべきである。共感や共鳴といったものは、今まで、感傷的な色合いさえ与えられてきた人間精神の働きであるが、近代の与えた人間に対する痛みを乗り越えさせ、個人そして集団にとっての幸福を求めるうえで欠かせないものと考えることができるだろう。

こんにち、ゆきすぎた合理主義のひずみが多くの局面で見られることを認めない者は少ないはずだが、近現代の合理主義が絶対的な根拠をもっているかのように捉えてしまうことは少なくないかもしれない。しかし、必ずしもそう捉える必要はないのではないかということを、遠回りであったが、フロイト再考を通して提示したつもりである。地球上は、今、多くの問題であふれ返っている。それらの一つ一つの背景は複雑化しており、単純な議論は許されないだろう。しかし、これらの問題の内奥には、共通して、ゆきすぎた合理主義、そして人間の自我が互いから切り離されたものであり、「わたし」と「あなた」は本質において決定的に無関係でつながりえないという認識があると考えている。より幸福度の高い時代を願って、そのための思考上の整理の一歩を試みたつもりである。近現代の人類に与えた痛みと苦しみは、なんとしても乗り越え人間一人一人に共通した普遍の幸せを、真に考えなくてはならないと切に考えている。

（1）例えば、病院内の薬品の貯蔵管理システムは、無駄な在庫を抱えないように極めて合理化されている場合が多い。しかしそのシステムは有事の際には稼働せず深刻な医薬品不足を招き、人命が失われるケースが相次いだ。
（2）ウェーバーによる世界の合理化のプロセスを説明する概念。それまで人類は何らかの呪術的な手法をもってのみ、絶対者に働きかけることが可能であったのだが、絶対者と人間の間に、越え難いヒエラルキーが存在する硬直した関係からの脱却のプロセスが説かれている。
（3）Friedrich W. Nietzsche 1844–1900.
（4）近世以降、デカルト的な世界観によってそれまでの絶対者が権威者の座からおろされることを象徴的に言い表したもので、ニーチェがこのように表現した。人間精神における理性が神に代わって世界の中心となっていく。

（5）Karl H. Marx 1818-1883.

（6）Sigmund Freud 1856-1939.
オーストリアの医師、精神分析の創始者。「無意識の発見」は、近代思想において甚大な影響を与えたとされる。

（7）〔英〕the unconscious 私たちの意識にのぼることのないもう一つの意識。抑圧を除去したりする特殊な働きかけをもってしてはじめて意識されうる、心の内奥にあるもう一つの意識。

（8）生地新「児童精神医学の実践における精神分析的理解の有用性について（特集　精神分析的アプローチと実践と臨床の場）」『精神分析研究54（2）』一二一-一一七頁、二〇一〇年など。

（9）小此木啓吾（一九三〇―二〇〇三）精神科医。フロイト精神分析を日本国内の臨床現場で採用し、その普及に努めた。思想界ではなく、臨床場面からの普及は、ひろく一般へのフロイト理解を広めた。フロイト理解について語る上で、小此木の影響を無視することはできない。

（10）日本ではじめに精神分析が紹介されたのは、一九二三年の丸井清泰（一八八六―一九五三）による講演であったとされる。

（11）Paul Ricoeur 1913-2005.

（12）『精神分析学の誕生―メスメルからフロイトへ』L・シェルトーク、R・ド・ソシュール著長井真理訳、一九八七年、岩波書店などがある。

（13）最も端的なものとして『ユダヤ神秘主義とフロイド』、ディヴィド・バカン、一九七六年、紀伊国屋書店。

（14）フロイト「自らを語る」、『フロイト全集18』、二〇〇七年、岩波書店、六三-九九頁などを参照のこと。

（15）ヤツメウナギ〔英〕lamprey. 無顎類（円口類）頭甲綱（ヤツメウナギ類）。最も原始的な脊椎動物の一つとされる。

（16）Jean-Martin Charcot 1825-1893, フランスの神経科医。

（17）Franz-Anton Mesmer 1734-1815, もともとはドイツの医師。「動物磁気」の提唱者。

（18）Josef Breuer, 1842-1925, オーストリアの医師。ブロイエルとも呼ぶ。

（19）O. Anna, 1859-1936 の症状は、フロイトにとって精神分析を創出するきっかけとなったものの一つである。彼女はのちに回復し、著作等も残している。

（20）フロイト「精神分析とテレパシー」、一九四一、収録は『フロイト全集17』二八九-三一〇頁、須藤訓任訳、二〇〇六年、岩

波書店
E・ホフマン『カバラー心理学』、二〇〇六年、人文書院、二九〇-二九一頁。

(22) 同上。

(23) ユダヤ人の定義は、「その母がユダヤ教徒であること」。

(24) Kruüll, Marianne. Freud und sein Vater. C.H. Beck'sche Verlagsbuchhandlung (Oscar Beck)., 1979. 水野節夫　山下公子訳『フロイトとその父』(思索社、一九八七)などを参照。

(25) ユダヤ教の礼拝施設。

(26) フロイトの保有するのは、宋時代の観音、阿弥陀、また釈迦等オーソドックスなものが中心。多くがビルマ産であると伝えられる。フロイト『フロイト最後の日記―一九二九―一九三九』、ロンドン・フロイト記念館編、小林司訳、二〇〇四年、日本教文社、一七五頁を参照。

(27) ギリシア神話。実の父を殺し、母を娶ることになった悲劇。

(28) 旧約聖書の中で、神と人間の間にたち、様々な伝達をしたり、時には神に対等に意見する。預言者の一人に数えられる。

＜祈り＞と＜再生＞の人生を描く
――韓国映画『国際市場』と歴史認識――

樋口謙一郎

一　はじめに

二〇一四年末の公開からわずか一カ月で一〇〇〇万人を動員する大ヒットとなった韓国映画『国際市場』（ユン・ジェギュン監督、邦題『国際市場で逢いましょう』）は、家族のために自己犠牲に徹して現代史を生きた男性を描いた物語である。

映画には韓国の現代史の重要局面が描かれており、これを見ると現代史の大きな流れを俯瞰できることから、筆者も勤務校の授業で一部活用しているが、韓国では公開直後から、その歴史観をめぐる議論が展開された。

本稿ではその議論を整理し、韓国の歴史観やそのもたらした「論争」についての考察を行った上で、この映画の提起する意義を検討する。またその前提として、この映画に描かれた史実についても解説を加えることで、（特に韓国の現代史を専門としない読者にとっても）本稿が、韓国の外ではあまりしられていない現代史の歩みの理解の一助になればと思う。[1]

二　映画『国際市場』の粗筋

まず、この映画の粗筋を述べておこう。

物語の主人公ドクスは、幼少時、興南（現在の北朝鮮咸鏡南道に所在）に育ち、朝鮮戦争の際に米軍が避難民約一〇万人を救出した「興南撤収作戦」（一九五〇年一二月）で釜山に脱出する。だが、父母とともに米軍艦によじ登ろうとしたときに、背負っていた妹を落としてしまう。「僕が探しに行きます！」と泣きながら訴える主人公をまっすぐに見て、父は「自分が戻らなかったら長男のお前が家長だ。家長はどんなことがあっても家族が最優先だ」と言い残し、主人公の妹を捜すべく下船する。

父と生き別れた一家は釜山で生活を営み、主人公はやがて船長になる夢を持つ。だが、弟のソウル大進学を支えるため西ドイツで炭鉱夫として働き、そこで出会った看護師ヨンジャと帰国後に結婚。船長の夢を実現すべく海洋大に合格するも、父との別れ際に再会の約束をした国際市場の雑貨店を守るために（そして妹の結婚式の資金をつくるためにも）、進学を諦めてベトナム戦争の後方地域勤務に出て、敵の銃撃に見舞われて足を負傷する。

帰国後、妹や友人も結婚し、自分のこどもも成長して生活も落ち着いてきた頃、テレビで「離散家族探し」の番組が始まり、主人公はついに妹を見つけ出す。妹は米国に養子として渡り、韓国語も自分の韓国名も忘れていたが、生き別れになった日のことははっきりと覚えていた。

いつしか短気で頑固な老人となった主人公。街が再開発にあっても自分の店を売ろうとせず、自分が好きな歌手ナム・ジンのことを悪く言われるだけでもカッとなるから、家族を含めて周囲からは変人扱いされることも多い。だが、本当は、心の奥で父の帰りを待っている。店を売らないのは、老いてなお父を待つからであり、ナム・ジンこそはベトナムで足を撃たれた自分を救ってくれた恩人であった。

老いた主人公は、ある晩の家族の団欒をそっと抜け出し、父の写真に向かって声を震わせる。

「父さん、僕は約束を守ったでしょう。妹も探し出したし、ここまですればよくやったでしょう。でも……本当につらかったのです」

すると、彼の想像のなかに父の姿が現れ、独りむせび泣く主人公に温かなことばで語りかけるのだ。

「わかっている、お前がどんなに苦労したか。父さんの代わりになってくれて、本当にありがとうな。父さんもずっとお前に会いたかった」

こうして、心のなかで父との「再会」を遂げた主人公は、自分の昔の夢が船長だったことを妻に打ち明け、父はもう戻るまいと、店を売ることを決心する――。

三　『国際市場』に描かれた韓国現代史

以上が映画の粗筋である。この映画には、韓国現代史における重要な出来事がいくつか登場する。この映画を一つの娯楽作品ととらえるならば、細かな歴史的知識などなくとも「ふるき良き時代」への懐かしさ、「家族愛の物語」に対する自然な感動によって、映画を観て感傷に浸ることも可能であろう。

しかし、これらは、日本ではあまり知られていなくとも、韓国ではいずれも重要な歴史的場面であり、後述する韓国内での論争も、史実に対する基本的な知識があってこそ、理解できるものである。そこで、本章では『国際市場』に描かれた歴史の断面について解説を加えておく。

一　興南撤収作戦

《『国際市場』の主人公ドクスは、幼少時、朝鮮戦争の混乱から避難する際、父親、妹と離ればなれになってしまう。離別する直前に父に言われた「もし自分が戻らなかったら、お前が家長だ」ということばを胸に、その後の人生を歩む。この避難の局面は「興南撤収作戦」と呼ばれる実際にあった話である。》

朝鮮戦争は、大韓民国（韓国）と朝鮮民主主義人民共和国（北朝鮮）の間で一九五〇年六月二五日に始まった。韓国・北朝鮮間の内戦というにとどまらず、東西冷戦下のアジアにおける実際の戦争という点でも重要性・影響がある。

北朝鮮軍は当初、韓国軍を釜山まで追い詰めたが、米軍主体の「国連軍」による仁川上陸（一九五〇年九月一五日）によって中国国境の新義州まで敗走することになった。その後、中国の義勇軍が参戦し、韓国軍・国連軍を後退させると、戦闘は三八度線沿いに続けられたが、一九五三年の休戦協定によって北緯三八度線と斜めに交わる軍事境界線（休戦ライン）が設定され、南北分断が固定化された。現在も韓国・北朝鮮の間に平和条約は締結されていない。

中国義勇軍の介入によって形勢が逆転し、韓国軍と国連軍は再び南へ後退することになると、国連軍は一九五〇年一一月二九日、西部前線と東部前線から撤収を始めた。北朝鮮の興南埠頭に集まった避難民は一〇万人を超えたとされ、撤収作戦を指揮する米軍は最終的に撤収装備をおさえて避難民を船に乗せることを決めた。戦車揚陸艦が動員され、同年一二月一九日に避難民の乗船が始まった。翌二〇日には釜山から来た米国の貨物船メロディス・ビクトリー号も興南港に入り、定員千人あまりのところに約一万四〇〇〇人の避難民が乗り込んだ。一二月二四日まで行われたこの作戦で撤収した人は軍人約一〇万五〇〇〇人、避難民九万八〇〇〇人以上となった。

二　西ドイツへの労働者派遣

≪釜山に逃れて青年になった主人公は、弟の学費を工面するため、親友ダルグとともに当時の西ドイツで炭鉱労働者として働く。そこで韓国人看護師ヨンジャに出会い、帰国後に結婚する。≫

戦後復興を遂げ急成長していた西ドイツは、労働力不足を補うため一九六三年以降、韓国から多くの鉱夫と看護士を受け入れた。一九六三年の第一次派遣には、募集五〇〇人に対し四万六〇〇〇人が応募するなど、炭鉱労働者七九八三人、看護師は一万一〇五七人が渡独した。

西ドイツは一九五〇年代に高度経済成長期に入り、社会保障の整備も進んだが、一方の医療現場では人手不足が深刻になっていた。西ドイツで病院経営の中心となっていた教会系の福祉団体が、韓国の教会を通じて看護師を集め始めるようになり、一九六六年一月、最初の一二八人が西ドイツに到着した。韓国と西ドイツの間で看護師派遣の協定（「韓独政府間看護員進出に関する協定」）が正式に結ばれたのは一九六九年八月のことだったが、それまでにすでに約三五〇〇人の看護師が西ドイツに渡っていた。

看護師たちのまじめで献身的な勤務態度は現場での評価につながり、雇用契約が延長される者も多かった。一方で、専門的技能を持つにもかかわらず、ドイツ語能力の不足で苦しんだり、差別的待遇を受けたりすることもあったという。

衣食住や価値観のあり方が大きく異なる土地での生活が、若い韓国人労働者らの価値観やアイデンティティを揺るがしたであろうことは想像に難くない。雇用契約が終わって帰国したものの、韓国社会になじめず、再び西ドイツに戻った者も少なくなかったとされる。

炭鉱労働者、看護師らは西ドイツで稼いだお金の多くを家族に送金したが、それは政府からみれば貴重な外貨であった。彼らの送金額は年間五〇〇〇万ドルに達し、GNPの2%台に及んでいたという。

当時の朴正熙大統領夫妻も、西ドイツを訪問した際、韓国人の鉱夫や看護師たちが働くルール地方の炭鉱を訪問したことがある。このときの有名な〈伝説〉に、朴正熙が「祖国の名誉を担って働こう。たとえ私たちの時代に成し遂げられずとも、子孫のために繁栄の基盤を築こう」と激励して労働者とともに泣いたというものがある。これは近年、インターネット新聞の報道で否定されており真偽は定かではないが、ともあれ当時、ドイツに派遣された炭鉱労働者や看護師たちの働きが、「漢江の奇跡」と呼ばれる韓国の経済発展にも貢献したことは間違いない。

三　ベトナムへの出稼ぎ

《主人公は西ドイツから帰国すると、彼の地で出会った看護師ヨンジャと結婚し、海洋大の入試にも合格して、船長を目指す。だが、生き別れになった父との再会を約束した場所である叔母の店が売りに出され、妹の結婚資金を工面する必要も生じたことから、自らの進学を諦めて、ベトナム戦争の後方地域で勤務する。ベトナムでは米軍施設への爆破テロに遭遇したり、撤退の際に敵の銃撃に見舞われて足を負傷したりする。》

ベトナム戦争には冷戦下で多くの国が関与した。南ベトナムには米国のほか、韓国、台湾、スペイン、オーストラリア、ニュージーランド、フィリピン、タイも派兵した。社会主義を掲げる北ベトナムにも、中国が防空作戦や道路建設の部隊など、旧ソ連が軍事顧問ら、北朝鮮が空軍パイロットをそれぞれ派遣している。

韓国のベトナム派兵は、まず一九六四年八月に非戦闘部隊の医療班一三〇人とテコンドー教官一〇人が派遣され、一九六五年二月に工兵部隊を中心に計二〇〇〇人が派遣された。韓国からの戦闘部隊が本格的に送られたのは同年一〇月からで、派兵期間を通じての累計は、約三二万人に及ぶ。これとともに、後方地域に派遣された民間の韓国人は約五〇万人に上った。

当初ベトナム派兵に積極的だったのは韓国政府側であった。一九六一年五月のクーデターで権力を握った朴正熙・国家再建最高会議議長（後の大統領）は一一月に訪米、ケネディ大統領にベトナム派兵を提案した。当時のブラウン駐韓米大使は、ハンフリー副大統領に対し、韓国からの派兵は韓国の経済発展、韓米関係強化、韓国軍の戦闘能力向上に役立つと報告していた。実際、一九六五〜七二年のベトナム特需の総額は一〇億二二〇〇万ドルにのぼり、そのうち72％が、労働者や軍人の送金、道路建設、浚渫工事、輸送など貿易外だった[2]。

そこには「アメリカの韓国に対する軍事援助・経済援助が減少傾向をたどり、朴正熙政権は政権の基盤を動揺させはじめていたため、アメリカを軍事支援することによって、『ベトナム特需』『派兵の見返り』として援助などを獲得するという目的があった」と説明される[3]。

このような韓国軍派兵の歴史は、ベトナム戦争終結後、当事者以外の人々に思い起こされることは少なくなった。ところが一九八〇年代以降、韓国側の「加害」を指摘、批判する動きが出てきた。例えば、週刊誌『ハンギョレ21』は一九九九年五月から、ベトナム戦争時の韓国軍の民間人虐殺について、具秀姃という研究者によるベトナム現地調査にもとづいた証言レポートの連載を行い、大きな反響を呼んだ。これに対し、ベトナムで命をかけて戦った当時の韓国軍兵士らの間には反発が広がり、二〇〇〇年六月には退役軍人団体の構成員らが大挙してハンギョレ新聞社を襲撃するという事件も起こった。

「ライダイハン」の問題もある。これは、ベトナム戦争に参戦した際、韓国人兵士男性と現地のベトナム人女性の間に生まれたこどものことを指し、性的暴行や現地婚など原因はさまざまでその数は数千とも数万ともいわれる。

四　離散家族再会事業と海外養子

《ベトナムから戻った主人公に、やがて生き別れになった父と妹を探す機会が訪れる。それが韓国放送公社（KBS）の特別生放送「離散家族を探します」である。主人公はこの放送を通じて、戦争孤児となって米国に養子として渡っていた妹マクスンとの再会を果たす。》

ＫＢＳがこの放送を行ったのは一九八三年六月三〇日のことである[4]。放送開始から約三〇分、最初の離散家族が再会を果たすと、家族を探したいという問い合わせが殺到し、放送局の前には大勢の離散家族が押し寄せたという。当初一〇〇分・一回限りの特別番組の予定だった放送は延長が決定し、ほかの番組のキャンセル、アナウンサーの交代を繰り返して生放送で進行した。カラーテレビの普及により家族の手がかりも確かめることができ、またＫＢＳの地方ネットワークが全国の離散家族をつないだという。ＫＢＳの壁だけでなく、放送局前の広場にも家族の情報が書かれた一〇万枚以上の紙があふれ、放送期間中に再会できなかった家族たちは野宿をしながら再会を待ち続けるに至り、大韓赤十字などの諸団体が食事を提供したり休憩所を設けたりもした。同番組は結局、同年一一月一四日まで、計四五三時間四五分行われ、五万三五三六家族が出演、このうち一万一八九家族が再会を果たした。

また、日本ではあまり知られていないが、韓国は長い間、数多くの乳幼児を海外に養子として送り出してきた

（韓国で養子は入養児［イビヤンア］と呼ばれ、海外養子は海外入養児、国際入養児などと呼ばれる）。きっかけは朝鮮戦争後の貧困や家族の離散・崩壊であるが、朝鮮戦争が停戦となり、高度経済成長が始まった一九七〇年代以降も、未婚の母が子どもを手放すなどの理由から海外養子は増え続けた。血縁を重視する韓国社会では、国内で養子に出すのが難しいという事情もあった。海外養子のピークは一九八〇年代中盤で、この頃になると、米国だけを見ても韓国からの養子の数は年間約六〇〇〇人に達した。一九八八年のソウル五輪を契機に「養子の輸出は国の恥」という意識が広がり海外養子の数は減ったが、一九九〇年代以降も韓国から「海を渡る子ども」は少なくない。

五　その他――著名人の登場と国家への忠誠

このほか、『国際市場』には、韓国現代史を彷彿させるいくつかの「しかけ」がある。

第一に、韓国現代史を彩る著名人らの登場である。釜山に移り住んだ主人公とその友人らが、靴磨きの仕事をするシーンで登場する若い紳士は、主人公の夢が「船長」であることを聞くと、自らも北朝鮮地域の出身であることを主人公らに伝え、自分もいつか造船所をつくるといって「現代建設」と記されたトラックに乗って去っていく。この人物は現代グループ創業者の鄭周永であり、主人公らは、船をつくるとは頭がおかしい、「自動車も国産」と言い出すのではないかと変人扱いするが、後年、造船所も韓国製自動車も現実のものになる。

また、老いた主人公と妻が釜山の市場で流れていた音楽を聴き、主人公が「歌手といえばナム・ジンだ」と主張するが、妻も市場の売人も「ナム・ジンとナ・フナなら、ナ・フナの方がいい」と言って主人公を激怒させる。主人公の激怒の理由は、実は主人公がベトナム戦争に出向いた際にベトナム戦を戦っていた一人がナム・ジンで、彼が主人公の命を救ってくれた恩人だからである。二人とも韓国では著名な男性歌手で、ナム・ジン役には東方神起のユノが全羅道出身で全羅道方言を完璧に駆使できるという理由で選ばれている。

ほかにも、主人公が働く雑貨店に布を探しにきて、叔母の服の刺繍に感動して去っていく人物は、後にユニセックスファッションの境地を拓いたデザイナーのアンドレ・キムであったり、食堂で主人公の親友が話しかけるのを無視して出ていく小学生の相撲部員が、一九八〇年代に韓国相撲で活躍したイ・マンギであったりする。

第二に、国家への忠誠の表明が、時にコミカルに、時に物悲しく描かれる。西ドイツ派遣労働者選抜の面接で、面接員の印象があまりよくないことに気づいた主人公とその親友は、当時の大統領李承晩の写真と大韓民国旗に向かって、大声で国歌を歌いだす。それにつられて、面接員もその場にいた下位の女性職員も成り行きで立ち上がって、一緒に国歌を歌うに至り、主人公らは、ほかの成績はともかくとして「愛国心が強い」という理由で派遣が認められるようになる。

時が下り、主人公が自分の店を守るためにベトナムに出稼ぎに行くといって、反対する妻と公園で言い争っているなか、国歌が流れ、国旗が降納され始める。当時は「国民儀礼」といって、この場合、皆が国旗に向かって敬礼することとされていたのであるが、『国際市場』では、自分は家長なのだからベトナムに行くといって怒鳴る夫の横で、妻は涙にくれているところで国民儀礼が始まる。すると、少し離れたところに立つ老人が妻の方を睨み、妻は悲しみに耐えながら、国旗に敬礼をする。国策としてのベトナム派遣などなければ夫が戦地に出向くことなどないのにという、口には決して出せない、妻の悔しさ、恨みが描かれる。

四　『国際市場』の「論争」を考える

前述のような現代史の出来事を自己犠牲の個人史の文脈のなかで描いたこの映画に対し、韓国内では批判もあった。

一　歴史認識と家族観をめぐる「論争」

注目を浴びた批判の一つは、映画のなかでベトナムでの自爆テロに遭遇した場面で読まれた、主人公が妻に宛てた手紙の、このことばに対するものである。

「辛い時代に生まれ、辛い世の中の波風を、僕らのこどもたちではなく、僕らが経験したのだから本当によかった。こう考えてみよう。あの悲惨な六・二五事変〔朝鮮戦争〕を僕らの子が経験したと。西ドイツ、あの地獄のような作業場に僕らの子が働いていたと。ここベトナム、この戦場に僕らのこどもが出稼ぎに来ていると。すべて起こらなければ本当にいいだろうけれど、でも、そういうことを僕らのこどもたちでなく、ただ僕とあなたが経験しているというのは良かったのではないか…。」

この台詞に対して、ある若手評論家が「本当に反吐が出る。精神勝利する社会というのが」と述べたのである。[5]この批判の趣意は、映画公開から数カ月の後にノルウェー在住の韓国学研究者が『ハンギョレ』に寄せたコラムを読めば、さらに具体的にわかってくる。[6]これは、おそらく批判として最もまとまったかたちで提起されたものの一つに数えられるものなので、少し長くなるが引用する。

「彼〔主人公〕は一貫して大韓民国という国家の縮小版であり象徴として登場する。〔…〕一個人を国家の分身に仕立て上げ、国家の単なる〝分子〟にするということは、まさしく全体主義美学の基本ではないか？　華麗な服を着て再登場した朴正熙時代式の国策映画が〝国民映画〟待遇を受ける現在の状況は、私もぞっとするばかりだ。」

「『国際市場』は、加害者の立場で解釈された国家の国史であり家族史だ。『国際市場』から見える国家像は基本的に批判が不可能な〝絶対善〟そのものだが、それ以上に個々人のすべての人生を〝家族〟が全面的に規定する。こどもの面倒を見ることに一貫する母親は至高至純であり、船長の夢をあきらめて家族のためにドイツに、ベトナムに行って自分の身体まで犠牲にした長男はいかにも孝行息子であり、結婚するまでは長女として、結婚すれば妻として、両親や夫、こどものために全面的に犠牲になるヨンジャは婦道そのもので、いたずらな妹もやはり典型的な〝こども〟の役割を果たし…権威主義的資本主義のなかに溶けてしまった儒教的家父長主義が家族構成員各自に付与した典型化された役割は見られるが、この映画の登場人物は何らかの独立的内面世界を持つ〝個人〟としてはほとんど自らを表に出さない。もちろん彼らにもそれなりの自分だけの世界はあるだろうが、この映画はひたすら彼らに〝孝道〟と〝父道〟が付与した役割だけを前景化する。」

「『国際市場』は、単純に保守的立場からつくられた韓国現代史の叙事というよりも、〝国益〟と〝家族〟の神聖な名により合理化される経済的〝成就〟を無条件に優先視し、個人の独立的個性や人権を消去させてしまう極右的思考方式を現代風に包装し、再び流布させようとする一つの試みと見ざるを得ないだろう。」

これらの批判をまとめれば、概ね次のようになるといえようか。

①西ドイツやベトナムにおける韓国人の苦労を過去のものとし、現在に連なる権力の問題を等閑視している。

②「朴正熙時代」にあった西ドイツへの労働者派遣やベトナム戦争への派兵などの歴史は国家のために国民が犠牲になった歴史とみるべきであり、『国際市場』はかような国家の国民に対する加害の側面を描いていない。

③韓国の伝統的な家族観を肯定し、個人の役割や価値を示さない。（「権威主義的資本主義のなかに溶けてしまった儒教的

家父長主義が家族構成員各自に付与した典型化された役割」がみられるのみである。）

一方、韓国内の上述のような批判に対して、『東亜日報』は社説で次のように反論する。(7)

「この映画に出てくる主要場面である興南撤退や鉱夫と看護師の西ドイツ派遣、ベトナム戦争への技術勤労者の派遣、離散家族探しは、すべて韓国の現代史において意味の大きな象徴的事件である。半世紀前まで世界の最貧国だった国で、主人公が家族を養うために、苦難の波を力強く乗り切る姿は、その時代を生きてきた国民や、そのような歴史を知らなかった若者たちから幅広い共感を引き出した。何人かのエセ評論家が吐き気がする極右・反動などと言って、この映画を貶めたが、激しい逆風だけを招いた。」

「『国際市場』自体は政治や理念とは無縁の映画だが、この映画による突風は、左派文化権力が勢力を得てきた韓国映画産業に相当な波紋を及ぼすだろうという分析が出ている。これまで、韓国の現代史を扱った映画には、反米・反政府のコードが支配し、そのような映画こそ興業になるという認識が少なくなかった。しかし、戦争や貧困の地で、血と汗を流しながら産業化を成し遂げ、家族を立て直した祖父や祖母、父親と母親の人生を描いた映画が、今回は商業的にも大成功を収めた。映画『国際市場』による突風は、国内映画産業の理念的均衡や文化的多様性の確保に役立つことになるだろう。」

この批判と反論に見られるのは、<『国際市場』という映画について非民主的時代における非人道的な生き方や価値観を問題にせず（あるいは隠蔽して）、正当化、称賛している>とみなす批判に対し、<この映画を政治やイデオロギーの次元で評価すべきでなく、過去の苦難を顧みることや、そこに共感することには何らの問題はない。むしろ、いままで左派的な思想が支配的であった韓国映画の多様化に寄与する>という反発が生じたという構図である。

二 「論争」の考察

批判についていえば、筆者も同意する点がある。例えば、主人公の妻であるヨンジャは、西ドイツで看護師として働いていた折に主人公と出会い、当初は帰国しないつもりであったが、妊娠がわかって帰国し、主人公と結婚する。奇妙なのは、ヨンジャの家族は一切映画に登場しないということである。主人公がベトナムに出稼ぎに行くきっかけとなった妹の結婚はもとより、そのベトナムで親友が現地女性と出会って韓国で結婚することも、映画のなかではそれぞれ相応の描かれ方をしている（もちろん配偶者も登場する）のに対し、ヨンジャが結婚して主人公の家に入った後はほぼ完全に主人公の「妻」として家を守る存在に徹し、その前後においても、本来いるはずのヨンジャの家族はほとんど登場しない。それが当時の韓国における女性の、さらには結婚の一般的なかたちであると言ってしまうのは簡単である。しかし、主人公の家族（そして家族同然の親友とその家族）が描かれるなかで、妻の家族が一切描かれないのは、かような「一般化」をもってしても本来やや不自然である。

しかし、そもそも上述の「論争」はかみあっているとはいえない。『国際市場』を批判する側は、映画に込められた歴史認識を問題にしているのに対し、反論側は、「『国際市場』自体は政治やイデオロギーとは無縁な映画」であるとして、いかなる歴史認識が妥当かという議論に応じないまま、韓国映画産業において「左派文化勢力が大手を振ってきた」状況を逆に論難するばかりだからである。それに、批判者は『国際市場』が「精神勝利」をしているというが、戦争加担・加害の過去を認識することと、韓国の発展を支えてきた人々に感謝したりその苦労に共感したりすることは本来別のことで、どちらかだけが正しいということはない。

また、一見対立している批判側と反論側であるが、第三者から見れば、双方に共通する思考方式がある。それは、いわゆる〈ウリ〉思考である。〈ウリ〉とは、韓国語で「われわれ」という意味であり、韓国の人間・社会関係において、家族・同族や地縁、学縁、会社などの＜ウリ＞（われわれ）集団が形成されると、しばしば＜ナム＞（他者）とは情緒的かつ徹底的に区別されるとされる。[8]

『国際市場』の批判者は、映画に描かれた現代史が持つ加害性を問題にする際、韓国という国家がその国民に対して向けたもの、すなわち＜ウリナラ＞（「われわれの国」）内部の問題について指摘する反面、管見の限り、韓国が他国の人々に行った「加害」について論じているわけではない。上述したように、ベトナム戦争は、韓国のベトナムに対する「加害」の戦争でもあったのであり、一九八〇年代以降は、その点が注目されてきたのである。

この点をもって、批判側が、ベトナムを「他者」と位置づけ（その上でその他者の存在を無視して）、＜ウリナラ＞における体制批判に終始していると規定するなら、反論側にも同じことがいえる。『国際市場』では、父を置いて避難してきた「われわれ家族」、北朝鮮地域から逃れてきた「われわれ避難民」、西ドイツという異郷のなかの「われわれ韓国人」、ベトナムという戦場における「われわれ非戦闘員」、再開発が進み、若い世代と馴染めない「われわれ旧世代」、そして、いまどきの家族と「われわれ父子」に至るまで、＜ウリ＞（われわれ）と＜ナム＞（他者）との対置によって描かれているという面は確かにあるのではないか。こうなると、作り手が歴史にいかなる物語を込めても、外部者からは、それ自体が＜ウリ＞内部の思いや情緒の問題としてしかとらえられなくなってしまう可能性がある。

このように、『国際市場』の物語にも、それをめぐる「論争」にも、いつのまにか、いわゆる＜ウリ＞意識が入り込んでいるとするならば、それでは、かような意識の染み込んだ政治的「論争」に終わらない物語の価値を、どこに見いだしうるのだろうか。

五　〈祈り〉と〈再生〉の歴史認識　――心の〈ウリ〉

『国際市場』の感動の源泉は何であったのか。この映画が韓国の貧困の悲哀やナショナリズムの孕む問題（この映画のなかで、これらは無視されるどころか、むしろ重要な背景に位置づけられている）をも従容に描き、家族と個をつなぐ愛情や寛容の心を照らし出したからこそ、往時を知らない世代にも共感を呼んだことは間違いなかろう。

だが、この映画の試みは、もう一歩先のところに見いだされるように思う。それは、この映画が、〈ウリ〉の葛藤を通じて、〈生〉とは何かを問うたことである。

映画の主人公が、徹底した自己犠牲によって、長男として、父として、家長としての――〈ウリ〉のなかでの――役割を果たしたとすれば、彼はまた、だれにもわからない自分だけの〈ウリ〉、すなわち「父と子のきずな」を心に秘めていた。これは、多くの、さまざまな〈ウリ〉関係に囲まれる宿命を負った主人公の、父とのきずなという、だれにも侵すことのできない強い〈ウリ〉である。そして、家族に対する愛情と責任に満ちた表の笑顔と、自分の夢の断念や周囲の無理解という内面の苦悩を持つ男が、父と妹との再会を願い、そのときまで父と妹と、残された家族の無事を祈って、家長としての務めを果たす、つまり父が歩むはずだった道を自分が歩む――二度（ふたたび）生きる――という〈祈り〉と〈再生〉の物語であり、それを全うすることが父と自分の「再会」だったのである。

願いよりも静かで強い〈祈り〉と、死んだものの蘇生ではなく、生きて生かし続ける先に見いだされる〈再生〉――。歴史を直視することは言うまでもなく重要である。しかし、これまで多くの韓国映画が現代史を「抵抗」や「恨（ハン）」をモチーフとして扱うことが多かったなか、この『国際市場』は、だれもが持ちうる自分だけの＜祈り＞と、それを静かに営む＜再生＞を、韓国の歴史的、文化的文脈において描こうとしたところに新しさがあるのではないかと考える。

（1）本稿は、一部に『東洋経済日報』二〇一五年一〇月一六日付、二〇一六年二月一六日付、同六月一〇日付に掲載された筆者の文章を用いている。

（2）「韓国　軍も企業もベトナム参戦」、『朝日新聞』二〇〇八年一月二九日付。

（3）朴根好『韓国の経済発展とベトナム戦争』御茶の水書房、一九九三年。

（4）この項のＫＢＳの離散家族関連放送については、KBS World Radio ウェブサイト（日本語）の記述に依った。なお一連の放送の記録は、二〇一五年、ユネスコ記憶遺産に登録されている。http://world.kbs.co.kr/special/dispersed_families/page/program.htm?lang=j

（5）評論家ホ・ジウンの発言。『ハンギョレ』【韓国】二〇一四年一二月二四日付（紙上座談記事）。http://www.hani.co.kr/arti/specialsection/esc_section/670629.html

（6）朴露子「『国際市場』、全体主義美学の饗宴」、『ハンギョレ』【韓国】二〇一五年五月一二日付。http://www.hani.co.kr/arti/opinion/column/690847.html　朴露子の本名はヴラジーミル・ティホノフ、ロシアのレニングラード（現在のサンクトペテルブルグ）出身で韓国籍を取得している。

（7）『東亜日報』二〇一五年一月一四日付。http://news.donga.com/List/ColumnSasul/3/040109/20150113/69073212/1

（8）文化論としての韓国人の＜ウリ＞意識については多くの言及があるが、さしあたり、宋錫源「国における『伝統』文化と政治的動学」、徐興慶（編）『近代東アジアのアポリア』國立臺灣大學出版中心、二〇一四年一月、所収、一五三―一六八頁を参照されたい。

分析道具としての比較・分類
——国際関係論と生物学——

多賀秀敏

国際関係論は、比較的新しい学問である。新しい割にはすでに手詰まり感が強い。これを再生するにはどうしたらよいだろう。学問の中核をなす分析手法の充実をはかるのが正攻法のひとつである。本稿では、国際関係論の数少ない有力な分析道具である比較・分類について、生物学からの更なる借用可能性を考察しつつ、現実の国際社会における比較・分類の結果として近年のもっとも特徴的な変化について、頭に浮かぶことを述べてみよう。

社会科学に属する国際関係論の「科学」としての欠点は、第一に、実験ができない。たとえば、現実の歴史にさまざまな衣を纏って立ち現れた戦争はさておき、戦争を研究するのに異なる社会条件を複数セットしつつ実験としての戦争を起こすことは、倫理的にも許されないし、おそらく実現不可能である。そこで、条件を変えつつ実験してその結果から分析するいわゆる if so, then so（条件が同じなら、結果も同じになる）モデルが作れない。第二に、初期条件がわからない。厳密な数学的・物理学的意味ではなく、通俗的な使い方での初期条件とは、たとえば、物質を放っておくと、一番安定する時点の条件である。体積とか圧力とか温度とか、きわめて基本的な条件が変わると物質は刻々と変化する。自然科学では、この意味での初期条件から条件を変えて行くことによって、どの条件がいかなる影響を及ぼすかがわかる。では、定常状態の国際社会とはどのような様相を呈しているのだろうか。その際、国際社会の初期条件は何だろうか、国内社会の初期条件は何だろうか、共同体の初期条件は何だろうか。社会科学では、これがわからないし、証明・反証明も十分にはできない。これまで哲学者たちが議論を戦わせてきた主たる部分は、この初期条件に関することだと思っても、おおむね間違いないであろう。たとえば、人間の本質を性善説に立つとして社会のありようを語るとか、性悪説に立つとか、この社会はもともとアナーキーが本質だとか、いろいろなことを哲学者たちがいっているが、これはすべて、ここで述べた意味での、社会の初期条件とは何かを主張しているのではあるまいか。第三に、ケースによっては、観察者・分析者が、観察・分析対象の一部分を構成する。つまり、観察者・分析者が、対象そのものを変化させることも可能である。価値中立性が保証されないと言い換えても良い。もちろん利点もあるが、社会科学にとっては、一つの制約になっている。たとえば、ある人が政治学を系統立てて話すときに、そこで話されている政治学とは、実は、価値中立的なものではない。物理学で質量などについて話していくのとは違い、もう、すでに、話に入った途端に、発言者の価値観によって選択された事例が話の中に組み込まれている。これが、社会科学の持つ本質的な制約である。

「科学」は、対象の正確かつ客観的な記述、if so, then so を含めた分析や、分析モデルに基づく将来予測からなる。いわゆる、記述・分析・予測の三点セットである。社会科学の難点は、上に示した三つの制約から、なかなか真正の「科学」たりえない。記述の当初から観察者の主観や事実の部分的取捨選択がなされる可能性が否定できない。実験ができないので、予測に至る分析方法には、これまでに起きた現象を比較・分類して実験に変え、実験のかわりに実態観察を緻密に行う。将来予測も規範的予測にならざるをえない。

分類の中でもっとも一貫しているのは、図書十進分類法とシソーラスとであろう。この両者は、比較・分類そ

表 1　生物学の範囲

<table>
<tr><th colspan="2">対象</th><th>備考</th><th></th><th colspan="3">対応する学問</th></tr>
<tr><td>Biosphere</td><td>生物圏</td><td></td><td rowspan="2">生態系</td><td rowspan="4"></td><td rowspan="3"></td><td rowspan="5">生態学</td></tr>
<tr><td>Biome</td><td>バイオーム</td><td>気候区分・植物群系に対応する生物群集</td></tr>
<tr><td>Ecosystem</td><td>生態系</td><td></td><td rowspan="3">個体群</td></tr>
<tr><td>Community</td><td>生物群集</td><td></td><td rowspan="3">集団遺伝学</td></tr>
<tr><td>Population</td><td>個体群</td><td></td><td rowspan="2">動物行動学</td></tr>
<tr><td>Organism</td><td>個体</td><td>有機体・個々の生物</td><td rowspan="4">組織・器官</td><td rowspan="5">発生生物学</td></tr>
<tr><td>Organ Systems</td><td>臓器系</td><td></td><td></td><td rowspan="4">細胞生物学</td></tr>
<tr><td>Organs</td><td>器官・臓器</td><td>Organ donation 臓器提供</td><td rowspan="5">生化学・分子生物学</td></tr>
<tr><td>Tissues</td><td>細胞組織</td><td></td></tr>
<tr><td>Cells</td><td>細胞</td><td></td><td rowspan="3">生体高分子</td></tr>
<tr><td>Organelles</td><td>細胞小器官</td><td>ミトコンドリアなど</td><td rowspan="2"></td><td rowspan="2"></td></tr>
<tr><td>Molecules</td><td>分子</td><td>分子生物学</td></tr>
</table>

Koning, Ross E. 1994. 'Biology is Hierarchical.' *Plant Physiology Information Website.* を参考に筆者作成。Retrieved on 25 Feb. 2016 from <http://plantphys.info/organismal/lechtml/bioorganization.shtml>.

かつて Chadwick Alger が、国際関係論において、自分を中心にして、家族、コミュニティ、国家、世界と広がる同心円を重ねた図を描いたのに似ている。

のものを目的に生まれたのだから当然ともいえる。むしろ、ほとんどの自然科学が、対象を厳密な定義のもとに数量化した比較・分類の方法と結果の一覧を、その基礎に置いている点が参考になる。社会科学から見た場合、自然科学の中でも、やはり、生き物を対象とする生物学の比較・分類方法が、もっとも親近感がわく。

一　生物学の範囲

社会科学で比較と分類という tool を使うのは、社会科学の持つ制約を超えていくために、実験の代わりに、過去に遡ってみるとか、同時代の他の地域における類似の現象についても複数の側面を調べて、特定の社会現象自体のみの研究ではわからない特質や変化の予測を試みると

表 2　6 界分類による生物種の推測値

6 界分類を考慮すると、種がいくつあるかの妥当な推測値は：		
Bacteria	細菌界	10,000
Archaea	古細菌界	1,000
Proyista	原生生物界	15,000
Plantae	植物界	270,000
Fungi	fungus；キノコなど菌界	100,000
Animalia	動物界	1,200,000

Koning, Ross E. 1994. Taxonomy. *Plant Physiology Information Website*, retrieved on 25 Feb. 2016 from <http://plantphys.info/organismal/lechtml/taxonomy/>.

敷衍できよう。比較と分類方法とが整っている生物学では、表1に示したようにその扱う範囲が、近年広がりをみせていて、分子生物学に始まって、生物圏 Biosphere（現段階では地球全体といってよかろう）まで扱う。しかも扱う対象の大小によってきれいな階統秩序を示している。

二　生物種

このように扱う対象の空間的大小ではなく、生物学の比較作業で到達した分類単位の基本となる生物種をここでは参考にしようと思う。実は、生物種も膨大な数が存在する。

生物種は、推定では約二〇〇〇万種（諸説あり）がこの惑星には存在するといわれ、存在が確認され命名されている生物種は、約一八〇万種強（諸説あり）にのぼるという。animalia と呼ばれる動物界だけでも一二〇万種に及ぶ。種の定義は一九四〇年に発表されたメイア（Ernst Walter Mayr, 一九〇四年～二〇〇五年）の考えが広く支持されている。それは「相互に交配しあい、かつ他のそうした集合体から生殖的に隔離されている自然集団の集合体」である。(1) では、このようなおびただしい数の種を、生物学はどのような基準で、どのような方法で分類してきたのであろうか。

三　Phylogenetic Tree of Life

生物種の分類に言及する生物学の教科書では、必ずといってよいほど、アリストテレス（古希：Ἀριστοτέλης-Aristotelēs、英：Aristotle、羅：Aristotelēs、前三八四年―前三二二年）の分類から説き起こされる。アリストテレスは、生物を動物と植物とに二分し、さらに動物を有血と無血とに分けた。いくつか残されているアリストテレスの著作のうち『動物誌』がもっとも参考になろう[2]。植物については、アリストテレス自身の著作は、目録にのみ残り、実物は存在しない。一説では、アリストテレスからあとを託されたとされるテオプラストス（古希：Θεόφραστος、英：Theophrastus、羅：Theophrastos、前三七一年―前二八七年）が著した『植物誌』（全九巻からなるが、第九巻は偽作といわれている）に批判も含めて十分反映されているとされてきた。アリストテレスは、今日流の言い方では、生物種の「二界論」の元祖にほかならない。アリストテレスの二界論的分類の主たる部分は、その後一八世紀まで二〇〇〇年近くに亘って継承され使われた。

今日的な生物種の「分類の父」と称されるリンネ（Carl von Linné、一七〇七年―一七七八年[3]）が『自然の体系』（*Systema Naturae*）を著したのは一七三五年である。リンネは、種の概念を確立し、種が生物分類の基本的単位であると述べた。リンネの仕事は、ダーウィン（Charles Robert Darwin、一八〇九年二月―一八八二年四月）が『種の起源』（*On the Origin of Species by Means of Natural Selection, or the Preservation of Favoured Races in the Struggle for Life*, John Murray, London, 24 Nov. 1859）を著す前であったために、種の進化や絶滅という発想はなかった。リンネは、ひたすら「神の創りしもの」の分類にいそしんだ。

リンネの貢献はこれに留まらない。それまで自由に付されていた学名を属名（genus name）と種名（species name）を示す名（種小名）とを並べた二名法を考案した。新種の発見にあたっては、タイプ標本を参照することを徹底し、地域や言語によって同種の動植物にあたかも異種のような名前が与えられる混乱が避けられた。「リンネは『自然の体系』の中で、似た種を集めて属をつくり、さらに目、綱に集めるというように、分類群をその範囲がしだいに広がっていくような系列に配列して、分類の体系をつくった。これをリンネの分類の階層という。（中略）／そのほかに、リンネは植物を生殖器官を重視して分類し、動物の綱として哺乳類、鳥類、爬虫類、魚類、昆虫類、蠕虫類を立てた。／古代ギリシアのアリストテレスは『動物誌』で、動物を有血動物と無血動物に大別し、有血動物は哺乳類、鳥類、卵生四足類、魚類の四種類、無血動物は軟体類、甲殻類、昆虫類、有殻類から構成されると分類していた。有血動物は現在の脊椎動物、無血動物は無脊椎動物に相当する。[4]」現在は、一般的に、超界（Domain）、界（Kingdom）、門（Phylum）、綱（Class）、目（Order）、科（Family）、属（Genus）、種（Species）の分類単位がおかれている。しかも、この分類も「種」を基本に据えて、上に行くほど種をまとめあげて、大集団になる階統秩序を示している。[5]

形態観察やリンネが強調した雄しべ雌しべの生殖行動を含む行動観察に長い間依拠してきた生物種の分類学は、ダーウィンの『種の起原』やメンデル（Gregor Johann Mendel、一八二二年七月二〇日―一八八四年一月六日）の『遺伝の法則』（"The three laws of inheritance," 1865）、顕微鏡の発達や遺伝子学の発展などの影響を受けて変化した。

大きくくくると、類型分類→規格分類→系譜分類へと発展したというのが一般的な理解である。類型分類とは、事象の観念をイメージ的に捉えクライテリオンを自由に設定する。規格分類とは、直前に述べたリンネの雄しべの数と雌しべの数のカウントのように数量的属性によって区別する。系譜分類とは、遺伝子や異種の発生、ハイ

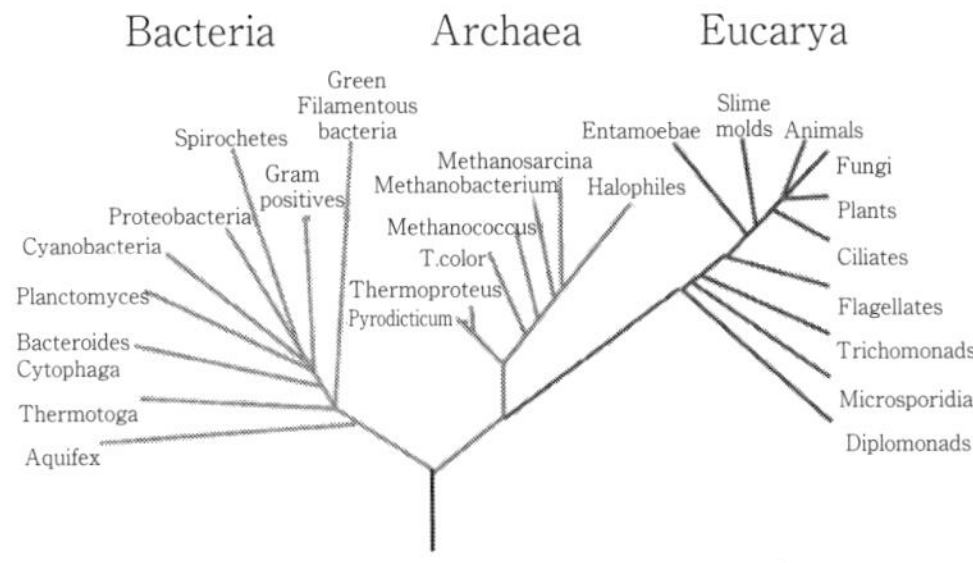

図 1　生命系統図（原図はカラー）

A modern phylogenetic tree. Species are divided into *bacteria*, *archaea*, which are similar to bacteria but evolved differently, and *eucarya*, characterised by a complex cell structure. Image courtesy NASA.
Daniel Huson, Vincent Moulton and Mike Steel, assembled by Marianne Freiberger, "Reconstructing the tree of life," +*Plus magazine*, submitted by Plus administration on March 1, 2008, retrieved on 30 April 2016, from
<https://plus.maths.org/content/reconstructing-tree-life>
The chart itself originally from NASA,
<http://nai.arc.nasa.gov/library/images/news_articles/big_274_3.jpg>　from<http://nai.arc.nasa.gov/news_stories/news_detail.cfm?ID=274>

ブリッドなども対象に時間軸による系譜、関係性に基づく分類である。[6]

現代生物学の分類では、だいたい生物系統学に落ち着いてきている。この世の中で生物として認められているものを、図1に示したように大きく三つ、細かく枝分かれしたものに分けられるであろうという考え方が一般的に認識されている。高校生のときの生物の教科書で、リンネの系統樹形図、つまり、大きな木が描いてあって、枝分かれしていく図を見たことがあるかもしれない。三超界に基づく図では、のちに触れる論争点となっている巨大ウィルスは、分割されて配置されている。

四　地球のすべての生命は関連しており、それは単一の分岐図で表現できる

筆者が知る限りで一番美しく細かい系統分岐図は、図2である。この図の中に、地球上で生きとし生けるものはすべて基準に沿って三超界に分類されている。生物学の分類にかける情熱がいかに深く、その結果も素晴らしいことが理解できよう。大事なことは、地球上にある生物種はすべてこの図に含み込まれるという分類を、生物

学は成しとげたという事実にほかならない。

五　分類の方法

分類していくときには、基準に関する質問項目への答えから図3に示したような一種のデンドログラムを作成する方法を使う。これは、両生類とかワニ類とか恐竜とか鳥類とかを分けていくとき、お互いに共通しているものは何か、共通していないものは何かと分けていって、作り上げていく。細かく分類されるに従って時間の経過が反映されることになり、図3に示すように、くしくも共通の祖先を一目で認識しうる系統的分類と結果的には合致する。

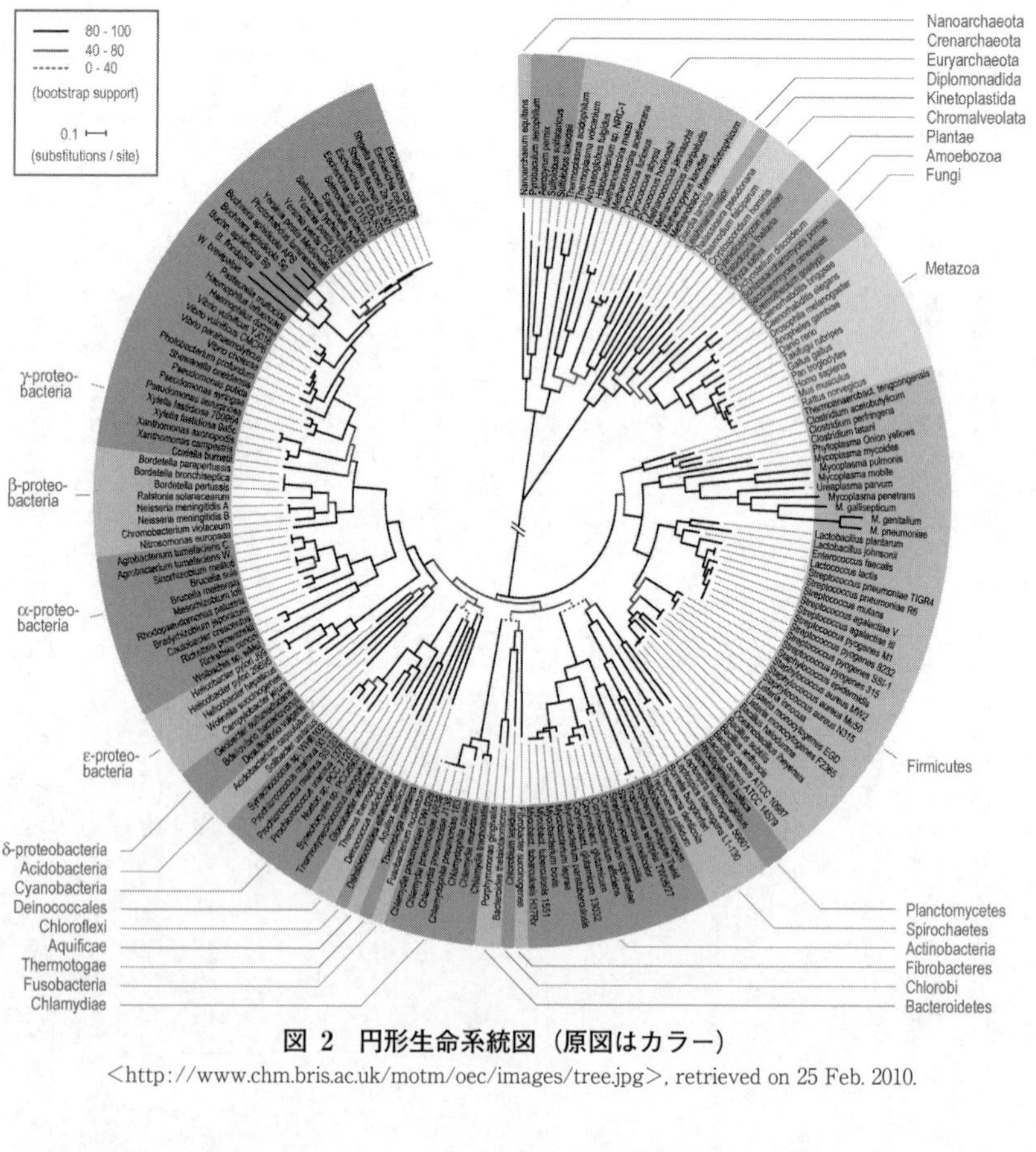

図 2　円形生命系統図（原図はカラー）

<http://www.chm.bris.ac.uk/motm/oec/images/tree.jpg>, retrieved on 25 Feb. 2010.

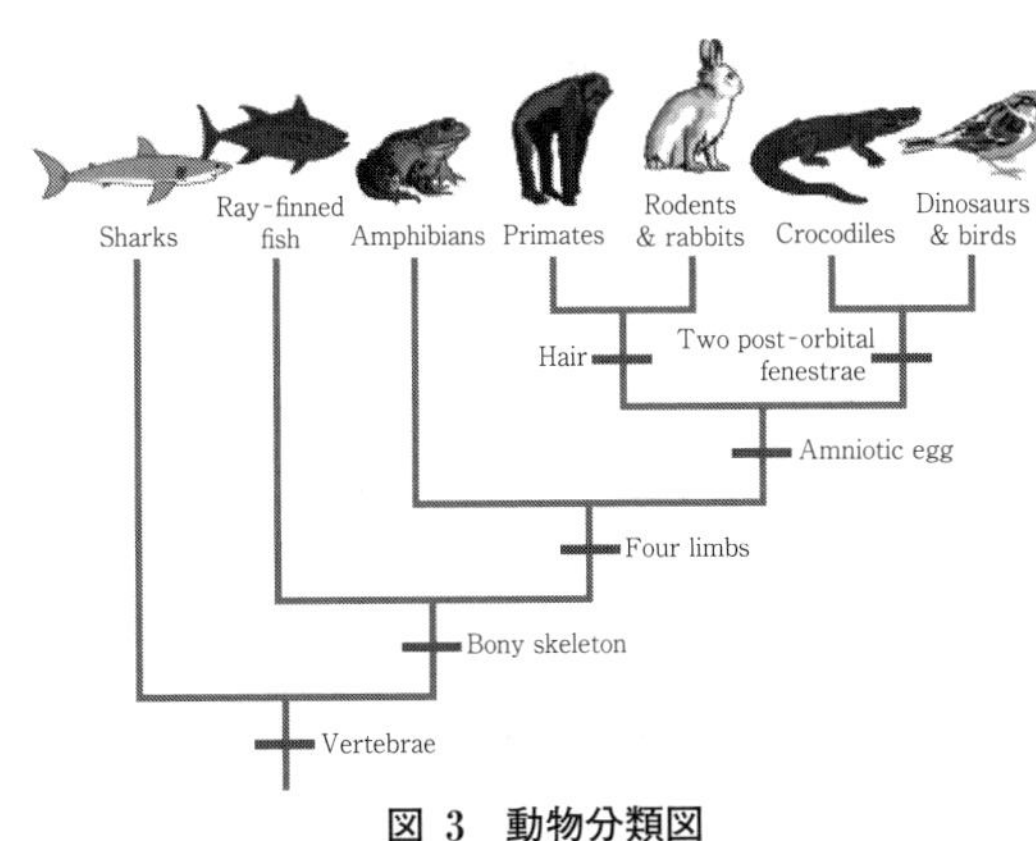

図 3　動物分類図

<http://evolution.berkeley.edu/evolibrary/article/0_0_0/evo_03>, retrieved on 25 Feb. 2016.

以下に、上の図3の作成上用いられた手法を標準的な分類の手法の例として図4-1〜6、表3〜4に引用してみよう。

このようなきっちりとした方法を、生物学はとっていく。この図に示したように、ユニークなものをもっているか否かを、いちいちチェックしていく方法をとりながら分類していくのである。

六　分類にいたる基準チェック

たとえば、類型・規格分類の場合は、新種が発見されたというケースでは、時には何百にも及ぶ基準がチェックされる。そのいちいちに、「ある・なし」あるいは「○・×」と答えていって、新種か否かを決定する。また、属や類の上でどこに分類したら良いかを決定する。たとえば、ある種の生物は、ここで示した基準を、もっている、持っていない、yes, no という形で表していって集合を区分していく方法をとった。図3で示した各類に分類したデンドログラムを平たく表に示せば表3のようになる。

二〇〇四年にカナダのヌナヴト準州 Ellesmere 諸島で Tiktaalik roseae と名付けられた魚類か両生類か判断に迷う動物の化石がほぼ完全な形で出てきて、化石そのものが公開された（公開は二〇〇六年）。三億七五〇〇万年前の化石と推定されている。比較的保存状態がよく一〇頭以上の化石は、大きいもので九フィート、小さいもので

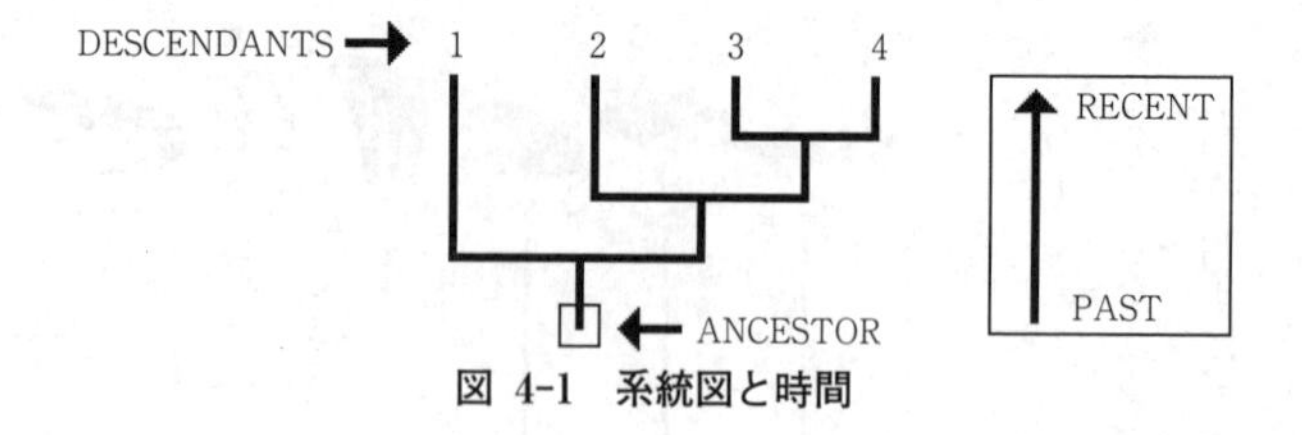

図 4-1　系統図と時間

図 4-2　系統の分岐

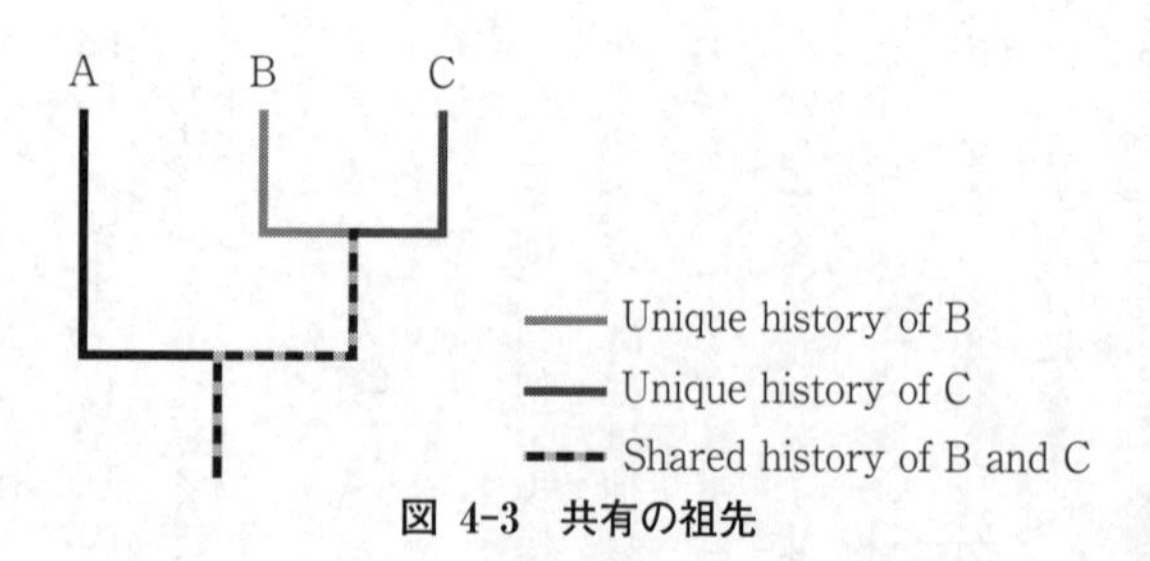

図 4-3　共有の祖先

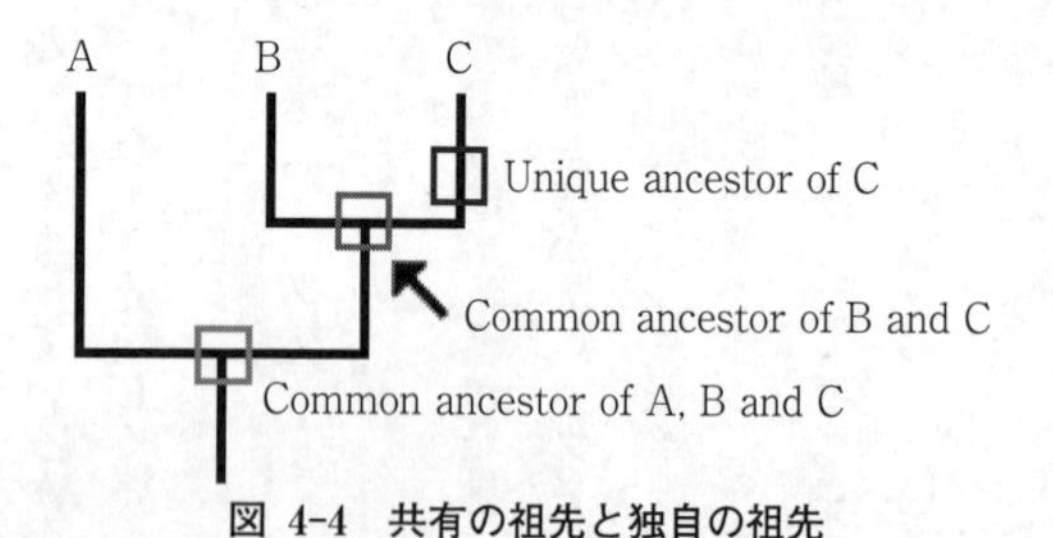

図 4-4　共有の祖先と独自の祖先

以上＜http://evolution.berkeley.edu/evolibrary/article/0_0_0/evo_05＞ retrieved on 25 Feb. 2016.

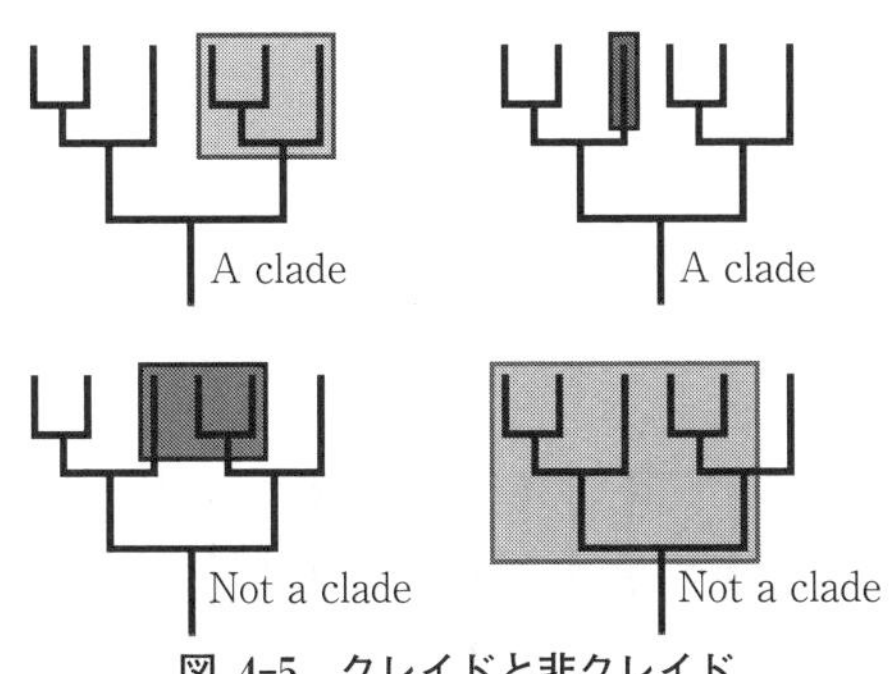

図 4-5　クレイドと非クレイド

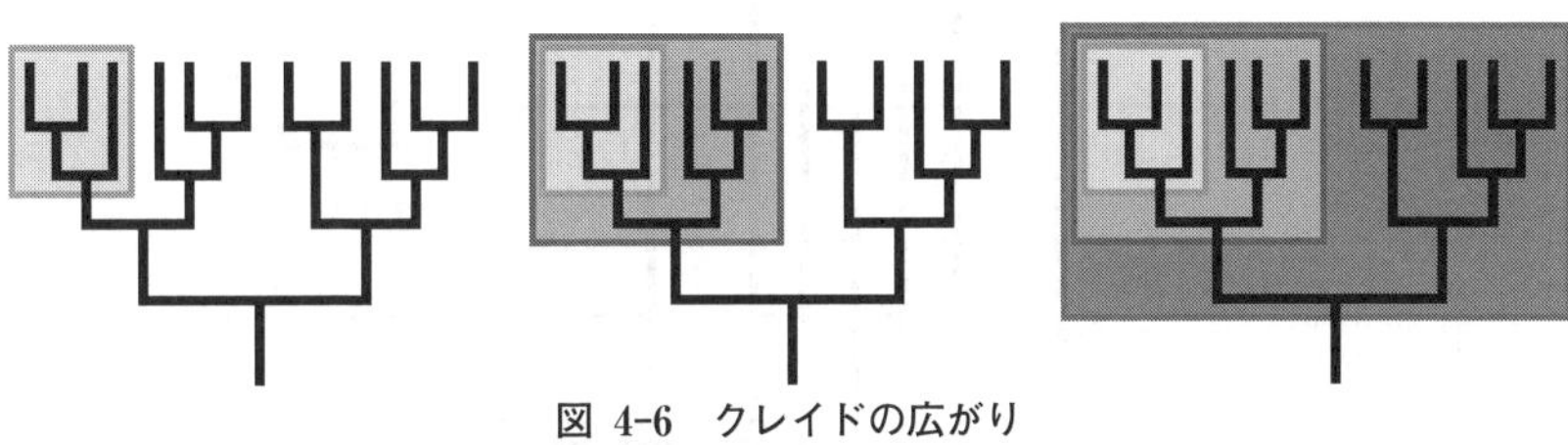

図 4-6　クレイドの広がり

以上<http://evolution.berkeley.edu/evolibrary/article/0_0_0/evo_06> retrieved on 26 Feb. 2016.

三フィートであった。魚類か両生類か区分が困難である。そこで長いチェック基準表が作られて分類が始まった。このTiktaalikという化石を魚類とするか両生類とするか、αという集合の基準が多数続いて、それらについて魚類と同じであるか両生類と同じであるかというチェックを進めていく。次にβという基準について同じことをやっていく。際限なく基準のクエスチョンが続く。チェックした結果、これは魚類である、これは両生類である、という分類にたどり着くのが常である。Tiktaalikの基準チェックの結果を例示として極端に簡単な形でまとめると以下の表4のようになる。

この表は、極端に単純化し部分化したものである。それでもTiktaalikの俗名がFishapod（強いて訳せば「脚魚」とでも訳せるだろうか）であるということが分類上の困惑を良く表している。結局、Tiktaalikは以下のように分類され、固有の属がもうけ

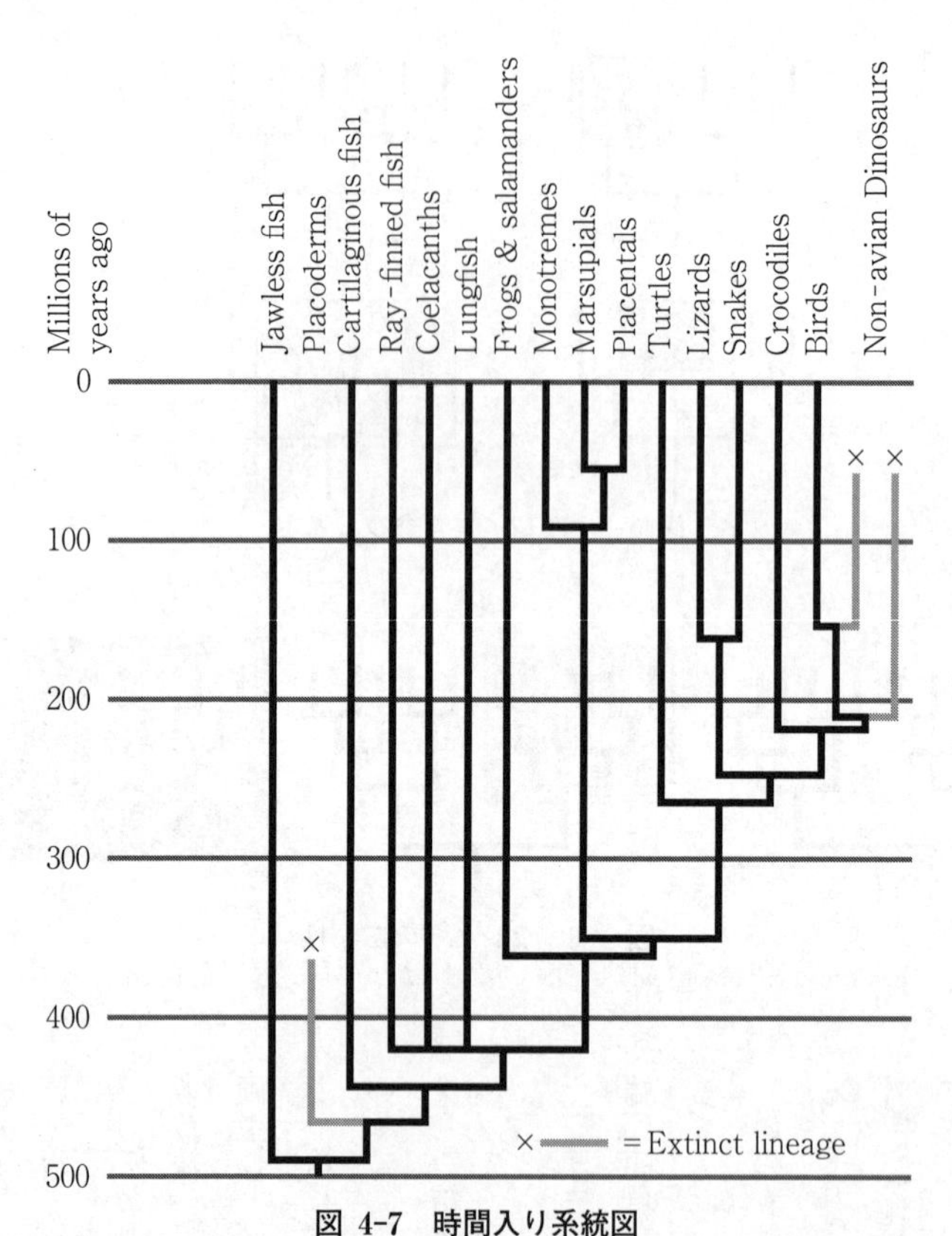

図 4-7　時間入り系統図

<http://evolution.berkeley.edu/evolibrary/article/0_0_0/evo_11> retrieved on 26 Feb. 2016.

られた。界：動物界（Animalia）、門：脊索動物門（Chordata）、亜門：脊椎動物亜門（Vertebrata）、上綱：顎口上綱（Gnathostomata）、綱：肉鰭綱（Sarcopterygii）、亜綱：四肢様動物（Tetrapodomorpha）、属：ティクターリク（Tiktaalik）。

　このTiktaalikは、ワニのような魚の形で、すでに表内で言及したように四つのヒレが十分自重を支えるに足る力があったということが推測された。つまり、水中から陸上に上がってきた最初の動物がこのTiktaalikにほかならない。その意味するところは、Tiktaalikが人類の祖先であるということが、わ

表 3　各類への分岐を導きだすQ & A

	Sharks	Ray-finned fish	Amphibians	Primates	Rodents & rabbits	Crocodiles	Dinosaurs & birds
Two post-orbital fenestrae 眼窩後部の卵円窓	なし	なし	なし	なし	なし	あり	あり
Hair 体毛	なし	なし	なし	あり	あり	なし	なし
Amniotic egg 羊水卵	なし	なし	なし	あり	あり	あり	あり
Four limbs 四肢	なし	なし	あり	あり	あり	あり	あり
Bony skeleton 骨格	なし	あり	あり	あり	あり	あり	あり
Vertebrae 脊椎骨	あり	あり	あり	あり	あり	あり	あり

"Reconstructing trees：A simple example," *Understanding Evolution*, <http://evolution.berkeley.edu/evolibrary/article/0_0_0/phylogenetics_07>, <http://evolution.berkeley.edu/evolibrary/article/0_0_0/phylogenetics_05> retrieved on 26 Feb. 2016 などから筆者作成。

かったのである。そこから『ヒトのなかの魚、魚のなかのヒト：最新科学が明らかにする人体進化三五億年の旅』という著作が著された[7]。

現存する新種の発見ばかりではなく、このような化石の分析によっても、生物学はその対象範囲を拡大している。その結果、生物学はその生物種の分類について、分類階統秩序の最上辺にある超界（domain）でも変更が起ころうとしている。超界についても、いくつにまとめあげるかをめぐって、諸説ある。ここでは、rRNA配列にも配慮したコロラド大学のノーマン・ペイス（Norman Richard Pace, Jr., 一九四二年〜）が二〇〇九年に発表した三界説に基づく超界図を示してみよう。一九九〇年に、カール・ウーズ（Carl Richard Woese、一九二八年七月一五日—二〇一二年一二月三〇日、一九七七年に六界説、一九九〇年に三超界説を唱えた）が、それまで五界（動物界、植物界、菌界、原生生物界、原核生物界〈モネラ界〉）とされてきた界について、モネラ界は、遺伝子学の成果などを考慮すると、古細菌（アーキア）と細菌（バクテリア）とに大きく異なり分かれる

表 4　具体的な基準チェック表

部位	魚類	四足脊椎動物	備考
ウロコ	○		魚のように体全体を覆うウロコがある。
ヒレ	○		魚のように泳ぐために使うヒレがある。
エラと肺	○		原始的な魚同様、鰓と肺がある。鰓に水を汲むのを助ける棒状の骨の存在を確認している。最も近い魚類に肺の存在の証拠があるので、Tiktaalik にも肺の存在を推論させる。ほとんどの近代的な魚類は、呼吸のために鰓を維持し、浮力を増すために、古代の肺から進化した浮き袋を持つ。現在生存しているほとんどの四足脊椎動物は、鰓を完璧に失っている。呼吸のためには肺を維持している。Tiktaalik はほとんどの場合両者を有する。
首		○	魚類は肩骨と頭部とが直接接合されている。Tiktaalik はそうではない。そのために、頭部は首の周りをぐるりと動かせるようになっている。
肋骨		○	ウロコの下には完全なひとそろいの肋骨がある。この肋骨が呼吸を助け、体を支えている。魚類はこのような肋骨を必要としない。呼吸は鰓で行い、体重は、水が支える。
平頭		○	Tiktaalik の頭部は魚類よりも遥かに平たい。魚類のように両眼は頭部の両脇にではなく、ワニのように頭部の上にある。
ヒレの構造		○	ウロコを剥いでヒレを外に並べてみると、すべての肢体動物共有の基本的パターンをしている。Tiktaalik は両生類のように歩けた訳ではないが、その強力な前肢と後肢とで最後尾に至るまでの体重のほとんどを支えられたことを示唆している。
耳のくぼみ		○	二つの頭部にある耳のくぼみは、その大きさにおいてデヴォン期の魚類よりも四肢動物に近い。四肢動物では、このくぼみのバージョンが、原初的な耳の役割を果たした。

＜http://tiktaalik.uchicago.edu/meetTik2.html＞　を参考に筆者作成。四足動物は、両生類・爬虫類・哺乳類・鳥類を含む。

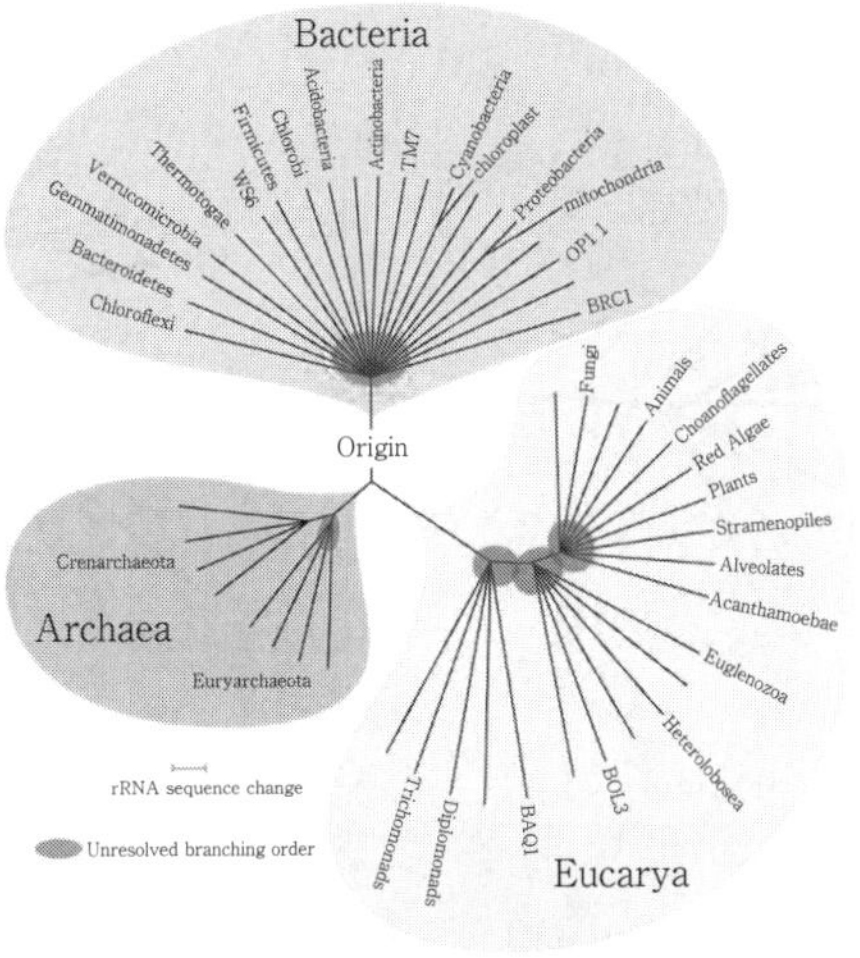

図 5　3超界説に基づく分類図（原図はカラー）

Traditional "Three Domains," retrieved on March 08 2016 from <http://mmbr.asm.org/content/73/4/565.full?view=long&pmid=19946133>

See, Norman R. Pace, Figure 3, "Mapping the Tree of Life : Progress and Prospects," American Society for Microbiology, *Microbiology and Molecular Biology Review*, 1 December 2009, vol. 73 no. 4, pp565-576.

ことを発見し、逆に、残りの四つの界は、真核生物（ユーカリヤ）としてひとつの界にくくることができた。こうした経緯で到達した分類を標準的な図に反映すると図5のノーマン・ペイスの分類図のようになる。

このペイスの図で特徴的なのは、分岐点の多くに比較的濃い網がけがなされていることであろう。この部分は「分類順が未解決」であることを示す。観察・実験機器や遺伝子学などが発達すると、類型・規格分類学と系統学との対立はさけられない。現代生物学が直面している生物種の分類上最大の論点の一つは、核細胞質性巨大ＤＮＡウィルス（Nucleo-cytoplasmic large DNA virus：NCLDV）の集団を一つの超界と見なすか否かという議論である。かりに、ＮＣＬＤＶの集団を一つの超界とした場合には、図5は図6のように変化する。右側のやや薄い線で示した部分がＮＣＬＤＶの集団を独立の超界とみなしたものである。ＮＣＬＤＶは、二〇世紀の後半から発見されだし、二一世紀初頭での発見や分類変更は数もはるかに多い。

論争は図6のように結着したわけではない。たとえば、生物種の樹形図の専門サイトである<http://tolweb.org/>（tol は tree of life の略）では図7の下段に示したように【?≡Viruses】という表記が見られる。

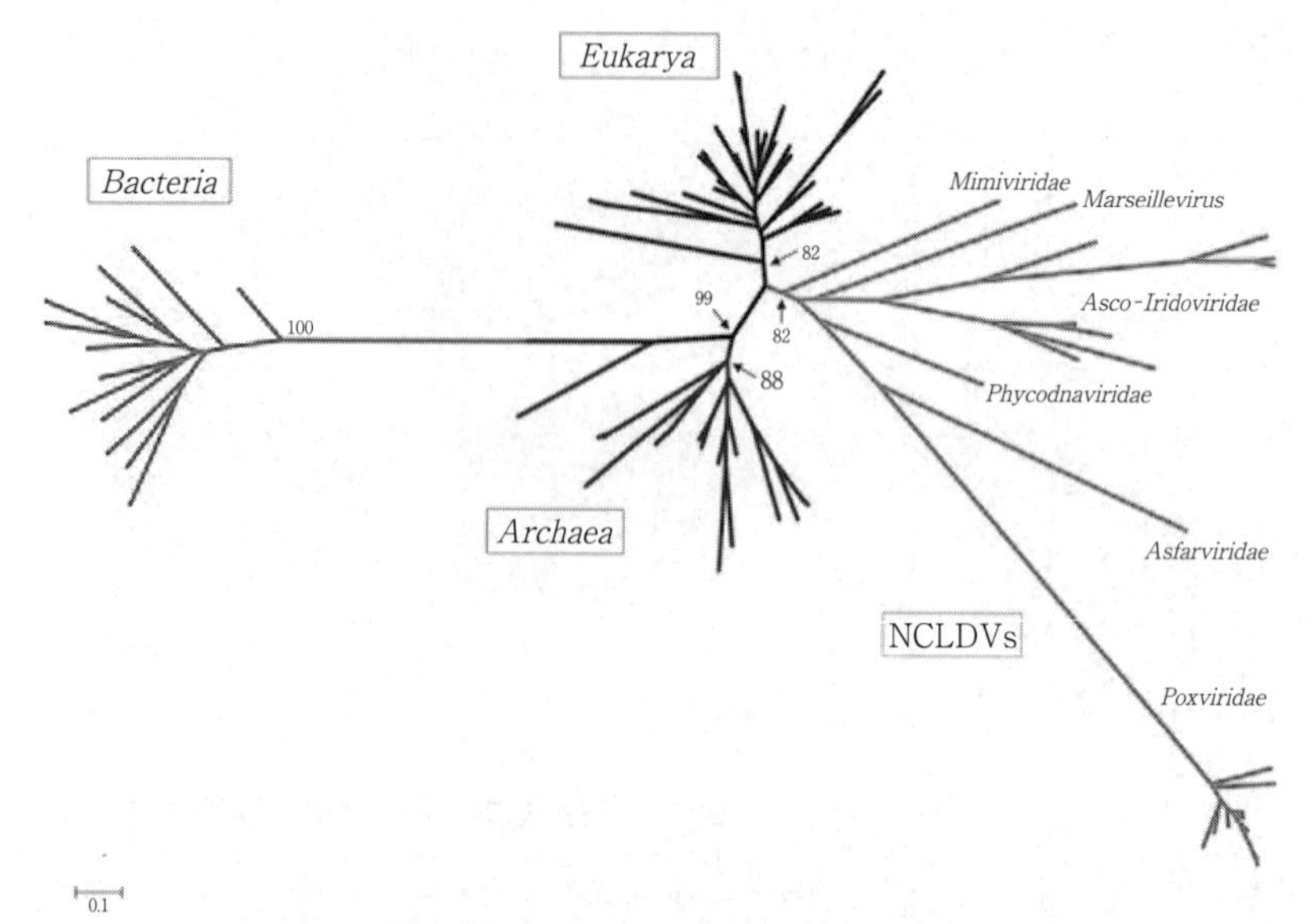

図 6　4超界説に基づく系統樹形図（原図はカラー）

"Four Domains," retrieved on March 08 2016 from <http://blogs.discovermagazine.com/loom/files/2011/03/raoult-tree600.jpg>.

Eubacteria ("True bacteria", mitochondria, and chloroplasts)
Eukaryotes (Protists, Plants, Fungi, Animals, etc.)
Archaea (Methanogens, Halophiles, Sulfolobus, and relatives)
?≡ Viruses

retrieved on 3 March 2016 from <http://tolweb.org/Life_on_Earth/1>.

そして以下のような記述もされている。アーキア樹形図とエオサイト樹形図とを紹介するくだりで、「主要な系統（ウィルスを省く）」the major lineages (omitting viruses) とある。

このように現代生物学では、NCLDVなどの巨大なウィルスをめぐって、一つの新しい超界（domain）を創設するか否かが大きな論争の主題となっている[8]。また、構造主義生物学の池田清彦が、表形学（数量分類学）、進化分類学（総合分類学）、分岐分類学のいずれをとっても、生物分類があまり意味のない作業であることを論じて久しいことも明記しておかなければなるまい[9]。

七　国際関係論における分類

畜産学などの生物学系の応用科学が、生物学が論じてきた生物種に理論的基礎をおくように、国際関係論では古くから、actor（行為体・行為主体）を議論の理論的基本としてきた。国際社会を演劇の舞台と見なして、そこで活動する主体を舞台俳優に擬したに過ぎない。Scott は、これに四つの条件を課したが、長い間、暗黙の了解のもとに、actor は主権国家のみであり、国際社会は主権国家からなるという命題が、金科玉条のごとくに守られてきた。ひとたびこうした概念が確立されると、人びとは、この概念が有する視座からしか国際社会をみない陋習がはびこってしまう。

しかし、実態は、各種の国際機関、多国籍企業、地方自治体政府、国際ＮＧＯなどを、actor と考えずに、国際社会を分析することは困難であり誤った分析結果をもたらしかねない。また、主権国家間同士の関係でも、法的には、各国は、均等で平等の権利を有しており、それを行使するというフィクションが貫かれている。しかし、十数億の人口大国と、人口数万人の島嶼国とが、均等だとは誰も思うまい。

主権国家が均等であることがフィクションであるように、主権国家以外の actor も、たとえば、国際機関ひとつをとってみても表5に示したように大小・構成・目的など実に多種多様である。これを「国際機関」という一つの用語でくくってしまうことには抵抗を覚えざるをえない。しかし、それでも国際社会の actor は、主権国家のみだとする発想よりは、はるかに納得がいく。

表 5　国際機関の目的別・構成別一覧

	普遍的課題	専門的課題
世界大	国家政府間／地方政府間／民間	国家政府間／地方政府間／民間
国際地域	国家政府間／地方政府間／民間	国家政府間／地方政府間／民間

多国籍企業も同様である。国家ならGDP、製造業なら売上額、金融業ならその取引額を調べ上げて、世界規模のランキングを作ると、二〇〇位以内に入る国家は七〇カ国で、その他の一三〇はすべて金融、製造に携わる多国籍企業である。[10] これらの多国籍企業のトップたちが、一時的であれ、あり得ないことであれ、自ら差配しうる資金額は、他の一〇〇カ国以上の主権国家の元首たちよりも、多いといえよう。このような力を持った組織体を、国家政府ではないから国際社会の actor ではないとはもはやいえまい。

多国籍企業は、利潤の最大化のみを目的として国境を越えて複数の国家に展開しているのだから、経済分野でならともかく政治・社会・文化・軍事など多様な分野を含む国際社会の actor ではないと主張する論者はもはや少数派であろう。しかし、一九七〇年代初頭くらいまでは、主権国家以外の国際社会の actor の存在を主張する方が少数派であった。巨大な多国籍企業がいくつか進出することによって、経済ばかりでなく進出先の社会・文化を根こそぎ変化させてしまう例は各地でみられる。経済力が政治力に容易く転化する事例は国際社会においても枚挙にいとまがない。多国籍企業は、世界各地で独裁的な権威主義体制と結託して利益を手にしてきた。チリのアジェンデ政権転覆の背後には、米国系の情報通信に関わる多国籍企業が暗躍して、政権を自らに都合の良い独裁的な権威主義体制に引き戻したことは歴史的事実として実証されている。それが今や貿易の自由化や民主化（欧米流議会選挙による間接統治の普及）という大命題に世界中で多国籍企業の力が動員されている。ましてや、近年では、「警備保障」という名称で、兵員や軍事物資を供給し、戦闘を請け負う企業が紛争地で「企業活動」を行っている。軍事の企業化、民営化にほかならない。

八　国際 actor としてのNGO

NGOも同じ見方ができよう。狡猾無類な外交官がその技の限りを尽くして成立していると想定される国家間関係に比べれば、ややもすると、NGOは、稚拙で訳知らずの私的な素人集団が行っている活動とみなされがちである。主権国家からなる国際社会という概念が生み出した狭い視野からの見方に過ぎない。地雷禁止条約が締結されたり、数かずの環境問題関連会議に与えたりしてきた影響などを見落としてはなるまい。

筆者も、一九八〇年代から約三〇年間仕事の合間を使ってNGO活動を行ってきた。[11] その発端は、筆者の居住地域で友人・知人とJVC（日本国際ボランティアセンター）のラオス農村生活改善プロジェクトを資金面で支援するバザーを開いたことだった。その後、そのメンバーで恒常的なNGOを設立して、ラオス農村生活改善プロジェクトを資金面で支援しつつ、独自のプロジェクトを展開してきた。ベトナムを中心に、ラオス、バングラデシュ、マダガスカル、ケニアなどで、さまざまな活動を組織・支援してきている。サラエボ五輪の公式メインテーマソングを作詞・作曲・歌唱した旧ユーゴの国民的歌手ヤドランカ（Jadranka Stojaković、一九五〇年七月二四日―二〇一六年五月三日）を招待してコンサートを開き、その売り上げを旧ユーゴ紛争の国内難民の支援に送ったこともある。

ベトナムでは、二〇校近くの小学校を建築し、困窮学生や障害児などへの奨学金等々を支給する活動を行っている。中でも女子のストリートチルドレンの生活施設を建築し運営を支援した時には、この種の活動のモデルケースという評判もとった。今度は男子のほうのストリートチルドレンの施設を考えてくれないかという話が、先方の福祉団体から出てきた。私も「一度きちんと見てからでなければ、話には乗れないから」と、実際に見に行った。コンクリート打ちっぱなしの二〇平米ほどの部屋に、当時男の子が一六人寝泊りしていた。夜の七時過ぎぐらいだったのだが、もう外がちょっと暗くなりかけている。ところが一六人いるはずの子どもが三人しかいない。その子たちに聞いたら、「今日は風邪で熱があって外に行けなかった」と言う。実はその施設は政府の施設で、朝食だけは出る。

「ここは、僕たちにはすごくいいところです。僕たちは、大変幸せです。朝ごはんは必ず出るし、夜も安心して眠れる。こんな安全なところで寝泊りできる僕たちは幸せです」と、風邪をひいて働きに行けなかった子どもたちが言う。筆者が「じゃあ、今日は、お昼はどうしたの?」と訊くと、「お昼は、食べていません」と答えた。それはそうである。彼らはその日暮らしなのだから。

彼らの「仕事」は、たとえば、市場に行って積み下ろしのときにこぼれた野菜の葉とかを拾い集めて洗って、路上で売る。お金のない人が買っていく。それで、一日一ドル、あるいは一〇〇円くらい稼ぐのが目標であった。一〇〇円あれば十分である。街の路地に入っていくと、フォーというベトナムのうどんが、天秤棒を担いだ移動式の「そばや」で当時は二〇円から三〇円ぐらいで売られていた。これなら一〇〇円あれば、一日食いつないでいける。靴磨きであろうが、店の下働きであろうが、あるいは鉄くずを集めてこようが、何でもいい。ところが、病気をしたら働きに行けないから、お昼も食べられない。夕食も食べられなくなってしまう。

筆者は、アメや鉛筆を持っていって配ったり、小銭をあげたりとかするのは、あまり好みではない。通訳に頼んで、三人の子どもたちに言った。「おじさんは、今は何も持ってきていない」と。「今は何も持ってきていないけれどいずれ君たちに未来をあげよう」と。

そうしたらその時に――未来をあげるというのはどういう意味か、日本の子どもでは多分わからないであろう――グっと六つの瞳が私をにらみ返してきた。齢（よわい）五〇弱くらいにして始めて、本当に人の目に力が入るというのは、こういうことなのだなと理解した。グっとにらみ上げて、希望を持った目に力があって輝いていた。

どういうことか。筆者が言ったのは「学校に行かせてやる。ここを建て直して、衣食住の面倒を見てやる」という意味であった。つまり「未来をあげる」ことにほかならない。その言葉だけで、彼らにはピンと来る。学校に行けないから未来がまったく閉ざされている。このままだと、生涯今やっているようなその日暮しをやっていかなければいけない。でも、学校へ行って教育を受けたら、何かいろいろな目的や人生が開ける、それが分かっている。

その時には、たまたま大きなバスで行ったので、大通りにバスを止めておいて、細い路地を歩いて施設まで行った。風邪をひいて働きに出られなかったという子どもたちが、大通りまで私を送ってくれた。これには、感動した。その時に一緒に案内してくれた人が、「ここにはいろいろな国から何人もの人が『視察』に来ている。だけど、この子たちがここまで送ってきたのはあなたが初めてだ」と教えてくれた。

お金をあげたりとか、食べ物をあげたりとかいうことよりも、彼らにとってもっとうれしいのは、「希望」である。夢が持てる、自分の人生に希望がもてる。自分の人生にとって希望があるということがどんなに大事なことか。お金なんかどれだけもらっても、使ったら終わりである。鉛筆だって、アメだって、その場で消費してしまえば、おしまいである。それらに比べれば、希望はずっと息が長い。

活動を通じて、私も彼らから学ぶことが大きかった。このときに学んだのは、「人生は実は単純だ」ということ

表 6　官民公私

<table>
<tr><th></th><th>官（統治・秩序維持）</th><th>民（自己利益追求）</th></tr>
<tr><td rowspan="3">公　（他者志向）</td><td rowspan="2">国家政府</td><td rowspan="3">企業</td></tr>
<tr></tr>
<tr><td rowspan="2">地方政府</td></tr>
<tr><td rowspan="3">私（自者志向）</td><td rowspan="3">個人・家族・親類・友人・知人</td></tr>
<tr><td rowspan="2">私的集団
（自治会・青年団・NGO、NPO など）</td></tr>
<tr></tr>
</table>

にほかならない。まずは愛する人、家族とかが一番である。そして社会的な意味を持つ仕事や職業を持っていること、最後に未来に向かって夢や希望を持つこと、その三つの要素があれば、人生はハッピーである。そのことを、逆に彼らから学ばせてもらった。ストリートチルドレンには愛する家族がない。誇れる仕事もない。そもそも夢がない。このように国際ＮＧＯは、よく目にする国内外の避難民の支援とか、飢餓への食糧支援などばかりではなく、元来、主権国家の政府がなすべき将来世代の教育や場合によると民主化支援などまで手掛けている。有力な国際社会のactorにほかならない。

　生物種を生物学が超界でまとめたように、国際関係論も国際社会のactorをまとめる方法はいくつか提示されてきた。筆者は、常々次のようなまとめ方を提唱している。非Ａ＝Ｂという二組の肯定的な基準からなる分類なので、二元二次のマトリクスにおさまる。表6に示したように基準は、官民・公私である。ともに補集合を持たない。あえて現実を徹底的にチェックすれば、場合によると、非Ａ＝Ｂにならない例外があるかもしれない。しかし、ここでは、官民・公私を、非Ａ＝Ｂの基準とすることを前提とする。[12]

　この分類を国際関係の超界だとすると、ちょうど生物学が巨大ウィルスのために新たな超界を設定するか否かで論争を抱えているように、国家政府以外は認めないという主張は論外としても、「私」・「民」のセルを国際社会のactorとして認めるか否かは論争をさけがたい。肯定派は、Scott の四基準のうちの三基準に照らして、たとえば、ラッセル・アインシュタイン宣言（Russell-Einstein Manifesto、一九五五年七月九日）の呼びかけ人となったラッセル（Bertrand Arthur William Russell、一八七二年五月一八日―一九七〇年二月二日）やアインシュタイン（Albert Einstein、一八七九年三月一四日―一九五五年四月一八日）などは、①一定期間存続する（ヒトの寿命）、②自らの意志でその行為を決定しうる、③国際社会に影響を及ぼすので、個人であっても国際社会の actor と見なすことができるとした。しかし、当時は、著名人であるラッセル・アインシュタインが、核兵器に関する重要な宣言を発したのを、メディアが取り上げて、国際社会に影響を与えたのが事実である。現代は、ＩＴの発達によって、誰でもこのような発信者となりうる。そうした環境の変化を考慮に入れて「私」・「民」のセルを国際社会の actor として認めるか否かの論争を行わなければなるまい。

現代人は、労働とその対価によって生きている。換言すれば、人類は、完全な自給自足生活をしていない限り、何らかの形で他人のために働いている。パン屋は、自宅で食するパンだけを焼いている訳ではない。教師は、自分の子どもや親類の子どもだけを教えているのではない。自動車工場の労働者は、自分たちの乗る自動車だけを生産しているのではない。自給自足生活でなければ、すべての労働は他人のためにある。

同じ労働を取り上げても、社会制度や時代・地域によって、上で示した二元二次の表への入り方が異なる。たとえば、介護労働をみてみよう。かつての北欧諸国は、福祉制度が進んでおり、介護は政府の機関のもとにあって税金で運営されていた。官・公である。アメリカや近年の日本では、介護が雇用の機会を与える企業として成立することが認識されてきた。民・公である。同様に米国のコミュニティでは、非営利の民間組織が発達しており、何か事情ができて企業に頼れない場合は、無料で引き受けるＮＰＯなどの手が差し伸べられる。官・私である。儒教が根強く信奉されている東アジアの社会では、介護の対象が家族の年配者であれば、「長男の嫁」の仕事となる。民・私に他ならない。介護と同様な性格を持つ保育なども似たような腑分けができよう。

人類の社会はすべて他者への労働によって成り立っている。しかも上述したように、同一労働の労働主体が、二元二次の分類のすべてに振り分けられる。それが示しているのは、国際関係の主体の超界分類として、actorが、これら四種の組み合わせからなる見方も正しいということであろう。

九　おわりに

生物学では、集合の大小に従って、超界（Domain）、界（Kingdom）、門（Phylum）、綱（Class）、目（Order）、科（Family）、属（Genus）、種（Species）の分類単位がおかれている。国際関係論は、この階統秩序的生物学の分類に関する成果から、さらに何を借用できるだろうか。紙幅の関係でその詳細をここで述べることはできない。その代わりに、いくつかの難点を指摘しよう。第一に、生物学の分類は、類型分類、規格分類、系譜分類のいずれをとったとしても、基本的には静的分類であるという事実である。社会科学、とくにここで検討している国際関係論にとっては、actorの静的分類それ自体も重要であるが、むしろそうしたactorが生み出すダイナミズムこそが比較・分類の分析にあたっても最大の目的となる。第二に、究極のところ生物学は基本単位を構成する原子や分子にまで遡及可能である。また、意識や心、性格などを問題にする必要もない。個体差という処理の仕方が有効である。国際関係では、この個体差こそが重要な分類の一項目をなす。超大国・大国・小国、冷戦期であれば市場経済諸国・計画経済諸国、民主主義体制・権威主義体制という個体の体格や体質こそが問われる。第三に、生物学では寄生や天敵の関係などの他はあまり多くは問われない actor どうしの関係が国際関係論では重要になる。換言すれば、同一種に分類されてもその個体差ゆえに生ずる関係や異種間関係こそが問われる。第四に、国際関係論では、価値中立性が保たれないから、基本的理論→現実分析→規範的予測の連鎖が必ずしもうまく働くとは限らない。基礎理論研究と応用研究とのズレといってもよいだろう。それは、社会科学一般に共通するが、「学」として体系化を図るうえで方法論上の制約が多いため、理論と方法論の連続性を欠き、過度の応用科学か、もしくは「ための理論」というタコツボ的な状況に二極分化しているかに見える。しかし、それゆえにこそ、理論と応用、技術と社会科学、歴史と理論の融合は、国際関係論では、文理融合という現代的要請にもっとも応えやすい位置にあるのではなかろうか[13]。また、本稿を通じてえた教訓のひとつは、社会科学一般にあって、分類のための基準設定は、補集合を複数持つような設定を避けるべきことであろう。

国際関係論が生物学から比較・分類以上のトゥールを借用する可能性があるとすれば、同一種内・異種間の関係に関する何らかの法則の普遍化を導く手法であろう。

（1）「種」巌佐庸、倉谷滋、斎藤成也、塚谷裕一編『岩波生物学辞典』第5版、（岩波書店、二〇一三年二月）六一九頁左。

（2）現時点での邦語文献の最新版は、内山勝利・神崎繁・中畑正志編『アリストテレス全集』第8巻「動物誌上」二〇一五年、第9巻「動物誌下」二〇一五年、岩波書店。文庫本では、島崎三郎訳『動物誌上』岩波文庫六四四―一〇、一九九八年、『動物誌下』岩波文庫六四四―一一、一九九九年、がある。なお、遠藤広光「動物分類学」<http://www.kochi-u.ac.jp/w3museum/Fish_Labo/Member/Endoh/animal_taxonomy/2015animaltaxonomyPDF/20150430animal_taxonomy003.pdf>, pp. 2~3, retrieved on 22 Feb. 2016. を参照されたい。以下の記述もこれを参照している。

（3）スウェーデン語の発音では［lɪˈneː］（リネー）となる。

（4）池田博明「高校生物　系統と分類」<http://spider.art.coocan.jp/biology2/systematics.htm>, retrieved on 22 Feb. 2016.

（5）たとえば、イヌは、イヌ Canis lupisdearu、イヌ属 *Canis*、イヌ科 Canidae、ネコ目（食肉目）Carni vora、哺乳綱 Mammalia、脊索動物門 Chordata、動物界 Animalia となる。ネコも同様に、動物界 Animalia、脊索動物門 Chordata、哺乳綱 Mammalia、ネコ目（食肉目）Carnivora、ネコ科 Felidae、ネコ属 *Felis* となるが、ネコ属の種は複雑で、次の五種が考えられている。ジャングルキャット *F. chaus*、マヌルネコ *F. manul*、スナネコ *F. margarita*、クロアシネコ *F. nigripes*、ヤマネコ *F. silvestris*。しかも、最後のヤマネコ種には、ハイイロネコ *Felis silvestris bieti* とイエネコ *Felis silvestris catus* との二つの亜種の存在が確認された。さらに、次の四属はネコ科のネコ属と並ぶ属とされている。かつては、これら四属は、種とされた時期もあったし、現在もそのような記述がみかけられるが、おおむね属表記で統一されている。それは、カラカル *Caracal caracal*、オセロット *Leopardus pardalis*、マーゲイ *L. wiedii*、ピューマ *Puma concol* にほかならない。ここで注意すべきは、たとえば、イヌならば、チワワとか、柴犬とか、セント・バーナードとかいるではないか。ネコならば、ペルシャとか、シャムとか、あるいは、三毛ネコ、虎柄、カラスネコなどいるではないかという疑問があがることであろう。これらは、生物種ではなく、品種にすぎない。

（6）久保康之「原核生物　原生生物　菌類の分類体系　〝微生物〟」ppt 版<http://eureka.kpu.ac.jp/~y_kubo/pathology/Biol1.pdf>p. 5, retrieved on 04 March, 2016.

（7）ニール・シュービン著、垂水雄二訳『ヒトのなかの魚、魚のなかのヒト：最新科学が明らかにする人体進化三五億年の旅』早川書房、二〇〇八年、文庫二〇一三年、原著：Neil Shubin, *Your Inner Fish : A Journey into the 3.5-Billion-Year History of the Human Body*, First Vintage Books eition, 2008, 2009。著者の Neil Shubin<一九六〇年一二月二二日～>は、Tiktaalik の生物学者としての発見者であり、学名を現地のイヌイットの言語を尊重してつけた（「大きな淡水魚」の意）。

（8）こうした個々の論文に触れるまでもなく、たとえば、『岩波生物学辞典』では、「付録」に「分類階級表」を掲載した後に「ウィルス分類表」を一五一三～一五二九頁の一七頁に亘って掲載し、最後に三超界体系に基づく「生物分類表」（一五三〇頁）を掲げている。巖佐庸、倉谷滋、斎藤成也、塚谷裕一編『岩波生物学辞典』第五版、（岩波書店、二〇一三年二月）。一九九六年の第四版では、ウィルスは、一五二五―一五三四頁と一〇頁の記載で、超界分類については、「生物界を五界に亜区分する体系が最近ではよく用いられるが、この生物分類表では固定した亜区分は採用されていない」としている（一五三五頁）。八杉龍一、小関治男、古谷雅樹、日高敏隆編『岩波生物学辞典』第四版、（岩波書店、一九九六年三月）。また、まとまった邦語の一般書としては、武村政春『巨大ウィルスと第４のドメイン』（二〇一五年、講談社）ブルーバックス B-1902。

（9）池田清彦『分類学という思想』（新潮社、一九九二年一一月）。

（10）筆者は、二〇〇位までの具体的な国名・企業名入りのリストを作成したが、紙幅の関係で、ここでは掲載しなかった。主要な結果が分かる表を以下に示そう。

ランキング	主権国家	企業
50位	42カ国	8社
100位	60カ国	40社
150位	64カ国	86社
200位	70カ国	130社

データは、World Bank, World Development Indicators database, "Gross domestic product 2014" に一九五カ国のGDPが記載されている。したがって、二〇〇位までに入った一三〇社の企業以下のGDPしかない国家は世界銀行の統計上あと一二五カ国存在する。<http://data.worldbank.org/data-catalog/GDP-ranking-table>から<http://databank.worldbank.org/data/download/GDP.pdf>を引き出す。多国籍企業については、毎年、Fortune global 500として、一〇〇位ずつ五〇〇位まで発表される。ここではより簡便に売上額のみ記載されている<http://www.alucia.com.hk/blog/fortune-global-500-2015/>からとった。

（11）以下のNGO活動でのエピソードの記述は、二〇〇九年十一月二一日早稲田大学で開催されたシンポジウム「今、問われるコミュニケーション力とは?」で、筆者が行った講演の記録を大幅に圧縮したものである。「記録集」の電子版元原稿について、実践女子大学人間社会学部柑本英雄教授にご高配を賜った。記して謝す。

（12）官民、公私の二つの基準からは、官＝非民、公＝非私、その逆の、非官＝民、非公＝私のようにそれぞれ一つの基準で指定された集合以外の対象と、別の基準で指定された対象の集合とが合致する。元来、ひとつひとつの集合の対象が、このようにすっきりしていることは稀である。たとえば、植物学で「赤い花」という形質（基準）の集合に対して論理的に導かれるのは「赤くない花」である。そこで、第一に、「赤くない」色は、すべての色の数から赤一色を引いた数だけある。「黄色い花」、「紫の花」、「青い花」など二色以上の複数の色が集合を形成している。第二に、花が咲く・咲かないの区別はどうなるだろうか。よくいわれる「栄華英秀」である（順に、草の花、樹木の花、花は咲くが実を結ばない、花は咲かないが実はなる）。

一般的に、設定した基準の数をｎとすると、論理的に導かれる集合の数は、2^{2n}になる。したがって、基準が二つの場合には一六通りの集合が考えられる。今、ふたつの基準をそれぞれA、Bとすると：A, B, φ（矛盾定数）、$\overline{B}$, $\overline{A}$⊂B, $\overline{A}$、A⊃$\overline{B}$, □（肯定定数）、A⊂B, A⊃B, A⊂$\overline{B}$, $\overline{A}$⊂$\overline{B}$, A⊃B−A⊂B, $\overline{A}$⊃$\overline{B}$,（$\overline{A⊃B−A⊂B}$）, $\overline{A}$⊃B, となる。

（13）　第四の難点については、長崎大学多文化学部森川裕二教授の示唆によった。

六　コミュニティーの蘇生と人育て

震災後のレジリエンス——環境再生の祈りを中心に——

早田　宰

一　はじめに

自然災害による被災コミュニティの「祈り」と「再生」について考えてみたい。私たちは毎日のように世界の凄惨なニュース報道に接し、そのたびに祈るような気持になる。祈りにはいくつかのタイプがある。大切な人やものを失った悲嘆や苦痛から心理や魂の苦痛を救うための「個人の祈り」、災害などによる地域社会の混乱や低下による人々の共苦から社会意識を回復するための「社会的な祈り」、そして、人間のみならず生きとし生けるもの、それを育む環境や未来にダメージを与えてしまった私たち人間自身の愚かさや傲慢さの自覚による苦痛から人間の限界を超えていくための高次意識からの「環境的な祈り」がある。

本論では、この「環境的な祈り」について、とりわけ「環境再生の祈り」について、現代社会がとくに災害などの惨事の後に、どう向き合ったらいいのかについて考え、東日本大震災における「復興」の祈りについて、その「内容」と「形式」から分類する。ケーススタディとして、岩手県田野畑村の「鹿踊（ししおどり）」と宮城県気仙沼市の「海と生きる」という復興スローガンを事例に、レジリエンス（回復力）[1]における社会意識のマネジメントという視点から考えてみたい。

二　祈りは実践へふみだす第一歩

「祈り」は、神仏などの存在を観念し、呪文、聖句などの特別な力と響きを持った言葉として、口に出して唱えられるものである。個人の祈りのもつ社会的環境的な意味は、それが本人の行動のきっかけとなり、社会を動かし、ひいては世界システムに働きかけるきっかけとなることである。英語の wish と pray の違いはどこにあるのか、または日本語の「願う」と「祈る」の違いはどこにあるのかといえば、前者の「願う」ことは、思念が心の中いっぱいに満ちる状態（mindfulness）であるのに対して、後者「祈る」ことは、満ちた思念を外にあふれ出させて広げていく行為である。願いは、その内容が言葉化（verbalization）され、短い定型文、式文などにのせて、くりかえし唱えられる（incantation）。日本には古代より言霊の思想があり、言葉には霊力、呪力をもたせ、現実化を強く働きかける力があると考えられてきた。そして神仏に決意を示し祝福・恩恵にあずかろうとする。神仏は、個人の救済、社会の救済、そして環境の救済[2]をかなえてくれる存在である。

三　人間・社会・環境の秩序と祈り

個人的の救済の祈りはわかりやすいが、社会的な祈りと環境的な祈りがどういう由来をもつものか整理しておきたい。動物は、さまざまな鳴き声を出してコミュニケーションしている。喜び、悲しみ、怒りなどの基本的な表現があり、さらに要求、求愛、威嚇などがある。声には生まれつきのものと、親や群れから学習するものがある。鳥の場合、前者が「地鳴き」であり、後者が「さえずり」である。「さえずり」は、群れによって特徴や地域性がある。[3] 社会性動物では、コミュニケーションが複雑になり、自分以外の他の成員へ問題があることを伝えたり、グループに援助を要求したり、フラストレーションなどを伝えたりする必要が高まって発達する。ここに社会的な祈り、環境的な祈りの源流がある。

祈るという行為を行動科学の視点からみれば、ある個体にとって、己れの力では問題解決することが難しいけれども叶えたい強い願望がある場合、そのことを共同体の他の成員に特別な意識喚起を求めるために、音声を音律やリズムにのせた強い表現で発信することにより伝搬させ、感情移入や共感を呼びおこすことで、援助や協力をうながし、現実を変化させるきっかけをつくろうとする行為である。

このように考えると、社会的な祈りと環境的な祈りを人間以前にさかのぼって理解することができる。例えばオオカミの遠吠えを例にとろう。自分がここにいるという示威、離れた仲間同士で相互に存在を確認しながら、群れの結束を固め、自分の危険と群れのリスク、たとえば飢え、侵入者など未知の敵、環境の異変などの不安要素へ警戒を強めると同時に個体の不安をやわらげるのである。これらが社会的、環境的な祈りの原初形態であり本質的な意味と考えられる。

こうして「個人の祈り」「社会的な祈り」「環境的な祈り」は同時にうまれてくるのである。願いはあくまで個人の思惟の働きの延長上に留まるものであるのに対し、祈りは自分自身・社会・環境に開かれて意思表示し、それらへ働きかける行為となる。いわばさまざまな因果をむすびなおして世界をつくり直すための行動の烽火（のろし）を上げる儀式が、祈るという行為であるといえる。

四　日本人における思惟と祈りの関係

日本語において「祈る」は、「斎（い）・宣（の）る」が語源であり、古来より神仏に祝詞や経などを唱えることによって災厄を祓い招福を願う[4]。日本語の「願う」は、「請（ね）ぐ」に継続反復を表わす助動詞「ふ」がついた「請（ね）ごふ」で、神仏に望み「請い求める」ことが原義である。つまり祈ることは自力の限界をこえた他力的な行為であり、何を祈るかは、まずもって何を自力とするのかによって規定されるのであり、裏腹の関係である。

日本の祈りを考察する前提として、日本人の思考と行動がいかなる特徴があるのか、日本人にとっては当たり前すぎて意識化されない特徴を整理しておきたい[5]。中村元（一九八九[6]）は、日本人の思惟方法として四つの特徴をあげている。①与えられた現実の容認（自然、山川草木を愛し寛容宥和の精神をもつ）、②人間結合組織を大切にする従順さ（先祖、親孝行など）、③非合理主義的傾向（義理と人情を大切にする、批判精神の不徹底さ）、④超自然的存在と交信する（脱魂・憑依）の四つが特徴的であるとしている。この超自然的存在との交信とは、万物の法則や天運をつかさどる存在を観念し自分を重ねる行為であり、その仕方は、神仏、天地、神明、天帝、太虚、自然そのものなど、様々である。祈りの形式は、祝詞、修祓、読経、加持、祈祷などがある。併用して、歌、楽奏、舞、献花、供物、献灯、碑、修験、演武などが添えられる。日本は島国であり限られた環境世界や資源で共同生活をする制約がある。その範囲において可能性と不可能性を明らかにすることは、必然的に環境の限界、社会の限界、自らの限界の中で諦めるべきことはあきらめることになる。そのような閉鎖的環境で暮らす結果、「言挙げせぬ国」、つまり理路整然と説明したり、議論したりすることは必要以上に周囲に波風を立てることになるため、それを避け、あいまいにしておくことが人間関係上の処世術とされてきた。その結果、合理性は矛盾をはらんだまま放置され、個人の感情は抑圧されて自己内統合は分裂しがちとなる。

五　環境的な祈りの身近さ

「個人の祈り」「社会的な祈り」「環境的な祈り」の三つの祈りの中でも、環境的な祈りはもっとも抽象的、間接的、利他的である。それだけに個人の信仰や祈りの中から抜け落ちてしまいがちである。しかし、古代においては常に命の危険があり、個人・社会・環境の祈りは一体化していた。

万葉集に「天地の神を祈りて　幸つ矢貫き　筑紫の島を　さして行く我れは」（大田部荒耳）とあるのが文献上、祈りという用語の初出である。(7) 八世紀後半、防人となった若人が、「天地の神に祈って、幸運の矢を矢入具に差して九州の筑紫の島を目指して、いざ旅たとう、我は」と詠んだものである。防人は命令であり逃げることはできない。環境が辛く戦さで天運が尽きるかもしれない、無事に帰りたい。神々よ、どうか聞こし召せ、その祈りの言葉を捧げて弓矢も周到に準備したので、いよいよ旅立とう、そういう内容である。環境的な祈りは身体の安全と一体化されているがゆえに身近かなものだったのである。

六　災害からの再生

次に「再生の祈り」についてである。災害によって、さまざまな苦痛におそわれる。大切な近親者が無くなれば精神的な苦痛を味わう。会社や地位など社会での役割が消滅すれば社会的な苦痛を味わう。そして原発で汚染された海を思えば、人間として環境的な苦痛を味わう。人々は心の支えを必要とし、超越的な救いを求める。失われた人命は戻らないが、尊い犠牲として弔い、家屋を再建し、コミュニティを再生してゆく。

「再生」という日本語は、いくつかの意味をもっている。①死にかかったものが生き返る「蘇生」(resuscitation)、②心を入れかえて新しい生活をする「新生」(rehabilitation)、③損害を受けた物を修復して再び使えるようにする「再製」(restoration)、④生命体が体の一部を失ったとき、その部分の組織や器官を生み出す「再組成」(regeneration)、⑤ダメージを受けた社会的・環境的システムが新しい平衡状態を獲得する「レジリエンス(回復)」(resilience)などの意味がある。

日本は災害列島といわれ、地震、津波、台風、洪水などの自然災害が多い。災害からの再生は大きなテーマである。そこでは、人々の心の再生もさることながら、都市の物的環境の修復(③の意)、コミュニティの新生(②の意)、経済産業の復興(①の意)、社会システムのレジリエンス(⑤の意)などがミックスしたテーマとなる。それらは別々なものではありえない。都市や地域は、人間が自然環境に適応するためにつくられた人間・社会・環境システムであり、人的資源、経済資本、建物資本、環境資源などは、蓄積・存在する形態を変化させつつ活動サイクルを循環させている。日本人は、幾度となない大惨事を経験しつつ奇跡的に復興してきた。ショックを受け止め未来へと転換するレジリエンスの力が高いといわれる。

る。

七　自然災害への祈りと再生

災害後、苦痛から脱するため、人々はやるせない心の置き所を求め、祈り魂を鎮める機会や場を必要としている。

苦痛と祈りの内容は、段階の時間進行によって異なってくる。当初は、①「生存」の祈り、そして②「鎮魂」の祈り、次いで、③「復興」の祈りへ向かう。しばらくすると、心を悲しみから離していくための④「追悼」の祈りとなる。一年も経過すると、⑤経過にともなう社会の分断や対立を乗り越える「社会統合」の祈りが必要になってくる。そして、⑥現実の疲労感からの逃避や無関心を「戒める」祈りも必要になる。二年も経過すると、⑦「風化」を憂いて忘却を戒める祈りとなる。

これらの各段階で祈りをサポートするスピリチュアルケア、そのための専門ワーカーが必要となる。キリスト教系社会では、チャプレン（chaplain）という現地で心の苦痛を和らげるための宗教者がいる。災害後にはこうした人々がグリーフ（悲嘆）ケアをおこなう。これらは主として、①〜④の初期の段階に対応しており、心の辛さを軽減するために人々に寄り添いサポートする活動が主となる。「社会的な祈り」という点では、⑤〜⑦の日常移行期において、つながりや社会を回復するための心の相談や支援がおこなわれる。[8] 一方、「環境的な祈り」という視点はどうであろうか。そこから社会再生、環境再生の実践へ人々が向き合うための心の支援は、専門家の中でもあまり体系化されていないように思われる。[9] また、⑥〜⑦の移行期以後のスピリチュアルケアは、平常の社会意識のマネジメントへフィールドが移っていくことになる。その移行期についてもまだ十分に整理されていない。仏教系社会では背景に施設などでスピリチュアルケアを行うビハーラ僧[10]がいるが、日本において災害後や移行期において「社会的な祈り」「環境的な祈り」の活動がどうあるべきかという視点は今後検討が深められるべきテーマであろう。

日本人の自然信仰、天地へおおらかに祈る心の習慣と、ショックを乗り越えて現実に向きあうレジリエンスの能力の高さは、深いレベルで通底している。日本的な自然信仰では、環境と超越的存在を重ねあわせる。万物の存在は姿かたちを変えて循環し、その中から新たな生命が生まれ循環する。精神的、物理的に多義的な意味をもつ「再生」を、ひとつの復興プロセスとして捉えていこうとする。おおらかに祈ることから、新しい心で今を生きていく気と、地域を再生する気が同時に生まれる。地域社会として心にけじめをつけ、社会システム観に反映させ、再生に向けて共同して動き出していく。そのことを日本の地域社会の共同体は無意識のうちに理解しており、実践規範として社会に定着させているといえる。

八　レジリエンスと社会意識のマネジメント

地域社会のレジリエンスのために、「社会的な祈り」「環境的な祈り」はいかにあるべきか、公共や地域社会は何をすべきか。地域社会における精神保健の取り組みとして、さらにレジリエンスにおける社会意識のマネジメントとして考えてみたい。

ここでは二〇一一年三月におきた東日本大震災の「復興」の祈りの性格をもった言葉や文章をとりあげ、「内容」と「形式」から分類して考えてみたい。代表的ないくつかをとりあげてみよう。内容は、①社会志向性と②環境

表１　東日本大震災後の様々な祈りの表現

		内　容	
		社会志向性	環境志向性
形式	掲げ言葉（slogan）	◆心ひとつに 世界に誇る 南相馬の再興を（南相馬市） ◆あの日を忘れず ともに未来へ 東松島一心（東松島市） ◆心をひとつに 未来に向けた復興（田野畑村） ◆明日への一歩 青い海の復興へ（普代村） ◆チカラをひとつに。−TEAM AS ONE−(Jリーグ)	◆奇跡の一本松(陸前高田市) ◆笑顔の君とおなじ空を見上げて（全国曹洞宗青年会災害復興支援部）
	唱え言葉（incantation）	◆「復興へ 頑張ろう！みやぎ」（宮城県） ◆「『がんばろう！岩手』宣言」（岩手県） ◆がんばっぺ！いわき（いわき市） ◆共に前へ進もう（仙台市） ◆やっぺす（石巻復興支援ネットワーク） ◆撓（たわ）まず屈せず（釜石市）	◆花は咲く（NHK） ◆海と生きる（気仙沼市） ◆日本大震災被災者のための祈り（カトリック中央協議会） ◆311の祈り・連祷（日本基督教団）
	非言語（nonverbal）	◆復興祈願スポーツ親善試合（各地）	◆鹿踊（岩手県各地） ◆3月11日からのヒカリ（気仙沼市）

志向性に分ける。形式は、①掲げる言葉（slogan）、②唱える言葉（incantation）、③非言語（nonverbal）に分ける。ここでいう「掲げる言葉」は、願いを表現したスローガンであるけれども主として読み言葉として使われるもので、口から発せられることは少ないものとする。「唱える言葉」は、口から発せられることが想定されたものであり、人々が日常会話の中で引用され使うことが想定されている。代表的なものを表１に示す。

地方自治体など公共団体の多くは、「がんばろう」に代表されるように、社会志向性の高い「掲げ言葉」を採用したスローガンを多く活用した。その中にあって陸前高田市の「奇跡の一本松」は例外的に環境志向的である。それ自身が象徴的モニュメントであったが、次第に祈りのキーワードとして使われるようになった。漫画家のやなせたかし氏が「陸前高田の松の木」という歌をつくり「負けずに生きる」と作詞したように、当初は「蘇生」という意味での再生のシンボルであったが、平成二四年五月に塩害で枯死が確認されたため、「レジリエンス」としての再生、つまり後戻りしないで新たな平衡状態をめざすためのシンボルとして位置づけ直された。

唱え言葉として定着した環境志向的なものとしては、「花は咲く」（NHK）という歌が有名になった。さまざまな人々に、さまざまな場面で歌い継がれることが当初より意図されていた。その性格としては、鎮魂の祈りの段階に合わせた歌といえる。

九　岩手の鹿踊にこめられた祈り

環境志向的なもの、かつ復興の祈りを意図したものとしては、非言語の文化では、鹿踊（ししおどり）がある。岩手の各地に伝わるもので、勇壮に舞われる。田野畑村の菅窪（すげのくぼ）、甲子（かっち）に伝わる鹿踊は、故事によれば武甕槌命（たけみかづちのみこと）が茨城の霞ケ浦に降り立ったときに天照天迦久神（あめのかくのかみ）の神霊が化身した鹿を従えていた。先住民たちが火矢を放って抵抗したが、鹿が火を消し止めたという。それから鹿踊が創始されたと伝えられる。

鹿踊には太鼓を叩きながら踊る系と、音楽は奏者に分離して、演者は幕をもって激しく踊る系がある。後者のほうが脱魂・憑依して超自然的存在と交信する特徴が濃いといえるが、田野畑村に伝わる鹿踊は後者のほうである（写真）。田野畑村では、鹿踊は室町時代から始まったと伝えられており、祭事にて、神社、共同墓地、里山な

田野畑村菅窪鹿踊（いわて三陸鎮魂復興祭）
写真提供元：宮古市

どで舞われてきた。

一〇　非言語の力がもたらすもの

鹿踊は舞に歌がつけられる。その歌詞には、「奥の深山」「花は散るもの」など環境と一体化した風流を感じる言葉が散りばめられおり、超越的存在と自然への畏敬、鎮魂、平安などの祈りがこめられているといわれる。(11) ただしこうした説明を平素に必要以上に加えたりはしない。勇壮で美しい舞と朗々とした声の音律の世界に入り込み、祈りの念を体認するのである。村々には子供時分よりそのリズムが染み込んでいる。

震災以後は、地域で開催される復興祭で鹿踊が必ず奉納される。そして震災後の地域社会の絆を見直し、厳しい環境の中で暮らしていくために、鹿踊はますます重要視されている。田野畑村では鹿踊は、とりわけ大切な郷土芸能とされており、大人から子供までが一つになり地域社会の結束を高める上で要石の役目を果たしているがゆえ、その保存と継承は村の重要な課題とされている。「鹿踊」がどのように普及していったのかウエッブサイトでの

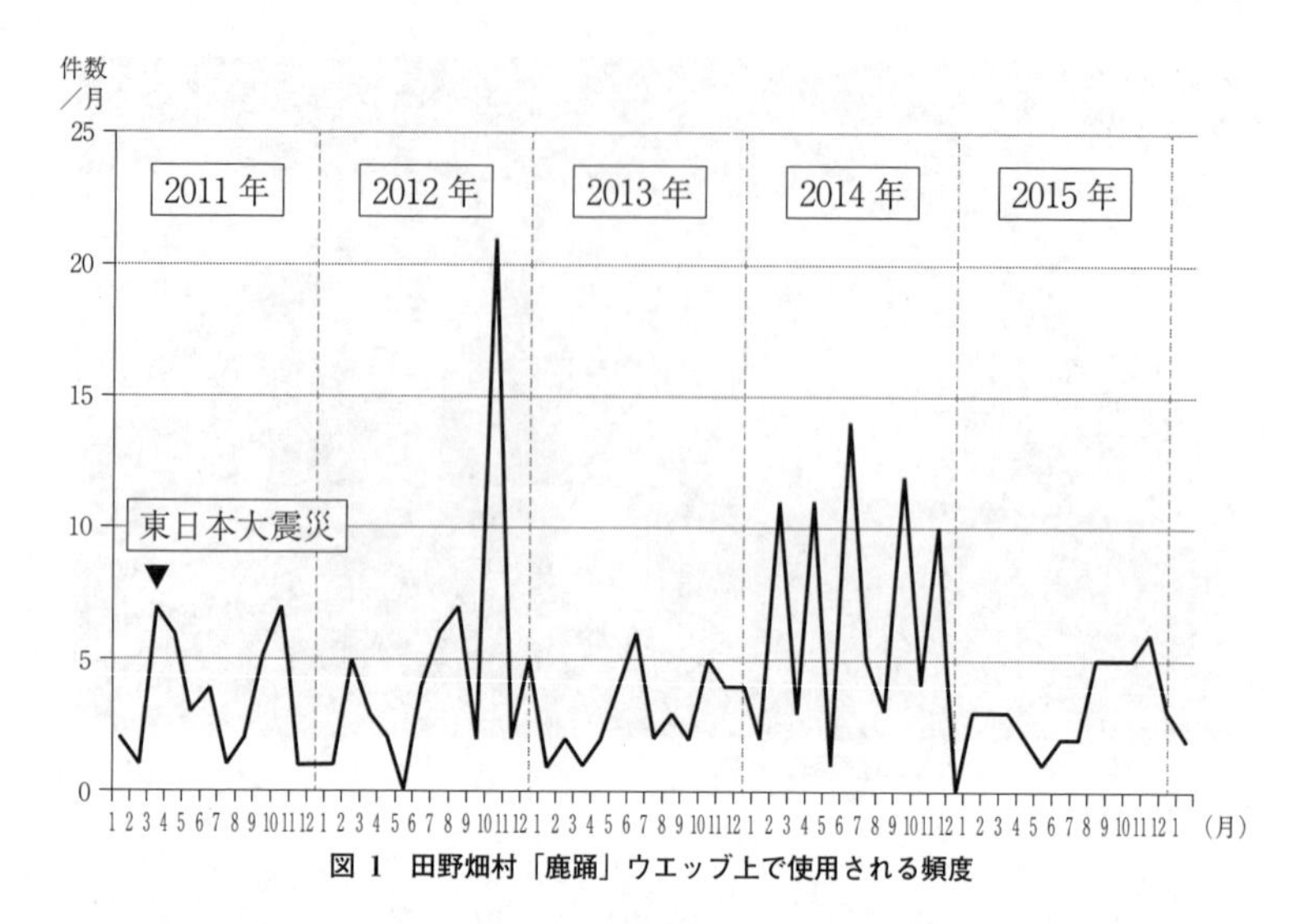

図１　田野畑村「鹿踊」ウエッブ上で使用される頻度

使用数をもとに時間軸で見てみる。集計は Google 検索エンジンの期間指定の検索ツールを使用して「鹿踊」「田野畑」の二つの言葉を含むウエッブページの数をカウントした。結果を以下図１に示す。

これを見ると、震災直後から鹿踊がすでに鎮魂の表現として登場してきているが、震災前からそういう役割の芸能であり、変わらずに維持されていることがわかる。毎年春と秋、それに加えて震災の時期になると、鹿踊への注目がやや高まるが、全体に外向けに発信数が多いとはいえない。あくまで特別な日に特別な思いで、外向けに発信数が多いとはいえない。あくまで特別な日にであって、外向けの観光ツールとして積極的な役割を果たすことは今のところはない。このように非言語の祈りの強さを発揮しているのが田野畑村である。

二　気仙沼市の「海と生きる」という言葉

唱え言葉として定着したもので環境志向的なもの、かつ復興の祈りを意図したものとしては、気仙沼市の「海と生きる」がある。気仙沼市震災復興市民委員会が、震災復興計画のキャッチフレーズを募集・選定したところ一四八件の応募があり、その中から、二〇一一年九月二四日の委員会の投票により選ばれたもので、それを受けて市としても復興計画の副題として公式に採用したものである。[12]選定にあたる説明として、「人智の及ばぬ壮大な力としながらも海を敵視せず」「人間は自然の一部」「自然観や運命観、ひいては死生観となった」「気仙沼の観念は海にある」「海の可能性を信じ、復興をなしとげることが犠牲者への供養となり、次世代への希望」「理念を超えた観念をメッセージ化したものが『海と生きる』である」ことが解説された。こうしたスピリチュアルな言葉が、地方自治体などの公共団体に採用されることは多くない。東日本大震災後の沿岸部の各地域でもこの気仙沼の事例を除いては、ほとんど例を見ない。

一二　言葉の力がもたらすもの

「海と生きる」という言葉は、シンプルで力強い。そこには蘇生、新生、レジリエンスなどの多様な意味での再生、そして復興の祈りが込められている。そして口にも出しやすい。そのために行政が震災関連の印刷物に題字を掲載するだけではなく、市民が自然と日常会話の中で使うようになっていった。「海と生きる」がどのように普及していったのかウエッブサイトでの使用数をもとに時間軸で見てみる。集計は前述と同様に「海と生きる」「気仙沼」の二つの言葉を含むウエッブページの数をカウントした。結果を以下図2に示す。

「海と生きる」という言葉は、九月に復興市民委員会で公式に選ばれる前から、すでにある程度市民の中で自然発生的なフレーズとして使われていたことがわかる。しかし田野畑の鹿踊と比べると、あくまで震災後につくら

図 2　気仙沼市「海と生きる」ウエッブ上で使用される頻度

れたフレーズであり、当初の使用は少ないのである。使用される頻度は時間を追うごとに毎年増えていく。とくに震災のあった三月前後は多くなり、とくに水産関係や観光部門での使用がめだつ。観光計画のタイトルに採用されるなど普及してゆき、二〇一六（平成二八）年一月には、四一件にもなっている。これは国際セミナーのタイトルに採用されたことが影響している。震災から五年が経過してなお風化させないどころか、発展的なキーワードとして役割を昇格させているといえる。このように「海と生きる」は、鎮魂、復興、追悼、統合、風化への祈りの言葉として力を保ち、さらに強くなり深く気仙沼に根づいて思考習慣や価値観に強い影響を与えている。これが気仙沼のレジリエンスに大きな影響をもたらしている。気仙沼市では防潮堤のあり方をめぐって国・県行政、市、市民の間で深い対話があった地域である。「海と生きる」はその議論の中でもたびたび引用され、自然との付き合い方を再考することをうながす言葉として登場した。復興の情意マネジメントのための言葉として非常に重要な役割を果たしてきているといえる。

一三　まとめ

凄惨な事件が多い現代社会で、私たち自身の魂の苦痛や限界を乗り超えていくため、地域社会の再生のためには、社会意識のマネジメントが必要である。本稿は、社会的な祈り、環境的な祈り、特に環境再生の祈りについて考えてきた。日本人が幾度となく大惨事を経験しつつ奇跡的に復興してきたのは、コミュニティのレジリエンス能力にある。レジリエンスは精神の苦痛、社会的な苦痛、環境的な苦痛を乗り越えることが重要である。そのことを直視して現実的政策的に答えを出していこうとすれば、スピリチュアルな祈りが必要になってくる。東日本大震災後、様々な祈りの表現があった。田野畑村のように非言語の踊を基軸にしながらに復興の祈りを重ねている地域もあれば、一方で、気仙沼のようにキャッチフレーズとなる唱え言葉を投票し、意識的に自分たちの祈りをデザインした地域もある。心の平安を見失いそうになる現代社会において、社会意識をマネジメントするということについて、地域性、言語、文化、政策の関係性を拓いていく取り組みがこれからの社会にますます必要となるだろう。長引く東北復興はそのことを私たちに問いかけている。

（1）　早田宰（二〇一五）コミュニティ・レジリエンスの適応可能キャパシティ―2011年津波後の日本沿岸地域の分析、震災後に考える：東日本大震災と向きあう92の分析と提言、鎌田薫監修、早稲田大学震災復興研究論集編集委員会編、早稲田大学出版部。

（2）　たとえば大乗仏教の経典である華厳経では、時間と空間を超え、遍く照らし出している無限の光明、宇宙の生命そのものを人格化させたヴァイローチャナ仏を祈る。

（3）岡ノ谷一夫（二〇一〇）さえずり言語起源論―新版 小鳥の歌からヒトの言葉へ、岩波書店。

（4）小学館国語辞典編集部（二〇〇三）、日本国語大辞典、小学館。

（5）池田雅之（一九九三）新版 イギリス人の日本観―英国知日家が語る〝ニッポン〟、成文堂。

（6）中村元（一九八九）中村元選集〈第3巻〉東洋人の思惟方法〈3〉日本人の思惟方法、春秋社。

（7）「祈り」は万葉仮名による原文表記では「伊乃里」である。

（8）「サイコロジカル・リカバリー・スキル実施の手引き」（*Skills for Psychological Recovery Field Operations Guide*：SPR）兵庫県こころのケアセンターが訳出し、以下サイトに公開している。http://www.j-hits.org/spr/

（9）Roberts, R. and Ashley, W.（2011）*Disaster Spiritual Care：Practical Clergy Responses to Community, Regional and National Tragedy*, ReadHowYouWant.com Ltd.

（10）谷山洋三（二〇一二）災害時のチャプレンの働き：その可能性と課題、宗教研究86（2）、三四七―三六七頁。

（11）保存会への筆者ヒアリングによる。

（12）気仙沼市震災復興計画に係るキャッチフレーズの選定について、気仙沼市震災復興市民委員会公式サイト。http://www.city.kesennuma.lg.jp/www/fukko_shimin/

再生する文学——文化資源としてのラフカディオ・ハーン——

小泉　凡

一　はじめに

近年、全国的なふるさと創生の動きや、持続可能な共生社会の実現に向けた地域資源探求の動きとも深く関わりながら、作家やその作品、事績を文化資源、地域資源として創造的に活用する動きがみられる。少なくとも、池田雅之教授ともども筆者が身近に関わる、ラフカディオ・ハーン（小泉八雲）の世界においては、その動向が顕著にみられる。

ラフカディオ・ハーン（小泉八雲　一八五〇–一九〇四）は、アイルランド人の父とギリシャ人の母をもつ英国籍の作家で、地球半周を超える片道切符による旅の生涯を送った。一八九〇年に来日し、日本では、松江・熊本・神戸・東京に居住し、この間、神戸時代の一八九六年に松江の士族の娘小泉セツに入夫、結婚し、日本に帰化した。生涯で約三〇冊のルポルタージュ紀行や再話文学を中心とした著作を遺したが、その原話の伝承地やハーンゆかりの各地で、ハーンが紡いだ物語や事績、またハーンが地域から採集した文学作品の原石ともいえる地域の基層文化を、文化資源として二次的に活用する動きがみられる。本稿では、そのような文化資源として現代社会に再生されるハーン文学の世界を、いくつかの事例を通して考察することにしたい。

二　子ども塾の誕生——松江発の地域教育の場——

二〇〇四年、それはハーン没後百年という節目の年だった。発足した「小泉八雲一〇〇年祭実行委員会」の中で、地元紙の記者から「学会招聘と地元劇団や音楽集団のパフォーマンスというマンネリ化した周年事業でなく、未来の松江を担う子どもたちに、現代社会の中でも輝きを失わない小泉八雲の意味を継承する企画を！」という意見があり、それに共感し、実践したのが「子ども塾——スーパーヘルンさん講座——」だった。バーチャル体験の急増とともに、子どもたちの自然体験の不足を危惧する声が社会的に高まったのもちょうどその頃で、そのような社会的ニーズも考慮しつつ、未来の松江を担う子どもたちに筆者が伝えたかったのは、ハーンの五感力だった。

ハーンは四歳までギリシャ人の母ローザに育まれた後、大叔母の庇護のもと、アイルランド人の語り部キャサリン・コステロから怪談や妖精譚を聞き、ケルト口承文化の語りの中で開かれた耳が育成された。さらに、一六歳での左眼失明が、五感を駆使して文化を観察する態度をいっそう強めた。松江の町についても、「米搗きの音」「洞光寺の鐘の音」「地蔵堂の勤行」「物売りの声」「大橋の下駄の音」などを描出した。（「神々の国の首都」）「サウンドスケープ」という概念が、一九六〇年代にカナダの作曲家マリー・シェーファーによって提唱される七〇年以上前から、町の音を、地域文化の一翼を担う大切な要素として受け止め、観察していたからだ。ハーンの作品が読み継がれる大きな理由は、彼があらゆる身体感覚を通して明治の日本をとらえたからだと言われている。[1]

五感力の欠如は、斎藤孝氏によれば「感覚を統合して現実をリアルなものとして感じ取る回路がうまく機能していないこと」で、現実感がなく他者や自分の存在感も希薄になり、さらには生きることに自信が持てなくなってしまうという[2]。

以来、「子ども塾」では、「町の音」「蝉の声」「海辺の生活」「民話」「怪談」「虫の音」「人力車」「怪談屋敷」「まち歩き」「生物多様性」「松江八景」など、毎年、テーマと活動場所を変えて、思春期に入る小学校四年生から中学生を対象に、ハーンを通して五感を磨く教育実践の場を提供してきた。ラフカディオ・ハーンを学ぶのが最終目的ではなく、ハーンが明治の松江で五感を研ぎ澄ませて観察した行為を現代の松江で追体験することから、地域の自然や文化の魅力を発見しようという趣旨である。

松江市観光文化課に事務局をつとめていただき、このプロジェクトに共感するメンバーで実行委員会を構成し実施している。そこには島根県内の小学校教員、保護者、環境問題の専門家、スポーツや身体のインストラクター、オルガニスト、筆者の勤務先である島根県立大学短期大学部の教員や学生などが加わり、筆者は塾長（委員長）をつとめている。また、予算が許す範囲で、毎回テーマにふさわしい特別講師を招いて子どもたちへ動機づけを行ってきた。

直近の一例を示すと、二〇一五年度はテーマを「子どもヘルン八景」とした。中国伝来ながら日本には、博多八景、近江八景、横浜の金沢八景など、五感で美しいと感じる八つの風景で地域を称える伝統文化が定着している[3]。その中には、晩鐘（夕暮れの寺の鐘）、夜雨（夜に降る雨の音や香りや雰囲気）、晴嵐（晴れているのに山に立ち上る靄の美しさ）、夕照（夕陽の美）など五感で探した地域の美が詠みこまれている。そこで今回、参加者にそれぞれの五感で松江の美を発見してもらった。一〇名の子どもたちは八雲町のスダジイの神木、大庭町の神魂神社、洞光寺、月照寺、松江城を訪ね、中でも洞光寺では鐘つき体験、国宝松江城では日没時刻に天守閣からの夕陽を堪能した。この体験で五感に響いた風景を、彫刻と美術教育を専門とする大学教員の指導で、五線譜に絵の具を使って自由に表現し、地図をつくって添付していった。

「子ども塾」の効果を数字で測ることは難しい。しかし、毎回実施する参加者のアンケートや記念誌『子ども塾スーパーヘルンさん講座の一〇年』に寄せられた文章から総合的に判断すると、「五感を使うことで地域の気づかなかった魅力を発見できた」、「さらにそれを追及して見たくなった」という点に収斂できるようだ。現に、「子ども塾」への参加がひとつのきっかけとなって筆者の勤務先短大に入学した学生もいる。その一人であるKさんは「子ども塾」の印象について、「中でも『子育て幽霊』のお話は今も覚えています。そしてこれを機に、小泉八雲のこと、妖怪のことに興味をもつようになりました。(中略)五感をすべて使って、体全体で感じたことは、大人になっても忘れない宝物です」と回想する。[4] その点では、「子ども塾」の実践は、広い意味の「地域教育」であり、教育を通じた「地域おこし」であるといえるだろう。

池田雅之教授が理事長(現在は顧問)をつとめる「鎌倉てらこや」が活動を開始したのも、松江の「子ども塾」より一年前の二〇〇三年のことだ。その活動は、学校と地域をつなぐ学びや遊びの場として、地域教育やまちづくりの成功例としても高い評価を得ている。松江の子ども塾は、その活動に比べると、比較にならないほど規模は小さいが、バーチャルの世界に生きる現代の子どもたちに、地域の人々や大学生とともに自然の中で感動体験をし、地域教育の立場から学校教育や家庭教育を見直そうという趣旨はまったく合致している。[5]

ラフカディオ・ハーンは一八九〇年八月から松江に一年三か月間居住して、来日第一作目となる『知られぬ日本の面影』の基礎データを五感で蒐集した。その五感体験の結晶である文学作品が、現代の子どもたちの五感教育に生かされ、再生されていく現場に立ち会えることを誇りと喜びをもって見守っている。

三　怪談をツーリズムに

松江では二〇〇八年から、「松江ゴーストツアー」という着地型観光プランを展開している。着地型観光プランとは、従来のマスツーリズムから、少人数・目的志向・体験やローカリティー（地方色）重視の新しい旅行形態（オールタナティブツーリズム）への変化に伴い、出発地（大都市）ではなく、到着地（地方）のＮＰＯや商店街などで考案された体験重視の旅行プランを言う。「松江ゴーストツアー」発案のきっかけは、ハーンがかつて過ごした、ダブリンやニューオーリンズにあった。同地では、かつては負の資源とみなされた怪談が、怪談を愛するプロの語り部たちによって、魅力的な素材としてツーリズムに活かされていることを目の当たりにしたからだった。そして遊び心をもちながらも、文学や宗教文化を探求するツアーとしても満足できる質の高さをもっていることに感心した。

ハーンの代表作として広く知られる『怪談』は最晩年の作品だが、来日第一作目の『知られぬ日本の面影』の中にも、松江城築城をめぐる人柱伝説をはじめとした城下に伝わるフォークロアとしての怪談が採集、再話され、作品の処々に光彩を放っている。そこで、語り部を公募し、小泉八雲、松江の歴史、口承文芸、語りの技法、ホスピタリティという観点で育成し、結局最後まで残った三名が現在もゴーストツアーの専門ガイドをつとめている。日没時刻に松江城をスタートし、ギリギリ井戸、月照寺の大亀の碑、清光院、大雄寺を語り部の怪談を楽しみながら徒歩と一部タクシーで巡るもので、二〇一五年末までに二六六回開催され、のべ四三七九人が参加する人気の観光プランとして成長した。当初は県内者の参加が多く、知られざる松江の再発見と喜ばれたが、二〇一一年以降は県外者の占める比率が七割を超えるようになり、開催日にあわせて山陰旅行を計画するというケースもみられるようになっている。

最後に訪問する大雄寺にまつわる子育て幽霊譚は、子どもを孕んだまま埋葬された母が墓中で出産し、母の亡霊が水飴を買って子育てをする話だ。日本全国に類話が分布するだけでなくアイルランドにも類話がある。ハーンは、墓から生まれた赤ちゃんの幸せな生末を語る伝承を割愛し、「母の愛は死よりも強い」という一文で結び、四歳で母ローザと生き別れた自らの体験と重ねつつ、再話に思いを込めた。これが、ハーンが言う「超自然の中には一面の真理（truth）がある」[6]という実例なのだろう。「真理」というからには時空を超えて変わらない本当のことである。私自身も、二〇一一年三月一一日の東日本大震災から一か月後に、「みちのく八雲会」のお見舞に石巻を訪ねた際、被害の大きかった南浜地区の方から、「あなたが来る少し前に、この瓦礫の中から赤ちゃんをしっかりと抱きしめたお母さんの遺体が見つかり、市民が再び涙した」という話をうかがった。無意識のうちに手を合わせ、祈りをささげていた。その時、はじめてハーンが繰り返し説いてきた怪談に潜む「真理」というものが少しわかったような気がした。ハーンはその真理に対する人間の関心は、将来、科学万能の時代が来ても不変であるだろうと予言していた[7]。

松江ゴーストツアーを見る限り、その予想は的外れではないように思われる。参加者の中には大雄寺の怪談を聞いて感動の涙を流す方も少なからずある。その意味では、ゴーストツアーは、地域住民が地域に矜持を覚える機会を提供する側面もある。怪談文学を楽しみつつも、そこに潜む精神性、真理をしっかりと伝えていかなければならない。そのあたりを、正しく踏まえておけば、怪談というふしぎ文学は、大きな文化創造の可能性を秘めた無形の地域資源として再生できるのではないだろうか。

四　地域資源としての再生譚

ハーンは、過去の人類が半ば普遍的にもっていたとされる生まれ変わり、再生という死生観に興味を示した作家だった。来日後初期の作品である、「日本海に沿って」に収められた「こんな晩の話」は、松江郊外の持田浦に伝わる民話で、妻セツが語ったものだと思われる。子どもが生まれるたびに間引きをしていた貧しい百姓が、七人目の子が出来た時、少し家計が上向きになり育てることにした。ある月夜の晩に五か月になったその子を抱いて庭に出た。すると束の間、その子が、わしを殺したときもちょうど今夜のような月夜だったと口ずさみ、またふつうの赤ん坊にもどった。ここに、子を捨てた父というハーン自身と共通する境遇を見出したことは、平川祐弘氏の考察にある通りだと思う(8)。

じっさいハーンは一八九一年八月二七日、小泉セツとの新婚旅行の帰路、旅先である鳥取県の八橋（やばせ）からこんな手紙をバジル・ホール・チェンバレンに送っている。

> 輪廻の教義は――その来世におけるいくたびもの誕生の約束と、――冥土への旅立ちに関して恐怖を抱かぬことをもって、人生にどんなに美しい影響を与えていることでしょう。人はほんの一滴二滴の涙を流すだけで、あたかも外国への長い旅、といってもいつもよりはいくらか長いだけの西か南への航海に出かけるように、その冥土への旅に出るのです(9)。

そもそもハーンが憧憬する古代ギリシャにも輪廻転生の思想があり、とくに紀元前六世紀ごろ活躍した哲学者で数学者でもあったピタゴラスがこの思想を啓蒙した。また、アイルランド人の祖先であるケルト人もこの思想をもっていた。紀元前一世紀頃書かれたカエサルの『ガリア戦記』は、当時もっとも高度な物質文明をもつローマ人からみて、北方に住む幻の民であるケルト民族の地に侵略した時の記録だ。そこには、ケルトの支配者階級のドルイド僧が、魂は決して滅びず、死後ひとつの肉体から他の肉体へ移るという教えを説いていて、これによって死の恐怖は無視され、勇気が鼓舞される。カエサルはこの思想こそケルト戦士の死を恐れぬ強さの所以だと考えたようだ。

ハーンが文化背景に持つギリシャとアイルランドというふたつの国には、いずれも霊魂不滅、輪廻転生という思想が堅固に存在した。ハーンはとくに古代ギリシャ人たちについて「子供のように幸福で、またそのように心優しい人たちですが、同時にとても偉大な哲学者でもあり、今の時代でもわれわれは彼らに教えを乞うのです。今日、世界が必要を感じているのは、この古代ギリシャの幸福とやさしさの精神の回復なのです[10]」と言っている。また、アイルランド人の父や親戚たちを最後まで認めなかったが、キリスト教以前のケルト文化への共感的理解は十分に持っていた。一方で自我の主張を重視する西洋的思想への批判的見解をもっていたことも知られている[11]。

ハーンが親しく文通を行ったアイルランドの詩人W・B・イェイツは、あらゆる古代の国々は魂の再生を信じ、おそらくラフカディオ・ハーンが日本人の中で見出したような実際の証拠をもっていたと、戯曲「復活」の中で述べている。イェイツが言うように、ハーンは、日本の民衆に伝わる口承文芸を通して、仏教でいう輪廻転生というよりは、フォークロアとしての「生まれ変わり」の観念、ハーンの言葉でいえば「当時の庶民が抱いていた一般通念を回顧」（「勝五郎の再生」）するという趣旨で、再生をテーマとした物語に光を当てたのだと考えられる。

前述の持田の浦の怪談の他には、「勝五郎の再生」（『仏の畑の落穂』）、「お貞の話」「力ばか」（『怪談』）などがそれに該当する。後者のふたつは『怪談』に収められた作品だ。「お貞の話」は長尾長生という医者の跡継ぎの許嫁であるお貞が、来生に再開すると約束して病で世を去るが、その七年後に長尾は上州伊香保の宿泊した旅館で前世の記憶をもったまま生まれ変わったお貞と再会、結婚するという物語だ。「力ばか」は、周囲から愛された知的障害をもつ力という男の子が突然病死した時、母親が力の左の掌に「力ばか」と書く。それから三か月ほどして麹町の屋敷に誕生した赤ちゃんの左の掌に「力ばか」という字が浮かんでいた、その字を消すために力の墓を探し出し、その土で肌をこすったという物語だ。このような生まれ変わりの話もハーンは怪談と考えていた。

ハーンが紡いだ再生譚としてもっともひろく知られているのは、「勝五郎の再生」であろう。正確にいえば再話ではなく史料の忠実なる英訳である。物語の要旨は以下の通りだ。中野村（八王子市東中野）で生まれた勝五郎が八歳の頃、自分の前世は程久保村（日野市程久保）の藤蔵で、六歳の時、疱瘡で亡くなりこの家に生まれ変わったと家族に告白する。祖母が勝五郎の求めに応じ、前世を過ごした家に連れて行くと、家のことや周囲の以前と比べた変化の様子を話し、皆を驚かせ、両家の家族の疑念が晴れた。村の人たちはいつしか勝五郎を「程久保小僧」と呼ぶようになったという。

勝五郎生まれ変わりの噂は江戸にも響き、鳥取池田家支藩の元藩主で、可愛がっていた露姫を亡くしたばかりの池田冠山は、勝五郎の祖母を訪ね、聞き書きの内容を、『勝五郎再生前生活』としてまとめ、それが後に、松浦静山、泉岳寺の貞鈞大和尚、平田篤胤などの目に留まり、いくつかの写本類が生まれていく。ハーンは友人雨森信成から「珍説集記」の存在を紹介され、この資料をもとに翻訳を行ったとされる。勝五郎が住む中野村谷津入は、現在、周辺には中央大学の多摩キャンパスなどがある。藤蔵時代を過ごした程久保村は多摩動物公園から少し北に寄った地域で多摩モノレールには程久保という駅もある。中野と程久保の距離はモノレールの線路では二キロ強。当時は一〇〇メートルほどの山越えをするのに五キロほどあったようだ。往時の人々は、この位の距離感の中に前世や来世を考えていたのだろうかという想像も頭に過る。

そして前世の藤蔵サイドの子孫である小宮家と、勝五郎サイドの子孫である小谷田家とは今も親交があり、両家とも日野市郷土資料館の呼びかけで、二〇〇〇年に組織された「勝五郎生まれ変わり物語探求調査団」のメンバーとなっている。筆者もかつて小宮家のご家族とともに、高幡不動尊にある藤蔵の墓に詣でたことがある。

この調査団はしだいに団員数が増え現在では六十名を超えている。昨年二〇一五年は勝五郎生誕二〇〇年にあたり、周年事業として日野市立新撰組のふるさと歴史館で、「日野市郷土資料館特別展—勝五郎生まれ変わり物語」が九月一九日から一一月一五日まで開催された。開催期間中には、二回の講演会と探求調査団の報告会、勝五郎生誕二〇〇年記念ウォークが開催されており、筆者も一〇月二四日に講演の機会を与えられた。そこには住民の方たちを中心に一〇〇名ほどが集まり、この物語への地域的関心の高さを実感した。同年九月には、物語探求団の編集による『ほどくぼ小僧勝五郎生まれ変わり物語調査報告書』が刊行され、関連資料、調査報告のみならず学者による論考も収録された。まだ、観光資源には至っていないが、地域に伝わる無形の文化資源の再評価が、文学作品の力を借りて着実に行われたことは喜ぶべきことだと思っている。私自身も団員の若手メンバーと話していて感じるのは、「生まれ変わり」という伝統的なフォークロアに、現代の若者たちも率直な関心を寄せているということである。

ところで、ハーンが英語に翻訳した「勝五郎の再生」は、後に医療資源としても注目されることになった。この話を読んで関心をもったアメリカの精神科医のイアン・スティーブンソン教授は、ヴァージニア大学でＤＯＰ

S（The Division of Perceptual Studies）という前世の記憶が実際の客観的事実と合致するかどうかを実証的に研究する機関を立ち上げ、教授の没後も、前世記憶をもつ人のデータの集積と研究活動が進められている。はからずもヴァージニア大学には、世界最大のハーン関係の一次資料を所蔵するバレット文庫が存在することに一種の因縁を感じざるを得ない。また、近年では産科医による胎内記憶の研究も盛んになりつつある。『輪廻転生』の著者、竹倉史人氏は同書の最終章で、遠くない将来に多死社会が到来する日本において「人文諸学は教養（カルチャー）を人間を自由にする技術（リベラル・アーツ）として今後は発信していく必要がある[12]」ことを説いている。文学や人文学の現代社会への活かし方として注目すべき視点ではないだろうか。

五　オープン・マインド・オブ・ラフカディオ・ハーン・プロジェクト

最後は世界的な展開が進行している事例である。ギリシャ人で八雲の愛読者でアート・ディーラーのタキス・エフスタシウ氏の提案により、二〇〇九年より「オープン・マインド・オブ・ラフカディオ・ハーン」のテーマで造形美術展や国際シンポジウムを行っている。発端は二〇〇八年にエフスタシウ氏が、八雲の精神性の根幹を「オープン・マインド」ととらえ、民族・宗教紛争の拡大する二一世紀に必要な思考として、世界中の人がわかりやすいアートを通して広めようと提案したことによる。個々の作品の文化資源化というよりは、ハーンという作家の思考全体を社会に活かすこと、さらにその表現活動そのものを文化創造活動と位置付けることができる。

二〇〇九年にはギリシャ・アテネのアメリカン・カレッジで第一回目の造形美術展が開催され、翌、二〇一〇年は松江城の天守閣で、二〇一一年はニューヨークの日本クラブで、二〇一二年にはニューオーリンズのテュレーン大学で、主催者と作品を替えて実施された。いずれもハーンと関わりの深い土地である。

二〇一四年にはハーンの生誕地ギリシャ・レフカダで、あらためてハーンの「オープン・マインド」とは何かを検証する国際シンポジウムを行い、ギリシャ・アイルランド・マルティニーク（中米にあるフランスの海外県）・日本出身の九名のパネリストにより発表とパネル・ディスカッションを実施した。これに際して池田雅之教授も筆者も、そのメンバーとして講演やパネル発表などを行った。同シンポジウムでは、八雲の境界的帰属意識、世界市民的アイデンティティが指摘されるとともに、異文化を受容できる開かれた心を子どもたちに伝える必要性が確認された。それははからずも、池田教授の「鎌倉てらこや」の活動や、筆者の「子ども塾」の趣旨とも響きあう方向性をもっている。

レフカダ市ではこのプロジェクトの実施にあわせて、レフカダ文化センター（旧市役所の建物）の二室を提供し、「ラフカディオ・ハーン史料室」（Lafcadio Hearn Historical Center）を二〇一四年七月四日にオープンさせた。これはヨーロッパ初のハーンミュージアムである。日本国内の松江・熊本・焼津・新宿の四か所の八雲ゆかりの地の自治体と、松江市に拠点を置く八雲会はじめ熊本から仙台に至る各地のハーンの研究・顕彰団体、およびハーン関係の資料を保有し研究活動が盛んな大学（熊本大学・島根大学・島根県立大学・富山大学・早稲田大学）で実行委員会を組織し、八雲の遺愛の品や原稿のレプリカ、関連写真など一七品目を寄贈し、アテネ在住の研究者や愛好家が約四〇〇キロ離れたレフカダにたびたび足を運んで史料館を完成させた。そしてこの史料館には、その後半年間で、すでに二〇〇〇人以上の主にギリシャ国内の子どもたちが見学に訪れ、教育の場として活用されている。シンポジウムの成果が早期に実現したようでとても嬉しく思っている。

また、その際、ギリシャのレフカダとコルフでは、松江出身の俳優佐野史郎氏とギタリスト山本恭司氏による

「小泉八雲朗読の夕べ―望郷」の公演も行い、スタンディング・オベイションで大きな感動を呼んだ。これはハーンをこよなく愛する佐野氏のライフワークとして、二〇〇六年から松江市で毎年開催してきたもので、山本氏と筆者が協力する形ではじまった。ギリシャが初の海外公演で、帰国後には国内七都市での凱旋公演、その後、二〇一五年にはアイルランド三都市でも公演を行った。海外公演の朗読も日本語で行われるが、英語の字幕（ギリシャ公演時はギリシャ語字幕も）を作成する。毎年、また会場ごとにふさわしいテーマを設定し、作品構成を佐野氏が中心となり関係者で意見交換をしつつ考える。すでに「魂の故郷」「化身」「約束」「邂逅」「神話」「望郷」「稀人」などのテーマで実施してきた。作品解説を含めたハーン文学の紹介を筆者が行った後、朗読に入るが、山本氏がその都度作曲する音楽と朗読のコラボレーションは、適度な緊張関係を含みつつも融合の度を高め、しだいに総合芸術に近づいており、むしろライブの感覚に近いことから仲間内では「朗読ライブ」と呼んでいる。「小泉八雲朗読の夕べ」は同時に松江の無形の文化資源（芸術資源）としてとらえることができる。文学作品を、魂を込めた朗読と音楽で再生させることで、現代を生きる世界の人々が感動の涙を浮かべるのを目の当たりにすると、再生する文学の力をひしひしと実感する。

上記はオープン・マインド・オブ・ラフカディオ・ハーン・プロジェクトに絡みながら深化を続ける文化創造活動となっている。

六　おわりに

文学作品の一次的意義は、読者に作品鑑賞の対象として感動を与えることであり、また研究者の研究対象として作品論や作家論を生み出すことであろう。本稿で紹介した事例は、そのような本来の活用とは異なり、新しい意味づけをして、主として地域資源の創造や観光、まちづくり等に活かすことを目的としていることで、文化資源的活用と見做すことができるだろう。また文学作品の現代社会への再生と呼ぶこともできるのではないか。

一方で作家の顕彰活動にも長い歴史が存在する。ハーンについて言えば、松江で第一次八雲会が成立したのが一九一五年であり、二〇一五年で一世紀を迎えた。その八雲会は一時断絶したものの、新たな八雲会（第二次）が成立してからすでに五〇年が経過している。年一回の機関誌『へるん』の発行や八雲作品の英語による暗唱大会である「ヘルンをたたえる青少年スピーチコンテスト」、「小泉八雲感想文・作詞」のコンクール、節目の年の記念事業など、松江市と連携して顕彰活動を継続的に行っている。また、一九三三年には松江に小泉八雲記念館が建設され、オープンからすでに八〇年余りの歳月を経ている。この間、国内はもとより世界から訪れる多くの訪問者にハーン文学や松江の魅力を紹介してきた。ハーン来日百年祭が松江で開催された一九九〇年には、年間入館者数が二九七〇〇〇人を数えた。現在は増床改修中で、二〇一六年夏にはリニューアルオープンの予定だ。

本稿で紹介した事例は、こういった永年のハーン顕彰の動きと無関係に成立したわけではないが、それぞれ地域教育、未来の地域文化の担い手の育成、着地型観光プラン、八雲の精神性の発信と芸術文化の創造、地域資源の創造など、最終目的が作家の顕彰ではないという点において、従来の顕彰活動との差別化をみることができる。あるいは、今後、顕彰そのものの方向性が、文化資源の創出にシフトしていくのかもしれない。

文化資源には地域に根差す側面と世界へ波及する側面、つまりローカルとグローバルの両義性がみられる。松江ゴーストツアーのように地域を代表する着地型観光プランとして定着すれば、その地域資源に惹かれる観光入込客の増加につながり、またそれが各地の無形文化再評価の動きに影響を与える。すでに彦根ゴーストツアー、焼津ゴーストツアー、琴浦ミステリーツアーの成立を促している。小泉八雲朗読パフォーマンスもしだいに、海外公演やハーンゆかりの地以外の場所での公演が増えており、その地に、ハーン文学や松江発の文化資源の魅力を伝えることになる。

「文学」という無形文化を活用する動きは、ふるさと創生のうねりとも連動しながら、その深化が期待されている。ただし、くれぐれも主催者が作品や作家を深く理解し、質の保証を行うことが大前提となることは言うまでもないだろう。

（1）西成彦氏は、ハーンの聴覚を介したフィールドワークこそ、最もかけがえのない仕事だと評価し、さらに「耳なし芳一」を例に挙げつつ、ハーンは口承文芸の本質的特徴を、推理力によってではなく、身体感覚を通してつかみとったことを指摘している。（『ラフカディオ・ハーンの耳』岩波書店、一九一－一九二頁、一九九三年。）

（2）斉藤孝・山下柚実『「五感力」を育てる』中公新書ラクレ、V頁、二〇〇二年。

（3）日本の八景は、中国湖南省で北宋時代末期に成立した瀟湘八景が手本にして成立したといわれる（『国史大辞典』第七巻、吉川弘文館、一九八六年）。

（4）スーパーヘルンさん講座実行委員会編『子ども塾スーパーヘルンさん講座の一〇年』（スーパーヘルンさん講座実行委員会編集・発行、二〇一四年三月）本誌では、筆者を含む一七名の参加者や関係者が文章を寄せている。

（5）森下一・池田雅之編著『てらこや教育が日本を変える』一〇七頁、成文堂、二〇〇八年。

（6）Hearn, "The Value of the Supernatural in Fiction," *Interpretations of Literature*, vol. 2, p. 92, New York/Dodd, Mead and Company, 1926.

（7）ibid.

（8）平川祐弘『小泉八雲　西洋脱出の夢』（新潮社、一九八一年）の第二章「子供を捨てた父―ハーンの民話と漱石の『夢十夜』―」

（9）『ラフカディオ・ハーン著作集』第一四巻、四四四頁、恒文社、一九八三年。
（10）Hearn, *Insects and Greek Poetry*, William Edwin Rudge, 1926.『ラフカディオ・ハーン著作集』第一〇巻、二七五頁、恒文社、一九八七年。
（11）Hearn, "Nirvana," *Gleanings in Buddha Fields*.「涅槃」の中で、ハーンは個別的な自我への執着をなくし、霊魂という神学的観念を追放しなければ、「涅槃」の境地を理解できないとしている。
（12）竹倉史人『輪廻転生』二二四頁、講談社現代新書、二〇一五年。

参考文献

小泉　凡「文化資源として生かす小泉八雲（ラフカディオ・ハーン）—松江における三つの実践から—」『文化資源学』第一一号、二〇一三年三月。
小泉　凡「文化資源としてのひと」（井口貢編『観光学事始め—「脱観光的」観光のススメ—』所収）法律文化社、二〇一五年。
小泉　凡「小泉八雲（ラフカディオ・ハーン）の文化資源的活用に関する考察」『島根県立大学短期大学部松江キャンパス研究紀要』第五四号、二〇一六年三月。
『ほどくぼ小僧　勝五郎生まれ変わり物語　調査報告書』日野市郷土資料館、二〇一五年九月。
松村　恒「生まれ変わりの科学からみた『勝五郎の再生』」『八雲』第二七号、小泉八雲顕彰会、二〇一五年九月。
ジョージ・ヒューズ著、杉山直子訳「ラフカディオ・ハーン—世紀末のパフォーマー」『異文化を生きた人々』中央公論社、一九九三年。

子どもの「居場所」から展開する支援のかたち

佐川佳之

一　はじめに

不登校は広く社会的に認知され、行政・民間など様々なレベルで対策や支援が試みられている教育問題の一つである。文部省・文部科学省の『学校基本調査』における、病気や経済的理由も含めた中学校長期欠席率の推移をみると、数値は一九七〇年代後半以降、二〇〇一年まで上昇傾向にあり、その後、減少と上昇を繰り返しつつ、相対的に高水準のまま現在に至っている（図参照）。一九九〇年代に森田は、『「不登校」現象の社会学』（一九九一）において、子どもと学校社会とのつながりの糸の綱引きの中で、その糸が弱くなっていくという説明で不登校の原因を指摘した。(1) その後の長期欠席率の動向からすれば、森田のいう、子どもと学校社会のつながりはよりいっそう弱くなりつつあり、その再生の兆しは未だ見えにくいままである。

他方で、このような長期欠席者の増加や学校に行くことの意味のゆらぎは、不登校の子どもを対象とした民間レベルでの支援活動や制度づくりを促す契機にもなった。本稿でとりあげる、子どもの居場所として認知されて

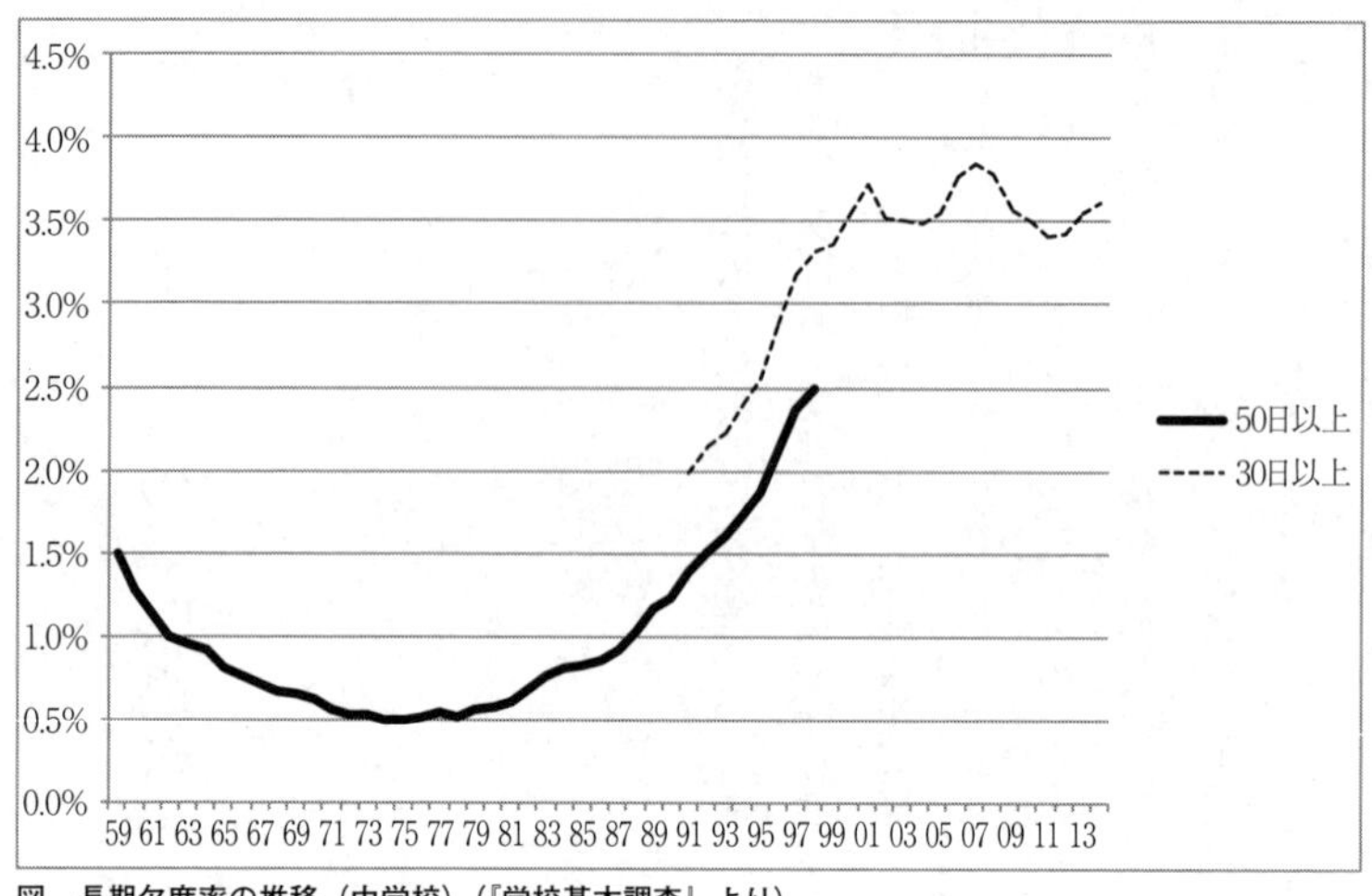

図　長期欠席率の推移（中学校）（『学校基本調査』より）

いる日本のフリースクールもその一つの例である。後述するように、それは一九八〇年代に不登校の子どもの増加や学校の管理主義的な教育への批判を背景に市民レベルで設立され、その後、都市部を中心に各地に点在するに至っている。

近年では、文部科学省において「フリースクール等に関する検討会議」が設けられ、また超党派の議員連盟によって、フリースクールや家庭などの学校外での学びを義務教育として認める制度の法案が検討された。その功罪や公教育のあり方などをめぐって、フリースクール関係者らの間で活発な議論が交わされている。学校を軸とした公的な教育制度とフリースクールとの関係のあり方が広く議論されるという事実は、それだけ不登校の子どもの成長や学びにとって、学校外の教育の場の役割の価値や課題が、社会的にも認知されつつあることを表していよう。

さて、近年の法案をめぐる議論も含め、これまで不登校問題との関連で、フリースクールの意義が語られる傾向にあったと言える。しかし、実際には多様な困難を抱えた、幅広い年齢層の人々を受容する団体も存在するなど、フリースクールは不登校という枠にはおさまりきれない複雑な様相をもつ。この意味で、フリースクールの支援には、不登校を軸にしつつも、それに関連する様々な問題にまで広がる展開、可能性が内在していると考えることができよう。本稿では、このようなフリースクールの今日的な特徴を示すために、その全体的な背景をふまえたうえで、都内のあるフリースクールの実践を取り上げてみたい。本書のテーマ「祈りと再生のコスモロジー」との関連性について言えば、ここではとくに、フリースクールに参加する多様な当事者の自己の再生を支える支援の世界観に焦点を当てることになる。

二　日本のフリースクールの背景

繰り返すように、現在、国内において都市部を中心に様々なフリースクールが存在する。それらの概ね共通する特徴としては、不登校の子どもが強制されず、安心して過ごすことのできる居場所であることがあげられよう。このような理念はどのように構築・認知されるようになったのか。まずフリースクールの背景とその基本的な実践の特徴について、先行研究などをふまえながら簡単に述べておきたい。

そもそもフリースクールとは何か。つい先ほど日本のフリースクールの共通の特徴を述べたところではあるが、実際、設立に関する公的な基準があるわけではなく、したがって明確な定義は存在しない。極端な表現かもしれないが、運営者が「フリースクール」と名乗ってしまえば、そこが「フリースクール」となる。このようにフリースクールは、一定の類似性を備えているものの、実体としてとらえどころのないものであるが、例えば教育学者の永田佳之は、フリースクールなどの学校外の教育の場について、広く「オルタナティブ（もう一つの）教育」といった概念で分析している[2]。フリースクールを対象としてとらえるためには、永田のいう既存の教育に対する、

「オルタナティブ」という性質が理解の手がかりとなる。

これをふまえ、日本のフリースクールの歴史を見てみよう。具体的に日本のフリースクールは一九八〇年代に、おける「東京シューレ」を中心とした不登校をめぐる当事者運動に端を発する。[3] 当時は受験競争、校内暴力、管理教育などが問題化し、学校教育の抑圧性が高まるなかで長期欠席数も年々増加していった。一方で、この頃、「登校拒否」とも呼ばれていた不登校は、子どもの「病気」や「怠け」、あるいは家庭のしつけの問題などとして語られる傾向にあった。学校教育の強い抑圧、さらに不登校を否定的にとらえる社会的なまなざしの中で、当事者たちは困難を経験していたと言える。こうした状況の中で、東京シューレに参加する不登校の子どもとその親は、不登校の原因として、当時の管理主義的な学校教育をあげ、それを批判すると同時に、「登校拒否は病気ではない」といった主張を展開した。この不登校に対する社会的な認識を変えていこうとする運動の中で、フリースクールは子ども主体といった考え方を軸にした、子どもが自分らしく安心して過ごせる居場所として認知されるようになったのである。

「東京シューレ」に代表されるように、一九八〇年代から一九九〇年代においてフリースクールの活動は、管理主義的な学校教育に対する、オルタナティブな実践としてとらえられることが多かったと言える。だが、とくに二〇〇〇年代以降、文部科学省に設置された、「不登校問題に関する調査研究協力者会議」の報告・「今後の不登校への対応の在り方について（報告）」（二〇〇三、同年の「教職研修」六月号参照）において、不登校の子どもの進路のあり方や、発達障害との関連性が指摘されるなど、不登校は学校教育の問題の範囲を超えて、福祉や医療の領域にも重なる問題へと変化した。こうした中で、フリースクールも、複雑化する不登校問題や、それに関わる問題を経験する子どもの困難に対応するために、支援を拡充するなどの動きがみられる。例えば学びリンク社発行の

『全国フリースクールガイド』をみると、進路の問題に関しては、通信制高校との連携によって高卒資格取得をサポートするフリースクールが散見され、また発達障害の子どもの支援に力を入れているフリースクールも少なくないことがうかがえる。

このように、フリースクールは、その時々の子どもの抱える様々なニーズに応じて、その支援や教育の形を変化させながら、展開している。多様な「オルタナティブ」が生み出されていると言ってもよいだろう。不登校の運動から強調されてきた「子ども主体に考える」といった態度は、個々の子どものニーズを注意深く読み取り、ニーズに基づいた形で支援の柔軟な構築を可能にすると同時に、多様な困難を抱える幅広い年齢層を支援する文化的な条件にもなっていると思われる。

三　「したい」を大切にする支援の文化――「フリースクールA」の実践の特徴

一　フィールドワークの経緯と支援の概要

非常に大雑把ではあるが、日本のフリースクールの背景をみてきた。これをふまえ、私がボランティア・スタッフとして二〇〇二年より継続的にフィールドワークを実施してきた東京都の「フリースクールA」（仮名）の事例をとりあげ、今日におけるフリースクールの現実の一断片を紹介したい。

私のフィールドワークの経緯について言えば、もちろん調査研究のためということもあったが、実はそれ以上に大学院を退学して教育に関わる場で働くための勉強をしたいという動機が大きかった。当時、研究生活に行き詰まり、別の生き方を模索していた。しかし、「フリースクールA」での様々な出来事や出会いに興味を刺激され、結果的にフリースクールの支援について研究することを決意し、再び研究の世界に戻ることになった。支援者・研究者という立場であれ、以下で述べるフリースクールの雰囲気に馴染む中で、私自身も一つの「生き直し」を体感したのかもしれない。

フリースクールAの概要を紹介しよう。「フリースクールA」は一九七五年に学習塾として設立された。運営は主宰者の自宅の一部を開放する形で行われている。現在、主宰者のD先生（六〇代・男性）のみが常勤スタッフであり、その他ボランティア・スタッフが不定期に関わっている。近年では生徒数が減少し、居場所としての活動よりも、当事者の自宅に出向いて支援を行うアウトリーチや、その関連NPO法人の活動として、不登校・ひきこもりなどの当事者を対象とした自然体験活動の実践が、その活動の中心を占めている。長年にわたって子どもや若者の支援や教育に取り組んできたD先生は、生徒のなにげないふるまいや、語りの中に感情の状態や変化を読み取る鋭い観察力と、その観察に基づいた高い対応力の持ち主である。彼の豊富な知識や経験値の高さから、他の支援団体や行政、学校の研修や講演などに講師として招かれることもある。D先生はいつもトーンの低い落ち着いた口調でやさしく生徒に語りかけるなど、生徒にとって「癒し」や「安心感」を与えてくれるような人物である（こうした語り方を意識的に行っているという）。またこれまで出会った非常勤のボランティア・スタッフについては、それぞれ個性的ではあるが、元気で優しい性格をもち、生徒の「お兄さん」「お姉さん」「友人」のような存在である。以下で述べる実践は、D先生個人の力量や魅力に依拠しているところが大きく、不定期ながらボランティア・スタッフもその実践の雰囲気づくりに一役買っている。

次に当事者の特徴について、これまでのフィールドワークで聞き取りした支援者の語りをもとに簡単に述べておきたい。「フリースクールA」には、主に不登校やひきこもりの経験のある人々や、発達障害をもつとされる人々、何らかの精神的な困難を抱える人々が在籍している。在籍者の年齢構成としては、時期によって参加人数が変化するため正確な数値は存在しないが、観察の限りでは、義務教育の学齢期から一〇代の子どものみならず、二〇代以上の参加者も見られた。「フリースクールＡ」における当事者の概ね共通する困難として語られるのが、生きる意欲や活力を失っているという点である。「フリースクールＡ」に参加する当事者の多くは「学校に行かなければならない」、「働かなければならない」といった義務感を強く抱いている一方で、それができずにいる自分に対して、自己肯定感や自信を失っているとされる。同時にかれらは社会や他者に対して、「怖い」という感情をもっており、その「怖さ」が周囲への不信を増幅させ、社会との関わりを妨げているという。当事者は社会性を備えておらず、主体的な意思でもって社会参加を拒んでいるというより、社会参加をめぐる義務感と怖さの渦中で、社会に参加する自信や意欲を失っていると認識されている。

「フリースクールＡ」ではこのような理解から、「しなければならない」ではなく、まず「したい」という意欲や活力こそが、就学や就労などを含めた社会参加の不可欠な基盤とされ、それを取り戻すための支援が実践されている。この具体的な支援の内容について、本稿では、これまでの拙稿をもとに、居場所と自然体験活動に限定して紹介したい。

二　居場所[4]

具体的に居場所はどのような雰囲気なのか。子どもの居場所を分析する住田正樹は、居場所の構成条件に関して、子どもが「自己を承認し確認し、自己肯定感や安心感を感じて安らぎを覚え、ホッと安心していられる」点をあげた上で[5]、それを成立させる客観的条件として安定的な他者との共感的関係と空間を指摘する。「フリースクールA」においても住田がいう居場所の基本的な特徴が観察できる。

「フリースクールA」では、義務やルールといった規範性が弱く、当事者にとって自由度の高い関係性と空間が形成されている。まずフリースクールの人間関係の特徴に着目してみよう。ここでは学校に見られる先輩・後輩関係や教師・生徒関係のような、年齢で区別された関係性は弱い。生徒同士では、年上であっても敬語が使われることは少なく、またニックネームなどで呼び合う関係が見られる。また支援者に対する生徒の呼び方についても、主宰者のD先生を除いて、ニックネームや「○○さん」といった言い方が用いられる。いずれにしても、これらの言葉づかいは明示的に強制されるものではなく、生徒の意思や選択に委ねられている。こうした「ゆるい」関係づくりは、生徒が用意された立場や役割に合わせるのではなく、ありのままの自分で人と関わるための工夫だと言えよう。

続いてフリースクールの空間の雰囲気に目を向けてみたい。フリースクールの部屋の中は、トランプなどのカードやマンガなどの物が散らかったままになっている。時間割もなく、生徒が思い思いに過ごすことができる。だらしないだけのようにも思われるかもしれないが、こうした空間のあり方にも、支援者の明確な意図が隠されている。D先生によれば、かつてきちんと整頓がされた空間にしたこともあったが、その雰囲気を見て取り乱した生徒がおり、そうした経験の中でこのような空間が作られていったという。このような空間づくりのあり方には、一定の規範の上に作られる学校の教室とは違い、「ここでは思いのままに過ごしてよい」といったメッセージが込められている。

このゆるやかな日常の繰り返しの中で、それぞれがおしゃべりや読書、遊び、ゲームなどで思い思いに過ごしている。支援者も単に見守るだけでなく、当事者が興味を抱く話題を関わりから見つけ出し、「やってみたい」「知りたい」「行ってみたい」などといった意欲を、タイミングをみながら少しずつ刺激していく。「フリースクールA」の居場所の特徴としては、安心できる関係と空間の中で「心の傷」を癒す受容の場であるとともに、「○○したい」という「生きる意欲」の再構築を促す場という側面が指摘できる。

三　自然体験活動⑹

さらに「フリースクールA」では、その関連団体であるNPO法人Tセンターの子どもや若者を対象とした自然体験活動が行われている。これは、「フリースクールA」で野外活動として行われていたキャンプにおいて、生徒に「よい変化」があったというD先生の気付きから生み出された活動である。D先生とつながりをもつ外部の支援団体のスタッフや旅行会社のスタッフらと連携しながら、D先生とボランティア・スタッフが実践を積み重ね、不登校の子どものみならず、ひきこもりや精神的な困難を抱える幅広い年齢層を対象とした支援方法としてそれを構築した。このプログラムへの参加者の資格は問われず、「フリースクールA」の在籍者以外の参加者も多い。引率にはD先生に加えて、子どもの支援に関する専門的な知識をもつボランティア・スタッフが同行することもある。自然体験活動も居場所と同様に、生きる意欲の回復を目的とする実践として位置づけられており、居場所の支援のあり方をベースに作られた支援のかたちだとも言える。

具体的に特徴を述べるならば、この自然体験活動は、国内よりもパプア・ニューギニアやタイなど国外で実施されることが多い点があげられる。自然体験活動のリーフレットには「国外においては、自分をあるがままに出せる効果がより大きくなる」こと、また温暖な気候の自然豊かな地域で、当事者が「心を開く」といった点が紹介されている。不登校・ひきこもり研究において、不登校やひきこもりに対する周囲の否定的なまなざしが、当事者の経験に及ぼす作用について分析がなされているが[7]、この実践で「国外」が強調されるのは、そうした日本で経験する否定的なまなざしが遮断された空間に身をおくことで、「殻にこもっていた当事者が思い切って行動できる」（D先生）という理由による。支援者は参加者が「あるがままの自分」を出せるように、現地の人との出会いや自然環境を体験する活動的な時間と、予定を決めないでのんびり過ごす時間といったスケジュールを事前に決めている。こうした旅のシナリオが参加者の感情を刺激していくとされる。私はボランティア・スタッフとしてパプア・ニューギニアとアメリカ合衆国・フロリダ州でのプログラムに参加したことがあるが、活動中、支援者はトラブルなどの出来事にも積極的な意味づけを与えるなど、参加者が安心して過ごせる雰囲気を作る様子がうかがえた。自然体験活動においては、こうした国外の自然環境や支援者の存在に支えられながら、当事者の自己の変化が働きかけられていく。

自然体験活動は、生きる意欲の回復を目的とした一つの手法であり、D先生も自然体験活動の「その後」のケアも重要だと語る。ここでいう「したい」という生きる意欲の回復は、一つの手法だけで実現できるものではなく、上述の「居場所」も含め、様々な支援の方法の組み合わせによって、試みられている。

四　おわりに

以上のように、「フリースクールA」では、不登校支援をベースに不登校の子どものみならず、より年齢層の高い、その困難のあり方も多様な人々を対象とした支援が行われている。実際、そこでの関わりを通じて、卒業後は、就学や就職、海外留学をする者がいたり、また、身体的・精神的な困難を抱えながら自分のペースで生活するなど、それぞれの形で、生徒が社会と関わっている様子がうかがえる。繰り返すように、「フリースクールＡ」では「したい」という意欲を取り戻すということが支援の目標に掲げられているが、「したい」の小さな積み重ねと、それを促す支援者の様々な工夫や寄り添いが、社会参加への意欲と行動に結びついていると考えられる。学校や職場など広く社会の中で排除され、様々な形で困難を経験した者が、再び他者を信頼し、社会とつながるための「生きる意欲」の構築という部分に、この実践の社会的な意義があると言えよう。冒頭で述べた学校外の学びをめぐる法案の議論では、主に教育という領域の中でのフリースクールに焦点が当てられていたが、「フリースクールＡ」の実態を踏まえるならば、教育のみならず福祉を含めた多様な問題意識の中で、その意義の多重性を明示化する必要がある。

もちろん本稿で紹介した「フリースクールＡ」は数あるフリースクールの中の一つの事例であり、これを一般化するつもりはないが、一方で典型的なフリースクールというものを想定することも難しい。むしろ地域における個々のフリースクールをめぐる当事者、支援者、それと文化、制度などの様々な条件と絡み合いながら、それぞれ独自の支援や教育のかたちが生み出されていると考えた方がよいだろう。日本のフリースクールは、不登校問題という文脈において独自の意味を付与され、一つの支援のモデルとして成立したわけだが、その後、その支援や教育のあり方は現場の状況との関係の中で変異を繰返しながら展開していると言える。その現代社会的な意義を説得的なかたちで示すためには、〈地域とフリースクール〉の比較分析が求められてくる。フリースクールを固定的な実体ではなく、現場における複合的な問題と関わり、増殖するオルタナティブな実践の過程として描き出すことが、私にとっての当面の目標である。

（1）森田洋司（一九九一）『「不登校」現象の社会学』学文社、二六三頁。
（2）例えば永田佳之（二〇〇五）『オルタナティブ教育―国際比較にみる21世紀の学校づくり』新評論。
（3）以下の東京シューレの活動の背景の記述にあたっては、朝倉景樹（一九九五）『登校拒否のエスノグラフィー』彩流社、東京シューレ編（二〇〇〇）『フリースクールとはなにか』教育史料出版会を参考にした。
（4）三―二で紹介する内容は、これまでの拙稿（二〇一三「安心を伝える」久冨善之ほか編『ペダゴジーの社会学』学文社所収、二〇〇九「不登校支援における「秘密」の機能」『年報社会学』二二所収など）、およびフリースクールAでのインタビュー調査で得た資料をもとに執筆した。
（5）住田正樹（二〇〇三）「子どもたちの居場所と対人的世界」住田正樹・南博文編『子どもたちの居場所と対人的世界の現在』九州大学出版会、五頁。
（6）三―三の内容は拙稿（二〇一四）「物語としての自然体験活動：ある不登校・ひきこもり支援団体の事例分析から」『人間関係学研究』一二をもとに執筆した。
（7）石川良子（二〇〇七）『ひきこもりの〈ゴール〉』青弓社、竹内常一（一九八七）『子どもの自分くずしと自分つくり』東京大学出版会。

〈付記〉

本稿は拙稿二〇一五「居場所における支援と子ども―フリースクールの事例から」（『日本教育』（四四五））を加筆修正したものである。

江戸に学ぶ「人づくり社会」の知恵

小泉吉永

人を育む地域づくりのために、周囲の大人は子供とどう関わっていくべきなのか。そのヒントとなる視点や知恵を、江戸時代の庶民教育に見出してみよう。

一　人を育てた「あやまり役」

江戸時代と全く無縁だった筆者が、寺子屋や往来物（おうらいもの）（読み書き教科書）等の研究を始めたきっかけは、神田神保町の古書店で見付けた一冊の和本との出会いであった。それは、かなり使い込まれた天保期の『庭訓往来（ていきんおうらい）』で、見事な御家流の文字はほとんど読めなかったが、何より、店内に江戸時代の和本が何冊も並んでいることに驚き、さらに、文字の美しさと木版刷りの高度な技術に目を見張った。この衝撃的な出会いから、往来物の蒐集・研究とくずし字の独学を始めた。その当時読んだある本に、「好きな事を毎日三〇分、それを一〇年続ければ、その道のエキスパートになれる」とあり、それを努力目標とした。お茶の水駅に近い納税者団体の本部（全国青色申告会総連合）に勤務し始めた二七歳の春のことだった。

以来、神保町の古書店には約三〇年通い続けてきたが、数年前、恩師（江森一郎金沢大学名誉教授）と馴染みの古書店を訪れた。数十万、数百万円もの貴重書が並ぶその店へ、注文した和本を購入するために伺ったのである。ソファーで和本の点検をしていると、三〇代半ばの女性教師が女子児童六、七人を引率して店内に入ってきた。どうやら付近の私立小学校の校外学習のようだった。

教師が説明を始めたとたん、一つの「事件」が起きた。ある児童が、不注意で貴重書の一冊をパタンと倒してしまったのだ。すかさず店員が「気を付けてくださいね！」と言う。教師は店員に一言謝るや否や、「いいですか、皆さん。このお店には貴重な本が沢山置いてあります。教室でも注意したように、十分に気を付けてください……」と、まるで自己弁護のような説教を始めたのである。

視線こそ向けなかったが、手にした和本よりも教師の言葉が気になり、「女の子たちは先生の話をどのように聞いただろうか？」などと考えているうちに、江戸時代の「あやまり役」を思い出した。

あやまり役は、江森一郎氏の『体罰の社会史』（新曜社、一九八九年＊新装版、二〇一三年）や「寺子屋の『あやまり役』」（別冊宝島一二六『江戸の真実』ＪＩＣＣ出版、一九九一年＊改訂版、宝島社、二〇〇〇年）を通じて広く知られるようになった日本独特の慣行で、例えば『体罰の社会史』（二一二頁以下）には次のように紹介されている（以下、引用は適宜現代仮名遣いに改めた）。


寺子屋で師匠から罰を受けた場合、師匠の妻、寺子屋の近所の老人（泣き声など聞きつけてやってくるという）、子どもの家の近くの人、親自身、子どもの友達が、本人に代わって謝ることによってようやく許されるという謝罪法が一般化していたことは、非常に面白いことではなかろうか。明治二〇年代ともなると、この風習はすでに奇異なものと感じられるようになったらしく、前掲の『維新前東京市私立小学校教育法及維持法取調書』には「奇談」として次のように書かれている。

茲ニ奇談トスベキハ当番ノ生徒中、予メ請宥役（アヤマリ役ト称ス）ナルモノヲ托シ置キ、譴責ニ遇フ者アル毎ニ、此者ヨリ其罪ヲ宥メンコトヲ請ハシムルヲ以テ師ハ後来ヲ戒メ然後之ヲ宥ス。其状演劇ヲ見ルガ如シト。

『維新前東京市私立小学校教育法及維持法取調書』（大日本教育会、明治二五年）のこの記述から「あやまり役」に関心を持った江森氏は、同様の謝罪法が各地の寺子屋に見られることに着眼し、『日本庶民教育史』（乙竹岩造著、目黒書店、一九二九年）、『長野県教育史』（長野県教育史刊行会編、一九七二～八三年）、『千葉県教育史』（千葉県教育会編、一九三六～四一年）、『玉松堂日記』（埼玉県教育史別冊資料、一九六八年）から採集した三〇事例を「寺子屋の『あやまり役』」で紹介し、便宜的に次の如く類型化した（括弧は該当の都道府県）。

①第一類＝寺子仲間の先輩・同輩の子供が「あやまり役」となる場合（東京・群馬・長野・山口）
②第二類＝師匠の妻が「あやまり役」となる場合（東京・長野）
③第三類＝親が「あやまり役」となる場合（秋田・長野・広島・愛媛）
④第四類＝年寄りや付近の人が「あやまり役」となる場合（千葉・長野・大阪・岡山・鳥取）
⑤その他＝①～④の二つ以上に該当、または同一地域で並行して行われた場合（栃木・埼玉・千葉・山梨・滋賀・和歌山）

以上から三例ほど引いておく（括弧は類型と該当地域）。

○処罰は必ずしも厳酷では無かったので、大抵の場合に用いられたるものは留置（とめおき）である。それも一定の時間が過ぎれば、師匠の夫人が詫びを入れて赦されるのが殆ど不文律であり、子供の親が詫びに来ても師匠が怒った顔をしている。「洵（まこと）に有難うございます。よく叱って下さいました。」と謝礼を述べて親が連れて帰るのが普通であった。（②東京）

○最も重いのは机・文庫を負わせて家に帰らしむるもので、これを師家の方からは「暇を出す」と言っていたのであるが、その時には兄弟子二三人を本人に同伴してその家に送らしめ、且つ具（つぶ）さにその罪状理由を述べしめる。これは本人の最も恥とした所たるのみならず、父兄も亦最も恐れた所であるから、直ぐ師家に飛んで行き、百方詫びを容れて宥恕を乞うのである。（③広島）

○「お留め」は常に行われ、始めは古参の者取りなして免（ゆ）るし、次には父母より詫びを入れて放（ゆ）るし、尚再三に至れば、近隣の者、父母に代り出頭して謝罪する。これを「貰い下げ」といった。罰の最も重きは机を負わせて退学せしむるものであるけれども、大抵は父兄又は近隣の者から詫びを入れて事済みとなった……（⑤山梨）

なお、三〇事例中で「あやまり役」の呼称が見えるのは東京都と千葉県の各一例で、「あやまり役」に相当する別称として、老人の「止め役」（千葉県）、寺子年長者の「世話焼きどん」（長野県）の例もあり、さらに、あやまり役が謝罪して子供を引き取る行為を「貰い下げ」（山梨県）と称した地域もあった。

そして、これらを検討した結果、江森氏は「あやまり役」の慣行が「江戸に発生したものが起原となって近隣地方に及んだ」のではなく、「古くから地方の農村共同体に広く存在していて、それが逆に江戸の寺子屋に影響した」とする地方起源説に立ち、「あやまり役」について次の三点を指摘した。

①寺子屋ではほぼ全国的に普遍的に存在した（北は秋田県、南は愛媛県まで）特色ある慣行であること。

②「あやまり役」のような第三者が、子供の懲罰に必要と意識されていたらしいこと。

③「あやまり役」が多く近所の老人によって担われており、これが「あやまり役」の原型と考えられること。

また、江森氏は「あやまり慣行」の背景や要因を次のように推論した。

師匠がいちど下した罰を容易に自身で撤回せず、そうしたくてもできなかった根拠は、おそらくは儒教文化圏における教育論の原点である『礼記』の学記編に「凡そ学の道は、厳師を難しと為す、師厳にして道尊く、而して後、民は学を敬するを知る」とあることなどが、そういう雰囲気を作り出していたのであろう。他方で、我が国では、紛争・裁判の解決法として「内済（和解）」が幕府によっても奨励され、その場合「第三者の介入」によることが中世以来慣行となっていた（茎田佳寿子「内済と公事宿」岩波講座『日本の社会史』第五巻など）。これらの要因が複合的に作用して以上のような寺子屋の興味深い罰の解決慣行を生み出したのであろう。

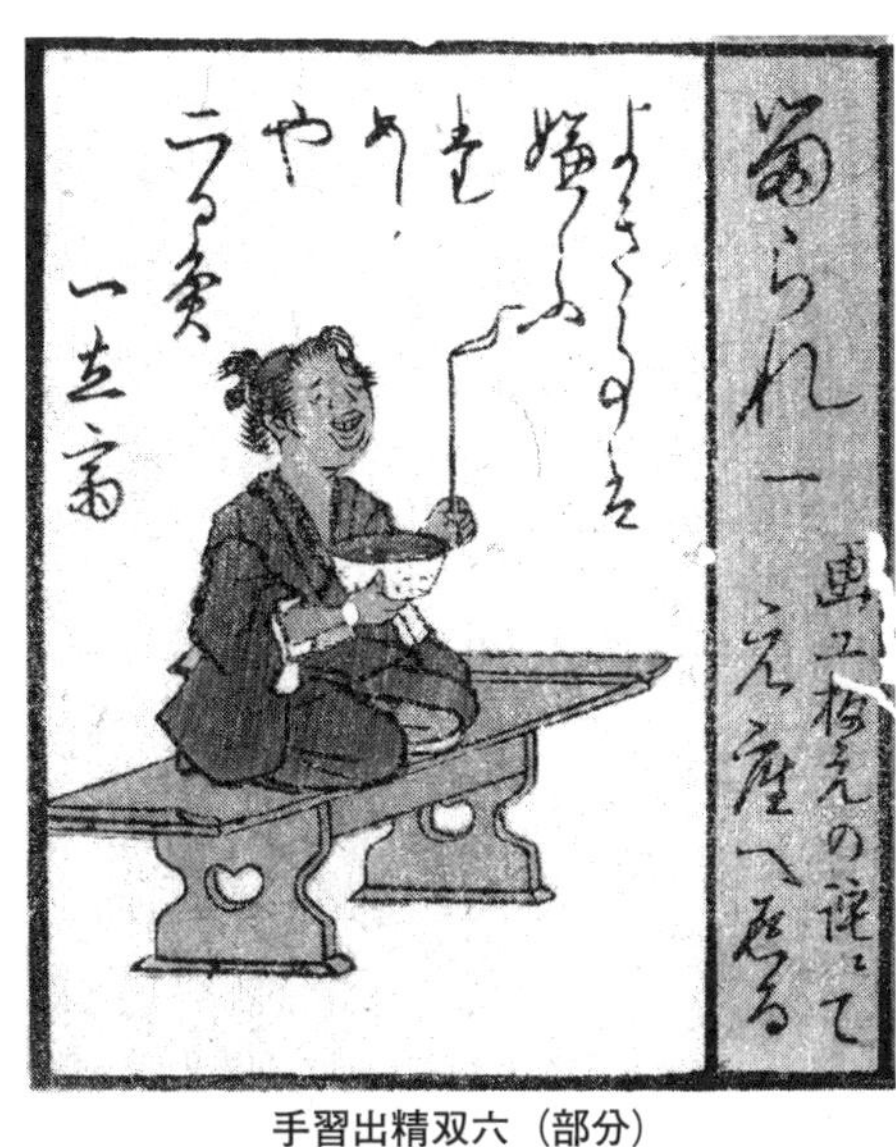

手習出精双六（部分）

第三者の詫びで罰を許すという「あやまり慣行」は全国の寺子屋に見られたが、時には手習師匠が「今日は子供たちを叱るので、適当な頃合いにあやまり役に来てください」とあらかじめ頼む場合もあった。また、寺子が泣き叫ぶと必ず老婆が詫びを入れに来てくれるので、処罰された寺子がすぐに大声で泣いたという話もある。歌川広重作『手習出精双六』（弘化四年（一八四七））の「留られ（留置）」には、線香と水の入った茶碗を持って天神机に正座する罰（捧満）が描かれており、その右側に「画工・板元の詫にて元座へ返る」とある。「あやまり役」によって留置がしばしば許されたことを彷彿させ興味深いが、このような「あやまり役」が寺子屋教育に情味を添え、子供に真の反省を促したことは想像に難くない。

冒頭で触れた「事件」の際、教師が説教を垂れずに「全て私の責任です」と店主に平謝りしていたら、児童の心証も全く異なったであろう。謝る教師の姿は児童への無言の教育になったはずである。あらゆる機会を通じて徳性を育てるのが道徳の授業とすれば、「事件」はかけがえのない徳育の機会であった。江戸前期の陽明学者、中江藤樹は『翁問答（おきなもんどう）』で「根本真実の教化（きょうけ）は徳教である」と教えた。徳教は、言葉ではなく行為で教えることである。道徳を「教える」、すなわち、理屈で説こうとする点に、今日の道徳教育の限界があるように思えてならない。

二 「あやまり役」は社会現象

江戸時代には、子供組・若者組・娘組など一定年齢で加入する年代別集団が各地に存在しており、同世代の青少年が集団生活や共同作業を通して教育・訓練される社会教育の場となっていた。

このうち「若者組」は、概ね一五歳以上の青年が加入する組織で、加入の際には保証人に付き添われて若者宿などの集会所へ行き、上役等から掟を聞かされたうえで盃を交わし、正式な加入が認められた。新入り数年間は雑用や使い走りをさせられ、その間、徹底した躾や指導を受けて子供心を拭い去り、自立した大人へと成長した。若者組は、地域における祭礼・芸能、消防・警備・災害救援、性教育・婚礼等に深く関わり、その責任も裁量も大きかった。いったん若者組に加入すれば、組織内の事柄は一切口外せず、周囲の大人たちも口出ししなかった。

これら若者組については、大日本連合青年団編『若者制度の研究』（日本青年館、一九三六年。複刻、一九六八年）という好史料がある。全国各地の若者条目（一二〇種以上）など多くの史料に基づきその実態を伝えるが、「若者組の制裁」（二一二頁以降）に若者組の「貰い下げ」の例が見える。

それは静岡県小室村川奈（現・伊東市）の事例で、毎年一〇月一七日と正月四日の夜に定期の寄合があり、その際、掟を破った者の「八分（はちぶ）（絶交・除名）」処分の裁定が下された。「八分」対象者を一同の面前に呼び出し、荒筵（あらむしろ）に積み重ねた三角槙（まき）の上に座らせる。審理の結果「八分」と決定すれば、「太い槇木で大勢寄って打ち続け、制裁を加える。やがて頃を見計らって家持衆の主立った者がモライ下げに入って制裁を止め」た。なお、「八分」の処分には色々な段階があり、①ごく軽微な罪には制裁（体罰）前の「貰い下げ」、②通常は制裁後の「貰い下げ」、③さらに重ければ制裁のほか「頭髪を長くしない」「寒中に足袋を履かない」「『若罰』の焼印を押した下駄を履く」「下水掃除その他の雑用に服する」等の条件が付加され、④最も重い罪には子々孫々まで絶交される「永代八分」となった（ただし、「永代八分」ですら仲介人を伴う謝罪で許されることもあった）。

また同書は、静岡県安良里（あらり）村（現・西伊豆町）で行われた「貰い下げ」の口上も紹介する。それは、「〇〇が上の衆の所に何か如在（じょさい）した（悪い事をした）そうですが、今晩のところ、わしの顔に免じて差し上げておくんなんし」という「あやまり役」の申し出から始まり、若者組の上役（下の衆・上の衆）との間で交わされるもので、あたかも演劇の台詞のようなものであった。

さらに同書は、「既にその言葉でも分る通り、よしんば八分即ち除名、絶交されてもそこには二分のゆとりがあったのである。而してこの八分の刑すら余程の重罪でない限り、そう何時までも持続されたものではなく、適当の期間のうちに詫びがかない、仲間へ復帰することが出来た」と述べるが、この「二分のゆとり」こそ人情の機微

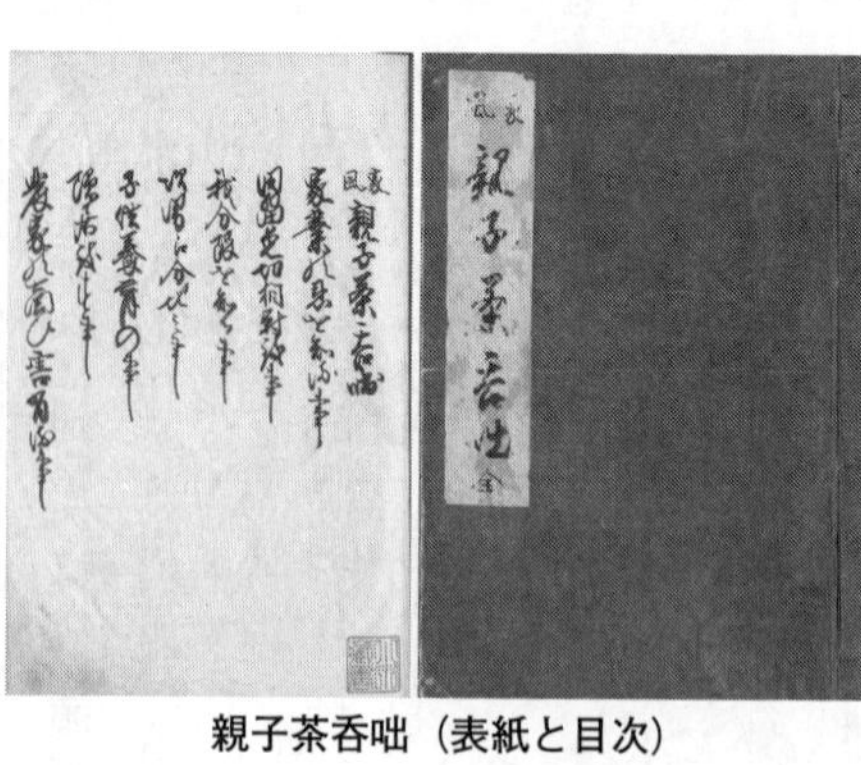

親子茶呑咄（表紙と目次）

や人間関係を保つ秘訣なのだろう。

ともあれ、以上の「貰い下げ」の事例は「あやまり慣行」が寺子屋に限らなかったことを示す。そして、「あやまり役」を江戸時代の社会的慣行と見なすべき根拠はほかにもある。

数年前、私が入手した安永八年（一七七九）作『親子茶呑咄』は、全一五九丁（三一八頁）、合計約六万九〇〇〇字の大部な庄屋心得書で、庄屋と父親の心得を全二六章に綴る。そこには作者・西村次郎兵衛（出石藩の大庄屋）が苦労の連続で体得した生活の知恵が凝縮されているが、後継者について述べた第四章「次男へ分地の事」に次の一節が見える。

酒・色・博奕の三つの悪事の一つでもある者には、先祖代々の土地を少しも与えてはならない。この悪癖のある者は異見で改心しても、四、五石より多く与えてはならない。惣領（嫡子）たりとも不行跡の者なら勘当すべきである。根性が直り、親類からも詫びが入って勘当を解く場合でも、次男の格で別家させるべきである。

すなわち、三悪に少しでも耽る者を後継者にしてはならず、身持ちが改まらなければ勘当すべきだが、親類の詫びがあれば勘当を解くとあり、さらにこう続く。

もし親類から詫び挨拶があれば、一、二年親類の家へ預け置き、何なりと教諭してもらい、さらに直らなければ勘当すべきである。それでも再び親類から引き留められたならば、やむを得ないので、坊主にさせ、小屋程度の部屋を用意し、生涯一人扶持の世話をしてやるが良い。

勘当に値する放蕩も親類の詫びによって何度も許され、さらに、親類等に一定期間預け置くなど、反省に導くプロセスやチャンスが何重にも用意されていた。上記の場合、親類が見放さない限り、最低限の生活保障もあった。

いずれにせよ、「あやまり役」は当時の社会的慣行であった。勘当や破門の際、当事者を知る仲介者が関わった事実は、家庭や地域のトラブルを調整し解決する潜在力の高さを物語るもので、「法律」や「制度」に頼りがちな近現代人が喪失した部分であろう。最近は「自己責任」ばかりが強調される。法律に即して物事を処理し、問題解決をする世界において自己責任は至極当然である。しかしながら、「あやまり役」は真の反省を促す教育的方法であり、このような慣行が当時の社会全体に見られた事実はもっと重視されてよい。「あやまり役」は、第三者の積極的関与によって人間関係の重大な局面を上手に切り抜ける方法であり、言わば、「ピンチ」の状況を教育・更生の「チャンス」に変える庶民の知恵であった。

三　教師と親の信頼関係

教師が「三食しっかり食べましょう」と指導すれば「ウチは二食主義！」とクレームがあり、「『いただきます』

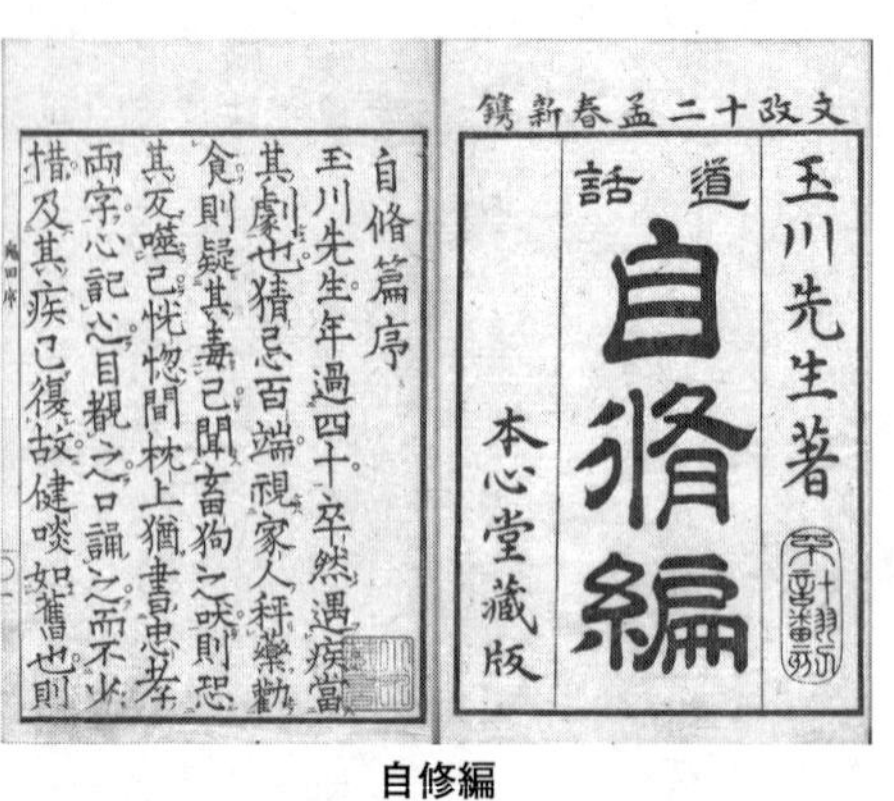
文政十二孟春新鐫

玉川先生著

道話 自脩編

本心堂藏版

自脩篇序

玉川先生年過四十卒然遇疾當其劇也猜忌百端視家人秤藥勸食則疑其毒己聞畜狗之吠則恐其反噬己恍惚間枕上猶書忠孝兩字心記之目覩之口誦之而不少措及其疾已復故健啖如舊也則

自修編

の挨拶をして食べましょう」と指導すれば「給食費はちゃんと払っている！」と怒鳴り込まれる。――この種のモンスターペアレントの話を聞くにつけ、教師は自己防衛に走らざるを得ないし、そんな教師の指導が子供の心に届くはずもない。

江戸時代は、師匠を選んで子供を託した時代だから、今日と事情も大分異なるが、江戸後期の書家、小川保麿（やすまろ）は『養育往来』で「師匠がしっかり教えても、親が厳しくしないと、子供は一生懸命に学ばず、怠りがちになって、後々後悔する場合が多い。親と師匠が慈愛の気持ちを一つにして教育すれば、子供の学問は必ず成就する」と述べ、親と師匠が同じ心で子供に向き合う大切さを説いた。

同様に、江戸後期の漢学者、小町（おまち）玉川も『自修編』でこう指摘した。

①子供を寺子屋に入れても、親が子供の上達を願うばかりで、師を敬う気持ちがなければ無意味である。子供には師匠の言いつけを完全に守らせ、日々、師匠を尊敬するように仕向けよ。

②師匠たる者は、入学金の多寡で指導上の差別をしてはならない。近年は入学金によって弟子の入門を決めたり、弟子も入学金で師を決めるなど、教育が「市井（しせい）の交易」のようになり、実に恥ずべきことだ。師匠はもっぱら教育を考え、謝礼の多寡を気にするな。弟子はもっぱら師を尊び、謝礼を恩に着せてはならない。

③師匠に渡す金品について子供に話してはならない。子供に話せば、師匠を軽視する心が生ずる。金銭の出入りや家計について、子供に知らせるべきでない。

④師に託すのは、家庭では父子の道が行われにくいからである。親子が同居すれば、父親の行動が全て道にかなう訳ではなく、父の欠点を非難する気持ちが生じるため、良師や良友に子を託すのが望ましい。

これらの心得は、江戸時代の師匠と父兄の関係が必ずしも理想的ではなかったことを想起させる。事実、生活の糧を得るために俄（にわか）に開業した「デモシカ師匠」が怪しげな指導を行った例もあり、渡辺其寧（きねい）の『続女大学』も「自らの未熟や指導力不足を棚に上げ、弟子の不器用や無精を批判する師匠が世間には多い」と批判した。

だが多くの場合、手習師匠に対する尊敬の念は絶大であった。乙竹岩造が大正四年（一九一五）六月から翌年六月にかけて実施した寺子屋実態調査（師匠経験者八三人、寺子経験者三〇〇七人が回答）によれば、師匠を尊信していた寺子は九七％、師匠を尊敬していた父兄は八七％であった。三〇〇〇人以上のアンケート調査でこの結果は驚くべき数字である。手習師匠は領主に次いで尊敬される身分であり、師匠の一挙一動が地域の公私事を左右した例も多く、村内の難しい問題はまず手習師匠の意見を仰いだものだった。

また、多くの場合、師匠宅＝教室のため、寺子屋には家庭的な雰囲気が濃厚で、師弟間で家族ぐるみの交流が頻繁に行われた。例えば、七夕の前日から師匠宅に泊まる、師匠宅への贈り物を寺子にお裾分けする、寺子の月代（さかやき）を剃る、師匠夫人が定期的に手作り料理を寺子にふるまうなどの家庭的情味が見られたが、これらも明治以後の学校制度で失われていった。

なお、子供を師匠に託す意義については、享保期の道学者、常盤潭北（ときわたんぼく）も『民家分量記』で「近年、素読や手習いの師匠を求めず、自宅で教える場合があるのは、良い師匠がいないからという。単なる読み書きの上達ならそれでもよいが、人間教育の面で欠点もある。父には子供への愛情があるので、師匠ほど厳しい指導ができない。その結果、子供は従順な気持ちが乏しく、恥を知らず、人前でも極めて無作法である」と説いている。

四　「預かり子」という社会実験

子供を他人に預ける意義について、既に一六世紀中葉の『多胡辰敬家訓』がその効用を認めていた。寺に預ければ、読み書きの習得に限らず、寺院に出入りする人々との交流で揉まれ、また、彼らの立居振舞や会話を見聞して学ぶなど多方面の人間形成が期待された。同様に、江戸時代の教育論も、子育てにあたる親の姿勢や責任とともに、子供が育つ環境や人間関係を重視した。そもそも、成人するまで親が生きている可能性は今日よりもずっと低く、親だけで子育てが完結するという考えも希薄だったと思われる。

ところで、「教育」という言葉が最初に登場する文献は『孟子』（尽心篇）だが、『孟子』離婁篇には、日々教えの通りに実行することは親子ともに難しく、親自身による子育てには限界があることから、昔から、子供を交換して教え合い、親子で善悪を責め合うことを避けたことが説かれている。それを受けて、佐藤一斎（後述）は『言志後録』で「『孟子』にも、昔は子を取り替えて教育したとあるが、誠に良いことである。自分は三つの選ぶべきことがあると思う。それは『よい先生を選べ、よい友を選べ、よい土地を選べ』である」と説いた。

また、この考え方を地域レベルで実践したのが、江戸後期の農民指導者、大原幽学である。幽学は、神道・儒教・仏教を融合した独自の実践道徳を説き、農業技術から農民生活にいたる農村改革を進める一方、門人の子弟教育にも尽力した。

その一例として、まず、地域の子供たちを集め、「子供大会」と称する集団訓練を実施した。木村礎編『大原幽学とその周辺』（八木書店、一九八一年）によると、天保一二年（一八四一）閏正月から約二週間開かれた「子供大会」

が最初で、この時、七歳から一六歳までの男子三四人が集まり、うち最年長者二人が世話役となり、残る三二人が七組（最大八人から最少二人）に分かれたが、その際、同じ村の子供が同じ組にならないように配慮された。そして、「畦踏み」などの農作業の集団指導のほか、高弟宅での合宿を通じて躾や生活指導を行った。

その後、この取り組みはより徹底した「預かり子（換え子）」教育へと発展した。「預かり子」は、七、八歳から一五、六歳までの子供に養育料を添えて他家に預けて教育してもらい、あるいは、他家の子供を預かって育てる相互教育システムである。一軒に一、二年ずつ預け、これを数年間続ける場合が多く、中には一〇年以上預けることもあった。まさに「他人の飯を食わせる」教育であり、幽学はこの「預かり子」で「親の溺愛」と「子の甘え」を遮断し、一人前の大人に仕上げようとした。

その際、幽学は「預かり子」を受け入れる大人側の心構えとして「家中の者が預かった子を可愛いと思い、人目を忍んで落涙する程の情をかけてやるのが極上である」など二六カ条を定め、預かった子供に対してわが子同様の愛情を注ぐことを教えた。幽学自身、地域の子供たちを「孫」と呼んで慈しみ、月一回は子供を集めて親孝行の話をし、紙芝居による訓話も行った。また、特に善行のあった子供は自宅に招いて寝食を共にする「褒美泊まり」を行ったが、これは子供にとって大変な名誉であり喜びであった。

このように、「預かり子」は地域の大人に「わが子」から「村の子、地域の子」へと意識転換させる一種の社会実験であった。現代社会で「預かり子」をそのまま実践することはほぼ不可能だが、里親制度（日本の場合、長期保育や養子縁組が多い）のように地域で子供を育てていく考え方は中世に淵源を持つ日本の伝統的な教育文化であり、その精神は地域の教育システムを再構築する上でも重要であろう。

五　立志は教育の核心

高校時代、担任教諭から「何でも良いから、日本一を目指せ！」と言われたものの、当面の受験勉強に明け暮れる日々で、私には一片の志もなかった。その後、一浪して大学に入ってからは、青少年育成やボランティアの活動を通じて教師を志すようになった。しかし、教員採用試験に何度も失敗し、小・中・高の代用教員や講師となり、その間、クフ王のピラミッド登頂を主目的とした四〇日間の海外旅行やユニセフ援助の海外視察（タイ・ビルマ・バングラデシュ）を経験した。その後、教師を断念し、雑誌・学術書・広報紙等の編集畑を渡り歩いたが、勤務先が三度倒産する憂き目も見た。

このように波乱はあったが、幸い、和本の蒐集と研究は絶え間なく継続できた。現在は、独立して江戸時代に関する仕事に特化し、大学講師の傍ら古典籍デジタル複写（往来物倶楽部デジタルアーカイブス）事業や講演・執筆活動を続けている。高校時代からの紆余曲折の四〇年間を振り返ると、かけがえのない出会いやご縁が多々あり、それぞれがその後の人生に重要な意味や彩りを添えていることに改めて気付かされる。

こうして辿り着いた今の私の志を一言で示せば、「江戸時代の庶民文化を通じて、日本人としての誇りを持つ国民を増やし、日本の教育再生の一助となる」ことである。そして、以上の体験から、①立志には出会い（人・物・事実等）が大切であり、立志が新たな出会いをもたらすこと、そして、②立志とは、自分を知り、天命を知る過程である（それゆえ志も深化する）ことを強く感じる。

さて、明治から平成まで生き抜いた偉大な教育者、森信三（のぶぞう）（一八九六～一九九二）は、大阪天王寺師範学校（現・大阪教育大学）講師時代の講義録『修身教授録』（致知出版社、一九八九年＊昭和一二年版の抄録）で、立志が教育の核心であると明言した（第一部一三講「使命の道」）。

　われわれ人間の価値は、その人がこの二度とない人生の意義をいかほどまで自覚するか、その自覚の深さに比例すると言ってもよいでしょう。ところで、そのように人生の意義に目覚めて、自分の生涯の生を確立することこそ、真の意味における「立志」というものでしょう。

　したがって人生の意義は、少青年の時におけるその人の志の立て方のいかんに比例すると言ってもよいわけです。すなわち人間の価値は、その人がこの人生の無限なる意味を、どれだけ深く自覚し、またそれをどれほど早くから、気付くか否かによって定まるとも言えましょう。

　これ古来わが国の教育において、「立志」の問題が最も重視せられたゆえんであって、極言すれば教育の意義は、この立志の一事に極まると言ってもよいほどです。故にまた真に志が立つならば、ある意味では、もはやしいて教え込む必要はないとさえ言えましょう。というのも真に志が立ったら、自分に必要な一切の知識は、自ら求めて止まないからであります。

言志四録

　例えば、貝原益軒が「世は海なり。身は船なり。志は舵なり。舵を悪しく取れば行くべき方に行かず。風波にあえば船くつがえるが如し」（『大和俗訓』四巻）と述べたように、江戸時代の文献を繙けば、立志に関する記述はいくらでも見つかるが、本稿の結びに、佐藤一斎著『言志四録（言志録・言志後録・言志晩録・言志耋録）』など江戸の立志論を紹介する。

　一斎は、門下数千人を擁し、佐久間象山・安積艮斎・大橋訥庵・横井小楠など幕末の錚々たる人物を育てた儒学者である。『言志四録』は彼が晩年までの四〇年間書き続けた語録で、無駄や隙のない名文が多く、読む者を虜にする。門下以外にも西郷隆盛など多くの維新志士に愛読され、近代国家樹立の思想的原動力となった(▼は久須本文雄訳注『座右版 言志四録』による)。

①志を立てて学べ

▼だいたい学問を始める際には、必ず大人物になろうとする確乎たる志を立ててから、書物というものは読むべきである。そうせずに、ただ徒らに、見聞を広めることだけを欲張るならば、ひょっとしたら、おごって人をあなどる心を増長させたり、自分の非行を偽るようなことになりはしないかと心配するのである。〔言志耋録一四条〕

『大和俗訓』にも「立志なくして学問の成就はない。だから、昔から、『志ある者は物事を成就する』と言い、『立志は学の半ば』と言う」とある。

②志あれば全てが学び

▼しっかりと志――目的――を確立して、これをどこまでも追求する時は、たとえ薪や水を運んだりする日常平凡な事でも、学ぶべきものが存在するのである。まして読書したり物事の道理を推し窮めることなどにおいては、なおさらのことである。しかし、志が確立されていなければ、一日中読書していても、それはただ無駄ごとに過ぎない。それ故に、学問をするには、まず第一に志を確立するより大切なことはない。〔言志録三二条〕

立志が大切なのは、志の有無で得るものが大きく異なるからである。国学者、鈴木朖も『離屋学訓』で「志さえ深ければ、世間で見聞きする全てが我が師となる」と述べている。

③志が邪念を一掃する

▼暇にまかせてつまらないことを考えたり、また環境に対してくだらぬことを感じたりすることは、まだしっかりと志が確立していないからである。一つの志が確立しておれば、多くの邪念妄想がことごとく退散して服従するようになる。これを譬えてみると、清らかな泉が湧き出ると、その傍らの水はそれに混入することができないようなものである。〔言志後録一八条〕

④内省（ないせい）が志を堅固（けんご）にする

『心学教諭録』三篇上巻に「我に立ちかえり我をよく知る時は心動かず、志よく道に定まるなり。この志定まる時は、心みだりに馳（は）せずして常に身心（しんじん）静かなり。此の心静かなる時は、何事も処する所おのずから安し」とある。脚下照顧や内省の反覆で志はより堅固なものとなる。その意味で、立志とは「己を知る」ことでもある。

⑤大志は引き継がれる

▼人間はとても百歳まで長生きすることはできない。ただ志だけは永久に朽ちないようにしなければいけない。志が永久に朽ちないものであれば、その人のなした事業も永久に朽ちないものとなる。〔言志耋録二二八条〕

『修身教授録』（第二部・二講「立志」）も「真実に心に願うことは、もしそれが単なる私心に基づくものでない以上、必ずやいつかは、何らかの形で成就せられるもの」「この肉体の生きている間に、不滅な精神を確立した人だけが、この肉のからだの朽ち去った後にも、その精神はなお永遠に生きて、多くの人々の心に火を点ずることができる」と説く。

「人は一言にてその志を知らる」という言葉がある。例えば「何故学ぶのか」「何故働くのか」と問われた時、それに対する即答が、今の己自身であり、己の志なのである。立志は学びの根幹であり、人づくり社会の実現に欠かせない要件であると考える。

最後に、池田雅之先生とは、数年前の「未来教育シンポジウム」(公益財団法人前川財団主催)以来のご縁だが、先生がご尽力されてきた「NPO法人鎌倉てらこや」の活動を知り強い感銘を受けた。地域の人材、自然・風土、歴史・文化など教育資源を存分に活かして多彩な活動を展開されてきた。同じ志を持った仲間が集まり、切磋琢磨する場は人間形成にとって極めて重要であり、そんな活動を意識しながら本稿を認(したた)めてみた。多少の参考になれば幸いである。

建長寺、鎌倉を通してみた「再生と祈り」
――寺院や宗教者の役割とは――

高井正俊

一　はじめに

〈再生と祈り〉のテーマで、活動の報告をして欲しいと依頼され、実に様々な場面が頭の中に展開した。私は今年七十歳になった禅宗の僧侶である。縁あって鎌倉の建長寺という臨済宗の大本山で教学部長を十二年、宗務総長を十二年、都合二十四年間、修行時代を含めると建長寺で三十年間を過ごした。役職として通した二十四年間の間は、阪神淡路大震災が起こり、そして、東日本大震災と津波、原発の大事故。更には社会的課題として、子供たちの不登校や引きこもりが大きく取り上げられた時代であった。

お寺の子として生まれ、ほぼその流れの中で僧侶になって、修行から帰って後、消防団活動や青年会議所を通じて、個人的に僧侶として地域や社会にどう関わっていったらよいのだろうか、という素朴な疑問を持ちながら、諸活動に取り組んできた。自坊の宗禅寺の活動、本山建長寺の活動と私との関わりの中で訴え、報告したいことが整理されないいまま、眼前に広がっている。この機会にそれらのことを私なりにまとめて、提起してみたい。このようなお寺からの報告・提起は今までされて来ていないので、〝寺からの発信〟としては大事なことであるし、珍しいことでもあると思っている。それゆえ、一般には余り知られていないお寺の活動やその存在意義について、思いつくまま語らせていただきたい。

二　寺とは何か

具体的なことを書く前に、皆さんに知っておいていただきたいことがあります。当たり前のことですが、寺とはどのような存在なのかということです。私なりにまとめると、住職という僧侶がいなければなりたたないということは自明のことですが、寺は皆さん檀信徒や社会の方々からの布施で成り立っているということです。どんなに立派な伽藍や広大な敷地をもっていようとも、それはどなたかの、あるいはたくさんの方々の喜捨やお布施によって出来上がっているということです。宗教法人と名前がついている通り、寺は僧侶や特定の人の所有物ではありません。つまり、公のものです。僧侶や寺族はとりあえずその管理、運営をまかされているだけのことです。

三　寺の力

次にお伝えしたいことは、〈寺の力〉です。仏教伝来以来ほぼ千五百年、日本の寺院はほぼ、なんとか、社会の支持をいただいて存続してきました。この千五百年の時間の中で、いろんな力を貯えてきました。まず、仏像・建物・伽藍です。御本尊様を中心にたくさんの人が集まれるように、大きな本堂と庫裡、更には客殿を備えています。そして土地の広さ、環境、寺の境内は時として、これ又、人々の使用できる広場として働きます。又、寺を取り巻く自然環境は、寺の風致を守るだけでなく、遊びの場、安らぎの場所、祈りの場所、あるいは修行の場所になっています。これ又、何百年、境内地として社会の方々から、その存続を認めていただいていることになります。ふりかえって、この建物や境内地、自然が寺院や神社から消えていたら、どうなっていただろうかと、想像するだけでも恐ろしいものがあります。これだけでも素晴らしい〈寺の力〉といってもよいと思います。

次に続きますのは、寺院が培ってきた法要・儀式・伝統行事です。葬式仏教と揶揄されていますが、これ又、何百年の間、日本人の死という看取りと心の在り方を仏教は積極的に荷ってきています。通夜・葬儀、法要がどれだけ人々の心を慰め、安らぎを与えてきたことでしょう。先祖供養を通じて、地域の人々の心の繋がりを保持し、家族や親戚のつながりを確認し、結束し、新しいエネルギーをどれだけ産みだしてきたか、とてもとても大事なことをし続けています。まだまだあります。わが宗派の禅宗をとってみても、坐禅をすることによって心を調え、禅の生活を通じて、食べることの大切さ、日々の生活の大事さ、そして、生きていることの素晴らしさに気づくよう日常的な働きかけをし続けています。各宗派には所依の経典があり、それを元に、日本人の思想形成や、文化・精神に及ぼした影響ははかりしれないものがあります。現代の日本を作り上げてきたのは、仏教の教えといってもよいでしょう。

こうした素晴らしい力を、お寺は持っています。それぞれの宗派や、それぞれの僧侶は仏教、お釈迦様の教えの中で、各自頑張っています。只、残念なことに、そうした素晴らしい力を持っていながら、今まで自分たちの業として、それを内向きに行っていることが多く、又、社会からも強く要請されてこなかったので、自分たちが、どんな素晴らしい力をもっているかに積極的に気付くこともなく、また力を出し切れていない、使い切れていなかったのだと思います。つまり、今まではお寺は、昔ながらのお寺のままでよかったことになります。今まで通りの地域共同体、〈村〉に守られているだけでよかったのです。ところが、時代は変わっていきます。人も変わっていきます。地域も変わっていきます。ではこれから寺を動かし、寺が動くには何がどう必要なのでしょうか。

四　再生と祈り――建長寺の場合――

それでは、拙い私の建長寺の生活を通じて、〈再生・祈り〉に関わることにふれていきます。建長寺として、〈再生・祈り〉に関わる新しい事項は、震災のこと、青少年活動のことが主となります。

建長寺がどう動いたか、その動きをどこでどうしてきたのか。今だからこそ、こうしてこうなったと説明はつきますが、当初からこう動くことが決まっていた訳ではありません。

その最初のきっかけは、恐らく阪神淡路大震災であったと思います。テレビから流れるビルの倒壊、高速道路の倒壊、そして火災の映像。それらは、鎌倉にいる私たちにも確実に衝撃を与えました。私共宗教者、とくに臨済宗の僧侶は、修行時代に托鉢をすることによって喜捨をいただいて修行を維持しています。托鉢は喜捨を受けると同時に、〝共に祈る〟ということを象徴する宗教的行為です。その托鉢を、大震災の救援のために行いたいという声が、鎌倉にある建長寺と円覚寺の両大本山の僧侶から自然と起こり、恐らく戦後初めての両本山合同の托鉢が行われました。本山の管長さん、老師を始め、老若合わせて七十名をこえる禅僧が、鎌倉市内を托鉢し、喜捨金をいただくと共に、救援の祈りを身を挺して行わせていただきました。建長寺の僧堂・円覚寺の僧堂で修行中の雲水も、接心中という大事な一週間の坐禅修行中でありましたが、一日を共に合同して托鉢に参加して下さいました。この行は、鎌倉の市民に好意的に受け止められ、宗教者のあるべき姿の一面を示すことができました。心ある若い禅僧は現地に出向き、炊き出しや体を使っての瓦礫除去作業に精を出してくれました。これ又、わが禅宗にとっては、作務としての労働、食事係としての典座という、修行中はだれでも平等に行う行であるので、抵抗なく自然に、しかも淡々と行えるものでありました。この段階では今まで私たちが行ってきた、托鉢や作務という個人的に行えることを、個人的に行っているだけで、集団・組織としての行動ではなかったということになります。しかし、こうして寺の中から外へ出ることができたということは、自分たちの出来る方法で社会に奉仕できる、おかえしができるきっかけを得たという大きな自信となり、宗教者のあるべき姿として将来に対する示唆・暗示を私たちに与えてくれることになりました。

五　鎌倉てらこや

その次に鎌倉で起こったことがあります。それは、兵庫県の生野学園の創始者である精神科医の森下一先生が、「不登校・引きこもり」にならない子供たちを育成しなければならない、という連続講演活動でありました。私も一度だけ聴講に行きましたが、会場に流れる熱い心、温かい心を感じて帰りました。そんなある日、鎌倉大仏の佐藤美智子さん、世界救世教の松田妙子さん、早稲田大教授の池田雅之先生の奥様からの呼び出しがかかりました。鎌倉大仏に出向くと、三人の方が、「高井さん、こういうことで、鎌倉で子供を育てる活動をしたいのですが、建長寺さんをお借りできませんか？」と、相談を受けました。私はその場で、「建長寺を使っての合宿なら可能ですよ」と、御返事を申し上げました。そして、せっかくやるなら来年ということではなく、今年の夏休みから始めたらどうですかと、実に十四年前二〇〇三年のことになります。そのような返事が即出来たのは、こういうことであります。

建長寺は臨済宗の大本山であり、建長寺派は四〇七ヶ寺の寺院で構成され、その寺院子弟の教育のために「少年少女禅の集い」の二泊三日の子供合宿が行われていました。この合宿を手本にして行えば、できると確信しました。建長寺では二泊三日で三十人ほどのお寺の子供たちが建長寺の百二十畳の大広間で寝泊まりし、これ又広い本堂で朝のお経を唱え、坐禅をし、若いお坊さんの指導の下、修行道場の食作法に則して、子供達に食べることの作法や意味を体験してもらう。お勉強もし、遊びもする。お寺の子供として何が大事なのかを自ら体験してもらい、いくらかでもお寺の子供としての素養を身につけ、将来お坊さんになってもらいたい、という気持ちでこの合宿を行っています。当初、教学部長であった岐阜の瑞龍寺の清田保南老師が始められて、今では四十年以上の実績があります。ということでお寺での合宿なら問題はありませんよ、と。そしてこの子供合宿は鎌倉青年会議所、大人応援団、子供担当の早稲田大学の池田ゼミの学生たちによって、その年の夏休みに実施されました。初めての合宿、皆どうしてよいか解らない中で、お寺の役割、学生の役割、大人の役割を明確にして、子供達を主人公にして合宿は展開されました。

お寺の役割は朝のお勤め、坐禅、食作法、夜のお勤め、寝る前の坐禅。学生は昼間、子供達と共に過ごし遊ぶ。その時のメイン事業は竹を使った鳥の巣箱作りでした。慣れない竹の切り出し、のこぎりの使い方など。何もかも大変であったはずだったが、子供達にとっては苦しみでなく、楽しみそのものでした。建長寺の広い境内とたっぷりの自然。ここを自由自在に使い、走り回れる。大学生のお兄さんやお姉さんがしっかり相手になってくれる。こうした光景を見ている大人たちも、すっかりこの合宿のとりこになり、裏方の仕事を一生懸命やってくれる。

実に素晴らしい子供合宿の原型が出来上がりました。この合宿は題して「本気de建長寺」と呼ばれるようになって、今年で十四回を迎えます。始めは子供三十人、学生三十人、大人二十人の合宿が、今は何と、子供百人、学生百人、大人五十人という大合宿になり、建長寺の百二十畳の大広間二つでは足りず、男子学生は本堂で寝るまでになりました。

　お寺での生活は子供たちにとっても新鮮で、かつ安心できるようで、現在の三泊四日の合宿を通じて、子供達がへんにいい子にならず、自分を出して大学生にぶつかっていく姿を見ると、まさにお寺での合宿の理想的なあり方を見る思いがします。そして、何よりもびっくりしたことは、子供達の目覚めや成長はもとより、学生さん達の変化でありました。容赦なくぶつかってくる子供達を、学生が受け止めて、なだめすかし、おだてて気持ち良く嫌がらずに応じている姿を見せられて思いました。これは学生たちのために、素晴らしい試練と忍耐と、子供を受け止めていくということで、それを実体験するということで、素晴らしい体験になっているということです。子供たちの真向勝負を受け止めるには、学生は逃げられません。朝から晩まで、起きてから寝るまでまるごと四日間、真剣に真面目に対応しなければならない。たったの四日間であっても、これはすごい体験。学生は否応なしに真剣に本気にならざるを得なくなっていきます。そして、裏方の仕事もあります。自分を誤魔化すことができなくなります。ことによると、人間対人間としては初めての体験なのかもしれません。

　このような場所を提供できる建長寺は、とても幸せです。生きている子供や学生が思い切って使える場所が提供できる。こんなありがたい事はありません。そして、建長寺からも若々しい坊さんが五、六人、この合宿中、共に過ごし、坐禅やお経や食作法や法燈会（ほうとうえ）を共にしてくれます。これまた、私たち寺院が昔から伝統的に培ってきた修行や日常生活の過ごし方、それを使うことによって、お寺の日常や仏教の生活を味わいながら、お坊さんの生きた姿を子供達や学生さんに見てもらえます。宗教者にとっては、これだけでも非常にありがたいのです。お金のことは、建長寺が赤字にならないように協力をさせてもらっています。これこそがお寺のできること、することなのです。しかも、建長寺だけでなく、材木座の浄土宗光明寺さんや教会の方も、てらこや活動に協力してくれます。

最近では、当初の早稲田大学の池田ゼミ生だけでなく、インターカレッジ化というそうですが、鎌倉周辺の大学から、大学を問わずに参加してくれています。そして、この「鎌倉てらこや」が源になって、今では日本各地、海外にまで四十カ所近い「てらこや」が生まれています。子供たちの再生、大学生の再生、そして地域の再生が生きた形で達成できています。この再生に、お寺が持っている力をもって参加していくことがお寺の再生にもつながっていく筈です。

六　東北支援事業、「建長寺で会いましょう」

次に「再生と祈り」の鎌倉版の大事業が、鎌倉や建長寺で展開されています。鎌倉のお母さん方が主人公となった〝未来連福プロジェクト〟が主催する「建長寺で会いましょう」事業（代表　斎藤美代子先生）です。東日本大震災、特に原発被害を受けた方々を鎌倉にお招きして、放射能の影響のない所で、心も体ものびのびと過ごしてもらいましょう、という催しです。この催しを建長寺でお引き受けするようになったのにも、きっかけがありました。

斎藤美代子先生は鎌倉の中学校の校長先生をしておられ、そのご縁の方にスリランカの子供支援（家族に恵まれていない子供）活動を鎌倉でしている小須田和男さんがおられました。この支援は毎年スリランカデーの九月、小須田さんの御自宅に子供といっても高校生位の男女六～七人の宿泊を受け入れていました。ある日、先生からお電話があって、小須田さんの奥様が骨折をされて子供達の受け入れができないので、建長寺さんでお引き受けできませんか、ということでした。担当のものに相談したら、その三日間なら建長寺が空いているからＯＫですよとのこと。では、ということで受け入れを行いました。たまたま責任者はスリランカの寺院の長老でチャンダスリ和尚さん。同じ宗教者でとてもいい関係となり、この支援は今でも続いています。

そして３・１１。校長を退職した斎藤先生は、この惨状にいてもたってもおられなくなり、持ち前の実践力とパワーで、中学校のＯＢ、保護者たちに呼びかけ、みんなが共に幸せになりますようにとのことで、連福草のように共に幸せな未来を作る運動を邁進されます。そして、建長寺にいろんな支援を要請されてきました。建長寺には以前より災害救援資金援助活動として「観音募金」制度があり、四〇七ヶ寺の寺院に募金箱（本山にも）を置いており、この３・１１の時には特別な募金を行い、たくさんの募金の提供をいただきました。

建長寺では自分たちの眼に見える形で、このお金を使わせていただこうということで、実際に働いている、関わっている方々にお金を使わせていただいています。斎藤先生からの、鎌倉に避難している方は毛布も衣類も何も持って来ていないということで、生活物資の支援を行わせていただきました。そして、今でも続いている、「原発に遭った方々に安らぎを！」の申し出を受け、春休みに、夏休みにその方々の受け入れ宿泊場所として、建長寺を提供させていただいています。

食事の手配、見学先の案内、お弁当、夜の歓迎会、鎌倉にバス一台か二台の方々がおられる間、未来連福プロジェクトのお母さん達が、全て取り仕切って下さいます。この支援活動の資金を得るために、お母さん方は鎌倉大仏の前での募金活動、建長寺や他の場所でのチャリティ音楽会や、慈善茶会。実に女性らしい細やかな配慮の元、年間を通して鎌倉の市民に原発被害の方々への理解を呼びかけると共に、未来を荷ってくれる子供達を大事に丁寧に育てていこうという根本姿勢を貫いて、この活動を主催しています。

建長寺は宿泊場所としての他、朝のおつとめや式典で、震災殉難者の方々の追悼法要をしているだけなのですが、お母さん方が、建長寺さんがあるからこの活動もできるんです、といって下さるのを聞きますと、本当に建長寺があってよかったなあと思います。これは鎌倉にもたくさんの神社仏閣がありますが、一二〇畳の大広間が二つ、大きな本堂、食堂、お風呂を備えているような寺院は建長寺だけなのです。建長寺を使わせて下さいという、外からの声があればこそ、このお寺の施設を使ってもらうことができるのです。宝の持ち腐れではなく、あるものを共に有効に使っていくこと。これが大事なことだと思っています。

そういえば、３・１１の当日、帰宅困難になった鎌倉学園の生徒、先生、父兄二七〇人が一泊しました。建長寺の御本尊様も、お寺がこうして使われていることを喜んで下さっていると思います。そして、このようなお寺になれたことをありがたく思います。自分たちのもっているものを使って、又、使ってもらって、皆が幸せになる。これがお寺の幸せです。

福島から来て下さる方々も、今では建長寺や未来連福プロジェクトのお母さん方とのつながりもでき、あちらでの支援組織もできあがっているそうです。継続は力なりといいますが、鎌倉の人達の組織もしっかりでき上がり、福島の方々を継続して受け入れていくことが大事だと思います。年を重ねるごとに支援活動が少なくなっていきますが、「東北を忘れない」の合言葉と共に、東北の方々は、鎌倉の人達はこうして毎年私達をお招きして下さると、感動してくれています。再生は口ほどに簡単ではありませんが、こうして鎌倉の人達がいつもにこにして、この事業をして下さることが、東北の方々、そして私たちの心の再生、人間のふれ合いの暖かさを実現でき、生きるエネルギーになっていくのだと思います。支援する人、支援される人、それを支える場所、そしてお金。いろんなものがないと継続は難しいのですが、再生し続けていくことが大事だと思います。

七　鎌倉で遊ぼう・学生リーダー塾ヒルズ

建長寺が場所を提供している活動が、あと二つあります。「鎌倉で遊ぼう」と「学生リーダー塾ヒルズ」です。これもまた震災を契機として、建長寺に「鎌倉で遊ぼう」の宿泊プログラムが申し込まれました。やはり、福島で放射能被害に遭われている方々を、超宗教の立場で支援、援助できないのかということです。鎌倉にある世界救世教の関係者の方々も、同宗連での建長寺とのつながりもあり、宿泊場所として保養だけでない宗教的な施設を使うなかで、人々にご家族の方々に安堵感をさしあげたいというものでした。

このような災害の中で、宗教を越えて人々の役に立ちたいという宗教者の応援によって、今では立正佼成会の方々も積極的に応援して下さり、二泊三日の合宿を荷っています。もちろん、鎌倉の教会も神社も寺院も応援をしています。建長寺での朝のお勤め、坐禅、食事作法も当たり前にごく自然に行われ、みなさん違和感ももたれずにお寺での生活（といっても三日間ですが、）を楽しんで帰っていかれます。震災のおかげといっては失礼ですが、お寺にしても各宗教団体にしても、共に手を取り合って、復興支援事業ができるのは素晴らしいことです。

そして少し変わった協力として、福島県立相馬農業高校飯舘校の高校生支援活動があります。故郷の飯舘村を離れ、福島市内のプレハブの仮校舎に通う生徒たち。家族から離れ、就職活動も思い通りいかなくなって、不安一杯の高校生たちに生き抜く力を養ってもらいたい、という目的を理解して、建長寺は二十名ほどの学生・先生を五日間、宿泊・研修として受け入れました。昼間は職場体験として寺の外に出て、帰ってきて寺の生活をしながら五日間を過ごすというものです。慣れない、まさにお寺の生活ですが、高校生たちには違った形での学びがあったと思います。お寺ができること、私たちが思ってもいなかった外発的なことではありますが、こうしてそれにお答えできる、対応できることも、お寺の力のひとつといってもよいのではないでしょうか。社会全体が再生へ向かっていく中で、お寺がその役割を少しでも果たすことができる。ありがたいことです。ここにも観音募金の力が働いていています。

八　鎌倉宗教者会議のこと

最後にお知らせしなければいけないことは「鎌倉宗教者会議」のことです。平成二十一年の三月十一日に起こった東日本大震災の衝撃は今更いうまでもありませんが、鎌倉の宗教者たちはその年の四月十一日、「追悼・復興の祈り」を捧げました。鎌倉の鶴岡八幡宮に、神職・僧侶・牧師・神父が集い、境内を埋め尽くした檀信徒や参拝者の中で、神道・仏教・キリスト教合同で追悼法要を行ったのです。

これまた、前もっての深い相談があったわけでもありませんが、そこに至る流れもありました。前年、八幡宮の大銀杏が倒伏しました。これは鎌倉八百年の歴史の中でも大事件でありまして、八幡宮の関係者のみならず、鎌倉市民にとっても、ショッキングな出来事でした。

この時、鎌倉の若い僧侶たちが、八幡宮の許可を得て銀杏再興の法要をして、仏教各宗そろって読経を唱えました。このことは、八幡宮の吉田茂穂宮司にとてもありがたい、嬉しいこととして受け止めていただきました。奇しくもあれから一年の東日本大震災。僧侶たちと八幡宮のつながりも出来、共に復興・追悼祈願法要の声があがりました。鎌倉大仏の佐藤住職とカトリック雪ノ下教会の山口神父も、宗教者として復興のために何かしようと相談をされていました。こうしたつながりの中で、鎌倉の教会の方々もこの、4・11法要に参加して下さることになり、鎌倉の宗教者がひとつになっての追悼・復興祈願法要になりました。この取り組みは次の年に建長寺で、更にカトリック雪ノ下教会、鶴岡八幡宮、円覚寺、カトリック雪ノ下教会と、神道、仏教、キリスト教の順で毎年三月十一日に執り行われ、超宗派の祈りが現在でも続いています。

この法要を通じて、鎌倉には昔からたくさんの神社があり、お寺があり、そして教会もある宗教都市なのだから、この法要を継続していく意味からも、三者が集まって合同の組織を作ってみてはどうでしょうか、の声が上がりました。三者の関係者が幾度となく合同相談会を重ねて遂に「鎌倉宗教者会議」が立ち上がりました。鎌倉のシンボルである鶴岡八幡宮の吉田茂穂宮司に会長に就任していただき、各宗教団体から副会長、専務理事、理事と定款も備えた組織が出来上がりました。

第四回の3・11法要からは、鎌倉宗教者会議で主催することになりました。それぞれの宗教を大事にして、共に同じ場所で〝祈り〟を捧げる。宗教都市鎌倉を、まさに象徴する追悼行事・法要となりました。それぞれの信者さん、市民の方々も気持ち良くこの法要に参加ができるようになりました。まさに宗教は〝祈り〟を実践し、実現していくことが証明されることになりました。

今ではそれぞれの宗教を皆で学ぶ勉強会も、年一回ずつですが出来、賛助会員の方々との交流の場もできていきます。神道・仏教・キリスト教が共に学び合う中で、新しい発見、相互理解が自然に出来上がっていきます。豊かな宗教都市である鎌倉が、宗教者の相互共同活動によってますます豊かになっていきます。これは鎌倉の市民にとって、又、おいで下さる方々にとっても、幸せを提供していく土俵が広がり、豊かな宗教活動が展開されていくことになります。

鎌倉で出来上がったこの超宗教活動の仕組みが、日本全国に、世界に広がっていってくれたら、世界平和や人々の幸せの実現のための素晴らしい一助になるのではないかと願っております。

九　最後に

建長寺に在職した二十四年間、そして鎌倉で過ごした三十年間を元に、〝再生と祈り〟に関することを書き散らしてきました。それぞれの紹介の中に、少しずつ書いてきたことをまとめてみます。

私たちの宗教（仏教も神道もキリスト教も含めて）には先人の培ってきた法要のやり方、建物も含めた宗教空間、人間のあり方、修行を通じての幸せの表現の仕方、地域に対するまなざしなど豊かな伝統があります。宗教者はそれらの素晴らしい法財を信仰者のためだけに使うのではなく、今生きている人々の要請を受け、あるいは察知してその法財を使い、法施を実践していくことが大事だということです。

今回の東日本大震災では、宗教者の実践活動を通じて宗教者の存在が、好意的に受け止めていただきました。その結果、宗教者の活動や宗教のもっている力が、宗教者にも社会にも改めて再認識されました。不幸中の幸いといいましょうか、今まで出来なかったことを、させていただくことができました。今まで受けてきた御恩をお返しすることができたといってもいいものです。これをきっかけとして、宗教者自身が、自分たちがもっている力、パワーは何なのかを改めて発見し、認識し、これを社会に提供していく必要があります。そのために私たちは広大な宗教施設にいることができ、皆様からのお布施をいただいている訳です。又、とても大事なことは宗教者が一方的にこちらから何をする、というだけではないということです。社会の要請、つまりお寺や宗教者にこういうことをして欲しいといってくれる人がいたら、その人の方を向いて出来るだけそれに応えてあげる、一緒になって取り組んでいくということです。

ですから、檀信徒を含む社会の方々は、具体的にお寺や宗教者に、こうして欲しいということを訴えるべきです。今までもそういう声はありましたが、一般論でした。各お寺の住職や聖職者に面と向かって、直接こういうことは出来ませんか、と申し出ることが大事です。

そうして、実現できることを共に一つずつ実現していく、それが出来たらどんなに素晴らしいことか。宗教者と皆さんが互いに助け合い、今までできなかったことを実現していくのです。そんなに難しいことではありません。皆さんがご自分で考えておられることを参考にして、行動して下さればよいことです。遅すぎるかもしれませんが、お坊さんや宗教者の方々の出番です。私たちのしている姿、活動が世間の人々に安心を与え、励ましを与えています。〝再生・祈り〟を改めて自分達自身の中に問いかけ、作り上げていくことが、私達宗教者自身の再生につながっていきます。

教育の再生と未来への祈り
——「てらこや」の被災地支援と日常の実践現場からの提言——

小木曽　駿

「人間が人間に送る最大の贈り物、それは『よい思い出』です」　ガブリエル・マルセル
（今道友信著『人生の贈り物—四つの物語』[1]より）

一　はじめに——「復興支援」とは何か——

復興支援活動について考えるとき、いつも一番に思い浮かぶのは、子どもたちの表情である。雪合戦をして思いっきり遊んでいる笑顔や、宿題を最後まで一緒にやり遂げたときの笑顔を思い出す。しかし、もっとも印象に残っているのは、私たちが帰るとき、私たちの車が見えなくなるまで、いつまでも必死に追いかけながら、「絶対にまた来てね！」と叫び続ける子どもたちの、寂しさの入り混じった必死な表情である。

大人ですら狼狽せざるを得ないほど急激な変化が社会に起きたとき、子どもたちへの対応は、どうしても後回しとされがちだ。東日本大震災以降、私たちがこれまで関わり続けてきたのは、福島県大熊町の子どもたちである。大熊町は、福島第一原子力発電所の所在地であり、震災から五年以上が経過した二〇一六年五月の時点でも、

その多くの地域が、「帰還困難区域」[2]に設定されている。

大熊町の子どもたちと私たちが初めて出会ったのは、彼らの最初の避難先となった、福島県田村市にある春山小学校の避難所であった。四月前半には、避難所が会津若松市内のホテルへ移動し、さらに三か月ほどで、様々な避難所へと移動を繰り返していた。放射線量の高さから子育てに不安を覚え、親戚縁者を頼って県外へと引っ越しをされた家庭も多く、子どもたちをとりまく地域の人間関係は、大きく変化した[3]。

大熊町は、その多くが「帰還困難区域」に設定されていることからもわかるように、現状でも、今後の町の在り方すらどのように変化していくのかわからない状態にある。当然のことながら、漠然とした不安や恐れの混ざり合った鬱屈した空気を、子どもたちは敏感に察知するものである。こうした不安定な状況下にある子どもたちとの関わりを、私たちは継続的に持ち続けてきた。その継続的な関わりが、「被災者」と「支援者」という関わりの枠を超えて、お互いの名前を呼びあえるような、「顔が見える関係」を築いている。やや大げさな言葉を使うならば、私たちの活動が、子どもたちにとっての「心のケア」としての役割を果たしていると考える。

震災直後、私たちの復興支援プロジェクトは、救援物資を搬入したことから始まった。しかし、私たちは、現在も実施している活動を、「支援」という言葉で括ることに違和感を覚えている。「支援」という言葉には、「恵まれた人から、困っている人たちへの一方向的な施し」という意味が含まれているように感じるからだ。そうした観点から述べるならば、私たちが行っている活動は決して「支援」とはいえない。参加する大学生のボランティアスタッフの想いと本音は、「この前一緒に遊んだ子どもたちとまた会いたい！」というものである。

そうした私たちの関わりの結果が、「復興支援」という形に顕われているにすぎない。震災から五年が経過した現在、ボランティアに求められている被災地との関わりとは、人間関係をベースとした相互に信頼し合える関係を構築し、継続的な関わりを持ち続けることにあると強く感じている。

二　二つの目的及び「鎌倉てらこや」と「全国てらネット」の活動内容

二〇一六年四月一四日に熊本県・大分県を中心として、九州一帯を猛烈な揺れが襲った。熊本県益城町では、実に二回も震度七の猛烈な揺れに襲われ、多数の家屋が損壊する等の大きな被害に見舞われた。残念ながら命を落とされた多くの方々のご冥福をお祈りすると共に、被災された方々が、少しでも早く日常の生活を取り戻されるよう、お見舞い申し上げたい。

熊本地震の震災復興支援活動においても、救援物資の輸送に始まり、がれき撤去や炊き出しなど、被災地の状況に合わせて、様々な支援が展開されていくだろう。ボランティアとして熊本に向かう人も少なくないはずだ。そうした復興支援活動や、ボランティア活動の展開にあたり、過去の事例から、被災地にとって必要な支援とは何かを改めて問い直すことは、決して無駄なことではあるまい。

そこで本論の目的の一つは、被災地における教育という観点から、子どもたちとの関わりにおいて、変わり続ける被災地のニーズに合わせて、ボランティアがどのような役割を果たしうるのか。また、そうしたボランティア活動が、被災地の教育を再生していくにあたり、どのような貢献をしうるのかを、「鎌倉てらこや」[4]及び「全国てらこやネットワーク」[5]（通称「全国てらネット」）が実施してきた活動の実践から、明らかにすることにある。そのポイントは、子どもたちをはじめ、現地の人々との信頼関係の構築にあることは先に述べたが、その点をさらに詳しく述べたいと思う。

そして、被災地との継続的な関わりを通して見えてくる課題が、実は被災地だけの問題に留まらず、現代の日本社会における、子どもたちの日常的な教育環境にも当てはまることを指摘したい。そこで、二〇一六年で一四年目の活動を迎える、「鎌倉てらこや」の日常的な実践報告から、そうした様々な課題を解決していく手掛かりの提示を試みることが、本論のもう一つの目的である。

二〇〇三年より、早大生を中心とする大学生ボランティアスタッフが活動の主体となってきた「鎌倉てらこや」は、「全国てらこやネットワーク」と共同しながら、二〇一一年三月二一日の支援物資の輸送活動を皮切りに、震災発生直後は週に一回、その後、現在は一月に二回のペースで復興支援プロジェクトを行ってきた。その便数は、二〇一六年五月現在で一二〇回を数えている。

震災直後は救援物資の輸送、その後、がれき撤去や炊き出しから、次第に子どもたちのケアへと、刻一刻と変化する被災地のニーズに合わせて、私たちは支援活動を実践してきた。現在では、福島県会津若松市の仮設住宅に拠点をおき、大熊町から避難している約二〇〇家庭の子どもたちを主な対象として活動を展開している。活動内容としては、子どもたちのメンタルケア（見守り、コミュニケーション、交流など）、身体上のケア（運動、遊び等）、勉学上のケア（学習指導、自然体験、野外学習）という、主に三つのケアを行っている。

本稿を執筆するに当って、五年半に及ぶ復興支援プロジェクトに携わってきた筆者の知見に加え、実践活動の中心を担ってきたスタッフの上江洲愼（現「鎌倉てらこや」理事長）及び、当時大学生スタッフのリーダー的存在であった岩沢圭一郎にインタビューを試みた。また、「全国てらこやネットワーク」のホームページにまとめられた、活動に携わっていただいた多くの人々による活動報告も参照しながら、まずは、これまでの活動が行われるに至ったプロセスや背景を報告したいと思う。そして次に被災地における教育の再生のために必要な、コミュニティと家庭の再建の方途について報告し、その可能性を探っていきたい。

三　子どもたちを取り巻く環境の変化への対処

私たちが初めて被災地を訪れたのは、震災から一〇日が経過した、二〇一一年三月二一日のことであった。私たちの支援活動は、震災が起きたとき、現地で本当に必要とされているものをリスト化することから始まった。被災地につながりをもつ「全国てらこやネットワーク」のメンバーよりもたらされた情報をもとにリストを作成し、鎌倉で救援物資の寄付を一般市民の皆さんに呼びかけた。その結果、二日間というわずかな期間のうちに、軽トラック一台分もの救援物資が集まった[6]。

私たちは、協力いただいた一人ひとりの方々の想いを携えて、福島県田村市で避難所となっていた春山小学校に、救援物資を輸送することができた。そして、避難所の現場でまず気づいた問題は、子どもたちが遊ぶ環境がないということだった。

明日の生活の見通しすら全く立たない状況の中で、いきなり他人との共同生活を強いられる避難所生活では、住民同士が言い争う場面も、少なからず見受けられた。そうした環境下での子育てについて考えると、困難を極めることは想像に難くない。子どもたちが少しでも騒ぎ出そうものなら、大人たちに強く叱責されることは目に見えている。そうしたプレッシャーは、親にとっても子どもにとっても、大きなストレスとなっていた。

一週間後の三月二八日には、上江洲が、大学生ボランティアであった岩沢とともに、春山小学校を再訪している。その時にはすでに、田村市教育委員会によって、田村市内にある避難所には全て学習室が設置され、一〇時～

一一時四五分（四五分×二コマ）の時間帯に学習タイムが設けられていた。加えて春山小学校の避難所では、一三時三〇分～一五時の時間にも、学習タイムが設けられていたという。

その後、新学期が始まるのに合わせて、避難所が会津若松市内のホテルへと移された。四月一八日に上江洲が訪れた際には、会津若松市立河東小学校において、大熊町立小学校の始業式も行われ、小学校が再開された。学校の再開により、子どもたちの学習環境はある程度は整ったと言えるだろう。

しかし、放射能への警戒などから、子どもたちは外で遊ぶことが禁じられていた。そうした状況では、放課後の時間に、子どもたち同士で群れ遊びができる環境はほぼ皆無であった。上江洲と岩沢が、ホテルのロビーで子どもたちと鬼ごっこをしていたところ、ある父兄の方からうるさいと厳しく叱責を受けたことがあったという。大人たちの一部もこの非常事態にいらいらしている様子であった。自然と子どもたちは、ニンテンドーDS等のゲーム電子機器へと向かう時間が増え、一人で遊ぶ時間が多くなっていった。

そこで、震災から一か月半が過ぎた四月二六日から、私たちは、子どもたちと「思いっきり遊ぼう」というプロジェクトを始めることにした。この活動は、すでに「鎌倉てらこや」で何度も行ってきたことである。その際に、大学生ボランティアが気をつけたことは、積極的に子どもたちとの関わりを作りながらも、押しつけがましくならないことであった。私たちの関わり方に不満を抱いている一部の大人の方々との交流も計っていった。避難所では、未来への展望の見えない鬱屈した空気感が、大人たちの間に立ち込めていた。しかし、そうした重苦しい雰囲気から一時でも解放されて、子どもたちと大学生ボランティアが交わり、鬼ごっこや肩車をしながら思いっきり遊んだことは、子どもたちにとって、そして子どもを見守る大人たちにとっても、大きな意味があったのではないだろうか。このときの子どもたちのはしゃぎぶりは、今でも忘れることが出来ない。

四　子ども・大学生・親御さん三世代の絆を深める
――「会津てらこや教室」の開校――

二〇一一年五月七日には、会津若松市内にある会津大学短期大学部のグラウンドにて、「ミニスポーツ大会」を行った。首都圏から大学生二五名が参加したこのイベントに、五〇人を超える子どもたちが参加した。前回の私たちの訪問以降に茨城へと避難していた子どもが、大学生スタッフと再会するために、わざわざ会津まで来てくれた喜ばしいケースもあった。その親御さんからは、行政が実施するイベントではなく、私たちのような民間団体が行うイベントだからこそ、福島から離れた親子も参加しやすいと言われた。「鎌倉てらこや」のような民間組織だからこそ可能な、人と人のつながりもあるのである。

二〇一一年六月には、神奈川県鎌倉市の建長寺で開催された「てらネット合宿」（「全国てらこやネットワーク」主催）や、同年一一月に同じく鎌倉市の光明寺で実施された「光明寺合宿」（「鎌倉てらこや」主催）で、被災地の子どもたちを招待して、鎌倉の子どもたちとも親交を深めた。

その後、大熊町の教育委員長や、仮設住宅の町内会長と調整を重ね、二〇一二年八月より「会津てらこや教室」を開校したことは、特筆に価しよう。毎月一回、週末に、早大生を含む首都圏の大学生ボランティア六～七名が、子どもたちに会いに行き、子どもたちの宿題を見るとともに、思いっきり遊ぶという活動を継続的に実施し、今日まで続いている。地元の高校生スタッフとして参加していた男子生徒が、大学生となって「会津てらこや教室」のリーダーを担っている姿を見ると、震災後の時の経過を感じさせられる。

「会津てらこや教室」で見られるような、子どもたち一人ひとりと「顔が見える」信頼関係に軸を置いた活動は、決して、震災復興プロジェクトの当初から想定されていたものではなかった。この信頼関係は、救援物資の輸送をきっかけとして関わりを持ち、常に変化していく現場のニーズに合わせ、一つひとつの小さな活動を積み重ねるうちにたどり着いた一つの結果といってよいだろう。

大人ですら困惑を隠しきれない避難所生活は、子どもにとっても緊張の連続である。慣れない他者との共同生活は、期間が長くなればなるほど、ストレスを受けやすい。私たちは、そうしたストレスを発散し、不安や恐れを抱えがちな子どもたちの心の支えとなれるようこころがけた。こうした不安定な状況だからなおのこと、家庭と地域、行政が連携し、一丸となって、子どもたちを見守り、育てていけるようなコミュニティを再構築する必要が迫られているのである。

五　すべてを「震災のせい」にする前に

大学生ボランティアスタッフの中でも、リーダー的な存在を示したのが、当時早大生であった岩沢圭一郎である。岩沢は福島県会津若松市の出身であったので、私たちが避難所を訪れたとき、彼の実家にお世話になることが多かった。地元福島を愛する彼は、足繁く避難所へと足を運び、子どもたちとの関わりを深め、「会津てらこや教室」の活動実現に尽力した。私たちの行った復興支援プロジェクトを語る上で、岩沢が果たした役割は、きわめて大きいものであった。

震災前の東北と、震災後の東北を知る彼は、地元東北を愛するがゆえに、被災地の現状に鋭いまなざしを向けることも多い。筆者とのインタビューでも、岩沢は「現在顕れている子どもや家庭の問題の原因は、あたかも震災に原因があるように語られているが、むしろ、地域に潜在化していた問題が、震災をきっかけに噴出しただけのように見える」と鋭い指摘を行った。

例えば、福島の子どもたちと関わるうえで、「親を信じられない」という子どもたちに出会った。不登校になる子どもも増えているという。[7] しかし、そのすべての原因を震災に求めてしまってよいのだろうか、と岩沢は言う。岩沢は、「保護者が、お金を渡して子どもたちを外で遊ばせていたり、ゲームをさせたりするばかりで、本当の意味で子どもたちと向き合ってこなかった。そのことが、現在の被災地の子どもを取り巻く困難な状況を作り出しているのではないか」と語る。

震災前は、近所のおじさんやおばさんの存在が、子どもたちに対して遊び場などの居場所を提供しており、子どもたちの居場所に関する問題は、それほど顕在化していなかった。しかし、大震災をきっかけに地域とのつながりが断ち切られてしまったとき、それまでの、子どもたちを取り巻くセーフティネットが機能しなくなってしまった。そうした状況で、「保護者は子どもたちと対峙しなければいけなくなった。しかし、親たちは、子どもの悩みを受け止め切ることができず、子どもは、家にも居場所がなくなってしまった」と言うのである。

学校への不信、地域コミュニティの衰退、子育てに対する保護者の未熟さは、決して東北の被災地に特有の現象ではないだろう。そこで思うのだが、子どもとの信頼関係が築かれていた家庭では、たとえ、震災という災害によって環境が変化しても、深刻な問題が起こることはなかったのではないか。

岩沢の指摘が正しいとするならば、子どもたちを見守る地域の大人の関わり方をもっと多様なものとしていくことが、子どもたちの教育環境を改善させることにつながるはずである。私たちの地域の中で子どもたちに向き合うという教育実践理念は、災害時に陥ってしまうかもしれない、深刻な子どもを取り巻く環境を少しでも改善する役割を果たすことができると言えるのではなかろうか。

子どもたち一人ひとりと向き合うことや、地域総がかりで子どもを育てるというテーマは、まさに震災以前の設立時から、「鎌倉てらこや」が培ってきた主題そのものであるから、この東北福島の家族問題は、私たちの強みがもっとも活かせる分野といえよう。

六　震災復興支援活動に気づかせてもらったこと

大熊町の子どもたちを対象とした復興支援活動が、私たちにもたらした気づきはとても多い。中でも大きかったのは、震災復興支援活動であっても、日常的な「鎌倉てらこや」の活動であっても、出会う子どもたちが求めることは一切変わることなく、大学生スタッフ一人ひとりとの関わり合いであるということ。そして、そうした子どもたちと大学生の関わりを支える、子どもたちを地域の中で見守り育てられる環境を作っていくことが必要であるという確信であった。

二〇〇三年より活動を実施してきた「鎌倉てらこや」は、子どもたちが、不登校やひきこもりといった困難な状況に陥ってしまうことを未然に防ぎ、いきいきと生きていくことのできる地域社会をつくることを目的としている。こうした課題を解決しようと活動を実施する上で一番難しいのは、現在ひときわ注目を集めている、子どもの貧困問題[8]でも多く指摘されることだが、こうした困難を抱えた人々が、社会や地域から孤立してしまいがちなことである。子どもの貧困問題でも、統計上では、「貧困」と呼ばれる状況に陥っている家庭が、各行政区に存在している。にも関わらず、子ども食堂[9]等をいざ実施しても、なかなか対象としたい参加者が集まらず、対象者が見えにくいという。いかに有効な情報や適切な手段があったとしても、困難な状況に陥っている子どもたちや、その保護者に支援の手が届かなければ意味はない。対象者の顔が見えにくいことこそが、これらの課題をより複雑なものにしている。

これまで「鎌倉てらこや」の活動を続けてきた中で、子どもたちや保護者と「顔が見える」信頼関係を築いていくことによる、質としての未然予防としての効果は、大きく実感してきた。しかし、数値的な観点から評価することが難しい教育という分野において、「鎌倉てらこや」の活動が、本当の意味で、未然予防を果すことができているのか。あるいは、それをどのように客観的に評価し、次の行動を具体的に起こしていくのかという課題は、私たちが長年悩み続けてきた大きな宿題であった。

では次に、「鎌倉てらこや」の一四年間の事業展開をざっくりと振り返りながら、その実践が果たしうる教育の再生について、考察を進めて行く。

七　「鎌倉てらこや」の事業展開——イベントから日常へ——

鎌倉の寺社仏閣や地元企業等多くの皆様に支えられ、早稲田大学の池田ゼミの学生が活動主体となり、「鎌倉てらこや」は様々な活動を実施してきた。初めての事業として二〇〇三年に実施されたのは、「本気ｄｅ建長寺（建長寺合宿）」である。翌年には、「ココロオドル光明寺（光明寺合宿）」も実施されたが、こうした合宿事業で出会った子どもたちと、年に数回会うだけでなく、継続的な関わりを持ちたいという機運が高まった。そこで、陶芸、鎌倉散策、稲作、日本画、朗読など、鎌倉の自然や文化を取り入れた、様々な体験活動である地域事業が毎週日曜日に実施されるようになっていった。

二〇〇九年には、支援者より提供を受けた、大船駅から徒歩一分に立地する商業ビルの一室を、子ども・大学生・保護者が一緒になって改装し、居場所作りを目的としたフリースペースとして、「てらハウス」がオープンした。初め「てらハウス」は、毎週土曜日にのみ開放されていた。しかし、次第に人が集まる拠点として機能し始め、早稲田大の池田ゼミを中心とする大学生だけでなく、鎌倉女子大学、明治学院大学、横浜国立大学、関東学院大学等、鎌倉近隣にキャンパスがある大学からも、学生が多く参加するようになっていった。そうした背景もあり、二〇一三年からは、平日にも「てらハウス」がフリースペースとして、日常的に開放されるようになった。一〇数年前に、半ば冗談として語られていた、「エブリディてらこや」が、現実のものとして実現したのである。

このように、「鎌倉てらこや」が実施する事業回数は増加の一途を辿り、それに応じて、関わる子どもの参加人数も大きく増加した。もちろん、関わることのできる子どもたちが増えたことは、私たちにとって大きな喜びであった。しかし、活動の進展の中で見えてきた課題がある。それは、私たちの活動は、地域に住む多様な子どもたちのもとへ、本当にアプローチできているのかという気づきであった。

子どもたちが「鎌倉てらこや」事業へと参加できるか否かは、子どもたちの判断というよりも、保護者の意向が強く働いている。つまり、保護者が子どもの教育に関心を強く持っていなければ、私たちが実施する事業の情報も子どもたちには届きにくい。子どもたちが困難な状況に陥らないための未然予防を目指す私たちは、教育に関心の薄い保護者と、その子どもたちにもアプローチが必要なはずである。そこで「鎌倉てらこや」として、保護者の教育への関心の有無に関わらず、一人でも多くの、多様な子どもたちへと関わりを広げるために、学生ボランティアスタッフが、鎌倉市内の公設の学童保育施設へ赴く出向事業を二〇一〇年から実施している。

八　出向事業の可能性――学童保育施設での取り組み――

出向事業では、平日の学校が終わった後の放課後の時間に、保護者が働きに出ている子どもたちを預かる公設の学童保育施設へと、週に一度大学生スタッフ（五名程度）が赴いている。そこで、子どもたちに遊びや学習のサポートを実施しており、二〇一五年度は、年間で二一一回の派遣事業を実施した。二〇一六年現在、市内七カ所の学童保育施設にまで出向先は広がっている。

学童保育施設に通う子どもたちと、大学生スタッフの週に一回の継続的な関わりは、子どもたちと学生との間に強い信頼関係をもたらしている。

年配の支援員の先生方では難しい、サッカーや鬼ごっこなどの激しい運動を伴う遊びは、大学生スタッフのもっとも得意とするところである。施設が手狭の割に定員の多い学童施設では、子どもたちの安心・安全を最重要視するあまり、ややもすると子どもたちを一元的に管理せざるを得ない場面もある。そうした際にも、学生ボランティアとして、子どもたちを見守る目を増やすことにより、よりきめ細やかに、子どもたち一人ひとりと関わる体制を作ることができる。また、仲良くなった子どもたちから、友人関係の悩みや、保護者への不満等を相談されることもあり、心身両面のケアを学童保育に通う子どもたちに提供できていると考える。

学習サポートでは、勉強ができないことで自信を失い、友人関係をこじらせていた男の子が、学生の励ましにより自信をつけ、勉強にも前向きに取り組めるようになり、友だちの輪に戻るきっかけを作ることができた例もある。こうした事例を鑑みるに、継続的かつ日常的な子どもたちとの関わりこそが、不登校・ひきこもりの未然予防にとって有効であることが、現場での実践を通して実証されたといえよう。

二〇一五年からは、普段の出向事業ではあまり関わることのできない保護者との関係づくりを目的として、学童保育施設に通う子ども及び保護者を主な対象とした、お寺での新たな合宿事業である、「妙本寺☆パラダイス（妙本寺合宿）」を開始した。

さらに、学童保育施設を管理する支援員の先生方との連携、学童保育施設を所管する鎌倉市行政との協働などを通して、学童保育施設に通う子どもたちの放課後の時間を、より良いものにしていくことができると私たちは考えている。女性の社会進出が進めば進むほど、日中の時間に子どもたちを預かる学童保育施設への、社会的ニーズは高まるに違いない。出向事業は、保護者や地域の方々を巻き込みながら、更なる活動の広がりを見せるだろう。

九　新たなステージを見据えて——地元化の進展——

改めて、「鎌倉てらこや」の一三年間の歩みを振り返ると、合宿事業という年に一度のイベントから、子どもたちとの日常的な関わりへと、その志向が色濃くなってきていることが見て取れる。

二〇一五年度は、その傾向が特に顕著であった。土曜日及び平日の放課後の時間にフリースペースの居場所である「てらハウス」を利用した子どもの人数は、前年度比の二倍以上となる、のべ二、〇〇〇人を数えた。その背景としては、てらハウスがある大船地区の、学童保育施設の定員超過がある。行場を失った小学校高学年の子どもたちの一部が、「てらハウス」へと遊びにくるようになったのだ。また、そうした子どもたちが、新たな友だちを連れてくる。その子が、てらハウスに通う他の子どもと仲良くなり、「てらこや」の様々な活動に参加するようにもなっている。放課後の時間になると、ランドセルを背負った子どもたちが、続々と「ただいま！」と帰ってくるのが、現在の「鎌倉てらこや」の日常である。

このように、「鎌倉てらこや」が地元へと浸透し、多様な背景をもった子どもたちと、自然なかたちで関われるようになっていること。そして、「顔の見える関わり」を持ち続けてきた子どもたちが、今後成長していくなかで、例え困難な状況に陥りそうになったとしても、「あの合宿のとき、一緒に遊んでくれたお兄さんとならまた会ってみようかな」「一緒にずっと過ごした「てらハウス」には顔を出してみようかな」と思ったときに、すぐに受け入れられる状況にあること。そして、心の底で支え続けられる存在足り得るような、「よい思い出」を、子どもたち一人ひとりへと、日常的に贈り続けられる体制が整えられていること。この日常の風景こそが、不登校・ひきこもりの未然予防として、何よりも大切なのではないだろうか。

さらに、こうした子どもたちとの関わりは、私たち「鎌倉てらこや」だけで作り出していく必要はない。鎌倉には、多様な特色を持った、青少年育成を目的とした団体が多数存在している。子どもたちが、地域の中で様々な関わりを持ち、多くの人々と出会い、様々な思い出をたくさん心に蓄えておくこと。また、子どもたちを見守り育む大人たち同士が緩やかにつながり、子どもからの気になるサインを見て取ったとき、即座に情報を共有し、各々の団体が持つ強みを活かしながら、その子やその家庭にとって、最も必要な支援を実施していける体制を整えていくこと。こうした地域づくりこそ、不登校やひきこもり等を未然に防ぎ、子どもたちがいきいきと生きていくことのできる地域社会を築いていくことに他ならない。

一三年という月日の経過は、「鎌倉てらこや」の、鎌倉という町への根付きを促し、子どもたちと様々な関わりを持つ多様な諸団体との連携も少しずつ進みつつある。多様な人の関わりによるセーフティネットが、幾重にも自然と張り巡らされているような、地域総がかりで子どもたちを見守り、育んでいくことのできる地域構想の実現に向けて、「鎌倉てらこや」というプロジェクトは、また新たな段階に足を踏み出しているといえよう。

一〇　教育の再生と未来への祈り

「会津てらこや教室」に参加してくれている子どもたちは、次に大学生ボランティアスタッフと会える日を心待ちにしている。大学生もボランティアスタッフも、会津にいる子どもたちと再会できることをとても楽しみにしている。私たちが帰るときの子どもたちの表情には、「人との別れ」を恐れるある種の切実さがにじみ出ているように思われる。

これからも被災地の子どもたちを取り巻く環境には、様々な課題が立ち現われてくることだろう。その時こそ、子どもたちから発信されるサインを見逃さず、彼らを支える多くの地元の方々の協力を仰ぎながら、ともに力をあわせて歩んでいける活動の在り方を模索し、継続していきたいと思う。

「復興」に終わりはない。あるいは、「復興」自体が目的ではないという言い方もできるだろう。関わりを持つことができた子どもたち一人ひとりが、自分自身の人生を自ら切り拓いていける環境を、私たちは彼らに寄り添いながら作っていきたいと思う。

そして、子どもたち一人ひとりとの、「顔の見える」継続的かつ日常的な関わりと、そうした関係を支える多様な地域の大人たちの存在を必要としているのは、被災地の子どもたちだけではない。全ての子どもたちの成長にとって、欠かすことのできない要素である。そうした環境を一つひとつ整えていく地味な力仕事こそが、ひいては教育の再生へとつながっていくと、私は祈り続けたい。

毎年、夏休みに合宿を開催させて頂いている建長寺の境内に入ると、自然と心が引きしまるような、そんな場の力を感じる。祈りとは、「このようにありたい」という強い願いであろう。禅寺である建長寺とは、その願いを叶えるべく、より善く生きるための生活の実践が、七六〇年以上に渡り、多くの人々によって積み重ねられてきた場所だ。その場所の雰囲気を形作るのは、その場所に集う一人ひとりの願いに他ならない。

祈ることが、願うことであり、日々の生活の中でそれを実現していこうとする営みであるならば、私は、子どもたちが享受する教育の再生を強く願い、その先に訪れる私たちの未来が少しでもより善いものとなるよう、これからも一人ひとりの子どもたちとの日常的な関わりを、真剣に積み重ねていきたい。

一一　むすび――受け継がれゆく祈りの連鎖――

本稿を締めくくるにあたって、最近のとっておきのエピソードを紹介したい。一三年前、私が池田ゼミの大学生スタッフとして、初めて「鎌倉てらこや」の光明寺合宿に参加したとき、当時小学校二年生だったある男の子と出会った。そして、一三年という月日が経過した二〇一六年春、その男の子が大学生一年生となり、学生スタッフとして「鎌倉てらこや」に戻ってきたのだ。

子どもと学生スタッフという関係で出会った私たちは、学生スタッフと事務局長という立場で再会した。彼は明治学院大学に入学したのだが、明治学院大学の学生が「鎌倉てらこや」に多数参加していることも、明学大を選んだ理由の一つだったという。

彼以外にも、「鎌倉てらこや」で幼少期を過ごした同世代の子どもたちが、学生スタッフとして、「鎌倉てらこや」を支え始めてくれている。そして、私たちが多くの地域の大人の方々から頂戴してきたのと同じように、彼らもまた、次世代の子どもたちに、「良い思い出」をプレゼントしていく。こうして受け継がれていく祈りの連鎖のその先に、教育の再生が果されていくに違いないと確信している。

(1) 今道友信著『人生の贈り物—四つの物語』(かまくら春秋社、二〇一一年)。

(2) 大熊町は、全体人口の九六%が居住していた地域が「帰還困難区域」に指定されている。また、「帰還困難区域」の定義としては、以下の二点が挙げられている。

(i) 長期間、具体的には五年間を経過してもなお、年間積載線量が二〇ミリシーベルトを下回らないおそれのある、現時点で年間積載慮線量が五〇ミリシーベルト超の地域を「帰還困難区域」に設定する。

(ii) 同区域においては、将来にわたって居住を制限することを原則とし、線引きは少なくとも五年間は固定することとする。と定義されている。

(『帰還困難区域について』内閣府原子力被災者生活支援チーム二〇一三年一〇月一日)

http://www.mext.go.jp/b_menu/shingi/chousa/kaihatu/016/shiryo/__icsFiles/afieldfile/2013/10/02/1340046_4_2.pdf

(3) 「大熊町復興支援サイト(http://www.town.okuma.fukushima.jp/fukkou/?page_id = 5)」によれば、震災前後の園児・児童・生徒の会津分校在籍者数の状況は、幼稚園児童が三六二名から二八名に、小・中学生は合わせて一、〇五六名から六八名へと著しい現象が見られる(二〇一四年四月一〇日現在)。

(4) 「NPO法人鎌倉てらこや」とは、豊かな鎌倉の自然、歴史、文化を活かしつつ、子どもたちに感動体験と良き人との出会いを提供すること。世代と立場を超えた多様な視点に立って、子どもたちの自分らしく健やかな成長を支援すること。「鎌倉てらこや」はそれらを目標に活動するＮＰＯ法人である。子どもたち一人ひとりと真摯に向き合うなか、若者・大人も自らの生き方を問い直し、皆が明るく、楽しく、仲良く暮らせる豊かな社会の構築を目指している。

　二〇〇三年より、鎌倉の恵まれた伝統（人材、文化力、自然環境など）を活かしつつ、多くの方々のご支援とご賛同を得て、家庭・学校・地域をつなぐ<学び>と<遊び>の場を、ボランティアスタッフと共に企画・実践してきた。活動の母体は、早稲田大学などの学生たち、市民ボランティア、鎌倉青年会議所のメンバーなどである。子ども、そして大人たち、彼らと自由で平等な人間関係を結べる学生たちの存在が、「鎌倉てらこや」の大きな特徴となっている。二〇〇七年（財）博報児童教育振興会より、博報賞ならびに文部科学大臣奨励賞を受賞。二〇一一年、第三十五回正力松太郎賞本賞受賞、同年、第五回共生・地域文化大賞受賞。具体的な活動内容に関しては後述。詳細に関しては、「特定非営利活動法人鎌倉てらこや」ホームページ（http://kamakura-terakoya.net/）を参照されたい。
（5）「内閣府認証特定非営利活動法人全国てらこやネットワーク」は、全国各地域の「てらこや」を結ぶネットワーク機能を果たしている。各地域間の相互補完の役割をすることで、「地域教育の再興」に寄与し、子どもや若者、地域の明るい未来を形成することを目指している。母体の一つである青年会議所のネットワークを活かして、復興支援活動にも積極的に携わっている。二〇一六年五月現在で全国四〇か所（設立準備中も含む）以上で活動を展開中である。詳細は、「内閣府認証特定非営利活動法人全国てらこやネットワーク」ホームページ（http://terakoya-network.com/）を参照。
（6）阪神大震災など甚大な災害が起きた際に届けられる救援物資のあり方については、様々な反省がなされている。震災直後には、多かれ少なかれ誰もが被災地を憂い、救援物資が全国から送られる。全国から良かれと思い運ばれてきた物資ではあるものの、現地でその時必要とされているニーズとは異なるものも多く、スペースが限られている避難所の中で、保管場所として占拠されざるをえない状況に陥ったり、大量のおにぎりを腐らせてしまったりしたこともあったという。このように、相手のニーズを汲まない支援は、善意の押し売りになりかねず、被災地にとっては「有難迷惑」になってしまうことも多い。
　そうした混乱は、東日本大震災では全くなかったとは言わないが、かつてほど多く問題にのぼることはなかった。私たちが救援物資を届けた春山小学校でも、最初の二〜三日は混乱が見られたようだが、その後は避難された方々によって、粛々と自主的に避難所運営がなされていたという。

　がれき撤去などのボランティアの受け入れにあたっても、その日の仕事を付箋で張り出し、希望者を募っていくなどの、阪神大震災で運用されていたシステムが、各地のボランティアセンターで早期に導入されていたという。

それでも、「せっかくボランティアに来てやっているのに仕事がないとはどういうことだ！」と怒り出す人も決して多くはないが存在したという話も聞く。熊本地震では、震災ボランティアに向けて、その心得について発信するボランティアセンターやマスコミも増えているが、いずれにせよ「ボランティア文化」を日本社会においてどのように根付かせていくためには、大人の姿を見て、感じ、学んでいく子どもたちに対する教育が必要であろう。

（7）文部科学省の「児童生徒の問題行動等生徒指導上の諸問題に関する調査」によれば、福島県の一、〇〇〇人当たりの不登校児童生徒数は、二〇一〇年の八・八人から二〇一三年の一〇・四人、二〇一六年現在は一一・六人と一貫して増加傾向にあることが見て取れる。ちなみに全国平均は、二〇一〇年の一一・五人から二〇一三年の一〇・九人へと減少傾向を示したが、二〇一六年には一二・一人と再び増加傾向にある。文部科学省「児童生徒の問題行動等生徒指導上の諸問題に関する調査」（http://www.e-stat.go.jp/SG1/estat/NewList.do?tid=000001016708）参照。

（8）二〇一二年の厚生労働省による「平成二五年国民生活基礎調査」によれば、平成二四年の子どもの貧困率は一六・三％となっており、昭和五〇年の一〇・九％から大幅な上昇を見せている。この一六・三％という数字は、子どもの六人に一人は貧困状態にあると報道され、社会的に大きな注目を集めている。厚生労働省「平成二五年国民生活基礎調査」（http://www.mhlw.go.jp/toukei/saikin/hw/k-tyosa/k-tyosa13/dl/03.pdf）参照。

（9）子ども食堂ネットワークによると、こども食堂とは何かを一義的に定義することは難しいが、少なくとも、「こどもが一人でも利用でき、地域の方たちが無料あるいは小学で食事を提供する場所」というのが、現在子ども食堂を運営されている方々に共通した考えだという。運営主体は、NPO法人や、主婦によるものなど多様であり、身近な貧困問題への草の根の対応策として、全国各地で広がりを見せている。こども食堂ネットワーク編「こども食堂のつくり方講座」（http://kodomoshokudou-network.com/pdf/kihon.pdf）参照。

参考文献

・森下一・池田雅之編著『てらこや教育が日本を変える』（成文堂、二〇〇八年）
・森下一・池田雅之編著 改訂普及版『てらこや教育が日本を変える』（成文堂、二〇一三年）
・NPO法人鎌倉てらこや『鎌倉てらこや―子どもたちの魂を輝かせるために』（NPO法人鎌倉てらこや、二〇一三年）
・池田雅之・佐川佳之編著『東日本大震災をどう受け止めたか―三・一一以後、日本再生への道』（早稲田大学国際言語文化研究

所、二〇一二年）

※本稿は、早稲田大学震災復興研究論集編集委員会編『震災後に考える東日本大震災と向きあう九二の分析と提言』（早稲田大学出版部、二〇一五年）に収録された、「被災地における教育の再生」に、震災以降の「鎌倉てらこや」の事業展開を追記し、改題したものである。

求められるリーダー像とコミュニティーのかたち
――「鎌倉てらこや」一四年をふりかえって――

池田季実子

一　はじめに

一九九〇年代ごろから子どもの不登校・ひきこもりが社会問題となっていた。精神科医の森下一先生によると「それは今の子どもたちが感動する体験を失っているからだ」という。森下一先生のこの提言をうけて、それでは鎌倉に子どもが感動できる場所をみんなで作ろうということになり、二〇〇二年から準備が始まり、二〇〇三年に池田雅之先生が理事長となって、教育ボランティア組織「鎌倉てらこや」（後にNPO法人）は誕生した。

「鎌倉てらこや」は、私たち大人が奪ってきた「子どもの時間」を再生、構築することを目的とした。「玉のような汗をかき、心から笑い、友と腕をくむ」子どもの時間。これをなによりも大切と考え、さまざまな仕掛と工夫を積み重ね、現在は年間四〇〇回の事業を展開し、子どもの延べ参加人数は八〇〇名ほどになっている。

しかしその一方では、この一四年間で子どもを巡る環境はひときは深刻さを増しているのが、現状でもある。子どもたちは、いじめ、自殺、幼児虐待、貧困などに苦しめられている。声もあげられず、ひとりで苦しんでいる子どもたちの姿ほど胸の塞がれるものはない。ここまで子どもたちを追いこんでしまった要因は、さまざまあるだろう。しかしひとつはっきり言えるのは、人間の歴史がはじまって以来、心と命を養い、人間を護ってきた共同体が、戦後七〇年の間に近代化という価値の単一化によって解体させられてしまったことだろう。現代人は護られてきた足場を失い、孤立化し、ひとり裸で寒風に晒されている。そして子どもたちが真っ先にはじき出され、無抵抗に寒風に晒されているのである。

またその一方では、多くのコミュニティー・共同体が各地で多く生まれてきている。この動きは現在進行形で、ますます活発化していくであろう。この地域コミュニティー・共同体は、政府とも企業とも違う、その両者の中間に位置して、個人を護り、さまざまに機能する中間共同体である。この中間共同体の層を厚く構築していくことが、子どもたちを護り、育てていくうえで、今求められていると思う。この中間共同体をよいものへと造っていく鍵は、その組織運営の在り方についてのあらたな視点が鍵となるのではないだろうか。

「鎌倉てらこや」のこれまでの活動を今ふりかえってみると、地域のコミニュティー・中間共同体のあるべき姿、そしてあるべきリーダーの姿のようなものが、未来的な形で内包されていることに、私は改めて気づかされたのだった。そこで、これまでの一四年の歩みを「てらこや劇場」と名付けて、そのいくつか場面を紹介し、その中からリーダーのあるべき姿と、コミュニティーのあるべき姿について考えてみたいと思う。

二 「鎌倉てらこや」のはじまり

「鎌倉てらこや」の本格的活動は、二〇〇三年八月の建長寺合宿からはじまった。その第一回「鎌倉てらこや」

の夏の建長寺合宿、最終日のことである。学生たちは、次のような衝撃的な発言をした。
「アルバイト料はいりません。子どもたちと過ごしたこの三日間は今まで経験したことのない素晴らしいものでした。お金をいただいてしまうと、せっかくの私たちの大事なものを売ってしまうような気になります」。子どもたちと親御さんたちはすでに帰り、大学生たちと大人スタッフだけが残り、最後のミーティングで、アルバイト料を学生たちにわたそうとした時の、彼らから返ってきた言葉である。

私たちは、建長寺で「夏の合宿」を行うことに決めてあったのだが、テーマを何にするかはまだはっきりしていなかった。なにしろ活動が始まったばかりで、何もかもこれから決めていかなければならなかった。一つ決まっていたことは、子どもたちに思う存分遊んでもらいたいということだった。でもこれだけでは、お母さんたちに理解してもらえないのではないか。「夏休みの宿題をお手伝いしますよ」ということなら、お母さんたちも分かってもらえるのではないかと考え、宿題のお手伝いをする家庭教師役として大学生がいいのではないかということになった。急きょ「アルバイト料をはらいますよ」と一言入れて、募集をかけたところ、子どもたちとほぼ同数の二〇名ほどの大学生たちが来てくれたのだった。

しかし合宿中、前宣伝とは異なり、宿題とかお勉強はせず、大学生たちと子どもたちに自由に遊んでもらった。しかしかっちりした合宿の企画、スケジュールなどはなく、すべて大学生たちの創意工夫に負うことになった。しかしさいわい親御さんたちからの苦情はなく、三日間の合宿は無事終わった。大学生たちの様子には、緊張はほぐれたものの、その顔にはまだなお確たる何かが残っており、シーンとした静けさが彼らの感動を物語っていた。

合宿中、子どもたちからは、エネルギーを出し切った満足感と喜びが伝わってきた。「うちの子のこんな楽しそうな姿を見たことがありません」というお母さんの声を耳にした時、私たちは、子どもたちにとって、大学生は特別な存在なのだと理解したのであった。彼らは、親とも先生とも兄弟とも違う特別な存在。この時から、大学生を主体にした「鎌倉てらこや」の運営方針が決まり、大学生の存在は「鎌倉てらこや」のもっとも大切な柱となったのであった。

大学生は子どもでもなく大人でもない曖昧な存在である。だが、子どもの世界に回路をもち、大人の世界にも足を踏み入れていて、二つの境界線を行き来できる存在でもある。子どもは、親と子、先生と生徒という上下の関係の中に置かれた非力な存在だ。だが、言葉にはおさまりきれない感受性と際限のない可能性の充満している存在なのだ。この大学生と子どもの両者がつながり、ぶつかり合い、生まれるドラマはさまざまである。

三　裏方部隊の葛藤

合宿では、学生たちは表部隊と裏方部隊にほぼ半数にわかれ、組織される。裏方部隊の方は、表部隊と違い、陽の目のあたらない、下支えの過酷な労働を黙々と続ける、一見割の合わない役割である。しかし、彼らのこの下支えがあってはじめて、合宿は成り立つのである。

この裏方部隊の子ども版に「子供スタッフ」（通称、「子スタ」）というのがある。「子スタ」は「鎌倉てらこや」活動を何度か体験し、ただの参加者としての子どもの立場に飽き足らなくなり、学生側の立場に立ちたいという意欲のある子どもたちで組織される。彼らの多くは自分たちは選ばれた人間であるという優越感を抱きがちだが、現実はひたすら裏山の竹林で竹を切ったり、お寺の食堂（じきどう）でボール紙でローソク立てを作ったりという単調な作業の連続になり、はじめに抱いた優越感とこの現実のギャップの中で、彼らの心のドラマは繰り広げられていく。

ある年の夏の建長寺合宿のこと。数名で組織された「子スタ」の中に小学校高学年の二人の男子児童がいた。この二人は共に才覚のある子で、自分こそ「子スタ」を引っ張っていく人間だと思い、互いに競争意識を抱いていた。「子スタ」担当のリーダーを務めるのはS子といって、人前に出るのが苦手な、内気で優しい性格の女子大生である。実は二人の男子児童はこの女子大生S子のことが好きで、彼女の注意を自分に向けようとするのか、始めから言いあいになり、相手の悪いところを見つけては、ちくじS子に告げ口に来るのであった。そして互いのあらさがしは、どどまることなく激化し、一日目は終わってしまった。

その晩、S子は、事態の収拾もできないどころか、この二人をたしなめることさえできない自分の非力さに茫然としてしまい、二人を前にS子は思わず叫んだのであった。「あんたたち、人のあらさがしばかりして、まちがってる！　そんな見方してほしくない。私、そんなチーム作ったんじゃない！」。

S子はこれまで、人とぶつかりあった経験はなく、ましてや他人の前で自分をさらけ出すことなどはなかった。その彼女が、人前で我を忘れてぶち切れ、怒鳴ってしまったのだから、彼女自身、あられもない自分のはじめての振る舞いに驚き、途方にくれて泣いてしまった。だが、彼女はやがて不思議にも、解放的な気分になり、自分に自信がもてるようになったというのである。S子はこれまでの自分の殻を破り、新たな自分を獲得したのではないだろうか。

一方この二人の子どもたちはというと、大好きなS子を泣かせてしまったことに当惑したのであろう。それからしばらくして、「僕たち仲直りした」とS子に告げに来たのだった。二人は、「裏方とは何か」「チームで仕事をするとはどういうことか」について話し合ったという。お互いが自分の悪い所をさらけだせれば、つまり、仲直りの契機さえあれば、友だちになるのも早いのだろう。その後の二人は、自分で仕事を見つけだし、おたがいに協力して仕事に打ち込むようになったそうだ。バラバラだった三人の心を一つに結び、よい方へ調和させていくのは、人を好きと思う心があればこそのようである。

四　裏方仕事の真の喜び

次に紹介するのも、夏の建長寺合宿のことである。合宿恒例のイベントとして、流しソーメンがある。通常、ソーメン台を組み立てる重労働は、多くのお父さん方、男子学生らが担当してくれていたのだが、この年は、三人のお父さんとリーダーの女子学生のM子だけだった。少ないメンバーで二〇〇人分のソーメン台を作ることになった。それに加えてこの年の八月は異常な暑さで、野外での重労働はとりわけきつかった。まず、裏山の竹林に入って竹を切り倒し、お寺の境内へと運ぶ。それから野外の炎天下で竹の節をそぎおとし、別の塔頭（たっちゅう）の境内でソーメン台を組み立てるのである。

M子は汗と疲労で身体も心もグショグショになり、「バカみたいに暑い中、ひたすら竹を切り、ひたすら重い竹を運ぶバカみたいな作業。一体何の為にやってんだろう」という思いが心をよぎった。しかし、次の瞬間、不思議なことに、ただただとてつもなく楽しくなってきて、なんだか嬉しくなってきて笑えてしまったという。

M子の話から、私は以前テレビ見た、三一歳で千日回峰行を達成し、大阿闍梨になった塩沼亮潤氏のことが頭にうかんできた。かいつまんで言うと、修行の一番辛い時、肉体は限界をこえて、身体の感覚がマヒし、あげくにころんで、顔面を石に強く打ちつけてしまった。この時、死を意識したが、不思議と恐怖もなく痛みもなく、身体がふわーと抱きかかえられるような感覚だった。その瞬間、これまでの人生が走馬灯のように蘇えってきた。

最後に出てきたシーンは、出家する時、「砂をかむような修行をしなさい、けっして帰ってくるな」と言った母の姿だった。自分はまだそんな修行はしてないと思い、岩をガリガリかじり、砂をぱくぱく食べた。その瞬間、猛烈な情熱がわき出てきて、身体中から湯気が、指の先からも湯気がわき出て、身体の状態はどんどんよくなっていったという話である。

もちろんこの大阿闍梨の例にM子の例をなぞらえることはできないが、彼女の中で何かが起ったことは確かだろう。その後、彼女は「鎌倉てらこや」の熱心な学生スタッフとなっていったのである。裏方部隊は文字どおり、人目のつかないところで地味な作業をするので、外からは見えにくいのだが、実は大きな喜びが用意されているのである。

五　心にしまわれる風景

次に大学二年生のK君の例を紹介しよう。

「鎌倉てらこや」の夏の合宿が行なわれる建長寺はとても広く、本堂、法堂（はっとう）、畳百畳ほどの大広間が二か所、板じきの大広間が一か所、そして広い境内と裏山がある。これらの場所を坐禅、食事、遊び、屋外活動、打ち合わせなどで、すべてを使いきるのである。

子どもたちはひとたび山門に入るとそこはもう別世界。大好きなお兄さん、お姉さんに向かって走りだし、親の呼ぶ声など耳に入らない。喜びと興奮の世界が彼らを待っているのだ。この四日間のお寺の合宿で、こどもたちは玉のような汗をかき、心から笑う。時には、思うようにいかず、泣く子どももいる。お寺中がこうした「子ども時間」で満たされる。

東日本大震災後、「鎌倉てらこや」は、福島の子どもたちを鎌倉の建長寺に招いて合宿をしてきた。活動の中身は「鎌倉てらこや」夏の合宿と同じである。K君はこの年、班長としてこの福島の子どもたちの「建長寺合宿」に参加した。ところが、班の中にK君にしっくりとなじんでくれない一人の男の子がいた。この子はK君の名前は呼ばず、K君の顔の特徴をある動物になぞらえて呼ぶのだった。それは相手をためす子ども特有の冷ややかさなのかもしれない。こうして三日間が過ぎてしまった。そして最終日、子どもたちが福島への帰りのバスに乗り込もうとしていた時、はじめてこの子がK君を名前で呼んだのだった。不意をつかれたK君は一瞬うつむき、そして「名前で呼んでくれた」「ああ生きててよかった」と一人ごとのように言ったのだった。

「生きててよかった」。私はこの言葉に圧倒されて、「どうして?」とK君に聞きかえすことはできなかった。K君の過去がどんなものだったのか、この子のかかえていたものがなんだったのかは分からない。でもきっとこの子は、K君の気持ちを直感で受け取る瞬間があったのだろう。二人には心の深い所で、パッと分かりあえた瞬間があったのだろう。こののち、K君の心はV字形にたちあがった。K君は学生スタッフのリーダーになり、社会人になってからも「鎌倉てらこや」を支え、頼れる先輩として、皆から慕われている。

別れ際、この子はバスの窓から「また来たいよー」と叫び、K君は「待ってるからねー」と手をふっていた。

ふつう子どもたちに「どうだった?」と聞くと、答えはだいたい「楽しかった」ととてもシンプルだ。何がどう楽しかったのか、あまり話してくれない。それというのは、子どもは思いを言葉に変える術(すべ)が未熟ということもあるだろうが、身体全体でうけた感動というものは、言葉の領域をはみ出してしまうほど、広がりと深さがあるからではないか。K君と男の子についても、言葉は感情に追いつけずにいるような気がする。

このつかみどころのない子どもたちの気持は、お寺さんの風景の中に溶けこみ、言葉よりも風景となって心の奥にそっとしまわれていることだろう。その風景がよみがえってくると、その時の気持ちもよみがえってくる。好きな人と過ごした風景であれば、いっそうその色合いは鮮やかなものではないだろうか。この男の子をはじめ、子どもたちがいつか大人になって人生の岐路に立った時、きっとこの風景に励まされ、勇気をあたえられるに違いない……。こう思いつづけることが、私の習い性になっていった。

大人が人生を生き抜くよりも、子どもが子どもの人生を生き抜くことのほうが、ある意味では、もっと大変なのかもしれない。

六　なによりも「本気」が大切

「鎌倉てらこや」には、夏合宿の他にさまざまな事業がある。その中に「みんなで朗読」というのがあり、二〇一六年五月に「みんなで朗読一〇周年記念の会」が円覚寺で行われた。円覚寺管長の横田南嶺老師から、詩人・坂村真民さんについてのご講話をいただいた。横田老師は坂村真民さんを仏教詩人と呼び、高校時代から坂村さんと文通をされ、坂村さんが亡くなられても、坂村さんの娘さんと今日まで交流がつづけられておられる。ご講話では坂村真民さんの人生が語られ、何篇かの詩を朗読してくださった。強く心に迫るものがあり、その中の一篇に「本気」という詩があった。

「本気」

本気になると
世界が変わってくる
自分が変わってくる
変わってこなかったら
まだ本気になってない証拠だ
本気な恋
本気な仕事
ああ
人間一度
こいつを
つかまんことには

「本気」は「鎌倉てらこや」のなかでは、もっとも大切な柱である。私ははじめの方で、「鎌倉てらこや」では「学生が主体」というのがもっとも大切な柱だと言った。しかし、「本気」も「大学生が主体」もとても大切な柱であることに変わりはない。なぜなら、自分が変わる、世界が変わるという本当の喜びは、学生と子どもの存在に、「本気」が加わってはじめて可能になるからである。

ところで本気で取り組むことは大切といっても、「じゃー本気って何？」と言われると、これがなかなか難しい。ある大学生が「大学に入って何に対しても本気になれなかった自分は、本気になることがどれほど難しいかよくわる」と言っていた言葉は、その難しさを語っていよう。

それでは、どういうふうに「鎌倉てらこや」では、「本気」の種がまかれ、育っていくのか。それをある年の建長寺合宿からみてみよう。

この年は、例年と違いさまざまな大学から学生たちが集まり、当日はじめて顔をあわせる初参加の学生も多くいた。したがって、通常は二か月間にわたる準備期間を通して、学生の間に立ち上がってくる本気の姿勢が、この年は望みにくい事情にあり、実際、「とりあえず本気を出せばいいんでしょ」とか、「大学の単位を取る為に仕方なく参加しました」とか言う学生もいたくらいである。

やはり合宿一日目は、まとまりの点でも、盛り上がりの点でも、不安な雰囲気がぬぐいきれず、総責任者のL子は進退極まり、夜のミーティングで学生全員に向かって檄をとばした。「お前ら！　お客さんやってんじゃないよ！」「みんな本気で動け！」。ほとんど男言葉であった。そう、彼女は頼もしい「男前」女子である。それから、合宿にたいする自分の強い想いを、学生全員に情理を尽くし、涙とともにるると話しかけた。すると、L子の本気を目の当たりにした学生たちの目の色が変わり、事態は一変した。「私は心に火がつきました」「本気で子どもと向き合いたいです」と子どもたちのいる現場へ戻っていたのである。

現場に戻ってみると、子どもたちは、学生にいきなり「肩車してー」「おんぶしてー」とせがんだり、本気でパンチやキックをしかけてくる。これは子どもたちの心が開いた証拠なのだ。子どもたちは大学生の本気を一瞬で見抜く目をもっている。もう手抜きはできない、気がついたら、子ども学生も、本気の渦の中にあった。

それではいったい、このL子の「本気」はどこから生まれてきたのであろうか。前年、L子はこう言っていた。「一番作業して、一番寝てなくて、味覚が無くなるほど頑張ってんのに、それを少しも表に出そうとしない先輩が、自分の前を走り続けてるんだから、その背中に必死で追いつこう」と。「あまりにも本気で、熱くて、カッコよかった」と。そんな先輩のリーダーに憧れを抱き、いつか自分もリーダーになりたいと思い、ついにリーダーになったのであった。今度は、このL子の背中を見て後輩の学生がその後を追う。そして、次はこの後輩がトップ走者となり、後続の者がそれに続くのだ。さらにその後ろからは、大勢の子どもたちの歓声が聞こえてくる。

こうして「本気」は、次から次へとバトンタッチされていくのであった。

それでは合宿の最後は、どうだったろうか。

「僕は初参加で、てらこやについての知識も人間関係も無い状態で参加しました。子ども、学生、おとな、関係なく全員に本気がもとめられました。すべての人が対等に扱われ、ひとりひとりが自分に役割を見出すことができ、子どもも学生も親たちも、信じられないほど頑張り、それをやり遂げることに必死で、使命感に燃え、つねにひとりひとりが主役でした。今までの人間関係を超越していて、ほとんどの人が満足感を共有できたのではないでしょうか。心から楽しめました」。

ヤラセではないかと思うほどよく出来た話だが、これは後日、学生から寄せられた感想文そのままである。ここでは、人間関係もない初参加の人間にまで「本気」がいきわたっていたことが読み取れる。しかし、ここに至るまでには、やはり立ちはだかる大きな困難を経験しなければならないのである。

七　苦難をこえて

夏の三泊四日の「建長寺合宿」は、おおよそ二か月かけて仕上げられていく。コア部隊という名の前走者、五、六人がまず動き出し、そこではこんなことが話される。「子どもの主体性を大事にするのが、一番だね」。「指導するとか、自分が上に立っているかのような考え方は、避けなくちゃね」。「口を出しすぎたり、うまくまとめようとするのも、まずいよね」。企画について、理念についても熱く語りあい、こうしている時の彼らは、とても意気軒昂である。

ところが、合宿一月前ぐらいにさしかかると、空気はしだいに重いものへと変わっていく。なぜだろうか。やらなければならない実務、業務が山のように目の前に積まれ、それを手際よくかたずけられず、立ち往生し、焦りがつのってくるからなのだ。

それというのは、始めは五、六人のスタッフでスタートするが、学生の人数はどんどん増えていき、本番には一〇〇人ほどに膨れ上がる。チーム全体を動かしていく業務の数と質は相当なものになっていく。ところで、業務連絡というこの言葉は、「鎌倉てらこや」にはなかなかなじみにくいものなのだ。というのは、業務を伝える相手とも、理想や夢をわかちあい、仲間とならなければ業務は頼めない、と彼らは信じ込んでいるからである。そうでなければ、ただの指示、命令になってしまう。それだけは絶対にさけたいのだ。

自分で自分に命令できるように、みんなに「主体的に自律的」になってもらいたい。だから業務連絡といっても、事務的にこなすわけにはいかず、業務連絡をしているのか、想いを語りあっているのか、なんとも判然としがたいことになってくる。彼らを見ていると、おおむね語りあいの方に傾むきがちなのである。青春ただ中の若者だから、これはこれで大事なことと、大人たちはは待ちの姿勢で遠目からみつめることになり、そんなことから、合宿の準備の方は遅々と進まなくなってしまうのである。

一〇〇人の大学生メンバーが、理念を共有し、ともに夢を見、雑用の山をこなしていくプロジェクト。それも二カ月で。これはもう、大人なら無理と考えてしまうところである。しかし、彼らには大人の知識と経験がないからこそだろうか、冒険の世界に全身で飛びこんでいくのだ。

しかし、困難はやはり困難。理想を実現していく方法も業務の処理の仕方もよくわからず、不安と焦燥の底に沈み、悶々としている間に時間は刻々とすぎていき、やがて重苦しい雰囲気はさらに加速されていく。この重苦しさをつくっているのは自分だ、と責任者は自責の念にかられる。それなのに仲間はこの重苦し状況に不満もいわず、耐えてくれている。「はたして、自分が責任者でいいのだろうか」と自分への懐疑もわいてくる。

こんな時、一人の強力なリーダーが出てきて、指導力を発揮し、全体をひっぱって問題を解決してくれるリーダー待望論がでてきそうなものだが、彼らにはそんな発想はまずないようだ。反対に彼らは、四六時中一緒にすごし、おだんごのように固まり、束となることを選ぶ。大学の授業もバイトもあるのに、彼らは吸い寄せれるように一所に集まっていく。同じ釜の飯を食いながら何を語りあうのだろうか。それはわからない。なにしろそこは大人は立ち入り禁止の領域なのである。

でも一度だけ、こんなことを耳にしたことがある。「自分はみんなの足手まといになるんじゃないか」と悩む学生を、一晩皆で囲んで過ごしたことがあると。このようにおとな立ち入り禁止の自分たちだけの、いわば秘密の場所と時間を持つということは、自分を知り、仲間との関係を築くこととなり、ひとの成長にはとても大切なことだと思う。この体験は、学生以上に、子どもにとってもおおきな意味があるだろう。学生と子どもの間で何か秘密をもつ、こんな経験を持った子どもはしあわせなのではないだろうか。

リーダーは苦しんでいるという話にもどろう。リーダーは強くも偉くもなく、皆と同じに弱い存在で、リーダーもメンバーも区別なく全員フラットな関係になっている。ただ違うのは、リーダーは仲間、子ども、合宿にたいして人一倍強い想いをもち、人一倍重い責任を負おうとしている点である。ある年のリーダーは言っていた。「自分が発狂しそうなほどに追い詰められた時、自分の後を一人の仲間が追ってきて最後までつきそってくれたことがある」。そして「オレが一番辛かった夜、彼はヨレヨレに疲れているのに一晩中相談にのってくれ、最後まで一緒にいてくれた。このやさしさはハンパなかったスッ。ずっと忘れないスッよ」と。

ここでのリーダーは、人を引っぱっていく行く人間というより、励まされ、支えられる人間になっており、支える側と支えられる側の立場が入れ替わっている。指示する側と指示される側という区別は消え、対等な関係がこのへんではっきり確立していることがうかがえる。

一方的に上からの指示によって動く必要がなければ、人は自由と責任を、言葉ではなく身体で理解し、活発に動きはじめる。自分の持ち場をしっかり守ることのほかに「ここの穴うめは、私がやろう」と、自分の持ち場をこえて独創性も発揮するようにもなってくる。

力のない弱いものたちが肩を寄せ合い、助け合っていく健気（けなげ）さ、頼りなさげな様子、それでいて思い込んだら、しゃにむに挑む不敵な精神。時間がせまってくると、それは大きなパワーへと転化をみせる。このあたりから「てらこや劇場」は一気に息を吹きかえし、グーッとアクセルが踏みこまれ、全員が心をそろえてダッシュしていく。それでなんとか、やっと本番にこぎつけることができるのである。

合宿が終わったところで、リーダーとコアメンバーが一様に言う言葉がある。

「合宿は本当におおくのひとびとに支えられて出来ることを、思い知りました」

「まさにリーダーをやらせていただいたという言葉がふさわしいです」

「全体責任者というのは、目的を遂げる為の手段の一つだとわかりました」

というのが、彼らの認識の最終地点なのである。

以前、劇団四季のファミリー・ミュージカル『ユタと不思議な仲間たち』に「鎌倉てらこや」が五〇人ばかり招待されたことがあった。ミュージカルの最後は舞台と客席が一緒になって全員で歌をうたうのだが、その歌詞に「みんなは一人のために、一人はみんなのために」というのがあり、なんとも「鎌倉てらこや」にしっくりくるフレーズではないだろうか。

八　てらこや組織の特徴

「鎌倉てらこや」組織にはいくつかの特徴がある。「鎌倉てらこやの主体は大学生」というのがなんといっても大きな特徴だが、これについてははじめの方でふれたので、ここではそれ以外の特徴についてみてみることにする。

その一つは「鎌倉てらこや」のリーダーの姿についてである。強いリーダーがいて、そのリーダーが組織全体を引っ張っていくピラミッド型組織とは逆の、いってみれば逆ピラミッド型の組織になっているということである。学生たちはトップに座ってあぐらをかくのとは反対に、子どもたちをトップに据え、自分たちは一番下で汗をかく。彼らの頭の中は「子どもたち、仲間たち、親御さんたちに本当に喜こんでもらうにはどうしたらいいか」だけが駈け巡り、オロオロしながら獅子奮迅する愛すべき存在なのである。リーダーのこの姿は、周りを逆に奮い立たせずにはおかない。

このように言うと「鎌倉てらこや」は、いかにも頼りない素人集団のようにもみえるが、一〇年以上の経験をつんだ専従スタッフもおり、彼らは何年も現場を経験し、フォローする立場にも立ち、全体を見渡せる実力者である。しかし彼らは先頭にたって旗を振るようなことはせず、隊列の一番後ろに陣をとり、余計はことは言わないし、余計な手は出さず、必要とされた時にだけ出ていく呼吸を知っている。

この専従スタッフの、さらにその後ろには、鎌倉大仏様をはじめとした寺社仏閣、各種団体、個人の方々の支援の層があり、一歩距離をおいて見守ってくれている。私たちはそこからよき大人の良識の気配を受け取ることができるのである。

二番目の特徴は、メンバーの関係が上下ではなく横ならびのフラットになっていることである。あるのはその人に適した役割分担だけで、子どもも学生も親も大人も、みな対等な関係にある。このフラットな関係は、立場や肩書に関係ないので、実はとても難しい面があるのだが、いったんその関係が理解できると、自由で気持のよいことがわかり、楽しい会話が生まれてくる。この関係を私たちは「スーパーフラット」とよんでいる。

三番めの特徴としては「無名性」ということがあげられる。一人のリーダーが有名になったり、スターになったりすることは、かつて一度もなかった。もっとも「鎌倉てらこや」は地域の一ボランティア組織だから、有名人が出るような機会はないのだが、そもそもはじめから、学生たちにはそういう志向は無いようである。「おれが」、「おれが」というのは格好悪いと思っている節が見受けられる。

ある時、専従スタッフの一人はこんなことを言った。「リーダーの資質に頼るようでは、組織としては弱いんじゃない？」「自分が居なくてもちゃんと回っていける組織がいいですよね」。若干三〇何歳のセリフである。何という私利私欲のない落ち着きであろうか。

九　あるべきリーダーの姿とは

それでは目を転じて、一般社会においてリーダー論・組織論が今どう考えられているかみてみることにしよう。リーダーというと、私たちはとかくピラミッドのトップにたつ強いカリスマ型をイメージしがちである。ところが二〇〇〇年代にはいり、求められるリーダー像は、これまでの歴史を根底から覆すほどのまったく新しいものになってきている。それは逆ピラミッド型ともいうべきもので、これまでとは反対のリーダー像である。

私自身は社会がこれほど変化していたことを知らず、リーダーといえば権力、カリスマ性、指導力、人間的魅力をもつ人物と思いこんでいたのであった。だから、頭に浮かんでくるのは、松下幸之助、本田宗一郎、井深大、稲盛和夫などであり、一九九〇年代に入ると、マイクロソフトのビル・ゲイツやアップルのスティーブ・ジョブズなどである。これほど有名ではないが、身近なところでもこうしたリーダーは見受けられることだろう。彼らが偉大なる救世主、偉大なる改革者であったことには間違いないし、彼らの功績は歴史に残ることも確かであろう。しかし歴史は歴史を踏み越えて進んでいくものであり、彼らの手法はいつしか時代とミスマッチをおこしはじめていく。

この実態を企業レベルで見てみることにしよう。時代の流れは、顧客の意識の変化、ニーズの劇的変化と細分化をうみだした。現代のこの新しい顧客のニーズは、大きな組織やピラミッド型組織では、もはやそれらを掬いあげることができず、ついに撤退においこまれた大企業は、相当の数にのぼるという。従来のカリスマ型リーダーによる成功事例ではもはや対応できず、仕組みそのものを変化させる必要にせまられたのである。そしていかに過去のリーダーシップの概念から抜け出すかが、大きな課題となってきたのである。

そうなると、顧客に一番近い現場からの意見、アイデアが大きな価値をもってくることになり、現場で働く人たちの意欲とか創意工夫とかが鍵を握ってくる。仕事をまかされ、ひとりひとりが自分で考え、行動する組織が一番活力があり、それが利潤や良い結果につながることも明らかになってきたのである。

そうだとすると、仕事をまかされた現場のひとたちが気持よく頑張れるような環境がなによりも大事になってくる。したがってリーダーには、メンバーが主体的に自律的に動けるような環境作りをすることが求められてくる。具体的には、メンバーと共に現場にいて、ひとりひとりと向き合い、彼らの考えを尊重し、裁量権をあたえ、それを支えて支援する。その上で、ときには組織の真ん中にいることもあれば、上にいることも必要になってくる。それだけではなく、メンバーの潜在能力を引き出すこともさらに求められてくるのである。そしてなによりもリーダーは、けっしてぶれない強いビジョンをもつこともいっそう重要になってくる。

時代のリーダー像は「リーダーシップからフォロワーシップ」へ、さらに「サーバントシップ」へと突入してきている。サーバントとは召使ということだから、言葉としてはずいぶんと露骨な言い方になるが、それだけ現代は大きな変革期の中にあるということなのだろう。

ひとつ例をあげると、成長カーブを描いてるコーヒーショップのスターバックスがあげられる。スターバックスはしっかりしたビジョンがあった上で、運営は各店舗にまかせられ、マニュアルのないことで有名だ。そのビジョンも、従業員たちが話し合いで自分たちで作り上げたものだという。ちなみにマクドナルドは、この反対のパターンだそうである。また、トップダウン組織の代表であるアメリカの軍隊でさえも、全面的に組織改正がおこなわれたそうである。

そうはいっても、社会の組織や会社が全部、逆ピラミッド型になっているということではもちろんない。当然のことながら、組織の歴史、成り立ち、性格、規模により、組織の在り方、リーダーシップの在り方はことなってくるのはあきらかである。無数の組織の集合体である社会には、無数の組織形態があるわけである。今でも、カリスマ的リーダーが必要な場合もあるだろう。たとえば、大災害の緊急時には、強力な権限の集中が必要なのはいうまでもない。

また企業面でいえば、二〇〇九年に日本航空が経営破綻した時、外部から稲盛和夫氏が強い権限を持って登場したことは記憶にあたらしい。稲盛氏はまさに強い権限をもったカリスマ型リーダーの典型で、実際、彼は毎日、周囲の者をどなりまくっていたといわれている。しかし、日本航空が再建されればサーッと身ひくところは、清々しく、品格が感じられた。

このようにみてくると、「鎌倉てらこや」の組織運営と現代社会で求められているリーダー・組織論には、ともにカリスマ的なトップダウンのリーダーが否定されているという共通性がみてとれる。といっても、一地域の一ボランティア組織である「鎌倉てらこや」の事例をもってして、全てを語ることができないのはもちろんである。しかし、「鎌倉てらこや」が見つめている先と、社会が進んでいる先が同じ方向を向いていることはいえるだろう。すくなくとも両者は、ともに時代を親として生まれた、子どもたち、兄弟なのだということはいえそうである。

当時、私自身は、リーダーというのは、権限をもち、指示をとばしていくカリスマ型であると思い込んでいたところがある。そのため私の中で「鎌倉てらこや」の実践にあたって、ずれが生じ、悩みが続いていたのだが、実践の中で私の考え方はじわりじわりと塗りかえられ、いつしかゆるぎのないものとなっていった。こうして、私は自分の殻がゆっくりと壊されていくのを感じさせられたのである。

またこの葛藤の中、もう一方で私を助けてくれたのが、次に紹介する「中空構造論」である。

一〇　中空構造論

かねてより「鎌倉てらこや」に関心を寄せてくださっていた河合隼雄先生（当時文化庁長官）に二〇〇七年鎌倉の円覚寺で講演をしていただいたことがある。河合先生は東京新聞と京都新聞にも「鎌倉てらこや」を紹介してくださったが、その年にお亡くなりになってしまった。

河合隼雄先生に「中空構造論」という一種のリーダー論のようなものがある。

河合先生はスイスのユング研究所に留学したのち、日本で心理療法学者として幅広く活躍された方である。先生が日本で実際にクライアントに接してみると、欧米ではおおいに役にたつ手法、たとえば治療者がクライアントに「正しい」処方を指示したり、助言をしたりすることが、日本では思うような効果を得られないことが多くあった。日本では逆に、治療者がクライアントの話を聴くという態度で接してみると、相手の心が自由にはたらきだし、自分を含めた周囲の状況を客観的に理解し始め、そうこうするうちにクライアント自身で快方への道をみいだし、治癒していく。河合先生はこんな例を多く経験したという。

先生は現場でこうした経験を重ねるうち、このような違いがおきるのはなぜなのか、日本人の心のあり方と西洋人のそれとは異なっているのではないか。ではいったい日本人の精神構造とは何か、それを基礎づけている根底は何なのか……。その原点を日本の神話『古事記』に求め、「中空構造」という理論を導きだしたのであった。

日本神話『古事記』によると、日本の国を造った神、イザナギとイザナミは三柱の神をもうける。アマテラス、ツクヨミ、スサノオの三神である。この三神のうち、アマテラスとスサノオについての物語はたくさん出てくるのであるが、真ん中のツクヨミについての物語は、『古事記』では皆無であり、これ以後、どこにも現われてこない。ツクヨミは、無為の神なのである。だから私たちは、『古事記』の世界はアマテラスとスサノウの二神によって繰り広げられる物語のように思ってしまいがちである。

しかし『古事記』では、真ん中にツクヨミという無為の神を置いている。このことは長年、日本神話の謎とされてきたのだが、河合先生はこの無為の神ツクヨミに着目し、この謎を「古事記神話における中空性」と言い、ここにこそ日本神話の核心があると言う。つまり、「日本神話の中心は空であり無である」ということである。

ではいったい中空構造は実際どんな働きをするのであろうか。とかく私たちは、日本神話では、もっとも有名な日本の皇祖神であるアマテラスが中心で、スサノオはその敵対者、悪者と考えがちである。実際スサノオは乱暴者として、高天原(たかまがはら)を追放されている。しかし、その後のスサノオは、出雲の国で再生し、大活躍し、文化英雄となっていった。現代でもアマテラス信仰と同様、スサノオはとても強く信仰されている。ここからわかることは、アマテラスとスサノオは善と悪のような対立項でもなく、一方が他方を消滅させることもない。立場を入れ替えたり、ゆりもどしがあったりして、二者はうまくカウンターバランスされていることだ。

そしてこのカウンターバランスを可能にしているのが、あの無為の神ツクヨミの存在であると河合先生は考えたのである。ツクヨミは三神の神の中心に位置しているが、なんのはたらきも無く、いわば空の状態にある。ところが中心が空であることによって、アマテラスとスサノオはエネルギーを獲得し、生き生きとした活躍の物語を生んでいくことができるというのだ。アマテラスとスサノオは、この空の周りを巡回し、巡回しながら互いの力を均衡させたり、共存を許したり、和解の道筋をさぐっていったりする。

この中空巡回形式の神話構造が、日本人の心の原型をかたちづくり、日本人の思想、宗教、社会などの面で目に見えない支えとなって張り巡らされている。この中空構造のパターンは、神話世界から人間世界にももちこまれ、歴史のなかで、繰り返し繰り返しあらわれていて、日本人のDNAになっているのではないか、と河合先生は主張する。

中空構造を台風になぞらえてみてはどうであろう。台風の目は空であり、この空を中心にして、周りにエネルギーが発生し、渦を巻きながら軌道を進んでいく。空の中心力と周囲のエネルギーの強度は関係しあい、渦巻形を形成していく。中空構造も中心が空で、周囲が巡回し、渦巻形を形成している。つまり、台風も渦巻形、中空構造も渦巻形ということになる。

台風の渦巻形をまん中に置き、その両側に中空構造と「鎌倉てらこや」を配置してみる。「鎌倉てらこや」もやはり、強力なリーダー不在で、中心は空の状態になっており、これも渦巻形をなしているといえる。したがって、「中空構造」、台風、「鎌倉てらこや」の三者とも渦巻形でつながっていることになる。もしそうだとするなら、古代日本のDNAは現代の「鎌倉てらこや」まで続いていることになり、「鎌倉てらこや」は古代的なものと未来的なものを包含していることになるだろう。

日本人の精神の原型は中心が空、つまり無比なる絶対者を置かないという、世界でも希有な構造になっている。それは敵を最後まで追いつめない和解の精神を生みだしてきた。これこそが、日本が誇るべき日本精神であり、今の世界にとって最も必要とされている要素ではなかろうか。日本人は自分の持っている精神的宝をもっと意識して、外に発信していけたらよいのではないだろうか。

一一　あるべきコミュニティーの姿をもとめて

では最後に、コミュニティーの在り方について考えてみることにしたい。

私は古い人間なので共同体といったほうがピンとくるのだが、コミュニティーというのが一般的のようである。

私は東京下町に生まれ、昭和二〇年代から三〇年代にかけての下町の共同体の中で、子ども時代を過ごしてきた。戦後の貧しい時代、向う三軒両隣で助け合って生活した時代である。私の場合は、向う三軒どころではなく、ほとんどどこへでも顔パスで、出入りは自由という感じであった。路地を駈け廻り、いつの間にかよそのお宅でごはんを食べていても、その家の人も当たり前の顔をしていて、何とも思わない。私だけでなく、東京下町の人びとはみなそれぞれの顔パスをもっていて、この人たちが織りなす人間模様は多種多様なものだった。親しさとおせっかいの混じり合った下町の情景をえがいた映画『ＡＬＷＡＹＳ三丁目の夕日』の世界そのものであった。

私はいろいろな人間関係の中で揉まれてきたのだが、またそれはとても楽しいものでもあった。このような環境にあると、私にとっての親の存在は一番強いものではあったが、それとともに、数ある人間関係の中の一つにすぎないという面ももっていた。そんなわけで、自分の子ども時代をふりかえってみても、親の目を気にしたという記憶は、私にはないのである。

そんな空気をたっぷり吸って育った私だが、しかし、大学生時代に私の中に芽生え近代的自我は、これまで私を育んでくれたこの世界を足蹴にした。「夢の未来」へ向かって飛び出していったのだった。ちょうどサーファーが波に乗り、ボードを操り、高く高くのぼっていく姿にたとえられる。しかしやがてボードは急降下し、気がつくと、私は荒野のような砂浜にひとり塩風にさらされて、裸でたちすくんでいたのであった。私のたどったこの軌跡は、戦後、日本が復興から高度成長、バブルと急激な経済の右肩上がりを経験し、その後のバブルの崩壊からはじまった右肩下がりの今日への軌跡と、それは同じ急カーブを描いていることがわかる。

そんななかで、私は「鎌倉てらこや」に出会ったのであった。私はそこにとても懐かしいあたたかいものを感じ、「鎌倉てらこや」の情景の中に、もうすっかり過去のものになっていた昔の下町共同体の生活風景を見つけるのが、私の密かな喜びとなっていった。

そして、二〇一一年三月一一日、あの東日本大震災がおきた。大津波は一瞬にして、二万ものひとびとの命を奪った。原発事故とともに、この大津波は地域の共同体を一瞬にして流し去ってしまった。その時の私の印象はむしろ、この地域にはまだこれほどの共同体が残されていたのかという驚きであった。東北地方は「ふるさと感覚」がつよく残っていて、近代化が比較的遅れていたおかげで、さいわい地域共同体が残されていたのであろう。

それにしても、その後の東北のひとびとの苦難のプロセスを知るにつけ、東北の共同体がどんなにか人々の心と命を養い、護ってきたかを、改めて知ることになった。そこでは、人々にとって大切な文化が育まれ、「ここでこうして十分に生きた」と心から思える心の安定をもたらしていたことも、思い知らされることになる。東北の共同体が形成されるには、コツコツと何百年もかかったのに、失う時は一瞬であった。再び同じような共同体を造ることは、おそらく出来ないであろう。だからといって、私たちは私たちを護ってくれる共同体を捨て、一人でリスクの前に晒されことには、もう耐えられそうにもない。

そうであれば、私たちを護ってくれる中間共同体を新しく自分たちで造っていくことが必要になってくる。社会の流れはすでにその方向に動いてきており、政府、企業、中間共同体の三者が融合する新しい形も出てきている。このあたらしい動きを良い方向へ導いていく鍵はなにかというと、新たな共同体作りのための組織運営の在り方をどのように整えていけるかということではないだろうか。

これからの中間共同体の在り方は、昔あった下町共同体や地方にあった共同体にテキストを求めることはもはやできないだろう。さまざまなニーズに応え、さまざまなひとびとによる、さまざまな形になることであろう。しかし、どんな中間共同体にとっても、共通する肝心なことは、全体と個の関係が透明で自由であることではないだろうか。メンバーのひとりひとりに全体のエッセンスは浸透していて、組織全体は単にメンバーの人数の合計なのではなく、メンバーの個性やキャラクターに彩られ、その奥行を深くし、魅力ある全体となる。そこでは、だれもがときにはリーダーに推され、ときにはメンバーの一員となり、立場も入れ替われるゆるい組織。それは上意下達の指揮系統とは対極にある。

私が「鎌倉てらこや」で見てきたものは、年齢も立場も違う人間が、それぞれの能力を生かしつつ、互いに尊重しあい、ひとりひとりが役割をもった人間として、仲間のなかでかけがえのない存在として位置づけられている、そんな光景であった。人間の実存が満たされる場所であったのだ。あの「みんなは一人のために、一人はみんなのために」の世界である。これこそ共同体の真髄ではないか。「鎌倉てらこや」は現代によみがえった小さな未来型の共同体といったら自惚(うぬぼ)れがすぎるであろうか。

最後に、坂村真民さんの詩の一編を紹介して拙文を結びたい。

「バスのなかで」

この地球は一万年後どうなるかわからない
いや明日どうなるかわからない
そのような思いで
こみあうバスに乗っていると
一人の少女が
きれいな花を
自分よりも大事そうに
高々とさしあげて
乗り込んできた
その時　わたしは思った
ああこれでよいのだ
たとい明日
地球がどうなろうと
このような愛こそ
人の世の美しさなのだ
たとえ核戦争で
この地球が破壊されようと
そのぎりぎりの時まで
こうした愛を
失わずにゆこう

涙ぐましいまでに
清められるものを感じた
いい匂を放つ
まっ白い花であった

世界は今大変なことでいっぱいで、絶望がじわりじわりと私たちを締め上げてくるようである。それでも、そうだからこそ、私たちは手の届く範囲の家族、友人、地域にしっかり目をむけ、心を砕いていくことが大切なのではないだろうか。

生活の中の小さな、何気ないシーンに心を寄せ、ちいさなしあわせを重ねていく。その先に未来は思ってもみない美しい光景を見せてくれるのではないか。そう私は信じたい。

この詩の中の少女とお寺の広間でろうそくの燭台作りに没頭している「てらこや」の子ども。二人の視線はまっすぐに世界を突き抜けてゆく。

七　基層文化から見た死と再生

古代ケルト文化と「水界」への信仰
――ガリアとブリタニアの神像と神話要素をめぐって――

鶴　岡　真　弓

一　はじめに――ケルトの水界へ――

ヨーロッパの基層にある「ケルト」文化の伝統に「水への信仰」がある。ケルトの神話・伝説ではしばしば「水源」や「泉」や「水界」が、人間の運命を変える重要な鍵となって登場する。たとえばアーサー王に名剣エクスカリヴァーを授けるのは「湖の乙女」であった。「トリスタンとイゾルデ」が媚薬を飲み干すのは、アイリッシュ海の水界の上である。またブルターニュの「イスの町」は水底に沈み、アイルランドの「常若の島　ティール・ナ・ノーグ」や、アーサー王が最後に赴く「アヴァロン」は水に隔てられたところにある。

いっぽう実際の史跡や遺跡にも「大陸のケルト」と「島のケルト」にわたり、聖なる水辺や水源が今日も残り民間の信仰を集めている。たとえばケルト語源で「聖なる川」を意味するともいわれるフランスのセーヌ川の水源は、二〇〇〇年前と変わらず現代でも聖所として詣でる人々が絶えず、また中世以来アイルランドの「聖女ブリギットの泉」は、二月一日の春の始まりのインボルクの祝日に清めの泉として崇められてきた。

本論では、ケルト文化の「水界のへの信仰」を、古代ケルト文化を担ったフランス「ガリア」と、島嶼の「ブリタニア」の水の聖所と、ゆかりの神像や奉納物にたどり、ケルトの水界信仰につながった神話的要素を浮き彫りにしていきたい。

二 「ゲニウス・ククラトゥルス」とはなにか

古代ローマ、ユリウス・カエサルは紀元前五一年、ガリアを征服したが、ガリア（ケルト）文化はローマ文化と融合し、ガロ＝ローマ時代が紀元後四世紀ごろまで続いた。またブリタニア（ブリテン島）でも先住のケルト人がローマの侵入を受けたが、その精神文化や自然信仰の慣習はローマン・ブリテン時代にも存続した。

そのなかで古代ガリアとブリタニアの領域では、「ククルス」と呼ばれる「頭巾付きのマントの衣」を着た「ゲニウス・ククラトゥルス *genius cucullatus*」像が、水辺をはじめとする聖所から発見されている。「ゲニウス」とは土地の「精霊・神々」を指し、「ゲニウス・ククラトゥルス」とは「頭巾付きのマントを着た精霊・神々」の意である。頭巾の付いたマントをはおり、妖精のようなつぶらな瞳をもち、不気味に直立して立っている姿で表現されている。

ブリテン諸島の出土で最も有名なのは、アングロ＝サクソンのイングランド文化とケルト文化の境目にある、ノーサンバーランドのハウステッズから発見された「三体一組」のレリーフ像のそれである。「ゲニウス・ククラトゥス」の三柱神型の一組であることでも知られる（図1）。裸足で表現されているのは、水と関係するためといわれ、精霊や神々の像であると同時に、この聖所に詣でる巡礼の姿を表しているという推測もある。いずれに

図１　ゲニウス・ククラトゥス像、ノーサンバーランド、ハウステッズ出土、ハウステッズ美術館蔵、220-229年ごろ

しても、古代のケルト文化圏に伝わった「頭巾付きマント」姿の「ゲニウス・ククラトゥス」像の多くは、水の聖域や水界と強く結びついてきた。ケルト時代およびガロ＝ローマ時代のガリアや、ブリタニアや、ラインラントまで、この像は「泉」「水源」「川」「温泉」などの水に関わる場所から発見されている。

三　セーヌの源流と水の聖域

ところで古代ケルト文化圏をみわたすとき、実際の水の聖所はどのようなものであったのだろうか。そこに信仰や祈りや巡礼といった水への祈りのプラクティスがどの程度確認できるのだろうか。

ヨーロッパにおいて、泉、井戸、水源、水辺、温泉など清らかな水やあるいは温かな湯が湧き出すスポットは、古代ケルト時代から聖所、聖域とみなされた。そうしたケルトの特別の場所は、東欧からブリテン諸島、イベリア半島まで数多く発見されている。オーストリア、ウィーンのハプスブルク家の宮殿の名で世界に知られている、ドイツ語でいう「美しき泉／シェーンブルン」も、おおもとはアルプス以北のケルトの泉にゆかりがある。たとえばオーストリア南東部、スロヴェニアに近いケルト＝ローマ文化の遺跡「ヴァーベルスドルフの祭壇」は、前出のハウステッズや、以下に述べるセーヌ川源流と同様に、「聖なる泉」であった。今日もそのまま保存され、泉への篤い信仰の跡を伝えている（図2）。中央ヨーロッパや、東西ヨーロッパへ清らかな水を供給してきたのが「アルプス」であるが、アルプスの語源も、ドナウ川、ライン川、セーヌ川の語源もケルト語であり、これらの名前は水への信仰と結びついていると考えられる。

さてそのなかでも古代ガリアの中心であったフランスには、特別な水の聖所が今日に伝えられてきた。最も知られているのは、東部、ブルゴーニュ地方のセーヌ川源流である。セーヌ川の語源はケルト語で「聖なる川」を意味するといわれ、全長七八〇キロメートル、ディジョンの北西三〇キロメートルの海抜四七一メートル地点の水源に発して、古のガリア人の都、パリを貫いてイギリス海峡に注いでいる。パリのノートルダム寺院の地下からはガリアのケルト人がセーヌ川を交易の幹線としていた遺物も発見されている。渡河するときには聖なる川にコインを投げ入れ安全を祈ったといわれる（そのことは発見されたセーヌ水源からの大量のコインによっても証明されている）。

図 2 「ヴァーベルスドルフの泉」 オーストリア南東部

セーヌ川の源流は、ガリアのリンゴネース族の聖所として崇拝されたことにさかのぼり、紀元前五世紀の終わりごろのものと思われるリンゴネース族が聖域化したとみなせる遺構も伝わっている。ローマによる征服後の紀元一世紀からおよそ三世紀まで、川の女神「セクアナ」が守護する川としてその信仰は続き、その崇敬は、ガロ＝ローマ時代の水鳥に乗った女神像によっても知ることができる（ディジョン考古学博物館蔵）。四世紀にはローマ皇帝テオドシウスが異教の慣習としてセーヌの聖所を閉鎖した。しかし水源への信仰は、一九世紀において考古学や民俗誌から再発見され、第二帝政期のナポレオン三世がフランスの国民国家創成に当たり、フランス文明の誇り高い先史を発掘し国のアイデンティティを「ガリア」に求める政策をとった。一八六四年以来「セーヌ源流」はフランスの首都パリ市の飛び地としてガリア・ケルトの遺産を守った。主水源には「セーヌのニンフ」としてウージェニー妃に似せた彫像を建立したほどで、セーヌ川

図 4　ククルスをまとう木偶　ディジョン考古学博物館蔵

図 3　「セーヌ源流」のエンブレム

水源の崇拝を伝える最も象徴的な聖所は、「ガリア文化」のしるしとして近代にも引き継がれてきた。源流のニンフの像はコートドールのコミューンである「セーヌ源流」地区の紋章にも姿をとどめている（図3）。

一九六〇年代にはそのセーヌ川水源から、フランス考古学のメルクマールとなる二万点以上の遺物が発見された。大量の奉納物とともに、くだんの「頭巾マント」姿のゲニウス・ククラトゥス像も発見された。ブリタニアのハウステッズの作例と同じように、頭巾から素朴な顔を覗かせた木の立像である（図4）。

頭巾マントをまとった像は、神像である、とともに、セーヌに詣でた巡礼の姿でもあるのではないかと推測されている。しかし静かに瞑想するかのような表情で世俗を超越した様子をしている。奉納物とともに発見されたゲニウス・ククラトゥス型の木偶は、ギリシア・ローマの神々の彫像とは似ても似つかない姿をしている。人間のシルエットは最小限に抑え、むしろ木そのものの質感や呼吸のようなものを像に残そうとしている。頭巾マントの形も、そこから何かが「生まれ出る」ことを暗示している形態である。

さらに多数の「奉納物（イクス・ヴォート）」がその像とともに発見された。それは病気の治癒を願う、人体の部位の造形で占められていた。「足」や「手」などを象った木製のオブジェ。それらは巡礼者たちが持ってきて立て、あるいは源流に沈めた奉納物であった。リアルな手足を象ったその造形物の多さは、「水による浄めと治癒」への信仰の篤さを力強く物語っている。

こうしてセーヌへの信仰は、ケルト時代からガロ＝ローマ時代の四世紀ごろまで続き、さらに古代が終わり、ガリアがキリスト教を受け入れた後も、水源の聖域は民間信仰のなかに生き残った。研究者キーナンによれば、この聖域は鉄器時代のケルト文化の慣習からガロ＝ローマ文化へ、さらにそれは初期キリスト教時代、ロマネスク時代へと受け継がれていった（Kiernan：*Pagan Pilgrimage in Rome's Western Provinces*）。源流の「聖性」は受け継がれ、フランスの初期キリスト教時代で最古の修道院のひとつが近傍に建てられた。

今日でも源流ひとつの洞窟の上にはマリア像が置かれているが、その光景は、キリスト教の洗礼盤が教会に置かれる遥か昔のガリアに、水で浄める信仰があったことを告げている（図5）。

図5　セーヌ川源流のひとつ　ブルゴーニュ地方（撮影　鶴岡真弓）

四 「シャマリエールの泉」と森の聖所

フランスにはもうひとつ、セーヌ源流に匹敵する、ガロ＝ローマ時代の「泉の聖地」がある。フランス中部、オーヴェルニュ地方のクレルモン・フェラン市西部にあるシャマリエールの「ロシュの泉」である。

ガリアにおけるケルトの水の信仰を解き明かすセンセーショナルな発見であるシャマリエールの泉は、一九世紀の一八四三年ごろから鉱水の利用で埋蔵物の存在が知られ、一九六八年から一九七一年にかけて本格的な発掘調査がおこなわれ、セーヌ川源流の聖域の発見に勝るとも劣らないほど、およそ一万個に近いイクス・ヴォートが出土した。

Volvic
EAU MINÉRALE
NATURELLE

図 6　ヴォルヴィックの商標、ピュイ・ド・ドームの緑の山

中央山塊（マッシフ・サントラル）の「ピュイ・ド・ドーム」から流れ来る溶岩と、リマーニュ平原の際の石灰質の大地との境目に湧く泉で、「リマーニュ」とはガリアに来たローマ人がラテン語で読んだ「Lac Magnus おおいなる湖」に由来し、「ピュイ」とはオーヴェルニュ地方の言葉で円錐形の小火山を意味する。多雨で豊かなこの地方の上質の軟水は、現代でも枯渇せず、これを銘打って商品化された「ヴォルヴィック」は世界に知られ、「六つの火山層で大量の雨をゆっくり濾過して生まれた水」というのがうたい文句。その商標ラベルはピュイ・ド・ドームの緑の休火山を示しているのである（図６）。

今日ピュイ・ド・ドームの山上にはフニクラで昇ることができ、頂上にはガリアを支配したローマ人の神殿跡（一八七二年発見）があって、この山と眼下に広がる広大な野に点在する青い沼は、ガリア時代からのこの地の水の豊かさへの崇敬を現在に記憶させている。ガロ＝ローマ時代シャマリエールの泉の水はセーヌ源流と同様に「治癒・豊饒・富」を祈る聖域として信仰を集めていた。シャマリエールの泉の発見物の多くは泉への「奉納物」で木製の人型をはじめ、脚や腕、内臓、馬などの動物を象ったもの、色をほどこした棒まで出土した。木の素材で、ブナのほかカシやナラ、ニレ、モミ、シラカバ、トネリコから造られていた。それらはセーヌの源流同様、ガリア各地からの巡礼が捧げたもので、コインの年代から、紀元前後一世紀ごろのものであることが判明した。サイコロや貝殻やクルミやハシバミの実もみつかっている。

奉納された木偶は土台部分が尖ったものもあり、泉の周りに立てて置かれていたと推測されている。顔が刻まれ、ククルスをまとった男性像も、みとめられる。「騎士」像や、「トルクの婦人」像も発見された。後者女性像はセーヌ川源流から発見されたククルスを着た「巡礼」に似た服装で、首につけている首飾りはケルト特有の「トルク」である。トルクは高貴な人間や神が身につけるガリアの慣習にのっとったファッションであった。この高貴な女性もまたシャマリエールの泉に、病気治癒を願って祈りを捧げたのかもしれない。彼女はガリア人というよりも、紀元前後と推定されている奉納物の数々に混じって、ガリア征服後のガロ＝ローマ人であった可能性もある。ケルトの水の聖域は、ガリアに定着したローマ人に受け継がれ、聖域にも詣でていたことを浮き彫りにする。治癒を願った巡礼たちは、患っていた部位、すなわち心臓や肺や胃腸や腎臓、青銅の目までを造形し、泉の底深くに奉納していたのであった。

そうしたシャマリエールの遺跡は、元はカシやナラやヤナギやハンノキなどが森をつくる、深い自然のなかの聖地であったことが判明している。泉の周りには、ローマ人が建設するような建造物の施設の跡はみとめられず、森自体が聖なるものとして崇められ、土地の神々や精霊が、そこに住まうとされているような場所であったのだろう。クレルモン・フェランのバルゴワン博物館に収められている奉納物は、陰影の深い照明のなかに展示され、そのユニークなコレクションをフランス全土に轟かすものとなって久しく、国による保存や修復のプロジェクトが進められ今日に至っている。博物館では深い森の泉に捧げられていた様子が再現され、きわめて印象的である。いかにもシャマリエールのロシェの泉は、森の泉で、ガロ＝ローマ時代にはアウグストネメトゥムと呼ばれていた。ネメトゥム（ネメトン）とは、古代ケルトの「聖域」を意味し、「聖なる森」を指すと考えられている（スコットランドにもメディオ・ネメトンの地名が伝わる。この語源はガリア北東部にいたネメテス族の崇拝した「聖なる森の女神ネメトナ」と結びつく）。イクス・ヴォートの素材のほとんどは木材であり、そこには手近な材料で像を象ったという以上の意味が見出される。シャマリエールの多数のイクス・ヴォートは泉の周りに「立てられて」奉納されていた。それは「樹」を記憶させ、また神聖な「柱」を思わせる（図7）。

図7　シャマリエールのイクス・ヴォート
クレルモン・フェラン、バルゴワン博物館

「木と柱」。この関連において、印欧言語学者であったグリム兄弟の兄ヤーコプ・グリムも関心を抱いたように、語源的に古ノルド語の「神」を意味する *áss*（アス）は「柱」や「梁」も意味し、他のインド＝ヨーロッパ語族、たとえばサンスクリット語の *asuras*（アシュラ）と呼応している。右の古ノルド語を語源として、ヨーロッパに広まった男児名「オスカル／カスカー」ができた。「木／トネリコの木（アスカル Askr）」は神々である。そこからつくられる、しっかりとした「柱」や「梁」は、それ自体が聖なる樹木であるという北欧の神話的思考がみとめられ、スカンジナビア半島の一二世紀の木造教会、ウスネスの「世界樹」の表現にも顕著に現れている。また小論の最後で触れるように北欧からユーロ＝アジア世界の北方文化では、「樹皮」を「聖なる衣」とみなし神話や造形に表わしてきた歴史もみられる。「木」は森となって聖所（ネメトン）を形成したが、まさにシャマリエールの泉は、樹木の茂る森の中の泉であった。「ネメトン」はケルト語の語根の「*nemeto-*」から来ており、「聖なる宗教的な空間」を指す言葉で、ガリアではシャマリエールの泉のあるクレルモン・フェランの古名にも含まれ、西はイベリア半島のガリシアやスコットランドからイングランドのバース、ドイツのトリア、東はアナトリア（トルコ）まで、ケルト文化の地にこの地名がみとめられる。

五　治癒と再生の水界――母神と息子

ところでオーヴェルニュ随一の水の聖域だったシャマリエールの泉から出土したのは、奉納物のオブジェばかりではなかった。一九七一年に発見されたのは、長さ六センチ四方の鉛に刻まれたユニークな碑文であった。ラテン文字を借用したかたちのガリア語で表され、この語では史上最長の碑文。土地の神々や死者に祈る「呪術のタブレット」の類であり、ケルトの男神「マポヌス」に関係する内容がみとめられる。

すなわちマポヌスとは、古代のガリアから影響を受け、ブリタニアでも崇拝された永遠の「若さ」の神で、その名は「偉大なる息子」を意味している。島のケルト語のウェールズ語、コーンウォール語、ブルトン語で「息子」を意味する語に共通する *mab* と同じ語源をもち、古アイルランド語 *macc*（息子）にもつながる名である。性格としてアイルランド神話のオエンガス（「若き息子」）や、アーサー王伝説の登場人物であるマブズやマボナグレインなどの男神も想起させる。実際、大陸のガリアと島のケルト文化地域に、「マポヌス崇拝」が広まっていたことは、他地域にも発見された碑文や彫像に明らかである。マポヌスに関係する碑文はこのシャマリエールのほか、オート＝マルヌ地方東端部のブルボンヌ＝レ＝バンから発見されているが、そこは名のとおりガリア時代から温泉の湧き出る地で、ガリアに定着したローマ人も温泉施設を建てたほどであった。

ではなぜ泉や水源や温泉と、この男神が結びついているのだろうか。治癒効果をもたらす泉や水源や温泉は、健康や若さを保たせてくれる聖なる源であるから、そこに「若さの神」が祀られたということはできるだろう。しかしマポヌスは、若さや健康だけと結びついていた神ではなさそうなのである。

ガリア・フランスから発見される水の聖域の奉納物は、ケルト時代とガロ＝ローマ時代をつうじて、人間の患部の造形をはじめ、コインや宝飾品や大釜なども奉納され、動物の生贄までが捧げられていた。泉や水源には「治癒」の効果がおおいに期待されたからである。「治癒を祈願する」とは、病に冒された人間や、生老病死で衰えていく心身の「再生」を願うことである。「マポヌス」という男神は水や温泉が若さや健やかさを約束するという意味以上の、「生死をめぐる象徴性」をはらんでいた。「マポヌス」は「マトロナ」という「大いなる母」の息子であったことが重要である。

マトロナはガロ＝ローマ時代に広く崇拝された「母神」であった。キリスト教の聖母子像を先取りするかのように、膝に幼子を抱く授乳の姿や、果物や食物や子犬を抱く姿のテラコッタ像が、ガリアで多数つくられ崇拝されていた。その像は今日パリのサンジェルマン・アン・レー国立考古学博物館（ナポレオン三世により一八六七年創設）

に所蔵され知られている。マポヌスは、この「母なるもの」と結びついて初めて意味をもつ神であり、単独ではなくしばしばマトロナと一対で表される。既述したとおり本質的にこの神は「息子」、「子供」であることが要である。マトロナとマポヌスへの崇拝は、ローマン＝ブリテン時代のブリタニアでもおこなわれ、この一対に原型をもつのが、ウェールズのケルト神話の母神「マドロン（モドロン）」と息子「マボン」であると考えられている。その神話に特別の母子の関係と子の運命が、刻まれている。すなわちウェールズの神話『マビノーギ』（『ヘルゲストの赤本』）の「キルッフフとオールウェン」には、マボンが幼児の時に誘拐されたが、不思議なことに、「唯一水路によって近づける所」から奪還されたという物語がある。この神話のポイントは、いったんこの世から「消え去った」子供が、水界を通り「再生したこと」にある。逆に言えば「泉」や「水源」などの水の聖域は、マボンが経験したように、生を持つ者を隠す（死なす）「地下世界に通じている」と考えられていた。したがって死からの再生もまた水界を通ってもたらされる。ここから直ちに想起されるのは、「マトロナ（マドロン）」は、ガリア北東部の「マルヌ川」にその名を与えた女神であったということである。元はセーヌ川の女神「セクアナ」同様、川、水源の女神としてガリアにおいても信仰されてきた。

「川」や「水源」は「生死の出入り口」であり、この水界を司るのが母神、女神である。それは「産み」と「誕生」を司り、「死」や「病」や災厄からの「再生」を司る。リトアニアの神話考古学者マリヤ・ギンブタスの提唱する、ヨーロッパ最初の農耕社会であった「古ヨーロッパ」（前七〇〇〇―三五〇〇年）以来崇拝された「グレート・マザー」や「動物の女主人」の役割をする女神に具わる力とみなされる。ヨーロッパの基層文化であるケルトの自然観、生命感には、「古ヨーロッパ」のより古層の神々や再生と循環の観念が受け継がれているといわれる。

水は浄化と同時に出産の羊水を示唆する。ブリタニアのローマン＝ブリテン時代の三世紀ごろのマボヌス像は、井戸・泉に祀られていた。水の聖域に祀られるマボヌスとは、「再生した子供の生命」という象徴性を担い、言い換えれば息子・子供の誘拐（子隠し）と奪還の物語は、泉や水源を司る母神の力そのものを体現しているといえるだろう。また言いかえれば「水界」とはこの世から臨める異界であり、水の聖域は「生と死が反転する場所」である。そこは生の源であると同時に、暗い死の領域でもあった。

そのことを証する水の聖域が、ブリタニア南部にある今日最もよく知られているローマン・ブリテン時代の温泉遺跡バース（サマセット地方）である。そこは元はケルトの泉・温泉の聖所であって、「スリス・ミネルウァ」というケルトとローマの神が融合した頭部像が発見された。人々は豊かなミネラルを含んだ温泉を司る女神スリスに祈り奉納物を捧げたていたのであるが、ここにもウェールズのマボンの神話に似て、土地の伝承にはその暗い異界からの不思議な「再生」や「回帰」の話が伝えられている。すなわちケルトの王ルードの子息は不治の病にかかり、宮廷から離れて豚飼いとなって暮していたが、ある日、泥溜まりの中に落ち、気づいてみるとその重い病が癒やされていた。息子は宮殿に戻り王位を継ぎ、女神スリスへ捧げものをし、そこを聖所として祀った。それがバースの由緒であるという（図８）。

図８　バースの温泉　イングランド

この伝承は、制度（王）から外れた病者（子息）が泥（水と土）によって快癒されることを物語っている。泥は、輝く宮殿から追放された息子の暮す「暗い陰」にあるものだが、それは実感として人々が知っていた水辺や水源の洞窟などの異界めく特別の場所を示唆している。そして治癒はその異界めく暗がりの場所から流れ出た水と土がもたらした奇蹟を物語っている。

泥や水辺は、近づこうとすると危険な陰の世界であり、人間界と自然の「境目」「裂け目」であるが、そこに奇蹟は生まれ、明暗を逆転させる。前出のバースの女神「スリス」の語源には、原ケルト語の＊*su̯/li-*から来た古アイルランド語の「眼・溝　*súil*」の意味をもつという説がある。陰りのある水源や泉や泥は「母胎」のイメージ、つまり川の水源の洞窟は、赤子が生まれて来る産道の出入口のイメージに重なり、生と死、この世とあの世の切れ目にしてつなぎ目を暗示している。泉や水源、温泉が湧き出す大地の溝。そこには、澄んだ眼のように光る水を湛えた自然の深い淵があって、そこから命が生まれ再生するという神話的な思考が示されているように思える。

ケルトの神話においてマボンやルーク王の息子のように、一旦消えた赤子・息子・男子の「再生」が、水界にかかわる女性的なものによって実現されるという観念は、ケルトの神話伝説のなかで最も知られるアーサー王伝説のアーサーの最期に関わる要素であることも想起される。そもそも「マトロナとマポヌス」の母子の関係は「妖精モリガン（異父姉）とアーサー（弟）」の関係に反映しているとも言われる。アーサーは水界からの恩恵に浴し英雄として決定的な力を得た男であった。すなわちアーサーの剣エクスカリヴァーは「湖の乙女」から授けられた名剣である。生涯の最後に甥のモルドレッドとの一騎打ちで瀕死となり、剣は家来によって湖の水界へ返された（水界からもたらされた聖なるものを、再び水界へ返却する／自然へと戻す）。この最後の場面で、瀕死のアーサーをアヴァロンの島から迎えに来るのが、妖精モルガン・ル・フェ（異父姉）であるが、アヴァロンは「水に囲まれた常若の島」である。そこへと誘われたアーサーは永遠に「姉」モルガンによって「癒やされる」。アーサー王伝説のこのモルガン・ル・フェの前身は、アイルランド神話におけるモリガンであり、アーサー王と同様、瀕死状態の英雄クーフリンを死の世界へ連れていく役割をもつ。死によって永遠の生を獲得する可能性に「女神」たちは必ずや媒介者となって現れる。アヴァロンはアイルランドのケルト神話のいう「常若の国　ティール・ナ・ノーグ」を思わせる。

これらのケルト神話の要素は、「息子」や「弟」という男性の生命が、人間が容易には近づけない「水界」にかかわる母性的・女性的な神霊によってコントロールされることを物語っているだろう。ケルトの神話には「誕生とは再生」のことであるというメッセージが繰り返し語られていると言える。何かが生まれるためには、いったん死ななければ（瀕死にならなければ）ならないという観念がそこにはあり、水界とそこに棲む女性的要素がそれを実現する動力となって躍動している。そして「泉や水源を覗き込むこと」は、異界、冥府に通じる口に近づくことであった。アイルランドで最も有名な「泉」は各地に在る「聖ブリギットの泉」で、異教の女神（ダグザ神の娘で牧畜や炉を守る地母神）であったブリギットは、キリスト教化され「聖ブリギットの泉」において民間で崇拝されてきた。その最も有名な泉（西部のクレア地方）は、死者の領域である墓地の傍らにあって、あの世から流れてくる水が洞窟に集められ、そこに治癒を祈る巡礼が今日も祈りを捧げている。聖ブリギットの祭日は二月一日の前夜から始まるインボルク、死の季節の冬から改まる「春のついたち」の祝日であり、自然の生命が再生の季節に移る聖なるとき、人々はブリギットの泉に詣でるのである（図９）。

図９　聖ブリギットの泉　アイルランド　キルデア

六 「頭巾付きマント」の衣と「お包み」

さて以上、ケルトの水界をめぐってその考古学的痕跡から伝承や神話までをみてきた。そのうえでガリアやブリタニアで祀られた「ゲニウス・ククラトゥス」の姿形を、いまあらためて解釈してみると、この像の「いでたち」には、「再生し、産まれかわる者」が示唆されていると考えられるのである。像がまとっている「頭巾付きマント」の衣の意匠・形こそに、「再生」の観念が託されていたのではないかということである。

ゲニウス・ククラトゥスは身体をすっぽりと衣に包（くる）み、衣の切れ目から貌（かお）をのぞかせている。その相貌はときに、あどけなく、ときに不気味である。フードに縁取られたこの貌こそ、産道を通って母胎からこの世に「生まれ出た」赤子のそれを表しているようにみえる。マボンの「誘拐からの帰還」やアーサーの「瀕死からの治癒」という神話を想起するとき、この「頭巾付きマント」の衣は、まさに暗い異界からこの世に「再生してくる赤子・息子・人間」の顔（かんばせ）を縁取るものであるという推論である。「頭巾付きマント」の衣は、実際の子の誕生のときに用いる「お包み」を原型としているのではないだろうか。

「包（くる）まれた赤子の帰還・再生」のテーマは、有名な中世ウェールズの詩人タリエシンに関する説話（一六世紀に成立）に見出せる。タリエシンは魔女の胎内に宿り、美しく生まれたために殺されずに済んだが、海に投げ捨てられ、ある日その流されていく子を男が見つけ助けられた。赤子のままのタリエシンがこのように讃歌を詠うのを男は聞く。「暗い袋に包まる私が、果てなき海に漂うも、息絶えんとき、天が自由をくださった」。ここには「暗い袋」が登場し、それは新生児を包む「お包み」の布であり、あるいは母胎を暗示しているのかもしれない。同時にそれは救済される直前までにタリエシンがその状態であった、捨てられていったん葬られた「あの世」の表象かもしれない。そのお包みの間から「輝くかんばせ」が顔をのぞかせた。その感動を得て男は赤子にこの名を付けたのだった。「タリエシン」とは「輝くかんばせ」という意味である。

マポヌスやマボンが永遠の「若さ」の神であるのは、彼らは何度でも「隠された深淵」＝「母胎」から再生する赤子であり続けるからであり、彼らは母神と一対の「息子」であると観念され続けることによって、「繰り返し生まれ再生し続ける」ことができる。アーサーもモルガン・ル・フェの「弟」であり続けることで、アヴァロンにいることができるように。男性の神々や英雄を確かに存在せしめているのは「母」や「姉」たちであるとケルトの神話は語っている。お包みに包まったような「ゲニウス・ククラトゥス」像が成立する源には、これと同じ観念が横たわっていたのではないだろうか。

神話から今、考古学の出土物に戻れば、ガロ＝ローマ時代のガリアでは、マポヌスの母マトロナ以外の「母」や「女神」の像が泉や川の聖域から出土している。前出のトリアの「マルス・レヌス」は治癒の泉を司っていた。モーゼル川流域のホッホシャイトやルクスイユ（オート＝ソーヌ県）などトレウェリ族の居住地では「シロナ」がローマのアポロ（ケルトと融合し「アポロ・グラヌス」と呼ばれる）とともに崇拝された。ミネラル豊富な温泉の湧くエクス＝ラ＝シャペル、グラン（ヴォージュ地方）、ブルターニュまで広範囲で崇められ、ブルターニュではシロナは「ツィロナ」、現ハンガリーの地方では「サラナ」（聖域ブリゲティオ）と呼ばれた。今日知られているシロナ像のなかで「シロナとアポロ・グラノス」像はブルゴーニュ地方のマーランから出土し、セーヌ源流の聖域の出土物と同じくディジョン考古学博物館にある（図10）。ここではシロナは「再生」の象徴としての蛇を手にしている。

シロナもアポロ・グラノスもどちらも温泉の神であるが、おそらくこの像も、女神（母）のほうのシロナがグラノスに再生や治癒を約束する役割を担っている。この一対のスタイルは古典的であるが蛇はケルト時代よりはるか以前の古ヨーロッパ時代（前出：ウクライナからヴァルカン半島の初期農耕文明）の土器に表現されてきた。ブリタニアからは「ゲニウス・ククラトゥス」と「母神」が共に立っている像も出土している（グロスターシャー、シレンセスター、四世紀、コリニウム美術館蔵）。向かって左端の母神に寄り添う、子供のような三体。いずれの像も「頭巾付きマント」の衣を身に付けている。背景上部の「帆立て貝」の装飾は、ケルトの信仰で豊饒を表す意匠である（図11）。

また大陸では、ガロ＝ローマ時代に、生まれた赤子を「お包（くる）み」に包んで、出産と育みを象徴する図像が、ガリアおよびラインラント（現ケルン周辺）から出土している。「母たち／マトレス」は三人一組を成し、豊饒の象徴として「果物」や「コルヌコピア」や「盆」を抱えている。いっぽう、ガリアのビブラクテ（ラテン名：アエドゥイ

図 10　シロナとアポロ・グラヌス　ブルゴーニュ地方　マーラン出土　2世紀　ディジョン考古学博物館蔵

図 11　母神とフード付きマントの衣のレリーフ　グロスターシャー、シレンセスター出土

族の拠点であった）の遺跡からは、「お包み」に包まれた「赤子」と「タオル」「スポンジ」をそれぞれに抱えた三柱の母の像が発見されている（図12　マトレス／母たち）。この「母」の持ち物は新生児に産湯を浸からせるためのものである。マトレスとは「重要な母たち」の意であり、上記のガリアのほか、パンノニア（下スティリア）のガロ＝ローマ遺跡から「アウグストの乳母たち」という碑文とともに出土している。マトレス崇拝は古代ケルト文化圏で北イタリア、イベリア半島北部、ブリタニアにも広がっていた。母神像は出産、誕生、育成、豊饒、治癒を象徴した。

「三柱の神像」はガリアとラインラントのものが際立っており、「ゲニウス・ククラトゥス」を三体一組とした例は、地中海世界には発見されていない。それに対しガリアのほかブリタニアでは少なくとも八つの「三柱神」型が発見されている。ガリアの三柱像にかんしては一九世紀後半から研究がなされてきた。いずれにしても古代中世のケルト文化圏において「三柱性（トリアディズム）」という神聖な形態は、「頭巾付きマント」の衣の像と「母神」のそれにおいて重要な表現であったことが確認できる。三柱で表現するのはそこに「不変の力」や「神聖な本質」を表すためであり、ケルト・アイルランドの地母神であった「三人のブリギット」は「詩人・鍛冶師・医者」の三つの役割を表し、それはまた「母神・子供の守り神・財産の女神」でもあると解釈されている。

図12　マトレス／母たち　ガロ＝ローマ時代の町　ウェルティルム（ヴェルトゥル）出土

七 「衣」と「木」の表象関係

ゲニウス・ククラトゥス像は「衣」に特徴があった。最後に、この神像の「衣」の象徴性をさらに探るに示唆的と思われる、北方ヨーロッパの神話要素を指摘しておこう。木偶のような素朴な人型をした「樹木＝神々」への崇拝については前述したが、「樹木と衣」について語る有名なオーディンの神話のことである。

一〇世紀ごろ伝承の詩歌を集めた「古エッダ」の『ハヴァマール』（一般に「オーディンの箴言」や「高き者の歌」などとして知られる）には、木偶が創造される以前に「樹木」そのものが神々であり、樹木が人間の生き死にと再生を左右する「神々・精霊」であるという信仰があったことが示されている。エッダでいう「樹木の人々」や「樹の人」がそれであり、神々・精霊と「衣」の関係が、歌われているのだ。オーディンの生死と樹木の関係を伝える有名な神話。オーディンはルーン文字の秘密を得るために、ユグドラシルの樹で自ら首を吊り、その樹ググニルに突き刺されたまま、九日九夜、自らを、自分自身である最高神オーディンに捧げる。縄が切れて助かったが、樹木に吊り下げられ、死の苦悩を味わったのだ（図13）。

この神話は「（その偉大な樹木である）神々・精霊が衣をまとうとき、人間の命がひとつ失われる」と歌っている。樹木＝柱＝偶像に「衣が着せられる」とは、そこに供犠としての生命が捧げられること、すなわち捧げられた「生・死」と「衣」との交換がここには示されているようだ。私たちはこの北欧神話の観念から、あの「頭巾付きマント」の衣、すなわちゲニウス・ククラトゥス像の衣には、上述の「再生」のしるしと同時に、さらに、このような「死」（苦しみや病や困難）を直截に映し出すものでもあるという側面にも思いを馳せることができよう。衣は、

図 13　自らをユグドラシルに吊り犠牲となったオーディン

ガロ=ローマ社会においてオーディンの神話も示す「死からの再生」のしるしとなって生き続けていたのではないかと思われる。ここにはエリアーデが指摘したようにケルト、ゲルマン神話の観念におけるシャーマニズムの要素が示されている。シャーマンの衣は病気や死に至る人間に生気を送る役割を果たしたことは、シベリアからヨーロッパまでの民俗誌や遺物によって知られる。

いずれにせよゲニウス・ククラトゥスは、ガロ=ローマの古代末期を超えて初期キリスト教時代の到来まで長い間、民間で崇拝された。その篤い信仰を集めた根拠は、不思議な「衣」そのものに生-死-再生の意味が秘められ、この衣をまとう神像と、この衣をまとい巡礼する人間は、その頭巾から再び「輝く顔」をのぞかせることによって、「再生」を果たす、その祈りがこの独特の衣の意匠に凝縮されていたと思われるのである。

古代ガリアはローマ人がみたような閉ざされたアルプス以北の野蛮の地ではなく、河川によって結ばれ、ローマに征服される遥か以前から、河川は大西洋と地中海をつなげ、それが南北のみか東西の交流を拓いてきた。セーヌの源流に近いブルゴーニュのシャティヨン・シュル・セーヌの博物館にある「ヴィクスの王女」の墓は、セーヌ川がブリタニアとマッシリア（マルセイユ）までを河川でつないでいた要衝であったことを伝えている。ケルト社会の切り拓いた水のネットワークを背景に、ゲニウス・ククラトゥスや母子の像は、水辺の精霊や神々として何世紀にも渡り、巡礼たちを集めた。泉や水源の聖域が明らかにするケルトの信仰は、ケルトとローマとの融合によってむしろ強化されていった。水辺の神々の像、ゲニウス・ククラトゥスのイメージは、人間の皇帝を「神」として崇拝したローマ人に、人間中心ではない自然への信仰の重要さを伝えた。「ククルス」と呼ばれた衣を異名とした皇帝がいるのがそのひとつの証拠である。それがローマの皇帝「カラカラ」であった。カラカラ帝の故郷はガリアで、ディオ・カッシウスの既述などによれば、彼はガリア独特の頭巾付きマントを愛好したといわれる。「ククルス」からその名「カラカラ」の異名が生まれたのである。このローマの皇帝の名も、水を湛えるヨーロッパの大自然を畏敬した、ケルト＝ガリアの水界への信仰の厚みを物語っている。

そして古代ケルトの水への信仰は、現代にも受け継がれている。

ピュイ・ド・ドームを水源とする湧水はクレルモン・フェランの町を潤す。クレルモン・フェランの市内には数多くの泉や水飲み場が残されている。聖なる水の信仰の中心地であり巡礼の宿場でもあった。最初にこの町について記したのはストラボンでケルト、ガリア人の「アルウェルニ族の町だ」と書いたが、これがオーヴェルニュの地方名の語源となっている。そしてこの町クレルモン・フェランこそは、カエサルに対抗する最後のガリア人総決起を指揮したウェルキンゲトリクスの故郷である。この町の広場には、カエサルに敗れるも誇り高くローマで斬首された二〇〇〇年前のガリアの英雄像（バルトルディ作、一九〇三年）が立っている。一九世紀末から二〇世紀に入り第三共和政の時代、列強間でナショナリズムが高揚していく時期にこれは建立された。彫像の南側面には「全ての者の自由のため武器を取る」と彫られている。このウェルキンゲトリクス像は、ブルゴーニュ地方の最後の古戦場となったアレシアのウェルキンゲトリクス像とともに、フランスの「ガリア意識」の証であり、古のガリアの民の自然信仰にあった「ガリアの荒ぶる神々」を思い起こさせるモニュメントである（図14）。

図 14　ウェルキンゲトリクス像、クレルモン・フェラン

図 15　シャマリエールの泉から発見された奉納物の像
クレルモン・フェラン、バルゴワン博物館

クレルモン・フェランはローマによるガリア征服後、ローマ人によって「アウグストネメトウム Augustonemetum」と呼ばれたのであった。それは本論で述べたシャマリエールの泉の名ともなった。この「ネメトゥム」こそは、既述したとおりケルトの森や泉の「聖所」を表す「ネメトン」から来ている。アウグストゥスはガリアの森や泉を支配できた。しかし皇帝の名まで冠したこの地名は、逆にアウグストゥスもまたケルトの「森の泉」に魅せられたことを暗示している。

ネメトンを侵す者は皇帝でも禍をこうむるであろう。セーヌ源流や、シャマリエールの泉から発見されたゲニウス・ククラトゥス像や奉納物の「貌」には、自然を侵しにやってくる人間を驚かせ、荒ぶる神々の存在を思い起こさせる迫力が放たれ、現代の人間の心をも厳しく見つめている（図15）。

主要参考文献

Bernet, Daniel ; *Guide de la France avant la France : Sites et musées de la préhistoire à la civilisation gallo-romaine*, 1992.

Bertrand, A. ; "L'autel de Saintes et les triades gauloisies," *Revue archéologique* 39, 1880.

Billington, Sandra & Green, Miranda ; *The Concept of the Goddess*, Routledge, 1996.

Brunaux, Jean-Louis ; *La Gaule, une redécouverte*, 2015.

Brunaux, Jean-Louis ; *L'univers spirituel des Gaulois : Art, religion et philosophie*, 2015.

Buchsenschutz, Olivier ; *L'Europe celtique à l'âge du Fer*（*VIIIe-Ier siècle*）, PRESSES UNIVERSITAIRES DE FRANCE, 2015.

Fatoux, Hélène ; *Histoire d'eau en Seine-et-Marne Tome II, Culte des Fontaines Sources Bains publics Lessives Grands lavoirs*, 1988.

Gianadda, Roberta, Tradito, Todaro（trans.）; *Les Celtes, les Germains et les Vikings*, 2008.

Green, Miranda ; *The Celtic World*, 2012.

Hutton, Ronald ; *The Pagan Religions of the Ancient British Isles*, 1991.

Kiernan, Philip ; *Pagan Pilgrimage in Rome's Western Provinces*. http://www.researchgate.net/publication/263221258_Pagan_Pilgrimage_in_Rome's_Western_Provinces [accessed Jan 5, 2016].

Kuruta, Venceslas ; *L'Art des Celtes*, 2015.

Laurent, Oliver ; *L'art gaulois*, Mémo Gisserot, 26 février 2010.

Deyts, S. ; *Bois sculptes des sources de la seine*, 1998.

Toynbee, J. M. C. ; *Genii Cucullati in Roman Britain*. In : *Hommages à Waldemar Deonna*. Brüssel, 1957.

Martin, R. et al. ; *Ex-voto gallo-romains : Exposition, 1980, Ville de Clermont-Ferrand*, Musée Bargoin, Clermont-Ferrand, 1980

Nos Ancêtres-Les Gaulois. Catalogue de l'exposition du 25 juin au 30 septembre 1980, au Musée Bargoin, VILLE DE CLERMONT-FERRAND, 1980.

エリアーデ、ミルチア『シャーマニズム（下）』、堀一郎　訳、ちくま学芸文庫、二〇〇四年

ギンブタス、マリヤ『古ヨーロッパの神々』鶴岡真弓　訳、言叢社、一九八九年

グリーン、ミランダ『ケルト神話・伝説事典』井村君江、大橋篤子、渡辺充子、北川佳奈　訳、東京書籍、二〇〇六年

コットレル、アーサー『世界の神話事典　ギリシア・ローマ、ケルト、北欧』松村一男、米原まり子、蔵持不三也　訳、一九九九年

鶴岡真弓・松村一男『ケルトの歴史』河出書房新社、一九九九年
マイヤー、ベルンハルト『ケルト事典』、鶴岡真弓　監修、平島直一郎　訳、創元社、二〇〇一年
松村一男、沖田瑞穂、森雅子『女神事典』、原書房、二〇一五年

語り継がれる民族の記憶
──『バルザス＝ブレイス』をめぐって──

大場静枝

「ケルト」と聞いて、最初に脳裏に浮かぶものは何だろうか。アイルランドやウェールズ、あるいはスコットランドの風光明媚な土地だろうか。アイリッシュ・ハープの奏でる切ない響きや、古代の装飾品にあしらわれた渦巻文様の妖しい燦めき（きら）だろうか。それとも、神話や伝承、妖精譚の中の夢幻の世界に思いを馳せるだろうか。

しかしながら歴史の中の「ケルト」は、はるか昔、ヨーロッパ大陸の中央にその源を発したインド・ヨーロッパ語族の一つであり、その人々がつくった言語文化であった。ケルト人は紀元前七〇〇年頃ドナウ川の上流付近に現れ[1]、何百年もかけて西はイベリア半島、北はアイルランドやスコットランド、南はトルコのアナトリア高原まで広がっていった。この拡大期にケルトの部族集団の多くが定住した西ヨーロッパの土地は「ガリア」と呼ばれ、そこには独自の文化が花開いた。

その後、ローマ帝国の侵攻やゲルマン諸部族の大移動を経て、ガリアはケルト人が住む土地ではなくなった。大陸のケルト民族はローマ人やゲルマン人と融合したのである。やがてキリスト教世界が確立すると、かつて「アルモリカ」と呼ばれた現在のブルターニュ半島を除いて、「ケルト」は民族のみならず、その社会や文化、宗教まで歴史の表舞台から姿を消すことになる。そしてヨーロッパ大陸では、長い間「ケルト」が語られることはなくなった。十八世紀、ジェイムズ・マクファーソンの『オシアンの詩』[2]（以下、『オシアン』）の発表とそれに続くケルティック・リバイバルの波が訪れるまで、ほとんど忘れ去られていたと言ってもよい。

ケルト人とその文化は、しかしながら決して消滅したわけではなかった。ヨーロッパの最西端の半島や島嶼で生き残り、そこで脈々と受け継がれて今日に至っている。

一　伝承の中に見られる民族の記憶

代表的なケルト文化の一つが神話や伝承などの口承文学である。ヨーロッパの北西部に位置するブルターニュ半島の言い伝えに、キリスト教とケルト由来の宗教ドルイド教との相克の物語がある。ブルターニュはフランスの一地方でありながら、アイルランドやウェールズと同じケルト文化圏に属しており、この地方では今もケルトの文化が息づき、ケルト系言語の一つであるブルトン語が使われている。

キリスト教初期の時代、おそらく五世紀頃のことになるが、アルモリカのドゥアルヌネ湾にイスという名の都が栄えていた。この都は海抜の低いところにあったが、堅固な堤防と水門によって守られていた。水門の鍵はグラドロン王が首にかけた袋にしまい、常に厳重に管理していた。

ところで、王には妖精とのあいだにもうけたダユーという名の王女がいた。彼女は改宗した父王とは異なり、キリスト教に帰依しようとはせず、都で虚栄と放蕩に満ちた生活を送っていた。ある日、ダユーは恋人のために乱痴気騒ぎの最後を飾ろうとして、寝ている父親の首から水門の鍵を盗んでしまう。水門は開けられ、海水があたかも洪水のように流れ込んできた。そして都はダユーとともに海の底に沈んだ。

これが「イスの都の水没」として知られる伝承の梗概であるが、この民話を謡った古歌の一つは次のような一節で物語を締めくくっている。

「森の番人、森の番人よ、おまえはグラドロン王の荒々しい馬がこの谷間を通りすぎるのを目にしたか」
「わたしはグラドロン王の馬がここを通るのは見ていません。ただ漆黒の夜にカッカカッカッと火のようにすばやい蹄(ひづめ)の音を聞いただけです」
「漁師よ、おまえは海の娘が、水辺で真昼の太陽に顔を向けて、黄金色の髪を梳(す)いているのを目にしたか」
「わたしは海の白い娘を見ました。娘が歌っているのも耳にしました。その歌は波の音のように物悲しかった(3)」

ダユーの憐れな身の上を謡うこの一節は、敬虔なグラドロン王は助かり、ダユーは人ならぬものになり果てるという悲惨な結末を暗示している。この伝説にはいくつもの異文があり、十九世紀以降はそれらをもとにして物語や絵画、あるいは音楽が作られるようになる。なかでもよく知られているのが、キリスト教の異教に対する勝利をモチーフとした、前述のキリスト教説話である。ダユーと背徳の都イスは、キリスト教の布教によって駆逐されつつあった古い宗教を体現している。そして都の水没は、「ノアの箱舟」の洪水のごとく神の下した罰であり、水に飲み込まれることによってその穢れがすべて洗い流されることを象徴的に示唆している。

しかし不思議なことに、ダユーは死なず都も滅びない。厳密に言えば、「目に見えない世界」で甦り、そこで生き続けるのである。土地の人々の間では、海底の都は今も往時と変わらぬ姿で存在し、ダユーもまたライン川のローレライ伝説の人魚のように、時おり姿を現しては、その妖しい美貌で船乗りたちを海に引きずり込むのだと、長く信じられていた。さらに、水没した都のその後を語った伝承も存在する。毎年クリスマスの日になると都が人々の前に再び姿を現すのだという。

水没後の都の様子を語った物語の興味深いところは、この世の支配をキリスト教に譲ったドルイド教が「目に見える世界」から「目に見えない世界」へと生きる場を移して、キリスト教と共存していることを暗に示している点にある。つまり、この物語が語り継がれる限り、ドルイド教もケルトも滅びることはない。民話を介して、民族の記憶もまた受け継がれていくのである。

二 『バルザス＝ブレイス』が誕生した文学的背景

ブルターニュの沿岸部に広く伝わる「イスの都の水没」を謡った古歌を収めた作品の一つが、『バルザス＝ブレイス―ブルターニュの民謡』[4]（以下、『バルザス＝ブレイス』）である。『バルザス＝ブレイス』は、その副題が示す通り、ブルターニュ地方で収集された民謡を集めたもので、ブルトン語の大衆歌にフランス語が対訳の形で添えられている。これはフランスにおけるケルト文化圏の民間伝承を初めて中央の文壇に紹介した作品であり、その意味ではスコットランドの詩人ジェイムズ・マクファーソンによって発表され、当時のヨーロッパの文学界に大きな影響を与えた『オシアン』に匹敵する作品だと言える。

『バルザス＝ブレイス』に筆を進める前に、まずは『オシアン』がフランスの文壇に与えた影響を見てみよう。『オシアン』はその前身である『古詩断章』の出版直後から大成功を収め、イギリスのみならず広くヨーロッパにセンセーションを巻き起こした作品である。例えばドイツでは、若い頃のヨハン・ヴォルフガング・フォン・ゲーテやヨハン・ゴットフリート・ヘルダーがその深い賛美者であったことはよく知られている。ゲーテは『オシアン』の一部を翻訳し、小説『若きウェルテルの悩み』に取り入れ、ゲーテの友人でもあったヘルダーは「シュトゥルム・ウント・ドランク（疾風怒濤）」運動の初期に『オシアン論』を書いている。

フランスでも『古詩断章』が出版されたその年のうちに、二編が重農主義経済学者で政治家のジャック・チュルゴーによって翻訳され、『ジュルナル・エトランジェ』誌で紹介された。しかしこの時期、『オシアン』がフランスの文壇に与えた影響はそれほど大きなものではなかった。フランスはこの時代、啓蒙思想が全盛期にあった。ロマン派の作家として高名なジョルジュ・サンドは、「ルイ十四世の時代からフランス文学は、民間伝承を人間の理性や哲学の尊厳にふさわしくないとみなして拒絶してきた[5]」と批判したが、サンドの言葉を信じれば、この時代、フランスにおける『オシアン』の影響は極めて限定的だったと考えられる。

とはいえ、『オシアン』が一部の知識人の間で支持を得たこともまた事実であり、フランス革命を経て時代の趨勢が大きくロマン主義へと変わっていく中で、その影響力は増大し、やがては決定的なものになる。『オシアン』を手に取った文人、知識人はディドロ、スュアール、メルシエ、レチフ・ド・ラ・ブルトンヌ、スタール夫人、シャトーブリアンなど枚挙に暇がない。卑近な例だが、ナポレオンも戦場まで『オシアン』を携えるほどの愛読者であった。

啓蒙主義時代のフランスで『オシアン』が読者を獲得した理由の一つが、『オシアン』とジャン＝ジャック・ルソーの作品の重層性にある。フランスでは『オシアン』、つまり『古詩断章』が翻訳されたその翌年に、ルソーのベストセラー小説『新エロイーズ』が刊行されており、ルソーが描写する自然と『オシアン』の風景描写、ルソーが提示する感性と『オシアン』の感性とが重なりながら、人間のありのままの感情や感受性に重きをおく新たな文学の誕生を促していくのである。後に『オシアン』は、「オシアニズム」と呼ばれる汎ヨーロッパ的な文芸運動を作り出し、それはロマン主義や民族的ロマン主義につながっていった。

フランス革命後の精神的な解放とその後に訪れた倦怠や憂鬱、恐怖政治とクーデターによる社会不安の中、文学は新しい時代のスタイルを模索し始める。そして理性や悟性を重視する古典主義に代わり、感性が優位に立つ時代、いわゆるロマン主義の時代が到来する。フランスの文学界では『オシアン』が表現する叙情性、古代の伝説を素材とした哀愁的な詩情、そして自然の美しさと豊かさへの深い理解が多くの作家の心の琴線に触れた。

その結果、「異国情緒」や「キリスト教以前の土着的な豊かさ」、「古代への憧れ」といった感性が文壇を支配することになった。こうした動きの中で、ロマン主義の根底にある過去に対する憧憬が、中世の「ブルターニュもの[6]」を再興するに至る。

このように文壇にロマン主義が花開いていく一方で、『バルザス＝ブレイス』が誕生した一八四〇年前後は、ブルターニュに対して人々がそれまでが抱いてきた陰鬱で貧しい地域という先入観や「反革命の地」という血なまぐさいイメージ[7]が薄れ、この地方への関心や興味が高まり、好意的になっていった時代でもある[8]。イメージの転換に大きな役割を果たしたのが、シャトーブリアンやオーギュスト・ブリズー、エミール・スーヴェストルらブルターニュ出身の作家たちであり、故郷ブルターニュへの愛と郷愁を表現した彼らの作品だった。

例えば、スーヴェストルの『最後のブルターニュ人』では、故郷の美しさが感動的な筆致で語られている。失望や幻滅の多いパリの生活に倦み疲れ、緑なすブルターニュを懐かしく思い始めたスーヴェストルは、ある時、衝動にかられ全てを放り出し、故郷へと旅立つ。疲れの癒えたある日、彼が目にしたのは、春の訪れとともにあらゆるものが再生し命を吹き返す美しい故郷の姿だった。

　春が訪れようとしていた。ブルターニュは、いささかの汚れもない美しさで、私の前に現れた。（中略）この自然の中にある詩的で生新なものすべてが、私の心を打った。[9]

フランスの一部でありながら、言語も風俗習慣も異なるブルターニュは、ロマン主義の息吹の中でエキゾチシズムを体現するまさに「異国」だった。ロマン派の巨匠シャトーブリアンは自叙伝『墓のかなたからの回想』で、この地方の風土が伝える「ケルト的なるもの」を巧みに表現したが、それによって文学界のみならず多くの人の関心がこの地方に向けられるようになった。フランスにとってブルターニュは、いわばイギリスにとって『オシアン』を生み出したスコットランドのようなものであり、「再生と霊感の豊かな源泉[10]」を秘めた土地だった。

また当時は、ルーツ、つまり起源への関心が高まりつつあった時代でもある。前述したようにフランスはかつてガリアと呼ばれ、ケルト人の土地であった。一部の知識人は、フランス人のルーツをローマ人でもゲルマン系フランク族でもなく、ガリア人に求めた。これが、よく耳にする「我が祖先ガリア人」という考え方のもとになる「ガリア起源説」である。ケルトの末裔が住むブルターニュ地方は、ルーツを象徴する土地だったと言っても過言ではない。

　以上のように、十九世紀のフランスの文壇においては、ロマン主義や民族的ロマン主義の潮流を背景に、ブルターニュ・ブームとでも言えるような気運が醸成されていた。

三　『バルザス＝ブレイス』の変遷：文学から民俗学へ

こうした文学的な背景の中で、一八三九年、テオドール＝クロード＝アンリ・エルサール・ド・ラヴィルマルケによる『バルザス＝ブレイス』が発表された。ラヴィルマルケが自身の代表作となるこの作品を発表したのは、奇しくもマクファーソンが『オシアン』を発表した年齢と同じ二十四歳であった。ではそもそも、この若きラヴィルマルケがどういった経緯で民謡の収集を行い、作品を編むに至ったのだろうか。

『バルザス＝ブレイス』の編纂の裏には、実は一人の女性の古謡の収集があった。その女性とは、他ならぬラヴィルマルケの母マリ＝ユルシュール＝クロード＝アンリエット・フェドー・ド・ヴォージャンである。ラヴィルマルケは、母親が古謡の収集を始めたそのきっかけを『バルザス＝ブレイス』三版の序文で次のように述べている。

> 私の母は貧しいものたちの母でもあり、メルヴァンの小教区の哀れな旅回りの女芸人の病を治してあげたことがあった。どのように感謝したらよいのか、歌しか与えるものをもたない貧しい女の身のおき所のない様子に心を動かされ、母は彼女に一つ歌を謡ってくれるようにと頼んだ。母は、ブルターニュの詩歌がもつ独特の調子に心を打たれ、それ以来、収集熱に目覚め、たびたびこのような心にしみる貧者の謝礼を受け取った。(11)

ラヴィルマルケは長じて、母親の収集を受け継ぐ形で古歌の採集を始め、数年かかってそれを本にした。彼は孝行心からこの作品を編んだと言って、前述のエピソードを締めくくっているが、むろんそれだけが彼が収集を行った理由ではない。「オシアニズム」の影響が色濃く反映されたロマン主義の時代にあって、そこに『バルザス

＝ブレイス』のような作品を待ち望む時代の雰囲気があったことも忘れてはならない。

しかしながら、個人的な理由もまたそこにはあった。ラヴィルマルケは十代の頃から文学的な野心を抱き、いずれは郷土の文学者として、フランス文学やヨーロッパ文学におけるブルターニュ文学の功績を証明し、それを世に問いたいという大望をもっていた。彼の大望を約束してくれたものが、『バルザス＝ブレイス』であったことは想像に難くない。ラヴィルマルケは『バルザス＝ブレイス』の初版と第二版で、諸外国では民謡集が次々と出版され、グリムやヘルダー、ウォルター・スコットらを輩出しているのに、フランスには民謡集もなく、まして収集家もいないことを嘆き、『バルザス＝ブレイス』を世に問うことで「その欠如を埋めようと努力した[12]」と言って、刊行の意義を述べている。

このようなラヴィルマルケの意気込みとは裏腹に、当初、彼が期待していた出版助成は受けられず、『バルザス＝ブレイス』は私家版として刊行された。しかしながら、この作品は出版されると瞬く間に、文学の世界においてもケルト研究の分野においても熱狂的に迎え入れられた。時をおかず、英語、ドイツ語、スウェーデン語、ポーランド語など数カ国語に翻訳され、次第にヨーロッパ中に広まっていった。それは、さながらマクファーソンの『オシアン』が引き起こしたセンセーションの再来のようでもあった。

この時、『バルザス＝ブレイス』は単なる収集された民謡集という扱いにとどまらず、ヨーロッパ中にその名を知られる文学作品として評価されたのである。例えば、ジョルジュ・サンドは一八五一年にそのエッセイ作品『田舎の夜の幻影』の中で、『バルザス＝ブレイス』をホメロスの『イリアス』をも凌駕する詩編であり、「人間の想像力が生み出した、いかなる傑作よりも完璧かつ美しく、完全なものである[13]」と絶賛した。

一方、こうした評価をそのまま鵜呑みにするわけにはいかない。というのも『バルザス＝ブレイス』が当時の文壇に受け入れられたのは、前述したようにこの作品がブルターニュという異境を体現するもの、つまりロマン派の求める「異国情緒」や「古代への憧憬」といった感性に応えるものだったという点も、考慮に入れる必要があるからだ。これがフランスの古謡であれば、このように熱狂的に迎え入れられたかは定かではない。当時のフランスは民謡や民話の収集、さらにはその研究において諸外国に大きく遅れを取っており、その価値はまだ一般には認められていなかったからである。

『バルザス＝ブレイス』が文壇で評価を得たことにより、いわばこの作品が契機となって、遅ればせながらフランスにも民謡収集の波が訪れ、やがてフランス民俗学が成立する。しかし皮肉なことに、民謡収集が学問分野の一つになっていく過程で、『バルザス＝ブレイス』の収集方法や民謡の扱い方に対して疑義が唱えられるようになる。採集された民謡の「真贋」をめぐって、つまり『バルザス＝ブレイス』に収録された詩篇が真正の「採話」なのか、ラヴィルマルケの「創作」なのかという点をめぐって、「バルザス＝ブレイス論争」が引き起こされたのである。

その急先鋒となったのがフランソワ＝マリ・リュゼルであったが、彼は一八七二年七月、サン＝ブリユーで開催された学術会議で、「ラヴィルマルケ氏の『バルザス＝ブレイス』の民謡の信憑性について」と題する発表を行った(14)。そこでリュゼルが問題にしたのは、ラヴィルマルケが第三版を刊行した時、すでに時代が民話や民謡を学問の対象として認めていたにもかかわらず、彼が学問にふさわしい方法で民謡を考証しなかったことである。

『バルザス＝ブレイス』の初版は、ラヴィルマルケ氏がつくったもの、つまり文学的かつケルト的なものでなくてはならなかった。後に続く版、とりわけ一八六七年の版については、ラヴィルマルケ氏がフランス学士院の会員である以上、その民謡集にしかるべき考証を行わなかった、あるいは少なくともほとんど行わなかったことについて、我々は氏に対していくらか厳しい態度をとらなければならない[15]。

リュゼルはこの学術会議に先立ち、ラヴィルマルケに問題点あるいは疑義を指摘した質問状を送っていたが、ラヴィルマルケから回答が寄せられることはなかった。その後もラヴィルマルケはこの論争に対して口をつぐみ、彼の採集ノートも生涯公表されることはなかった。ラヴィルマルケのこの消極的な態度が、結果的に「バルザス＝ブレイス論争」を長引かせた。

リュゼルの指摘にもあるように、「バルザス＝ブレイス論争」が引き起こされた当時、民謡や民話の類は新たな学問分野として確立した民俗学の観点から扱われることが常識になりつつあった。それゆえに疑義の持ち上がった『バルザス＝ブレイス』は「採話」としての価値が著しく低下し、作品に対する人々の関心も薄れた。その結果、『バルザス＝ブレイス』は、人々の記憶から忘れ去られたのである。

四　文学作品としての『バルザス＝ブレイス』

しかしこの論争の過程を今日の視点から眺めると、そこには一つの不可解な現象が見られる。「バルザス＝ブレイス論争」が起きた時から現在に至るまで、論争の焦点は常に真正の「採話」であるかどうかにあり、この作品の文学的な側面を論じようとする動きがまったくなかったことである。『オシアン』に対しても真贋論争が引き起こされたが、文壇には「オシアニズム」と呼ばれる文学的潮流が生まれた。しかし、『バルザス＝ブレイス』の場合はそうはならず、人々から忘れられた。

そもそも、リュゼルも指摘しているように、民俗学が揺籃期にあった当時、初版が「文学的かつケルト的なもの」であったのは至極当然のことだった。この種の作品を発表する場が唯一文壇であったことから、ラヴィルマルケ自身も『バルザス＝ブレイス』の序文で、この民謡集を「真に文学的かつ哲学的な関心に値するものにする」(16)と言って、その文学的野心を語っているのである。では、なぜ『オシアン』とは異なり、『バルザス＝ブレイス』は文学作品として考慮されなかったのだろうか。

ラヴィルマルケのこの作品に対する両義的な態度や「バルザス＝ブレイス論争」での争点についてはまた稿を改めるとして、ここでは当時の文学的状況に的を絞って考察を続けよう。フランスの文壇では、そもそも民話や民謡などの民間伝承の価値はけっして高いとは言えなかった。したがって、民間伝承をもとにした作品が文学作品として有する価値、すなわち「再話」を介して生まれる「創造性」という価値もまた認められていなかったのである。つまり、当時の認識では、民間伝承の類いは正統な文学作品ではなかったのである。

この点について、いち早く民謡の文学的な価値に注目し、自らその収集と発表を行っていたジェラール・ド・ネルヴァルは一八四二年に、当時の文壇の民謡に対する無理解を次のように嘆いている。

> 書くよりも先に、各民族は歌った。あらゆる詩はこれらの素朴な源泉から霊感を得ているのであり、スペインやドイツやイギリスが自慢げにそれぞれの国の物語歌謡集（ロマンセロ）を引き合いに出す。それなのに、どうしてフランスには自国のものがないのだろうか。ブルターニュの哀歌（グウェルス）、ブルゴーニュやピカルディの降誕祭歌（ノエル）、ガスコーニュの輪踊り歌（ロンド）があるではないかと言われるかもしれない。しかし、本当のフランス語が常に話されてきた古い諸地方の歌は、一つも保存されてこなかった。というのも脚韻や韻律法、あるいは構文法を気にせずに作られた詩篇が書物の中に収められる

のを、これまで誰も認めようとしなかったからだ[17]。ネルヴァルは別の作品でも、「フランスでは、文学がついぞ一度も一般大衆の水準まで下りたためしはない[18]」と言い切っている。

フランス文学には中世の「騎士道物語[19]」というジャンルはあるが、日本文学とは異なり「説話文学」や「再話文学[20]」という概念が存在しているとは言い難い。例えば、『シンデレラ』や『眠れる森の美女』で知られるシャルル・ペローの作品やボーモン夫人の代表作『美女と野獣』などはそのルーツを説話や民間伝承などに持つ「民間メルヘン」すなわち「おとぎ話」として扱われるか、あるいは「児童文学」に位置づけられるかであり、いずれにしても文学的にはそれほど高い評価を与えられてこなかった。

第二の理由としては、フランス文学史においては、プロヴァンス文学を除いて、地方の文学が言及されることがほとんどなかったという点が挙げられる。加えて民話や民謡など地方との関係が深い作品は、一七八九年の大革命以来の一言語主義政策のもと、母語である地域語での発表を封じられ、国語である「フランス語」を介して発表されてきた。そのためそれらの作品はおのずと文学的アイデンティティを失うことになり、フランス文学でもなく地方文学でもないという極めて曖昧な立場に置かれることになった。その当然の帰結として、文学の領域で論じられること自体が稀有なこととなった。

こうした理由から、『バルザス＝ブレイス』の叙情性は、フランス文学において長い間正当な評価を得ることはなかった。しかしラヴィルマルケの息子から彼の自筆の採集ノートを譲り受けたドナシアン・ローランが分析を行った結果[21]、現在ではラヴィルマルケは採取したものをそのまま転記したのではなく、原語において体裁を整えたうえで、フランス語の翻訳にあたっては文学的な観点を重視してかなり手を入れた、ということが明らかになっている。今に至るまでこの論争に完全な決着はついていないが、近年では論争とは関係なく、『バルザス＝ブレイス』を文学作品として再評価しようという動きが始まっている。

フランス民俗学の誕生に大きな影響を与えたこの民謡集は、文学の領域においてもけっして過小評価されるべきではない。同郷のエミール・スーヴェストルやアナトール・ルブラースあるいはポール・セビヨ、パリの文壇ではギー・ド・モーパッサン[22]やジョゼフ・ベディエらに影響を与え、散文の「再話作品」の成立に大きく貢献したことは否定し得ない事実だからだ。『バルザス＝ブレイス』は、「再話文学」という今後新たに研究が進むジャンルにおいて、先駆的な役割を果たした作品だった。

かつてネルヴァルは民謡について、「過ぎ去った時代の善良な人々の命と記憶とともに日々失われていく小さな傑作[23]」だと言った。しかしながら、民謡や伝承が語り継がれる限り、人々の命は失われてもその記憶は残る。民謡や民間伝承を再話作品に昇華させるという作業は、民族に伝わる記憶を再生し、民族の精神を後代に伝えていく一つの手段である。

若きラヴィルマルケは彼の母親と同じく、民衆の詩歌の美しさに心を打たれ、それを後世に残したいという強い気持ちで『バルザス＝ブレイス』を世に送り出した。彼は、民謡は歴史家たちが見逃してしまった民族の性格や習俗を語るものであり、それゆえに必然的に『バルザス＝ブレイス』が「生きた歴史書[24]」になると考えていた。「歴史」とはある意味、土地に根ざして、人々の心に刻みつけられた記憶である。

『バルザス＝ブレイス』は時の流れのなかで、ある時は賞賛され、ある時は手厳しく批判され、ある時は忘れられた。しかしこの作品を紐解くと、百八十年の時を経てもなお古びることのない、豊かなケルトの精神が立ち現れてくる。だからこそ、『バルザス＝ブレイス』は間違いなく、ブルターニュの人々の記憶と精神を今に伝える第一級の再話作品だと言えるのである。

参考文献

1. Théodore-Claude-Henri Hersart de La Villemarqué, *Barzaz-Breiz : Chants populaires de la Bretagne*, Librairie Académique Perrin, Paris, 1963.
2. Pierre Hersart de La Villemarqué, *La Villemarqué, sa vie et ses œuvres*, Honoré Champion, Paris, 1926.
3. Paul Van Tieghem, *Ossian en France*, F. Rieder & Cie, Paris, 1917.
4. Francis Gourvil, *Théodore-Claude-Henri Hersart de La Villemarqué et le* Barzaz-Breiz, Imprimerie Oberthur, Rennes, 1960.
5. Donatien Laurent, *Aux sources du* Barzaz-Breiz—*La mémoire d'un peuple*, ArMen, Douarnenez, 1989.
6. George Sand, *Promenade autour d'un village* dans *Œuvres complètes*, Slatkine Reprints, Genève, 1980.
7. Gérard de Nerval, *Œuvres complètes*, Bibliothèque de la Pléiade, Éditions Gallimard, Paris, 1989-1993.
8. Centre de recherche bretonne et celtique, *Histoire littéraire et culturelle de la Bretagne* : II *Romantisme et littérature populaire* sous la direction de Louis Le Guillou et de Donatien Laurent, Champion-Coop Breizh, Paris-Spezed, 1997.
9. François-Marie Luzel, *De l'authenticité des chants du* Barzaz-Breiz *de M. de La Villemarqué*, Guyon Francisque, Saint-Breieu, 1872.
10. 木村正俊『ケルト人の歴史と文化』原書房、二〇一二年。
11. 中央大学人文科学研究所編『ケルト復興』中央大学出版部、二〇〇一年。
12. 井村君江『ケルトの神話』ちくま文庫、一九九〇年。
13. 植田祐次・山内淳訳編『ブルターニュ幻想集』社会思想社、一九九一年。

（1）木村正俊『ケルト人の歴史と文化』原書房、二〇一二年、二〇頁。

（2）一七六〇年に、後に『オシアン』となる最初期の作品『古詩断章』出版され、その後、やはり『オシアン』に組み入れられることになる『フィンガル』と『テモラ』が発表される。一七六五年になって、改訂版として『古詩断章』の一部と『フィンガル』『テモラ』を合わせたものが『オシアンの作品』のタイトルで出版される。さらに、一七七三年に『オシアンの作品』の英訳文の見直しが行われ、新たにタイトルを『オシアンの詩』に変えて出版され、これが著者生前の決定版となっている。

（3）Théodore-Claude-Henri Hersart de La Villemarqué, *Barzaz-Breiz : Chants populaires de la Bretagne*, Librairie Académique Perrin, Paris, 1963, pp. 41-42.

（4）『バルザス＝ブレイス』は著者生前中に三版が刊行され、刊行年はそれぞれ一八三九年、一八四五年、一八六七年である。「イスの都の水没」が収録されているのは、大幅な増補改訂が行われた第二版以降である。なお、ラヴィルマルケ以前にもピエール・ルボー司祭やアルベール・ルグラン神父がその「聖人伝」の中でこの伝説を取り上げているが、口承の民謡が収録されたのは『バルザス＝ブレイス』が初めてである。

（5）George Sand, *Promenade autour d'un village* dans *Œuvres complètes*, Slatkine Reprints, Genève, 1980, T. 28, p. 205.

（6）「アーサー王と円卓の騎士の物語」を代表とする、コンウォール、ウェールズ、アイルランド、ブルターニュなどケルト文化圏の地域を舞台にした伝承・説話のこと。

（7）フランス革命期のブルターニュでは、「ふくろう党の乱」と呼ばれる反革命の乱が起こった。この反乱を題材にした作品が数多く生まれたが、その最も有名なものの一つがバルザックの『ふくろう党』（一八二九年）である。

（8）エミール・スーヴェストルはその著作『最後のブルターニュ人』の序文に、「ブルターニュはもてはやされるようになり、人々は自らお金を払って、小説を書き、旅行をし、統計を取り、考古学の研究をし、文学や地理学の記事を書くようになった」（Emile Souvestre, *Les Derniers Bretons*, Michel Lévy Frères, 1866, T. I, p. V.）と記している。

（9）Emile Souvestre, *Les Derniers Bretons*, *op. cit.*, T. I, p. XIV.

（10）Centre de recherche bretonne et celtique, *Histoire littéraire et culturelle de la Bretagne : II Romantisme et littérature populaire* sous la direction de Louis Le Guillou et de Donatien Laurent, Champion-Coop Breizh, Paris-Spezed, 1997, p. 335.

（11）Théodore-Claude-Henri Hersart de La Villemarqué, *Barzaz-Breiz : Chants populaires de la Bretagne*, *op. cit.*, pp. III-IV.

（12）Théodore-Claude-Henri Hersart de La Villemarqué, *Barzaz-Breiz : Chants populaires de la Bretagne*, Charpentier, Paris,

1839, T.I, pp. i-ij, cité par Francis Gourvil, *Théodore-Claude-Henri Hersart de La Villemarqué et le* Barzaz-Breiz, Rennes, Imprimerie Oberthur, 1960, p. 36.

(13)『田舎の夜の幻影』は後に他のエッセイとまとめられて、一八五九年に『村の散策』のタイトルで刊行される。George Sand, *Promenade autour d'un village, op. cit.*, T. 28, p. 206.

(14) この発表は、翌月には『ラヴィルマルケ氏の「バルザス＝ブレイス」の民謡の信憑性について』という小冊子にまとめられた。

(15) François-Marie Luzel, *De l'authenticité des chants du* Barzaz-Breiz *de M. de La Villemarqué*, Guyon Francisque, Saint-Brieu, 1872, p. 14.

(16) Hersart de La Villemarqué, *Barzaz-Breiz : Chants populaires de la Bretagne, op. cit.*, p. IV.

(17) Gérard de Nerval, 《Les vieilles ballades françaises》, article daté du 10 juillet 1842, *La Sylphide* dans *Œuvres complètes*, Bibliothèque de la Pléiade, Éditions Gallimard, Paris, 1989, T. I, p. 754.

(18) Gérard de Nerval, 《Chansons et légendes du Valois》 dans *Les Filles du Feu, Œuvres complètes*, Bibliothèque de la Pléiade, Éditions Gallimard, Paris, 1993, T. III, p. 571.

(19) 面白いことに、これをフランス語で le roman breton（「ブルターニュの物語」）と呼ぶことがある。

(20)「再話」とは、小泉八雲の『怪談』のように、民間伝承を現代的な表現の物語に再創造することであり、この再創造の過程で文学的な肉づけがなされることから、近年ではこうした作品を「再話文学」と呼んでいる。

(21) Donatien Laurent *Aux sources du* Barzaz-Breiz : *la mémoire d'un peuple*, Ar Men, Douarnenez, 1989.

(22) 一般にあまり知られていないが、ギー・ド・モーパッサンは一八八三年に、『ル・ゴーロワ』誌に「イスの都の伝説」を発表している。

(23) Gérard de Nerval, 《Chansons et légendes du Valois》 *op. cit.*, T. III, p. 579.

(24) Théodore-Claude-Henri Hersart de La Villemarqué, *Barzaz-Breiz : Chants populaires de la Bretagne, op. cit.*, p. VII.

『冬物語』の神話世界——祈りから再生へ——

冬木ひろみ

一　現代世界から神話の世界へ

愛する人を失った時、悲しみのなか、鎮魂の祈りとともに、その祈りの片隅でもう一度愛する人に会いたいと願わずにはいられないのが人間の自然の思いではないだろうか。さまざまな苦境の中で肉親を、親しい人を失った人々の思いが、東日本大震災の時を頂点として日本でも数多く語られてきている。この世にはいない人に会いたいという現実では決してあり得ない、しかしリアリティを突き抜けた思いは、今現在を生きる我々を激しく揺り動かすだけでなく、恐らく古代からさまざまなフィクションとしての物語を生み出す原動力になっているのではないかと思われる。

カナダの批評家ノースロップ・フライは、極めて広範な例とともに物語の原型に関して精緻な分析を行ったことで高名だが、『批評の解剖』の中で「神話は人間の願望の究極に位置する行為の模倣である」[1]と言っている。何らかの文学的作品が作られてゆく時、その作品が内容はおろか、一字一句に至るまで完璧なオリジナルであるなどということは不可能である。そこには無意識的なものも含めて、過去の何らかの作品や記憶が新しい作品を生み出してきたと言える。フライの言い方を借りれば、過去から伝えられてきた文学のジャンルや伝統から作品が生み出されるのであり、その「原型」として最も普遍的なものが、古代の祭儀における死と再生、つまり神話の物語ということになる。実際、文学の祖型とも言える神話には、リアリズムとはかけ離れた奇妙なと思われる状況や人物たちの行動が見られるが、一方でその祭儀的で神秘的な世界の中に人物の死とそこからの再生、あるいは復活への希望があることも神話のダイナミックな世界観だと言える。

さらに、祭儀的世界と演劇との関係について、ピーター・ブルックという演出家が明晰な分析をしている。ブルックはイギリスの劇団を経て、パリを拠点に活躍しており、シェイクスピアの傑出した舞台も作っているが、彼の著書に『なにもない空間』という演劇書がある。この中でピーター・ブルックは、祭儀をどこかで感じさせる「神聖演劇」と現実的で荒々しい人間の感情・行動を描く「野性演劇」の両者の混交が現代の退廃した演劇を再生する、それにはシェイクスピアの劇が一番の規範となると言っている。[2]

本稿では、「死と再生」というテーマをその根底に持つと考えられるシェイクスピアの劇『冬物語』[3]を中心に論じてゆくが、ここで問題にしたいのは、この劇自体の内容ではなく、この劇に現れていると思われる神話的な世界が劇とどのように響き合っているかについてである。シェイクスピアの劇は、よく指摘されるように大部分の劇で（五つの劇『タイタス・アンドロニカス』『恋の骨折り損』『夏の夜の夢』『ウィンザーの陽気な女房たち』『テンペスト』を除いて）元になる物語や神話があり、例えば『ロミオとジュリエット』などでは、イタリアの長編詩『ロウミアスとジューリエットの悲劇物語』という題名もほぼ同じ物語をシェイクスピアは使っている。しかしながら、このことがシェイクスピアの独創性への疑念とはならないだろう。当時は無論、剽窃という考え方もそれを規制する法もなかったが、それが逆にシェイクスピアの人間を自在に描くことのできる、天才的とも言える詩的創造力を生み出し、元の物語を現代に残るような見事な劇に書き換えることができたと言ってもよいからだ。

『冬物語』も、大筋ではロバート・グリーンという劇作家の散文物語『パンドスト王』（一五八八年出版）がその元になってはいるが、それに加えて、この劇にはフライの言う「祖型・原型」にあたる神話との呼応があると思われる。『冬物語』に少なからぬ影響を与えている神話としてすぐに想起される可能性のあるのは、「ピグマリオン伝説」である。『冬物語』の最後の場面へのこれは彫像が人間になるというまさに神話独特の奇跡を描いたもので、『冬物語』の最後の場面への影響は大きいと言える。だがもう一つ、あまり指摘されないが、この劇全体に影響を及ぼしている通低音のような響きとして、「オルフェウス」の神話が存在するのではないかと思われる。

ところでシェイクスピアはどのようにしてギリシャ神話を知ったのだろうか。これに関しては、有力な本が当時あった。彼が愛読していたと考えられている本の一つに、古代ローマの詩人オウィディウスがギリシャ神話をラテン語で書き換えた『変身物語』[4]があるが、この英訳はすでに一五六七年に出ていた。シェイクスピアは『変身物語』を何度となくさまざまな劇のモチーフとして使っており、神話の世界はほぼこれから取られたと考えてよいだろう。

『冬物語』と神話との関係を見てゆく前に、まず「オルフェウス」と「ピグマリオン」の神話の根底にあるものから確認することにしたい。

二　「オルフェウス」と「ピグマリオン」神話

ギリシャ神話の「オルフェウス」の物語は、オウィディウスが『変身物語』の中の一つ（第十・十一巻）として語っているのだが、ここには、愛する妻を失った男の悲しみとともに、どのようなことをしても妻を取り戻そうとする壮絶な戦いが描かれている。物語の大筋は次のようなものである。オルフェウス（『変身物語』ではオルペウスと表記されている）は新妻エウリュディケーが蛇に噛まれて突然死んでしまったため、悲嘆にくれ絶望するが、地下の者たちに訴えて彼女を連れ戻そうと決意して黄泉の国へ行く。さまざまな苦難に遭いながらも、竪琴の名手であるオルフェウスは冥界の王とその妻プロセルピナの前で美しい音楽を奏で、ついに妻を地上に連れて行ってよいとの許しを得るが、それには一つだけ条件があった。それはアウェルヌス湖（古代ローマ人たちはここを冥界の入り口と考えていた）の谷あいを出るまでは妻を振り返ってはならないということだった。あともう少しで地上に着くという時に、不安にかられたオルフェウスは後ろに妻がいるかどうかを確かめようと思わず振り返ってしまうが、その瞬間、エウリュディケーは闇の奥に吸い込まれるように消えてしまう。現代的に言えば、これは悲劇というより不条理感がつきまとう結末であるし、うまくゆきかけた後に訪れる不幸は、それゆえより一層苦悩と絶望感が深まる。しかしながら、この物語には続きがあって、「悩みと心痛と涙とが糧になって」オルフェウスは七日間食べ物も取らなかったが、さらにその後三年間、絶望のあまり女性を退けたために、女性を侮蔑していると言って故郷トラキアの女たちに殺されてしまう。ところが、これはオルフェウスには幸いして、冥界へ行くことができたため、とうとう妻エウリュディケーと出会うことができる。オウィディウスの記述によると、地下の世界でオルフェウスは「エウリュディケーを見つけ出すと、こらえきれないで、ひしと腕にだいた」。

この神話には、寓話的だと言い切ってしまうことのできない、失ったものに対する人間の根源的な愛情と希求があると思われる。地獄下りは現実からは遊離した物語には違いない。だが、そこにあるのは、いかなる危険を冒しても、自らの命を賭けても、愛する人をもう一度この目で見、この手で抱きしめたい、さらに言えば、もう一度自分のものにしたいという叶わぬ欲望ではないだろうか。神話の物語もこうした人間の希求と欲望を糧に、恐らくは何千年と紡がれてきたはずだ。ロジェ・カイヨワの言葉を借りれば「かつては社会全体が神話を信じ、祭式によって神話を現実化していた時代が存在」したが、「依然として神話は人間の想像力に投影し続けており、想像力をかきたててやまない[5]」。

さらに、「オルフェウス」の物語以上に、愛情と欲望ゆえの祈りが神秘的な奇跡を呼ぶ神話として現代でも有名なのが、「ピグマリオン伝説」である。「ピグマリオン」の物語も、「オルフェウス」の物語同様、オウィディウスの『変身物語』（第十巻）に入っているが、もともとはキュプロス島の古い伝説をオウィディウスが収録して書いたものである。キュプロスの彫刻師ピグマリオンは、女性たちのもつ数多くの欠点にうんざりし、独身生活を送っていた。そのうちに彼は見事な彫刻の腕により、本物の女性と思えるような象牙の彫像を作り上げ、次第にその像に恋心を抱くようになってしまう。ピグマリオンは女神ヴィーナスの祭りの日に祭壇の前に立ち「わたしの妻として、象牙の乙女に似た女をいただけますよう」と祈ると、その願いは聞き届けられ、象牙の彫像はついに人間の女性となり、二人は結婚する。

「ピグマリオン」の物語が時を超えて人を惹き付けるのは、何よりも石の像が人間に「変身」するという奇跡に尽きる。この神話物語はさまざまな絵画にも描かれているし、後にバーナード・ショーが『ピグマリオン』という戯曲を書き、さらには現代のミュージカル『マイ・フェア・レディ』がバーナード・ショーの劇を元に作られていることでも知られている。だが、これは単に偏愛が奇跡を呼ぶという超自然を介在とした夢物語ではない。この物語の奥底にあるものの一つは、生身の女性への嫌悪と蔑視であり、その点ではオルフェウスがトラキアの女たちを嫌悪したことと重なっている。その一方で、どちらの神話でも、献身的とも言える愛と静謐な祈りが最後には奇跡を呼ぶが、それは祭儀的なもの、つまり何らかの神や超自然的存在を通じてその祈りが聞き届けられるという点で共通している。これはちょうどフライの言う祭儀における死と再生という神話のパターンに則っている。こうした神話的な祭儀を取り込み、神話と同様の死から再生へという構造を持っているのが、シェイクスピアの『冬物語』だと思われる。

三　『冬物語』の悲劇と現実性

『冬物語』とはどのような劇なのかを概観しておこう。これはシェイクスピアが晩年に書いた「ロマンス劇」と通常呼ばれる四つの劇の一つで、単独作としての最後の劇『テンペスト』の一年前（一六一〇年）に作られている。シェイクスピアの描く「ロマンス劇」は中世の騎士道ロマンスとは異なり、恋愛も含むが、高貴な身分の家族が離ればなれになり、数奇な運命に翻弄された後、十数年後に再会するという筋をたどっている。大きな特徴の一つは、シェイクスピアの大部分の劇が短い劇的時間であることに比べると長い時間が劇中に流れるということと、神秘的な存在も登場し、どこか寓話的な作風だということである。この『冬物語』も、前半が終わった後、第四幕からは突然十六年の年月が経ったこと、場所がシチリアからボヘミアへ移動したことなどが途中で語り手の「時」により告げられる。以下、ごく簡単にあらすじを書いておくことにしたい。

シチリア王リオンティーズは、友人であるボヘミア王ポリクシニーズと妻が親しげにしているのを見て突如嫉妬に駆られ、妻を不義の罪で告発してしまう。また、生まれたばかりの娘も王の指示により海に捨てられる。無実の妻ハーマイオニーの裁判が行われる中、心を痛めた幼い王子マミーリアスが死に、それを知ったハーマイオニーは倒れ、死ぬ。家族すべてを失ったリオンティーズは深い後悔のもと、祈りの生活を送る。

ここで一六年が経ったことが告げられ、場所もシチリアからボヘミアへと移る。ボヘミアの海岸に捨てられた娘は、羊飼いに拾われて美しく成長していた。ボヘミアの王子と恋に落ちるが、ボヘミア王から結婚に反対され、助力する家臣カミローとともにシチリアに行き、結婚しようとする。紆余曲折のなかで、最終的にその娘がシチリア王の娘パーディタであることが判明し、死んだと思われていた王妃ハーマイオニーも生きていたことがわかる。リオンティーズは謝罪のもと、家族の再会と若いカップルの誕生を祝して幕となる。

この劇の前半を見ると、『オセロー』を彷彿とさせる嫉妬が中心となっていることがわかる。実際、この劇を『オセロー』の後日譚と位置付ける研究者もいるし、また、前半の死を含んだ暗さから後半の若者たちの恋愛へという移行は、悲喜劇の構造とも見える。さらに、前半の悲劇的な状況から、「シェイクスピアは『リア王』の悲劇に希望を持って答えるべく、『冬物語』を書いたのだと思う」という批評家もいる。[6] 無論、『冬物語』という悲喜劇に近い構造を持つ劇と悲劇を結びつけることが適切だとは言えないが、『冬物語』の前半で息子も娘も、そして妻も自分の過失により失ってしまったリオンティーズの嘆きとその宮廷の荒廃した様子は、『リア王』の最後の場面においてリアもコーディーリアも死に、言葉を失うほどの荒廃した光景を幾分かは重ねることができるかもしれない。『リア王』の荒廃した世界を「ヒロシマ」に重ねた批評家もいるし、荒廃した世界という視点では、イギリスのロイヤル・シェイクスピア劇団の演出家グレゴリー・ドーランが最近の講演で、『マクベス』の台詞と「ヒロシマ」を結びつけて語ったことも印象的である。この講演は二〇一六年にＢＢＣのテレビで放映されたのだが、講演の中でドーランは、ヒロシマの破壊された状況を見ることで、マクベスの一つの台詞の意味するものを初めて心から理解することができたと語った。その台詞とは、マクベスが二度目に自分のこれからの運命を聞くべく魔女のところへ言った際に「破壊自体が自らの行いにむかつく」(『マクベス』四幕一場)ほどになってもかまわないという言葉なのだが、ドーランは、現代においても現実として存在する崩れ落ちた世界、もう取り戻せない状況になった世界の象徴としてのヒロシマを重ねている。(7)

『冬物語』の前半の裁判の場面の最後で、家族すべてを失ったリオンティーズの激しい後悔と嘆きの状況は、シチリアの国家と彼自身両方の崩壊、まさに「自らの行いにむかつく」ほどに破壊された世界の惨状を示しているとも見える。しかしながらシェイクスピアの悲劇と『冬物語』の一番の違いは、フライの指摘する「原型」としての豊穣の女神の死と復活の物語の、特に復活のきざしが『リア王』や『オセロー』『マクベス』にはないということだと思われる。実際『冬物語』には、宗教的とも言えるような、祭儀的な祈りと死からの蘇りがあると言える。それを確認するために、もう少し『冬物語』の内容と言葉を追ってゆきたいと思う。

四　冬の物語の始まり

『冬物語』の題名は、シェイクスピアの劇の中でも最も神話的で昔語りを彷彿とさせる。実際、この題名は劇中でシチリア王の息子マミーリアスが発する言葉、「冬には恐い話がいいんだけれど」(二幕一場、二五行)から取られている。「冬の物語」を語り始めたマミーリアスは、同じ場面で気になる言葉を続けている。「昔むかし、お墓のそばに一人の男が住んでいました」(三〇行)。この言葉が何を指しているかはここではすぐに明確にならないどころか、マミーリアスが母親との温かな時間の中で語り出したこの物語は、父親であるリオンティーズの根拠のない嫉妬により中断され、語られることがないままこの劇は終わってしまう。だがこの後、マミーリアスの語り出した「墓のそばに住む男」とは、まさしく裁判の後、家族すべてを失って、嘆きと祈りの日々を送ることになる男、リオンティーズを指していることがわかってくる。また、この言葉がさらに象徴的であるのは、「オルフェウス」神話における冥界へ下っていった男オルフェウスと重なってくる点だと考えられる。つまり、『冬物語』の「原型」の下部には、地獄を見た男（夫）のイメージがある。

さらに、『冬物語』では神話的な存在が象徴的に現れるところがある。それは、ボヘミア王と妻との不義を疑ったシチリア王リオンティーズが、臣下たちにアポロの神託を取りに行かせる場面である。シェイクスピア当時としても時代錯誤的であるこの状況は、しかしながらこの劇の神秘的で祭儀的な要素を高めている。だがその一方で、神話の物語世界とは異なる人間的な感情が祭儀の世界に介入し、神の世界に対抗してくるところが『冬物語』の特異なところでもある。アポロの神託は、リオンティーズが取りにいかせたアポロの神託の結果は、妻ハーマイオニーの裁判の場で明らかにされる。アポロの神託は、リオンティーズの思っていた内容とは全く異なり、ハーマイオニーは貞淑で、リオンティーズは邪推深い暴君だとのお告げとなっていた。これがオウィディウスの神話の物語であれば、そのままアポロの神託は受け止められ、人間はみな従うことになるはずだ。ところが、『冬物語』のリオンティーズは「神託には真実がない……そこに記されているのはみな嘘だ」（三幕二場、一三八行）と言ってしまう。すると突然そこに、息子マミーリアスが心痛から死亡したという知らせが届き、それを聞いたハーマイオニーも気を失う。この時やっとリオンティーズは神託の真実を知り、神の怒りがこのような結果を招いたことを後悔するが、時すでに遅く、ハーマイオニーは介抱の甲斐なく死亡する。ハーマイオニーの侍女であるポーリーナは悲嘆のあまり、主君であるリオンティーズに対して、この時代としてはあり得ない不敬な言葉で次のように叱責する。

絶望するほかないのです。あなたが一千回も膝まずき、
裸で断食し、つねに冬の嵐が吹きすさぶ不毛の岩山で
一万年通して祈り続けたとしても、あなたの方へ
神々の目を向けることはできないでしょう。（三幕二場、二〇九―二一二行）

ポーリーナのこの言葉は、オルフェウスを非難する女たちが言ったとしてもおかしくはないほど、神話世界を彷彿とさせる。ポーリーナの叱責をも受け止め、悔い改めようとするリオンティーズも、「日に一度は必ず／二人の眠る聖堂を訪ね、そこで涙を流すのを／おれの唯一の慰めとしよう」と決意を述べるが、彼にはもはや崩壊した世界しかなく、マミーリアスの言葉通り「墓のそばに住む男」となって、祈りの生活を十六年続けることになる。シェイクスピアのこの劇の世界では、神々は確かにそこに息づいている。ただ、オウィディウスの描く世界と大きく異なるのは、人間が圧倒的な感情をもってその悲劇や不条理に耐え、あるいは立ち向かってゆく点である。

五　彫像の動く時

『冬物語』の後半は、死からの復活を表すかのように、場所も季節も移ってゆく。十六年後、捨てられた王女パーディタは、自分が羊飼いの娘だと信じたまま美しく成長し、ボヘミアの王子と恋におちている。その王子フロリゼルが言うように、彼女は春を告げる「花の女神フローラのよう」（四幕四場、二―三行）であり、実際にこの劇を冬から春の再生へと導くことになる。またこの場面で、フロリゼルの「金色のアポロが今のぼくのように、卑しい農夫に姿を変えて」（三〇―三一行）という言葉も、まさに「変身」を語っており、オウィディウスの神話世界を引

き寄せている。この後、身分違いと思われた恋のため反対されるも、最終的にパーディタがシチリア王の娘であることが判明し、感動的な再会の時を迎える。しかしこの劇では、感動を呼ぶはずのこの場面は舞台上では演じられずすべて他の人物が長く語ることで済まされ、最大の大団円はもう一つの場面に託される。それは、王妃ハーマイオニーの復活の場面である。

シェイクスピアは通常、観客にはすべての人物の真実・情報を伝えるが、唯一この劇では観客を裏切っている。ハーマイオニーは三幕で死亡し、しかもその亡骸にリオンティーズも立ち会ったことになっていて、我々観客もそうだと思っている。ところが最後の場面になって、それが覆されることになる。劇の成り行きとしては、王妃の死後十六年が経た時に、侍女のポーリーナが王妃の彫像を最近作らせたので、ぜひご覧頂きたいと言う。その言葉に従い、リオンティーズ、新たに見つかった王女パーディタ、ボヘミア王、貴族たちがその像を見に行くという場面が最後にある。その彫像があまりにも本物そっくりであるため、とりわけ激しい悲しみに取り乱すリオンティーズに対し、ポーリーナは次のように言う。「この像を動かしてご覧に入れましょう」（五幕三場、八八行）。さらにポーリーナは自分が決して悪魔的な行為をしようとしているのではないと断った上で、「それにはまず、胸の内に信仰を目覚めさせて頂かなければなりません」（九五行）と続ける。ここで言う「信仰」は'faith'であり、キリスト教の信仰を示しているが、ここでの意味は宗教を超えたより広い「信じる心」を言っていると考えてよいだろう。この言葉の後、ポーリーナはその彫像に次のように呼びかける。

ポーリーナ　時間です、台から降りて石であることをおやめ下さい。
さあこちらへ。みなさまを驚かせるのです。あなたのお墓は私がふさぎましょう。さ、動いて、こちらへおいで下さい。
無感覚は死にお譲り下さい。貴い命が、
死の手からあなたを取り戻したのですから。
（五幕三場、九九―一〇三行）

この言葉通り、ハーマイオニーの彫像と見えたものはゆっくりと動き出し、手を差し出すが、驚愕したままのリオンティーズはすぐにその手を取ることができない。そこでポーリーナが、今彼女を避けることは「もう一度王妃様を殺すことになります」（'You kill her double.' 一〇七行）と言うと、リオンティーズはハーマイオニーの手を取り、こう言う。

ああ、温かい！（O, she's warm!）
これが魔法であるとしたら、魔法も
食事と同様、正当な行為と認めよう。
（一〇九―一一一行）

無論、彫像はハーマイオニーがその「振り」をしていたものであり、魔法でもなくトリックと言ってもよい行為ではある。しかしながら、この場面が恐らくいつも時代であっても感動的なのは、長い時を経た信じる心と祈りが最後に愛する人を得たということではないだろうか。ここには彫像が人間に変身する「ピグマリオン」の神話物語がぴったりと寄り添っている。ピグマリオンの伝説が重なることで、リオンティーズの祈りが最後には石の像に命を与えたとも見えてくる。実際に『冬物語』で、ハーマイオニーの手を取ったリオンティーズの最初の言葉が「温かい」であることも重要だと言える。ピグマリオンもヴィーナスに祈りを捧げた後、その像に口づけすると「なんだか温かいように感じた」とオウィディウスは書いている。「冷たい石」である彫像が人間の証である「温かさ」を取り戻す時、そこには新たな時が動き出す。

さらに、ポーリーナの言っていた「もう一度王妃様を殺すことになる」という言葉は、この劇の根底にあるもう一つの神話からの響きがあると考えられる。それは「オルフェウス」の物語であり、地獄からもう少しで妻を取り戻せる寸前のところで彼女を失った際に、「二度目の死」という表現をオウィディウスがしていたことと符合してくる。

シェイクスピアは「神話的」な世界を描いているが、アポロの神託を除き、その後の成り行きはすべて人間によるものである。しかしながら、「原型」となる二つの神話世界が根底にあることで、人間業で起こる「奇跡」がトリックではなく、本物の信仰と祈りによる奇跡と見えるようになる。「信仰を目覚めさせる」ことがまず必要だと言ったポーリーナの言葉を素直に聞くなら、それが人間の心に呼び起こす力こそが重要だということに違いない。祈りと信じる思いが、愛する者の復活を成し遂げたのだから。

しかし、シェイクスピアの『冬物語』は十六年の苦難を経た後、みな幸福な生活を取り戻したという書き方はしていないように見える。大団円で死んだと思ったハーマイオニーが蘇り、娘パーディタも戻った。さらにボヘミア王との和解もでき、その息子がリオンティーズの婿になるというさらなる幸せも続く。しかしながら、ここには裁判の途中で死亡した息子マミーリアスの姿もなければ、そのことへの言及もない。婿となるフロリゼルが新たな息子となってその位置を埋めてくれるとも考えられるが、これは例えば聖書のヨブ記で、ヨブの苦難の末、神に祝福されて財産も子供たちも授かるが、それは失われた子供が戻ってきた訳ではないことと似てはいないだろうか。現代的な読みではあるかもしれないが、『冬物語』の最後にも一抹のこうした不条理感があるように感じられる。さらに、もう一人この劇で命を失う人物として、ポーリーナの夫であるアンティゴナスがいるが、彼の死はポーリーナに最後の場面の直前で告げられる。だが、この場合もヨブ記を彷彿とさせる対処となり、独り身の自分は寂しくどこかに引っ込んで夫を悼むというポーリーナの言葉を聞いたリオンティーズは、彼女に夫をあてがう。夫にと名指されたのはリオンティーズの忠臣であるカミローであり、二人は手を取るように促される。しかし、この二人はどこか戸惑っているのか、どちらも一言も発しないままこの劇は終わる。

六　祈りから再生へ

シェイクスピアが愛読したであろう『変身物語』のエッセンスは、文字通り「変身する」ことであり、それは心も含め何かに「変わる」ことの悲しみと喜びである。『冬物語』で、愛する心が嫉妬に変容したことの悲しみと、そして最終的には失ったと思われたものの像が人間に変身することの喜びは、まさにオウィディウスの物語を受けついでいると言える。しかし『冬物語』の独自性は、失われたものが必ずしも戻ってくる訳ではないという現実の残酷さを一方で明らかにしながら、人間の祈りが奇跡を呼ぶ可能性について語っている点だと思われる。何かを信じ、祈り、愛し続けることが、少なくとも人間の心に新たに生きる糧を生み出すことを、シェイクスピアは知っていたに違いない。そうした根底にあるのは、現実を確かに見る目と同時に、神話的なあるいは祭儀的な神秘性を退けない豊かな目だったのだと思う。「ロマンス劇」と呼ばれるシェイクスピアのこの劇の神髄は、恐らくそこにある。現代の我々は、目に見える再生以上に、究極的には人間の心的再生を可能にし得る祈りを込めた文学の力を、もっと信じてもよいのではないだろうか。

（1）ノースロップ・フライ『批評の解剖』、海老根宏・他訳、法政大学出版局、一九八〇年、一八六頁。
（2）ピーター・ブルック『なにもない空間』、高橋康成・喜志哲雄訳、晶文選書、一九七一年。
（3）本稿では、原文のテキストとしては、オックスフォード版の *The Winter's Tale*（ed. by Stephen Orgel, 1996）を使い、日本語訳は、白水社刊の小田島雄志訳を参考に拙訳した。
（4）オウィディウス『変身物語』（下）、中村善也訳、岩波文庫、一九八四年。
（5）ロジェ・カイヨワ『神話と人間』久米博訳、せりか書房、一九八六年、二二頁。
（6）Jane Smile,'Taking it all Back,' Book World, Washington Post, 21, June, 1998.
（7）"Is Shakespeare Chinese?" by Gregory Doran, on the BBC1 TV program：'Richard Dimbleby Lecture,' 16th March, 2016.（筆者はこのテレビ放映をイギリス滞在中に見ることができた。）

神話と永遠回帰、そして祈り

那須政玄

一　はじめに

ゴダールは『気狂いピエロ』をまさに劇的なラストシーンで締め括った。ピエロ（フェルディナン・グリフォン）の自殺の後で、画面を水平線へとパンして、ランボーの『地獄の季節』の一節が語られる。「見つけた　永遠を。それは海　そして太陽」（字幕）。小林秀雄訳では「また見つけたぞ！——なにを？　——永遠を。それは、太陽と混じり合う　海だ。」となっている。ランボーはこの句がよほど気に入ったのか、二回繰り返す。ただしまったく同じ句ではない。[1] ピエロは死して永遠へと戻っていったといいたいのであろう。ピエロの肉体を木端微塵に吹き飛ばすダイナマイトは、同時に時間をも吹き飛ばしてしまった。永遠は死をもってしか現れない（獲得されない）。すると、死をもって永遠を獲得する本人は、すでに死んでしまっているのであるから、永遠を体験することはできない。そもそも永遠も死もわれわれ人間（少なくとも生きている人間）にとっては存在しないものであり、また体験することのできないものである。ランボーは、Elle est retrouvée! と、つまり「永遠がまた見出される」と詠うのである。ランボーにとってもゴダールにとっても、重要なのは永遠が retrouver と再び（re-）見出されたことなのである。死ぬことにおいて永遠が見出されるとは、生きている間は時間に出会っているのだが、死をもって生が終わると再び永遠へと戻るという意味である。

永遠は、われわれの感覚からすれば過去に向かっても未来に向かっても終わりなきことであり、時間の否定であり、あるいは時間の反対概念は永遠であり瞬間である、と言ってもよい。それでは、はたして人間は生きているかぎり永遠に触れることはできないのか。

直線的歴史観は終わりなさという意味での永遠を前提する。一方、回帰とは出発点と到着点とが一致していることであり、そのかぎりこの回帰は有限的であるが、この回帰が永遠に続くならば、それが永遠であることになる。直線的歴史観にとって神話は、すでに過ぎ去って終わってしまったものであるが、円環的歴史観にとって神話は、あったしあるしあるであろうという意味でいつでもあるものである。したがって神話は古くもありまた新しくもあるものである。

近代はあるいは近代を生きる人間は、自らを時間に依拠させるだけで、永遠・瞬間に対する想念をもたないしもとうともしない。永遠はただただ否定され、永遠へと向かう考え方までも無駄な努力として否定されてしまう。しかし人間であることが、非人間的なものとの関係において人間であるのと同様、時間は永遠・瞬間との関係においてはじめて時間であることは明白である。したがって、永遠を顧慮しない時間論は、あるいはただただ人間だけに依拠する近代の枠組みは、人間すらをも取り逃がしているのである。

二　神話と啓蒙

神話と啓蒙は互いに対立する概念と考えられている。歴史的観点（それも直線的歴史的観点、つまりわれわれの知っているいわゆる「世界史」あるいは「日本史」）に立つならば、神話は啓蒙によって乗り越えられたことになっている。つまり神話は啓蒙によって乗り越えられた過去のものであり、また啓蒙は神話を乗り越えて成立したものである、と。神話は、今から考えれば人類の古い過去に置き去られたものである、と。

しかし、神話は人間の世界観形成のための根幹にあるものである。世界観とは、人間、自然そして超越者の配置のための基礎にあるものである。たとえば自然は人間を生み出したものであり人間がどんなに頑張ろうとも自然に勝つことはできないと考えるか、あるいは人間の英知は自然をも凌駕し人間は自然を制御することができると考えるかで、この両者の間には決定的に異なる自然観と人間観があることになる。自然観、人間観、社会観、歴史観等すべての諸観点の根底にあってそれらに決定的な影響を与えるものを世界観と呼ぶことにしよう。〇〇観と呼ばれるように、いろいろな観点があるのであるが、世界観を形成するものはただの三つしかない。そしていかなる〇〇観においても、これら三つは必ずなくてはならないものであり、この三つのものの配置（constellation）のいかんによって、あるいは三つのもののいずれを中心に据えるかによってすべてがつまり〇〇観がまったく変化してしまうのである。

この三つとは、自然と超越者と人間である。超越者とは、神とか仏とか言われわれわれ人間を超えて位置すると考えられるものである。もちろん「われわれ人間を超えて」とはすでに一つの世界観に依拠した考えである。

つまり近代においては、超越者は前景から消えている。もちろん筆者は超越者を世界観形成のための三つのもののうちの一つと考えているのであるから、近代において超越者は「消えている」のではなくて、「潜行している」と考えている。

人間はエデンの園においてすら、神の命令を聞き、またヘビの誘惑にも負けてしまうほどの対他的な存在であったのである。対他的な存在とは、人間は自分以外の者との関係において自らの位置を決めないと不安な存在である、という意味である。つまりエデンという楽園においてすら、自らの位置を決められないならば、人間は不安なのである。キルケゴールが、「無は不安を生む」と語ったのは、まさにこの意味である。

人間が神話を生み出したのも、人間が自らの外に絶対者や自然を定立したのも、まさに人間が自らの位置づけを欲してのことであった。世界観とは人間が自らの位置を確定せんがための試みであったのである。世界観とは、自然と絶対者と人間との配置のあり方であると言ったが、この配置こそが世界の成立を根本的に支えているものなのである。たとえば、「水」は、神（天）からの贈り物でもあり、万物の元素（アルケー）でもあり、また水素と酸素との結合物でもあるのである。それは目の前の「水」をどう解釈するのかということではなく、われわれ人間がどのようにして「水」に出会えたのかの物語なのである。物語は、語られる内容も重要であるが、それ以上に重要であるのは物語を語る人の位置である。解釈は解釈をする人の位置を明確にしなければ、解釈は完結しない。「水」を神（天）からの贈り物と考えるか、万物の元素（アルケー）とするか、あるいは水素と酸素との結合物とするかは、そのように語られる背後にある世界観の問題なのである。そして「水」を巡るこのような解釈の変遷は、「水の真理」に至る道程であると考えるのは間違いである。世界観は、以前の世界観を乗り越えながら新しい世界観が提示され、それが歴史の進展であると考えがちであるが、世界観は乗り越えられるものではなく、むしろいつもそこにあるのであり、新しい世界観によって古い世界観は消えるのではなく「潜行している」だけである。

ホルクハイマーとアドルノの『啓蒙の弁証法』は、二十世紀の偉大な書物の一つである。ユダヤ人であるホルクハイマーとアドルノは、二十世紀の半ばにもなって人類最大のホロコーストを経験する。人類が神話を離れて啓蒙という時代に入って三千年。[2]その間、人類は人間の理性を至上のものとして、人間であることに磨きをかけてきた。人間の血のにじむような努力にもかかわらず、人類はヒトラーを生んでしまう。この何ともやるせない状況に対して、ホルクハイマーとアドルノは恨めしい言葉を吐くのではなく、人間のあり方の弁証法性を冷静に説くのである。

弁証法にはいろいろな考え方があるが、筆者は弁証法を次のように考える者である。Aがあるとする。こんな単純な事態はない。あるものはあるのである。しかしAはただAとしてあるのではなく、Aを否定するBが同時にあることによってはじめてAはあるのである。ヘーゲルの言葉では、どんなものも媒介なしには存在しないということである。この媒介こそが他者としてのBなのである。つまり、Aがあることの背後には、同時にAの中にAの他者である非AつまりBがなければならないということである。

ホルクハイマーとアドルノはこの弁証法を、神話と啓蒙との関係に見ようとする。つまり、神話がすでに啓蒙であり、啓蒙は神話的論理に逆転する、と。神話は、絶対者（神々）による世界創造を基盤にする世界観であり、それは一切の合理的解釈を許さない。すると次のような反論がなされるであろう。つまり、神話が合理的解釈を許さないのではなく、そもそも神話的思考の出現は、まだ合理的解釈が可能でなかったかぎりにおいてである、と。神話は世界創造について人間の理性的理解を必要としない。もちろん世界観が神話にせよ啓蒙にせよ人間的営みであるかぎり、ある種の人間的理解を必要とすることは当然である。しかし、神話は理性による人間的理解を拒むことにおいて成立するのであり、否それどころかそもそも人間的理解を自らの視野からまったく消してしまって「ただそうなっているのだ！」として、人間の一方的な受容を要求するのである。したがって神話はたとえ人間の世界観の一つであるにしても、それは人間的理解を拒否し、人間に神話的世界への服従を要求するのである。

ホルクハイマーとアドルノの『啓蒙の弁証法』は「何故に人類は、真に人間的な状態に踏み入っていく代りに、一種の新しい野蛮状態へ落ち込んでいくのか」[3]という問いをライトモチーフにして論を展開する。ここで語られる啓蒙とは、神話にとって代わった世界観であって、十七・十八世紀のフランス・ドイツを席巻する啓蒙思想とは必ずしも一致しない。むしろこの近世の啓蒙思想はラディカルになった啓蒙であり、つまり自立的啓蒙として自らが神話から由来するものであることを完全に忘却したものである。われわれ人類が神話から啓蒙へと脱出するとき、啓蒙は人類に「真に人間的な状態」へと至ることを約束するものであった。「真に人間的」であるとは、人間が神からも自然からも完全に自立した状態をいうのか、あるいは神―自然と調和の取れた人間のあり方をいうのかはなはだ不明確である。しかし近代は、真に人間的な状態を人間の自立として捉えた。そしてその近代が二十世紀にヒトラーという「新しい神話」を生み出してしまったのである。近代が人間中心主義の啓蒙を時代の中心に据えるのであるが、紀元前七世紀以降の古代ギリシアやキリスト教中世においては、確かに近代のようには人間中心的ではないが、人間性の台頭が認められ、また人間が神と一つのグループを形成して自然をないがしろにするかぎり、すでに神話を脱して啓蒙の時代に入ってしまっていると言ってもよいであろう。神話は人間的理解を拒否することにおいて成立し、一方啓蒙は人間的理性を以って可能となる世界観である。非人間的な神話と、人間的な啓蒙とは互いにまったく相容れない。『啓蒙の弁証法』では次のように言われている。「啓蒙は神話に対して神話的恐怖を抱いている。啓蒙は、意味論的な言語批判が妄想するように、ただ不明瞭なさまざまの概念や言語のうちにだけ神話を見出すのではない。人間のどんな態度表明のうちにも、それがある自己保存の目的連関のうちに所を得ないかぎり、至る所に神話を嗅ぎつける(4)」。啓蒙が神話に対して抱く恐怖が神話的であるとは、啓蒙がどんなに理性的に振舞おうとも、啓蒙は自らに対立する神話に対する恐怖の実体を明らかにして、神話を排除することはできないという意味である。なぜなら、神話は啓蒙にとってまったくの他者であって、だからこそこの他者との関係の中で啓蒙は自らを保持し得るのであるからである。啓蒙は自らを自立するものと考えている。しかしそれは自らに対立するものを見ないようにしているからだけであって、自らの他者である神話は啓蒙の中に「潜行して」いるのである。そして啓蒙は人間中心的であり、人間以外のものを排除する。啓蒙においてはすべてのものが人間の「自己保存」という目的の中でとらえられる。オデュセウスがセイレーンの誘惑という魔圏から逃れるために船上で繰り広げた一連の措置はまさに「自己保存」という目的をもっていた。つまり、魔圏から逃れるために一所懸命にオールを漕ぐ者たちは、セイレーンの甘い歌声に誘惑されないように耳栓をし、また船長のオデュセウスはもう魔圏から逃れたかどうかを調べるときには、自らの体をマストに縛り付けてから耳栓を外さなければならないというキルケの助言の実行である。啓蒙は自己が崩壊してしまえば、すべてが崩壊してしまうという理由なき不安をもっている。この不安が自己保存を正当化し、また人間を自己保存へと駆り立てるのである。

　ホルクハイマーとアドルノの著作の題名は『啓蒙の弁証法』である。啓蒙が弁証法的であるとは、啓蒙はすでに自立的ではなく啓蒙自身のうちに自らの他者（神話）をもっているということである。しかし人類は、紀元前七世紀に神話から船出して啓蒙へと突入し、それ以来ずっとオデュセウス一行のように耳に栓をして外部（神話）を遮断し、自らに集中することを続けてきた。その結果は、三千年近くの間の人間の努力による人間の栄光の獲得であり、しかしまた同時に人間の外部の否定あるいは人間への外部の従属であった。もちろんこの三千年は順風満帆であったのではなく、むしろだましだまし人間を中心においてきただけである。そしてしかもこの現象は、西ヨーロッパという局地的な出来事でもあったのである。しかし、この局地的な現象が十八・十九世紀ごろから全世界を席巻するようになったのである。「啓蒙の世界化」、これこそが近代から現代にかけての特徴なのである。この啓蒙の世界化が、啓蒙の最終結果（総括）としてヒトラーを生んだのである。

三　神話の取戻しのために

神話も啓蒙もともに人間が構築した世界観である。そしてこの二つは弁証法的関係を、つまり互いに否定的関係をなしている。神話は非啓蒙的であり、啓蒙は非神話的である。『啓蒙の弁証法』は、「人間のどんな態度表明のうちにも、それがある自己保存の目的連関のうちに所を得ないかぎり、至る所に神話を嗅ぎつける」と語っているように、神話と啓蒙とを区別する指標は「自己保存される自我」である。もちろん神話においても自我は存在する。それは本能的自己ともいえるもので、人間が生きるための欲求としての意欲は、動物と通底する個（体）の保持さらには種の保存のための機構である。この本能的自己は、自然と親和性をもっており、そもそも自己の自立などまったく考えられるものではない。自己が、たとえいかなるものであれ、保存・維持されなければならないものであるということ、このことが神話と啓蒙とを区別する指標なのである。

これから自己、自我という言葉を多用するが、これらは二つとも自己保存されるべき対象としての自己のことであり、対他存在的自己・自我のことである。したがって両者に区別を設けてはいない。さて、自我の発生と時間の発生とは軌を一にしている。カントは時間と自我との関係について次のように述べている。「時間は内部感官の形式に他ならない。換言すれば、われわれ自身を、またわれわれの内的状態を、直観する形式に他ならない。……そしてこの内的直観は何らの形態をも与えないものであるために、われわれはまたこの欠陥を類比によって補おうとし、時間継続を無限に進みゆく一本の線によって表象する」[5]。このことは何を意味するのであろうか。統合失調症の患者の訴えは、おおむね時間の流れがおかしいことにある。一時間前の自分と十分前の自分とさらには今の自分とが同じであると思えないという訴えなのである。したがって以前の自分は現在との脈絡のないものとして、自分にとっては余分なゴミのようなものとなってしまう。つまり時間の成立が自我にとって必須であり、時間と自我とは相即不離の関係にある。社会生活を円滑に行うために、時間厳守はもっとも不可欠なことであり、約束を守るための前提としての自己の同一性（たとえそれがいかなる時間の変遷の中にあろうとも）は近代・現代社会においてはもっとも重要なことである。

エデンにおけるアダムとエバは、無時間を生きる。生物に終りがあるように、たとえエデンにおいてにせよ、アダムとエバにも生物としての終りはある。しかし彼らに死はない。少なくとも旧約聖書においては、無時間であり無自我であることが楽園であることの証なのである。旧約聖書の創世記第三章は、人間が自己意識を獲得するに至る物語である。自己意識の獲得によって、エデンは楽園であることをやめ、また二人に「死の想念」がおとずれる。神は、アダムとエバが知恵の木の実を食べるならば「お前たちは死ぬことになる」と語る。この死は罰としての死ではなく、自己意識の結果として死をも同時に意識するようになると語ったのである。

エデンが割れる。アダムとエバとの間にも深い亀裂が入る。エデンの一様性は、アダムとエバの自己意識の獲得で解消してしまう。キェルケゴールは一様性が、つまり無垢の状態が解消される事態を次のように語る。「このような状態[人間における無垢の状態]のうちには平和と安息がある、但しそれは断じて不和や闘争ではない、——なぜといってそこには争うべき何ものも存しないのだから！　それならそれは何であるか。無だ！　しかしどういう作用をするのか、——無は？　それは不安をつくりだす。無垢は同時に不安であるということが、無垢の深い秘密である」(6)。エデンは、アダムとエバの自己意識の獲得という事件がなければ無垢であり無であったはずである。無の不安が、無垢の不安が、エデンにおいては、アダムとエバに神の命令を聞くように仕向け、さらにへビの誘惑にそそのかされてしまうようにさせるのである。

人間においては無もまた他者を自ら生み出すのである。否、正確に言えば、人間においては無の不安が他者を生み出すのである。この場合の他者とは無の無、つまり有である。無が同時に有であること、そしてこの有から現象が結実して来るのである。無垢であるエデンで、人間［人としてのアダム］は他者としての神の声を聴き、また他者としてのエバを目の前に認めるのである。

カントはこのような無の不安が現象を生産する作用を「構想力」と名づけた。「……われわれは、あらゆる認識の根底に先天的に存し、人間の心（die menschliche Seele）の根本能力であるところの、純粋構想力を有する。これを媒介としてわれわれは、一方の側なる直観の多様を、他方の側なる純粋統覚の必然的統一の制約と結合せしめるのである。これらの両極端、すなわち感性と悟性とは、構想力のこの先験的機能を媒介として必然的に関連せざるを得ないのである」(7)。この箇所は、演繹論の結論ともいうべきところであり、カントが認識の場面で受動的な感性と能動的な悟性とが結びつくためにいわゆる接着剤の役割として構想力を提示するのであるが、構想力が接着剤の役割を果たせるのは、構想力が感性と悟性との共通の根底であるからなのである。あえて言うならば、構想力は、無の一様性に作用して無の他者としての現象を生み出すからこそ、共通の根底であり得るのである。「……人間の認識には二本の幹がある。それはおそらく一つの共通な、しかしわれわれには知られていない根から発するもので、すなわち感性と悟性とである[8]」。この「共通の根」は認識論的には「知られていない」ものである。もちろんカントの認識論は根から派生する現象に依拠して論が展開され、根そのものへの論究は行われない。しかしカントは無に対して作用する構想力を提示しているのであり、これはまさにキェルケゴールが無に対して働く（あるいは無から生ずる）不安を語るのと同一の事態なのである。現象が生ずるとき、同時に自我も発生する。自我とは自己意識の働きである。そしてこの自己が神話から啓蒙へと至ると、何よりも優先されて保存されなければならないものとなるのである。

すでにハイデガーが指摘していることであるが[9]、カントの構想力は時間と関係している。先ほど自我の成立には時間が関係していると述べたが、時間は時間系列を形成し、それが自我の同一性を背後から支えている。エデンが割れるのは永遠なるエデンに時間が入り込んでくるということである。もちろん真の永遠は、そもそも時間の侵入を許さない。否、時間を自らの永遠性のうちに簡単に包摂してしまう。したがって時間を入り込ませる永遠は、真の永遠ではなくすでに人間的永遠であるといってよい。だからわれわれの関わる永遠は人間的時間の他者としての永遠であり、とりあえず「永遠」ということにしよう。この「永遠」が時間によって割れるのである。つまり時間のもつ過去―現在―未来という秩序へと「永遠」は変質させられるのである。

自我・自己は、この変質させられた「永遠」に基づく時間に相即して成立する。人類が自我をそして時間を所有したのは、無に対する不安によってであり、それは無へと投げ出された自分のポジションの設定をしなければ何とも落ち着かない（unruhig）自分がいるからである。

四　永遠回帰ということ

われわれは、啓蒙的に人間を考えることを当たり前としてしまっている。そのとき自我は当然の前提であり、自我なしの人間論などそもそも成立しない。もちろんその自我とは、自己保存に懸命になる自我であり、われわれはそうすることに何の疑問も感じてはいない。目的もはっきりしない自己保存という営為を、何の疑問もなく推し進めているわれわれは、永遠あるいは「永遠」から派生した人間を起点にしてすべてを考えようとしてしまっている。たとえば啓蒙は神話を乗り越えた結果として獲得されたものである。或いは、時間は絶えず流れつづけ、決して止ることも逆流することもない、と。ニーチェはこの転倒した考え方を、再転倒しようとする。この再転倒は永遠回帰を語ることによってなされる。ニーチェが永遠回帰を語るのは、人間的時間の破壊のためであり、またその時間に依拠する（自己保存的）自我を弱体化させるためである。永遠回帰が語られるのは主に『ツァラトゥストラはこう言った』と、ニーチェが自らの著作を自慢げに語る『この人を見よ』においてである。主人公であるツァラトゥストラが語りだすこととは、永遠回帰を積極的に生きようとする超人の思想についてである。

ニーチェは一八八一年スイスのシルス・マリアに滞在しているとき、神秘体験をする。ニーチェを突然襲ったもの、それが永遠回帰の思想である。「人と時間のかなた六千フィート」、つまり人間的なものをはるかに超えて、したがって時間を超えて、襲ってきた思想こそが永遠回帰であったのである。ニーチェは『ツァラトゥストラはこう言った』において、永遠回帰についてツァラトゥストラをして小びと［Zwerg］に向かって次のように語らしめる。

「さらにわたしは言いつづけた。〈見るがいい、この《瞬間》を！　この瞬間の門から、ひとつの長い永遠の道がうしろの方へはるばるとつづいている。われわれの背後にはひとつの永遠がある。

およそ走りうるすべてのものは、すでに一度この道を走ったことがあるのではなかろうか？　およそ起こりうるすべてのことは、すでに一度起こり、行なわれ、この道を走ったことがあるのではなかろうか？

すでにすべてのことがあったとすれば、小びとよ、おまえはこの《瞬間》そのものをどう思うか？　この門もまたすでに――あったのではなかろうか？〉」[10]。

またツァラトゥストラの言葉を理解した道化師（Schalks-Narren）は次のような言葉をツァラトゥストラに投げかける。

「ああ、わたしたちはあなたの教えることを知っている。それは、一切の事物が永遠に回帰し、私たち自身もそれにつれて回帰するということ、私たちはすでに無限の回数にわたって存在していたのであり、一切の事物もわたしたちとともに存在していたということです。

あなたの教えはこうです。生成の循環が行われる大いなる年、とほうもなく巨大な年がある。それは砂時計のように、なんべんもひっくりかえって、はじめにもどらなければならない。こうしてまたあらたな経過が起こり、過ぎていくために。――

――だからこうした巨大な年は、細大漏らさず、たがいにそっくりこのままなのだ。――だから、こうした巨大な年のなかにいるわたしたち自身も、細大漏らさず、たがいにそっくりそのままなのだ[11]」。

さらにツァラトゥストラは、自らと同等の「ましな人間」（der höheren Menschen）［高貴な人間］に対して次のように語る。

「あなたがかつて、ある一度のことを二度あれと欲したことがあるなら、〈これは気に入った。幸福よ！束の間よ！〉と一度だけ言ったことがあるなら、あなたがたは一切がもどってくることを欲したのだ！

――一切を、新たに、そして永遠に、万物を鎖でつながった、糸で貫かれた、深い愛情で結ばれたものとして、おお、そのようなものとして、あなたがたはこの世を愛したのだ！

――あなたがた永遠の者よ、この世を永遠に、常に、愛しなさい！　そして嘆きに対しても言うがいい。〈終ってくれ、しかしまた戻ってきてくれ！〉と。なぜなら、すべてのよろこびは――永遠を欲するからだ」[12]。

このようにニーチェの永遠回帰に関する言葉を並べてみると、ニーチェ（ツァラトゥストラ）が相手を変えながら絶えず同じ永遠回帰という主題を繰り返し語っていることがわかる。ニーチェの永遠回帰の説明は極めて感覚的であり、「デジャヴュ」という心理現象的な説明のようでもある。もちろん、時間感覚を否定しようとするならば、つまり自己保存的自我を否定しようとするならば、感覚的にならざるを得ないのかもしれない。直線的時間観念からすれば或る事柄はジャメヴュという未視感と考えられるが、永遠という「巨大な年」からすれば或る事柄はデジャヴュという既視感にもなるのである。

直線的時間観念に慣れてしまったわれわれは、過去と未来とはまったく質の異なるものとし、またそれらが出会う現在はすぐに過去へと変質してしまう、と考えている。永遠に対して「めまい」を覚えるのは、時間に慣れたわれわれが時間を否定する永遠を前にしての「めまい」である。もともと時間は永遠を人間のものにするために、永遠に亀裂を入れるために「捏造された」ものにすぎない。そして時間を無限に延長してイメージされる永遠は、やはり時間的永遠でしかない。ニーチェが永遠回帰を情熱的に語るのは、われわれはどうしても人間的なもの（時間）から離脱しなければならない、と考えるからである。永遠回帰とは、「同じものの永遠回帰」（Ewige Wiederkunft des Gleichen）である。ある事柄が回帰するまでは時間的であり、その回帰が無限に（永遠に）繰り返されることが永遠なのである。そういう意味では永遠回帰は、時間と永遠との合成物である。われわれ人間は絶対に永遠に触れることはできないかも知れないが、少なくとも同じことの繰り返しという形でなら永遠を語ることはできる。それは創造主としての神は、確かにわれわれを創造したかぎりわれわれを超えるものであるが、われわれを創造するということに関わるかぎり同時に神の絶対性はすでに毀損されてしまっているとも考えられるのである。永遠を永遠回帰として語るのは、絶対的神を創造主として語るのと同じことである。

ニーチェの自然観は、「人間を超越するものとしての自然」を考察する。『反時代的考察』の第二編「生に対する歴史の利害」でニーチェは、動物との比較において人間のあり方を語る。

「人間は多分獣に問ふだろう――なぜおまえは私にお前の幸福について語らずに、ただ私を見てばかり居るのであるか、と。獣も答へて云はうとはするのである――それは私が自分の云はうとすることをいつもすぐに忘れるからだ、と。――だが、それは此の答へをももう忘れてしまった。そして沈黙した、で、人間がそれを不思議がつた。が、彼は亦自分自身についても不思議に思ふ――忘れるといふことを學び得ずして常に過去にひつかかつてゐることを。……そこで人間が〈私は想出す〉と云ふ、そして獣をうらやむのだ、獣は直ちに忘れてしまひ、そしてあらゆる瞬間が本當に死んで、霧と夜とへ還り沈んで行き、永久に解消するのを見るのである。左様に獣は非歴史的に生きてゐるのだ、何となればそれは現在のうちで割り切れるから――一つの數のやうに、不思議な残余を後に残すことなしに[13]」。

動物（獣）は瞬間を生きる。つまり時間をもたない。しかし人間は忘れることを知らず、過去に引っかかってしまっている。このことが高じると人間においては過去が現在の墓堀人になってしまう。人間においては過去は忘却されなければならないのである。「……殆んど回想なしに生きることは、然り幸福にすら生きることは可能である、それは獣の示す所である、だが、凡そ忘却なしに生きるといふことは、それはまったく不可能である」。ニーチェがこう語るとき、時間(歴史)は人間にとって不幸をもたらすものでしかない。もちろんニーチェは人間における時間(歴史)をまったく害ばかりで利がないものとはしない。そうであればそもそも人間は生きていけなくなってしまう。だから時間を生きることには限度があるというのである。

世界観としての神話においても啓蒙においても、人間は回想することをやめることはできない。この世に人間が現われて以来、人間は時間(歴史)をもって生きてきた。しかし啓蒙は人間の中の自然すらも否定して、徹底的に人間であろうとする。

今まで表題の一部である「祈り」についてまったく言及がなされなかった。しかしすでにわれわれは「祈りの必然性」の場所に至りついてしまっている。

ニーチェは人間を次のように語る。「人間は、動物と超人との間に張りわたされた一本の綱なのだ、——深淵の上にかかる綱なのだ」[14]。エデンで神の命令を聞き、またヘビに誘惑される人間は、まだ自己をもたないエデンにおいても無に対する不安をもっていた。人間は神になることもできないし、また動物になることもできない。人間は、動物になるためにはあまりにも自己的であるし、また神になるためには不十分な自己しかもっていない。不十分であるのは、人間の自己の同一性は、他者による差異性を通じてしか可能ではないからである。人間は自らが神と動物との間の存在であることを知っている。だからこそ、神になれず、あるいは動物に留まれなかった自己自身を中途半端な存在と考えている。啓蒙は、自然を人間に従属させ、神を背景に退却させた。その時人間は、自らが中間的存在であることを忘れてしまった。ドイツ語で絶望は Verzweiflung であり、二つに裂けた状態のことである。この絶望が、人間に祈ることを教えるのである。しかし人間中心主義の啓蒙は、絶望を知らず、祈ることを忘れてしまう。そもそも祈りを忘れることこそが、啓蒙の最終形態でもある。しかし中間存在としての人間においては祈りは不可欠なものである。

神話においては、神々と自然とが融合して人間をスピンアウトする。啓蒙においては、人間と自然とが主従関係のもとで融合して神をスピンアウトする。『啓蒙の弁証法』は、神話と啓蒙とが弁証法的関係にあることを、つまり神話は同時に啓蒙であり、また啓蒙は同時に神話であることを説いた。人間は、中間的存在である自らの存在をはっきりと知らなければならない。そのためには神話と啓蒙との関係を知り、また時間と永遠とのあるいは永遠回帰との関係を知らなければならない。

ランボーは『地獄の季節』で「また見つけたぞ！――なにを？　――永遠を。それは、太陽と混じり合う　海だ。」というフレーズを二度使う。しかし一度目では永遠は l'éternité と小文字にしているが、二度目では永遠を l'Éternité と大文字にしている。大文字の永遠は、絶対者・神をあるいは真の永遠を表しているように思われる。そしてあえて言うならば、小文字の永遠はニーチェの永遠回帰的な永遠とも考えられる。ニーチェの超人は、確かに人間を超えてはいるが神になることはできず、神と人間との間のものであるように、永遠回帰も、永遠と時間の間のものである。ニーチェの永遠回帰の思想は、人間的立場の根底にある時間を去って真の永遠への方向をもちつつ、「人間における永遠のあり方」を説いたものと言えないだろうか。

ニーチェの永遠回帰は、時間の中にとどまり安住する者たちに対しての警告である。同様に、神話は啓蒙の徹底（つまり自己保存を盲目的に信じること）しか考えていない者たちに対する警告なのである。

（1）原文を示すと、Elle est retrouvée! Quoi? l'éternité. C'est la mer mêlée Au soleil. もうひとつの句は、Elle est retrouvée! — Quoi? —l'Éternité. C'est la mer mêlée Au soleil. となっている。後の句にはハイフンが挿入されているし、éternité が Éternité と大文字になっている。
（2）ホメロスが神話から啓蒙への移り行きをオデッセイアの冒険の比喩を使って描いたのが、紀元前八世紀。またタレスが哲学の始まりを、神の創造に託すことなく、だれでもアクセス可能な水が万物の根源であることを説いたのが紀元前七世紀。
（3）ホルクハイマー・アドルノ『啓蒙の弁証法』岩波文庫　七頁。
（4）ホルクハイマー・アドルノ前掲書　六六頁。
（5）カント『純粋理性批判』（A33, B49）引用はオリジナル版の頁付けによる。
（6）キェルケゴール『不安の概念』岩波文庫　六六頁。
（7）カント前掲書（A124）。
（8）カント前掲書（A15, B29）。
（9）ハイデガー『カントと形而上学の問題』。
（10）ニーチェ『ツァラトゥストラはこう言った』下　岩波文庫　二〇～二一頁。
（11）前掲書　一三八頁。
（12）前掲書　三二六頁。
（13）ニーチェ『反時代的考察』上巻　岩波文庫　一二七～一二八頁。
（14）ニーチェ『ツァラトゥストラはこう言った』上　岩波文庫　一八～一九頁。

「死者の日」にみるメキシコの死生観と祈り

畑　恵子

一　はじめに

メキシコでもっとも魅力的で独創的な祝祭は「死者の日」（Día de Muertos）であろう。その祝い方は地方によって異なるが、首都から先住民の集落まで、いたるところで、十一月一日、二日になると家に立派な祭壇をしつらえ、墓地を色鮮やかな花で飾り、生者は戻ってきた死者の霊を歓待し、ともに過ごす。日本のお盆を想起させる行事であり、家族の死に対する思いには社会・宗教にかかわらず、共通するものがあることを感じさせる。この祝祭は「死者に捧げる先住民の祝祭」として二〇〇三年にＵＮＥＳＣＯの世界無形文化遺産に宣言され、二〇〇八年に登録されている。「先住民の祝祭」とされているように、そのルーツはスペインによる征服前に遡り、それがカトリシズムの祭祀と習合して現在まで続く、ユニークな伝統行事になったと理解されている。また、メキシコ人の独自の死生観を表象する祝祭として論じられることが多い。だが他方で、カトリックの他国でも同じような祝祭があるにもかかわらず、メキシコらしさ、メキシコ人のアイデンティティを過度に強調する傾向があることを指摘する論者もいる。ここでは、自身の体験も交えて、死者の日の多様な祭祀の形とそこに見られる死生観をめぐるさまざまな言説を紹介したい。

二 「万聖節」「万霊節」から「死者の日」へ

カトリックの教会典礼暦では十一月一日は諸聖人の日（万聖節）、翌十一月二日は死者の日（万霊説）である。前者は聖人・殉教者を、後者はすべての死者を祈念する日であり、カトリック中央協議会によると後者は九九八年に始まり、十一世紀には広く行われるようになった。現在、イタリア、フランス、スペイン、ベルギーなどの欧州のカトリック国では諸聖人の日が祝日となっており、家族は花や供物をもって墓地に出かけ、教会ではミサが三回執り行われる。また、家庭内に祭壇をつくる地方もある。このような習慣が、植民地化・キリスト教化の過程でメキシコにも定着し、独自の発展を遂げたと考えられている。

植民地時代のメキシコでどのように万聖節や万霊節が祝われたのか、史料はほとんどないが、一七四〇年代になるとメキシコ盆地において、現在の祝祭に欠かせない、いろいろな形の砂糖菓子が製造販売されていたこと、「死者の日」という名称が使われようになったことが記録に残されている。しかし、植民地期および独立を経た十九世紀には、民衆が集まるあらゆる行事がそうであったように、死者の日の祝祭も為政者の目には脅威と映り、現在のように新聞等で大きく扱われることはほとんどなかった（Brandes 1998, pp. 363-364）。

二〇世紀に入ると、死者の日はメキシコ的な祝日として内外に知られるようになる。ラテンアメリカでもグアテマラ、チリ、ペルーでは十一月一日が、エルサルバドル、エクアドル、ボリビアでは二日が祝日と定められている。他方、アルゼンチン、ウルグアイ、コスタリカなど、祝日となっていない国もある。メキシコでは一九六〇年代に十一月二日が祝日に定められたが、一〇月三一日から祝祭は始まり、一日も慣習的に祝日として扱われる場合が多い。初日は子どもの霊を、一日は大人の霊を迎え入れ、二日には家族・親戚が墓地に出かける。

私が初めて体験した死者の日は一九八二年のことであった。祝日が近づくと、メキシコシティの店には砂糖でできた頭蓋骨のお菓子や、骨などを模したパンが並び、ポスター・切り紙・モニュメント等に骸骨のモチーフが溢れかえっていた。目抜き通りの店舗には、エレガントな帽子とドレスをまとった女性（愛称カトリーナ）の等身大の骸骨などが置かれ、公共の建物や商店のなかには祭壇が設置されていた。シティ郊外のミスキック、ミチョアカン州のハニツィオ島などがすでに死者の日の祝祭で知られており、マリーゴールドやろうそくで飾られた墓地で家族が死者とともに飲食し語り合う「寝ずの番」に、大勢の観光客が押しかけていた。観光客を交えて、飲酒と音楽・踊りでどんちゃん騒ぎが繰り広げられることも耳にしていた。私自身はこの時は祝祭そのものを直接体験することはなかったが、休暇を利用して訪れていたオアハカ市で、真紅の鶏頭や鮮やかな黄色のマリーゴールドの花などを抱えて、先住民系の人びとが大勢、共同墓地に向かうのをみかけた。

三　「死」とメキシコらしさ

十九世紀までひっそりと普通に行われていた死者の日は、二〇世紀になると国家的な、また商業的・観光的な行事へと変貌した。そして死に対するメキシコ人独特の観念・姿勢を強調する言説が登場し、それが疑う余地のない事実となっていった。Brandes は、一九九〇年代半ばに全国紙で「死」について書かれた記事には、以下のテーマが繰り返されていることを指摘している。

①メキシコ人は死に執着している、②死を恐れる、③死を恐れない、④死に対してストイック、⑤男らしくあるために死の可能性を否定、⑥死がお気に入り（夢中）、⑦死と戯れる、⑧死と寄り添った生に取り囲まれている、⑨死を運命論的に受容、⑩生と死は不可分ととらえる（Brandes, 2003, p.130）。

このなかには②③のように矛盾するものもある。しかし、Brandesはこれらを自己／他者観の投影としての国民性の構築という文脈で解釈する。すなわち、欧米とは異なったメキシコらしさを「死と向き合う姿勢」のなかに追求しているのである。そこで拠り所となるのが「先住民文化」であり、死者の日の起源としての古代文明、そしてその末裔である先住民の祝祭がクローズアップされることになる。

メキシコ・中米に栄えたメソアメリカの古代文明においては、世界は創造と破壊の連続として捉えられていた。それを象徴するのが生きた人間の心臓を取り出す人身供犠であり、貴族が率先して行ったと言われる瀉血である。人間を創造するために自らの血を差し出した神々に返礼し、世界の終末を防ぐためにも、血をささげることが不可欠と考えられていたのである。マヤの遺跡、チチェンイツァには髑髏の石造彫刻が並んだ建造物が残っており、アステカ時代の大神殿の周辺には生贄の頭蓋骨を並べた台（ツォンパントリ）があった。軍事的な神政国家アステカでは、死後の世界は十三層の天と九層の地底という階層から構成されていたが、天にいけるのは暴力的に死んだもの、すなわち戦闘、生贄、出産、雷等の自然現象による事故死や病死などの場合だけで、普通に死んだものは地底界でさまざまな試練にあうと信じられていた。出産は女性にとって戦闘であり、自然現象や病は神々によって引き起こされると考えられていた（ミラー＆タウベ　一五七―一五九頁）。こうした先征服期の日常的な人身供犠、「生」のための「死」という死生観、暴力的な死の礼賛には、死をおそれないメキシコ人という現代の言説との共通性をみることができる。

メソアメリカでは、個人においても死と生は表裏一体の関係にあり、死者は生者に対して大きな影響力をもつと考えられていた。アステカには二〇日を月の単位として、一年を十八か月とする暦があり、いくつかの月に行われる死者をまつる盛大な祭りでは生者は供物をそなえて祖先と交流した。現在の八月に当たるトラショチマコの月には死んだこどものために、翌ショコトルウエィツィの月には大人の死者のための祭りを行っており、これが万聖節、万霊節と融合したと考えられている。メキシコの死者の日の花といえばマリーゴールドであるが、ナワトル語でセンポアルショチトル。古代から死者に手向けられてきた花である（同　一四九、二七七―二七九頁）。

四　カラベラ（骸骨）とポサダ

現代の死者の日の祝祭すべてにカラベラが登場するわけではないが、両者は不可分の関係にあり、カラベラの存在が死に愛嬌、滑稽さ、嘲笑などを付与している。骸骨は古代文明と死者の日に共通する表象である。遺跡のレリーフや神々の石像に刻まれた骸骨も写実的ではないので不気味ではない。だが、人身供犠を想起するためか、古代の文様にはどろどろとした重さを、近現代のそれには軽く乾いたナイーヴさを感じる。現在のカラベラのルーツは版画家ホセ・グアダルーペ・ポサダにある。彼は一八五二年に生まれ、十九世紀末からメキシコ革命勃発後の一九一三年に没するまで、風刺画家、挿絵画家として新聞・雑誌等にさまざまな版画を提供した。なかでも有名なのが富裕層、政治家、革命家、民衆、さらには動物まで、すべてを骸骨で表現したカラベラのイラストである。骸骨ではあるが、実に生き生きと描かれ、「生」の賛歌、庶民のしたたかさ、富裕層や政治家への辛らつな皮肉など、見る者にさまざまなメッセージと笑いを送る。十九世紀後半は庶民向けの印刷業が始まった時期である挿絵が人気を博したのである。

骸骨はポサダの同業者で先輩のマリニャによって始められた。モチーフとしての骸骨について、鶴見は次のように解釈する。ヨーロッパではバロック時代の様式として突然に骸骨が登場するが、文明の進歩という観念に依拠するマルクス、スペンサー、コントの時代にはそぐわず、消滅した。だが、コルテスのメキシコ侵略はヨーロッパで骸骨の様式が出現した頃にあたり、それがメキシコの古代からあった骸骨の象徴を保存・強化することになった。その後、ポサダが骸骨画を書き続けていたディアス独裁期（一八八六―一九一一年）は、進歩史観がメキシコを支配した時代であった。ポサダは同時代感覚をとおして、骸骨を描くことで古くからのメキシコの伝統とそれに合わさったヨーロッパのバロック芸術を復活させた（鶴見　二〇三―二〇四頁）。ポサダが意図したわけではないであろうが、結果的にカラベラはヨーロッパの近代主義と進歩史観への風刺にもなったと解釈できるのである。

では、その表象はどのような効果と意味を残したのか？　鶴見はポサダの独創的な仕事によって、「骸骨として社会を見わたした時、この世の金持も貧乏人も、将軍も兵士も、すべて平等に見え……骸骨の動きとして政治を見る時、そこには個々人特有の肉づきにかくれて見えなかった物質としての法則性が見えて来る」（同　二一〇頁）として、その手法が新たな視点をもたらしたことを指摘する。

加藤は先スペイン期の骸骨表現について、「『生』の姿やその時間を絶対視し、『死』を忌避し、骸骨に恐怖を感じるような感覚はない。こういった表現の背景にあるメキシコ伝統の死生観は、スペインに植民地化された三〇〇年間にも途絶えることがなかった」と述べ、植民地期をとおして骸骨表現が広がっていったと考える。さらに、十九世紀を通して、「『死が当たり前のように転がっている』メキシコにおいて、誰かの死がなければ明日が拓けない、という一種の宿命意識が定着……この意識は……現代の眼から見ると先スペイン期の死生観の復活であるとも認識できる。そしてこの延長に二〇世紀初頭のメキシコ革命があったわけである」（加藤　四〇―四一頁）として、骸骨表現とそこに込められた死生観に、先スペイン期からの連続性あるいは復活をみる。

さらに山田は死者の日と関連付けて、「この世の出来事すべてを哄笑する骸骨たちに演じさせることによって、現実の美しい仮面を引き剥がし、現実のむなしい素顔を笑い飛ばし、現実のなかの隠された真実を暴き出して、見るものすべてを挑発する。……『生まれたものはみな骸骨になる』『骸骨は魅力ある口から真実を語る』という警句とともに、ポサダの骸骨たちは毎年十一月二日の『死者の日』の祝祭のなかで、メキシコ民衆の魂を激しく揺さぶったのである」（山田　十二頁）と述べる。ポサダの原画は出来事を民衆に伝える手段であり、死者の日に限定されてはいなかったが、その後、死者の日の最も重要なアイコンの一つとなり、それを目にしたものにある種の死生観や人生訓を想起させる機能を担うようになったと考えられる。

五　エイゼンシュテインの「メキシコ万歳！」

セルゲイ・エイゼンシュテイン（一八九八―一九四八年）はソ連を代表する映画監督である。一九二五年制作の「船艦ポチョムキン」で名声を博した彼は、アメリカの資本を得て一九三〇年十二月から三二年二月までメキシコ各地で撮影を行った。しかし、半世紀の間そのフィルムは未完のまま据え置かれ、その死後、一九七九年に彼自身の構想に基づいて「メキシコ万歳！」が編集された。そのおかげで私たちは三〇年代初頭に撮影された映像を見ることができる。彼のメキシコとの関係は二三歳の時に、J・ロンドン作『メキシコ人』の共同演出を行ったことに遡るようだが、その後、メキシコの画家リエゴ・リベラなどとの親交などによって、関心を強めていった。「メキシコ万歳！」は六つのエピソードから構成される。プロローグにはマヤの古代文明とその末裔たちの葬儀が登場する。遺跡の彫刻と酷似した人々が無言で動きのないまま、過去と同化したかのようである。死の世界を連想させる始まりの後、四つの物語（熱帯地域での男女の恋愛と結婚、大農園での農民の蜂起と悲劇、さまざまなフィエスタ、メキシコ革命—未撮影のため写真のみ）が語られたのち、生を謳歌するエピローグへと続く。それは一九三一年の死者の日。人々はポサダ的なカラベラの仮面をかぶって踊り、楽しんでいる。そしてボール紙の仮面をとると、それまでのエピソードに登場した過去の人々が笑顔を見せる。この最後についてエイゼンシュテインは次のように述べている。

新しい工業化した国。……そのあとから踊る死者。……たくさんの頭蓋骨や骸骨……これはカーニバルの行進だ。もっとも典型的で伝統的なカーニバル、「カラベラ」だ。つまり、死者の日だ。この日、メキシコ人たちは過去を想い出し、死への侮辱を示す。われわれはこの映画を、死の王国を示すことから始めた。映画は、死に対する、過去の重荷に対する生の勝利で終わる。生は、ボール紙の骸骨の背後からほとばしり、生は湧き出し、死は退却し、影となって消えうせる。ほがらかなインディオの少年が、死の仮面を顔からそっとはずし、にっこりと微笑みかける。これは、新しい、成長していくメキシコのシンボルだ（エイゼンシュテイン　六六頁）。

すなわち、生、死、再生がこの映画のテーマということになる。また、メキシコの残酷さと機知について、「死を恐れない。……さらに死をあざ笑うのだ。『死者の日』—十一月二日—は、死と、死の象徴であるお下げ髪つきの骸骨をあざ笑って、とめどなくはしゃぎまわる日である」（同　一四七頁）と述べている。エイゼンシュテインが「メキシコ万歳！」の第一稿を書いたのは一九三二年のことである。とすれば、この頃までに知識人たちの間で国境を越えて、「死を恐れず、嘲笑する」というメキシコの死に関する固定的な見方が共有されていたことがうかがえる。

六　パスの『孤独の迷宮』

メキシコ人観を決定づけたのは、オクタビオ・パスである。彼は二〇世紀メキシコを代表する傑出した知識人の一人であり、一九五〇年に刊行した『孤独の迷宮』において、その国民性・心理を征服から現代までの歴史と関連付けて論じた。パスは一九一四年に生まれ、革命動乱が終息し、革命ナショナリズムが最高潮に達した三〇年代に青年期を過ごした。高名な詩人、評論家として一九九〇年にはノーベル文学賞を受賞し、外交官の経歴ももつ。インド大使であった六八年に、学生・市民の反政府デモに対して、オリンピック開催を間近にひかえた政府が軍を派遣し鎮圧した際には、政府に異を唱え、大使を辞職したことでも知られている。

パスはメキシコ人の孤独について、「人は天と地の間にぶら下がっているものと感じ、対立する権力や勢力、石化した目、むさぼり喰う口との間で揺れ動いている。……これが我々を取り囲む世界であり、それ自体で存在し、固有の生を有している。……［メキシコ人は］生をあらわすそれらすべての力に自分を結び付ける名称や言葉を、忘れ去っている。そこで叫んだり沈黙したり、切りつけたり祈ったりするか、あるいは突如、百年の眠りについてしまうのである」、「我々の孤独は……一種の孤児、……『すべて』から引き離されたというぼんやりとした意識、熱烈な探求なのである」（パス　十一―十二頁）と述べ、メキシコの歴史に由来する寄る辺のなさ、そして「かつて引き離されてしまった中心への回帰」という強い希求を指摘する。

『孤独の迷宮』の三章「諸聖人、死者の日」では、祭りと死という二つのテーマが論じられる。メキシコには祭りが多い。しかも歓喜だけでなく喧嘩や殺人などの暴力・悲劇が伴うこともある。このような感情の爆発は、祭りが普段は内に閉じたメキシコ人にとって「外部に自分を開き、神、祖国、友人あるいは親戚と対話する機会である」（同　四二―四四頁）からである。ゆえに、「生と死、喜びと嘆き、歌と呻き声がお祭り騒ぎの中で一体となり、……互いに相手をむさぼる。……メキシコの祭りほど陽気なものはないが、同時にこれほど悲しいものもない。祭りの夜は弔いの夜でもある」（同　四八頁）と述べ、祭りの狂乱的な生と破滅的な死を結びつける。

他方、死とは生を移す鏡である。古代メキシコやキリスト教では死が新たな生への移行であったのに対して、現代メキシコ人にとって死は意味をもたず、不毛であり、エロティシズムに欠ける。しかし死を愛し、死と戯れ、死を隠さず、軽蔑あるいは皮肉を込めて正面からみつめる。死に対する無関心は生に対する無関心の表れであり、両者は不可分である。メキシコ人はその双方に対して己を閉じて、それらを無視する。だが、メキシコ人にとって死とは魅力でもある。それは、閉鎖性を打ち破る際の爆発には攻撃的、自殺的な性格が付随するからである。死は生に対しても復讐する。「生のすべての虚飾と気取りを剥ぎ取り、きれいさっぱりとして骨と恐ろしいしかめ面に戻す。メキシコ人は何か否定的なものを肯定する。死者の日の砂糖菓子などのしゃれこうべなど、その民芸は、常に生の愚弄であり、人間存在のむなしさと無意味さの肯定である」（同　五四―五五頁）。

ここは唯一、章のなかで「死者の日」に言及した部分であるが、蓋骨を「死への嘲笑」というより「生への愚弄」として捉えている。要するに、生に対しても死に対しても、「孤児であるメキシコ人は肩をすぼめ、沈黙または軽侮にみちた微笑で対抗する」。贖罪、救済によって孤独を超越する道もあるが、「メキシコ人はその中に閉じこもり、……叫びと沈黙、祭りと通夜の間を揺れ動く。その無感動は死の仮面の後ろに生を覆い隠す」のである

（同　六〇―六一頁）。

パスのメキシコ人論は自己破滅的な「再生・復活」への試みが挫折し、再び世界に背を向け孤独の中に沈潜するという点で、エイゼンシュテインの捉え方よりも悲観的である。だが、両者は、メソアメリカとスペインという二つの文化が征服という暴力的な土壌で交わった歴史から形成された固有の心理を論じている点では共通しており、一つの定説を形成してきた。こうした視点は先に引用した山田、加藤、鶴見の論考にも影響しているように思われる。ここでは紹介できないが、鶴見は一九七〇年代半ばに一〇ヶ月間メキシコ滞在したときの経験をもとに優れた随筆集を著し、その最終章「死者のみえる社会」で、メキシコ人の死生観を論じている。

七　国家神話としての死者の日

Lomnitz によれば、本稿でこれまで紹介してきたのは歴史的視点に立った論考であり、社会心理における「メキシコ的なるもの」の知的創出に絡んで定説化されてきた。だが、八〇年代から郷愁的な感情の一面として死の崇拝を捉える潮流が表れた。そこでは「国家的な神話」の推進力として、革命後にいかに死が神話化されたかが分析の焦点となる（Lomnitz, p. 402）。その神話化との関連で、Brandes は公的介入、とくに観光化に着目する。彼はスペインとも米国とも異なるメキシコを示す必要から、死者の日の独自性が過度に強調されてきたという立場をとるが、とりわけ七〇年代以降の政府の介入によって祝祭自体の変化あるいは新たな創造が生じたと捉える。

例えば、ミチョアカン州ツィンツゥンツァンは、戦前から米国人人類学者が調査を行ってきた町であるが、一九四五年十一月二日には村人が早朝四時頃から墓地に出かけ、昼の十一時頃にはすでに帰宅したことが観察されている。だが、一九七一年に州政府観光課が観光スポットとして十一町村を選び、死者の日の宣伝等を始めると、ポスターには先住民女性が墓石にひざまずき、ろうそくをともして夜を徹するイメージが盛り込まれた。町はかつて古代プレペチャ王国の中心ではあったが、すでに人口の大半はメスティーソ化していた。にもかかわらず、パンフレットの表題「ミチョアカンの死者の夜」にはプレペチャ語の翻訳が付された。七〇年代、八〇年代に観光客が急増し、テレビ中継が始まった。大都市に住むメキシコ人たちも、自分たちのルーツを求めて、「先住民」の村に出かけるようになる（Brandes 1998, pp. 366–369）。こうして、先住民が古代から引き継いできた「メキシコ人の精神性を象徴する伝統」が創出されていったのである。

また Brandes は一九九〇年代に米国のハロウィンの要素がメキシコの中南部にも浸透していく過程で現れた、この北の「侵略」に対するフォーマル・インフォーマルな形での抵抗にも着目する。真正なメキシコ文化としての死者の日とそれを脅かす商業主義的なハロウィンという対比が強調されるようになる。死者の日も文化融合による祝祭であるが、米国との力関係を背景に、米国における死者の日の浸透を米国人はさほど問題視しないのとは対照的に、メキシコではナショナリズムの裏返しとしてハロウィン脅威論が登場し、死者の日のメキシコ性がさらに喧伝される結果になっている（Brandes 1998, pp. 377–378）。

八　ウアステカ地方の死者の日

私が死者の日を直接体験したのは二〇〇二年から二年間、現地で研究に従事していたときである。首都で借りていたアパートの隣人宅では、二〇〇二年に家の主が亡くなったために、両年とも居間に祭壇を飾って故人をしのんでいた。私は直接立ち会っていないが、亡くなった年には玄関から階段、そして部屋の入り口まで、マリーゴールドの花を敷いたそうだ。二年とも髑髏の砂糖菓子のお裾分けがあり、長らく部屋に飾っておいたが、結局食す機会を逃してしまった。繁華街のショウウィンドウだけでなく、近所にもかぼちゃや魔女などの飾りつけをした家があり、シティではハロウィンが日常生活に入り込んでいるとの印象を持った。

二〇〇三年には首都から三五〇キロほど離れた、イダルゴ、ベラクスル、サンルイスポトシの三州にまたがるウアステカ地方で死者の日を過ごした。険しい山道のため、幹線道路が通っている現在でも、交通の便はよくない。周辺の山間部には先住民族ナワの人たちの集落があり、町中でも民族衣装を身につけ、最近は少なくなったものの、裸足で歩く小柄な先住民女性を見かける。二〇〇〇年代初頭はまだ観光地化されておらず、Xantolo（シャントロ）と呼ばれるこの地域の死者の日の祭りを、州政府などがようやく売り出そうとしていたところだった。その一環であろうが、町の広場や大学などではこの地域独特のアーチ型の祭壇のコンテストが行われていた。

ウアステカ、ある家庭の死者の日の祭壇（2003年11月2日　筆者撮影）

死者の日に、非先住民系の比較的裕福な家庭を何軒か訪れた。マリーゴールドなどの花々、果物などを用いてさまざまなアーチ型の祭壇が作られ、故人の写真、ローソク、お香、円錐形の固形チョコレート（溶かして飲む）などのお供えがあった。だが砂糖菓子の髑髏や骸骨のモチーフはほとんどなく、唯一見たのは祭壇を飾る一枚の切り紙の文様だけであった。非先住民系の墓地にも出かけた。墓石や墓室がそれぞれのやり方で花々で飾られ、掃除に来ている家族もいた。十一月一日であったためか、騒がしさは一切なく、むしろ静謐であった。またそこでは墓参以上のことは行われないとのことだった。

十一月二日朝には早くからイダルゴ州の山の上にある先住民の共同墓地に出かけた。供物などをもって山道を登る人たちも大勢いたが、墓地はすでに花と乳香の煙であふれ、墓石を囲んで食事をとっている家族でごった返していた。バイオリン、ギターなどを演奏するグループ、マスクをかぶって踊る若者たちも少数いた。にぎやかで活気に満ちていたが、墓地は家族の憩いの場、という雰囲気が強かった。外国人は私たち三名だけ。私たちも伝統料理のタマーレス（トウモロコシ粉のちまき）を勧められて、見知らぬ家族のご相伴にあずかった。寝ずの番をするのかどうか、夕方までには帰宅するような気がした。そこで聞きそびれてしまったが、早朝からお墓にいることを考えると、も髑髏や骸骨はみかけなかった。

ウアステカ、死者の日の先住民共同墓地（2003年11月2日　筆者撮影）

午後にはベラクスル州のテンポアルという非先住民系の町に出かけた。そこでは男性の仮装大会が開催され、舞台では仮面をつけて伝統舞踊 La Viejada が行われていた。その歴史も征服前の先住民に遡るという。しかし私が目にしたのは、非先住民のための、あまりにも騒がしい組織的、商業的なイベントだった。仮装、お面は、先住民、西洋風の貴婦人、骸骨、悪魔など多様でグロテスクなものも多く、ハロウィンの影響も認められた。祭りにはカーニバル的な倒錯がよく見られるが、死者の日とどのような関連があるのかはわからずじまいだった。しかし、一つの地方でも多様な祝い方があること、死者の日に欠かせないと信じられている髑髏の砂糖菓子や骸骨のモチーフが、どの地域でも登場するわけでないことは理解できた。

祝祭が他の諸要素を取り込み変容していくことは自然であるし、現代社会では観光資源としての付加価値を高めるべく過度に脚色されるのもやむを得ないであろう。また、アイデンティティを確認するための「伝統の創造」も特別なことではない。私たちがイメージする死者の日の祝祭に鮮やかな色彩、ポサダ的な機知など、過度のメキシコらしさが加えられてきたのは事実であろう。しかし、死者の日といってもさまざまな祭祀の形態があり、骸骨としての死の表象がそのすべてではない。アパートの隣人、ウアステカの家庭や先住民墓地での光景に感じたのは、死や生に対する無関心やあざけりではなく、身近な死者を懐かしみ、魂の安寧を祈る人間の原初的な姿であり、家族を何よりも大切にするメキシコ人の思いである。死者の日がどんなに変容しようとも、その感情だけは人々の中に引き継がれている。だからこそ、死者の日は人びとの心をひきつけている。観光資源あるいはナショナル・アイデンティティとは異なる次元である、家族という場において、死者の日が呈する様相と意味についても論ずる必要があるように思われる。

追　記

この原稿を書き終えてから、ウアステカ地方の死者の日について検索してみたところ、Macuxtepetla 村の共同墓地の死者の日の様子もテンポアルの La Viejada の様子も、ともに複数の You Tube の映像でみることができることがわかった。前者は私が訪れたときよりも、より賑やかになっているとの印象を受けた。また後者はテレビでも放映されたようだ。

参考文献

エイゼンシュテイン、セルゲイ（中本信幸訳）一九八六『メキシコ万歳！ 未完の映画シンフォニー』現代企画室。
加藤薫 二〇〇九「民衆メディアの誕生と発信するポサダ」『ホセ・グァダルーペ・ポサダ』世田谷美術館、三四―四二頁。
河邉真次 二〇〇九「死者の日か、それともハロウィーンか?」加藤隆浩編『ラテンアメリカの民衆文化』行路社 五九―八三頁。
ミラー、メアリ／カール・タウベ（増田義郎監訳／武井摩利訳）二〇〇〇『マヤ・アステカ神話宗教事典』東洋書林。
パス、オクタビオ（高山智博／熊谷明子訳）一九八二『孤独の迷宮』法政大学出版局。
鶴見俊輔 一九七六『グアダルーペの聖母―メキシコ・ノート』筑摩書房。
山田諭 二〇〇九「ポサダに乾杯!―ポサダに挑発された芸術家たち」『ホセ・グァダルーペ・ポサダ』世田谷美術館、一〇―二一頁。
Brandes, Stanley 2003 "Is There a Mexican View of Death?" *Ethos* 31(1), pp. 127-144.
——— 1998 "The Day of the Dead, Halloween, and the Quest for Mexican National Identity." *Journal of American Folklore* 111(442), pp. 359-380.
Lomnitz, Claudio 2008 *Death and the Idea of Mexico*, New York. Zone Books.

琉球弧の「ミルク神」の世界観

——「南波照間島（パイパティローマ）」伝説から「弥勒世（ミルクユー）」の再生の祈りへ——

須藤義人

「海上の道」が民俗学・神話学の領域やその周辺領域で提唱されるようになったのは、日本民俗学の礎石を築いた柳田國男が、南島研究のフィールドワークの成果を『海上の道』や『海南小記』の中で展開したことに遡る。中でも論考「宝貝」からは、琉球文化の古層から日本人が北上ルートをしたという「海上の道」の発想の原点がうかがえる。

柳田の「稲の道黒潮北上説」に関しては、その真偽をめぐって諸説ある。考古学の観点からすれば、黒潮に乗り琉球弧に沿って北上した交易ルート「海上の道」は、古代から開けていたのは史実として扱われる。稲作を抱えた異端の民が黒潮の道に導かれ、海の彼方の異郷ニライカナイから来訪神（マレビト）が豊穣の穀物をもたらしていったという世界観が誕生した。その他界観（コスモロジー）に基づいた仮面来訪神は黒潮にのって、祭祀や芸能を島々に広げていった。

本稿では、琉球弧（琉球諸島）の来訪神「弥勒神（ミルク）」[1]をテーマとして、島々の祭祀から象徴的イメージを捉えてみたい。〈福の神〉〈豊穣の神〉という多面的性格を持つ「ミルク神」には、作家の司馬遼太郎も取材の旅の中で魅了されていった。司馬は「琉球の神々は天（アマ）から天降（アモル）るよりも海（アマ）からくるといった信仰がある」と指摘している[2]。

弥勒伝説を再現した「ミルク神」の仮装行列を祭りで見ることができるが、「南波照間島（パイパティローマ）」という他界観（コスモロジー）と絡めることで海と島に生きる思想が立ち上がってこよう。

一　ミルク神の伝承とかたち

一　〈来訪神（マレビト）〉としての伝承

琉球弧の世界観の中には、神々とは海の彼方からくる来訪神（マレビト）であるといった思想が残されている。「ニライカナイ」という古来からの他界観に、神々がそこから地上を訪れて五穀豊穣をもたらすという来訪神（マレビト）信仰が重なっていった。とりわけミルク神は、ニライカナイ信仰と習合して、海の彼方の楽土から〈世（ユー）〉（豊作・富貴）を運んで来る五穀豊穣の神と考えられており、特に八重山諸島での信仰は厚い。その「ミルク」とは「ミロク」が沖縄語に変化したものであり、「弥勒」のことを指し示している。さらに日本本土で見られるような弥勒信仰[3]が伝わってきて、「ミルク」は年に一度、海上彼方から五穀の種を積んで、〈ミルク世（ユー）をのせた神船〉に乗ってやってきて豊穣をもたらす神であるという信仰が成立したのである。[4]

先島の旅で、司馬遼太郎が足跡を残した竹富島にも、ミルクに纏わる伝説があった。仲道家の先祖がミルクの仮面を海岸で拾い、それを拝み始めたのが起源であり、その仮面は後に与那国家に譲られたという。『街道をゆく―沖縄・先島への道―』には、竹富島の家々を垣根ごしに見ながら歩いたという描写がある。「村には家ごとの伝説がある。その伝説をあつめれば竹富島の伝説になったり、歴史になったりする[5]」と記述されている。ミルク神の伝説は、現在も竹富島の家々に受け継がれていた。今でもミルク面を被ってミルク神を演じることができるのは、与那国家の当主と決まっている。竹富島の有力者であった大山家にも、ミルクとの関わりが深いという口承が受け継がれている。

二　琉球弧の〈ミルク神〉のかたち

司馬遼太郎は「弥勒菩薩」の姿に関して興味をひかれたのか、『街道をゆく―中国・江南のみち―』において次のような記録を残している。

――大きな布袋さんの像があった。気球のように肥満した腹をつき出し、あぐらをかいて大臍を出し、二重にあごをくびれさせて満月形の顔を笑みくずしている。「弥勒菩薩です」――（司馬遼太郎『街道をゆく―中国・江南のみち―』朝日新聞社、一九八七年、一九二頁より）

那覇市首里赤田のミルク神
（小出由美撮影）

日本本土の弥勒菩薩とは違って、琉球弧のミルク神は中国・江南経由で伝わって変容したものをそのまま受容したものである――という見方ができる。すなわち、その起源は中国東南部における弥勒像のかたちにあり、琉球弧では中国風の風貌をそのまま受け入れたのではないか――と指摘できるのである。(6) 実際、琉球弧の「ミルク神」は外見上は布袋様に似せられているが、観念的には弥勒様として扱われている。福々しい顔相で大きな耳をした白色の大きなミルク仮面を被り、黄色の着物を着け、右手に大きな軍配団扇を持ち、左手には杖を突いてゆっくりと練り歩く。確かに、この神の姿は、痩身の女性的な弥勒像からは程遠い。司馬遼太郎もその点に着目し『街道をゆく』の中で、こう触れている。

——福々しい顔相で大きな耳をした白色の大きな仮面を着け、黄色の着物を着け、右手に大きな軍配団扇を持ち、左手には杖を突いてゆっくりと練り歩く。赤田の神は着物をはだけ、太鼓腹を見せている。この扮装は七福神の布袋様に擬せられるが、弥勒神である。——（司馬遼太郎『街道をゆく—中国・江南のみち—』朝日新聞社、一九八七年、一九二頁～一九六頁より）

竹富島種子取祭のミルク神

沖縄本島では、このようなミルク神が琉球王府時代の首都であった首里にも伝えられており、とりわけ旧・赤田村（現・首里赤田）のミルク祭は有名である。そのミルク祭は「弥勒御迎え（ミルクウンケー）」と称され、旧暦七月十六日に出現し、村内を練り歩く。「御迎え」と言われているように、来訪神（マレビト）として村人に迎え入れられている。祭祀ではミルクを先頭にした行列が村内を練り歩き、豊穣、健康、繁栄を祈願する。その時に「赤田首里殿内（スンドンチ）」という節が歌われる。この歌は、現在わらべ歌として親しまれているが、その旋律は途中まで「弥勒（ミルク）節」と全く同じである。

八重山地域においても、石垣市白保の豊年祭（プーリ）では、ミルク神は福々しい仮面に大礼服のような袖長、大きな軍配を持って登場する。後ろには、子供二人がミルクの袖を持って続く。さらにその後を、稲・粟の種を盆に持って絣を着た女性が、年配の男性達の三線にあわせてミルクを称えるミルク節を歌い、「ミルク世ば給うらる。稲の世ば給うらる」と祈願する。[7] 波照間島のミルク神の場合は、旧盆中日（旧暦七月十四日）に執り行われる「ムシャーマ」という祭祀に現れ、「仮装行列（ミチジュネー）」の先頭を練り歩く。その神も同じく、不思議な顔をした白い仮面を被り、黄色い服をまとってゆっくりと優雅な動きで行列を導く。このようなミルク神は、石垣島・波照間島だけでなく八重山一帯の島々の祭祀で現れる。

二　ミルク神の伝播をめぐる三つ仮説

一　中国伝播説

司馬遼太郎が中国杭州で目にした異形の弥勒菩薩像は、着物をはだけ、太鼓腹を見せた布袋を思わせる姿であり、琉球弧のミルクの風貌と類似していた。言い換えれば、琉球弧のミルクは日本本土の弥勒菩薩とはかなり様相が異なり、その起源や伝播説にも大きな違いがあるということになる。

確かに日本本土においては、弥勒菩薩は高貴で女性的な姿をしている。一方で琉球弧のミルクは、その相貌は男性的で布袋を思わせる仮面姿で現れ、その所作も素朴で豊穣を人々に振りまくことをイメージしている。司馬が指摘した通り、琉球弧のミルク神は中国・江南経由で伝わり、中国杭州の弥勒神のように布袋様の造形をそのまま受容したのではないか――と解釈できる。それ故にミルクは、その福々しいすがたに象徴されるように男性的でもあり、また世の幸福の体現者として多くの子供たちを引きつれ、女性的でもあるのである。ミルク神は、布袋和尚であり弥勒菩薩の化生でもあって、両性超越的な存在として崇められている。中国大陸南部の弥勒信仰にルーツを持つと推論される根拠となっている。

二　東南アジア伝播説

ミルク仮面のルーツは、台湾やベトナムを始めとして、東シナ海の周縁地域にまで広げて俯瞰することもできる。喜舎場永珣の『八重山民謡誌』における見解に拠れば、八重山のミルク神は、南方（東南アジア）の「安南」（ベトナム付近）から伝来されたという。(8) そのミルク神の仮面は「仮面」「面」のように単なる民具の名詞として直接的に呼ばれることはなく、「ウムティ（おもて）」などと敬称されてきた。八重山各地で豊年祭（プーリ）や結願祭（キィツガン）の時に現れる重要な存在であり、農作物の豊穣と社会の平安をもたらす祭祀的な機能を持っている。この神が登場する時には、〈ミルク節〉が歌われ、その歌詞の「大国ぬミルク　我が島にいもち　うかきぶさえみしより　島のあるじ」(9)の「大国」は、安南（ベトナム付近）のことを示しているとされている。

八重山地域で最初に仮面のミルク神が出現するようになったのは、登野城（とのしろ）の豊年祭であったと云われている。伝承に拠れば、黒島の役人をしていた大浜用倫が、一七九一年に公務で首里に向う海路で、嵐に遭って安南（ベトナム付近）に漂着し、その際に当地の豊年祭で祀られていた弥勒に感激し、仮面と衣装を譲り受けたという。彼はその後首里に辿り着いたが、直ぐに八重山に戻ることができなかったため、随行者に一足先に仮面と衣装、そして彼の作となる「弥勒節（ミルク）」を託したのであった。登野城のミルク仮面は、この時に伝承されたと云われている。ミルク神は急速に八重山地域に広まり、与那国島まで広まった後で、黒潮の道に沿って与那国から沖縄本島の南部沿岸に伝播したとされている。

三　日本本土伝播説

ミルク神と日本本土の弥勒菩薩のかたちが大部違うように、琉球弧のミルク信仰[10]も本土仏教の弥勒信仰とは趣を異にしている。八重山地域から遥か二〇〇〇キロメートル離れた土地にも、本州の「ミロク歌」がミルクに纏わる歌謡として残っている。房総・相模・伊豆の海岸地帯でも、稲の稔りを運ぶ弥勒の歌や踊り〈鹿島踊り〉が伝承されていることを踏まえれば、弥勒信仰が本土から南下して伝播した可能性がある。実際に、茨城県の鹿島地方においては、「ミロク歌」や「ミロク踊り」では〈弥勒の船〉が鹿島灘に到来すると歌われている。この「ミロク歌」は他にも本州太平洋岸に点在しており、柳田國男は、稲作が北上して八重山から黒潮の流れにのって繋がる「海上の道」の根拠の一つとして記述している[11]。

時代的な前後関係や、日本本土における弥勒信仰との関係から考察すると、それらが直に八重山地域から北上して伝わった仮説については疑問視されている。だが黒潮の流れと「ミロク節」の伝播に関係があるのは間違いない。いずれにしても、ミルクの仮面神には、二つの海上信仰、つまり「弥勒信仰」と「補陀洛（ふだらく）信仰[12]」が大きく影響していると思われる。

三　ミルク神と「南波照間島（パイパティローマ）」の世界観

日本最南端の波照間島には、島のはるか南の沖に楽園の島「南波照間島」が存在するという伝説があった。八重山の言葉で「パイ」は「南」、「パティローマ」は「波照間」の意味、つまり「パイパティローマ」とは「南波照間」ということになる。もともと琉球弧には、海のはるか彼方に神々が住む永遠の楽園「ニライカナイ」があ

石垣島で収集した彫師・田場由盛氏のミルク仮面（左）
ベトナムで収集した Di lac（ジーラァ）の木製仮面（右）

ると信じられており、この「南波照間島（パイパティローマ）」伝説もその一種の変型とみることもできよう。

——沖縄の神々は、砂漠の民の神が天から来るのとはちがい、海から来る。古い日本語でも、宗教的な空のことをアマ（アメ）と言い、同時に海をもアマというように、海というのは神聖者が渡来してくる道なのである。神聖者が渡来するには、出発する島が要る。南波照間島は、そういう理由で幻出してきたものであるかもしれない。——（司馬遼太郎『街道をゆく6—沖縄・先島への道—』朝日新聞社、一九七八年、一一一頁より）。

司馬遼太郎は『街道をゆく—沖縄・先島への道—』において「南波照間島は、海中にあるという普陀落山（ふだらくせん）と似たものであろうか」と述べているが[13]、かつて、人々の南への憧憬が、琉球では「南波照間島」伝説として、そして日本本土では「普陀落山（ふだらくせん）」として他界思想が普及した。海の水平線の向こうの「ここではない、どこか」に想いを馳せる時、そこから訪れる豊穣神「ミルク神」へのイメージが、人々を弥勒信仰へと駆り立てるのであろう。司馬は史実を重んじた立場から、「中世における琉球人の貿易活動はじつに盛んなもので、その行動圏は日本、朝鮮、中国、そして遠く東南アジアにまで及んでいたことは、諸記録をみてもあきらかである。[14]」と述べている。

琉球諸島では琉球王朝による公貿易（一四二〇〜一五七〇年）のほか、八重山地域では独自に東南アジア地域と頻繁な貿易を行っており、それは八重山が王朝の支配下におかれた後（一五〇〇年以降）もしばらく続いたと推測されている。こういう視座が、ミルク仮面やミルク信仰もその交易の道、すなわち〈海上の道〉に沿って来訪してきた——という仮説を後押ししてきたのである。

一 「南波照間島（パイパティローマ）」をめぐる伝承と史実

ニライカナイ信仰の世界観が織り込まれた「南波照間島（パイパティローマ）」伝説が、歴史的事実として古文献の中に残されていることは着目に値する。琉球王府の記録である『八重山島年来記』には、——一六四八年、波照間島の住人約四〇名が、厳しい重税に耐えかね、「南波照間島」を目指して脱走していた——という史実が記されている。それによると、「波照間村の平田村百姓四、五〇人ほど大波照間という南の島へ欠落した。島の行政責任者二名が首里へ報告に上り、落ち度があったとして罷免となった。帰途、南の島に漂着し翌年与那国経由で帰島した」とある。

このような伝承としての「南波照間島」は、伝承では、現在の冨嘉集落の南西側にあったヤグ村のアカマリという男が、重い人頭税[15]から人々を救うため村人を引き連れ、「南波照間島」に向け脱出したといわれている。[16]柳田國男が著した『海南小記』では、「南波照間島」はアカマリが、「遍く洋中を漕ぎ求めてついにその島を見い出し、わが島にちなんでこれを南波照間と名付けた」とあるように、事前にその〈幻の島〉の存在がわかっていたとする伝承もある。

宮良賢貞は、幻の島伝説である「南波照間島（パイパティローマ）」の考察を展開する中で、八重山の歌である「古見の浦節」や「弥勒（ミルク）節」の歌詞に注目した。歌詞に出てくる香料「伽羅（きゃら）」「沈香（じんこう）」がマラッカまで行かないと入手できないことから、八重山の密貿易がマラッカまで及んでいたと推測している。したがって、南波照間島の想定された場所として、ルソンやセブをさらに南下した「マラッカ説」を唱えている。

高良倉吉は歴史学的な観点から、『八重山島年来記』に記されている「平田村」は、伝承にある「ヤグ村」を含む行政区画であり、「大波照間与申南之島」という言い回しで南波照間島が表現されていると指摘している。史実では一六三七年より人頭税が施行され、その十一年後に島民の脱走があったと伝えられており、史実と伝承の整合性を主張している。一方で、南波照間島に該当する場所の実在については否定的な見方もある。永積安明は、古老の一人が、――アカマリ等は当ても無く島から脱出した――という伝承を語っていたと報告している。

これらの伝承の存在を踏まえて、司馬遼太郎は、『街道をゆく―沖縄・先島への道―』の中で、「いつどこで読んだかは、忘れてしまっている[17]」と詳細にまで記述するには至らなかったものの、琉球弧の人々の精神世界の集中点が、〈南の海上〉へのベクトルに収束していることに惹かれていたに違いない。なぜなら、そのベクトルは「沖縄の神々は、砂漠の民の神が天から来るのとはちがい、海から来る。[18]」と司馬をもって言わしめるイマジネーションを与え、加えて「琉球の神々は天(アマ)から天降(アモル)るよりも海(アマ)からくるといった信仰がある[19]」という見解を導きださせているからである。

二 「弥勒信仰」と「補陀落(ふだらく)信仰」のあいだ

「南波照間島(パイパティローマ)」伝説を日本本土の「補陀落渡海(ふだらくとかい)[20]」に絡めた立場を主張する研究者もいる。ちなみに「補陀落渡海」とは、古代、都人(京都の人々)にとって最南端であった熊野から、遥か南方海上の彼方にある〈常世〉である「補陀落」に向って船出することを指す。それは現世に見切りをつけ、あの世へと旅立つ一種の自殺行為である一方で、食糧を積み込んで出かけるという、〈常世〉の実在に懸けた行為でもあった。この「補陀落渡海」との比較を試みたのが田畑博子であり、彼女は「南波照間島」とは人々の中にある〈南への脱出の傾向性〉が生んだ伝説であると捉えている。

また石垣繁も、〈南への志向性〉を「補陀落渡海」とニライカナイ信仰との関連性を交えて論じている。それに拠れば、海の彼方の常世観は、いにしえの民族移動の記憶の中にある故郷への想いであるとする、柳田國男などの見解を紹介しつつ、「南波照間島」の伝説は、島を脱出した人々がいたという史実が、そのような〈南への志向性〉によって熟成され説話化したものであると論じている。司馬が「南波照間島は、海中にあるという普陀落山と似たものであろうか[21]」と触れているのは、このような信仰形態の類似性に着目したからであろう。

琉球弧の「ミルク信仰」は趣を異にしながらも、日本本土で見られる「弥勒信仰」の機能を含んでいるわけであるが、即ちそれは熊野権現の「補陀洛信仰[22]」という基底部分で世界観を共有していることを意味する。この「補陀洛信仰」は、他界としての山岳を仏の世界とする捉え方をしており、山岳や海岸近くの岬・海上を観世音菩薩の補陀洛浄土と見なす思想である。現世の浄土として、熊野の那智山のように、修験道の行場として栄えた山岳や岬が信仰の対象となった。

ちなみに、琉球弧のミルク神と深い関連性がある「弥勒信仰」は、まず最初に、山岳という聖域を弥勒菩薩が説法している兜率天（とそつてん）の四十九院に該当するとするイマジネーションから生まれた。やがて、山岳崇拝をベースとした弥勒思想に基づいて、浄土思想の成立に伴って山中に阿弥陀の浄土が想定されるようになると、熊野本宮を始め、各地の阿弥陀如来を本尊とする聖山から〈海上彼方への信仰形態〉も認められるようになってきたのである。

この海上他界観の色濃い「弥勒信仰」が普及すると、弥勒菩薩のいます浄土への信仰は、死後、海上の彼方にある〈補陀洛の他界〉に往生することを願って、那智の浜から船出した補陀洛渡海僧を生み出した。その中で奇跡的に琉球に流れ着いたのが禅鑑であったと云われている。弥勒の浄土、阿弥陀の浄土である「補陀洛」への渡海が、極楽往生を求めてのことであったのは言うまでもない。

日本本土古来の〈常世〉と中国外来の〈蓬莱山〉とを同一視していた向きがあり、「常世信仰[23]」と「蓬莱信仰[24]」とが習合されて〈補陀洛信仰〉へと集大成されていったと考えられる。それ故に、補陀洛信仰という〈南への志向性〉が弥勒信仰と結びついたことが、現世と他界の媒介神とみなされるミルクの神格を高めていることを見落としてはならないのである。

四　「弥勒世（ミルクユー）」の再生の祈りへ

現在の小浜島の結願祭（キイツガン）には、ミルク神が仮面来訪神として顕れる。小浜島ではミルクは神として崇拝され、仮面を保管する家では日常的に拝礼的な行為がなされる。結願祭のような祭祀に出現することからも明らかなように、この神は農作物の豊穣と社会の平安をもたらす存在である。波照間島のミルク神は、豊穣や子孫繁栄を司る神であるために女性であるとされ、仮装行列の付き人である子供達は、ミルク神の子供であると云われている。従ってミルク神の直ぐ後には、子供である幼女達が、五穀を盛り付けた「五穀（ごこく）の篭（かご）」を下げて、母であるミルクに付いて行くのである。これは、〈弥勒世（ミルクユー）〉のもたらす豊穣の種を象徴しているとされる。このようにミルク神には、定められた祭祀機能があり、その福々しい姿を祭祀空間にて披露することで、〈弥勒世〉が再現されることが分かろう。

このように〈弥勒世（ミルクユー）〉を希求する弥勒（ミルク）信仰とは如何なるものかを検討するにおいて、小浜島の結願祭（キイツガン）に現れる仮面神の事例が重要な視点を与えてくれる。結願祭では嘉保根御嶽（カブニオン）[25]への奉納芸能の中で、マレビトを呈した二柱の神々がその姿をみせる。かつてはそれぞれ、北部集落の「ミルク踊」では〈ミルク神〉、そして南部集落の烏天狗芸能「ダートゥーダ」では〈烏天狗神〉が、順繰りに同じ〈遊び庭〉空間にて披露されていた。[26]「ミルク神」と「ダートゥーダ」はマレビト仮面を擁して顕現し、安寧や幸福をもたらすという観点において殆ど同じ宗教的機能を共有している。

ミルク神には、子孫繁栄を御願して集落民の一体感を強めて、村落秩序を維持しようとする機能が弥勒信仰と相まって濃厚に認められる。一方で、烏天狗神ダートゥーダは、風土病（マラリア）に対する畏怖や鎮魂を込めて悪霊退散をするといった、修験道的要素の強い「補陀洛信仰」が基盤となっている。このように結願祭に奉納される祭祀芸能として、ミルク信仰に基づいた「ミルク踊」と補陀洛信仰に基づいた「ダートゥーダ」といったマレビトの舞踊が披露されているのである。

小浜島結願祭のミルク神

ミルク神への信仰には、島人たちが世の再生を願って、〈弥勒世（ミルクユー）〉が到来することへの祈りへの眼差しがあった。日本本土の弥勒菩薩の漢字表記〈弥勒〉の「ミロク」が転訛したと言われ、琉球語では「ミルク」であり、また宗教学の観点から検討しても、弥勒菩薩イメージは琉球弧のミルク神と観念的には世界観が基底で重なる。柳宗悦は「古日本の鏡としての琉球」という視点を提示したが、司馬遼太郎が抱いた「弥勒」観も、琉球のミルクという「古日本の鏡」から写し出されていると言える。

黒潮の流れに沿った弥勒節の伝播ルートと重なるように、琉球弧のミルク神から日本本土の弥勒菩薩への繋がりがここに見える。八重山諸島のミルク行列は、仮面仮装の側面からすれば、中国や東南アジアの系統に属するという見方が強いことには触れてきた。だが一方で、日本本土の海上信仰が琉球文化圏の他界観(コスモロジー)に影響を与えたのも事実であり、本土の弥勒信仰に由来した精神性が、ミルク神の基層に込められているのには間違いない。

東シナ海域に広がる「弥勒」の伝承とかたちについて考察することは、「ミルク神」の仮面が伝播した「海上の道」を探り、琉球弧の「ミルク神」への祈りの起源を探る手がかりとなる。また、「南波照間島(パイパティローマ)」伝説から弥勒信仰へと結ぶ他界観(コスモロジー)は、黒潮の流れに沿って〈世(ユー)〉(豊作・富貴)を乞う祈りを育んでいった。その信仰の対象となった弥勒神は、祭りの中で仮面や仮装となって島人たちに親しまれていったのである。

(1) 喜舎場永珣の『八重山民謡誌』によれば、「弥勒」(ミルク)とは、その福々しい表情に象徴されるように、世の幸福の体現者として、多くの子孫をひきつれ、五穀の稔りを入れた籠、酒壺、酒器を捧げ持った供の者を従えている(沖縄タイムス出版部、一九六七年、九四頁より)。
(2) 司馬遼太郎『街道をゆく6—沖縄・先島へのみち—』朝日新聞社、一九七八年、一六九–一七〇頁参照。
(3) 「ミルク信仰」とは〈弥勒信仰〉のことであり、弥勒未来仏である弥勒菩薩にちなむ、琉球全域に分布する民俗信仰の神で、海の彼方から五穀豊穣と幸せを招き寄せるとされている(須藤義人「サルタヒコ大神の動態原理をさぐる舞踊空間論—琉球弧の烏天狗芸能から熊野権現へと結ぶ視点」『あらわれ』第5号、猿田彦大神フォーラム編、二〇〇二年、一〇七–一〇八頁より)。
(4) 須藤義人同著、一一二頁参照。
(5) 司馬遼太郎同著、一三二頁参照。
(6) 司馬遼太郎『街道をゆく19—中国・江南のみち—』朝日新聞社、一九八七年、一九二–一九六頁参照。
(7) 『琉球列島民俗語彙』第一書房を参照。

（8）喜舎場永珣『八重山民謡誌』沖縄タイムス出版部、一九六七年、九四頁参照。
（9）弥勒節の歌詞については、琉球新報社編『沖縄コンパクト事典』琉球新報社、二〇〇一年より引用。
（10）「ミルク信仰」については脚注（3）を参照。
（11）柳田國男の「海上の道」という概念は、古群島・八重山諸島を旅行した時の紀行文と論考を著書『海上の道』や『海南小記』の中で展開したことに始まる。とりわけ、論考「宝貝のこと」が重要であり、日本人のルーツとして黒潮にそって北上したのは「赤米」だけでなく、首飾りとしての愛用されていた「宝貝」の伝播の存在をも忘れてはならないと促している。
（12）〈補陀洛信仰〉とは観音菩薩の浄土である補陀洛世界に往生して、そこに永遠に生きようとする熊野特有の信仰である。その思想に従って、補陀洛渡海をすることで自らの犯した罪・穢れを浄化しつつ、他の人々の罪までをも消去るという「捨身行」を行った（木崎武尊『熊野的領域』講談社出版サービスセンター、二〇〇二年、六一頁参照）。
（13）司馬遼太郎『街道をゆく6―沖縄・先島への道―』朝日新聞社、一九七八年、一二頁。
（14）司馬遼太郎同著、四九頁参照。
（15）「人頭税」とは、薩摩藩からの搾取による財政難に陥った琉球王府が、その打開策として施行した税制で、収入ではなく人の存在そのもの（一五歳から五〇歳まで）に対して課税するというものである。
（16）アカマリ等は、公用船が税を取り立てに寄港した機会を利用し、役人を酒で酔いつぶれさせた。人頭税である粟や米を積み込んだばかりの公用船を、夜陰に乗じてこっそり奪い取って、脱走したのである。
（17）司馬遼太郎『街道をゆく6―沖縄・先島への道―』朝日新聞社、一九七八年、一三頁参照。
（18）司馬遼太郎同著、一一頁参照。
（19）司馬遼太郎同著、一六九―一七〇頁参照。
（20）「補陀洛渡海」を試みた補陀洛渡海僧とは、真言密教の「死んで極楽に」という浄土思想が重ね合わさって、黄泉の国の入り口である熊野から南海極楽を目指す渡海を試みる僧侶を指したのが起源である。多くの渡海者は死に朽ちるが、奇跡的に琉球に流れ着いたのが禅鑑であったと云われている（内山幹雄「尚寧王『起請文』が語るもの〈上〉」沖縄タイムス、二〇〇二年五月二二日日刊参照）。
（21）司馬遼太郎同著、一二頁参照。
（22）〈補陀洛信仰〉については脚注（12）を参照。

(23)〈常世信仰〉とは古代日本人の他界観の一つで、「常世」を生と死が一体となった世界と考えられた。即ち、神霊の宿る肯定的な世界と死霊の集う否定的な世界の二側面を併せ持つ異界と想定されていたのである(木崎武尊同著、六一頁参照)。

(24)〈蓬莱信仰〉とは、発祥の地である中国から見て東方彼方の海上にあるとされ、不老不死、食物豊穣の島として想像された(木崎武尊同著、六〇頁参照)。

(25) 嘉保根御嶽は「カブニオン、アーリヤマ」と呼ばれ、上納を首里に運ぶ兄のために妹が航海安全を祈願し、願いが叶ったことに感謝して建てられたというウナイ神信仰に基づく御嶽である(須藤義人同著、一一三頁より)。

(26) 小浜島の結願祭では北集落の「弥勒」に対し、南集落からはダートゥーダが演じられていたが、一九二六年、間が抜けているなどの理由で祭の舞台から姿を消した。その代わりに南集落からは「福禄寿」が登場するようになった(須藤義人同著、九二―九三頁、一一一頁を参照)。

(27) 修験道に見られる〈シャーマニズム〉は、トランス(恍惚)状態である「脱魂(他界遍歴・操作)」と、ポゼッション状態である「憑依(憑ける・落とす)」の二側面で構成されている。

参考文献

石垣繁「民話の系譜　パイパティローマ説話の世界観」
『八重山文化論集　第3号―牧野清先生米寿記念―』ひるぎ社、一九九八年
大浜信賢「南波照間『八重山民謡誌』沖縄タイムス出版部、一九六七年
大浜信賢「南波照間逃避行」『八重山の人頭税』三一書房、一九七一年
司馬遼太郎『街道をゆく6　沖縄・先島への道』朝日新聞社、一九七八年
司馬遼太郎『街道をゆく19　中国・江南のみち』朝日新聞社、一九八七年
高良倉吉「パイパティローマ伝説の風景」『Coralway　１９９1年11・12月号　特集　波照間島』南西航空、一九九一年
田畑博子「南波照間の思想」『沖縄文化　第15巻1号(50号)』沖縄文化協会、一九七八年
永積安明「南波照間島―沖縄離島の構想」『世界1983年⑧月号(403号)』岩波書店、一九八一年
本田安次『沖縄の祭と芸能』第一書房、一九九一年

宮田登『ミロク信仰の研究』新訂版白水社、一九七五年
柳田國男「海上の道」『柳田国男全集1』ちくま書房、一九八九年
琉球新報社編『沖縄コンパクト事典』琉球新報社、二〇〇一年

「何もないこと」の眩暈——沖縄・ちゅら海の願い——

吉田昭彦

一　折からの沖縄ブーム

「青い海、白い砂浜のある南国のリゾート」

日本でありながら異国情緒を体験できる観光地の沖縄。

一九七二年（昭和四七年）五月一五日に沖縄は日本に復帰したが沖縄県の経済基盤は弱く、観光業で本土から観光客を呼び込むことが政策の重要なファクターであった。一九七五年に開催された沖縄海洋博覧会を契機にして本格的に観光誘致を始め、ホテルや観光施設などのインフラを整備させていった。まだ円安で海外にはなかなか一般の市民が気軽に行けなかった昭和の時代には、航空会社や旅行代理店などがリゾートイメージを前面におしだして本土から観光客を呼び込んできた。

一九八〇年代の後半から沖縄の本土復帰二〇年を迎えた一九九二年頃まで、日本ではいわゆる沖縄ブームというものが起こり、この時期沖縄の音楽でも島唄の担い手を中心に一大ブームが巻き起こった。（『沖縄島歌読本』双葉社）

それ以降も安室奈美恵やＳＰＥＥＤなどの沖縄出身のアーチストが日本中を席捲し、沖縄が単なる観光地だけではない魅力を感じた人も増えたことであろう。二〇〇〇年には日本で「九州・沖縄サミット」(G8首脳会議)が沖縄県で開催されるまでになり、それを記念して那覇市内にある首里城の入り口にある守礼之門を描いた弐千円札が発行された。

こうした沖縄が全国的に注目されていくなかで二十一世紀最初のNHK連続テレビ小説の舞台を沖縄にすることが決まり、二〇〇一年四月から半年間『ちゅらさん』(原作・岡田惠和)が制作され放映された。NHKがテレビ放送五十年の際に調査した「もう一度見たい連続テレビ番組」のアンケート(二〇〇三年実施)では堂々の第一位に選ばれ、その後同じシリーズの続編も三編続いて制作され、全国の視聴者の共感を呼んだドラマともいえる。このドラマで沖縄への関心が一般家庭に浸透するきっかけとなった。この頃から東京都内においては、沖縄料理店や沖縄の物産店が至るところで見られるようになり、たとえば、ゴーヤなどのほとんど沖縄でしか見られなかった野菜が一般的な商店の店頭に置かれるようにもなった。これまでの沖縄を舞台に取り上げた番組はリゾート関係や戦争に関するものがほとんどで、沖縄の生活が垣間見えるものは現地で制作されていた映画が主であった。

『ちゅらさん』は主人公・古波蔵恵里が成長するとともに〝沖縄の家族〟との絆を描き、主人公が子供のころ死に別れた友人をきっかけに紆余曲折しながら看護師を目指し、「命どぅ宝」(「命が一番大切」であるという意味)という言葉がキーワードとなって、様々な場面で命を考えていくという展開である。このドラマは沖縄の言葉(ウチナーグチ)、風習、信仰などが随所に登場し、それまで一般にはあまり知られていなかった、沖縄ではごくありふれた生活風景が映像を通して全国に紹介されたという側面も持っていた。また、ニライカナイ、キジムナー、亀甲墓などの本土にはほとんど知られていなかった沖縄独特の死生観を随所に散りばめていた。

不治の病のため東京から移り住んできた少年が、少女時代の恵里の実家が経営する小浜島の民宿に逗留し、最

海岸に打ち上げられたサンゴの欠片。やがて白い砂になり、何万年後かには台地の一部になる。

期のときを八重山の離島である小浜島で過ごす。その島で恵里と交流する場面ではキジムナーと呼ばれる森の木々に宿る精霊の話しなどの言い伝えが、自然と会話に出てくる。

このなかで印象的なシーンがある。

白砂の海岸でサンゴの欠片を拾った余命いくばくもない少年が、恵里の父親に語りかける。

少年「これなに？」
父親「サンゴのかけらさぁ。」
少年「なんだか骨みたいだね。」
父親「でも綺麗さぁ。この骨が砕けてこんなに白い砂になるんだよ。世の中には無駄なものは無いんだね。」

少年はふーんと言って死期が近いことを悟っているのか、思いつめたようにサンゴの死骸を手にとって見つめる。目の前に迫る自分の死というものを無駄にさせないために。のちの話の展開でこの少年はまもなく息を引き取るのであるが、ドラマの終盤にキジムナーとなって再生し、主人公の生命の危機を救う役割を果たすことになる。

筆者は二〇一二年前期に早稲田大学大学院で「ヴィジュアルリテラシー」（佐藤洋一教授）を履修した。この講義科目の成果として、七月に早稲田大学内の展示場で大学院履修生十数人がそれぞれの日常空間を写真パネルで表現する展示会を催した。その前年に発生した東日本大震災の年（二〇一一年）に大学院で祈りと再生をテーマにした「比較文化・比較基層文化論」（池田雅之教授）の演習と講義や「生命倫理学」（加藤直克・自治医科大学教授）の講義を通年受講して、命のあり方を今まで以上に考えていた。五月の大型連休に訪れたフィールドワークに訪れた

サンゴの死骸から成る琉球石灰岩の上に樹々がしっかりと根を生やす。

命は海原に続いていく。

沖縄を今回のテーマの日常空間として捉え、数百枚の撮影をしながら七月に行なわれる展示を考えていた。

展示会で選ぶ写真は三枚に決めたが、沖縄の基層文化とそれを表現する画像を選択するのは意外と困難であった。沖縄を表現するには、綺麗な青空や砂浜、海の写真を展示すればそれなりに見栄えが良くなり観客の目をひくことではあるが、何かを訴える方向が違うと考えていた。そのなかで、サンゴの欠片を拡大した画像と台地に大きく根付いた力強いガジュマルの木の画像、さらにジャングルから海が開ける画像を選んだ。

テーマは「輪廻転生」。

『ちゅらさん』で語られていたように沖縄の台地はサンゴの死骸が砕け白い砂浜になり、珊瑚礁を形成し、何万年もの長い年月を費やし、積み重なって琉球石灰岩となり現在の島を形成していった。その土の上に新たな生命が宿り力強い息吹を与えてきた。土壌には力強い生命力と神秘性を感じさせる樹木が覆い茂り、新しい生命を育

離島の御嶽の入口には鳥居が立っているところもある。（小浜島）

ガマ（洞窟）の中に人工的に四角く切られた香炉があり、ここが御嶽であるとわかる。（久高島）

み続けている。やがてその樹木も土壌になって次の世代に命をつないでいく。そしてその先には海が広がり新たな生命が生まれる。南国特有の幹の太い樹木はしっかり地面に根を張り、見るからに生命の力強さを感じることができる。このような生活の中で目に見える自然のありのままの姿は、死しても次の世代に命を繋いでいく死生観に結び付け太古の昔から沖縄の人にとって命は再生するものだという思想の根源にもつながったのではないかと想像する。

二　皆既日食を斎場御嶽で体感

沖縄には御嶽（うたき）と呼ばれる地域の人たちが祈りの場としている信仰の場が数多くある。御嶽は本土にとっての氏神様を祀る祠にあたり地域の祈りの場所である。集落の中にも御嶽を見かけることがあるが、以前は集落の外れにあったものが市街地化の際にそこだけ取り残されてしまったという感じで、公園の中や区画の一角に申しわけなさそうにある。小さな祠の中に石を四角に削った香炉が置いてある以外は何も祀られている様には見えない。だが、一見小さな香炉が無造作のように置かれていていても外部の人が勝手に移動することは勿論のこと、触れ

街の中の御嶽。簡素な小屋の中には何もなかった。（座間味島）

香炉がなければここが拝所（うがん）であるとわからない。

ることでさえ禁忌とされているところがほとんどである。

　御嶽の多くは土地の人たちが守っているだけで常駐する守り人さえもいない。集落から少し離れた森の中に、それこそ地元の人にしかわからない道から草をかき分けて入らなければたどりつけない、外部から隠蔽された場所にあり、まるでよそ者を寄せ付けないかのようである。そこには野ざらしのまま香炉のみが置いてあるだけのものが多く、中にはその場所を示すだけの目印といっていい石が数個置いてあるだけの所もある。また珊瑚礁が隆起した隙間の多い琉球石灰岩でできた島であるため至るところにガマと言われる空洞があり、その中にぽつんと香炉が置いてあるの御嶽もあるが、地元の人たちにとっては紛れもなく大切な祈りの場所でもある。

　画家の岡本太郎が本土復帰前の一九五九年に沖縄を訪問したときに記した『沖縄文化論—忘れ去られた日本』（中公文庫）で御嶽での体験が自分を最も感動させたものと言い、次のように述べている。

立入禁止の案内板がなければここが聖域だとわからない。

御嶽——つまり神の降る聖所である。この神聖な地域は、礼拝所も建っていなければ、神体も偶像も何もない。森の中のちょっとした、何でもない空地。そこに、うっかりすると見過してしまう粗末な小さい四角の切石が置いてあるだけ。その何もないということの素晴らしさに私は驚嘆した。これは私にとって大きな発見であり、問題であった。

その御嶽の中でも最高位とされている聖地が沖縄本島の東側に位置し、海を臨む高台にある「斎場御嶽（せーふぁうたき）」である。琉球王国最高位の権力者である国王と王国全土を霊的に守護し、琉球の信仰における最も高い位の神女・聞得大君（きこえおおきみ）の就任儀礼「御新下り」が行なわれていた場所で、この御嶽の中には、六つのイビ（神域）があり首里城内にある建物や部屋と同じ名前を持つことからも両者の絆の深さを見ることができる。特徴的なものはΔ（デルタ）のかたちをした琉球石灰岩でできた三角岩は巨大な空間トンネルを形成している。その奥に入っていくと金製の勾玉などが鎮められていたという三庫理（サングーイ）や聞得大君と関係のあるといわれるチョウノハナがあるちょっとした広場があり、そこから東の海の果てにある神々が住む楽土に通じる島であるとされている久高島の全景を見渡すことができ、更に島越しには水平線をみることができる。昔はその久高島から聖なる白砂をわざわざ運び入れ、御嶽全体に敷き詰めていた。現在もこの場所は琉球国王や聞得大君の聖地巡礼を今に伝える「東御廻り（アガリウマーイ）」の参拝地として崇拝され、沖縄の人の心には遠く太陽が昇るその島の向こう側には「ニライカナイ」があると信じられている。

三角岩の奥にはチョウノハナ、三庫理がある。

王族以外御嶽に近寄れなかった時代、拝所の手前に6個の香炉が置かれ拝所の代わりをしていた。

二〇〇九年七月二二日、日本では四六年ぶりに皆既日食が鹿児島県の屋久島からトカラ列島の悪石島付近を最大にして奄美大島までの地域で観測された。その時間だけが昼間であるが闇夜の世界が訪れるという神秘的な光景が広がった。那覇では部分日食ではあったが午前九時三二分から午後〇時二〇分までの約三時間弱の間に太陽が月に隠れ、食の最大と言いわれる太陽が月に重なる最大の割合（約九二％）になる時間が午前一〇時五四分であった。（国立天文台HP）

沖縄は部分日食帯にあたり真っ暗にはならないとは事前の下調べでわかっていたが、とにかくこの神秘的な天体ショーを沖縄で、それも琉球王国時代に最高の神聖な場所である斎場御嶽で体感したかった。

東京から前日の夜に沖縄入りをしたので久々の沖縄の朝の光は眩しいものであり、東から昇ったばかりのてぃだ（太陽）の光が、真横から頬を刺すほどの強さ感じさせてくれていた。沖縄本島の西側にある那覇からバスに乗り東の海原を目指した。斎場御嶽の最寄りのバス停に着いたときには既に部分日食が始まっており急いで御嶽までの細い上り坂を駆け上っていった。他にもたくさんの人が訪れているかと思ったが世界遺産にも認定されている神聖なる場所には数人しかいなかった。

御嶽のなかで最も格の高い斎場御嶽ではあるが、置いてある小石や香炉は他の御嶽のそれらとほとんど変わらない。むしろ数個の香炉や石が極端にかつ無造作に置かれているように見えるが、ここではそれぞれの配置が重要な意味を持っている。

亜熱帯の七月の午前一〇時台。天気は晴れ。周りの木々からは鳥や蝉の鳴き声がうるさいほど聞こえるいつもの沖縄の風景であった。最大の食である一〇時五四分に近づくにつれ、この神聖なる場所が徐々に変化をしてきた。太陽の日差しは明らかに弱まり、朝でも頬を刺す陽の光もぼんやりし始めた。真夏の昼前にもかかわらず急激に気温が下がり肌寒く感じるようになった。地面に映るはっきりとした陽と影が段々薄らいでいく。曇り空ではない。見上げれば雲のない紺碧の空ではあるがどこかに空全体を覆う陰りがあり、いつもの昼間の空の色とは違うコントラストであった。

食の最大のとき、木漏れ日は三日月の形をしていた。

御嶽の地面に映る木漏れ日が日食を示す三日月のかたちをしているのを見つけたと同時に鳥や蝉の鳴き声が徐々に消えていく。樹々から発する匂いも変化していることを感じる。夜に鳴く虫の声が遠くから囁くように聞こえてきた。生き物は動植物を含め白日の世界が急に訪れた闇夜に覆われたことに驚き混乱しているようだ。生き物たちが夜と勘違いしたのであろうか食の最大の約五分間は沈黙の世界が奏でられていた。そのとき一頭の羽の一部が欠けた蝶が自分の腕にとまった。何を勘違いしたのだろうか、その口先を私の腕に伸ばし花の蜜を吸うようなしぐさをした。

その神聖なる場所はまるで音楽の演奏会で指揮者のタクトの動きを待っていたかのように楽譜でいうデクレシェント（徐々に小さく）から無音になり、最大の食が過ぎたころクレシェント（徐々に大きく）演奏で元の音量に戻っていった。


何事もなかったかのように元の世界に戻っていく。

死の世界に向かい、そこにしばらく滞在し、そして再生していく。

そう考えていと真夏の神聖なる御嶽のなかでこの大自然の交響曲を目の前で聞かされたような感覚に陥ると畏怖の念にとらわれ身震いさえ覚えた。

そこには沈黙の世界のはりつめた美しさがあった。

三　ニライカナイと久高島

沖縄では東を「あがり」西を「いり」と言う。これは太陽が昇る方向と沈む方向が語源とされている。

西が死者の国、東が神の国。


本土では死者を寝かす方角を北枕にするため北側を頭にして寝ることを忌み嫌うが沖縄では死者は西枕にして寝かせる。これは太陽が沈む方向である西側の海に黄泉の国があると考えられているからである。

梅原猛は『日本人の「あの世」観』（中央公論新社）で「沖縄では太陽に対する深い信仰がある」と述べている。

一六〜一七世紀にかけて琉球王国の首里政府で編纂された歌謡集『おもろさうし』に「テダガアナ」という言葉がありその意味が「太陽の穴」だと指摘し、太陽は暗い穴から昇り暗い穴に戻っていくという考えがあるという。太陽が朝に生まれて夜になったら死ぬ。そして死んでいった太陽はその穴を潜ってつぎの朝に生まれ変わって昇ってくると考えられていたという。

広く沖縄の民族信仰の根源となっている神々が住むニライカナイ。それは太陽が昇る東の海の遥か向こうにあると信じられるユートピア。生者の魂はニライカナイより来て、死者の魂はニライカナイに帰り、七代再生した魂は親族の守護神になるという考えが信仰されている。

沖縄学の外間守善（『海を渡る神々』角川選書）によると、ニライカナイは『おもろさうし』には「にるや」「かなや」と表記されており「根の国」「常世の国」「黄泉の国」である。『古事記』の伝える死者の霊魂の行く他界、後生すなわち「あの世」である。「ニライ」の語源を背景にしてまとめると「祖先神のまします聖域」（根の国）「死者の魂の行く所」（底の国）、あるいは現世に「明るい幸福、豊穣をもたらすセヂ（霊力）の源泉地」という観念が生まれ、やがて「海の彼方の楽土」という考えになり、その信仰がつくりあげていったようだと指摘する。

斎場御嶽の東側に久高島がある。距離にして本島から五キロメートル、周囲七・七五キロメートルの小島であり、まったくといっていいほどの細長い平坦な島である。山もないので視界をいっさい遮るものはない。しかしその平坦な島こそ沖縄の信仰上最高の聖地である。

琉球神話ではアマミキヨが最初にこの島に降り立ち国づくりを始めたと言われ、五穀発祥の地、神の島と呼ばれている。歴代の琉球国王は久高島参詣を欠かすことはなく、琉球王朝時代の神事がおこなわれていた。現在は後継者がなく、一九七八年を最後に中断されているが十二年に一度、午年に行なわれる祭事・イザイホーに代表される神秘的な祭事がそのまま残っているため、民俗的に貴重な島として注目され、研究のため学者が多く調査にやってくる。

岡本太郎は久高島を訪問したときの印象を沖縄の旅の中でももっとも神秘的でありその気韻は旅が終わっても身体のなかに響きつづけていたという。岡本がこの島の最高の聖地である大御嶽に行ったときの感動を記している。

高々としたクバの木が頭上をおおっている。その下には道があるような、ないような。右に曲がり、左に折れ、やがて、三、四十坪ほどの空地に出た。落葉が一面に散りしいて、索漠としている。（中略：案内人からここが大御嶽であると知らされると）気をぬかれた。沖縄本島でも八重山でも、御嶽はいろいろ見たけれど、何もないったって、そのなさ加減。このくらいさっぱりしたのはなかった。（中略）とりたてて目につく神木らしいものもなし、神秘としてひっかかってくるものは何一つない。（中略）なんにもないということ、それが逆に厳粛な実体となって私をうちつづけるのだ。

岡本太郎が感動した「何もないこと」。この感動こそが沖縄の信仰の根本を表しているようにも思える。

※ちなみに二度の沖縄訪問は岡本の創作活動に大きな影響を与えたものだと考えられている。久高島での感動がさめやらぬ翌一九六七年七月に大阪万博（一九七〇年）におけるテーマ展示プロデューサーに就任

亀甲墓（小浜島）

し、西洋近代合理主義に反する「べらぼうなもの」を造ることを宣言して、後の《太陽の塔》となる「（仮称）生命の樹」を制作することを発表した。ここでも岡本が沖縄での見聞を通して得た何かがあったものと考えられる。（川崎市・岡本太郎美術館「岡本太郎が愛した沖縄展」二〇一六年）

皆既日食（部分日食）を斎場御嶽で体験したその日の午後から久高島に行った。今回は八年ぶり、二度目の訪問であったが「やはり何もない島」という印象であった。港近くにある宿泊先の民宿で借りた自転車を借りて島を廻る。すぐに集落はなくなり原始的な風景が続く。海岸沿いの脇道を進む途中に亀甲墓があった。亀甲墓が子宮を模倣した形をしているのは死んで母親の胎内に戻り再び生まれてくるという思想からきているそうだ。

今でこそ久高島でも亀甲墓であるが数十年前は風葬であった。岡本太郎が二度目の久高島訪問時（一九六六年）に現地の新聞記者に促され、最初の訪問のときに島の人がよそ者に見られるのを嫌がるというので案内されなかった後生（ぐそう）（＝墓）に足を踏み入れ、風葬により何体もの骨となって朽ち果てた屍を撮影した記事を発表して話題になった。そこには公開されるには禁忌されている風景があった。しかし岡本はこの風景を目の前にして次のように書いた。

　残酷でありながら浄らかだ。強烈な世界である。だが性急に焼かれたり、埋められるよりも、このように悠久の時間の中にさらされて消えてゆくというのは正しいような気がする。

筆者が以前別の離島の民俗館に行ったとき、特別に風葬されていた屍をそのまま見せてくれたことがあった。

久高島のまっすぐに伸びた一本道。その道の先は海であった。

そこの学芸員から洗骨の儀式が平成の時代になっても行われていたことを聞いた。骨に肉片がついていると魂があの世に行けないという考えから洗骨をしているといい、若い男ほど筋肉が骨に絡み付いていて死後三年経った骨であってもなかなか取れないという生々しいことも聞いた。今では洗骨という風習は無くなったとされているが一部の島にはその考えは残っている。いまの時代でも沖縄の人のなかにニライカナイを信じていきたいという希望をもっているのではないのかと感じた。

久高島はひたすら平坦な島であるため自転車でも走りやすい。山がないので景色も単調でクバやアダンの植物が時々目の上にあるだけで見えるのは空と地しかないのである。本当になに一つ威厳がある大きなシンボルは見当たらない。他の離島のように目を見張るような白砂青松の海岸や特徴的な沖縄の家並みもなく、リゾートを目的とするには本当に何もない島である。まっすぐに伸びた未舗装の単調な一本道をこのまま進んでいけば天に昇ってしまうような感覚になる。そのとき大重監督のビックマウンテンの話しを思い出した。

『久高オデッセイ（1～3章）』など沖縄の文化や自然をテーマとした作品が多い映像監督の大重潤一郎がドキュメンタリーを撮影するためにアメリカのアリゾナ州に行くことになった。そこにインディアンの聖地である「ビッグマウンテン」と呼ばれている場所があることを知り、移住勧告にもめげずにその聖地を守っているお婆さんたちがいるということでそこに出かけていった。大重はインディアンが聖地にしているビッグマウンテンというのだからどれだけの大きな山であるのだろうと思ったという。しかし日本から持ってきた地図で探しても載っていない。現地の空港について地元の地図なら載っているのだろうと探したが見つからない。ようやく地元の町に来てやっと「ビッグマウンテン」と書いてある地図を見つけた。その場所に行く途中も荒野の連続でそれらしき山すら見ることはない。しばらくするとちょっと小高い台地があり、そこが目的の地であった。人間の目線より少し上にあるだけのものがあったという。そのときの感動を大重は『共生と循環のコスモロジー』（成文堂）で次のように述べている。

人間が荒野で生きているときに、それ以上高いのは人間の許容量を超えるわけです。人間が関われる、人間の身長、五尺六寸じゃないけど、その目からみた時にちょうど、関係しうる高さの山。そういう意味でのビッグマウンテンだったわけですよ。僕はやっぱり凄いと思った。彼らは、そのあたりにある雪をいただいた高い山をビッグマウンテンなんていっていませんよ。僕たちからみたら、えっと思うような山をビッグマウンテン、大いなる山といってきたインディアンの心というものが、痛いほど分かった。

皆既日食の時間に斎場御嶽から見えた久高島。その先にはニライカナイがあると信じられていた。

四　ちゅら海への願い

高台にある斎場御嶽からは久高島の全貌が見える。まったくといっていいほどの平坦すぎる島なのでその向こう側には、神々が住む楽土がその果てにあると信じられている方向の水平線を島越しにみることができる。

あの皆既日食の昼夜逆転の時間、斎場御嶽はまるで生の世界と死の世界の交錯であった。太陽が西に沈み悪霊が跳梁跋扈する闇夜を東の水平線上から昇るてぃだ（太陽）がすべて打消し、天に輝きと地には生命を与える。この最高の聖地・久高島から昇る太陽が後光となって映し出される島の風景を見て沖縄の先人たちが神の降りた島だという伝説が生まれたのもわかるような気がした。

久高島に高い山があったとしたらおそらくその山だけが信仰の対象になったことであろう。しかし平坦な島であるからこそ島全体が信仰の対象となったのではないか。斎場御嶽は岩場の奥に拝所（うがん）があるのでその場所からは横に景色が広がらず、岩と木々の間から久高島だけがクローズアップしたように見える。東の空のまばゆい朝の光に久高島全体が包まれてくると御嶽の中で徐々に生命の息吹が聞こえてくる光景を毎日繰り返していく。そこには祈りと再生が一体になった沖縄の信仰の根源が感じられる。

沖縄は台風の通り道でもあり大規模な災害が毎年発生している。近年は少ないが津波の被害も相当あり壮絶な被害の記録が残されている。人間が作るものはこれらの災害ですぐに木っ端微塵になり、この地では荘厳なものに対しての執着が起きなかったのではないかとも思う。権力者は大きなものを立ててその威厳を示す。ピラミッド、城、宗教寺院などに見られるように、そのシンボルは大きさを競って富と支配力を示すものとして機能している面もある。沖縄は中国や日本からの支配が続き政治的にバランスをとりながら国を保ってきた。御嶽に鳥居があるのも日本の神道を強制され形は神社として受け入れたが祈りの場としては御嶽として守ってきた名残である。ここに形だけではない沖縄の人の心のあり方を感じることができる。征服されて宗教や価値観を強制されようとも、御嶽そのものは物ではなく信仰の良心であるならば破壊することもできない。人々が守っている信仰に対する経典もなく、そのシンボルが何も形としてあるわけではない。香炉も石もその場の目印であって信仰はその場所での祈りであるので何人も支配できるものではない。

沖縄では自然と共生していかなければ生きていけない。そのシンボルが太陽である。太陽の力強い力を信仰に転じ、太陽が昇降する水平線の向こうの、はるか彼方の世界に思いを馳せ、輪廻転生という発想が生まれたのだろう。このような自然の営みから大きな影響を受け、自分たちの信仰に一体化し、その先に独特の文化が生まれる。

そこには沖縄の碧く透き通った美しい海に願いをかける素朴でかつ根深い祈りが存在する。

参考文献

池田雅之　編『共生と循環のコスモロジー』成文堂
梅原猛『日本人の「あの世」観』中央公論新社
外間守善『死と再生の原郷信仰　海を渡る神々』ＫＡＤＯＫＡＷＡ
岡本太郎『沖縄文化論　忘れられた日本』中央公論新社
岡本太郎『岡本太郎　神秘』二玄社
岡本綾子『岡本太郎の沖縄』ＮＨＫ出版
赤坂憲雄『岡本太郎が見た日本』岩波書店
岡田恵和『ちゅらさん』双葉社
沖縄なんでも調査隊『沖縄島唄読本』双葉社
沖縄県南城市発行　斎場御嶽パンフレット
大学共同利用機関法人　自然科学研究機構　国立天文台ＨＰ
川崎市・岡本太郎美術館発行「岡本太郎が愛した沖縄」展パンフレット（２０１６年）

※文中の写真は全て筆者が撮影。

八　文化を超えて共に生きる

ヨーロッパの底力とは何か——近代文明の臨界と超克——

富岡幸一郎

一　新たな「戦争」の時代に

昨年（二〇一五年）十一月のパリで起きた同時多発テロ事件は、その十カ月前のパリ週刊誌襲撃事件もふくめて、イスラーム過激派によるテロが、全世界的な戦争＝テロへと拡散している苛酷な現実を改めて見せつけることになった。本年、二〇一六年三月二十二日には、ベルギーのブリュッセルにおいて同時多発テロが起きた。ヨーロッパ、ＥＵの中枢が標的になったのである。難民・移民の大量流入問題で揺れる欧州に、さらなる困難が現在進行形の危機として顕在している。そして六月二十三日に、英国で国民投票が行われ、ＥＵからの離脱というニュースが伝えられた。

二〇〇一年九月十一日のアメリカの同時多発テロは、二十一世紀の新たな「戦争」の到来の象徴的悲劇であったが、そのときにフランスの哲学者ジャン・ボードリヤールが指摘した「世界戦争」は、まさに今日の現実と化して眼前にある。

《世界戦争から世界戦争へと、毎回のように、人びとは単一の世界秩序のほうへ突き進んでいった。今回、世界秩序は潜在的にはその最終段階に到達し、いたるところにひろがった敵対勢力と争っている。世界性の中心にさえも、もちろん現在のあらゆる激動状況のなかにも、敵対勢力は存在しているのだ。抗体のかたちをとって反逆するあらゆる細胞、あらゆる特異性のフラクタルな戦争》（『パワー・インフェルノ』塚原史訳）(1)

この「フラクタルな戦争」は、文明社会のあらゆる部分を標的とすることで、世界そのものを不安定にし、いたるところに危機と恐怖をまき散らしている。まさに細胞が分裂していくように拡がり、潜在する恐怖は日常性に同化する。テロを生み出す温床を消滅させること、すなわち貧富や地域の格差を解消し、宗教が寛容の精神に立ち戻り、民主主義と自由を拡大していくことは欠かせないといわれる。

しかし、一方でフランスなどのテロ事件は、西洋近代の歴史性と現在を、改めてより長いスパンから考える必要性をうながしているようにも思われる。フランスに象徴される西洋の近代主義、普遍主義、理性主義の揺らぎが、はっきりとみえてきたのではないということである。そもそも、フランスは多文化の国ではあっても、アメリカのようにそれを理念とする多文化主義の国ではない。憲法一条で「フランスは不可分の、非宗教的、民主的かつ社会的な共和国である」と掲げて、国家の一体性を強調し、同時に近代的なライシテ（政教分離）、徹底的な世俗化を目指した国である。共和主義の下にイスラーム教徒も国家の成員として認めている。そのような国において、イスラーム原理主義を標榜する者たちが内側からテロを起こしたということは、西洋の近代主義、普遍主義、理性主義の限界と袋小路を期せずして露呈させたのではないか。

ＥＵ（ヨーロッパ連合）はヨーロッパの地域における人類史の壮大な実験であった。その歴史的な経緯についてはあとで確認することにするが、いまその実験の成果が危機的状況を迎えている。

テロだけではなくギリシアの債務危機がスペイン・イタリアなどにも飛び火し、欧州経済は予断を許さない状況が続いている。危機の原因は、ユーロという単一通貨の導入によってギリシアなどがその国の経済状況に応じた金融政策が取れなくなったことにあるが、そもそもユーロというEU十九カ国が参加している通貨制度そのものが、問題を孕んでいたことは明らかである。二十八の加盟国、総人口五億人のEUは、このようにさまざまな角度からその存立の基盤を問われているのである。英国のEU離脱によって、その基盤はさらに崩れつつある。

ヨーロッパ文明とは何か。ヨーロッパが体現してきた近代文明は、いかなる事態をもたらしているのか。それはもちろん欧州の状況だけでなく、日本も含めた二十一世紀の世界状況を動かしている。イスラーム原理主義の台頭による「文明の衝突」という事態を安易に語るよりも、まず考えるべきはこの近代主義＝近代文明の孕む根源的な問題であり、それを体現してきたヨーロッパそのものの根底を問い直す事ではないか。

二　ヨーロッパ統合への理念

ヨーロッパの統合の歴史を考えるとき、十六世紀の宗教改革とルネサンス以来の長い歴史的経過を確認する必要がある。宗教改革とルネサンスと並べて記したが（一般的な歴史の教科書ではそのような記述をとっている）、ルネサンスはイタリアを中心に興った古典・古代の文化の復興であり、「再生」というその言葉の意味から古代のギリシア・ローマの再発見であるといわれてきた。一方、宗教改革はカトリック教会による支配への批判から、個人の信仰といった近代的人間像への転換であったといわれる。いずれも間違いではないが、しかし宗教改革の内実を正確に捉えるならば、そのような簡単な叙述では済まない。

ルターの宗教改革は、カトリック教会の免罪符の制度や聖書からの逸脱への直接的な批判から出発したが、それは決して近代的な個人の神信仰への転換ではなく、むしろ人間の「自由」への徹底した否定性を内に持っている。『キリスト者の自由』によれば、神の前にあっては、人間は何者にも束縛されない「自由」を持ち、同時に人間は何者にも従属し奉仕する僕としてあるという。これは、近代的なヒューマニズムの感覚からすれば矛盾に他ならないが、ルターが主張したのは、人間の「自由」とはあくまでも「神」の絶対的な恩恵のなかで保持されているということであった。その信仰義認論は、原罪を持つ人間はただ信仰によって義とされるということだが、人間の側からは一切の救済の可能性がないという透徹したアンチ・ヒューマニズムに立脚している。

また、スイスの宗教改革者ジャン・カルヴァンはその神学の要諦に、いわゆる予定論を置いた。それは一言でいえば、人間の救いが全く神の自由な選びのなかにあるという教えである。人間の意志や能力によるのではなく、神によって予め定められた人間の救いと滅びの区別といってもよい。したがって、それは時間的な以前としての予定ではなく、神の自由な決断が全てのことに先行するという意味である。このような神的な選びと棄却としての予定論（神の完全性を神の二つの行為に分割する説ということで、これは「二重の予定論」と呼ばれる）は、西方神学の確立者アウグスティヌスから、中世のトマス・アクィナス、そしてルター、ツヴィングリー、カルヴァンなど宗教改革者の神学まで引きつがれてきた教義であった。

たとえば、カルヴァンは『キリスト教綱要』のなかで、次のように神の「二重」の予定について語った。

《われわれが「予定」と呼ぶのは、神の永遠の聖定であり、よってもってそれぞれの人間に起こるべく欲したもうたことを、自ら決定したもうもののことである。なぜなら、万人は平等の状態に創造されたのではなく、あるものは永遠の生命に、あるものは永遠の断罪に、あらかじめ定められているからである。したがって、人はそれぞれ、どちらかの目的に向けて造られているのであるから、あるいは生命に、あるいは死に予定されている、とわれわれは言う》（渡辺信夫訳）[2]

このようなカルヴァンの二重予定説が、近代の人間中心主義の考え方とは全く異なるものであることはいうまでもないだろう。宗教改革の本質は人間の意志や能力によって、救済の可能性が開かれるのではなく、まったき神の恩寵のなかでの救済論であり、それは聖書の原点にむしろ回帰する信仰覚醒運動であった。

したがってルネサンス的な人間と文化の再生といった風潮とは真っ向から対立するものであったといってよい。ヨーロッパが、かつてヘブライズム（ユダヤ・キリスト教）とヘレニズム（ギリシア・ローマ文明）という本来的に相反するものの衝突と相剋と止揚によって形成されたように、十六世紀の転換点においては、ルネサンス的な人間・文化主義と宗教改革の反人間・神信仰というふたつの異質なる潮流のなかで新たな時代形成を遂げていったのである。このダイナミックな対立と調和の流れのなかにこそ、ヨーロッパ文明の深い力が宿っているといえる。

三　ウエストファリア条約と近代ヨーロッパ

宗教改革以後に起こった三十年戦争（プロテスタントとカトリックの宗教戦争といわれているが、国家・民族間の闘争でもあった）に疲弊した欧州諸国は、一六四八年にドイツのウエストファーレンでウエストファリア条約を締結し、戦争の終結を目指した。その後もオランダ戦争や英国の名誉革命、スペイン・ポーランド・オーストリアなどでの紛争が絶えないのであるが、ウエストファリア条約は各国、各諸侯の信仰の自由を認め、宗教戦争の時代にひとつの区切りをつけた。以後、近代の国民国家の時代に突入する。それはまたヨーロッパの国際秩序と統合思想の新たな展開をもたらすことになる。

理神論者であったサン・ピエール神父は、『ヨーロッパの永久平和覚書』(一七一二)でキリスト教国の間における恒久平和を構築することを提案した。戦争の消滅、軍事費の削減そして貿易通商の拡大などの構想はその後のヨーロッパの統合構想の礎となった。

サン・ピエールの理解者であったジャン・ジャック・ルソーは啓蒙主義の思想家として名高いが、彼もまたヨーロッパの国家のひとつの社会的靭帯を主張した。それはその統一構想は連邦といったものではなく、ゆるやかな国家連合であった。ルソーは各民族の個性を重視したのであり、それを越えた普遍性に対しては、疑問を呈し、強引な国家連合は暴力的手段によってしか実現されないと指摘した。

彼らのヨーロッパ論に影響を受けたカントは、『永遠平和のために』(一七九五)で国家間の永続的な平和実現のために、常備軍の段階的な廃止や法に適合した共和制国家による連合体などを提案した。その平和理念の背景にあるのは、「自然」という概念であった。この自然は外的なものから人間の道徳的なものまでかなり広い意味を持っている。カントは、永遠平和は机上の空論ではなく、この偉大な「自然」によって保障されるのだといった。

《自然の機械的な過程からは、人間の不和を通じて、人間の意志に逆らってでもその融和を回復させるといった合目的性がはっきりと現われ出ているのであって、そこでこうした合目的性は、その作用法則がわれわれには知られていないある原因による強制と見れば、運命と呼ばれるし、また世界の過程におけるその合目的性を、人類の客観的な究極目的をめざし、この世界の過程をあらかじめ定めていたような、いっそう高次の原因がそなえている深い知恵と

考えれば、摂理と呼ばれるであろう》（宇都宮芳明訳[3]）

「摂理」という言葉が象徴しているように、カントの平和論を支えているのは、神がこの世界を創造し保持し、完成に導くという合目的なキリスト教的な理念であるのは確かである。

四　第一次大戦の危機と思想

第一次大戦は十八世紀以来のヨーロッパの啓蒙主義哲学の理想論を完膚なきまでに打ち砕いた。カントの『永遠平和のために』のような理想論は、二十世紀の初頭において崩壊したのである。これは、十八世紀初頭にヨーロッパ諸国連合を提唱したサン・ピエールなどにはじまる二世紀をこえる近代的理想論の全面的瓦解でもあった。一九二〇年代後半からの世界恐慌は、第一次大戦後の欧州の危機をさらに拡張させることになったが、この時期に思想・哲学的には極めて重要な時代への考察が新たになされたのも事実である。

ヨーロッパ文明を形成してきた土台はいうまでもなくキリスト教であり、コルプス・クリスチアヌム（ヨーロッパ社会共同体）であった。しかし、十八世紀以降の啓蒙主義のなかには、すでに人間中心主義としてのヒューマニズムがあり、その思想は神学から人間学への転換を示していた。十九世紀末のニーチェの「神の死」はそれを明白に語ったものであったが、第一次大戦後の欧州のカオスに対して、神学の領域ではカール・バルトの「危機の神学」が新たな転回を突き付けることになった。バルトは第一次大戦の最中、スイスの小さな村の教会の牧師をしていたが、ある日突如としてキリスト教がすでに壊れやすい傾いた宗教という擬制にすぎないということを語りだした。十九世紀末の自由主義神学といわれた近代的な理性や道徳心に軸を置く神学が、大戦の破壊と流血によってもはや完全に通用しなくなっていることを痛感したからである。バルトはそこから宗教化し、制度化した近代的キリスト教を根底から覆すために、十六世紀の宗教改革者たちが行ったように時をこえて、原始キリスト教団の思想、すなわち使徒パウロの地平にまで千数百年を貫いて立ち戻り、そこから聖書の言葉の力を呼び戻すことを成した。

「危機の神学」とは単にキリスト教の社会的な復権などではなく、むしろコルプス・クリスチアヌムを破壊することであった。バルトの一九一九年および二一年に刊行された『ローマ書』はその言語的実践であり、「神学者のグラウンドの上に爆弾のように落ちた」（カール・アダム）といわれたが、これは神学の領域に留まらず、より広範なヨーロッパの思想・哲学の徹底的な改変をもたらすことになった。(4)

一九二七年に刊行されたハイデッガーの『存在と時間』は、ソクラテス・プラトン以前の古代ギリシア哲学に回帰することで、近代啓蒙主義の考え方とヒューマニズムを全面的に乗り越えようとする試みであった。ハイデッガーはバルトの『ローマ書』に強い示唆を受けたのは明らかであり、『存在と時間』は現存在（人間）の分析からはじめ、存在そのものの解明という二千年の西洋哲学を遥かに凌駕しようとする意図を孕んでいた。その試みは未完に終わったが、そこに「危機の哲学」ともいうべき決断があったことはいうまでもない。

さらにハイデッガーに影響を与えたもう一人の哲学者であるフッサールは、一九三五年にその生涯の最後の労作『ヨーロッパの学問の危機と先験的現象学』を著す。同書は三八年のフッサールの死後に著作としては公にされるが、その原型は『危機書』と呼ばれるものであった。この本は、三三年にヒトラーがドイツの首相となるナチズムの嵐のなかで構想された。そして、そこで展開されたのはルネサンス期において形成された「ヨーロッパ的人間」の根本的再検討であった。フッサールは次のように語る。

≪（ルネサンス時代に復興された哲学は）みずからを哲学の世紀と呼んだ十八世紀において、ますます広い範囲の人々の心を、哲学とその分枝としての個別科学に対する感激をもって満たしたあの高揚を理解するのである。教養へのあの熱烈な衝動、教育制度や社会的、政治的な人間の存在様式全体の改革に対するあの熱意、これこそ、あのしばしば軽蔑の的になる啓蒙の時代を尊敬すべきものにするのであるが、その熱意も、このことに由来するのである。あの、シラーの詩にベートーヴェンが作曲したすばらしい賛歌「喜びに寄す」こそは、この精神の滅びることのない証言なのである。今日においては、われわれはこの讃歌を思い起こすにしても、痛ましい思いを伴わないわけにはゆかない。あの讃歌とわれわれの現在の状況との対照ほど大きいものは考えられないであろう。≫（細谷恒夫訳[5]）

フッサールは、かつてのヨーロッパの高揚と教養が地に落ち、時代の没落が現実のものになった、そのところにおいて、「危機」の本質を明らかにしようとした。そこでは、近代の哲学や科学的思考が現実の人間の生活世界から分離され、抽象化された理想の別名であり、生活世界から遊離したその学問の客観性を問い返すことであった。

このように二十世紀前半の欧州の時代的困難に対して、神学や哲学の領域において少数であるとはいえ、その危機を本質的に洞察する著作が書かれたことは改めて想起されるべきであろう。

五　近代ヒューマニズムの破産

第二次大戦はヨーロッパにさらなる破壊と荒廃をもたらした。とりわけナチス・ドイツによるホロコースト（ユダヤ人の大量虐殺）は文明的野蛮の極限であり、広島、長崎の原爆投下とともに科学技術の進歩が人類にもたらす災禍と悲劇の現実を突きつけた。

ユダヤ人の文芸批評家ジョージ・スタイナーは、ナチズムとスターリニズムによって破壊されたヨーロッパ・ヒューマニズムの廃墟に立って、次のように語った。

《この暗黒の蛮行は、ゴビ砂漠から発生したものでも、アマゾンの雨の密林から発生したものでもなかった。じつに、ヨーロッパ文明の内部から、ヨーロッパ文明の核心から立ち現われたのである。虐殺された人びとの悲鳴は諸大学にも聞こえるあたりで響き、サディズムは劇場や博物館をぬけでて往来をまかり通ったのだ。一八世紀の末に、ヴォルテールは自信満々、拷問もいずれ跡を絶つだろうと期待し、イデオロギーから生ずる大量虐殺も、いずれは追放され、ただの影になるだろうと期待した。ところが、われわれ自身の時代に、文学・哲学・芸術的表現という高尚な場は、ベルゼン強制収容所の書き割りと化した。

このような破局も、純ゲルマン的現象であったとか、一、二の全体主義指導者の特異人格に根ざす不幸な災厄であったとかいう、言葉巧みな慰めを、このわたしはうけいれることができない。ゲシュタポがパリを引きあげてから一〇年後、ヴォルテールを生んだ国の人たちがアルジェリアの人たちを拷問したり、おなじ警察地下室の若干で、たがいを拷問しあったのだ。西ヨーロッパに活力を与えた、あの古典的なヒューマニズムの殿堂・あの理性の夢は、大半が崩壊してしまった。古代ギリシア以来抱かれ、いまもなおマルクスのユートピア的歴史主義とフロイトのストイックな権威主義のなかに強い妥当性をもっている文化発展の理念・人間に内在する合理性の理念（マルクスもフロイトも、ギリシア＝ローマ文明の遅まきの馬丁である）は、もはや強い自信をもって断定することはできない。政治的憎悪とサディスト的教唆の支配に、易々として従う存在である技術人の権力範囲は圧倒的に拡大され、破滅の方向に向かっている。》

（『言語と沈黙』由良君美訳[6]）

これは啓蒙主義以来のヨーロッパ近代ヒューマニズムの決定的な破産宣告である。スタイナーは、この破滅と荒廃の〈あとに〉来た人間として文化を語ることができるのかという言語的危機の意識から出発して、文芸批評の世界を切り拓いていった。それは、言葉そのものの危機であった。

二十世紀のふたつの大戦を経験したヨーロッパは、この無残な戦争を二度と起こさないために統合への道筋を歩み始めた。ヨーロッパ石炭鉄鋼共同体（ECSC）の設立にはじまる経済統合であり、それが今日のEUおよびユーロ通貨圏にまで至ったことはいうまでもない。しかし、そうした経済による統合が、スタイナーがいっている「ヨーロッパ文明」（マルクス主義もそのひとつである）の根源的危機と崩壊の問題、すなわち近代ヒューマニズムがすでに破綻していることへの思想的問い返しを取り外したところでなされていたことは指摘しておかねばならない。

六　二十一世紀の地平で

世界経済を大恐慌へと導きかねない多発するテロや難民問題、通貨危機は、ヨーロッパの没落を予感させるが、問題はやはり一九二〇年代から三〇年代にかけて出現した前述のような「危機の思想」が今日ほとんど省みられることなく、問題を経済危機・債務危機の次元に内閉化していることである。

これはグローバル資本主義とそれを実現化させた情報化社会そのものが、今日の人間から、歴史に深く根差し、長い時間のスパンで考える思考力を奪っているからではないか。それは、いいかえれば言語活動の貧困化であり、思想の衰弱に他ならない。

一九九〇年代、ソ連の崩壊のあとで、ヨーロッパでは再びカントの『永遠平和のために』が読み直され、ブームとなった。冷戦終結後に激化する新たな地域・民族紛争の状況下で、民族の共存と恒久的な平和を計るための拠り所が求められたためであった。ＥＵの拡大、そして共通通貨ユーロの導入は、基本的にこうしたかつての啓蒙主義の理想論の安易なリメイクの発想から出発していたといってよい。それは根本的な誤りであったのではないか。

ヨーロッパで冷戦後になされるべきであったのは、人間中心主義と自由と民主主義といった近代的価値観が、二十世紀前半の困難のなかで表わされた「危機の思想」によってひとたび本質的に問い直されたように、さらに根本的に鋭く批判することであったのではないか。ヨーロッパの底力とは、近代文明を他の地域に先駆けて創り上げた欧州が、その近代的な諸価値を疑い、内在的に批判し、乗り越えていこうとする思想の強靭さを持っていたことである。

第二次大戦後のヨーロッパは、ソ連とアメリカという近代主義が生み出したふたつの実験国家の間に立たされることになったが、社会主義思想という西洋近代主義の落とし子が崩壊したあとに、もう一方のアメリカ的文明に圧倒され、浸食されることになった。世界通貨としてのドルに対抗するユーロという共通通貨を拙速に現実化してしまったことも、アメリカニズムに対するヨーロッパの独自性の確立というよりは、結果的にヨーロッパのアメリカ化となったのではないか。

日本は敗戦後七十年、徹底的にアメリカ化された社会となった。戦前の日本の教養人のなかにあった西洋への憧れといったものは、他ならぬヨーロッパのアメリカ化によってすでに遠い幻影となっている。日本もまた、グローバル経済に翻弄されながら、失われた二十年、いや三十年の異常な停滞のなかに陥っている。アベノミクスといわれる金融緩和等による経済復興が進行しているようにみえるが、ヨーロッパがそうであるように、日本もまた自らの近代「文明」（アメリカニズム）そのものを根本的に問い直すことによってしか真の再生はありえない。その出口は二十世紀前半に欧州の「危機の思想」を新たに現在の状況下で解釈し直すという地味ではあるが、必要な思想的営みを為すことではないだろうか。繰り返すが、ヨーロッパがかつて持っていた「底力」とは、自らがつくり上げた近代文明そのものを問い直す思想的営為を内包していることである。

この世界に留まりつつ、文明を拒絶することなくこれを超える道。グローバリズムという混沌のなかで、反近代主義や偏狭なナショナリズムに陥ることなく、この「近代」の超克をいかに考えるべきか。現在の最もアクチュアルな思想のテーマであることは疑いえない。

（1）ジャン・ボードリヤール『パワー・インフェルノ』塚原史訳　二〇〇三年　NTT出版。
（2）ジャン・カルヴァン『キリスト教綱要』渡辺信夫訳　一九六二年　新教出版社。
（3）イマヌエル・カント『永遠平和のために』宇都宮芳明訳　一九八五年　岩波文庫。
（4）カール・バルト『ローマ書講解（上下）』小川圭治・岩波哲男訳　二〇〇一年　平凡社ライブラリー。カール・バルトについては富岡幸一郎『使徒的人間　カール・バルト』二〇一二年　講談社文芸文庫を参照。
（5）エドムント・フッサール『ヨーロッパの学問の危機と先験的現象学』細谷恒夫訳（『世界の名著』51巻所収　一九七〇年　中央公論社）。
（6）ジョージ・スタイナー『言語と沈黙（上下）』由良君美　他訳　一九七〇年　せりか書房。

スコットランド独立とスケール間の政治

柑本英雄

一　コーンウォールからスコットランドへ

本書の前作と位置づけられる池田雅之編著『共生と循環のコスモロジー』（成文堂、二〇〇五年）は、副題に「日本・アジア・ケルトの基層文化への旅」と銘打ち、私たちのアイデンティティを形成する精神文化の深層へとさまざまな学術領域から接近した研究書であった。筆者は、その一章で、「ケルトの現代性――選択されるコーンウォールのアイデンティティ」のタイトルで、英国イングランド南西部に位置するコーンウォール州政府が、アトランティックアーク（大西洋縁辺地域）の一部としてヨーロッパのケルト外縁のアイデンティティを表出させる政治戦略をとり、ＥＵの補助金を獲得して経済開発を進める手法についての分析を行った[1]。

これは、基層文化が現代国際政治の中でどのような目的で再評価され再利用されるかを明らかにする「基層文化の現代性」を考察する試みであった。コーンウォールは、それまで共同歩調をとってきたアングロサクソンのデヴォン州という、隣接するイングランドの領域と離れて政治活動を展開することで、ケルト的なアイデンティティを巧みに表出させながら、ＥＵからの補助金獲得の資格を取得していった。今回はその検証の枠組みをさらに一段深め、ケルト民族の多く住むスコットランド北東部アバディーン州が、EU、英国、スコットランド、アバディーンという自らの政治的なマルティプルアイデンティティズを巧みに使い分けながら、スケール間の政治を展開する様子を考察してみたい。多文化の価値を認め、多中心的開発手法をとるEUの資金は、スコットランド辺境地域の地方政府にとっても、コーンウォールと同様に重要な意味を持つ。

これまでも、筆者は、集団の中に複雑に折り重なる政治的アイデンティティ、すなわち、マルティプルアイデンティティズに関する議論を行ってきたが[2]、今回は、特に、比較基層文化論の視角から、スケール間の政治に関わるケルトの人々のことを考えてみたい。スケール間の政治には、そのスケールに紐づけされるアイデンティティがあり、スケール間の政治は、アイデンティティの対立を生み出すこともある。しかし、その逆に、アバディーン州のように、スコットランドであることを巧みに使いながら、EUと連携していく方法、すなわち、マルティプルアイデンティティズの共存を図っていくスケール間の政治の方法もある。

このことを検証するために、本論文では、まず、スケールとは何かについて議論し、スコットランドの人々に自らのアイデンティティ表出を強烈に意識させた政治動向について検証する。続いて、スコットランド独立を問う住民投票におけるゴードン・ブラウン前首相の離脱反対演説を取り上げ、マルティプルアイデンティティズの中で、あるアイデンティティが別のアイデンティティに主役を取って代わられるとき、すなわち、マルティプルアイデンティティズの中の個々のアイデンティティが共存やすみ分けをせず、対立的に表出する場合、その背景にどのような図式が見て取れるのかを考えてみたい。最近のスコットランドや英国での住民投票、国民投票を見ると、スケール間の対立は、実は、個々人に内在するマルティプルアイデンティティズの表出変化によってもたらされている。そして、これらの議論を踏まえた上で、これらとは対比的に、スケール間の政治を巧みに利用したスコットランドのアバディーン州の漁業に関する政治的戦略から、今後のスケール間の政治がどのような方向性を持ち得るのかを考えてみたい。

これまで筆者が蓄積してきた官公庁資料やインタビュー資料を使った全面的な議論は次の機会に譲り、ここでは、どのような観点から、多層的な政治的アイデンティティの議論が重要性を帯びてきたのかを、事例を追いながら議論し、今後の研究の展開の鍵となる序説的研究としたい。

二　スケール間の政治

スケール間の政治とは、英国国家とフランス国家、英国国家とドイツ国家のような、同じスケールの行為体の利害関係の調整ではなく、ＥＵと英国、英国とスコットランド、ＥＵとアバディーン州のような異なったスケール間の利害調整の政治のことである[3]。これまでヒエラルキーの中に押し込まれていた地方政府のような政治組織は、国家からの権限移譲やマルチレベルガバナンスという権限のすみ分け・最適化の進展によって、政治的権限を拡大していった。同時に、市民がどのスケールに自らのアイデンティティを強く感じるかが、その権限拡大と密接に関わるようにもなってきている。それは、後述する北アイルランド議会、スコットランド議会、ウェールズ議会の設置や、二〇一六年六月二三日の国民投票で明らかになった英国のＥＵ離脱などの「アイデンティティの表出」に見て取ることができる[4]。これまでヒエラルキー的に共存していた複数の多層的な政治的アイデンティティ（マルティプルアイデンティティズ）が、ヘテラルキー（水平）的選択の機会を得られるようになってきていると言えよう。

このスケール間の政治は、本論で後述するような地方政府の政治手法に新たな活路を見出させる場合もあれば、偏狭なナショナリズムや民族主義を呼び起こすような政治的事象も発生させる。特に、他レベルのスケールで発生した事象に危機感を抱き、自分たちはその外にいたいと感じるような場合、そのスケール間の対立は、選挙や国民投票・住民投票などで表出する。シリア難民がカレーを越えてブリテン島に流入する事態を見て、「これはEUのレベルのことであり、英国がその結果を負うのは納得できない」と考えた英国民もいた。EU残留か離脱かを問う二〇一六年の国民投票ではそういった人たちが、自分たちをEUから切り離すよう英国の国家アイデンティティを突出させた。この離脱問題は、今後も、どのような展開になるのか予断を許さない。

三　スコットランド――古くて新しいアイデンティティ――

一九九九年九月二三日、フィンランド西部のボスニア湾に面した都市ヴァーサのコンベンションホールに通じる大廊下は、高らかに鳴り響くバグパイプの音色に包まれた。当時、北海の地域漁業とEU共通漁業政策について調査をしていた筆者も、その中にいた。欧州の沿岸地域の地方政府が加盟する欧州沿岸辺境地域会議の年次総会初日、歓迎晩餐レセプションでの出来事だった。タータンのキルトを身に付けたパイパーが、バグパイプを演奏しながら歩みを進めると、各国地方政府の代表者たちが、ぞろぞろとその後に続き、瞬く間に、大廊下と会場は五〇〇人の関係者で埋め尽くされた。会場には、北海の幸であるスカンピと呼ばれる手長海老、アバディーン・アンガス牛のステーキ、ゴートチーズなど、特産の品々が並んだ。オークニー島のハイランドパークをはじめ、スコットランドのシングルモルトウィスキーも並べられ、各国地方政府の代表団にふるまわれた。

それは、スコットランド議会が、一七〇七年の連合条約によってイングランド議会と一本化されて以来、およそ三〇〇年ぶりの再設置を祝う趣旨で催されたものであった。[5] ヴァーサに代表団を送り込んでいたスコットランドのアバディーン州、ハイランド州、シェトランド諸島、オークニー諸島などの地方政府の代表者たちがもてなしの主人公であった。一九九八年スコットランド法の改正によって定められた権限移譲と分権議会の設置が現実になったことを、欧州沿岸辺境地域会議の代表者たちと共に祝福したのである。この後、これを契機にして、スコットランドの地方政府群が英国中央政府（ホワイトホール）を飛び越して、ＥＵの共通漁業政策や地域政策に影響力を発揮することを思い起こすと、このセレモニーがその宣誓式であったように思えてならない。

当時、英国のケルト地域は労働党のトニー・ブレア首相が率いる英国政府の権限移譲政策の流れの中で、大きく変貌を遂げつつあった。北アイルランドでは、一九九八年四月一〇日のベルファスト合意を受けて、五月二二日の住民投票が実施され、その結果に基づいて一九九八年北アイルランド法が施行された。同年、六月二五日に選挙が行われ、七月一日に新しい北アイルランド議会が招集された。[6]

既述のようにスコットランドでは、一九九七年九月一一日、スコットランド議会の設置とその議会による租税変更権の取得の二点について問われることとなった。その住民投票の投票率は六〇・二％で、スコットランド議会の設置に賛成が七四・三％、その議会による租税変更権の取得に賛成が六三・五％であった。[7] ところは変わり、その一週間後の一八日のウェールズでは、ウェールズ議会の設置が問われることとなった。投票率は五〇・一％で、五〇・三％の住民がウェールズ議会の設置を望んだ。[8] その後、二〇〇六年の法改正でウェールズ議会は、ウェールズ独自の立法権を持つように権限を強化した。[9]

スコットランド議会総選挙は、今年二〇一六年の選挙まで、五回実施されている。一九九九年五月の初めての総選挙は、スコットランド労働党五六議席、スコットランド国民党三五議席、スコットランド保守党・統一党一八議席、スコットランド自由民主一七議席の結果となり[10]、労働党のリーダーであるドナルド・デュワーがスコットランド政府首席大臣（First Minister）となった。その後の二〇〇三年も五〇議席を獲得した労働党が第一党で、第二党は二七議席を占めたスコットランド国民党であった[11]。

二〇〇七年の選挙では、ついにスコットランド独立を目指すスコットランド国民党が四七議席で労働党の四六議席を抜いて第一党となった[12]。スコットランド国民党のリーダーであるアレックス・サモンドが首席大臣となり、その後のスコットランドの英国からの独立機運を高めていくことになる。サモンドは、英国国会からスコットランド議会に住民投票を実施する権限を移譲する「エジンバラ合意（Edinburgh Agreement）」を二〇一二年一〇月にデービッド・キャメロン首相と結んだ。続けて、二〇一三年一一月、スコットランド独立がどのような成果をもたらすのかについて詳細なシミュレーションを記した青写真とも言える文書『スコットランドの未来（Scotland's Future）』を発表した。

四　ブラウン前首相の離脱反対演説

この流れの中で、翌二〇一四年九月一八日、スコットランドの独立の是非を問う住民投票が実施された。結果は、独立への拒否であった。八四・五九％の投票率で反対票が五五・三〇％を占め、労働党などを中心とした「一緒の方がいい（Better Together）」キャンペーンが、スコットランド国民党主導の「イエス、スコットランド（Yes Scotland）」キャンペーンに勝利したのである[13]。このとき、未だどちらに投票するかを決めていなかった浮動票に大きな影響を与えたと言われる「一三分間の演説」が、グラスゴーのメアリーヒル・コミュニティセンターホールで投票前日に行われた。グラスゴー近くのギフノック出身の英国前首相ゴードン・ブラウンの渾身の演説である。[14]ここで、少し、その内容を彼の公式HPの記録から見てみよう。[15]

ブラウンは、聴衆の万雷の拍手に迎えられた。沈黙の後、彼は「さあ、ついに、世界は、スコットランドの真実の声を耳にするときが来た。サイレントマジョリティは、もはやサイレントであることをやめるのだ。」と切り出す。

スコットランドの人々に、スコットランドの愛国的な未来のあるべき姿について話したい。スコットランド人としての誇り、スコットランド政府、私たち自身が作り上げたスコットランド議会の姿についてだ。

私たちの愛国心は、私たちの日々の生活を律する最高の原理原則である。それは、英国の他の隣人たちとの法律的な、政治的なつながりを粉々に打ち砕くような「偏狭なナショナリスト」の持つ考え方とは全く違う。

明日、私たちが投票する一票は、スコットランドが一つの民族であることを示すためのものではない。私たちは、過去も今も未来もずっと一つの民族なのだ。

明日、私たちが投票する一票は、スコットランド議会をどうするかを問う投票でもない。私たちは一〇年前の住民投票で、すでにそれを開設しているではないか。明日、私たちが投票する一票は、権限が英国政府から移譲されるかを問う投票でもない。すでに、権限が増えることには皆同意しているのだ。

そして、まだどう投票するのか決めていない人、迷っている人、どうするべきか分からない人には、私たちがこれまで一緒に成し遂げてきたことを示してあげようではないか。

私たちは、二つの大戦を一緒に戦ってきたのだ。ヨーロッパには、スコットランド人、イングランド人、ウェールズ人、アイルランド人が並んで眠っていない戦士の墓など一つもないのだ。私たちは、一緒に戦い、一緒に傷つき、ともに犠牲を払い、ともに喪に服し、ともに勝利を祝ったのだ。

私たちは、一緒にこれらの戦争に勝っただけではなく、平和を一緒に構築し、国民健康保険システムを生み出し、福祉国家を作り上げたのだ。そして、これからも、一緒に未来を作っていくのだ。

そして、私たちは、これらを連合王国の中で、自らのスコットランド人としてのアイデンティティ、文化、伝統を犠牲にすることなく成し遂げたのだ。私たちの中のスコットランド人的なるものは、結果として、弱まるどころか強固になったのだ。こうやって私たちが作り上げたものを、ナショナリストたちに粉々にさせてはいけない。

そして、「このままでは誇りあるスコットランド人ではいられないぞ」と吹き込まれた人、まだどう投票するのか決めていない人、迷っている人、どうするべきか分からない人には、「ここは私たちのスコットランドなのだ、だから独立にノーと投票しよう」と伝えてあげよう。

彼らに教えてあげよう。スコットランドは、スコットランド国民党になど隷属していない。スコットランドは、「イエス、スコットランド」の独立キャンペーンのものでもない。スコットランドは、スコットランド国民党のアレックス・サモンドのものでも、ジョン・スウィニーのものでも、ましてや、私や他のどの政治家のものでもない。スコットランドは、私たち皆のものだ。そして、ナショナリストたちに言ってやろう。ここにあるのは、彼らの旗でも、彼らの国でも、彼らの文化でも彼らの街並みでもないのだ。ここにあるのは、私たち皆の旗であり、私たち皆の文化であり、国であり街並みなのだ。

明日投票する私の一票は、私のための一票ではない。それは、子供たちのためのものだ。全てのスコットランドの子供たち、そして、子供たちの未来のための一票なのだ。

スコットランド国民党が「今こそ、独立の時だ、その瞬間なのだ」と言っても、彼らはあることを忘れているのだ、そう、その決定は未来永劫、二度と元には戻せないことを。

（重要箇所を筆者が抜粋して翻訳掲載）

熱く語ったこの演説を、ブラウン前首相は「さあ、堂々と意見を述べようじゃないか。スコットランドの未来のために、独立にノーと！」と締めくくっている。

五　階級間の闘争と地域間の闘争からスケール間の闘争へ

欧州の政治、特に英国の政治は、これまで「階級間の闘争」の歴史として理解されてきた。支配階級としての資本家階級と被支配階級としての労働者階級との対立の歴史である。未だに、英国の統治をめぐって、保守党と労働党の支持者層の考え方には特徴的な違いがある。この分断からも分かるように、政治的な立場に階級の違いがあった。しかし、この演説に見えるのは、マルクス主義で説明される「階級と階級の闘争」でもなく、また、ウォーラステインが説く世界システム論の「地域と地域の闘争」でもない。これは、スケールを越えたクロススケール、すなわち「スケールとスケールの闘争」である。

このことは、国際政治の世界が「スケール間の闘争」の時代に足を踏み入れたことを意味する。スコットランド国民党が「スコットランド人のハート」に迫りながらスケール間の闘争を煽ったのに対し、このブラウン元首相の演説は、社会的公正などを引きながら「スコットランド人の理性」に問いかけたのであった。そして、それは、スコットランドという地域スケールと英国という国家スケールとの共存をスケール間の政治で模索しようとする理性的な演説でもあったのだ[16]。

ここには、もう一点、スケール間の政治を考える上で大切なポイントが隠されている。それは、「どのスケールの誰」が「どのスケールの誰」を統治するのかである。通常、国家は国民によって統治される。英国は英国国民によって統治される。では、スコットランドは誰が統治するべきなのか。スコットランド独立の機運は、スコットランドは英国民によってではなくスコットランド市民によって統治されるべきだとの考え方によっている。

ここで、北東アジア学会で行われた多賀と高橋の議論を引きながら、このことを考えてみよう[17]。トレーニング（training）にトレイナー（trainer）とトレイニー（trainee）がいるように、また、インタビュー（interview）にインタビュアー（interviewer）とインタビュイー（interviewee）がいるように、「する人」がいれば「される人」がいる。そう考えると、「ガバナンス（governance）」にも「ガバナンサー（governancer）」と「ガバナンシー（governancee）」が存在するのではないか。すなわち、ガバナンスの主体と受け手の明確化の必要性である。多賀は、市民社会（civil society）の登場によって、このガバナンサーとガバナンシーが同じになったのではないかと指摘する[18]。

そして、マニフェステーションであるとの批判を恐れずに言えば、市民社会の存在感が大きくなってきた今日、ガバナンサーとガバナンシーの関係性は、王権でもなく、間接的な専門職業政治家による代議制でもない、「市民による市民の直接のガバナンス」に移行しつつあるのかもしれない。これまでも、ＥＵ統合の過程で、「民主主義の赤字」と呼ばれる齟齬は指摘されてきたが、このガバナンサーとガバナンシーの議論は、ガバナンスのオーナーシップの議論であり、スコットランドに置きかえるとスコットランド市民の手によって共治されるということを示している。民族アイデンティティというよりは、むしろ、市民アイデンティティ（civic identity）としてのスコットランド・アイデンティティのあり方が、「ガバナンサー」と「ガバナンシー」の間で問われているのである。

つまり、EU、英国、スコットランドをめぐる憲法改正的な大きな政治課題については、市民（国民）の直接的な政治的意志の表明によって決せられるようになっているのである。それは、スケールを跨いだガバナンシーとガバナンサーのズレを、市民が感じ取っているからに他ならない。

六　スケールのジャンプ

ここまで、スケール間の闘争の中で、マルティプルアイデンティティズが共存せず対立しているかに見えるスコットランド独立などの問題について検討した。ここからは、そのマルティプルアイデンティティズが共存し得るような政治的な方法論、あるいはダイナミズムの可能性について、スコットランドでの事例を検討しておきたい。

ヴァーサの箇所で、地方政府の動きについて記したように、スコットランド、とりわけ、北東スコットランドの地方政府は、当時のEU議会議員のストルアン・スティーブンソンと連携し、共通漁業政策において、スケールのジャンプという政治手法を使いながら、スケール間の共存を図ってきた。これは、前述のような、国民（住民）投票などによってパワーの関係性を変更することなく、イッシューによって巧みに他スケールの法律、財政資源を自らのスケールのために活用する方法論である。ここでは、それがどのようなものかを検証してみよう。ハードな空間のガバナンス様式は、ある「場所」においてはヒエラルキー的に存在する。例えば、ピーターヘッドという町はアバディーン州という州政府が管轄し、同時に、その地域はスコットランド政府の管轄下にあり、また、連合王国としての英国の一部でもある。さらに、その場所は、ＥＵの一部とも言える。

その街並みの眺めは、ヨーロッパのある漁村の風景でもあり、英国のありふれた海沿いの光景でもあり、また、スコットランドの北海沿岸らしいランドスケープでもある。同時に、それらはアバディーン州らしい景色でもあり、ピーターヘッドの町の生活の眺望でもある。この英国の北東スコットランドに位置するアバディーン州政府は、スケールのジャンプの手法を駆使しながら、自らの政治的争点である北海の漁業問題を、スコットランド、英国、ＥＵなど上位スケールの問題に段階的に格上げし、自らの政治的意図の実現を図ってきた。

アバディーン州政府は、その段階的「スケールのジャンプ」の実施場所として、北海地域という新しい領域を利用し、その領域で展開されるスケール間の政治を主導した。彼らは、成果として、ＥＵに北海の鱈操業に関する総漁獲可能量などの重要案件に諮問意見を提出できる北海地域諮問評議会（North Sea Regional Advisory Council：NSRAC）の設立などを認めさせることに成功した。これは、常設のＥＵ諮問会議であり、漁業者が四〇議席、環境ＮＧＯらが二〇席を占めた。ＥＵは、この諮問機関の議決を尊重せざるを得なくなった。

別の見方をすれば、アバディーン州政府・スコットランド政府・英国政府・ＥＵ欧州委員会のようなスケールの異なる国際的行為体同士の新たな「スケール間の闘争」システムが、この場所をめぐって生まれたとも言える。これは、階級間闘争や世界システム論的闘争からの国際政治理解に続く、スケール間の新たな政治的資源分配を説明し得る。

表 1　スケール別水揚げ　（単位：トン）

水揚げ港	1995 年	2005 年	2006 年
Aberdeen	27,942	25,164	16,710
Peterhead	112,376	117,490	104,998
Fraserburgh	39,833	46,705	30,129
North East Scotland	180,151	189,359	151,837
Scotland	481,872	366,260	289,200
UK	723,800	491,700	416,500

出典：アバディーン州政府統計資料 2008 年 1 月発行
http://92.52.88.74/statistics/economic/fishing/fishland_volval_jan2008.pdf（2015 年 10 月 10 日アクセス）

アバディーン州は、ピーターヘッドやフレーザーバラのように真鱈、スケトウ鱈の北海漁業の中心的水揚げ港を抱えている（アバディーン港は、アバディーン市という図1一番上①の白抜き部分。詳細は後述）。二〇〇六年を見ると、ピーターヘッドとフレーザーバラで一三五、一二七トン、北東スコットランド地域の八九・〇％になる。これにアバディーン市管轄領域のアバディーン漁港の水揚げ一六、七一〇トンを加えると北東スコットランド三漁港で一五一、八三七トンとなる。アバディーン州政府は、北東スコットランド漁業開発パートナーシップ（North East Scotland Fisheries Development Partnership：NESFDP）という漁業政治プラットフォームを立ち上げ、アバディーン市と協力関係を築いて一緒に共通漁業政策への対応を進める。

そのNESFDP関連の水揚げは、スコットランド全体の五二・五％にあたる。アバディーン州政府とアバディーン市政府は、北海マクロリージョンに位置する地方政府の政策連携を促進する政治プラットフォームである北海地域委員会（North Sea Commission：NSC）に、漁業ワーキンググループを発足させ、スコットランド代表団の声としてシェトランド島政府などの協力を得ながら、このNESFDPでの政策意図をNSCにも共有させることに成功する。このように、アバディーン州のローカルな政治的な立場や言説を、スコットランドを代表する政治的な立場や言説にすり替え、次に

図１　スケールの段階的ジャンプの地図からの理解

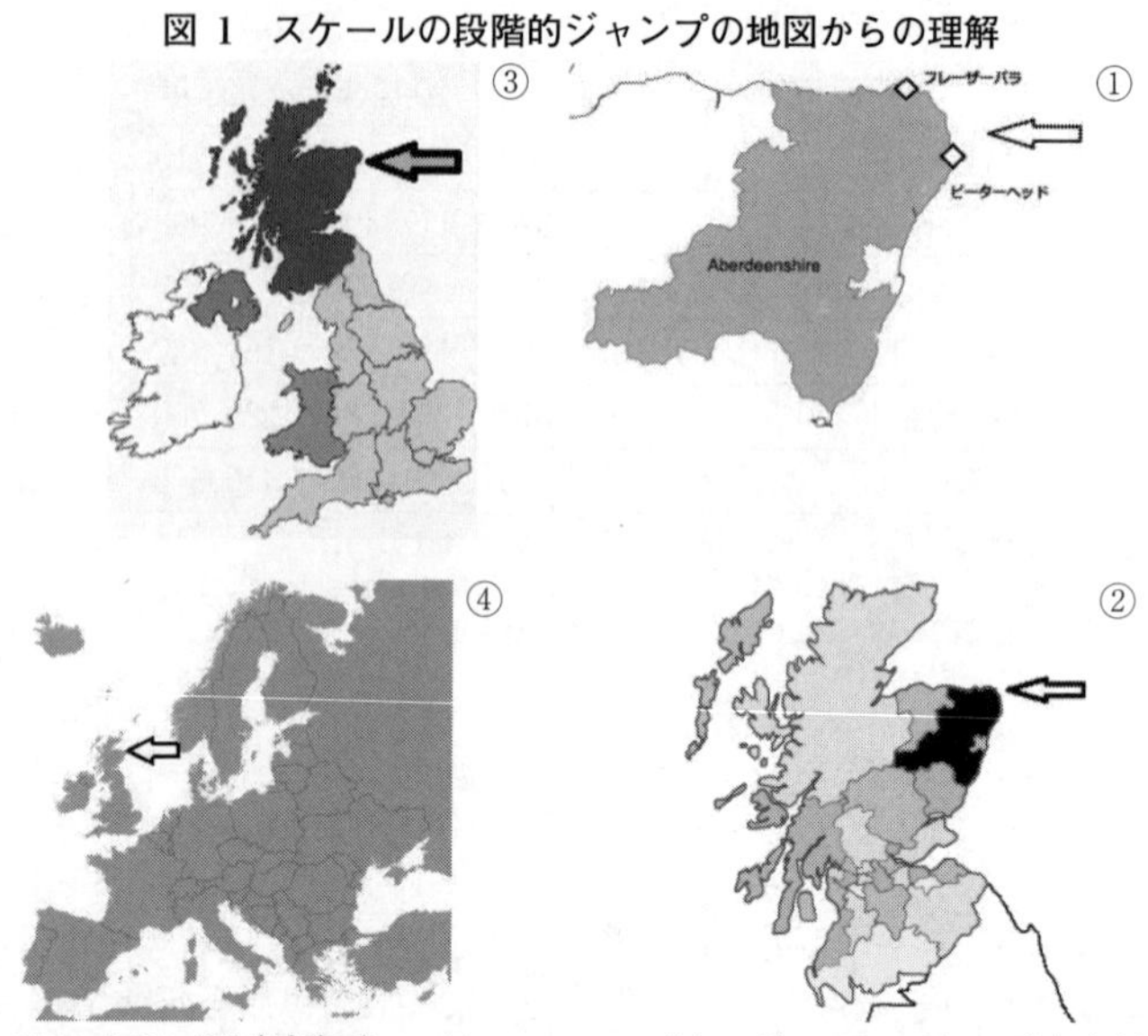

スコットランド政府文書（http://www.gov.scot/About/Government/councils）などから筆者作成

は、英国の権限移譲の流れの中で、英国中央政府を飛ばして、直接、NSCを使いながら北海マクロリージョンの政治的な声として、EU海洋政策総局にNSRACの設立を飲ませる。しかし、その手法が住民投票のスコットランド独立とは異なる点は、憲法改正的な国家の成り立ちの変更のような根本的なスケール間の政治変更ではなく、個別イッシューによるスケール間の政治解決の方法による点である。

アバディーン州政府は、ピーターヘッドやフレーザーバラの漁業問題のようなローカルな政治的言説を、「北東スコットランド」から「スコットランド」、そして、それをEUの共通の海である「北海地域」にすり替えることで交渉の力を高めた。すなわち、アバディーン州政府は、英国政府を説得する手間を省いて、EUの漁業政策を共通漁業政策から地域別漁業政策への転換を促すことに成功したのである。この言説転換と政治的プラットフォームの段階的転換は、「スケールのジャンプ」の中でも、ホップ・ステップ・ジャンプ型、または、段階的スケールのジャンプとでも言うことができよう。アバディーン州政府は、最も、その影響力を持つスケールまでジャンプを継続し、政治的戦略的意図を達成する。アバディーン州政府は、意図的にこの「段階的スケールのジャンプ」の手法を駆使し、スケール間の政治的闘争を繰り広げていたのである。共通漁業政策の手詰まりを打開したいというEU側の意図と、地域別漁業政策の転換によって「自らの海のことはブリュッセルではなく自らが決める」というアバディーン州政府による実験的先駆的取り組みの意図が合致したことも、ダイナミックな動きを加速させた要因である。これらは、規模の大きな他のスケールに争点を格上げすることで、国家が独占してきた法的規制力と財源を「相対的な力」に変換する方法論である。すなわち、エリック・スインゲドーが議論するように、国家から機能を抜き出し、国家機能の空洞化を始める方法論である。[19]

その後、このスケール間の政治では、利害関係者調整会議などが開催され、行為体間のヘテラルキー的な政治交渉が始まっている。ここには、EU欧州委員会や国家政府、州政府などの領域的な統治行為体のみならず、漁業団体のような機能的行為体や、環境NGOなどの課題特化型行為体、さらには、ガス・天然資源を扱う企業までもが北海の海洋管理に参画するようになっている。そのように行為体が種を越えて交渉を行い、ガバナンスのルール構築を目指すプロセスでは、ボブ・ジェソップが指摘するガバナンス間のガバナンスであるメタガバナンスが発生する。[20]このメタガバナンスは、領域的行為体に加え、漁業団体・科学者組織・環境NGOのような規範の異なる行為体による「規範包括的ガバナンス」の政治統治形態である。

七　おわりに――スケール間の闘争からの現状理解――

本論文では、比較基層文化論の視角から、ケルトの人々、中でも、スコットランドの近年の動向に焦点を当て、マルティプルアイデンティティズの対立と、マルティプルアイデンティティズの共存の方法論から「スケール間の政治」についての議論を行った。

欧州の政治、特に英国の政治は、これまで政治資源を巡る「階級間の闘争」の歴史として理解されてきた。また、中心と周縁の関係性を世界システム論的な「地域間の闘争」の観点から理解する方法論も提示されてきた。しかし、近年のスコットランド独立問題を分析するためには、これらに加えて、「スケール間の闘争」からの現状理解の方法論が必要であることがわかった。それは、単純な「イングランドとスコットランドの歴史的対立の経緯」への説明方法を超克する新たな方法論であるといえる。

スケール間の政治には、そのスケールに紐づけされるアイデンティティがあり、スケール間の政治は、英国とスコットランドのようなアイデンティティ選択を迫る住民投票などを通じて「アイデンティティの対立」を生み出すこともある。ブラウン元首相のスコットランド独立反対演説は、スコットランド国民党のナショナリズム的扇動からくるそのようなアイデンティティの対立の種に、冷静な判断をスコットランドの人々に呼びかけるものであった。そして、それは同時にスケール間の闘争にスコットランド独立問題が還元されることを阻止するものであった。

しかし、その逆に、アバディーン州のように、スコットランドであることを巧みに使いながら、漁業政策においてＥＵと連携していく方法、すなわち、スケールのジャンプを駆使して特定のイッシューについて、スケール間の協調を実施する行為体の戦略も確認することができた。

今後、さらに、このようなマルティプルアイデンティティズの表出変化は、スケール間の対立と密接な関係性を見せていくことが予測できる。それによる政治的混乱を回避するためには、これらの個別のアイデンティティのあり方やマルティプルアイデンティティズの中での表出変化が、ガバナンスに関して最適スケールの選択にも深く関連していることも認識されなければならない。そして、それらは、「ガバナンサー」と「ガバナンシー」の問題を提起しているのである。今回、本論文で得られたこれらの知見を踏まえて、スケール間の政治がどのような方向性を持ち得るのかについて、今後のこの地域の動向をフォロー、研究していきたいと考える。[21]

（1）　コーンウォール州は、二〇一六年六月二三日の国民投票で、ＥＵ離脱一八二、六六五票（五六・五二％）対ＥＵ残留一四〇、五四〇票（四三・四八％）の結果であった。有権者四一九、七三八人のうち三二三、二〇五人が投票して七七％の投票率であった。The Guardian, "EU Referendum : Full Results and Analysis," http://www.theguardian.com/politics/ng-interactive/2016/jun/23/eu-referendum-live-results-and-analysis (accessed 25 June 2016) ; Cornwall Council, "2016 European Union Referendum," https://www.cornwall.gov.uk/council-and-democracy/elections/current-and-forthcoming-elections-referendums/2016-european-union-referendum/ (accessed 27 June 2016).

インディペンデント紙によると、コーンウォール州政府代表のジョン・ポラルドは、この投票結果に危機感を抱き、英国がＥＵ離脱プロセスで毎年六千万ポンドのＥＵ補助金を獲得していることに関して、コーンウォール州が独特の立場にあることを表明している。Independent, "Cornwall Issues Plea to Keep EU Funding after Voting for Brexit : Cornwall Receives Millions of Pounds in EU Subsidies Every Year," http://www.independent.co.uk/news/uk/home-news/brexit-cornwall-issues-plea-for-funding-protection-after-county-overwhelmingly-votes-in-favour-of-a7101311.html (accessed 25 June 2016). また、英国の地方政府連盟（ＬＧＡ）は、五三億ポンドにものぼるＥＵからの補助金に対して、それらが離脱しても保証されるべきだと声明を

出している。BBC, "Councils' Cash from EU 'Should be Guaranteed' if Withdrawn," http://www.bbc.com/news/uk-politics-eu-referendum-3662906 (accessed 26 June 2016).

（2） 柑本英雄「時空封理論におけるアイデンティティの概念をエスニックアイデンティティ・ナショナルアイデンティティと比較・再考察する試み」『早稲田大学大学院社会科学研究科『社会科学研究科紀要』別冊第三号、一九九九年、一四九-一六六頁。柑本英雄「マルティプルアイデンティティ序説：集団の社会アイデンティティに関する再考察」早稲田大学大学院社会科学研究科『ソシオサイエンス』第五号、一九九九年、一二三-一三六頁。柑本英雄「国際的行為体のマルティプルアイデンティティ形成過程の分析：大西洋沿岸漁業ワーキンググループ（Atlantic Arc Fisheries Working Group）を例証として」早稲田大学大学院社会科学研究科『社会科学研究科紀要』別冊第四号、一九九九年、七一-九六頁。

（3） 詳しくは、拙著『EUのマクロリージョン：欧州空間計画と北海・バルト海地域協力』（勁草書房、二〇一四年）を参照されたい。

（4） 下図2および3参照。

図 2　スコットランドのナショナルアイデンティティ

Who are you? Scottish or British	Scottish not British	More Scottish than British	Equally Scottish & British	More British than Scottish	British not Scottish
All	24%	30%	31%	4%	7%
Scottish born	28%	34%	32%	2%	3%
Support independence	46%	31%	15%	3%	3%
Oppose independence	8%	26%	44%	6%	12%

以下を元に作成。
https://www.ipsos-mori.com/Assets/Docs/Infographics/Scotland_independence_infographic_6_3_12.pdf

図 3　スコットランド独立賛成派の割合の推移

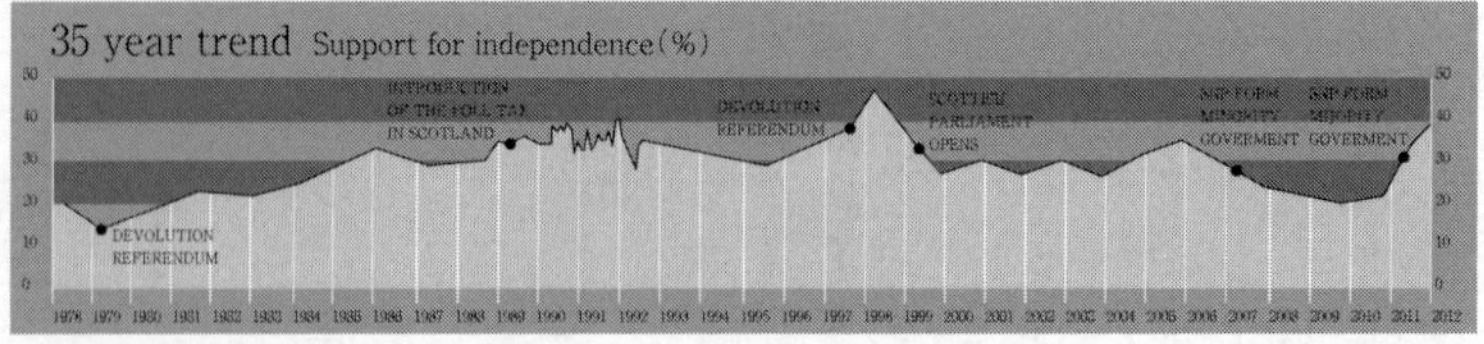

Ipsos MORI, "Public Attitudes Towards Scotland's Constitutional Future," https://www.ipsos-mori.com/Assets/Docs/Infographics/Scotland_independence_infographic_6_3_12.pdf (accessed 23 June 2016).

（5）渡辺樹「スコットランド議会とスコットランド国民党」国立国会図書館調査及び立法考査局『レファレンス』№六八一、二〇〇七年、二七頁。http://www.ndl.go.jp/jp/diet/publication/refer/200710_681/068102.pdf.

（6）この北アイルランド議会は、一九七三年の北アイルランド憲法によって定められたところの旧の議会（実際には停止していた）と区別するために、新・北アイルランド議会と当初呼ばれた。Northern Ireland Assembly, "History of the Assembly," http://www.niassembly.gov.uk/about-the-assembly/general-information/history-of-the-assembly/（accessed 30 January 2016）.

（7）UK Parliament, "Results of Devolution Referendums（1979 & 1997）, Research Paper No 97/113, Richard Dewdney, Social & General Statistics Section, House of Commons Library, 10 November 1997," http://researchbriefings.files.parliament.uk/documents/RP97-113/RP97-113.pdf（accessed 23 June 2016）.

（8）*Ibid.*

（9）National Assembly for Wales, "History of the Pierhead," http://www.assembly.wales/en/visiting/about_us-assembly_history_buildings/Pages/pierhead_history.aspx（accessed 22 January 2016）.

（10）The Scottish Parliament, "Scottish Parliament Fact Sheet, MSPs：Historical Series, State of the Parties：Session 1, 9 January 2008," http://www.parliament.scot/Research%20briefings%20and%20fact%20sheets/State_of_the_Parties_Session_1.pdf（accessed 23 June 2016）.

（11）The Scottish Parliament, "Scottish Parliament Fact Sheet, MSPs：Historical Series, State of the Parties：Session 2, 3 April 2007," http://www.parliament.scot/Research%20briefings%20and%20fact%20sheets/State_of_the_Parties_S2.pdf（accessed 23 June 2016）.

（12）The Scottish Parliament, "Scottish Parliament Fact Sheet, MSPs：Historical Series, State of the Parties：Session 3, 16 April 2009," http://www.parliament.scot/Research%20briefings%20and%20fact%20sheets/State_of_the_Parties_S3.pdf（accessed 23 June 2016）.

（13）BBC, "Scotland Decides, Results," http://www.bbc.com/news/events/scotland-decides/results（accessed 26 June 2016）.

（14）The Spectator, "Watch：Gordon Brown's Passionate Speech in Defence of the Union," http://blogs.spectator.co.uk/2014/09/watch-gordon-browns-passionate-speech-in-defence-of-the-union/（accessed 26 June 2016）；The Guardian, "Gordon Brown Makes Passionate Appeal to Labour Voters in Final No Rally," http://www.theguardian.com/politics/2014/sep/17/gordonbrown-appeals-to-labour-voters-vote-no（accessed 26 June 2016）.

（15）The Office of Gordon and Sarah Brown, "Gordon Brown's Speech at the "Love Scotland Vote No" Rally in Glasgow," http://gordonandsarahbrown. com/2014/09/gordon-browns-speech-at-the-love-scotland-vote-no-rally-in-glasgow/（accessed 26 June 2016）.

（16）英国のＥＵからの離脱（Brexit）を決めた二〇一六年六月二三日の国民投票に関する分析がさまざま出ているが、これも①ホワイトカラーエリート層とブルーカラー労働者層の対立、②ロンドンとイングランド辺境地域の対立、③越境的事象に慣れた若者と英国の栄光を知る老壮年層の対立だけではなく、④スケール間の対立の構図を視座に入れ込む必要がある。

（17）韓国東北亜経済学会と合同で、二〇一〇年に韓国で開催された北東アジア学会学術大会での多賀秀敏早稲田大学社会科学総合学術院教授と高橋和山形大学人文学部教授の議論による。韓国東北亜経済学会・北東アジア学会合同国際学術大会、二〇一〇年八月二七日、東海マンサンコンベンションセンター（韓国江原道東海市）、第Ⅱ-五分科「北東アジアの政治及び社会Ⅰ」。

（18）ここで一点、留意しておかねばならないことがある。ガバナンサーとガバナンシーの議論は、国民投票を必要とするような憲法改正的な権力構造を決定する問題についての議論である。それを個々のイッシューへの議論と間違ったり矮小化したりしてはいけない。

（19）Swyngedouw, Erik, "Excluding the Other：The Production of Scale and Scaled Politics," in *Geographies of Economies*, eds. Roger Lee and Jane Wills（London：Hodder Arnold, 1997）：167-176.；Swyngedouw, Erik, "Neither Global nor Local：'Glocalization' and the Politics of Scale," in *Spaces of Globalization：Reasserting the Power of the Local*, ed. Kevin R. Cox（New York：Guilford, 1997）：137-166.；Swyngedouw, Erik, "Scaled Geographies：Nature, Place, and the Politics of Scale," in *Scale and Geographic Inquiry：Nature, Society, and Method*, eds. Eric Sheppard and Robert B. McMaster（Oxford：Blackwell, 2004）：129-153.；Jessop, Bob, "Hollowing out the 'Nation-state' and Multi-level Governance," in *A Handbook of Comparative Social Policy*, ed. Patricia Kennett（Cheltenham：Edward Elgar, 2004）：11-25.

（20）Jessop, Bob, "Multi-level Governance and Multi-level Metagovernance," in *Multi-level Governance*, eds. Ian Bache and Matthew Flinders（Oxford：Oxford University Press, 2004）：49-74.

（21）本論文は、『北東アジア地域研究』第二二号（北東アジア学会、二〇一六年）所収の拙稿「サブリージョナリズム分析の新しい潮流：ソフトな空間概念からのアプローチ」の一部を使い、大幅に加筆修正したものである。

今からおよそ二〇年前の一九九七年四月、池田雅之教授の比較文化論研究室の扉をくぐったとき、教授は基層文化のアイデンティティについて研究を始められていた。そのころ、筆者は、「マルティプルアイデンティティズ」のようなものが人々の中に存在し、それらが国際政治になんらかの影響を与えているのではないかという思いを抱えていた。今回、ここに、当時筆者が言語化できずモヤモヤしていた考えを遠回りしながらではあるが、なんとか一つの研究として言語化し、次の大きな研究への道筋として示すことができたのではないかと考えている。社会人経験者が大学院に戻ることがまだまだ珍しかった当時、快く筆者を研究の世界に導き入れてくださった恩師・池田雅之教授に、不肖の弟子の「巣立ちのご報告」として、二〇年間のご指導への感謝の誠とともにこの論文を捧げたい。

多文化共生への祈りと再生——アレン・セイの作品から——

花光里香

一　はじめに

アメリカの書店で、多文化を題材にした絵本の棚で必ずと言ってよいほど目にする本の中に、*Grandfather's Journey* がある（図1）。国語の教科書にも掲載され（Cooper & Pikulski, 2003）、多文化教育の教材として使用されているこの作品の作者は、イラストレーター・絵本作家のアレン・セイである。セイは、日系アメリカ人のヨシコ・ウチダや、中国出身のエド・ヤングなどの作家と比較されることがあるが（本多、二〇〇二：Cart, 2011）、作品に描かれる独特なアイデンティティと家族のかたちは、セイの生い立ちと生き方を反映している。

セイは、アメリカで生まれ育った日本人の母親と、イギリス人夫婦の養子となり上海で教育を受けた韓国人の父親との間に生まれた。両親の離婚後父に引き取られ、その後は祖母と暮らし、わずか一二歳で一人暮らしを始めたセイには、「普通の」家族との生活はなかった。しかし、当時活躍していた漫画家野呂新平の弟子となり、技術を学ぶとともに野呂と親子のような関係を築き、人生で最も幸せな日々を過ごす（Say, 1979/1994：Marcus, 1991：

図1　ミシガン州の書店にて（2015年筆者撮影）

Say, 2011)。一六歳で渡米するまで日本で暮らし、その後日本を思いながらアメリカで生きてきたセイの作品には、異なる文化で生きる人々の姿がさまざまなかたちで描かれている。日本からアメリカに移住した母方の祖父、アメリカから日本に移住した母、祖国を持たなかった父[1]、そしてアメリカと日本という文化だけでなく家族の中で「所属」と「居場所」を探し続けたセイ自身の姿が、どの物語の登場人物にも重なる。セイが丁寧に描く異文化間で揺れる心や、戦争や別離に翻弄されたさまざまな家族のかたちは、国や人種の違いを超えて「異なること」の意味を考えさせる。異なる自分に向き合い、異なる他者を受け入れる過程での葛藤と発見は、読む者に「文化とは何か」「自分とは何か」という深い問いを投げかける。

幼い頃から漫画家を目指し、描きたいという情熱を秘めながらも写真家として活躍していたセイは、イラストを担当した *The Boy of the Three-Year Nap*（『さんねんねたろう』）が一九八八年にボストングローブ・ホーンブック賞、翌年にコルデコット賞銀賞を受賞し、大きな注目を浴びた。日本の民話『三年寝太郎』を下地にしたこの絵本と、その他日本を舞台にした作品により、セイはアメリカの子どもたちに日本への窓を開いた絵本作家ともいえる。その後五冊目の作品として発表された *Grandfather's Journey* が一九九四年のコルデコット賞金賞に輝き、セイはアメリカで最も優れた絵本作家として認められた。コルデコット賞を受賞した二作品と、*The Bicycle Man*（『じてんしゃのへいたいさん』）、*The Lost Lake*（『はるかな湖』）、*Kamishibai Man*（『紙しばい屋さん』）が一九九八年から二〇〇七年の間に日本語に翻訳されているが、*Kamishibai Man* 以外はい。

どれも日本語版が出版されるまでに一〇年近くの歳月が費やされ、未翻訳の作品は日本ではあまり知られていな

二〇〇五年に発表された *Kamishibai Man* は、言葉のニュアンスを繊細に表現したセイ自身の翻訳で出版された。二〇〇七年東京国際ブックフェアで、名誉総裁の秋篠宮妃殿下によってこの作品が選ばれたことは、セイにとって大きな誇りである。[2] *Kamishibai Man* は、一〇年の時を経てドイツ語訳 *Der Kamishibai-Mann/Kamishibai Man* が出版され高い評価を受けた。また、セイの二冊目の絵本である *Once Under the Cherry Blossom Tree*（1974）も Leipzig Book Fair で再び注目を浴びた。この二作品の成功により、セイは二〇一六年九月にベルリンで開催される International Children's and Young Adult Literature（CYAL）of the 16th International Literature Festival Berlin（ilb）に正式招待された。[3] アメリカでの高い評価も続き、二〇一六年三月にはエリック・カール絵本美術館よりカール賞を受賞している。一方日本では、『紙しばい屋さん』の反響が落ち着いて以来セイの絵本は静かに読み継がれているが、作品に描かれる普遍的テーマは、時と国境を超えて人々の心の琴線に触れる。

セイは実在の人物を主人公にすることが多く、始めから読者へのメッセージを込めて創作することはないと語っているが、[4] 作品に一貫して流れるアイデンティティをめぐるテーマからは、家族の再生と多文化共生への祈りが伝わってくる。本稿では、自伝的三部作と呼ばれる *Tree of Cranes*（1991）、*Grandfather's Journey*（1993）、*Tea with Milk*（1999）、そして *Allison*（1997）の四作品を中心に、異文化の中での葛藤や自己発見を通して描かれる「祈り」と「再生」を考察する。

二 *Tree of Cranes*

一 母との思い出

この作品は、セイが幼い頃の母との思い出が描かれていることで知られている。銀色の鶴が舞うクリスマスツリーを見つめる母と息子の絵は、セイの作品の中で最も幻想的な一枚だろう（図２, p.25）。前述の通り、セイの母メイ（正子）はアメリカで生まれ育ち、両親の帰国に伴い日本に移り住んだ。セイは横浜で生まれ、海のすぐそばで育った。母は息子が溺れるのではないかといつも恐れ、海に近づけようとしなかったとセイは回想する（Say, 2011）。そのセイの記憶で、この物語は幕を開ける。息子にとって「お正月の七日前」（Say, 1991, p.18）のこのできごとは、アメリカと日本が太平洋戦争に突入して間もない頃のクリスマスだろう。クリスマスツリーと千羽鶴に込めた平和への祈りが伝わる作品だが、セイの個人的な物語として絵と文を丁寧に追うと、見えてくるのは家族の孤独と再生への祈りである。

図２ ***Tree of Cranes*** 1
Illustration & text © 1991 by Allen Say, published by Houghton Mifflin Company, U. S. A.

二　物語

お母さんは、ぼくが近所の池で溺れるのではないかといつも心配していた。きれいな鯉が泳ぐ池で遊ぶのが大好きだったぼくはお母さんの言うことを聞かず、寒い冬の日に風邪を引いて家に帰る。怒られるかと思いながらお母さんを探すと、居間で鶴を折っていた。理由を聞くと、叶えたい大きな願いがあるのだという。ぼくに熱があることに気づいたお母さんは、ぼくをお風呂に入れて寝間着を着せ、午後はずっと寝ているように言った。しばらくすると、お母さんは雪の中で掘り出した木を植木鉢に入れて持ってきた。それは、ぼくの記念樹である松の木だった。不思議そうに見入るぼくにお母さんは微笑み、銀の鶴と裁縫道具を持って来た。「ここに来てお父さんと出会うずっと前に、遠い外国で生まれて育ったのよ。」とお母さんは語り始めた。「今日はそこではとても特別な日なの。」きれいに飾られた木の下には、プレゼントの箱を置くのだという。「奴凧がほしい！」と言うぼくに、お母さんは「特別な日」について話し始める。知らない人も笑みを交わす、敵同士も戦いを止める、愛と平和の日なのだと。お母さんは最後の鶴を木の枝にかけ、ロウソクを木に結びつけ、ぼくと一緒にマッチで灯をともした。ロウソクを眺めながら、幼い頃に遠い国で見た木を、お母さんは静かに回想していた。ぼくはお母さんの膝で、鶴がロウソクの光を受けてゆっくり回るのを見ながら思った。こんなに美しい木はどこにもない。お母さんが生まれた場所にさえも。ぼくは、お母さんへの贈り物として、もう二度と池には行かないと約束した。翌朝、木のそばには奴凧が置かれていた。忘れられない、初めてのクリスマスだった。

三　家族の孤独と再生への祈り

A River Dream と *The Lost Lake* で父親のイメージを描いた後、*Tree of Cranes* でセイが取り組んだのは母親

の物語であるとともに、長い間避けてきた父と向き合うことであった（花光、二〇一五）。セイは、父親との関係を築くことができなかった。物心ついた頃から、絵を描く息子を快く思わない父親の意に背くことが、常にセイの原動力となっていた（Say, 1991, December：2011：2015）。セイが漫画家の道に邁進したのは、絵を描きたいという純粋な気持ちの裏にある父への反発からでもあった。また、成長してからは写真家として活躍し、経済的成功を重んじる父を見返した。その関係は修復されることはなく、セイが最後に父に会ったのは二一歳のときであり（Margolis, 2011）、父の訃報は妹から聞いたという。[5] *The Inker's Shadow* に描かれた父を見ると、記憶の中でさえ、時が経つにつれて二人の溝はさらに深まっているように感じられる。

物語の後半に、眠っている息子をそっと見守る両親が描かれている。少し開けた襖から漏れる光に両親の姿が映し出されているが、眼鏡をかけた父親の表情はよくわからない。*Drawing from Memory* に描かれた父親はたった一箇所であり、しかも後ろ姿だったことを指摘された際に、「それが自尊心を保ちながら父親を描写する唯一の方法だった。」（Margolis, 2011, p. 22）とセイは語っている。当時セイが前に進むためには、それがどんなかたちでも、母だけでなく父のことも描く必要があったのだろう。その後、セイは *Grandfather's Journey* では父親を結婚写真の中で登場させ、六年後に発表された *Tea with Milk* の中でははっきりとした表情で描いている。これは、*Tea with Milk* では語り手であるセイが作品に登場しないことに関係があるのではないかと思われ、現実の世界で決別した親子が物語の中でさえ一緒に生きることが難しかったことを感じさせる。*Tree of Cranes* は、生まれ育ったアメリカを思いながら日本で暮らす母親を描いた点で *Grandfather's Journey* への大きな足がかりとなったが、祖父の物語に踏み出すことができたのは、たとえ物語の中でも父親と関わることができたからではないだろうか。

父との関わりだけでなく、作品に描かれる母と息子のやり取りも、どこか二人の距離を感じさせる。特に息子がひとりで入浴している絵では、大きな浴槽に取り残されたようにつかっている様子が寂しい（図3，p.11）。絵に対応する文でも、母子がすれ違う様子が描写されている。物語の冒頭から、母の言うことを聞かずに池で遊んだことに母が腹を立てていると息子は思い続け、謝らなければと思いながら機会を逃す。雪の中で穴を掘っているのは、そんなに怒っているからなのかと息子は戸惑うが、母はクリスマスツリーのために松の木を掘り出していた。また、息子に欲しい物を聞かれた母は、「ただ平穏無事であればいいわ。」と答える。「ぼくがあげられるものだよ。」と言う息子に、母はもう池に行かないことを約束させる（p.26）。繰り返し描かれる息子の戸惑いと親子のすれ違いは、*The Lost Lake* の父と息子を思わせる。

図 3　*Tree of Cranes* 2
Illustration & text © 1991 by Allen Say, published by Houghton Mifflin Company, U. S. A.

Long（1995）は、セイの作品の登場人物は家族との和解や絆を切望していると述べている。美しい絵とともに母との思い出を綴った *Tree of Cranes* にさえ、「深い孤独」が表現され、「本当の愛情のあたたかさを渇望しているようだ」と指摘している（para. 5）。本多（二〇〇二）が述べているように、この作品のテーマが異文化に生きる母の孤独だとすれば、それは家族の中で息子が感じた孤独に重なる。創作中に物語の主人公とひとつになるセイは（花光、二〇一四）、この作品でも母を通して自分を語っているように思われる。セイが描いたのは、Long（1995）が言う「不完全な現実の親子関係」であり、家族の中での孤独だったのではないだろうか。

本多（一九九八）は、「日本の盆栽と千羽鶴にクリスマスツリーの炎が溶け合い、日米二つのシンボルが併存しているが、ここには二つの祖国の運命に引き裂かれた母親の、空しい平和への祈りの姿を見ることができる」（p. 27）と述べているが、母のクリスマスツリーに込められた思いは、平和への祈りだけではない。異質なものの調和は美しい。しかし、文化であっても、家族であっても、それがいかに難しいことかをセイは語っているように思われる。千羽鶴が飾られたクリスマスツリーはまさにその象徴であり、異なるものが奏でる調和への祈りが込められているのではないだろうか。家族の中の孤独を描いたこの作品は、セイの個人的な物語にとどまらず、後に *Allison* に描かれる血のつながりと家族の関係、さらには異質なものがともに生きていく可能性を示唆していると思われる。

母を描いたこの作品を、セイは母ではなく野呂新平に捧げた。家族の孤独を描いた作品を、セイは家族以上の特別な存在に捧げたのかもしれない。*Tree of Cranes* を読んだ野呂は、愛弟子の確かな技術と卓逸した表現力に惜しみない賛辞を送った。(6) 野呂の目に狂いはなく、この作品は多くの人々に読まれ、絵本作家アレン・セイの名前が知られるとともに、再びアメリカの子どもたちが日本文化に触れるきっかけをつくった。*The Boy of the Three-Year Nap* を発表して三年、セイは再び日本を描き、アメリカと日本両国の美しい風景が調和する次作 *Grandfather's Journey* への準備を整えた。

三　*Grandfather's Journey*（『おじいさんの旅』）

一　アレン・セイの代表作

Grandfather's Journey は一九九四年にコルデコット賞金賞を受賞し、写真家から転身したセイがアメリカで最も優れた絵本作家として認められた作品である。日本語に翻訳された五作品のうちのひとつであり、アメリカと日本で最も版を重ねている。前述した通り、セイの作品には実在の人物を主人公にしたものが多く、*Grandfather's Journey* もセイとその家族の体験に基づいている。これはそのタイトルが示すように祖父の物語だが、セイは祖父の姿を借りた自分の物語だとはっきりと述べている（Say, 1991, December）。セイは、個人的な物語として描いた絵本が、これほど多くの人々の共感を呼んだことへの驚きを語っている（セイ、二〇〇二）。多文化社会アメリカに暮らし、アイデンティティと向き合う人々が絵本の中に見たのは、他でもない自らの姿であった。若きセイの祖父は、広い世界を見たいとアメリカに渡り、日本が忘れられずに家族を連れて帰国するが、戦争の勃発により再渡米の夢を果たせず亡くなった。一六歳で渡米して以来、何度かの帰国を経てアメリカで暮らすセイが常に感じる、「日本にいればアメリカを思い、アメリカにいれば日本を思う」という気持ちは、祖父にとっても逃れられない感情だったに違いない。アメリカと日本、祖父と自分、そして娘へと文化と家族をつなぐこの物語は、セイの代表作となった。

二　物語

おじいさんは若い頃、世界を見る旅に出た。初めて洋服を着て蒸気船に乗り、アメリカの地を踏む。汽車や船、そして自分の足で自然や街を見てまわり、さまざまな人々に出会った。おじいさんは、訪ねた場所の中でカリフォルニアがいちばん気に入った。日本に帰国して幼なじみと結婚し、ふたりでアメリカに戻る。サンフランシスコに落ち着き女の子が生まれたが、娘が成長するにつれて日本のことを思い出すようになり、家族三人で帰国する。故郷の山や川は変わらずそこにあり、おじいさんは友人と楽しく語り合った。しかし、娘は日本の村になじめず、都会へと去っていく。そして結婚し、ぼくが生まれた。小さい頃、おじいさんの家で、カリフォルニアの話を聞くのが好きだった。おじいさんは、カリフォルニアが忘れられず旅の予定を立てるが、戦争が始まる。最後に会ったとき、おじいさんはカリフォルニアをもう一度見たいと言っていたが、その願いは叶わなかった。大きくなってぼくもカリフォルニアに行き、気に入って住み続け、そこで娘が生まれた。でも、子どもの頃に遊んだ山や川、そして友だちに会いたくなって、ときどき故郷に戻る。不思議なことに、いっぽうに戻ると、もういっぽうが恋しくなるのだ。

三　文化と「所属」

Charters（2002）は、セイの作品に見られる居場所のない不安定な感情を認めながらも、それは日系アメリカ人としてのアイデンティティへの苦悩というより穏やかで冷静な状況だと述べている。人生の変化の流れを「ありのまま」として受け入れ、セイはふたつの文化にしっかりと根を下ろしながらも、心は自由にその間を行き来していると捉えている（p. 255）。

セイは *Grandfather's Journey* の制作中に、四〇年近くアメリカに暮らしながらも、アメリカで自分らしく生活できるようになったのはおそらくここ一〇年だと語っている（Say, 1991, December）。この頃からセイは、インタビューで〝cultural hybrid〟という言葉を口にするようになった。ハイブリッドとは混淆性のことであり、自分の中にふたつの文化が混在し、さらに別の新しいものがつくり出されるという意味もある。その一六年後に、セイは〝cultural hybrid〟である自分はアメリカと日本を行き来する際にどちらにもすぐにとけ込めると述べており（Roser & Yokota, 2007, pp. 11-12）、その言葉は Charters（2002）が言うようにセイがふたつの文化にしっかりと根を下ろしているように聞こえる。しかし、その後の発言から、セイが自らを〝cultural hybrid〟と呼ぶ理由は「所属していること」ではなく、むしろ「所属していないこと」にあることがわかる。ある文化を深く知るには、「よそ者」にならなければならない。距離を置いて、異なる視点で見なければ、文化を深く知ることはできないのだ。セイは、ふたつの文化をよく知る自分はどちらの文化でも「よそ者」だと言う。

図 4　*Grandfather's Journey* 1
Illustration & text © 1993 by Allen Say, published by Houghton Mifflin Company, U. S. A.

セイはこの作品で、両方の文化を理解しながらどちらにも所属せず、かつ両方に所属するハイブリッドなアイデンティティを描こうとした。多文化に生きるということは、「所属していないこと」と「所属していること」の両方を同時に経験することなのだ。セイは *Grandfa-*

ther's Journey について「これが自分の所属を語る自分なりのやり方」であると語っているが（Say, 1991, December, p. 46）、この「所属」はふたつの文化への立ち位置であるとともに、祖父、母、自分、そして娘へと続く家族との関係でもあると思われる。物語の最初を飾るポートレートで、セイは祖父の着物に森脇家の家紋を入れた（図4、p. 4）。代表作である *Grandfather's Journey* は、その制作の過程でセイが自分の「所属」を確認した重要な物語となった。

四　*Allison*

一　家族のかたち

Allison は、白人の夫婦に引き取られたアジア人の少女を主人公に、家族のかたちを描いた作品である。両親と自分の容姿が似ていないことに気づいたアリソンは、やり場のない思いを両親にぶつけるが、迷い込んできた猫を家族に迎えることを通して自分もまた家族の一員となる。「養子」をテーマにした絵本として多くの書評に紹介されているが、前後に発表されたセイの作品を読むと、養子は「異なるもの同士がともに暮らす」というひとつの家族のかたちに過ぎないことがわかる。「白人の親とアジア人の子ども」という家族構成は、韓国で生まれイギリス人の養父母に育てられたセイの父を思わせると同時に、アリソンはセイとイギリス人の妻との間に生まれた百合子の姿にも重なる。*Grandfather's Journey* で自分の「所属」を確認したセイが娘に捧げたこの物語は、その二年後に発表される *Tea with Milk* につながり、自伝的三部作が完成する布石にもなった。

二　物語

アリソンは、父と母、そして「妹」のメイメイと暮らしている。ある日、アリソンは祖母から贈られた着物を着て、メイメイを抱きしめて鏡を見る。そのときアリソンは、メイメイと自分が同じ黒髪なのに、両親の髪の色は違うことに気づく。メイメイはどこから来たのか、本当のパパとママは誰なのかを問うアリソンに、両親は「メイメイとアリソンは遠い国から来た」、「本当のパパとママはアリソンと一緒にいたかったけれど、それができなかったので私たちがパパとママになったのだ」と真実を告げる。翌日アリソンは、友だちは目や髪の色が親と似ていることに気づく。「パパとママは、本当のパパとママじゃない」、そう思ったアリソンは、両親が子供の頃から大切にしていた物を次々と壊し、自分の部屋に閉じこもる。メイメイを見つめ、「アリソンっていう名前だって、私の本当の名前じゃない！私の本当の名前を知っている？」と問う。メイメイの代わりに返事をしたのは、窓の外にいた猫だった。猫は、アリソンがミルクをあげるとおいしそうに飲み、そっと触れるとのどを鳴らして応えた。アリソンは、ひとりぼっちの猫を飼いたいと両親に頼む。「猫はおもちゃを噛んで台無しにするかもしれない」という父の言葉に、アリソンは母の人形と父の野球道具を壊したことを謝る。「もし、猫が幸せになれるなら、みんなで家族になろう。メイメイも一緒に猫の名前を考えよう。」と話す家族を前に、野良猫は、もう野良猫ではなくなっていた。

三　多文化家族をつなぐ

ひとりぼっちの猫が家族の一員になることは、作品の中で大きな意味を持つ。全く異質なものであっても、「そうすることが幸せなら」家族になれる。猫を飼うことに躊躇する両親を説得するアリソンの表情には決意がある

図 5　***Allison*** **1**
Illustration & text © 1997 by Allen Say, published by Houghton Mifflin Company, U. S. A.

（図5, p. 27）。守るものができたアリソンは、両親の思いを知ったのかもしれない。自分とは容姿が異なる両親は家族ではないと思っていたアリソンは、自分と異なる猫を家族に受け入れることで、両親とも家族になれることを理解する。

Kokkola（2011）は、この物語の締めくくりをありふれた結末だと評し、養子であるアリソンが野良猫を飼うことでみんなが家族になるという展開は深刻な問題だと述べている。アリソンと野良猫、つまり人間と動物という構図には、白人の養父母とアジア人の養子という植民地支配的な権力構造が埋め込まれているという主張である。さらに、他の動物ではなく猫が登場するのは、野良猫がアジア系アメリカ人のステレオタイプを連想させるとも指摘している。

研究者が読み解く作家の潜在意識もあるだろうが、セイの創作の仕方はシンプルである。両親の離婚後、セイの娘百合子は父と暮らすことを選んだ。二人は、百合子がトーフと名づけた猫とともに新生活を始めた。トーフはまさに家族の一員であり（Say, 1994）、セイに抱かれてポートレートに収まった。二〇〇四年、トーフは一八年の生涯を閉じた。百合子が大学進学のため家を出たのは一七歳のときであり、トーフは最も長くセイと暮らした家族である。セイは、今でもトーフの遺骨を大切にしている。骨壺が入った箱には、“Tofu Say” という名前が刻まれている。[7] セイとトーフの関係からわかることは、猫は人間の物語の中で異質なものの象徴には違いないが、それが暗示するのは異文化における権力構造ではなく、異なるもの同士の共存である。そして、猫を抱いたアリソンは、セイ自身の姿でもある。

養父母に出会う前、アリソンの家族は「妹」である日本人形のメイメイだけだった。[8] 物語の最後に微笑む家族の絵をめくると、もう一枚の絵があり、そこに描かれているのはメイメイである。タイトルページでミルクを飲む猫とともに、家族となった「異質なふたり」は物語を見守るように描かれている。

Allison が *Tea with Milk* へとつながり自伝的三部作が完成したことは先に述べたが、「異質な自分」に戸惑うアリソンは、同じ思いを日本で感じたセイの母に重なる。メイメイを抱くアリソンは、*Grandfather's Journey*（p.17）と *Tea with Milk* のタイトルページに描かれる少女と人形を思い起こさせる（図６）。少女はセイの母メイ（正子）であり、人形の服と同じような白いドレスを着て髪にはおそろいの白いリボンをつけている。ともに着物を着たアリソンとメイメイによく似た構図だが、人形のブロンドの髪はメイの黒髪と対比をなす。メイメイと自分の髪の色が違うことに気づいたアリソンと対照的に、メイは人形と自分の違いに気づかない。アメリカ人として生まれ育った「容姿が日本

図 6　*Grandfather's Journey* 2
Illustration & text © 1993 by Allen Say, published by Houghton Mifflin Company, U. S. A.

図 7 *Allison* 2
Illustration & text © 1997 by Allen Say, published by Houghton Mifflin Company, U. S. A.

人」である母の日本での経験は、この二枚の絵でつながるように *Tea with Milk* に描かれる。

Allison の製作中、セイの母は病床にあった。後に表紙を飾ることになる絵を、セイはなかなか完成できずにいた。筆を入れれば入れる程、アリソンの母親の顔がぼやけていく。セイが創作の際に最も大切にしている、「その物語に命を吹き込めるかどうか」が危うくなった。ある日曜の朝、母の危篤を知らせる電話を受けてセイは病院へ急いだ。七九歳の母は、二〇年余りにわたる病との闘いを終えようとしていた。セイは、母の最期に立ち会った。病院から帰宅したセイは、母を見送ったその日に仕事をすることに躊躇しながらも、アトリエで絵筆を握る。すると、不思議なことが起こった。思うように描けなかった絵に命が吹き込まれ、アリソンの母親の顔が鮮明になったという[9]。生き生きとした表情の母親は父親とともに、メイメイを抱いたアリソンに寄り添っている（図7, p.6）。セイが母から不思議な力を与えられて完成したともいえる *Allison* は、母の死の翌年に発表された。自伝的三部作とは異なり、*Allison* はセイの家族についての物語ではないが、家族の中に共存する異文化が描かれ、母正子からセイ、そして娘百合子へのつながりを感じる作品である。

五　*Tea with Milk*

一　母の物語

カリフォルニアで生まれ育ち、高校卒業後に両親の帰国に伴い日本で暮らすことになったセイの母正子は、文化の違いに戸惑う毎日を送った。日本語を学ぶために高校に通ったが、英語の授業は校庭で時間をつぶす孤独な学校生活を送り、家庭では「日本女性」として生きることを強いられた。花嫁修業や見合い結婚を迫る母親に反発し、日本の小さな街での生活に息苦しさを感じた正子は、一八歳のときに家を出る。そして大阪のデパートで働くうちに、ある男性と出会う。韓国で生まれ、イギリス人の養父母に引き取られて上海で教育を受けたジョセフであった。二人はすぐに意気投合し結婚、長男であるセイが生まれたのは正子が二〇歳のときであった。[10] *Tea with Milk* は、母の体験をもとに異文化の中で生きる難しさと豊かさを描き、「居場所」とは何かを考えさせる作品である。

二　物語

サンフランシスコに住むメイは、友だちの家では英語を話し、お茶（紅茶）にミルクと砂糖を入れて飲む。家では日本語を話す両親からマーちゃんと呼ばれ、お茶には何も入れずに飲む。高校を卒業後、両親に連れられて来日したメイは、慣れない文化に戸惑う日々を過ごす。マサコという名前さえ、他の誰かの名前に聞こえた。母に日本語を学ぶように言われ、高校に通い直すことになる。学校では「ガイジン」と呼ばれ、友だちはできなかった。英語の先生にさえ、「アメリカ人には教えられない。」と英語で話をしてもらえなかった。マサコは、ひとり校庭で時間をつぶす。家では母に花嫁修業を強いられ、お見合いをさせられたマサコは、耐えかねて翌日家を出る。大阪に着いたマサコを迎えたのは、故郷のカリフォルニアに似た都会の空気だった。デパートでエレベーターガールの職を得て、マサコは大阪で暮らし始める。後に英語力を買われて外国人への案内係となり、着物を着て接客を任される。ある日マサコは、完璧な英語を話すアジア人男性に出会う。香港と上海の銀行で働き、日本に赴任してきたジョセフであった。ジョセフはマサコをお茶に誘い、一緒に紅茶にミルクと砂糖を入れて飲んだ。ジョセフの横浜への転勤を機に二人は結婚し、ぼくが生まれた。父は母をメイと呼んだが、他の人々はマサコと呼んだ。両親はお互い英語で話し、ぼくには日本語で接した。母は時々着物を着たが、長時間の正座には慣れなかった。長い年月が経ったが、今でもぼくはお茶（紅茶）にはいつもミルクと砂糖を入れて飲む。

三　異文化と「居場所」

この作品のタイトルが示すように、物語を通して「お茶」は異文化における習慣の違いからアイデンティティの確立までを象徴的に表している。家では日本語を話し、朝食にご飯とみそ汁、何も入れない緑茶を飲むマサコは、友だちの家では英語を話しながらパンケーキとマフィンを食べ、お茶（紅茶）にミルクと砂糖を入れて飲んだ（Say, 1999, p. 4）。アメリカの大学への進学を望んだが、帰国を決意した両親について日本の地を踏むことになる。「パンケーキやオムレツも、フライドチキンやスパゲティもない」生活に慣れることはないだろうとあるが（p. 6）、ミルクと砂糖を入れてお茶を飲む機会も少なくなったのかもしれない。花嫁修業として母から強いられた茶道は、アメリカで飲んでいた甘いミルクティーとの究極の対比であり、マサコの異文化での生きにくさを表している。

小さな街を出た後、ジョセフと出会いお茶に誘われたマサコは、できる限り丁寧な英語で応えるとともに、礼儀正しい日本人女性にふさわしいお辞儀をした（p. 24）。ここでマサコは、自分の中にある日本文化に気づくのである。イギリス人の養父母と暮らし、上海の学校でもいつもお茶にはミルクと砂糖を入れていたジョセフに、マサコは親近感を持った。ミルクティーは、マサコとジョセフが分かち合う文化を象徴し、一気に二人を近づけたのである。そして、最後のページでは語り手が息子となり、「あれから長い月日が経ったが、今でもぼくはいつも紅茶にミルクと砂糖を入れて飲む」（p. 32）という一文で物語は締めくくられる。

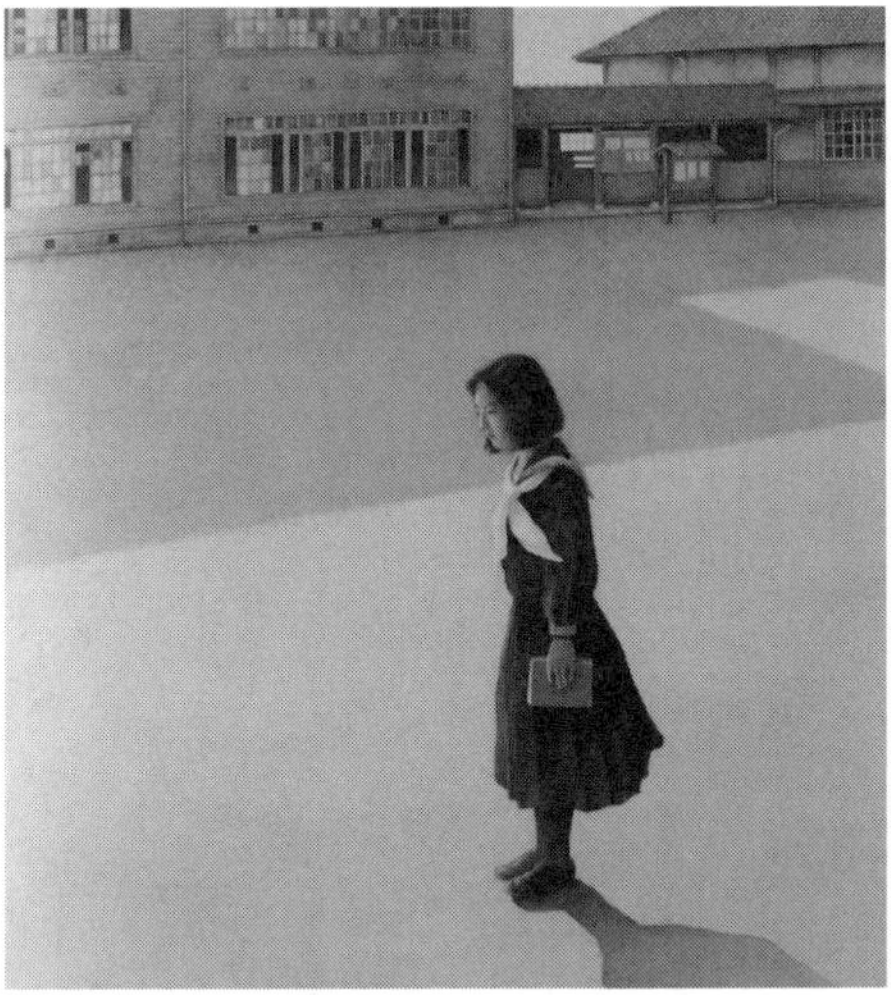

「お茶」に加え着物もまた、マサコの異文化への姿勢の変化を表す。来日後の適応の難しさが描かれる中で、着物を着て足がしびれるまで正座をさせられる場面が出てくる。「紙でできた窓」の前に着物を着てぎこちなくたたずむマサコの顔に笑顔はない。次の絵では、マサコは英語の授業中に時間をつぶすため、行くあてもなく校庭をひとり歩いている（図8）。続く二枚の絵はお茶の稽古とお見合いの様子で、いずれもマサコは着物を着て硬い表情である。次の場面で、堪え兼ねたマサコはカリフォルニアから持ってきた鮮やかな色の服を着て家を出る。人々は、立ち止まってじっとマサコを見て大きな声で言った。「ガイジンみたいだ。」マサコは、両親は外国人でいたくなかったから日本に帰国したのに、自分は両親

図8　*Tea with Milk* 1

図 9　*Tea with Milk* 2
Illustration & text © 1999 by Allen Say, published by Houghton Mifflin Company, U. S. A.

の国では外国人なのだと思う（p. 14）。大阪のデパートでエレベーターガールとして働くうちに、マサコは英語力を買われて外国人への案内係となり、着物を着て接客を任される。英語で接客するためになぜ着物を着なければならないのかわからなかったが、着心地がよくなったことが不思議だった（p. 24）。七人の男性とともにマサコが描かれている一枚は集合写真のようであり、着物姿のマサコは笑みを浮かべている（図9）。洋装の男性との対比に加え、堂々としたマサコの姿は、物語の冒頭で繰り返し描かれたぎこちない着物姿とは対照的である。

セイは、両親や祖父を描いた作品の中で“home”という言葉を用いることはあっても、“family”という言葉を使うことはない。*Tea with Milk*で、セイは父に“home”とは始めからあるものではなく、つくっていくものであること、そしてひとつの決まった場所でもないことを語らせている（p. 30）。母のふたつの名前、家族が話すふたつのことば、正座に慣れない母が時々着るようになった着物、そして息子のセイが今でもミルクと砂糖を入れて飲む紅茶は、異文化の中で形成されたアイデンティティの象徴のようだ。日本に来てからしばらく他人の名前のように聞こえていた「マサコ」という名前が自分のものになり、息子には日本語で話し、あれほど嫌だった着物に自ら袖を通すようになったメイは、家族をつくることによりアメリカでも日本でもない“home”を見つけたのである。そして息子は、お茶の飲み方に象徴される文化を両親から受け継いでいく。その一文とともに、最後のページには晴れやかな笑顔の両親が描かれる。

Grandfather's Journey で祖父の着物に入れたように、母の物語である *Tea with Milk* にも、献辞のページに森脇家の家紋が大きく描かれ、カバーを取ると下がり藤の模様が立体的に現れる。家族の中で「居場所」を失ったセイは、長い葛藤の末に「所属」を確認し、自らのルーツを誇りと敬意をもって家紋を二つの作品に描いたに違いない。

六　おわりに

多文化の中で「自分とは何か」を問うセイの作品は、誰かの物語でありながらも、常に自分の物語であり、そのことが物語に普遍性を生む。セイは、読者を想定して絵本を描くことはなく（Brown, 2002）、子どもに向けて描くことも、メッセージをもって創作を始めることもない。セイが創作の際に最も大切にしていることは、生き生きとした物語かどうか、その物語に命を吹き込めるかどうか、そして、自分がその中で動き出せるかどうかである[11]。*The Boy of the Three-Year Nap* では、「よりよい居場所を求めた」主人公に自分自身を見たセイは物語の世界に入り込み、主人公となって自由に動き出した。*El Chino* では、文化的な「型」もしくは「束縛」を打ち破り初の中国人闘牛士となったビリーに、セイは自分の姿を重ねている（花光、二〇一四）。*Allison* で猫を抱く少女アリソンもまた、セイ自身である。*Grandfather's Journey* は祖父の姿を借りたセイの物語であり、*Tree of Cranes* と *Tea with Milk* で描かれた母の孤独はセイの孤独でもあった。

セイの物語には、異文化で生きる人々とともに、異なるものがともに暮らすひとつのかたちとして家族が描かれる。最も身近な存在である家族は、わかりあえるという前提と期待があるがゆえに難しい。家族の中で、社会の中で、「異なるもの」を受け入れ、理解しようと努力し、ともに生きる姿を描くセイの作品に見られるハッピーエンドは、ありがちな安易な結末ではなく、多文化社会で生きる人々への切実な願いである。そして、常に物語の中に生きるセイは、ときに現実では自分に起こらなかった幸せな締めくくりを経験する。それはまた、主人公に自らの姿を重ねる全ての人々に対する祈りでもある。

二〇一六年に、セイは七九歳を迎える。偶然にも両親がともに生涯を終えたこの年齢は、(12) セイにとって大きな節目であるが、今までと変わらない創作意欲をもって次の作品の完成を目指す。

謝辞

本研究にあたり、二〇一四年七月一〇日、二〇一五年三月一〇日と一一日にアレン・セイ氏の自宅にてインタビューを行った。長時間にわたるインタビューに加え、貴重な資料を快く提供してくださったアレン・セイご夫妻に、心より感謝申し上げる。

(1) 二〇一五年三月一〇日にアレン・セイ氏の自宅で行われたインタビューによる。
(2) 二〇一四年七月一〇日にアレン・セイ氏の自宅で行われたインタビューによる。
(3) 二〇一六年三月二四日付のEメールによる。
(4) 二〇一四年七月一〇日にアレン・セイ氏の自宅で行われたインタビューによる。
(5) 二〇一六年四月四日付けのEメールによる。
(6) 二〇一五年三月一〇日にアレン・セイ氏の自宅で拝見した手紙による。
(7) 二〇一五年八月二五日付けのEメールによる。
(8) Kokkola（2011）は、メイメイは赤いスカーフ（中国）と着物（日本）という両国の「ステレオタイプ」を表す人形であると述べているが（p. 46）、「赤いスカーフ」は長襦袢であり、日本人には明らかなように日本人形である。

(9) 二〇一四年七月一〇日にアレン・セイ氏の自宅で行われたインタビューによる。
(10) 二〇一五年三月一〇日にアレン・セイ氏の自宅で行われたインタビューによる。
(11) 二〇一四年七月一〇日にアレン・セイ氏の自宅で行われたインタビューによる。
(12) 二〇一五年八月二五日付けのEメールによる。

引用文献

スナイダー、D.（二〇〇〇）『さんねんねたろう』（もりたきよみ訳）新世研。

セイ、A.（一九九八）『じてんしゃのへいたいさん』（水田まり訳）新世研。

セイ、A.（一九九九）『はるかな湖』（椎名誠訳）徳間書店。

セイ、A.（二〇〇二）『おじいさんの旅』（アレン・セイ／大島英美訳）ほるぷ出版。

セイ、A.（二〇〇七）『紙しばい屋さん』ほるぷ出版。

花光里香（二〇一四）「アレン・セイの『旅』Ⅰ：ステレオタイプとアイデンティティ」『早稲田社会科学総合研究』一五（二）、八七－一一二。

花光里香（二〇一五）「アレン・セイの『旅』Ⅱ：家族とアイデンティティ」『早稲田社会科学総合研究』一六（一）、一五三－一七七。

本多英明（一九九八）「封印された故郷：アレン・セイ試論」『相模女子大学紀要』（六二A）、一七－三〇。

本多英明（二〇〇二）「多文化社会と子どもの本：アレン・セイの描いた家族の肖像」本多英明編『英米児童文学の宇宙』ミネルヴァ書房、一八〇－一九五。

Brown, J.M. (2002). PW talks with Allen Say. *Publishers Weekly*: *249* (8), 65.

Cart, M. (2011, November 1). What does memory look like? Allen Say and Ed Young remember growing up artistic. *Booklist*, 108 (5), 66+. Retrieved on May 10 2015 from http://go.galegroup.com.ez.wul.waseda.ac.jp/ps/i.do?id=GALE%7CA272445243&v=2.1&u=waseda&it=r&p=LitRC&sw=w&asid=4eaceae959a4391c6c9c6244a526a91b.

Charters, A. (2002, Summer). The bicycle man. *MELUS*, *27* (2), 254-255.

Cooper, D.J. & Pikulski, J.J. (2003) *Houghton Mifflin reading. A legacy of literacy/Grade 4 ; Theme 1.* Boston, MA : Houghton Mifflin.

Kokkola, L. (2011) Interpictorial allusion and the politics of "looking like" in *Allison* and *Emma's rug* by Allen Say. *Children's Literature Association Quarterly*, 47-63.

Long, J.R. (1995, November-December.). The long view : *Stranger in the mirror. Five Owls* 10 (2), 45-46. Rpt. in *Children's Literature Review*,135. Retrieved on February 25 2015 from http://go.galegroup.com.proxy.lib.umich.edu/ps/i.do?id=GALE%7CH1420082269&v = 2.1&u=umuser&it=r&p=LitRC&sw=w&asid=7e954ad7ec2ae670f67cfee419189aa7 on Web. 25 Feb. 2015.

Marcus, L.S. (1991, May-June). Rearrangement of memory : An interview with Allen Say. *The Horn Book Magazine, 67* (3), 295-303.

Margolis, R. (2011, September). Say what? Allen Say's 'Drawing from memory' charts the story of his improbable journey. *School Library Journal, 57* (9), 22.

Roser, N. & Yokota, J. (2007, Fall). Q & A with Allen Say. *Journal of Children's Literature ; 33 (2)*, 9-12.

Say, A. (1974). *Once under the cherry blossom tree : An old Japanese tale.* New York, NY : Harper & Row.

Say, A. (1979/1994). *The ink-keeper's apprentice.* Boston, MA : Houghton Mifflin.

Say, A. (1982). *The bicycle man.* Boston, MA : Houghton Mifflin.

Say, A. (1988). *A river dream.* Boston, MA : Houghton Mifflin.

Say, A. (1989). *The lost lake.* Boston, MA : Houghton Mifflin.

Say, A. (1990). *El Chino.* Boston, MA : Houghton Mifflin.

Say, A. (1991). *Tree of cranes.* Boston, MA : Houghton Mifflin.

Say, A. (1991, December). Musings of a walking stereotype. *School Library Journal, 37*, 45-46.

Say, A. (1993/2013). *Grandfather's journey.* Boston, MA : Houghton Mifflin.

Say, A. (1997). *Allison.* Boston, MA : Houghton Mifflin.

Say, A. (1999). *Tea with milk.* Boston, MA : Houghton Mifflin.

Say, A. (2005). *Kamishibai man.* Boston : Houghton Mifflin.

Say, A.（2011）. *Drawing from memory*. New York, NY : Scholastic Press.

Say, A.（2015）. *The inker's shadow*. New York, NY : Scholastic Press.

Say, Y.（1994, July–August）. My father. *The Horn Book Magazine, 70*（4）, 432–435.

Snyder, D.（1988）. *The boy of the three–year nap*. Boston, MA : Houghton Mifflin.

ジョーゼフ・キャンベルの日本訪問
——冒険と再生の旅——

澤　智恵

一　はじめに

アメリカのジョーゼフ・キャンベル（一九〇四〜八七）ほど、幅広い人気を集めた神話学者はいないだろう。彼の英雄神話研究が、ジョージ・ルーカスの制作したハリウッド映画「スター・ウォーズ」シリーズの着想に大きな影響を与えたことは、よく知られた事実である。また、キャンベルの最晩年にテレビ放送されたビル・モイヤーズとの対談シリーズは、全米で大きな反響をよんだ。この対談を書籍化した *The Power of Myth*, *1988* は爆発的な売れ行きを示し、人々の間に一大神話ブームを巻き起こしたのである。日本においてもこの対談は、ＮＨＫで何度も再放送されるほどの好評を博した。翻訳書『神話の力』（早川書房）は版を重ねて、いまだに読みつがれている。[1]

ジョーゼフ・キャンベルは親日家で、一九五五年には、研究休暇を利用したアジア歴訪の旅の最後に日本を訪れ、五ヶ月ほど滞在している。[2] 本稿は、日本滞在中のキャンベルの日記 *Sake & Satori*, *2002* と、没後、第三者によって書かれた公式の伝記 *A Fire in the Mind*, *1991* を手がかりとして、彼が日本文化とどのように出会い、どのような影響を受けたかを解き明かそうとするものである。

がんらいキャンベルは伝記を出すことには否定的であった。そのため、キャンベルの日記は後に他人が読むことを想定しておらず、正直な心情が詳細に綴られている。インドを皮切りに、アジア八ヶ国をめぐる、一年間の旅のあいだ、彼は驚くほど几帳面に日記をつけていた。手書きのものをタイプアウトすると、千ページを超えるほどの分量である。それが二分割されて、前半のインド編が *Baksheesh & Brahman, 2002* として、後半の日本編が *Sake & Satori, 2002* として、各々キャンベル財団によって出版された。本稿では、日記の記述を中心に、補足的に伝記を用いながら、キャンベルの心の動きを追いかけていく。

二　東京編

一　アジア随一の都

一九五五（昭和三〇）年四月三日、キャンベルは台湾から空路、東京入りした。夜のフライトで羽田に降り立った彼は、日比谷の日活ホテル（現在のペニンシュラ東京の前身）にチェックインした。日活ホテルといえば、一九五二（昭和二七）年に開業し、一九五四（昭和二九）年には世界的スターのマリリン・モンローがジョー・ディマジオとの新婚旅行で滞在したことで知られる、東京でも指折りの高級ホテルであった。

ホテルの部屋がきわめて清潔で、調度品が使い勝手よく整えられていることに感激して、キャンベルは日記にこう綴っている。

東京と日本人に万歳。ここは今まで訪れたアジアのなかで、香港を上回る最高点を獲得した。[3]

荷物を解くと、キャンベルはさっそく小さな冒険の旅に出かけた。ネオンまたたく夜の東京へと繰り出したのである。おそらく有楽町界隈であろう、ちょうちんが並ぶ通りのはずれにある、とあるストリップ小屋が彼の興味をひいた。入り口にはアメリカ将校立ち入り可と掲示されていた。[4] キャンベルは思い切ってその小屋に入ってみることにした。

ウィスキーのソーダ割りを注文し、ショーを見ていたキャンベルに、チクと名乗る店の女性がすり寄ってきた。彼は彼女に飲み物を注文してやり、暮らし向きを尋ね、チップを渡してホテルに戻った。

前年夏にキャンベルがアジアへの旅に出てから長い時間が経つうえ、インドで合流していた妻のジーンがアメリカに戻って一ヶ月以上になっていた。そんな彼にとって、異国の街で少しでも女性と会話し触れ合ったことは、大きな慰めに感じられたようである。

伝記にはこの他にも、キャンベルが女性と二人きりになるような個室付き特殊浴場へ、そうとは知らずに出かけたエピソードも紹介されている。彼が自分はどんな場所に来てしまったのかにだんだん気づいていくさまが面白いのだが、長くなるので本稿では割愛する。

キャンベルは日活ホテルに三泊した後、旅費を節約するため日本橋の八州（やしま）ホテルに移動した。彼は「風呂なしの部屋なので、東京温泉に通うためのいい口実ができた」[5] と日記に書いている。なお、東京温泉とは、日本で最初に開業した、女性による垢すりマッサージ付きの風呂のことである。[6] 後に京都へ移動し、日本語と仏教の研究にストイックに没頭した学者らしい姿に比べると、東京でのキャンベルが遊蕩にふけっていたという印象は拭えない。

キャンベルは歌舞伎や能そして芸者遊びと、東京の娯楽を満喫した。なかでもキャンベルが気に入り、足しげく通ったのは能だった。後年、彼は神話研究の代表作として *The Masks of God*, 1959~67（全四巻）を出版するが、この表題は能のイメージと重なっている。

彼は芸者遊びのなかでも、とくに、日本の芸者が客を楽しませる技術の巧みさと優雅さに感銘を受けた。芸者たちの姿をみていると、キャンベルは彼自身が長い間真実だと感じてきたこと、すなわち、ある文化に芸術的な人間が多ければ多いほど、その社会はより豊かで創造的なものになる（芸者は英語に直訳すると *art person* である）ことをあらためて思い起こすのであった。

在日アメリカ人の友人に誘われ、場末のストリップ小屋よりはいささか上品なレヴューを観に行って、非常に満足したキャンベルは日記にこう書き残している。

> インドの後にこういうものに出会うのは本当に喜ばしい。「純粋性」と「霊性」をめぐるインドの現代思想は、こういうものから人々を切り離してしまった。（中略）その結果、インドの売春婦は世界で最も堕落している。拒絶された要素はよりひどい形をとって現実にあらわれるが、受け容れられた要素は、人生という一枚の絵に彩りと洗練を与えてくれる。(7)

この記述からもわかるように、インドにおける女性のあり方について、キャンベルは大いに不満を抱いていた。それはインド人の結婚が、親に決められた家同士の結婚であることに関係しているとキャンベルはみていた。自由恋愛が認められていないため、女性たちは身なりに構うこともなく、それゆえ女性的な魅力を放つこともない。

ガンジス川の名前の由来がガンガーという女神であったことからもわかるように、古代インドでは魅力的で偉大な女神たちが人々の崇敬を集めていた。それをよく知るキャンベルは、現実のインドで女性たちがカースト社会によってひどく抑圧されている姿を目の当たりにして、大きく失望した。

その後日本を訪れ、歓楽街の女性たちの姿にこれほど感激したのは、長年憧れ続けたインドへの幻滅からくる反動ともいえるだろう。しかし当時の日本もまた貧しく、若い女性たちは、家族を助けるため泣く泣くそういう世界に入ったのである。それは決して自らの女性性を花開かせるためではなかった。結果としてそうなることはあったかもしれないが。キャンベルの手放しの礼賛ぶりに、筆者は若干の違和感を禁じえない。

二　インドと日本

キャンベルが日本にやってきた頃、彼はいわばインドに失恋したショックに打ちのめされて、ひどく落ち込んでいた。彼は二〇歳の時、ニューヨークからヨーロッパへ家族旅行した船上でクリシュナムルティ[8]に出会って以来、インド思想にすっかり魅了されていた。一度インドを訪ねてみたいという長年の熱望がようやく叶っての初訪問であったが、彼が目の当たりにした現実のインドは、悲惨そのものであった。なかでもキャンベルが大きな衝撃を受けたのは、街の不潔さと、物乞い達のみすぼらしさ、浅ましさだった。古代インド思想の豊穣な輝きと、現代インド社会の惨状との間にある埋めようのない断絶に、キャンベルはただただ失望していた。

失意のキャンベルが日本に到着したのは、ちょうど桜の季節であった。彼はさっそく皇居周辺の花見を楽しんだ。東京の第一印象がすばらしくよかったのは、街中が春の訪れに浮き立ち、最も華やぐ季節であったことも影響していたのではないだろうか。これがじめじめとして陰鬱な梅雨時であったら、彼が受けた印象もまた違ったものになったかもしれない。

キャンベルは日本文化を体験することに対して、非常に貪欲であった。彼にとって、初めて目にする日本文化は、驚異そのものだった。やがて彼はどうしてもインドと日本を比較せざるを得なくなる。日本の識字率の高さ（日本が九〇パーセントで、インドは五～二〇パーセントであった）が多くを物語ると彼は考えた。日本にいると、物事はじつに能率よく迅速に行われるが、インドではいたるところに能率の悪さがみられた。インドでは、東西の価値が緊張と敵対の関係にあったのに対し、日本では両者が調和し、相乗効果を生み出していた。

またインドでは、自国の悲惨な現状にもかかわらず、自分たちの「霊性」や精神的な優越性を鼻にかけながら、西側諸国を「物質主義」と批判し罵倒する、病的ともいえる動きがあった。だがそのようなことは日本ではほとんどなかった。インド人とは異なり、日本人は「波に身をまかせる」術を知っていた。それこそが禅的な態度であり、日本人が新しいことにたやすく順応できる秘訣ではないかとキャンベルはみていた。

インドに対する手厳しさとは対照的な日本への手放しの賞賛について、キャンベル自身も違和感を覚え、この比較がどこから来ているのかを学者らしく自己分析している。それは自身の反共産主義の感情と、インドの反米主義によるものだとキャンベルは考えた。そして彼の最も重要な洞察は、過去の自分のインド礼賛が、本当に薄っぺらいものであったと気がついたことだった。キャンベルはサンスクリット語の勉強を脇に押しやり、今度は日本語の習得に熱中した。

三　京都編

一　キャンベルと日本語

日本における長期滞在先としてキャンベルが選んだのは、京都だった。四月末、アメリカ人が多く滞在していた京都ホテルに落ち着くとまもなく、彼は日本語学校へ通うことを決心する。一日三時間、週五日という本格的なコースである。この授業のほかに個人レッスンを頼むなど、懸命の努力の甲斐あって、キャンベルの日本語力は着実に向上した。だが、それでも全くの初心者が三ヶ月学んだ程度である。街の看板のひらがなやカタカナ、簡単な漢字は読めるようになったものの、流暢に会話するというところまではいかなかったようである。

キャンベルの日本語力について、一つの興味深いエピソードが紹介されている。

七月中旬に日本語学校の授業が終了したが、二週間遅れて入学したキャンベルは、さらに卒業を二週間待たなければならなかった。しかし彼はそれを待ちきれず、自分の日本語を実地で試してみることにした。

夕食をとるために入った行きつけのレストラン不二家で、ウエイトレスからメニューをうけとったキャンベルは、「コンバンハ」と日本語で挨拶してみた。すると彼女は「はい！」と答え、伝票に何かを書きつけた後、メニューを取り上げて厨房へと引っ込んでしまった。困惑したキャンベルが伝票を覗き込むと、カタカナで何かが走り書きしてあり、一七〇円と書き込まれていた。[9] 一七〇円ならばそうひどいことにはならないだろうと思い、キャンベルは様子をみることにした。十分ほどしてウエイトレスが持ってきたのは、スパゲッティと豆と目玉焼きを添えた、チョップステーキの皿だった。この経験から、キャンベルは日本語学校が自分の卒業を延期したのは適切だったと思いなおし、家に帰って寝る間を惜しんで勉強したという。

二　禅を学ぶ

キャンベルの京都滞在を豊かにし、仏教についての思索を深めてくれたのは、あるアメリカ人研究者の存在であった。それは、西本願寺で日本の宗教と文化を研究していたフィリップ・エイドマンである。

キャンベルは三十代半ばのエイドマンを日本文化の「若き師」と名付け、彼と多くの時間を過ごすようになる。キャンベルは毎日のようにエイドマンの研究室に通い、仏教や日本文化について議論を重ねた。ある日などは、キャンベルが彼の研究室に到着したのが午前九時十五分で、そのまま夜の十一時半まで帰らなかったほどである。エイドマンは戦争で足を負傷して車椅子生活を送っていたし、キャンベルはアンコールワットで右足首を傷めていたのにもかかわらず、彼らは知恩院をはじめ京都中の寺社や庭園を見て回った。

エイドマンは、キャンベルが禅についての理解をさらに深めることができるように手助けしてくれた。すでにキャンベルは、禅を世界に広めたことで知られる鈴木大拙にエラノス会議[10]で会っていて、彼の著書を何冊か読んでいた。さらに、アメリカの禅研究者として著名なアラン・ワッツとの交友関係を通じて、禅に関する知識はそれなりに得ていた。そんなキャンベルにとって、この京都滞在は、禅をじかに学ぶ格好の機会となった。残念ながら、キャンベルは京都で実際に座禅を組む機会には恵まれなかったようだが[11]、大徳寺や龍安寺などの禅寺を訪れ、老師たちから直接禅についての解説を受けた。キャンベルは、禅の世俗的な位置づけと、それが完全な集中状態に重きを置いていることを高く評価していた。彼は日記にこう書き記している。

禅の基本原理とは、一切の留保なしに、完全に、やるべきことをやるということだ[12]。

キャンベルとエイドマンの密な交流は、キャンベルのみならずエイドマンにとっても有意義なものとなった。エイドマンにしてみれば、母国を遠く離れた京都で、学識の深いキャンベルと英語で存分に専門的な話ができる時間は、とても貴重であったに違いない。

キャンベルはエイドマンに、宇宙の複雑な現実から単純な法則を導き出そうとしながらこう語った。「神話とは、概念の映像化、あるいは真理の具現化なのです[13]」。既存の学問領域にとらわれないキャンベルの自由奔放さと視野の広さは、学者としてより慎重な立場をとっていたエイドマンには、爽快で心躍るものに映ったようである。

三　超常現象

親鸞聖人の誕生日である五月二一日、キャンベルたちは不動明王院の護摩供養を見物した。山伏たちによる、力強く呪術的な祈祷に導かれた護摩供養の後、護摩の残り火の上を裸足で歩く「火渡り行」がとりおこなわれた。これは無病息災・病気快癒を祈願する行事で、アンコールワットで右足首を傷めていたキャンベルは、勇気を出して参加してみることにした。

足首に巻いていた包帯をはずすのに時間がかかり、キャンベルは列の最後尾についた。それでも薪と薪の間には、まだ残り火が二十センチほど上がっていた。キャンベルの前に並んでいたふたりの若者たちは、火の上を急いで走り抜けていった。しかし彼はこの魔法の火の上を歩くことがどんなものなのか、時間をかけて経験してみようと決心した。

キャンベルは恐る恐る一歩目の右足を踏み出したが、そこは火の気のない端の部分だった。それから彼は「さあ行こう！」と残り火の真ん中に思い切って左足を踏み入れた。パチパチと音がして、足首に近いすね毛が焼け、焦げた臭いが立ちのぼってきた。しかしその炎は、キャンベルの肌に冷たく感じられた。「それは実際冷たかった」[14]とキャンベルは日記に書いている。その冷たさに勇気を得て、キャンベルは平静を保ちながらゆっくりと真ん中を通り抜けることができた。

水道で足を洗って靴下と靴を履いたとき、キャンベルは足首の腫れがひいて、痛みが消えていることに気がついた。彼はこの日のことを、「じつに偉大で素晴らしい出来事だった」[15]と日記に書いている。翌日、彼は奈良の西ノ京と法輪寺を訪ねて十数キロも歩いたが、それでも足首は大丈夫だった。

キャンベルのこの武勇伝は、妻のジーンを通じて友人たちの間に興奮と驚きをもって伝えられた。噂を聞きつけて、この奇跡的な超常現象の体験を直接聴きたいと、わざわざ連絡をとってきた者もいた。この体験はキャンベルにとってもよほど印象深いものだったとみえて、その後もくり返し「あの時治癒が起こったのはなぜだったのか」と考えを巡らせていた様子が日記に書き残されている。

四　仏を見る

六月末、キャンベルの勤務先であるサラ・ローレンス大学の同僚エド・ソロモンが、インド滞在を終えて日本にやってきた。東京から京都へと移動してきたエドとの再会をキャンベルは喜び、互いの旅について大いに語り合った。しかしふたりの意見はことごとく対立した。一致した点といえば、インドのサラバイがすごいということと、インドは一種のホラーだったということ、東京に着いてよかったということだけだった。

それ以外、彼らは同じものを見ていたにもかかわらず、全く違う意見を持っていた。たとえばエドがＵＳＩＳ（アメリカ広報文化交流局）の仕事を高く評価していたのに、キャンベルは全然同意できなかった。またエドが、米国は東洋における援助を継続すべきだと言ったのに対し、キャンベルは自分たちが与えたものはすべて返してもらうべきだと考えていた。さらに、エドはアメリカから派遣されて来た給費生や技術者たちの無作法な振る舞いを大目に見ていたが、キャンベルはこれを不名誉なことと恥じていた。

「だって彼らは田舎者じゃないか！」とエドは言った。それに対しキャンベルは、「アメリカが文化的で洗練されていることを証明するために、教養ある人々を派遣すべきだった。共産圏のロシアや中国は芸術家を送ってきたのに、われわれは農民を送り込んだのだ[16]」と悔しがった。エドとこんな押し問答をしながら、キャンベルは自分がまだまだ俗物であることを自覚し、もっと違う考え方をすべきなのかもしれないと、何となく感じていた。

数日後、別の友人と祇園界隈へ飲みに行ったキャンベルは、何軒かはしごした末、とあるコーヒーショップにたどりついた。店主のフランス人は禅に詳しい人物で、禅の格言に、仏を見たと思うのも幻、見ていないと思うのも幻という趣旨の言葉があると語っていた。

彼の話に耳を傾けていたキャンベルは、突然、ある考えにとらわれた。それは、あのエドが、仏の化身なのではないかという閃きである。キャンベルが辟易としたエドの陳腐さこそが、仏の慈悲というものではなかったか。エドはそれを自分に教えるために、わざわざ京都までやって来たのではないだろうか。そして、このフランス人の話を含めた一連のなりゆきが、自分を禅の片鱗に触れさせるためのはからいだったのではないか。

キャンベルはこれらの洞察をまとめて、日記にこう記している。

実際のところ、仏とは、最もふさわしい姿で現れるものなのだ。私の勤務先はニューヨークのサラ・ローレンス大学で、京都の禅寺で生活しているわけではない。この数週間そういう環境も選択できたのに、結局は京都ホテルの快適さを選んだ人間だ。そんな自分に一番ふさわしい姿かたちで、仏が現れたのだ。[17]

五　ついに専門を決める

この長旅によって、キャンベルの研究生活はさまざまな面で大きく変化することとなる。その最も大きな変化が、旅の終盤に自分の専門領域を初めて定めたことである。意外にもそれまでのキャンベルは、自分の専門を明確に定義することを避け続けてきたのである。

キャンベルは、カルカッタで自分の文章が剽窃されたことを例に挙げながら、七月一五日の日記でこのように述べている。

東洋の哲学や美術は西洋人には理解しきれないものだという東洋人の認識に、異議を唱えるつもりはない。だがほとんどの東洋人が、これらのテーマを、西洋人のように文章にして伝えることができないのもまた事実である。ましてや英語では。[18]

こういった状況のもと、西洋人研究者の自分には、比較のアプローチからの文化研究という、大きな役割が残されているとキャンベルは考えた。比較という視点はデカルト学派の文化・宗教研究のものであって、キャンベルの知る限り、東洋人のなかに見出すことはできなかったからである。

キャンベルは「いまは世界共通の文化の場というものが誕生しつつある、素晴らしい時代だ」と位置づけたうえで、「東洋の貢献は精神的な分野であって、それは西洋の学者による、主に紀元前五世紀から紀元八世紀までの文献研究を経由したものになるだろう」と結論する。この文献研究こそが、キャンベルの専門領域となるのである。

キャンベルは「決意」として、「比較神話学こそが、真に私の研究領域である。その研究手法として、第一にドイツ的な文献学、第二にユング心理学を用いる」[19]と日記で宣言した。

キャンベルの神話研究はフロイトの影響を大きく受けて出発したが、ここでユングが圧倒的存在感を示しているのが興味深い。これは当時、キャンベルがエラノス会議を通じて、ユング心理学との関係を深めていたことも影響しているものと思われる。

サラ・ローレンス大学文学部に奉職して二十年余、頑なにゼネラリストであることを貫いてきたキャンベルが、ようやく自分の専門領域と、果たすべき役割を見出したのである。この旅が彼にとっていかに大きな意義をもっていたかが窺い知れる。

六　変容と再生

キャンベルは、アジアを旅したこの一年間についての心情を、妻ジーンへの手紙にこう綴っている。

いとしいジーニー、僕はこの一年が、僕たちの望み通り再生の年になるだろうと強く思っている。僕たちはニューヨークへ帰る前に、光明の世界の住人になるために、菩薩の本願[20]のような誓いを立てるべきだろう。僕たちはもうその世界にふさわしい（と僕は思っている）し、その世界を見つけて手に入れなければ、愚か者になるだろう。[21]

このようにキャンベルは、アジアを歴訪したこの研究休暇を、再生の旅と位置づけていた。最初に訪れたインドで大きく幻滅したキャンベルだが、彼は日本の旅を続けるうちに、インドへの失望や不快感が徐々に和らいでいくのを感じていた。それは、この癒しの過程のなかで、インドが以前ほど特別な国ではなくなったことをも意味していた。彼はインドをアジアの一国として、相対的に捉える視点を獲得したのである。

これらの心境の変化について、日記にはこう書かれている。

この一年の大きな計画は、すこぶるうまくいったと感じている。私は今年得たいと思っていたことはすべて得ることができたうえに、予期せぬ収穫すらあった。ツィンマー[22]やクマーラスワーミー[23]、そしてインドという国に対する私の見習い期間は終わったのだ。[24]

キャンベルはこの旅によって、インド学の師ふたりと、長年傾倒していたインドから、ついに自立することを宣言したのである。旅がはじまる前には予想だにしていないことだった。

七　伊勢神宮

七月末、夏休みを利用して来日する妻のジーンを迎えに東京へ向かう途中、キャンベルはちょっと回り道をすることにした。行き先は、日本の神道のまさに中心である伊勢神宮だった。当時、伊勢を訪れる西洋人はほとんどいなかった。キャンベルは西洋人の一般的な観光ルートを大きく外れ、より歴史が古く俗化されていない、「ほんもの」の日本を旅することにした。

地元の農民や学生に混じって鈍行の三等車に乗り込んだキャンベルは、インドとは違い、農民たちの身なりがこざっぱりとしていて、しかも教育がある様子なのに感心した。彼らは京都で買ってきた反物を見せ合いながら、小遣い帳をつけていたのである。車窓を流れる美しい山々や田んぼや小さな町並みなど、日本の田舎の景色を彼は大いに楽しんだ。

伊勢でキャンベルは初めて日本旅館に投宿した。たどたどしいやり取りであったに違いないが、従業員たちは伊勢観光の相談にのってくれた。彼がガイドブックで見かけた「伊勢ダンス（伊勢音頭）」について尋ねると、女性従業員七人が広間に集まって、彼一人のために伊勢音頭を披露してくれた。キャンベルは「今年一番の素敵なショーだった[25]」と感激を記している。こんな田舎の小さな旅館にさえ、芸者と同じように客を楽しませようとする日本流のもてなしがあることに感銘を受け、彼は日記にこう綴っている。「これは私が今まで日本語を話せなかったせいで、ずっと出会えなかったものだ。この拙い日本語なしには、すべてのことは絶対に不可能だっただろう[26]」。彼はこの三ヶ月間、日本語を学んできたことを神に感謝した。

伊勢神宮ではしきたりに従って、まずは外宮を、次に内宮を詣でた。神さびた茅葺屋根の神殿の前で、神々に向かってかしわ手を打って参拝したことは、キャンベルにとって忘れがたい経験となった。あたりには、檜の巨木が静かな目撃者たちのようにひっそりと立ち並んでいた。彼はその場所のもつ気高さによって、瞑想状態に引き込まれるのを感じた。

キャンベルは神楽殿で初穂料を支払い、祈祷してもらうことにした。雅楽の調べにのって優雅な舞が披露され、神官がキャンベルの名前をアマテラスに奏上した。そのとき彼は、自分の旅がついにクライマックスを迎えたことを実感したのである。

八　イオマンテ

七月二五日にジーンと合流したキャンベルは、待望の北海道旅行へと出かけた。キャンベルにとって北海道とは、さながら開拓時代のアメリカ西部であった。少年の頃、アメリカ先住民のインディアンに夢中になったように、キャンベルは日本の先住民であるアイヌに魅了された。

キャンベルがとりわけ感銘を受けたのは、アイヌのクマ祭りであった。アイヌには神々の魂がクマに宿っているという信仰がある。その魂を神々の世界に送り返すために、クマを生贄にする祭祀（イオマンテ）がおこなわれる。この古代の儀式は、アイヌの人々の間で現代まで連綿と継承されてきたのである。キャンベルは感激し、日記に「私はこのクマの神話を、*Basic Mythologies*[27]に取り入れるべきだ[28]」と書き残している。この言葉通りキャンベルは、この神秘的なアイヌの儀式のことを、のちの講義や著書のなかで何度も引用することとなる。

北海道の大自然を満喫したあと、東京から京都・奈良、そして再び東京と、キャンベル夫妻は旅を続けた。東京では歌舞伎や文楽を楽しみ、京都では西本願寺で心温まる歓迎を受けた。東京で迎えた八月二五日は、ちょうど一年前にキャンベルがニューヨークを出発した記念日であった。すばらしい一年は完結し、いよいよアメリカ文化圏へと帰還するときがやって来たのである。翌二六日、キャンベル夫妻は日本を後にした。

四　帰国編

一　旅の終わり

夫妻は親族の住むホノルルを経由してニューヨークへ戻る途中、キャンベルの友人であり禅の師でもあったアラン・ワッツを訪ねて、サンフランシスコに立ち寄った。

アランの車で自然豊かなサンフランシスコ郊外をドライブしているとき、キャンベルはかつてのアメリカ生活のおおらかな感覚が、愉快な気分とともに戻ってくるのを感じていた。しかしキャンベルはアランと話しているうちに、彼のアジア文化理解がじつは正統的ではないことに気づきはじめた。アランは、座禅によって禅の伝統を定義することはできないと考えていた。だがまさにその座禅こそが、禅の実践の中心であるとキャンベルは日本の禅寺で繰り返し教えられたのだった。

さらにアランは、禅と武士道を混同しているのではないかという疑念をキャンベルに抱かせた。過去のキャンベルはアランの解釈をもっぱら頼りにしていたが、日本に行って初めて、彼はアランの偏りに気がついたのである。インド学だけでなく、禅という分野でも、キャンベルが師から卒業するべきときが来ていた。

九月七日、キャンベル夫妻はとうとうニューヨークに到着した。さっそく翌日からふたりはそれぞれの忙しい日常に戻り、キャンベルの長い旅は完全に終わりを告げた。

五　むすび

以上みてきたように、キャンベルは日本訪問中に研究者として大きな変容を遂げていった。その変容とはまず、自らの専門領域をはじめて決定し、西洋人研究者として自分が果たすべき役割をはっきり見出したことである。次に、これまで依拠していた、インドや禅に関する「借りものの」知識や価値観から解放され、研究者として独り立ちしていったことである。このアジア歴訪は、彼の言葉通り、古い自分を脱ぎ捨て、新しい自分に生まれ変わる、まさに再生の旅となったのである。

キャンベルの英雄神話研究によって抽出された、英雄の旅のパターンをおおまかに整理すると、①非日常への旅立ち、②超自然的領域における冒険を通じた、自己の超越、③仲間に恵みをもたらす戦利品を携えての帰還、の三段階がある。キャンベルの旅を振り返ると、このパターンに見事に当てはまることに驚かされる。

すなわち、アジアという非日常に旅立ち、仏教を学んで、火渡り行による奇跡的治癒や仏の幻視などの超自然的な体験をしていくなかで、過去の自分を超越していく。これらの冒険のすえに、真に専心すべき学問領域と社会的役割という戦利品を手にして、アメリカに戻ったのである。このときキャンベルはちょうど五十歳、孔子の言葉そのままに、「五十にして天命を知る」こととなったのである。

また、本稿では紙数の都合で十分に触れることができなかったが、キャンベルは旅の間ずっと、アメリカ人が国際社会でどうふるまうべきかを考え、模索していた。科学技術や機械工業の分野だけでなく、もっと精神的な分野でアメリカ人が貢献できることは何か、そういう貢献を可能にするには、どのような教育が必要か、キャンベルは考え続けた。

その一つの答えが、妻ジーンに宛てた手紙に出てくる「菩薩の本願」という言葉であろう（第三節　京都編六「変容と再生」参照）。この誓いを守るべく、以後、キャンベルは学問の世界にとどまらず、一般社会の人々をも啓蒙する執筆・講演活動に手を広げていくのである。キャンベルは神話論を通じて、人々が社会通念や固定観念のとらわれから脱却できるよう、明確なメッセージを発信し続けた。その姿は、彼がめざした菩薩のありようと重ね合わせることができるだろう。

キャンベルの日記はじつに克明で興味深いが、本稿では紙幅の制約もありそのすべてを論じることができなかった。これらについては、また他の機会にあらためて論じてみたい。

（1）二〇一六年二月現在も、『神話の力』はAmazon Japanの神話カテゴリーで、ベストセラー一位を獲得している。
（2）キャンベルは一九五八年にも、宗教学者エリアーデらとともに再来日している。
（3）*Sake & Satori*（以下、単に「日記」とする）四〇頁。
（4）一九五五年当時、公式には米軍の占領は終了していたが、事実上の駐留は続いていたので、米軍兵士を相手にした風俗産業はまだ盛んだった。
（5）日記四三頁。
（6）マッサージを伴う「トルコ風呂」が性風俗として定着したのは、後の一九六〇年代のことである。
（7）日記四二頁。
（8）インドの宗教哲学者。
（9）当時の一七〇円は現在の約千円である。
（10）一九三三年から一九八八年にかけて、スイスのアスコナで開かれた学際的な会議。ユング心理学が大きな役割を果たした。
（11）エイドマンの紹介によって、とある老師のもとで座禅を体験する予定だったが、当日になって老師に葬儀の急用が入ったため、実現しなかった。
（12）日記八六頁。
（13）*A Fire in the Mind*（以下、単に「伝記」とする）四一五頁。
（14）日記一二五頁。
（15）同、一二五頁。
（16）同、一九〇頁。
（17）同、一九三頁。
（18）同、二三六頁。
（19）同、二二七頁。

(20) 菩薩が過去世において立てた、衆生救済の誓いのこと。
(21) 伝記四〇八頁。
(22) コロンビア大学で教鞭をとっていた、インド研究の権威。
(23) インド文化復興運動の中心人物であったインド美術研究家。
(24) 日記二三九頁。
(25) 同、二四一頁。
(26) 同、二四一頁。
(27) これは当時キャンベルが構想していた著作 *Basic Mythologies of Mankind* のことで、結局は完成をみなかったが、そのエッセンスは *The Masks of God* に引き継がれた。
(28) 日記二五〇頁。

参考文献

Joseph Campbell, *Sake & Satori*, Novato : New World Library, 2002.
Stephen and Robin Larsen, *A Fire in the Mind*, New York : Doubleday, 1991.
Joseph Campbell, *Myths to Live By*, New York : Viking Press, 1972 邦訳：ジョーゼフ・キャンベル『生きるよすがとしての神話』飛田茂雄訳、角川書店、一九九六年
Joseph Campbell, *The Hero with a Thousand Faces*, Navato : New World Library : Third edition, 2008　邦訳：ジョーゼフ・キャンベル『千の顔をもつ英雄〈新訳版〉上・下』倉田真木・斎藤静代・関根光宏訳、ハヤカワ文庫、二〇一五年
Joseph Campbell, Bill Moyers, *The Power of Myth*, New York : Doubleday, 1988 邦訳：ジョーゼフ・キャンベル『神話の力』飛田茂雄訳、ハヤカワ文庫、二〇一〇年
下川耿史『性風俗史年表　昭和戦後編〈一九四五～一九八九〉』河出書房新社、二〇〇七年

何が社会の働きを強めるのか
――「恥」に関するルース・ベネディクトの考察を手がかりとして――

杉尾美幸

一　はじめに――『菊と刀』における「恥の文化」の謎――

アメリカの文化人類学者、ルース・ベネディクトは、一九四六年の著作、『菊と刀―日本文化の型』において、日本社会の特徴を説明する中で次のように述べている。「さまざまな文化を人類学的に研究するにあたって、恥に強い信頼を寄せる文化と罪に強い信頼を寄せる文化を区別することは重要である」［Benedict 1954：222, 長谷川訳二七二頁］。「真の恥の文化は善行を引き出すために外的制裁を頼りにする。真の罪の文化のように、内的な罪の自覚には頼らない」［Benedict 1954：223, 長谷川訳二七三頁］。「恥は日本の道徳において権威ある場所を占めており、それは、西洋の道徳において『くもりのない良心』、『神とともに正しくあること』、罪を避けることが権威ある場所を占めているのと同じである」［Benedict 1954：224, 長谷川訳二七三頁］。一九四八年に日本で翻訳が出版されると、ベネディクトによるこれらの指摘に民俗学者の柳田國男がいち早く注目したこともあり［柳田・折口一九五〇、柳田一九五〇］、以後、特に日本において『菊と刀』が論及される際には、「恥の文化」と「罪の文化」の対比、または、「恥の文化」としての日本といった事柄が折にふれてとり上げられるようになった〔作田一九六四、作田一九七六〕。

ただし、「恥の文化」と「罪の文化」の対比、または「恥の文化」としての日本といった事柄が着目されるのはよいとしても、これらの事柄が『菊と刀』のメインテーマであるというような捉え方をすることに異議を唱える研究がある。藤本みどりは、原著で三六一ページにおよぶ『菊と刀』の記述全体の中で、「恥」に関する説明が「わずか四ページにしか取り上げられていない」こと、さらに、「'shame cultures'『恥の文化』という熟語に至っては、たった二回しか記述されていない」ことなどを指摘して、「日本文化を『恥の文化』と特徴づけたことに、彼女自身（ベネディクト・引用者注）、さして重きを置いていなかったと思う」と述べている〔藤本二〇〇五、六八頁〕[1]。たしかに、藤本の指摘に加えて、『菊と刀』の副題が「日本文化の型（Patterns of Japanese Culture）」であり、「型」が複数形になっていることも考え合わせると、ベネディクトが日本社会を何か一つのキーワードだけで説明しようとしたのでないことが分かる。つまり、ベネディクトが「日本文化は恥の文化である」という単純な命題のみを読者に伝えたかったのでないことは分かる。

しかし、このことを念頭に置くとしてもなお、日本人である筆者にとって、ベネディクトが日本における「恥」をどのように捉えたのか、また、その捉え方は、著者であるベネディクトが持つ思想的バック・グラウンドとどのように関係するのかということは、やはり興味深い問題である。そこで本稿では、ベネディクトがなぜ日本についての研究を行ったのか、その経緯と目的を確認し、『菊と刀』における「恥の文化」および日本における「恥」に関する説明と、「恥」に関する具体的な事例が記述されている箇所を検討していく。そして、ベネディクトの思想的バック・グラウンドとして、彼女が一九四一年に行った講演で論じた問題、すなわち、世界にさまざまな社会が存在する中で、成員が全体として温和な気質を持つ社会がある一方で、成員が全体として攻撃的な気質を持つ社会があるのはなぜかという問題に対する彼女の思索をとり上げ、日本における「恥」についての彼女の説明が、この思索を応用したものであるという見方が可能であることを示したい[2]。なお、引用に際しては、もとの文において使用されているアラビア数字はすべて漢数字に置き換えた。また、『菊と刀』からの引用文は原文から筆者が訳出したものであるが、読者の便宜のために長谷川訳の講談社学術文庫版における該当箇所のページ数を付記した。

二　日本研究の経緯と目的

『菊と刀』は、純粋な学問的研究の成果として書かれた著作ではない。ベネディクトは、『菊と刀』の第一章、「任務：日本」において、日本を研究するにいたった経緯を次のように説明している。

> 一九四四年の六月、私は日本について研究するよう任命された。文化人類学者として利用しうるあらゆるテクニックを駆使して、日本人はどのような国民であるのか、詳細に説明せよとのことであった［Benedict 1954：3, 長谷川訳一三－一六頁］。

ベネディクトは、アメリカの戦時情報局から依頼されて日本を研究することになった[3]。文化相対論[4]の立場に立ち、また、人種差別に反対する著書［Benedict 1945］も書いていたベネディクトが、戦時情報局で日本研究を行ったことは、彼女の「思想構造における大きな変化を伴わずに行なわれたとは信じがたい」とする指摘もある［ラミス一九九七、一九二頁〕。しかし、この指摘は、ベネディクトが日本研究を行った当時の状況を踏まえていない、一面的な捉え方であるように筆者には思える。というのも、この時代のアメリカでは、ベネディクトに限らずほとんどの人類学者が、政府機関に何らかのかたちでかかわりを持っていたからである。

実際、彼女が日本研究を行っていた部署、戦時情報局の海外戦意分析課だけでも、情報の分析に当たるアナリストの多い時でおよそ三十名の研究者が配属されており、そのうちのおよそ十名が人類学者であった(5)。さらに、戦時情報局が行なった研究の対象は日本だけでなく、他の多くの国や地域にも及ぶことや、戦争遂行のために他国の研究を行ったのが戦時情報局だけではないことも考え合わせると、この当時、政府機関に勤めた研究者の数は相当なものであったことが分かる。

また、ベネディクトが戦時情報局で研究を行うようになった直接のきっかけは、すでに戦時情報局に勤めていた友人で人類学者のジェフリー・ゴーラーが、母国イギリスでの大使館勤務が決まったために自らの後任としてベネディクトを推薦したことにある。さらに、アメリカが第二次大戦に参戦する以前から、アメリカ国内にはすでに、アメリカの参戦を見越し、参戦した場合に必要になると予想される、各国の国民道徳に関するデータの収集や分析を行う独自の組織が人類学者らによって立ち上げられていた［Mead 1974 : 57］。つまり、この当時は、研究者が政府機関と何らかのかかわりを持って研究を行うということがそれほど珍しいことではなかったし、また、そうしたかかわりをなるべく他人に口外せずにおこうというような風潮も特段なかった。むしろ研究者同士で積極的に情報を共有し合うような風潮さえあったと考えられるのである。

そのような状況のもとで行われた日本研究の目的を、ベネディクトは次のように説明している。

日本との総力戦において私たちが知らなければならなかったのは、たんに東京にいる権力者たちの目的と動機だけ、日本の長きにわたる歴史だけ、経済や軍事の戦略だけではなかった。私たちは、日本政府が国民に対して何を期待することができるだろうかということを知らなければならなかったのである。また、日本人の思考と感情の性質に加え、これらの性質が形成するいくつもの型を理解しようと努めなければならなかった。これらの行為や意見の背後にはどのような制裁（sanctions）があるのかを知る必要もあった。[6] 当面の間、私たちは、自分たちがアメリカ人として振る舞うときに前提にしていることを脇に追いやって、特定の状況において私たちがすることを彼らもするに違いないといった安易な結論を、できる限り下さないようにしなければならなかった［Benedict 1954：4-5，長谷川訳一五頁］。

「権力者たちの目的と動機」、日本の「歴史」や「経済」といった事柄だけでなく、日本人の精神的特質とでも言うべきものを理解するという目的のもと、すなわち、日本人の行動と精神を総体として理解するという目的のもと、日本研究を行っていたことが述べられている。ベネディクトの同僚で友人でもあるマーガレット・ミードによれば、「戦時情報局内で、彼女（ベネディクト・引用者注）は、比較的自由に自分の好きな研究をすることができた」という［Mead 1974：61］。つまり、組織に加わって研究をしている以上、研究のおおよその方向性は上から示されたものであったとは言えるかもしれないが、必ずしもそれが、研究者自身の持つ興味の方向性を追求することを阻害するようなものではなかったことを窺い知ることができるのである。ベネディクトの戦時中の日本研究は、日本人とはどのような民族であるのかを知りたいという、組織が大枠として持っていた意図と、ベネディクト自身の興味・関心の交差するところで成立したものと言えるのではないか。

三　「恥の文化」および日本社会における「恥」に関する記述

『菊と刀』の中で「恥の文化」について説明が行なわれるのは、第十章、「徳のジレンマ」においてである。

さまざまな文化を人類学的に研究するにあたって、恥に強い信頼を寄せる文化と罪の意識に強い信頼を寄せる文化を区別することは重要である。ある社会が、道徳の絶対的基準を教え込み、各人が良心を発揮することに信頼を寄せる場合、定義上、その社会を罪の文化（a guilt culture）ということができる。しかし、アメリカのように罪の意識に強い信頼を寄せる社会の人間でも、罪ではないが何か失態をおかした時に、恥に悩まされることはある。状況にふさわしい服装をしていなかったとか、何か言い間違いをしたとかいうことを、極端に気に病むこともあるだろう［Benedict 1954：222, 長谷川訳二七二頁］。

引用箇所の一文目の「恥に強い信頼を寄せる文化」と「罪の意識に強い信頼を寄せる文化」という区別は、これに続く一文でベネディクトが行なっている定義から、「恥の文化」と「罪の文化」という区別であることが分かる。また、ベネディクトは、アメリカのように罪の意識に強い信頼を寄せるような社会の人びとも、恥の感情に悩まされることが往々にしてあることを説明しており、罪の意識に強い信頼を寄せている文化でも、行動の規制において「恥」が威力を発揮することがあるということを示唆している。

先の引用箇所においてベネディクトは、おもに「罪の文化」について説明していたが、一方の「恥の文化」についてはどうか。

真の恥の文化（shame cultures）は、善行を引き出すために外的制裁を頼りにする。真の罪の文化のように、内面化された罪の自覚には頼らない。恥は、他人の批判に対する反応である。人は、人前で嘲笑されたり拒絶されたり、あるいは嘲笑されたと思い込むことによって恥を感じる。いずれの場合でも恥は強い制裁となる。しかし恥には、自分が人から見られているか、あるいは見られていると思い込むことが必要である［Benedict 1954：223, 長谷川訳二七三頁］。

「恥の文化」は、自己の外からの制裁を頼りにしており、また、「恥」という感情が生じるには、自分が人から見られていること、あるいは自分が人から見られていると思い込むことが必要であるという。

ここまでのベネディクトの「恥の文化」と日本における「恥」に関する説明をまとめると、①「恥の文化」と「罪の文化」の対比モデルを提示し、②「恥」という概念についての説明を行っているということになる。ここで注目したいのは、ベネディクトが「恥の文化」という聞き慣れない言葉を提示し、その後、本書の中でこの語を一度しか使っていないということである。日本社会を「恥の文化」と特徴づけたことに、ベネディクトがさほど重きを置いていなかったとする、本論文の始めにも紹介した指摘[7]は、この点を衝いている点で正確な指摘と言える。ただし、筆者が言い添えておきたいのは、ベネディクトが日本の道徳において「恥」が果たしている役割を説明したことは、やはり相応の効果を発揮しているのではないかということである。

実はベネディクトは、『菊と刀』における序論にあたる第一章から、それに続く各章で、折にふれて、第十章で行う「恥の文化」および日本社会における「恥」に関する議論への布石を敷いている。たとえば、すでに本論文中で引用した第一章のある箇所で、ベネディクトは、「これらの行為や思考の背後にはどのような制裁があるのかも知る必要があった」と述べている［Benedict 1954：4, 長谷川訳一五頁］。これは、第十章において、「真の恥の文化」が善行を引き出すに当たって「外的制裁を頼りとする」」、あるいは、嘲笑された、あるいは嘲笑されたと思い込む時に「恥は強い制裁となる」という議論につながっていく議論である［Benedict 1954：223, 長谷川訳二七三頁］。また、第二章では、日本人がよく「『世界の目が自分たちに注がれている』」［Benedict 1954：28, 長谷川訳四四頁］ということを口にし、また、日本兵が最後まで戦おうと抵抗を続けることに関して「投降することに対する恥は、日本人の良心の中に深く刻み込まれていた」［Benedict 1954：40, 長谷川訳五八頁］と説明している。これらの説明も第十章で「人前で嘲笑されたり拒絶されたり、あるいは嘲笑されたと思い込むことによって恥を感じる」という説明と、恥が日本人の道徳の根幹にあるといった議論［Benedict 1954：224, 長谷川訳二七三頁］につながっていく。

つまり、さまざまな論者が指摘するように、日本人の行動と精神の多様な型を描き出している『菊と刀』において、「恥」に関する議論は、メインテーマというよりは、いくつかのサブテーマの一つに位置付けられるのは確かだが、本書には繰り返しこのサブテーマに関連する事例や説明が登場するのである。次節では、アメリカが第二次大戦に参戦する以前にベネディクトが行なった講演を踏まえた上で、このサブテーマが『菊と刀』においてどのような位置付けにあるのかを示したい。

四　各社会の特徴的気質の研究から『菊と刀』へ

アメリカの人類学者であり、ベネディクトの伝記作家の一人であるジュディス・モーデルは、日本における「恥」に関するベネディクトの説明と、ベネディクトが日本研究を行う以前から行っていた思索との関連について、興味深い指摘を行っている。ベネディクトは、ペンシルヴェニア州のブリンマー・カレッジから依頼を受けて、一九四一年の春に連続公演を行っており、[8]この講演においてまだ萌芽のような状態だった彼女の議論が、『菊と刀』における「恥」の議論に継承されているというのである［Modell 1999：197］。

この講演で特に興味深いのは、ベネディクトが、望ましい社会状態を生み出す条件とは何かということについて発言している点である。講演においてベネディクトがこのような問題を論じたのは、おそらく当時の世界情勢が大きく関係しているものと思われる。一九三九年にナチス・ドイツがポーランドに侵攻したことをきっかけに、ヨーロッパではすでに戦争が始まっていた。戦争と相まってナチス・ドイツは、ドイツ国内と侵攻先の地域で、ユダヤ人をはじめとする少数民族や、ナチスに反対する人びとを迫害し、虐殺した。ヨーロッパでの戦争の開始を受けてアメリカがただちに戦争に加わることはなかったが、ベネディクトは、ヨーロッパでこうした暴力が行なわれている現実を知り、世界で起きている問題がなぜ生じたのか、未来の社会はどのようなものであるべきかという点について思索を巡らせていたと考えられる。

講演の中で、ベネディクトは次のような問いかけを行っている。「強い攻撃性と結びつくような社会学上の条件、低い攻撃性と結びつくような社会学上の条件というものはあるのだろうか」と［Maslaw and Honigman 1970：325］。ベネディクトは、「ある社会の攻撃性が低いのは、その社会の成員が非利己的で社会的責務が個人の望むことよりも上位に位置づけられているからではなく（傍点引用者）、社会的編成がこれら二つのもの（社会的責務と個人が望むこと・引用者注）を一致させているからである」という［Maslaw and Honigman 1970：325］。つまり、社会的責務を果たすことが、社会全体に利益をもたらすばかりでなく、責務を果たす当の個人にも十分な利益をもたらすような社会は、攻撃性が低いとベネディクトは考えるのである。ベネディクトは、そのような攻撃性の低い社会を、「統合的社会（corporate societies）とも呼んでいる。反対に、ベネディクトが「原子論的社会（atomistic societies）」

とも呼ぶ、攻撃性の高い社会では、「個人の利益となるような行動は、他人を犠牲にすることによって成り立つ」と考える傾向があり、たとえば「自己の利益を得るために、他人を犠牲にしてでも超自然の力を求め、他人を打ち負かしたり屈辱を与えたりする」ということが起きる［Maslaw and Honigman 1970：326］(9)。

さらにベネディクトは、前者のような社会状態、すなわち、社会的責務と個々人の望みを一致させ、社会全体の利益を増大させている社会状態を「高シナジー（high-synergy）」と呼び、反対に、後者のように、個々人が自分の利益だけのために振る舞うことを促進する社会の状態を「低シナジー（low-synergy）」と呼んでいる。「シナジー（synergy）」という言葉は、もともと神学や薬学で使われていた言葉だが、薬学では、「神経中枢、筋肉、精神、治療薬が一体となって働くことを意味する。これらの各要素が一体となって働くことによって、各要素が単独で働く時よりも大きな効果が得られる」という事象を説明する言葉として用いられてきたという［Maslaw and Honigman 1970：325］。ベネディクトは、この薬学上の概念を、各社会の状態を理解するための指標として用いることによって、異なる社会に対する理解を進めるとともに、異なる人間同士、異なる社会同士が平和的に共存できる条件について考えを巡らせていたのである。

モーデルは、ブリンマー講演におけるベネディクトの主張が、日本における「恥」に関する議論にも継承されていることを指摘しているが、それは「恥」の議論のどのような点に反映されているのだろうか。ベネディクトが「恥」という概念そのものについて説明を行うのは、第十章「徳のジレンマ」においてであるが、それに先行する第五章から第九章では、日本における責務の体系を解説している。そこでは、日本の責務が、相手から何かをしてもらった時に生じる「恩」、また、何かをしてくれた相手に対して適切なお返しをする「義務」と「義理」を軸に体系化されていることを説明している。ベネディクトはさらに、「恩」を、誰から受けるものかによって「皇恩」、「親恩」、「主の恩」、「師の恩」の四つのタイプに分類している。同様に、「義務」を、誰に対するお返しであるかによって「忠」、「考」、「任務」の三つのタイプに、「義理」を、「世間に対する義理」と「名に対する義理」の二つのタイプに分類している[10]。

このようにベネディクトは、日本の責務体系を、人と人との相互的な関係において生じるものと捉えている。もちろん、ベネディクトは、責務を果たすことが、個々の日本人にとってしばしば重圧となっていることも述べてはいるが、一方で、訓練を積んで立派に責務を果たすことで、個々の日本人が「人生の『味を知る』」=「人生を楽しむことができる」ようになっていくことも説明している［Benedict 1954：233, 長谷川訳二八五頁］。つまり、ベネディクトは、日本の責務体系の中には、社会全体のために責務を果たすことが、その責務を果たす当の個人が実感できるような利益にもつながる仕組みが確保されていることを明らかにしているのである。その意味でベネディクトは、日本社会を、「高シナジー」の条件をある程度備えている社会と見ていたと言える。

そして、そのような責務の体系を、個々の日本人が自身の行動規範として内面化し、その行動規範から逸脱しないよう振る舞う上で大きな役割を果たすのが「恥」という感情である。ベネディクトによれば、「恥」とは、他人から見られている、あるいは見られていると思い込むことによって生じる感情である。したがって、ベネディクトの考えにもとづくなら、日本人は、人の目を気にするあまり主体性がないということになるのではないかという疑問が投げかけられることがあるかもしれない。しかし、ベネディクトは、日本人に主体性がないとは考えていない。日本人は、幼少期に「恥を知らない」特権的な時期を過ごすが、「恥が道徳の基礎となるその後の時期のさまざまな制約は、たんに特権の剥奪と感じられているわけではない」とベネディクトは述べている［Benedict 1954：289, 長谷川訳三五四頁］。そして、時に命をかけて「忠」や「考」や「義理」を果たすなどの、キリスト教文化圏の人間には「自己犠牲」にしか見えないような行為を、日本人は「自発的な」行為と捉え、それらの行為を通して「自身が強く望む目的を達成することができる」と考えるのだとして、各個人がそれぞれの強い意志にもとづいて行動していることに理解を示している［Benedict 1954 : 289, 長谷川訳三五四頁］。

五　おわりに

本稿では、日本における「恥」に関するベネディクトの議論と、彼女が一九四一年にブリンマー・カレッジで行った講演における主張との連続性を指摘した。『菊と刀』だけを読むと、複雑な責務体系とその基礎にある「恥」という、日本文化の特殊性が描き出されているという点ばかりに目が行きがちだが、ブリンマー講演におけるベネディクトの主張を踏まえると、彼女がもう少し普遍的な観点からこの問題をとり上げていた可能性が見えてくる。つまり、各社会には、社会全体の働きを強めたり弱めたりする（シナジーのような）それぞれ特有の仕組みが見いだされることを前提として、日本の責務体系と「恥」に関する議論をすることで、この点にかんする日本特有の仕組みを示そうとした可能性である。

ただし、本稿で論じた一九四一年の講演と「恥」に関する議論の連続性は、より多くの証拠をもとに説明される必要があるだろう。その理由の一つに、この講演でベネディクトが用いた「シナジー」という用語そのものは、この講演の前後に彼女が書いたさまざまな著作や論考の中には見られないということが挙げられる。ベネディクトが日本社会における「恥」を論じるにあたって、ブリンマー講演で示した考え方が実際に彼女の念頭にあったということを、より確証を持って示すためには、この講演を行う前後の彼女の論考や、『菊と刀』以後の論考などを読み解き、この考え方が継続的に見られることを示す必要があると考えられるが、それは今後の課題としたい。

（1）ケント（一九九八）、三七四-三七五頁、島田（一九九三）、五二頁、副田（一九九三）、二七三頁らも同様の指摘を行っている。

（2）日本における「恥」に関するベネディクトの説明と、彼女が一九四一年に行った講演との関連については、すでに、ジュディス・モーデルによる研究があり、大方の点に関しては同意できる内容となっている。そこで本論文では、ベネディクトが行なった講演を、モーデルの論旨に即して解説した上で、彼女の論旨をさらに補強するための課題を示したい。

（3）ベネディクトは、「戦時情報局」という組織の名称を謝辞の中では用いているが、本文中では用いていない。

（4）文化を研究するにあたって、一社会ごとの歴史的経験を重視するアプローチ。各社会からさまざまな文化要素を取りだして、その起源と発展過程を探る社会進化論、また、文化要素の分布を調べ、ある社会からある社会への文化要素の移動を明らかにすることによって文化史の再構成を目指す伝播論とは異なる立場である。

（5）Leighton（1949），pp. 223-225 に記載されている海外戦意分析課のスタッフ一覧を参照。

（6）「制裁」とは、特定の行動を承認したり禁止したりすることによって、社会の秩序を保つ仕組みのことで、本論文の論旨とも深く関連する重要な概念である。「制裁」の詳細な意味や機能については、Sills ed.（1979）vol. 14, ‘sanctions’（pp. 1-5）の項目を参照。

（7）本稿脚注（1）を参照。

（8）本稿では、以後この公演を「ブリンマー講演」と略記する。

（9）ここでベネディクトが念頭に置いているのは、未開社会で行われている呪術、その中でも、他人に害を与える、あるいは他人に害を与えることによって自分に利益をもたらそうとする時に行なわれる黒呪術であると考えられる［Benedict 1933］。

（10）Benedict（1946），p. 106. 長谷川訳、一一四-一一五頁にベネディクトがまとめている「日本人の義務ならびに反対義務一覧表」を参照。

参考文献一覧

Benedict, Ruth（1933）. “Magic.” *Encyclopaedia of the Social Sciences*, vol. 10, pp. 39-44.

――(1945. orig. 1940). *Race*：*Science and Politics*. New York：The Viking Press. 筒井清忠・寺岡伸吾・筒井清輝訳（一九九七）『人種主義　その批判的考察』名古屋大学出版会。

――(1954. orig. 1946). *The Chrysanthemum ad the Sword*：*Patterns of Japanese Culture*. Tokyo：Charles E. Tuttle Company.　長谷川松治訳（二〇〇五）『菊と刀―日本文化の型』講談社学術文庫。

――(2005. orig. 1934). *Patterns of Culture*. Boston and New York：Houghton Mifflin Company.　米山俊直訳（二〇〇八）『文化の型』講談社学術文庫。

Maslaw, Abraham and John Honigman（1970）. "Synergy：Some Notes on Ruth Benedict." *American Anthropologist*, 72, pp. 320–333.

Leighton, Alexander（1949）. *Human Relations in a Changing World*：*Observations on the Use of the Social Sciences*. New York：E.P Dutton and Co.

Mead, Margaret（1974）. *Ruth Benedict*. New York and London：Columbia University Press.

Modell, Judith（1999）. "The Wall of Shame：Ruth Benedict's Accomplishment in *The Chrysanthemum and the Sword*." *Dialectical Anthropology*. 24, pp. 193–215.

Sills, David ed.（1972–1979）. *International Encyclopedia of the Social Sciences*, New York：Macmillan, New York：Free Press.

ポーリン・ケント（一九九八）「ルース・ベネディクトの実像と虚像」、濱口恵俊編『世界のなかの日本型システム』新曜社、三七一–三九二頁

作田啓一（一九六四）「恥の文化再考」『思想の科学』四月、二–一一頁

――（一九七六）『恥の文化再考』筑摩書房。

島田裕巳（一九九三）「恥の文化としての日本―『菊と刀』への反発と受容」『日本という妄想』日本評論社、四〇–五三頁

副田義也（一九九三）『日本文化試論―ベネディクト『菊と刀』を読む』

藤本みどり（二〇〇五）「『〈恥〉の文化論』再考―R. Benedict の捉えた日本人の『恥』」、『北九州市立大学院紀要』、五三–八五頁

柳田國男・折口信夫（一九五〇）「民俗学から民族学へ―日本民俗学の足跡を顧みて」『季刊　民俗学研究』14（3）一–一八頁

柳田國男（一九五〇）「尋常人の人生観」『季刊　民族学研究』14（4）二八–三五頁

ダグラス・ラミス（一九九七）加地永都子訳『内なる外国』ちくま学芸文庫

学校教育は「麗しの島」をどう教えてきたか
――台湾文化の再生と日本の義務教育――

滝　澤　雅　彦

一　はじめに――「有縁」ということ――

台湾の高雄日本人学校に赴任していた時に、台湾の知人から台湾の公用語である北京語を教えていただいたことがある。その中で特に印象に残り、帰国後も大切にしている言葉がある。それは「有縁」である。日本語と同様、「縁」が「有」る、ということなのだろうと思ったら、そうではなかった。一つには「人と人のご縁を大切にしましょう」という意味であり、もう一つには「ご縁のあった人のことを大切にしましょう」という意味がある、ということであった。

二〇一一年三月十一日に日本を襲った東日本大震災の直後、世界中のどこの国や地域の人々よりもいち早く、より多くの人々が、より多くの支援の手を差し伸べてくださったのが台湾の人々だった[1]。被災地をはじめとした日本中の全ての人々の心に、台湾の人々の日本人に対する大きな善意が伝わった。

台湾の人々が、ご縁のあった日本の人々のことを大切にしてくださっていることの証左であった。

それではなぜ台湾の人々は、日本人とのご縁を大切にしてくださっているのであろうか。

台湾の人々にとって、日本人とのご縁とはどのようなものであるのだろうか。

実は、そのことに対して明確に答えられる日本人は決して多くない。答えられるとしても、日清戦争に勝利した日本が、下関条約によって手に入れた植民地が台湾であり、日本と台湾とのご縁はこの時に生まれたのではないか、という答えが返ってくるのが普通であろう。

「日本の隣人の中でも、特に台湾の人々が日本人に親切にしてくださっている。植民地であったにもかかわらず有り難いことである。」と、多くの日本人は感謝の気持ちを抱いている。ところが、それがなぜだかは分からない、というのが多くの日本人の実際のところではないだろうか。

一八九四年の日清戦争（台湾では中日甲午戦争という）の翌年に締結された下関条約によって清から日本に割譲された台湾。その後の台湾近現代史を形作る契機となったこの条約を、我々日本人が日本と台湾のご縁と見なすことは、その後の台湾の人々が辿る道筋のことを思えば、あまりにも無神経なことであると言えよう。

しかし、そのこと自体は無理からぬことであるのかもしれないのだ。なぜなら、ほとんどの日本人は、誰からも台湾の人々とのご縁について教わってこなかったのだから。

では、教えるとすればそれはいったい誰か。家庭で、親が子供に教えるということもあるだろうが、広く国民全体に、ということであれば、それは学校教育であろう。

それなら、学校教育、中でも特に義務教育段階ではどうだったのであろうか。

実は、学校教育では教えてこなかったのである。

中学校の社会科教師として義務教育学校現場に身を置いていた私自身が、公立中学校から在外教育施設である高雄日本人学校に赴任し、現地でさまざまなことを学んでくるまでは、それをしっかりと、十分に教えてこなかったと断言できるのであるから間違いない。

こうした中で、二〇一六年二月七日、台湾南部の高雄縣を震源とする大きな地震が起こった。台南市を中心に大きな被害をもたらした。この時に、台湾の被災地の人々を支援するためにいち早く動いたのは、日本の被災地をはじめとした全国の人々、すなわち、先の東日本大震災の時の台湾の人々のお気持ちに対して、何か自分達でできることをしたい、少しでも恩返しをしたいと思った人々であった。このことは台湾でも大きく報じられたところである。

しかし、このことをもって日本人として十分に感謝の気持ちを伝えることができているとは言えない。あの東日本大震災の後、日本人と台湾の人々との交流をはじめとした歴史や関係について、もっともっと相互理解を深めるための議論を始めるべきであった。

そこで、本小論では、日本人が台湾の人々の生活や文化、日本との歴史的な関係についての基礎知識について確認するにあたり、これまでの様々な研究成果や出版物とは異なる視点からの提案を試みたい。

すなわち、現在の日本の小中学生が、彼らが置かれている社会環境、学校教育環境の中で台湾のことについて何を知り、どのように理解しているか、という現状とその理由を踏まえたい。

日本と台湾の双方の人々の関係について、『麗しの島』台湾に住む人々と台湾が育んできた文化について、日本人がいつ、どこで、何を、どのように学んできたのか概観しようと思う。

二　データから見える日台関係――お互いが抱いている親近感――

一　台湾の人々にとって日本とは

日本政府観光局（ＪＮＴＯ）発表の資料によれば、二〇一四年の一年間で日本を訪れた外国人の総数は一三、四一三、四六七人であった。このうち、台湾からの訪日外客数は二、八二九、八二一人で、第三位の中国、第二位の韓国を凌いで世界第一位であった。[2]

二〇一四年の台湾の人口が二三、四三四、〇〇〇人[3]であることを鑑みると、台湾人の九人に一人が日本を訪れたことになる。台湾人全体の年間出国者数は一一、八四四、六三五人[4]であったことから、台湾人の出国者の五人に一人が日本を訪れたということもできよう。

台湾人出国者のアジア各国・地域への訪問先について見ると、第一位の中国、第二位の香港に次いで日本への訪問者数は第三位であった。[5]

また、台湾の日本語学習者数は、中国、インドネシア、韓国、オーストラリアに次いで第五位、日本語能力試験受験者数は、受験者数の対人口比で世界一位、台湾からの留学生数は、中国、韓国に次いで第三位であった。[6]

経済関係でも、日本は、台湾の輸出先相手国のうち、中国、香港、米国、シンガポールに次いで第五位、輸入先相手国のうち、中国に次いで第二位であり[7]、二〇一三年の貿易総額は約六二〇億米ドルで、日本は台湾にとって中国に次ぐ第二位の貿易パートナーである。[8]

一方、台湾の人々は日本に対してどのように思っているのか、という世論調査の結果もある。[9]これによれば、日本に対して「親しみを感じる」台湾の人々は十一％、「どちらかというと親しみを感じる」人々は五十四％であり合計六十五％の人々が日本に対して親近感を抱いており、「どちらかと言えば親しみを感じない」人々（十一％）と「親しみを感じない」人々（四％）を大きく上回っている。[10]

台湾の人々の対日感情が良いということはしばしば耳にすることであるが、これらの数字を見てもそのことが裏付けられていることがわかる。

二　日本にとって台湾とは

では、日本人にとって台湾とはどのような存在であるのかについて、同様に海外に出国した日本人の総数から見てみよう。

二〇一四年の一年間に日本を出国した日本人の総数は一六、九〇三、三八八人であり、そのうち、台湾を訪れた日本人は一、六七九、三四〇人であった。この人数は、第一位の米国、第二位の中国、第三位の韓国についで第四位であった。[11]同年の日本の総人口が一二七、〇八三、〇〇〇人であったので、日本人の出国者の七十五人に一人が台湾を訪れたことになる。

日本の貿易相手国について見てみると、二〇一四年の輸出相手国の第一位は米国であり、台湾は、第二位の中国、第三位の韓国に次いで第四位、輸入相手国については、中国、米国、オーストラリア、サウジアラビア、アラブ首長国連邦、韓国、マレーシア、インドネシア、ロシアに次いで第十位であった。[12]また、日本人が台湾に対してどのように思っているのかという世論調査結果もある。[13]これによれば、台湾に対して「とても身近に感じる」日本人が十九％、「どちらかと言えば身近に感じる」日本人が四十八％であり、合計六十七％の日本人が台湾に対して親近感を持っている。「どちらかと言えば身近に感じない」日本人（二十六％）と「全く身近に感じない」日本人（七％）を大きく上回っていることがわかる。日本人が台湾に対して親近感を持っていることも、これらの数字が裏付けているということができるだろう。

以上見てきたように、日本人と台湾人は国際社会の中で特にお互いに親近感を抱いていることがわかる。そのお互いが抱く親近感とは、一体どこにその原因・源流があるのだろうか

三　日本人の対台湾感情——その原因・源流として考えられるもの——

日本人がある外国人の生活や外国の文化に興味・関心を抱き親近感を感じるとすれば、それは教育による影響や成果であると考えることが妥当であろう。

一般に教育には三つのカテゴリーがあるとみなされている。一つは学校教育であり、他の一つは家庭教育であり、もう一つは、子供たちを取り巻く地域や社会の教育や影響である。

そこで、ここでは先ず学校教育について見てみよう。一口に学校教育といっても教育を受ける子供たちの発達段階に応じて教育機関が分かれている。幼稚園・子ども園と小学校段階の初等教育、中学校と高等学校段階の中等教育、そして、高等専門学校と大学段階の高等教育に分類できる。このうち、日本人の誰もが共通して体験する義務教育としての小学校と中学校における教育において、台湾のことがどのように指導されているかについて見てみたい。

一　学校教育と学習指導要領

日本の学校教育の指導内容は、文部科学省が定める学習指導要領に具体的に示されている。このうち、外国の社会、歴史、文化等については、学習指導要領の教科「社会」（一般的には「社会科」と呼ばれている）の中で、どのように指導するかが定められている。そこで、台湾のことについて、小学校及び中学校の学習指導要領の「社会科」でどのように取り扱われることになっているのかについて見てみよう[14]。

二　小学校教育における「台湾」

小学校の学習指導要領では、社会科は第三学年から学ぶことになっている。

㈠　小学校第三学年及び第四学年の社会科における外国に関する指導

第三学年では、週二時間（年間七十時間　一単位時間は四十五分）、第四学年では週三時間（年間九十時間）の授業を通して、児童が暮らす身近な地域に関する内容が大部分を占める。その他には、児童の暮らす都道府県について人々の生活や産業と国内の他地域や外国とのかかわりについて学習する。

外国については「外国とのかかわりにも気付くよう配慮すること」及び「我が国や外国には国旗があることを理解させ、それを尊重する態度を育てるよう配慮すること」とのみ述べられている。

したがって、小学校三年生と四年生では、社会科の授業の中で、児童が外国とのかかわりについて気付くように配慮することが求められている。この場合は、ある特定の国とのかかわりではないが、児童の目を国内だけでなく海外にも向けさせるという意味を持っている。台湾について特段の取り扱いをすることはないが、それは他の国についても同様である。

(二) 第五学年

第五学年では、週三時間(年間百時間)の社会科授業で、日本の国土や産業について学ぶことに加えて、世界の主な大陸と海洋、主な国の名称と位置、日本の位置と領土について学習する。その際の「主な国」については、「近隣の諸国を含めて取り上げるものとすること。その際、我が国や諸外国には国旗があることを理解するとともに、それを尊重する態度を育てるよう配慮すること」と述べられている。

しかし、ここで取り上げられる「近隣の諸国を含めて取り上げるもの」とされている「主な国」の中に、台湾は含まれない。なぜなら、一九七二年の日中共同声明の第二項において、「日本国政府は、中華人民共和国が中国の唯一の合法政府であることを承認」したため、日本国政府文部科学省が制定した学習指導要領において、日本の近隣諸国の一つとして「中国」と呼ぶ場合には、「中華人民共和国」を指し、「中華民国」や「台湾」のことを指していないためである。すなわち、日本の小学五年生の児童は、社会科の授業の中で、「中華人民共和国」については教わることがあっても、「台湾」について教わることはないのである。

(三) 第六学年

第六学年では、週三時間(年間百五時間)の社会科授業で、取り上げる内容の一つとして、「大日本帝国憲法の発布、日清(にっしん)・日露の戦争、条約改正、科学の発展などについて調べ、我が国の国力が充実し国際的地位が向上したことが分かること」としている。

この規定に基づいて作成される五年生用の社会科教科書には、日清戦争の結果について簡潔に述べられている。ここで児童たちは、日清戦争に勝利した日本は、台湾を領土にしたことについて学び、初めて学校で「台湾」という地名を学ぶことになる。

また、「外国の人々と共に生きていくためには異なる文化や習慣を理解し合うことが大切であること、世界平和の大切さと我が国が世界において重要な役割を果たしていることを考えるようにする」ことも内容の一つとして取り上げることになっている。

その時に、「我が国と経済や文化などの面でつながりが深い国の人々の生活の様子」と「我が国の国際交流や国際協力の様子及び平和な国際社会の実現に努力している国際連合の働き」についても取り上げることになっている。そして、この時の指導上の留意点として、「我が国とつながりが深い国から数か国を取り上げること。その際、それらの中から児童が一か国を選択して調べるよう配慮し、様々な外国の文化を具体的に理解できるようにするとともに、我が国や諸外国の伝統や文化を尊重しようとする態度を養うこと」としている。ここで、児童が選択する一か国として台湾を選択できないことは、前項の第五学年の場合と同様である。

以上見てきたように、多くの日本の小学生は、六年生になって初めて、日清戦争との関係で台湾のことを知るのである。

三　中学校教育における「台湾」

次に中学校の学習指導要領について見てみることにする。

中学校の社会科は、地理的分野と歴史的分野と公民的分野の三分野に分かれて学習する。第一学年と第二学年で地理的分野と歴史的分野を、第三学年で公民的分野を学習することが基本である。

第一学年と第二学年で、それぞれ週三回の授業（一単位時間は五十分）で年間百五時間ある。第三学年では週四回の授業で年間百四十時間学習する。そのそれぞれについて見てみよう。

㈠ 地理的分野の学習

地理的分野では、世界の諸地域について「アジア、ヨーロッパ、アフリカ、北アメリカ、南アメリカ、オセアニアの各州に暮らす人々の生活の様子を的確に把握できる地理的事象を取り上げ、それを基に主題を設けて、それぞれの州の地域的特色を理解させる」ことを、主な内容の一つとしている。

その時の配慮事項として、「学習で取り上げる地域や国については、各項目間の調整を図り、一部の地域に偏ることのないようにすること」となっている。

そして、「世界各地の人々の生活の様子を考察するに当たって、衣食住の特色や、生活と宗教とのかかわりなどに着目させるようにすること。その際、世界の主な宗教の分布について理解させるようにすること」、及び「州ごとに様々な面から地域的特色を大観させ、その上で主題を設けて地域的特色を理解させるようにすること。その際、主題については、州の地域的特色が明確となり、かつ我が国の国土の認識を深める上で効果的であるという観点から設定すること。また、州ごとに異なるものとなるようにすること」を求めている。

㈡ 歴史的分野の学習

歴史的分野では、「歴史に見られる国際関係や文化交流のあらましを理解させ、我が国と諸外国の歴史や文化が相互に深くかかわっていることを考えさせるとともに、他民族の文化、生活などに関心をもたせ、国際協調の精神を養う」ことが目標の一つになっている。

そして、「近代の日本と世界」の内容に関しては、「自由民権運動、大日本帝国憲法の制定、日清・日露戦争、条約改正などを通して、立憲制の国家が成立して議会政治が始まるとともに、我が国の国際的地位が向上したことを理解させる」こととしている。特に、「日清・日露戦争については、このころの大陸との関係に着目させる」

ように取り扱うよう求めている。

また、「現代の日本と世界」の項目では、「沖縄返還、日中国交正常化、石油危機などの節目となる歴史的事象を取り扱うようにすること」とされており、ここで中華民国との国交断絶と中華人民共和国との国交樹立について学ぶことになっている。

㈢　公民的分野の学習

第三学年で学ぶ公民的分野の学習では、第一学年と第二学年で学んだ地理的分野の学習と歴史的分野の学習という基礎の上に、「国際的な相互依存関係の深まりの中で、世界平和の実現と人類の福祉の増大のために、各国が相互に主権を尊重し、各国民が協力し合うことが重要であることを認識させるとともに、自国を愛し、その平和と繁栄を図ることが大切であることを自覚させる」ことを指導の目標の一つとしている。

世界平和と人類の福祉の増大のために、「国際協調の観点から、国家間の相互の主権の尊重と協力、各国民の相互理解と協力及び国際連合をはじめとする国際機構などの役割が大切であることを認識させ、国際社会における我が国の役割について考えさせる」ことを内容とするよう求めている。

また、「国際社会における文化や宗教の多様性についても触れる」ように取り扱うこととしている。

四　教科書と「台湾」

以上述べてきた学習指導要領の内容に基づいて、民間の教科書出版会社が教科書を作成する。従って、さまざまな教科書が出版されている。その中から、学校の設置者である教育委員会が教科書を選定し、児童生徒に配布する。各学校ではその教科書を使用して各教員が授業を行う、というのが日本の教科書制度である。

では、実際に児童生徒が使用する教科書には、台湾のことについてどのような記述があるのだろうか。小学校の学習指導要領について見てきたように、小学校の社会科教科書には、台湾に関する記述はほとんど見られない。そこで、ここでは中学校で使用されている教科書について見てみることとする。中学校の社会科教科書のうち、最も多くの学校で使用されている東京書籍版の『新しい社会　地理』と『新しい社会　歴史』の教科書の記述について見てみることにする。

(一)　地理の教科書の内容から

地理の教科書に「台湾」という語句は四か所に記載されている。

先ず、教科書の表紙を開けると、四ページにわたって「この国はどこかな」という見出しで世界二十四か国の国旗と風景写真が掲載されているが、台湾は掲載されていない。

「第一編　世界のさまざまな地域」の「第三章　世界の諸地域」の「3　経済成長がいちじるしい中国とインド」の「急速な成長と人々のつながり」の項目の冒頭に、「台湾は、コンピューターや半導体などのハイテク産業が、世界的にさかんな地域です。こうした成長は、アメリカのシリコンバレーで働いていた人々が台湾にもどり新しく会社をつくったことがきっかけでした。このように、中国系（華人）やインド系の人々は、世界で広く活躍しています。」と記述されている。

これが、日本の中学生が台湾のことについて学校の授業で初めて触れる内容である。このページには「中国の地域別ＧＤＰ」の地図も掲載されている。この地図には、中華人民共和国の各地域のＧＤＰが色別に塗り分けられているが、地図中の台湾は白抜きであり、（不明）と表記されている。

このページの他に三か所に「台湾」という言葉が記載されているが、説明の記述は全くない。ＡＰＥＣの加盟国の地図中に（台湾）と記載されているところと、「第二編　日本のさまざまな地域」の「第三章　日本の諸地域」にある「新潟市と各地との結びつき」の航空路を表示する地図中に「台北」が表示されているところ、そしてあとは索引だけである。

第一章で見てきた「データから見える日台関係」と関連する記述は全く見られない。

(二)　歴史の教科書の内容から

歴史の教科書には「台湾」という語句は五か所に記載されている。

最初の記述は、「第五章　開国と近代日本の歩み」の「二　日清戦争」にある。日清戦争に勝利した日本が、一八九五年四月に結ばれた下関条約で「台湾と澎湖諸島」を「清からゆずりうけ」、「台湾を領有した日本は、台湾総督府を設置して、住民の抵抗を武力でおさえ、植民地支配をおし進めました。」というものである。

次の記述は、「第六章　二度の世界大戦と日本」に見られる。「強まる戦時体制」の項目で、「朝鮮では、『皇民化』の名のもとに、日本語の使用や姓名のあらわし方を日本式に改めさせる創氏改名をおし進めました。さらに労働力として動員したり志願兵制度を実施したりするなど、朝鮮の人々も戦争に動員しました。『皇民化』や戦時動員は台湾でも進められました。」と記述されている。続いて「植民地と占領地」の項目で、「戦争末期には徴兵制が朝鮮や台湾でも実施されました。」とある。

続く「第七章　現代に日本と世界」では、「敗戦後の日本」で、「朝鮮や台湾など日清戦争以後に獲得した植民地を全て失ったのです。」と記述された後、「新中国の成立と朝鮮戦争」の項目で「中国では、日本の敗戦後、蔣介石が率いる国民党と共産党との間で内戦が再発し、共産党が勝利して、一九四九年に毛沢東を主席とする中華人民共和国（中国）が成立しました。アメリカが支援する国民党は、台湾にのがれました。」と述べられている。

また「台湾」という語句ではないが、第五章の日清戦争に続く「四　韓国と中国」の「中華民国」という項目で、辛亥革命について、三民主義を唱えた孫文が臨時大総統となり、一九一一年に中華民国が建国された、という記述が見られる。

当時の台湾における日本の植民地政策の具体的な内容や、それらのうちの多くが現在の台湾でどのような形で、どのように現在の台湾の人々の生活と密接に結びついているか、ということなどについては、全く触れられていない。さらに、それぞれの学校で指導する教員についても、筆者のような台湾の日本人学校への赴任経験があったり、台湾に対して個人的に興味・関心を持っている教員を除いて、触れることもできないというのが実態である。

このように、日本の義務教育における社会科指導の中で、台湾のことについてどのように取り扱われているのかということについて概観してきた。これらの取り扱い、すなわち学習指導要領の中に、台湾について指導すべき内容に関する記述がないことから、教科書においても台湾に関する記述がほとんど見受けられないにもかかわらず、ごく一部の教員によって、学習指導要領や教科書の内容を指導した上で、さらに発展的な学習として台湾のことについて指導してきた、あるいは指導している教員が、全国のどこかにいるという可能性も否定はできない。そのことを視野に入れたとしても、概ね日本の義務教育段階における、台湾に関する指導の実態はこのようなものなのである。

五　終わりに――それぞれの文化のあり方とその再構築の方向性――

以上見てきたように、日本の子供たちが学校で台湾のことについて学ぶ機会はほとんどなかったし、現在もないことが分かる。その子供たちの親世代も同様の学校教育を受けてきたため、同様に台湾のことを知らないまま大人になっている。そうであるにもかかわらず、日本人の台湾に対する親近感が高いのはなぜか。

我々日本人は、台湾の人々が親日的であることが嬉しいのである。日本人は、自らのアイデンティティを映し出す鏡によって、自らのアイデンティティを確認してきた。そのことが、日本人の台湾に対する評価に影響していると考えられる。

少なくとも、日本が植民地支配をしていたはずであるのに、台湾の親日感情が高いのはなぜなのかと疑問に思うことが必要である。そこからの台湾理解から始まり、私たちがより深く台湾の歴史や文化、人々の生活や考え方を知ることが、日本の隣人を理解する第一歩である。

一方、台湾の人々には長い戒厳令の時代を経て、政治と生活は別であるという考え方をする人が多い。したがって、学校教育では徹底した反日教育を受けていても、多くの家庭では家庭教育がそれを補強することはなかった。その子供たちは、日本のアニメやドラマ、あるいは音楽などのポップカルチャーに親しむことによって、日本に対する親近感を増している。また、ＢＳやインターネットを通じて日本のことを私たちの想像以上によく知りよく理解している。

日本では今、「おもてなしの心」をはじめとした日本文化の特徴や良さに気付く海外からの見方の逆輸入のような形での日本文化の再生に人々の関心が高まっている。台湾でもアイデンティティーの高まりによって、原住民文化や客家の文化の保護と見直しが進んでいる。これからの日本にとって、台湾は、ご縁のあった隣人として、日本を映し出す鏡として、ますます重要な位置を占めていくに違いない。

(1) 台湾各界から総額一八七。四億円の義援金と、台湾外交部、官民から救援物資五六〇トンを被災地各自治体に提供され、緊急救助隊二八名が宮城県で捜索活動を展開。当時の馬英九総統もテレビの震災チャリティー番組で募金を呼びかけた。(日本政府外務省「最近の日台関係と台湾情勢」)

(2) 第三位の中国は二、四〇九、一五八人、第二位の韓国は二、七五五、三一三人であった。尚、二〇一五年のデータによると第一位は中国(四九九三八〇〇人)、第二位は韓国(四、〇〇二、一〇〇人)で、台湾は第三位(三、六七七、一〇〇人)であったが、これらの数字は筆者の調査時点では推計値であったため、確定値として発表されていた二〇一四年のデータを採用した。

(3) 国際通貨基金(IMF)二〇一四年。

(4) 数値は二〇一四年　日本政府観光局(JNTO)「台湾の基礎データ」による。

(5) 同上。

(6) 日本語学習者数及び日本語能力試験受験者数は「日本国際交流基金」のデータ、台湾からの留学生数は「日本学生支援機構」のデータをもとに作成された日本政府外務省「最近の日台関係と台湾情勢」(平成二十六年四月版)による。

(7) 「台湾基礎データ」(日本政府外務省)より。

(8) 「最近の日台関係と台湾情勢」(日本政府外務省　平成二十六年四月版)より。

(9) 公益財団法人交流協会が二〇一三年一月に台湾住民一、〇〇二人を対象に行った世論調査結果をもとに作成された日本政府外務省「最近の日台関係と台湾情勢」(平成二十六年四月版)による。

(10) 「分からない」と答えた人々が二十%であった。

(11) 「二〇一〇〜二〇一四年　各国・地域別日本人訪問者数」日本政府観光局(JNTO)による。

(12) 日本政府財務省貿易統計より。

（13）駐日台北経済文化代表處が二〇一一年五月に日本の成人男女一、〇〇〇人を対象に行った世論調査結果をもとに作成された日本政府外務省「最近の日台関係と台湾情勢」（平成二十六年四月版）による。
（14）本稿で取り扱う小学校学習指導要領及び中学校学習指導要領は、平成二十年三月に告示され、平成二十七年三月に一部改正されたものである。

参考文献

美濃鎮史　上・下冊（美濃鎮公所）一九九五　美濃　美濃鎮公所印行
哈日族（酒井亨）二〇〇四　光文社新書
台湾人と日本精神（蔡焜燦）二〇〇〇　日本教文社
アジア世界のことばと文化（砂岡和子・池田雅之）二〇〇六　成文堂
台湾を知る（台湾国民中学歴史教科書）二〇〇〇　雄山閣
図説台湾の歴史（周婉窈）二〇〇七　平凡社
台湾の台湾語人・中国語人・日本語人（若林正丈）一九九七　朝日選書
台湾紀行―街道をゆく四十（司馬遼太郎）一九九四　朝日新聞社
共生と循環のコスモロジー（池田雅之）二〇〇五　成文堂
台灣通史（黄淑鈴・高永謀編著）二〇〇六　漢宇國際文化
認識台灣（歴史篇）（国立編訳館）一九九七　国立編訳館
台湾の歴史（殷允芃）一九九六　藤原書店
台湾外省人の現在（ステファン・コルキュワ）二〇〇八　風響社
台湾を愛した日本人―八田與一の生涯（古川勝三）二〇〇九　創風社出版
台湾意識と台湾文化（黄俊傑）二〇〇八　東方書店
戦後台湾教育とナショナルアイデンティティ（山崎直也）二〇〇九　東信堂
戦後台湾の言語政策―北京語同化政策と多言語主義（中山仁）二〇〇九　東方書店
「郷土」としての台湾―郷土教育の展開に見るアイデンティティの変容（林初梅）二〇〇九　東信堂

東アジアにおける「和解」の再生と「知の共同空間」

劉　傑

一　「和」の伝統と「共同体」

一般的には、伝統はある民族や社会が長い歴史のなかで形成された思想、風習、制度などを指していう。深谷克己は東アジアの政治文化の共通分母として、仁徳政治、忠孝倫理、一君万民、天の観念、華夷思想などを挙げ、儒教文化圏に属する東アジアの国々は、共通する思考様式をもっていたと指摘している（深谷克己『東アジア法文明圏の中の日本史』岩波書店、二〇一二年）。一方、村田雄二郎は、「われわれがイメージしたり、想起したりする伝統とは、すぐ前の時代の文化や習俗を指す場合がほとんどであり、その点でいうと、実は『近代』に接続しているのである」と強調し、伝統を固定不変のものとして捉えるのではなく、むしろ「近代の反省的概念」として理解するよう呼びかけている（趙景達、村田雄二郎他編『東アジアの知識人』第一巻、有志舎、二〇一三年）。

そういう意味で、現代人にとって二〇世紀の「近代」の多くは、もはや「伝統」に昇華したのである。二〇世紀以降の東アジアは、従来の「伝統」と対話し、継承と改造を繰り返しながら、新しい「伝統」を創造してきたといえよう。終戦から一九七二年までの約三〇年間、日本、中国及び韓国は、戦前の対立を乗り越え、一応の和解を成立させた。この和解は、激変する国際情勢に対応するものであったことは間違いないが、東アジアに根付く「和」の伝統を再現したものと解することもできよう。そういう意味で、東アジアの和解は、この地域に生まれた新たな「伝統」ともいえる。先ほどの「仁徳政治」は「和」の一つの形式であり、戦後の東アジアで「和解」の形で再生したのである。一九七二年の日中国交正常化は、冷戦下の複雑な国際関係に対応した戦略的選択であったが、戦争で壊されたアジアの「和」の伝統を再生させた瞬間でもあった。

田中角栄首相は、台湾の蒋介石政府に中国大陸との国交樹立の意思を伝えた手紙の中で、次のように述べている。「ニクソン大統領の北京訪問等、北京政府との関係改善を謀るに世を挙げて滔々たる者が有ります。我が国は此等と亦自ら撰を異にし、古来中国と斯文の交深く、且久しく国民大衆が中国大陸との社稷蒼生を敬愛するの情尋常ならぬものが有る」（石井明他編『記録と考証　日中国交正常化・日中平和友好条約締結交渉』岩波書店、二〇〇三年）。要するに、日中国交正常化は、単に激変する国際情勢に対応するための戦略ではなく、日本人の伝統的な中国文化へのあこがれが主たる動因であると強調したのである。一九九二年の天皇訪中に至る日中の政治、経済、文化交流の全盛期は、田中角栄の手紙が政治家の深謀遠慮から出た饒舌ではないことを如実に物語っている。

しかし、冷戦後の国際情勢と近代以来の日中の国力の変化は、一九七二年に生まれた日中和解を変貌させた。とりわけ、歴史認識問題や領土問題をめぐる日中対立が先鋭化すると、七〇年代に構築された「和」が揺らぎ、日中関係の脆さが露呈した。この局面を挽回する努力はいわゆる「東アジア共同体」構想であった。しかし、「国益」が高唱されるなかで、「共同体」構想も単なる理想として棚に上げられ、人々は政治外交のリアリズムに惹かれていったのである。その結果、東アジアの平和は危機的な局面を迎えている。危機を回避するために、「和」の伝統を再生させる以外に道はないと思われる。そのために、「共同体」の理想をもう一度見直す必要があろう。しかし、共同体までの道のりは容易いものではない。本論は、共同体に向けての第一歩を如何に踏み出すのか、について検討するものである。結論を先にいえば、「仁徳外交」の伝統を再生させる以外にない、ということである。

二　和解の条件

日中和解を再生させる前提は、他者としての日本と中国を互いに直視し、よく知ることである。しかし、日本人にとって中国は決して分かりやすい相手ではない。一例を挙げれば、華夷思想に対する日本人と中国人の理解は必ずしも同じものではない。

中国外交の形を決定づけるものは、独立国家としての「尊厳」である。しかし、ほとんどの中国人は「中華思想」という表現を知らない。そもそも中国では「中華思想」という概念を用いない。それに相当する理解は、「中国が文明の中心である」という自己認識である。他者からどのように見られているのかということにはおよそ大きな関心を払わない。中国人は、「朝貢体制」を中国歴史上の栄光、中国が周りの国々から尊敬されるシステムとして理解する。もちろん、「覇権国家」のイメージで「朝貢システム」を理解しない。

日本にも、「朝貢システム」を中国と周辺の国々との安全保障システムとして理解する研究者がいる。溝口雄三は、今の中国の大国化というのは決して珍しいことではない。近代史を三〇〇年ないし五〇〇年遡り、その時代からの延長として近代史を理解するならば、今までの一〇〇年間の歴史はむしろ中国にとって特殊な時代であった。三〇〇年ないし五〇〇年を視野に入れて近代をみれば、中国が周辺の国々と構築してきた関係は、中国の人々が今も理想としている国際関係の秩序であるという趣旨のことを指摘している（溝口雄三『中国の衝撃』東京大学出版会、二〇〇四年）。このような歴史解釈は多くの中国人に歓迎されている。

日本人と中国人の歴史観にも大きな隔たりがある。中国人の歴史観は「大国としての地位」という認識と密接に関係している。中国の公式の歴史認識では、アヘン戦争以降、一〇〇年間に亘って侵略される歴史を歩み、その間、大国としての「地位」を失った。そして、第二次世界大戦後の中国の現代史は、失われた大国の地位を取り戻す歴史に他ならない。

中国にとって歴史認識は、政権の正当性に直結するものである。共産党政権は、日本の侵略と国民党の統治に勝利してその正統性を得たものである。歴史解釈は単に過去の出来事への説明ではなく、現政権の正当性を意味するものである。「歴史解釈」を変えることは、国家の政策変更を意味する。すなわち、文化大革命の解釈を変えなければ「改革・開放」はスタート出来なかった。一九七八年に始まった「改革・開放」の前提は、先ず「歴史」の解釈を変えることであった。したがって、中国との和解を回復するためには、中国の国家観、世界観及び歴史観を再認識し、その上で、一度傷つけられた和解を如何に再生させるのかを探求しなければならない。

三　大国の矜持

中国の世界認識を表す言葉に「天下」がある。日清戦争の敗戦まで、中国は「天朝の定制」に拘泥し、華夷思想に基づいて外国と交渉していた。一九世紀の中葉まで、清朝は来訪した外国人に三跪九叩頭の礼を強要していた。「天下」思想から「万国」認識にやっと変化したのは一八六〇年代である。日本は中国とほぼ同じ頃、外国と条約を結び、開国した。日本は欧米主導の条約体制には強く抵抗しなかったのである。

中国にも時代を読み取った知識人がいた。例えば、外交官だった薛福成はフランス、イギリス、イタリアに駐在し、世界の潮流を敏感に感じ取っていた。彼は近代化に遅れた中国を思い、「人に勝とうと望めば、必ずその法を知り尽くしてのち、変ずることができ、変じてのち、勝つことが出来る」と述べた。つまり人に学んで自分を変えることによって、初めて相手に勝つことができると考え、中国人が抱く大国意識（中華思想）を否定した。しかし、彼のような改革派は中国の近代史上数多く現れたが、彼らの主張は政府に採用されることは殆ど無かった。支配者の多くは、保守的な世界認識に染められ、「大国」としてのプライドを頑なに守ったのである。

中国の大国意識こそ、近代化の障害であると日本の知識人たちも見抜いていた。伊藤博文は中国の弊害について次のように指摘していた。

「従来清国は殆ど列国と全然睽離し、時にあるいは列国の社団に伍伴するため生ずる所の利益を享受したることあるも、その交際に随伴する責守に至りては往々自ら顧みざることあり。清国は常に孤立と猜疑とを以てその政策とす。故に外交上の関係おいて善隣の道に必要とする所の公明信実を欠くや宜なり」（外務省編『日本外交文書』）

伊藤博文は国際社会のルールを守らず、「自己中心」的な中国の対外姿勢を批判したのである。これに対して、伊藤博文との講和交渉を担った李鴻章は、「日本の進歩は我国を覚醒するに足り、我の長夜の夢は貴国の打撃の為に破られ、是より大いに覚醒するの段階となる」と述べて、中華思想に基づく中国の世界観を強く反省した。

しかし、中国の本格的な改革は、一九〇一年からの「新政」を待たなければならなかった。西太后が主導し、張之洞ら改革派が推進した一連の改革には、経済政策や政治制度の変革などが含まれたが、中でも時代の変化を感じさせたのは教育改革であった。その最大のポイントは張之洞らが進めた科挙の廃止と「学堂制度」の創設であった。教育制度の改革は、日本への留学ブームを引き起こした。すなわち、学校教育に不可欠な教員を養成するために、清国は日本に留学生を派遣した。これに協力した日本は、例えば早稲田大学のように、清国留学生部を設け、清国からの留学生を受け入れた。教育面における日中協力は、二〇世紀の中国の進路に大きな影響を与えた。早稲田大学の清国留学生部教務主任青柳篤恒は次のように述べている。

「支那留学生の問題は、啻に清国の問題にあらず、又日本の問題なり。啻に教育界の問題のみにあらず、又日清両国の将来に関せる国際間至大の問題なり」

近代の日中関係史のなかに、清国の留学生を受け入れた「歴史」や戦争の「歴史」など、さまざまな側面がある。日中の複雑な「歴史」を多面的に読み取ることは、和解の再生にとって重要な意味を持っている。このことについて、あとでまた述べることにして、ここで指摘しておきたいことは、伊藤博文が批判した中国の「大国意識」は、その後の改革や革命を経て、どのように変貌したのか、ということである。多くの日本人がかつて伊藤博文が抱いていた認識を今日の中国に対しても抱いているのは、中国が変わらなかったのか、それとも日本人が伝統的な中国観を修正することに怠ったのか。日中和解の後退の根底には、このような中国理解の問題が横たわっている。

近年、一九三〇年代の日本を引合いに出して現代中国を議論することが多くなっている。五百旗頭真は、「極端な軍事力増強とそれと連動するナショナリズムによって、中国が世界に不安を与え、孤立し、中国が引き起こした世界の反応から、『中国封じ込め』が行われていると危機感を募らせ、益々中国が軍事力増強とナショナリズムに向かう悪循環」は、一九三〇年代の日本のシナリオと指摘し、「中国よ、戦前日本の道を歩む勿れ」と警告している（国分良成編『中国は、いま』岩波新書、二〇一一年）。一方、中国では、日本こそ、軍国主義時代に逆戻りするのではないかと警戒する声が高まっている。日中双方に相手を「軍国主義」と決めつける世論が台頭している。相互認識には大きなギャップが存在している。

四　歴史認識問題

日中和解を後退させたもう一つの要因は、歴史認識をめぐる対立の先鋭化である。

大沼保昭が東アジアの歴史認識問題が深刻化している理由として、次の諸点を指摘している。第一は戦争、植民地および人権に対する理解の変化である。そもそも歴史問題は最近新しく発生した問題ではなく、日中国交正常化当時から存在していた問題である。しかし、最近深刻化したのは、戦争や植民地支配及び人権に対する考え方が大きく変化したことと関係している。特に人権の捉え方が変化した結果、従来は法的に解決済と理解された問題も見直されるようになった。

第二の理由は、東京裁判への日本人の割り切れない思いである。東京裁判は勝者が敗者に対する一方的な裁判であり、事後に制定された法律による裁判であると多くの日本人が考える。また、近代以降、欧米列強もアジアに対し侵略政策を採ったが、日本だけが裁かれているのは不公平ではないかという理解も日本に広く存在する。

大沼が指摘する第三のポイントは、中国や韓国の被害者意識が非常に強く、その意識は加害国である日本に向けられている、ということである（大沼保昭『歴史認識とは何か　対立の構図を超えて』中公新書、二〇一五年）。

大沼の問題提起には、歴史認識問題を考える重要なヒントが含まれている。それはすなわち、時代が変化した結果、かつて成立していた和解が再び揺らぎ始めたということである。歴史認識の対立を克服するためには少なくとも、以下の数点を念頭におかなければならない。

第一は歴史記憶の形の問題である。日本と中国の交流の歴史は二〇〇〇年以上に及ぶ。近代の一〇〇年の対立の歴史は二〇〇〇年以上の複雑な歴史の上に成り立っている。両国の人々は近代の歴史を語るとき、二〇〇〇年の関係史と関連づけながら語る。そこには、遣唐使・遣隋使の歴史もあれば、蒙古襲来や倭寇の歴史もある。漢学を吸収する歴史もあれば、脱亜入欧の歴史もある。また、中国革命を支援する歴史もあれば、中国大陸へ侵攻する歴史もある。つまり、文化的、文明的に相互依存する関係がある半面、相手から独立し、相手の影響力を弾き返す力が常に働いているのである。このような歴史記憶は、現在の日中関係に対する両国民の理解にも深く投影している。言ってみれば、対立と協調の間で振り子のように往復する両国関係が両国民の歴史記憶を形作っている。そうすると、今は悪い方向に振れる時期だという思い込みが広がると、和解のプロセスはさらに遠のくのである。

第二は、記憶の作り方の問題である。一九九〇年代までの中国人の近代史記憶は、家庭の中で形成されたものが重要な部分を占めていた。祖父母や父母などに語り継がれた「家庭史」の中に、日本と中国の関係史が多く含まれていた。つまり、各家庭の中での記憶、個人としての記憶が沢山存在していた。国家規模の「集団記憶」がなかった訳ではないが、個人としての記憶の部分がより重要であった。個人記憶の多様性の影響で、日本像、日本人像も多様であった。

しかし、時代と共に、家庭内の語り部が少なくなっていき、家族の記憶よりも社会全体の記憶の方が大きな意味をもつようになった。近年、インターネットが普及し、SNS（ソーシャルネットワーキングサービス）の影響を受けて成長した世代が活躍する時代になった。その結果、「集団記憶」の意味がますます大きくなったのである。

第三に指摘しなければならないことは、各国はそれぞれの必要に応じて、記憶を選択しているという問題である。そのため、近代史に対する中国人の記憶は、⑴被害者としての記憶、⑵抵抗する記憶、および、⑶日本に勝った記憶、という三点に集約されている。一方、日本人の近代史記憶は、⑴近代化を目指す記憶、⑵戦争の記憶、そして、⑶敗戦の記憶という三点である。

中国人と日本人はそれぞれ違う「三点セット」の歴史記憶を作り上げ、各自の現代の国家像を近代史と関連づけて理解している。その結果、和解に向けての歴史対話は容易に合意点を見いだせないまま、平行線を辿ってきた。さらに、国家は歴史記憶を外交カードとして利用し、和解をより一層難しくしている。

そして第四に、和解の多重構造の問題がある。いわゆる多重構造とは、日本と諸外国との間の和解が揺らいでいるなか、各国、各民族の内部においても、和解が成立していないという現実のことである。中国の場合、国民党と共産党が対立し、内戦を行った結果、台湾と中国大陸の対立が生じた。二〇一五年台湾の馬英九総統が中国の習近平主席と会談し、和解のムードを演出したが、この握手は、双方の政治的判断に基づくもので、台湾世論の中国離れはむしろ加速している。もちろん、東アジアでは中国だけではなく、朝鮮半島でも、南北朝鮮の敵対が依然と続いている。

また、中国の国内においても、例えば文化大革命に至る政治運動の中で、千万人単位の犠牲者が発生している。国家と国民との和解は表面上実現したが、歴史の総括は依然課題として残されている。さらに、台湾では、選挙が行なわれるたびに藍（国民党）と緑（民進党）の二大陣営の対立がエスカレートする。

五　歴史和解の構造

それでは、東アジアにおける和解のプロセスを如何に再生させるのか。ここでまず、和解の構造を検討する必要があろう。歴史和解には三つのレベルがあると考えられる。すなわち、政府間和解、国民レベルの和解、及び知的和解である。今まで日本と中国は、政府間の和解に主眼を置いてきた。政府間の和解は政治的交渉を経て、条約などの形で一応の完成をみた。

一方、国民レベルの和解も、政府の強い影響下で一時的に達成することができた。すなわち、一九七〇年代後半から一九九〇年にかけて、中国と日本の民間レベルの和解プロセスが大きく進展した。しかし、日本に「民間」、或いは「市民社会」が存在しているのに対して、中国には文字通りの「民間」というものがほとんど存在しなかった。いわゆる民間の組織は、政府の厳格な管理下に置かれている。「民間交流」と言っても、中国の窓口は形式上のみ民間であり、裁決権は政府に握られている。いわゆる「民間交流」は、日本の民間対中国の政府という実態であった。日中両国の政府間和解と国民レベルの和解は、このような状況のなかで実現されたものである。このような非対称的な関係下の和解プロセスは、極めて不安定であった。領土問題のような対立が発生すると、和解のプロセスはいとも簡単に中断し、後退してしまうのである。

「言論ＮＰＯ」の世論調査によれば、中国にあまり良くない印象を持っている日本人は九割に増加している。また、日本にあまり良くない印象をもっている中国人も八割以上に達している。一九八〇年代の世論調査では、中国に親しみを感じる日本人の割合は八割位に達していた。この逆転現象は、和解プロセスの失敗を物語っている。

和解の後退により、日中両国は相互不信の悪循環に陥っている。中国人は「信用できない」と認識している日本人は全体の七〇％に及んでいる。同じように、日本人は「信用できない」と考えている中国人も全体の六〇％以上と言われている。隣国同士の信頼関係の崩壊は、深刻な事態を引き起こしている。

このような事態を打開するために、「知的和解」の力を借りなければならない。知的和解の前提は、両国が共有する価値を作り出すことである。しかし、今まで、東アジアにおいて「知」のレベルの和解は必ずしも順調に進んで来なかった。むろん、政府主導の日中歴史共同研究や、日韓歴史共同研究はあった。しかし、その成果は、政府と民間の和解を全面的にバックアップするレベルに至っていない。国家間の和解を安定的なものにするためには、より高いレベルの知的和解は不可欠である。

六　歴史の多様性

さて、知的和解をもたらす資源は、歴史のなかに隠されている。歴史に対する多面的検討は、知的和解に貴重なヒントを提供してくれる。われわれは近代における日中協調の歴史に目を転じれば、和解につながる知恵を発見することができるかも知れない。

前述した清国の改革に伴って始まった中国人の日本留学は、制度を変更させながら日中戦争期まで続いた。一九三七年からの全面戦争後も中国へ帰国せず、日本で勉学を続けた学生がいた。一例を挙げれば、早稲田大学理工学部で学んだ趙冬日が帰国したのは、太平洋戦争が勃発した一九四一年であった。中華人民共和国成立後、この日中戦争下の日本留学生が天安門広場の設計を担当し、中国の近代建築史に大きな足跡を残した。

また、日本陸軍が設立した振武学校で学んだ留学生は、中国の軍事の近代化に貢献した。彼らの中には、蒋介石、張群、黄郛、何応欽等、中国の近代史に大きな影響を残した面々がいる。日中戦争が始まると、彼らは対日抗戦を指揮し、日本と直接対決した。

日本で学んだ蒋介石は、日本の「武士道」や「大和魂」に魅了され、日本の清潔で秩序立った社会、礼節を重んじる社会、義務教育の徹底、識字率の高さなどを高く評価した（家近亮子『蒋介石の外交戦略と日中戦争』岩波書店、二〇一二年）。彼は日本と戦ったけれども、日本社会の近代的一面に、畏敬の念を抱いていた。

また、一九〇一年から終戦まで上海に東亜同文書院という学校が存在したことは周知の事実である。各都道府県から集められた若者が中国大陸に送り込まれ、日中関係を担う人材として教育を受けた。中国語のほか、中国の法律や商習慣等を学び、大量の中国通が育成された。卒業生は本来、日中関係の中で重要な役割を果たすべき人材であったが、戦争が始まると、彼らも戦争に動員され、軍に協力したため、中国人はこの学校をスパイ学校と呼んだ。しかし、彼らの中には、日中関係の改善に重要な役割を果たしたものが数多く存在した。

石射猪太郎という人がいる。日中戦争が始まった一九三七年には、外務省東亜局長に在任していた。彼は、日中戦争の拡大を阻止できなかった近衛内閣を批判して、「近衛首相の議会演説の原稿を見ると、軍部に強いられた案である。支那を膺懲とある。排日抗日をやめさせるには最後までブッ叩かねばならぬとある。彼は日本を何処へ持って行くというのか。あきれ果てた非常時首相だ。彼はダメだ」と日記に書いている（伊藤隆・劉傑編『石射猪太郎日記』中央公論社、一九九三年）。日中関係の複雑な一面を垣間見る近代史の一駒である。

このように、日本と中国は複雑な歴史を歩んできた。日中関係を語るとき、今まで「日中友好」という表現が愛用された。今、「友好疲れ」という言葉をときどき耳にする。日中国交正常化から四〇年経った現在、日中関係の基礎となる「信頼」が大きく傷つけられた。和解のプロセスを再開させることは、日中関係の再生につながる。

七　知の共同空間

それでは、最後に知的和解のプロセスを再び軌道に乗せる方法を考えてみたい。私は先ず、東アジアの知識人の間で「知的共有空間」を構築することの重要性を強調したい。昨今の東アジアの国際情勢は一段と複雑になったが、この地域の学術研究は緊張緩和や関係の安定に、知的貢献を行ってきたのだろうか。具体的にいえば、今までの「日本研究」、「中国研究」および「韓国研究」は、「学問」の範疇を越えて、それぞれの国の政治や社会に何らかの影響を与えてきたのだろうか。

福沢諭吉は「学問」を、それに携わる人々の社会的な役割を果たすための「術」として捉えたが、東アジアの研究者は、困難な現実にどのような「術」で応えていくのだろうか。東アジアの知識人同士はまず和解のプロセスを開始し、知識人を中心に「知的共同空間」を形成していかなければならない。

そこで必ずぶちあたる困難は、学問と「国境」の問題である。グローバル化が進行する一方、研究者が国単位で進行中の政治・経済状況を思考し、「国益」への関心も高まっている。そのため、研究者の問題関心と研究組織は国を中心に形成されている。各国の知識人はそれぞれのコンテクストの中で議論を行っている。自国の中に独立した学問の空間があるものの、諸外国との間に、学問の共有空間が非常に少なくなってきている。いま、如何にこの共有する空間を確保するのか。これはアジアの知識人に突き付けられた大問題である。

そこで、「知的共有空間」を構築するにあたって、各国の歴史的特異性に配慮しなければならない。東アジアにおける知識・知、あるいは知識人・学者などは、違う歴史的背景を有している。

中国では科挙制度が廃止されたのは、およそ一〇〇年前である。科挙制度の下では、学者＝役人というシステムが存在し、学問もこのような環境のなかで成熟していった。科挙制度が二〇世紀初頭まで存在したこともあり、中国における政治と学問の関係は、日本と違う形をとってきた。

日本では、「知」を有する人の層が厚く、西洋の学問は比較的容易に受け入れられた。一方、中国では、知識人＝官僚は、社会統治の観点から西洋の知に対し、強い拒否反応を示してきた。一部受け入れたとしても、儒学や伝統的な学問体系の中で、近代的な知の空間を構築したにすぎない。

以上のことを前提にして、アジアにおける和解プロセスを軌道に乗せるために、どのような共有空間を目指すべきだろうか。一つの試みは、「国史」同士、ないし「国学」同士の対話を拡大することである。つまり、それぞれの「国史」としての日本史、中国史、韓国史の枠を越えて、アジア的価値、世界的価値をベースとした歴史学を再構築していくことである。

また、日本研究をアジア研究の中に融合させることも大事である。中国にはいわゆる「アジア研究」という領域はまだできていない。一方、日本のアジア研究は、日本研究を含まない地域研究である。アジア研究者の多くは、日本を問題意識の中に組み込んでいない。今後は日本研究を、アジア研究の中に融合させることによって、アジアの中の日本研究を創造していかなければいけない。さらに、知的共同空間に不可欠なものは「情報の共有化」である。東アジア各国の情報公開は同じ水準にない。史料公開の格差、情報量の格差が、この地域に明らかに存在している。この現実は研究者だけの力では改善できない。しかし、知識人は最大限、情報の公開と共有を目指すべきである。

あとがき

目次の最終確認も終了し、ようやく池田雅之先生の古稀記念論文集への最後の文章を書く作業に無事入ることができた。関わってくださった多くの皆さんへの感謝の念とともに、大きな安堵感に包まれている。編者としては、なんとか、池田先生のご縁が生み出す有形無形の「知の成果」を、一冊にまとめることができたのではないかと胸をなでおろしている。

人間の生の根源を問いつつ、人間が生み出してきた文化・文明の源へと還る旅を試みた前作『共生と循環のコスモロジー』（二〇〇五年）から一一年が過ぎた。先行き不透明の時代に生きる現在の私たちの生き方を問い直し、新たな時代を迎えようとしている今、学問の一つの試みとして、基層文化の探究を目指す本書を世に送り出すことができた。

師に賛同する学問のご友人たちと、薫陶を受けてきた弟子たちと共に、基層文化のコスモロジー研究の新たな創出を目指す本書を編集する過程は、編者らにも知を紡ぐことの価値を再認識させてくれた。

この書には、人文科学や社会科学の分野だけではなく、社会運動体の論文も収録されている。したがって、本書はひとりの研究者・池田雅之の身体を通過した「思考の軌跡」を、学問的な邂逅によって浮かび上がらせたものといえよう。人文科学であろうと、社会科学であろうと、学問はすべからく人間の真実の探求に奉仕するものでなければならない。その意味で、本書は「知」の縁によって結ばれた各専門分野の論文群によって、「我々はどこから来たのか、我々は何者か、我々はどこへいくのか」（ゴーギャン）という人間の根源的なあり方を問いかけるものとなっている。

池田先生にはさまざまな社会的な顔がある。T・S・エリオットや小泉八雲をはじめとする文学研究者としての顔、比較文化・比較文明論に関する研究者としての顔、翻訳家としての顔、四〇年勤めあげた早稲田大学での教育者の顔、そしてボランティア活動家としての顔である。そして、もうひとつ、先生が持っている重要な顔がある。それはお父上譲りの編集者としての側面である。

池田先生にも参加していただいた、この論文集作成のキックオフの研究会で、先生はいくつかの要望を私たちに示された。以下、議論のための先生の発言メモの一部を挙げてみたい。

・時代の先を読み、時代に挑んでゆくような論文集にしてもらいたい。
・具体的には『共生と循環のコスモロジー』第二弾として、さまざまな論調のボイス（声）をさまざまな分野の研究者から集めたものであってほしい。しかし、ジャーゴン（専門用語）はできるだけ使わず、平易に書いてもらいたい。
・一冊の書物として、統一性のあるものにしてほしい。従来の古稀論文集にありがちな、ただ論文を寄せ集めただけではなく、本として一貫性あるものにしてほしい。
・大学と社会をどうつなぐかが、自分の研究者としてのテーマである。「学問のスタイル」をとりながらも、社会と大学をつなぐ知のあり方を模索してほしい。それは、これまでの研究スタイルや大学の学問のあり方を問い直すことになるだろう。

・誰が師で誰が弟子とかは関係なく、論文投稿はオーディション制にして、競争原理を取り入れてはどうか。
たんに師を讃える本を作るのではなく、一人ひとりが学問的に自立してゆくことをめざすべきだ。

ここに述べられた池田先生のいくつかの提案は、ことごとく、通常の「古稀記念論文集」にはない本作りについての考え方であった。古稀記念論文集の制作は、教え子たちが自らの成長の証しとして、感謝をこめて師に献呈するものであろう。しかし、本書には、先生ご自身の投稿論文も収められていることから、通常の古稀記念論文集とは異なっているといってよい。

私たちは、この点において、よい本を作るためならいかなる努力も惜しまないという先生のエディターシップの覚悟を学んだように思う。私たちは迷うことなく、先生の論文「伊勢から熊野へ」を「比較基層文化論序説」として、本書の巻頭に据えることにした。

不遜な言い方になるが、この書はひょっとすると、古稀を迎える先生が、三〇代、四〇代の若手研究者と切磋琢磨していく、新しい生き方の宣言となっているのではないかと思う。それが、これからの新しい「古稀記念論文集」の形を示し、既存の学問体系に挑戦し、早稲田の学統を継承していくひとつの方向性を示すものなのかもしれないと、私は考えた。

本書がこのような形で出版できたのは、寄稿を快くお受けくださった執筆者の方々のお力によるところが大きい。お忙しいなか、ご自身が持つ一番の研究の宝物を文章にしてお寄せくださった執筆者の皆様に、あらためて感謝を申し上げたい。

写真家の稲田美織さんには、この論文集にふさわしい聖地の写真を表紙として飾っていただいた。二〇一二年に始まる本書の企画段階からずっとお付き合い下さった成文堂の阿部成一社長、編集部の篠崎雄彦さんには、どのようにお礼を申し上げたらよいのかわからないくらいである。二〇一五年春から一六年にかけて、毎月一回、一〇回ほど、本書刊行のための研究会を主に執筆者を講師にお招きして、成文堂の会議室で開催することができた。これはひとえに阿部社長のご理解のお陰である。心よりお礼申し上げたい。

最後に、恩師池田雅之教授に感謝をこめて、本書を謹呈し、執筆者を代表して古稀のお祝いとさせて頂きたい。

二〇一六年八月吉日

柑　本　英　雄

執筆者一覧（掲載順）

池田 雅之	いけだ まさゆき	早稲田大学社会科学総合学術院教授
大嶋 仁	おおしま ひとし	福岡大学名誉教授
町田 宗鳳	まちだ そうほう	広島大学名誉教授
川勝 平太	かわかつ へいた	静岡県知事
三石 学	みついし まなぶ	熊野市文化財専門委員長
半田 美永	はんだ よしなが	皇學館大学文学部特別教授
吉田 悦之	よしだ よしゆき	本居宣長記念館館長
唐澤 太輔	からさわ たいすけ	龍谷大学世界仏教文化研究センター博士研究員
小林 亜紀子	こばやし あきこ	早稲大学国際言語文化研究所客員主任研究員
古賀 勝次郎	こが かつじろう	早稲田大学社会科学総合学術院教授
浜田 泉	はまだ いずみ	早稲田大学社会科学部非常勤講師
原 良枝	はら よしえ	関東学院大学人間環境学部非常勤講師
伊藤 玄二郎	いとう げんじろう	星槎大学共生科学部教授
稲田 美織	いなた みおり	写真家
金子 桂一	かねこ けいいち	朝日新聞出版週刊朝日編集部副編集長
内藤 明	ないとう あきら	早稲田大学社会科学総合学術院教授
阿部 倫子	あべ みちこ	早稲田大学大学院社会科学研究科博士課程
笹原 宏之	ささはら ひろゆき	早稲田大学社会科学総合学術院教授
尾山 清仁	おやま せいじ	聖書キリスト教会主任牧師
亀山 郁夫	かめやま いくお	名古屋外国語大学学長
西川 盛雄	にしかわ もりお	熊本大学名誉教授
照屋 佳男	てるや よしお	早稲田大学名誉教授
細田 満和子	ほそだ みわこ	星槎大学副学長
池田 知栄子	いけだ ちえこ	早稲田大学大学院社会科学研究科博士課程
樋口 謙一郎	ひぐち けんいちろう	椙山女学園大学文化情報学部准教授
多賀 秀敏	たが ひでとし	早稲田大学社会科学総合学術院教授
早田 宰	そうだ おさむ	早稲田大学社会科学総合学術院教授
小泉 凡	こいずみ ぼん	島根県立大学短期大学部教授
佐川 佳之	さがわ よしゆき	椙山女学園大学人間関係学部准教授
小泉 吉永	こいずみ よしなが	法政大学文学部非常勤講師
高井 正俊	たかい まさとし	臨済宗建長寺派前宗務総長
小木曽 駿	おぎそ しゅん	NPO 法人鎌倉てらこや事務局長
池田 季実子	いけだ きみこ	NPO 法人鎌倉てらこや前副理事長
鶴岡 真弓	つるおか まゆみ	多摩美術大学美術学部教授

大場静枝	（おおば　しずえ）	広島市立大学国際学部准教授
冬木ひろみ	（ふゆき　ひろみ）	早稲田大学文学学術院教授
那須政玄	（なす　せいげん）	早稲田大学社会科学総合学術院教授
畑　恵子	（はた　けいこ）	早稲田大学社会科学総合学術院教授
須藤義人	（すどう　よしひと）	沖縄大学人文学部准教授
吉田昭彦	（よしだ　あきひこ）	KADOKAWA 企画局
富岡幸一郎	（とみおか　こういちろう）	関東学院大学国際文化学部教授
柑本英雄	（こうじもと　ひでお）	実践女子大学人間社会学部教授
花光里香	（はなみつ　りか）	早稲田大学社会科学総合学術院教授
澤　智恵	（さわ　ちえ）	早稲田大学国際言語文化研究所招聘研究員
杉尾美幸	（すぎお　みゆき）	早稲田大学国際言語文化研究所招聘研究員
滝澤雅彦	（たきざわ　まさひこ）	日本教育会専務理事
劉　傑	（りゅう　けつ）	早稲田大学社会科学総合学術院教授

祈りと再生のコスモロジー
——比較基層文化論序説

2016年10月1日　初版第1刷発行

編　者　滝澤雅彦
　　　　柑本英雄
発行者　阿部成一

〒162-0041 東京都新宿区早稲田鶴巻町514
発行所　株式会社 成文堂
電話03(3203)9201(代) FAX 03(3203)9206

製版・印刷　三報社印刷　　製本　佐抜製本

ISBN978-4-7923-6109-9 C3036　検印省略
定価（本体12000円＋税）